Das preußische Wassergesetz

Vom 7. April 1913

auf Grund der Verhandlungen des Landtages

erläutert

von

Dr. Hans Gottschalk

Rechtsanwalt in Dortmund

A. Marcus & E. Webers Verlag

Dr. jur. Albert Ahn

Bonn 1913

Ohlenroth'sche Buchdruckerei Georg Richters, Erfurt.

Vorwort.

Die vorliegende Ausgabe des neuen Preußischen Wassergesetzes verfolgt den Zweck, das Gesetz an Hand der ihm zugrunde liegenden Materialien in kurzer und gemeinverständlicher Form zu erläutern. Das Gesetz, welches zum ersten Male seit dem Allgemeinen Landrechte die für die allgemeine Volkswirtschaft ungemein wichtige Materie des Wasserrechts einheitlich regelt, ist Gegenstand sehr umfangreicher Vorarbeiten in den Ministerien und eingehendster Beratungen in beiden Häusern des Landtages gewesen. Es sei nur darauf hingewiesen, daß der dem Gesetze zugrunde liegende Entwurf der vierte der seit dem Jahre 1893 in den Ministerien ausgearbeiteten Entwürfe ist und daß allein der Kommissionsbericht des Abgeordnetenhauses, abgesehen von den ihm beigefügten Anlagen, einen Band von 543 Seiten umfaßt. Hieraus ergibt sich ohne weiteres die große Bedeutung, welche diesen Materialien für die Auslegung des Gesetzes zukommt. Ihre Zusammenfassung in wesentlich abgekürzter Form, wie sie die vorliegende Arbeit angestrebt hat, wird daher die Anwendung des Gesetzes in der Praxis erleichtern.

Dortmund, im April 1913.

Gottschalk.

Inhaltsübersicht.

Abkürzungen und Literaturangaben.

a. a. O. = am angegebenen Orte.
ABG. = Allgemeines Berggesetz für die Preußischen Staaten.
AH. = Abgeordnetenhaus.
ALR. = Allgemeines Landrecht für die Preußischen Staaten.
Anschütz = Anschütz, Artikel: Bewässerungs-, Entwässerungsrecht, Deichwesen, Wassergenossenschaften im Handw. der Staatsw.
Baumert = Baumert, Aufsätze über den Preußischen Wassergesetz-Entwurf, Halle a. S. 1913.
BGB. = Bürgerliches Gesetzbuch.
Begr. = Begründung zum Entwurfe eines Wassergesetzes (s. Einleitung).
v. Bülow-Fastenau = v. Bülow-Fastenau, Gesetz, betr. die Bildung von Wassergenossenschaften, vom 1. April 1879 Berlin 1886.
DG. = Deichgesetz von 1848.
Drucks. = Drucksachen.
Entsch. = Entscheidung.
Entw. = Entwurf.
GBO. = Grundbuchordnung.
GO. = Gewerbeordnung.
Handw. der Staatsw. = Handwörterbuch der Staatswissenschaften, herausgegeben von Conrad usw. 1909—1911.
HH. = Herrenhaus.
Holtz = Holtz, Die Neuordnung des Wasserrechts in Preußen, Berlin 1912.
HWSchG. = Hochwasserschutzgesetz von 1905.
KB. = Kommissionsbericht.
Mahraun = Mahraun, Das Strombauverwaltungsgesetz, Berlin 1887.
Nieberding-Frank = Nieberding, Wasserrecht und Wasserpolizei im Preußischen Staate, zweite Auflage, bearbeitet von Frank, Breslau 1889.
OVG. = Oberverwaltungsgericht.
RG. = Reichsgericht.
RGBl. = Reichsgesetzblatt.
StBG. = Strombauverwaltungsgesetz.
Sten. B. = Stenographische Berichte.
StGB. = Strafgesetzbuch.
WGG. = Wassergenossenschaftsgesetz.

Einleitung.

I. Allgemeines.

Die gesetzliche Neuregelung des preußischen Wasserrechts entspricht einem dringenden volkswirtschaftlichen Bedürfnisse.

Dies folgt schon ohne weiteres daraus, daß die letzte zusammenfassende Regelung des preußischen Wasserrechtes durch das Allgemeine Landrecht vom Jahre 1794 erfolgt ist.

Schon bald ließ der im Anfange des 19. Jahrhunderts einsetzende wirtschaftliche Aufschwung Änderungen und Ergänzungen der wasserrechtlichen Vorschriften dieses Gesetzes erforderlich erscheinen. Vor allem erwiesen sich neue Bestimmungen erforderlich im Interesse der Bewässerung und Entwässerung der Grundstücke, ferner zum Schutze gegen Hochwassergefahren, sowie endlich und vor allem zur Ausnutzung des Wassers für gewerbliche Zwecke. Man behalf sich zunächst mit dem Erlasse von Spezialgesetzen, um die am schwersten empfundenen Lücken des ALR. auszufüllen. Auf diesem Bestreben beruhen verschiedene zu Anfang des 19. Jahrhunderts erlassene Deich- und Uferordnungen und vor allem das im Interesse der Bodenkultur erlassene Gesetz wegen des Wasserstaues bei Mühlen und Verschaffung von Vorflut vom 15. November 1811, das sogenannte Vorflutedikt.

Die Erweiterung des Gebiets der preußischen Monarchie im Jahre 1815 um Gebiete, in welchen zum Teil der code civil, zum Teil gemeines Recht galt, rief von neuem den Wunsch nach einer Kodifikation des Wasserrechts wach. Dem entsprach die Regierung durch die Vorlegung eines Entwurfes, welcher eine Regelung sämtlicher wasserrechtlichen Verhältnisse enthielt. Dieser Entwurf scheiterte aber an den Bedenken der Provinzialstände. Man sah daher von einer einheitlichen Regelung des Wasserrechts ab und beschränkte sich auf die Einbringung mehrerer Einzelgesetze. Dem verdanken das Gesetz vom 28. Februar 1843 über die Benutzung der Privatflüsse und das Gesetz vom 28. Januar 1848 über das Deichwesen ihre Entstehung.

In der Folgezeit beschränkte sich die wasserrechtliche Gesetzgebung darauf, die vorgenannten Gesetze zu ergänzen und sie auf später erworbene Landesteile auszudehnen, sowie das in den einzelnen Provinzen geltende Recht fortzuentwickeln.

Erst die weitere Ausdehnung des preußischen Staatsgebiets im Jahre 1866 ließ, insbesondere weil in den neuerworbenen Provinzen Hannover, Schleswig-Holstein und Hessen-Nassau ein von den übrigen Provinzen und unter sich völlig verschiedener Rechtszustand herrschte, wiederum den Wunsch nach einer einheitlichen Gesetzgebung auf dem Gebiete des Wasserrechts rege werden. Die zu Beginn der 70er Jahre unternommene Neuregelung hatte jedoch ebenfalls keinen Erfolg, weil man auf eine reichsgesetzliche Regelung dieser Materie durch das Bürgerliche Gesetzbuch, dessen Vorarbeiten gerade in jener Zeit begannen, hoffte.

Man beschränkte sich daher wieder auf den Erlaß von Spezialgesetzen, als welche aus jener Zeit das Gesetz über die Wassergenossenschaften vom 1. April 1879, sowie das Gesetz, betreffend die Befugnisse der Strombauverwaltung gegenüber den Uferbesitzern an öffentlichen Flüssen, vom 20. August 1883 zu nennen sind.

Das BGB. hat jedoch die Erwartungen, die man auf es gesetzt hatte, nicht erfüllt, sondern vielmehr gemäß den Art. 65 und 66 seines Einführungsgesetzes die landesgesetzlichen Vorschriften, welche dem Wasserrecht angehören, mit Einschluß des Mühlenrechts, des Flözrechts und des Flößereirechts sowie der Vorschriften zur Beförderung der Bewässerung und Entwässerung von Grundstücken und der Vorschriften über Anlandungen, entstehende Inseln und verlassene Flußbetten und schließlich die Bestimmungen, welche dem Deich- und Sielrecht angehören, unberührt gelassen.

Die Unvollständigkeit der wasserrechtlichen Bestimmungen machte sich aber immer empfindlicher bemerkbar. Dies gilt vor allem für das Gebiet des Hochwasserschutzes. Verschiedene schwere Beschädigungen führten zu dem Erlasse mehrerer Sondergesetze für die Provinzen Schlesien, Brandenburg und Sachsen und schließlich des Gesetzes zur Verhütung von Hochwassergefahren vom 16. August 1905. Ferner ist das Gesetz, betreffend die Herstellung und den Ausbau von Wasserstraßen, vom 1. April 1905, sowie das Quellenschutzgesetz vom 14. Mai 1908 zu erwähnen.

Inzwischen war man aber von den verschiedensten Seiten, insbesondere von den Vertretungen der Landwirtschaft, wiederum an die Regierung mit dem Wunsche nach einer Kodifikation des Wasserrechts herangetreten, einem Wunsche, dem auch beide Häuser des Landtages ihre Unterstützung liehen. Dem gab die Regierung Folge und veröffentlichte im Jahre 1893 einen von einer Ministerialkommission ausgearbeiteten Wassergesetzentwurf. Auf Grund der Kritiken, welchen dieser Entwurf unterzogen wurde, wurde im Jahre 1896 mit seiner Umarbeitung begonnen und im Jahre 1907 der zweite Entwurf fertiggestellt und den Vertretern der interessierten Kreise zur Begutachtung vorgelegt. Unter Berücksichtigung der Äußerungen derselben wurde sodann eine nochmalige Umarbeitung zu einem dritten, im Jahre 1909 vollendeten Entwurf vorgenommen. Aus den Beratungen der Kommissarien sämtlicher Ministerien über diesen ist sodann der vierte Entwurf hervorgegangen, welcher die Grundlage des vorliegenden Wassergesetzes bildet.

Dieser Entwurf nebst Begründung — Drucks. Nr. 9 A und B des AH. Legisl.-Per., V. Session 1912/13 — wurde nach seiner ersten Beratung in den Sitzungen vom 19. und 20. Februar 1912 (Sten. B. AH. S. 1230—1317) vom Abgeordnetenhause einer Kommission von

28 Mitgliedern überwiesen. Die Kommission beriet den Entwurf in zwei Lesungen und erstattete darüber einen ausführlichen Bericht (Drucks. Nr. 611 A nebst Anl. B und C). Auf Grund desselben fand im Abgeordnetenhause vom 13. bis 16. November die zweite (Sten. B. AH. S. 7950—8340) und am 5. und 6. Dezember 1912 die dritte Lesung (Sten. B. AH. S. 8501—8641) statt.

Auch das Herrenhaus setzte eine Kommission von 20 Mitgliedern zur Vorberatung des Entwurfes gemäß den Beschlüssen des Abgeordnetenhauses ein, die über denselben in zwei Lesungen beriet. Auf Grund des von der Kommission erstatteten Berichts (Drucks. Nr. 209 A des HH., Session 1912/13) fand im Herrenhause die Beratung des Gesetzes am 3. und 4. Februar 1913 (Sten. B. HH. S. 966—1086) statt.

Die Abänderungen, welche das Herrenhaus an dem Gesetze vorgenommen hatte, machten eine nochmalige Vorlage desselben an das Abgeordnetenhaus notwendig, welche am 21. Februar 1913 erfolgte und zur einstimmigen Annahme des Gesetzes mit diesen Abänderungen führte (Sten. B. AH. S. 11800—11804).

Durch das so zum Gesetze gewordene Wassergesetz ist der Zersplitterung des geltenden Wasserrechts, die am klarsten daraus hervorgeht, daß im § 399 außer einer Anzahl von Vorschriften des ALR. und des code civil 77 einzelne Sondergesetze aufgehoben sind, ein Ende gemacht und das Wasserrecht, soweit nicht in den §§ 387 ff. einzelne Sondergesetze aus besonderen Gründen aufrechterhalten sind, für das ganze preußische Staatsgebiet einheitlich geregelt worden. Zugleich ist durch diese Neuregelung den veränderten wasserwirtschaftlichen Verhältnissen, die vor allem auf dem starken Anwachsen der Bevölkerung, dem intensiveren Betriebe der Landwirtschaft, der Entwicklung der Industrie und der Zunahme des Verkehrs beruhten, Rechnung getragen worden. Es sei in dieser Beziehung hingewiesen auf die Bedeutung der Trinkwasserversorgung und der Abwässerbeseitigung für die großen Gemeinden, die wesentlich gesteigerte Benutzung des Wassers zu Ent- und Bewässerungszwecken für die Landwirtschaft, die stets wachsende Ausnutzung der Wasserkräfte in der Industrie und die erhebliche Zunahme des Verkehrs auf den schiffbaren Gewässern. Dazu kommt als besonderer Zweig der modernen Wasserwirtschaft das Talsperrenwesen, welches für die verschiedensten Zwecke (Wasserversorgung, Triebwerke, Hochwasserschutz) von Jahr zu Jahr an Bedeutung gewonnen hat.

Ferner regelt das Gesetz mit Rücksicht auf dessen Bedeutung für die Allgemeinheit zum ersten Male die Rechtsverhältnisse an den nicht zu den Wasserläufen gehörenden Seen und dem unterirdischen Wasser.

Bei der Verschiedenheit der an den Gewässern bestehenden Interessen sind naturgemäß Gegensätze unvermeidlich. Zwischen diesen versucht das Gesetz nach Möglichkeit einen Ausgleich zu schaffen und die Benutzung der Gewässer so zu regeln, wie es im Endzwecke dem Gemeinwohle am meisten entspricht (vgl. a. Begr. 1—6).

II. Grundzüge des Gesetzes.

Das Wassergesetz teilt die Gewässer in zwei Hauptgruppen ein: die Wasserläufe, die es im ersten Abschnitt (§§ 1—195) behandelt, und die Gewässer, die nicht zu den Wasserläufen gehören, deren Rechtsverhältnisse es im zweiten Abschnitte (§§ 196—205) regelt, ein. Der Begriff der Wasserläufe ergibt sich aus § 1; die wesentlichsten Merkmale eines solchen sind Vorhandensein eines natürlichen oder künstlichen Bettes sowie eines ständigen oder zeitweiligen oberirdischen Abflusses. Je nachdem das Bett ein natürliches oder künstlich von Menschenhand geschaffenes ist, spricht man von natürlichen oder künstlichen Wasserläufen. Die Unterscheidung von öffentlichen und nichtöffentlichen (privaten) Flüssen ist fortgefallen und an deren Stelle die Einteilung der Wasserläufe in drei Ordnungen getreten. Die Zugehörigkeit zu einer dieser Ordnungen ergibt sich aus den Verzeichnissen über die Wasserläufe erster und zweiter Ordnung, deren ersteres dem Gesetze selbst als Anhang beigefügt, während letzteres von den Oberpräsidenten aufzustellen ist. Alle nicht in diese Verzeichnisse aufgenommenen Wasserläufe bilden, soweit sie den Anforderungen des § 1 entsprechen, die der dritten Ordnung (§§ 2—4).

Das Eigentum an den Wasserläufen ist von dem Wassergesetze in Abweichung von dem bisherigen Rechte ganz allgemein als Privateigentum und zwar nicht nur an dem Bette, sondern auch an der fließenden Welle, soweit an dieser überhaupt ein Eigentum der Natur der Sache nach möglich ist, ausgestaltet. Das Eigentum an den Wasserläufen erster Ordnung steht grundsätzlich dem Staate (§ 7), das an den Wasserläufen zweiter und dritter Ordnung in den in § 8 näher bestimmten Grenzen den Anliegern zu, jedoch sind die beim Inkrafttreten des Gesetzes bestehenden Eigentumsrechte in gewissem Umfange aufrechterhalten worden (§ 9). Veränderungen in den Ordnungen der Wasserläufe führen eine Änderung in den Eigentumsverhältnissen an ihnen regelmäßig nicht herbei (§ 11).

Über die Grenze des Eigentums an dem Wasserlaufe und den Ufergrundstücken (die Uferlinie) trifft § 12 nähere Bestimmungen.

Die grundbuchliche Behandlung der Wasserläufe regelt § 13.

Durch die Gewalt des Wassers werden häufig Veränderungen an den Wasserläufen hervorgerufen, sie können bestehen in Inselbildungen, Schaffung eines neuen Betts, Anlandungen und Losreißen von Teilen des Ufers (vgl. über die dadurch entstehenden Rechtsverhältnisse §§ 14—18).

Den Hauptgrund für die Neuregelung des Wasserrechts bildeten die unzureichenden Vorschriften des bisherigen Rechts über die Benutzung der Wasserläufe. Die diesbezüglichen Bestimmungen des Wassergesetzes zerfallen in Bestimmungen allgemeiner Natur, die für alle Arten der Benutzung gelten, solche über den Gemeingebrauch, den Eigentümergebrauch, die Verleihung, die Ausgleichung und die Stauanlagen.

Die allgemeinen Vorschriften (§§ 19—24) haben vorwiegend polizeilichen Charakter und schränken die Benutzungen der Wasserläufe im Interesse des Gemeinwohls ein. Es soll durch sie vor allem eine schädliche Verunreinigung des Wassers vermieden werden; hierauf beruht das Verbot des Einbringens gewisser fester Stoffe in § 19, sowie das Erfordernis der Anzeige bei der beabsichtigten Einleitung flüssiger Stoffe in die Wasserläufe (§ 23). Eine Verunreinigung entgegen diesen Vorschriften verpflichtet zum Schadensersatz nach näherer Maßgabe des § 24.

Auf Grund des Gemeingebrauchs (§ 25—39) ist entsprechend dem bisherigen Rechte die Benutzung der Wasserläufe in gewissem, genau begrenztem Umfange jedermann gestattet. Die näheren Bestimmungen über Art und Umfang des Gemeingebrauchs, der sowohl bei den künstlichen und natürlichen, als auch bei den natürlichen Wasserläufen der drei Ordnungen ein verschiedener ist, enthalten die §§ 25ff. Das Verhältnis des Gemeingebrauchs zu den Rechten des Eigentümers und den gemäß §§ 379—381 aufrechterhaltenen Rechten, sowie dasjenige mehrerer zum Gemeingebrauche Berechtigter untereinander richtet sich nach den §§ 36 und 37. Im übrigen ist aber die Regelung des Gemeingebrauchs ganz allgemein der Wasserpolizeibehörde überlassen (§ 39).

Auch das grundsätzlich unbeschränkte Benutzungsrecht des Eigentümers eines Wasserlaufs ist im Interesse der allgemeinen Wasserwirtschaft gewissen Einschränkungen unterworfen, über welche nähere Vorschriften in den §§ 41—43 enthalten sind.

Die §§ 46—86 regeln das vom Wassergesetze neugeschaffene Rechtsinstitut der Verleihung, durch welche einerseits Nichteigentümern die Neubegründung von Benutzungsrechten an den Wasserläufen und anderseits den Eigentümern die Befreiung von den der Ausübung seines Rechtes gesetzten Schranken ermöglicht wird. Das Gesetz trifft eingehende Bestimmungen über die Gegenstände der Verleihung (§ 46), ihre Erteilung und Versagung (§§ 47ff.). Besonders berücksichtigt ist die Möglichkeit, etwa durch die Ausübung des verliehenen Rechts entstehenden Schäden durch Herstellung von Einrichtungen vorzubeugen, hierüber verhalten sich die §§ 50 und 55—58. Sind solche Einrichtungen nicht möglich oder nicht ausreichend, so ist dem Benachteiligten Entschädigung zu leisten (§§ 51, 52). Ein Entgelt darf dem Unternehmer bei der Verleihung dagegen nicht auferlegt werden (§ 54). Das Verfahren bei der Verleihung ist in den §§ 64ff. geordnet; Verleihungsbehörde erster Instanz ist der Bezirksausschuß (§ 64), in zweiter Instanz entscheidet das Landeswasseramt (§ 76).

Das verliehene Recht ist im ordentlichen Rechtswege verfolgbar (§ 81). Es kann jedoch unter gewissen Umständen entzogen werden und zwar sowohl gegen Entschädigung (§ 84) als auch ohne eine solche (§ 85).

Rechte, die der Verleihung nicht zugänglich sind, stehen einem verliehenen gleich, wenn sie gemäß § 86 sichergestellt sind.

Bestehen mehrere Benutzungsrechte an einem Wasserlaufe nebeneinander, so wird es häufig zu Konflikten bei Ausübung derselben kommen. Um diese zu vermeiden, sieht das Gesetz in den §§ 87—90 ein Ausgleichungsverfahren vor, in welchem Maß, Zeit und Art der Benutzung für jeden der Berechtigten festgesetzt wird.

Von den verschiedenen Benutzungsarten eines Wasserlaufs läßt das Gesetz eine besondere Behandlung der Benutzung vermittels Stauanlagen zuteil werden (§§ 91—112). Die Stauhöhe bei ihnen wird durch eine Staumarke festgelegt, deren Setzung, Erhaltung usw. eingehend geregelt ist. Im übrigen sind Vorschriften über die Erhaltung, Sicherung, Befestigung und das Ablassen der Stauanlagen getroffen. Auch sind Zuschüsse bei den seitens des Staates und der Provinzen errichteten Stauanlagen von größerem Umfange vorgesehen (§ 104). Als solche kommen vor allem die Talsperren in Betracht, für welche mit Rücksicht auf ihre Bedeutung für die Allgemeinheit in den §§ 106—112 noch einige Sondervorschriften bezüglich ihrer Errichtung und Beaufsichtigung getroffen worden sind.

Eine Benutzung der Wasserläufe, wie sie den Erfordernissen einer geordneten Wasserwirtschaft entspricht, ist aber nur dann möglich, wenn die Wasserläufe auch ordnungsmäßig unterhalten werden. Die Unterhaltung der Wasserläufe nach bisherigem Rechte krankte vor allem an dem Mangel von geeigneten Trägern der Unterhaltungslast, insbesondere bei den Privatflüssen. Diesen Mangel beseitigt das Wassergesetz, indem es die Unterhaltung der natürlichen Wasserläufe zweiter Ordnung, die im allgemeinen dem Begriffe der bisherigen Privatflüsse entsprechen, grundsätzlich den eigens zu diesem Zwecke zu bildenden Wassergenossenschaften (vgl. §§ 206 ff.) überträgt, während bei den natürlichen Wasserläufen erster Ordnung, die sich im wesentlichen mit dem bisherigen Begriffe der Ströme decken, die Unterhaltung, wie auch nach geltendem Rechte dem Staate verbleibt (§ 115 Nr. 1 und 2). Die natürlichen Wasserläufe dritter Ordnung sowie die künstlichen Wasserläufe sind von den Eigentümern bzw. von den Anliegern zu unterhalten (§ 115 Nr. 3 und 4). Das Gesetz läßt jedoch dort, wo eigenartige sachliche oder örtliche Verhältnisse bestehen, eine anderweitige Regelung der Unterhaltungslast zu (§§ 116—118, vgl. a. § 125), auch werden bestehende Unterhaltungspflichten in weitgehendem Umfange aufrechterhalten (§§ 126 ff.).

Der vierte Titel enthält aber nicht nur Bestimmungen über die Unterhaltung der Wasserläufe, die hauptsächlich in der Erhaltung der Vorflut, bei Wasserläufen erster Ordnung auch der Schiffahrt besteht (§ 114), sondern auch über die Unterhaltung der Ufer. Die Beschaffenheit der Ufer muß eine solche sein, daß sie keine Hindernisse für die Vorflut bilden. Ihre Erhaltung in einem dementsprechenden Zustande liegt hauptsächlich dem zur Unterhaltung des Wasserlaufs Verpflichteten ob (§ 119), während den Eigentümern der Ufergrundstücke nur gewisse Uferarbeiten einfacherer Art auferlegt sind (§ 120).

Um den Unterhaltungspflichtigen die Ausführung der erforderlichen Arbeiten zu erleichtern, ist ihnen in den §§ 135—144 eine Anzahl von Rechten gegenüber den Anliegern gegeben, die sich vor allem auf die Benutzung der Ufergrundstücke zu Vorarbeiten, Beschaffung und Lagerung von Materialien beziehen.

Privatrechtliche Vereinbarungen bezüglich der Unterhaltung sind zulässig (§ 113 Abs. 2, 121).

Die für die Anordnung der Unterhaltungsarbeiten im einzelnen zuständigen Behörden bestimmt § 133. Streitigkeiten über die Unterhaltungslast werden im Verwaltungsstreitverfahren entschieden (§ 148).

Den Erfordernissen einer gedeihlichen Wasserwirtschaft ist jedoch nicht schon dann genügt, wenn die Wasserläufe und ihre Ufer in einem ordnungsmäßigen Zustande erhalten werden, ihre fortschreitende Entwicklung erfordert vielmehr auch die Vornahme von Verbesserungen an diesen. Diesen sog. Ausbau sucht das Wassergesetz nach Möglichkeit zu fördern, indem es hierfür ein besonderes vereinfachtes Verfahren zuläßt, über welches sich die §§ 163—171 verhalten; eine weitere Vereinfachung des Verfahrens kann gemäß § 173 bei Ausbauarbeiten von geringerer Bedeutung (§ 153 Nr. 2) gestattet werden.

Die wichtigsten Aufgaben des Ausbaus sind in § 153 Nr. 1 aufgezählt. Zu ihrer Vornahme sind jedoch nur der Staat und andere öffentlichrechtliche Körperschaften sowie die Wassergenossenschaften befugt (§ 155). Zur Verhütung von Nachteilen für die Anlieger hat der Ausbauberechtigte, ähnlich wie bei der Verleihung, die erforderlichen Einrichtungen zu treffen und, soweit solche nicht tunlich sind, Entschädigung zu leisten (§§ 156ff.).

An sich besteht nur ein Recht zum Ausbau. Da aber der Ausbau von natürlichen Wasserläufen zweiter Ordnung häufig im Interesse der Allgemeinheit liegen wird, setzt der sechste Titel für die zu ihrer Unterhaltung Verpflichteten auch eine Ausbaupflicht fest. Die Ausübung eines dahingehenden Zwanges durch die Wasserpolizeibehörde ist aber regelmäßig nur zulässig, wenn der Staat und die Provinzen sich an den Kosten eines solchen Ausbaus in der in dem § 177 näher angegebenen Weise beteiligen.

Um die Kenntnisnahme der an den Wasserläufen bestehenden Rechte zu ermöglichen, schreibt das Wassergesetz die Einrichtung von Wasserbüchern vor. Über die einzutragenden Rechte verhält sich § 182; ferner muß gemäß § 380 die Eintragung der nach § 379 aufrechterhaltenen Rechte in sie binnen 10 Jahren bei Gefahr des Verlustes erfolgen.

Die Wasserbücher werden vom Bezirksausschuß geführt (Wasserbuchbehörde, § 183). Die Eintragungen erfolgen bei den von Behörden begründeten Rechten auf Antrag der erstinstanzlichen Behörde (§ 185), bei den noch aufrechterhaltenen Rechten auf Antrag des Berechtigten (§ 186). Die Voraussetzungen der Anträge der letzteren sowie der Eintragung und von Berichtigungen derselben sind in den §§ 186—188, 191 und 192 näher geregelt. Die Eintragung im Wasserbuche hat die Wirkung, daß sie bis zum Beweise des Gegenteils als richtig gilt (§ 190).

Neben den Wasserbüchern sollen zur Förderung der Gewässerkunde für die Wasserläufe erster und zweiter Ordnung Beschreibungen angelegt werden, die einen Überblick über die Beschaffenheit, den Abflußvorgang und die Wasserwirtschaft der Wasserläufe geben (§ 194).

Den Gegensatz zu den Wasserläufen bilden die Gewässer, die nicht zu den Wasserläufen gehören. Über diese sind in dem zweiten Abschnitte des Wassergesetzes (§§ 196—205) Bestimmungen getroffen. Sie regeln zunächst das Verfügungsrecht des Grundstückseigentümers über das auf oder unter der Oberfläche seines Grundstückes befindliche Wasser (§ 196), ferner die Rechtsstellung desselben und der Eigentümer der tieferliegenden Grundstücke bezüglich des wildabfließenden Wassers (§§ 197, 198). Von erheblicher Bedeutung, insbesondere auch, weil sie zum ersten Male eine gesetzliche Regelung dieser Materie für Preußen bringen, sind die Vorschriften über die Benutzung der nicht zu den Wasserläufen gehörenden Seen und die Zutageförderung des unterirdischen Wassers (§§ 199 ff.). Das bisher an diesen Gewässern bestehende freie Verfügungsrecht des Eigentümers ist wesentlich eingeschränkt worden und zwar hauptsächlich im Interesse der Verhütung einer für andere nachteiligen Veränderung des Wasserstandes, des Grundwasserstandes und einer Verunreinigung dieser Gewässer. Die Befreiung von diesen Beschränkungen kann in einem dem Verleihungsverfahren nachgebildeten Verfahren erreicht werden, ebenso ist ein Ausgleichungsverfahren zulässig (§ 203).

Wegen der beim Inkrafttreten des Wassergesetzes bestehenden Rechte bezüglich der Gewässer dieser Abschnitte vgl. § 379.

Im dritten Abschnitte des Wassergesetzes sind die bereits erwähnten Wassergenossenschaften behandelt. Die Zwecke, zu denen sie gebildet werden können, sind gegenüber dem bisher geltenden Wassergenossenschaftsgesetze von 1879 wesentlich erweitert und in § 206 aufgezählt. Ihre Bildung kann erfolgen durch einstimmigen Beschluß der Beteiligten, durch Mehrheitsbeschluß unter zwangsweiser Heranziehung der Minderheit oder vermittels Zwanges, auch gegen den Willen der Mehrheit (§ 207). Über die Ausgestaltung der Wassergenossenschaften im einzelnen, ihren Sitz, ihre Rechts- und Verfügungsfähigkeit, Mitglieder, Vorstand, Satzung, Beiträge, Wirtschaftsführung, Beaufsichtigung durch die Behörden sowie über die Entscheidung von Streitigkeiten innerhalb derselben enthalten die §§ 208 ff. eingehende Vorschriften. Ebenso ist das bei der Bildung einer Genossenschaft zu beobachtende Verfahren sowie ihre Auflösung und Liquidation (§§ 248 ff., 278 ff.) Gegenstand einer Reihe von ins einzelne gehenden Bestimmungen.

Besonders behandelt sind mit Rücksicht auf ihre Eigenart die Genossenschaften mit Zulässigkeit des Beitrittszwanges (§§ 238 ff.) und die Zwangsgenossenschaften (§§ 245 ff.).

Ebenso wie die Vorschriften über die Wassergenossenschaften ist auch der vierte Abschnitt des Wassergesetzes betr. die Verhütung von Hochwassergefahr (§§ 284—329) im wesentlichen dem bisherigen Rechte, nämlich dem Deichgesetze von 1848 und dem Hochwasserschutzgesetze von 1905 entnommen. Durch die Vorschriften dieses Abschnittes werden die Eigentümer der im Hochwasserabflußgebiete gelegenen Grundstücke im Interesse des Schutzes gegen Hochwassergefahren einer Reihe polizeilicher Beschränkungen unterworfen (§ 284). Auch ist Vorsorge getroffen, daß das Überschwemmungsgebiet von Abflußhindernissen freigehalten (§§ 285ff.) und in Erweiterung des geltenden Rechts auch freigelegt (§§ 292ff.) wird. Besonderer Wert ist auf die Erhaltung der vornehmlich dem Hochwasserschutze dienenden Deiche gelegt und daher die Bildung von Deichverbänden zu diesen Zwecken möglichst gefördert. Die sie betreffenden Vorschriften der §§ 294ff. enthalten eine eingehende Regelung über die Zwecke, das Verfahren bei ihrer Bildung, ihre Ausgestaltung im einzelnen und ihre Beaufsichtigung durch die Behörden. Soweit keine Deichverbände gebildet sind, gelten für die Unterhaltung der Deiche die §§ 319ff.

Die Ausnutzung der Wasserkräfte bringt, wie bereits die vorstehenden Ausführungen ergeben, mannigfache Eingriffe in die Interessen und Rechte anderer mit sich, so z. B. bei der Verleihung, dem Ausbau usw. Um aber auch denjenigen wasserwirtschaftlichen Unternehmungen, denen die Verleihung nicht zugänglich ist, derartige Eingriffe zu ermöglichen, hat das Wassergesetz das zum Teil schon im bisherigen Rechte bestehende Institut der Zwangsrechte in den §§ 330—341 ausgestaltet. Den Inhalt dieser Zwangsrechte kann die Benutzung fremder Grundstücke für die Veränderungen eines Wasserlaufes sowie die Durchleitung von Wasser zu Zwecken der Ent- und Bewässerung, der Abwässerableitung und die Wasserbeschaffung (§§ 331, 332), ferner für den Anschluß einer Stauanlage an das Ufer (§ 334) gegen Entschädigung (§ 337) bilden. Auch ist der Eigentümer eines Wasserlaufs verpflichtet, die Errichtung einfacherer Anlagen zur Ausübung des Gemeingebrauchs zu dulden (§ 333). Schließlich ist die Entziehung oder Beschränkung von Staurechten im öffentlichen Interesse gestattet (§ 338). Das bei dem Erwerb solcher Zwangsrechte zu beobachtende Verfahren ist in § 340 geregelt.

Die Überwachung der Benutzung der Gewässer ist den Wasserpolizeibehörden (§§ 342—355) übertragen. Diese bilden regelmäßig bei den Wasserläufen erster Ordnung der Regierungspräsident, bei den Wasserläufen zweiter Ordnung und den nicht zu den Wasserläufen gehörenden Gewässer der Landrat bzw. die Ortspolizeibehörde (§ 342), jedoch ist eine Übertragung an andere Behörden in gewissem Umfange gestattet (§§ 343—345). Über die Rechtsmittel gegen wasserpolizeiliche Verfügungen enthalten der § 347, über den Erlaß von Wasserpolizeiverordnungen die §§ 348ff. nähere Bestimmungen.

Um die Beratung der Behörden auf dem Gebiete des Wasserrechts durch sachverständige Angehörige der beteiligten Kreise zu ermöglichen, sieht das Gesetz die Einrichtung von Schauämtern und Wasserbeiräten vor. Die Schauämter (§§ 356—366) werden für die einzelnen Wasserläufe zweiter oder dritter Ordnung oder für Stadt- und Landkreise bzw. Teile von solchen gebildet und haben die ordnungsmäßige Benutzung und Unterhaltung dieser Wasserläufe zu überwachen und von vorgefundenen Mißständen den Wasserpolizeibehörden Mitteilung zu machen (§§ 356—357); es kann ihnen aber auch die Befugnis übertragen werden, an Stelle dieser Behörde über die vorzunehmenden Unterhaltungsarbeiten zu entscheiden (§ 358). Die Bildung der Schauämter erfolgt durch eine Schauordnung, welche auch über ihre Zusammensetzung Bestimmungen zu treffen hat (§§ 356, 361). Die Wasserbeiräte (§§ 367—369) werden für den Umfang einer Provinz gebildet und haben die Aufgabe, in wichtigeren wasserwirtschaftlichen Fragen die zuständigen Behörden gutachtlich zu beraten. Für ihre Zusammensetzung ist § 368 maßgebend.

Die §§ 370—373 enthalten die näheren Bestimmungen über das Landwasseramt, das als zweite Instanz schon bei der Verleihung erwähnt ist. Es besteht aus beamteten und Laienmitgliedern nach näherer Maßgabe des § 370.

Wie in fast allen Gesetzen sind auch im Wassergesetze Verstöße gegen eine Reihe von Vorschriften unter Strafe gestellt. Diese Strafbestimmungen finden sich in den §§ 374—378. Sie bedrohen mit Geld-, Haft- und Gefängnisstrafen diejenigen, welche gegen die Bestimmungen zur Verhütung von Hochwassergefahren (§ 374), über die Reinhaltung der Gewässer und die Erhaltung der Staumarken (§ 375) verstoßen.

Am Schlusse des Gesetzes findet sich, wie üblich, eine Reihe von Übergangs- und Schlußbestimmungen (§§ 379—401). Sie bestimmen, ob und inwieweit die beim Inkrafttreten des Wassergesetzes bestehende Rechte aufrechterhalten werden (§§ 379—382), wie zu diesem Zeitpunkte anhängige Sachen zu behandeln sind (§ 383). Ferner werden diejenigen wasserrechtlichen Vorschriften anderer Gesetze aufgezählt, welche das Wassergesetz unberührt läßt (§§ 387—397) sowie diejenigen, welche es außer Kraft setzt (§ 399).

Schließlich werden in den §§ 400, 401 über das Inkrafttreten und die Ausführung des Gesetzes Bestimmungen getroffen.

III. Das Verhältnis des Wassergesetzes zu den Reichsgesetzen.

Das Verhältnis des Wassergesetzes zu dem Bürgerlichen Gesetzbuche ergibt sich aus dem bereits unter I angeführten Art. 65 des Einf.-Ges. z. BGB. Soweit aber das Wassergesetz keine ausdrücklichen Vorschriften enthält, sind auch bei ihm, wie stets, die Bestimmungen des BGB. zur Ergänzung heranzuziehen.

Von sonstigen Reichsgesetzen kommt in wasserrechtlicher Hinsicht vor allem die Gewerbeordnung in Frage, die z. B. gewisse Anlagen zur Benutzung der Wasserläufe, Stauanlagen, Triebwerke usw. der gewerbepolizeilichen Genehmigung unterstellt. Hier gilt der Grundsatz, daß Eingriffe eines Landesgesetzes in ein Reichsgesetz, soweit sie nicht ausdrücklich gestattet sind, unzulässig sind. Soweit daher solche Anlagen durch die Gewerbepolizei genehmigt sind, kann ein Eingreifen der Wasserpolizeibehörden nicht stattfinden.

Gegenüberstellung der Bezeichnung der Paragraphen in den Materialien und in dem Gesetze.

Materialien §	Gesetz §	Materialien §	Gesetz §	Materialien §	Gesetz §
1	1	39	39	73	78
2	2	40	40	74	79
3	3	41	41	75	80
4	4	42	42	76	81
5	5	43	43	77	82
6	6	44	44	78	83
7	7	45	45	79	84
8	8	46	46	80	85
9	9	47	47	81	86
10	10	48	48	82	87
11	11	49	49	83	88
12	weggefallen	50	50	84	89
13	12	51	51	85	90
14	13	52	52	86	91
15	14	53	53	87	92
16	15	54	54	88	93
17	16	55	55	89	94
18	17	55 a	56	90	95
19	18	55 b	57	91	96
20	19	55 c	58	92	97
21	20	56	59	92a	98
22	21	57	60	93	99
23	22	58	61	94	100
24	23	58 a	62	95	101
24 a	24	59	63	96	102
25	25	60	64	97	103
26	26	61	65	98	104
27	27	62	66	99	105
28	28	63	67	100	106
29	29	63 a	68	101	107
30	30	64	69	102	108
31	31	65	70	102a	109
32	32	66	71	103	110
33	33	67	72	104	111
34	34	68	73	105	112
35	35	69	74	106	weggefallen
36	36	70	75	107	113
37	37	71	76	108	114
38	38	72	77	109	115

Materialien §	Gesetz §	Materialien §	Gesetz §	Materialien §	Gesetz §
109a	116	157	170	201	223
109b	117	157a	171	202	224
109c	118	158	172	203	225
110	119	159	173	204	226
111	120	160	174	205	227
112	121	160I	175	206	228
112a	122	160a	176	207	229
113	123	160b	177	208	230
114	124	160c	178	209	231
115	125	160ca	179	210	232
116	126	160d	180	211	233
116a	127	160e	181	212	234
117	128	161	182	213	235
118	129	162	183	214	236
119	130	163	184	215	237
120	131	164	185	216	238
121	132	165	186	217	239
122	133	166	187	218	240
123	134	167	188	219	241
124	135	167a	189	220	242
125	136	168	190	221	243
126	137	169	191	222	244
127	138	170	192	223	245
128	139	171	193	224	246
129	140	172	weggefallen	224a	247
130	141	173	194	225	248
131	142	174	195	226	249
132	143	175	196	227	250
133	144	176	197	228	251
134	145	176a	198	229	252
135	146	177	199	230	253
136	147	178	200	231	254
137	148	179	201	232	255
137a	149	180	202	233	256
138	150	181	203	234	257
139	151	182	204	235	258
140	152	183	205	236	259
141	153	184	206	237	260
141a	154	185	207	238	261
142	155	186	208	239	262
143	156	187	209	240	263
144	157	188	210	241	264
145	158	189	211	242	265
146	159	190	212	243	266
147	160	191	213	244	267
148	161	192	214	245	268
149	162	193	215	246	269
150	163	194	216	247	270
151	164	195	217	248	271
152	165	196	218	249	272
153	166	197	219	250	273
154	167	198	220	251	274
155	168	199	221	252	275
156	169	200	222	253	276

Materialien §	Gesetz §	Materialien §	Gesetz §	Materialien §	Gesetz §
254	277	296	319	335	361
255	278	297	320	336	362
256	279	298	321	337	363
257	280	299	322	338	364
258	281	300	323	339	365
259	282	301	324	340	366
260	283	302	325	341	weggefallen
261	284	303	326	342	367
262	285	304	327	343	368
263	286	305	328	344	369
264	287	306	329	344a	370
265	288	307	330	344b	371
266	289	308	331	344c	372
267	290	309	332	344d	373
268	291	309a	333	345	374
269	292	310	weggefallen	346	375
270	293	311	334	346a	376
271	weggefallen	312	335	347	377
272	294	313	336	348	378
273	295	313a	337	349	379
274	296	314	338	350	380
275	297	315	339	350a	381
276	298	316	340	350b	382
277	299	316a	341	351	383
278	300	317	342	352	384
279	301	318	343	353	385
280	302	319	344	354	386
281	303	320	345	355	387
282	304	321	346	355a	388
283	305	322	347	355b	389
284	306	323	348	355c	390
285	307	323a	349	356	391
286	308	324	350	357	392
287	309	325	351	358	393
288	310	326	352	359	394
289	311	327	353	359a	395
290	312	328	354	360	396
290a	313	329	355	361	397
291	314	330	356	362	398
292	315	331	357	363	399
293	316	332	358	364	400
294	317	333	359	365	401
295	318	334	360		

Wir Wilhelm, von Gottes Gnaden König von Preußen usw. verordnen mit Zustimmung der beiden Häuser des Landtags der Monarchie, was folgt:

Erster Abschnitt.[1]

Wasserläufe.

Die Gewässer unterliegen, soweit nicht in dem Wassergesetze, z. B. in § 13, ein anderes bestimmt ist, den für Grundstücke geltenden Vorschriften des allgemeinen bürgerlichen Rechts. Dies ist in dem Gesetze nicht besonders zum Ausdruck gebracht worden, da nach allgemeiner Auffassung die Gewässer als Grundstücke im Sinne dieser Bestimmungen anzusehen sind (vgl. § 90 GBO., Art. 1 der Verordnung, betr. das Grundbuchwesen, vom 13. Nov. 1899; RG. Bd. 53 S. 98), Begr. S. 47.

Erster Titel.

Begriff und Arten der Wasserläufe.

1. Nach bisherigem Rechte waren für die Einteilung der Wasserläufe in Klassen in den drei Rechtsgebieten der preußischen Monarchie verschiedene Begriffsmerkmale maßgebend. Während nach ALR. und code civil die Bedeutung der natürlichen Wasserläufe für den Schiffsverkehr entscheidend war und dementsprechend das ALR. (§ 21 T. II Tit. 14, §§ 38 ff. T. II Tit. 15) die von Natur schiffbaren Ströme, der code civil (Art. 538) diejenigen Ströme und Flüsse, die schiffbar und flößbar sind, als öffentliche, alle anderen als Privatflüsse bezeichnete, war es im Gebiete des gemeinen Rechts streitig, welche Flüsse als öffentliche zu gelten hatten, indem die einen alle beständig fließenden Gewässer (flumina perennia) ohne Rücksicht auf die Größe, andere nur die größeren beständig fließenden Gewässer, die Flüsse im Gegensatze zu den Bächen, eine dritte Auffassung, welcher sich neuerdings auch das OVG. in einem Urteile vom 5. April 1909 (Preuß. Verw. Bl., 30. Jahrgg., S. 731) angeschlossen hat, die von Natur oder durch künstliche Maßnahmen schiffbaren Flüsse zu den öffentlichen zählte, Begr. S. 8, KB. AH. S. 2 ff.; vgl. a. Nieberding-Frank S. 57 ff.

Hauptsächlich mit Rücksicht auf diese unklaren rechtlichen Verhältnisse hat das Wassergesetz die Unterscheidung nach diesen begriffstechnischen Merkmalen aufgegeben und seiner Einteilung der Wasserläufe in drei Ordnungen lediglich ihre mehr oder weniger erhebliche Bedeutung für die allgemeine Wasserwirtschaft, also rein praktisch-

[1] Die in eckigen Klammern beigefügten Ziffern bezeichnen die Nummern der §§ in den Materialien und sind zur leichteren Benutzung dieser an den zweckmäßig erscheinenden Stellen beigefügt, vgl. auch die Gegenüberstellung am Schlusse der Einleitung.

schematische Gesichtspunkte zugrunde gelegt, wie dies des näheren in den Anm. zu § 1 erörtert ist; vgl. a. Begr. S. 8.

2. Abgesehen von dieser Einteilung der Wasserläufe in drei Ordnungen unterscheidet das Gesetz aber auch zwischen den natürlichen und künstlichen Wasserläufen (vgl. über diese Unterscheidung § 1 Anm. 2, § 2 Anm. 4). Diese werden in vielfacher Hinsicht verschieden behandelt, so z. B. gelten die weitgehenden Einschränkungen der §§ 27, 28, 135—144 nur für die Anlieger an einem natürlichen, nicht auch für die an einem künstlichen Wasserlaufe, die Vorschriften über den Gemeingebrauch (§ 25, vgl. aber Abs. 6) gelten in erster Linie nur für die natürlichen Wasserläufe, die Verleihung eines Rechts zur Benutzung eines Wasserlaufs ist bei künstlichen Wasserläufen bei Widerspruch des Eigentümers ohne weiteres zu versagen (§ 49 Abs. 2) usw., Begr. S. 53.

3. Die §§ 1, 2, 4—6 treten sofort mit der Verkündung des Gesetzes in Kraft (vgl. § 400 und die Anm. dazu).

§ 1.

(1) Wasserläufe sind die Gewässer, die in natürlichen oder künstlichen Betten beständig oder zeitweilig oberirdisch abfließen, einschließlich ihrer oberirdischen Quellen und der Seen — Teiche, Weiher und ähnlicher Wasseransammlungen —, aus denen sie abfließen, sowie ihrer etwa unterirdisch verlaufenden Strecken (natürliche, künstliche Wasserläufe).

(2) Grundstücke, die zur Fischzucht oder Fischhaltung oder zu sonstigen Zwecken mit Wasser bespannt werden und mit einem Wasserlauf nur dadurch in Verbindung stehen, daß sie mittelst künstlicher Vorrichtungen aus dem Wasserlaufe gefüllt oder in einen solchen abgelassen werden, gelten nicht als Wasserläufe.

(3) Gräben gelten als Wasserläufe nur insoweit, als sie der Vorflut der Grundstücke verschiedener Eigentümer dienen. Seen, aus denen nur künstliche Wasserläufe abfließen, gelten nicht als Wasserläufe, soweit nicht die Wasserlaufsverzeichnisse etwas anderes bestimmen. Triebwerkskanäle (Mühlgräben und dergleichen) und Bewässerungskanäle gelten, soweit sie als Wasserläufe anzusehen sind, im Zweifel als künstliche Wasserläufe.

(4) Ein natürlicher Wasserlauf gilt als solcher auch nach einer künstlichen Veränderung.

1. Das Gesetz unterscheidet zwischen „Wasserläufen", die es im ersten Abschnitt (§ 1 ff.) behandelt, und den „Gewässern, die nicht zu den Wasserläufen gehören", deren Rechtsverhältnisse in dem zweiten Abschnitte (§§ 196 [175] ff.) geregelt sind.

Die größere Bedeutung für die wirtschaftlichen Interessen des einzelnen und der Allgemeinheit kommt den Gewässern zu, welche nicht an einer bestimmten Örtlichkeit festgehalten werden, sondern fließend größere Gebiete berühren. Diese Gewässer bezeichnet das Gesetz als „Wasserläufe" oder nach dem Wortlaute des Gesetzes als „Gewässer, die in natürlichen oder künstlichen Betten beständig oder zeitweilig oberirdisch abfließen". Den Wasserläufen sind alle übrigen Gewässer, namentlich die wild, d. h. ohne an bestimmte Betten (äußerlich erkennbare Gerinne) gebunden zu sein, abfließenden Gewässer, die Seen ohne oberirdischen Abfluß und die unterirdischen Gewässer (§§ 196 ff.), gegenübergestellt.

Die Wasserläufe sind von besonderer Wichtigkeit für die Allgemeinheit, weil sie zur Aufnahme und Regelung des allgemeinen Wasserabflusses bestimmt sind. Aus diesem Grunde muß auch besonderer Wert auf ihre Unterhaltung gelegt werden.

Vgl. zu Vorstehendem Begr. S. 7.

2. Die Wasserläufe selbst zerfallen wiederum in „natürliche" und „künstliche" Wasserläufe. Das Unterscheidungsmerkmal zwischen diesen beiden Kategorien bildet gemäß § 1 Abs. 1 die Tatsache, ob sie in natürlichen oder in künstlichen Betten abfließen, Begr. S. 48; Näheres s. in Anm. 4 zu § 2.

3. Das wichtigste Begriffsmerkmal für einen Wasserlauf im Sinne des Wassergesetzes bildet der dauernde oder zeitweise oberirdische Abfluß. Es ist also unerheblich, ob der Abfluß ständig oder nur in gewissen Zwischenräumen stattfindet. Zeitweiliges Versiegen bei besonderer Trockenheit oder zu gewissen Jahreszeiten nimmt daher einem Gewässer die Eigenschaft als Wasserlauf nicht. Ebensowenig ist es von Bedeutung, ob das Gewässer eine bestimmte, gleichmäßig fließende Wassermenge hat oder ob der Abfluß zu bestimmten, regelmäßig wiederkehrenden Zeiten im Jahre erfolgt. Entscheidend ist allein die Tatsache, daß ein Abfluß nicht nur einmal oder bei ungewöhnlichen Naturereignissen, sondern bei zeitweilig, wenn auch unregelmäßig wiederkehrenden Verhältnissen stattfindet, z. B. aus Anlaß der Schneeschmelze oder stärkerer Niederschläge. Es gehört daher auch z. B. ein zur Aufnahme des Hochwassers dienender Umfluter zu den Wasserläufen, obwohl derselbe, falls kein Hochwasser eintritt, Jahre lang trocken liegen kann.

Nicht erforderlich ist ferner ein oberirdischer Zufluß, es genügt vielmehr die Speisung durch unterirdische Quellen oder atmosphärische Niederschläge. Über das zum Teil abweichende bisherige Recht in dieser Beziehung vgl. Nieberding-Frank S. 60.

Auch unterirdisch verlaufende Strecken eines Wasserlaufes gehören zu den Wasserläufen im Sinne dieses Gesetzes, da sie mit den oberirdisch verlaufenden Strecken ein untrennbares Ganzes bilden, solche Strecken haben z. B. die Oker, die Alme, die Hönne. Dagegen gehören Wasserzüge, welche gänzlich unterirdisch verlaufen, nicht zu den Wasserläufen, auch dann nicht, wenn sie in festumgrenzten, bettartigen Höhlungen fließen, sondern zu den im zweiten Abschnitte behandelten übrigen Gewässern, Begr. S. 48.

4. Als Teil der Wasserläufe gelten auch ihre oberirdischen Quellen, soweit sie bei ihrem Zutagetreten sofort in einer sichtbaren Wasserrinne (Bett) abfließen; sie gehören also dem Eigentümer des Wasserlaufes als dessen wesentliche Bestandteile. Diese Regelung entspricht dem für das preußische Recht geltenden

Rechtszustande) vgl. § 1 des Privatflußgesetzes i. V. m. § 99 T. I Tit. 8 ALR; Urt. des RG., Entsch. Bd. 16 S. 230, Bd. 27 S. 328; Nieberding-Frank S. 60, vgl. auch württemb. Wasserges. Art. 2), während nach dem gemeinen Rechte (vgl. Urt. des RG. Entsch. Bd. 12 S. 183, Bd. 36 S. 185) und im Anschluß daran nach Art 16 des bayr., sowie § 1 des sächs. Wasserges. die Quelle bis zum Verlassen des Quellgrundstückes als dessen Zubehör gilt und dem freien Verfügungsrechte des Grundstückseigentümers unterliegt.

Ein solches Verfügungsrecht des letzteren besteht, jedoch nur in einem durch die §§ 200—202 beschränkten Umfange, nach dem Wassergesetze nur solange, als die Quelle noch nicht zutage getreten ist.

Unterirdische Quellen gelten, auch wenn sie, wie z. B. häufig die beim Bergbau erschroteten Quellen, unter der Erde eine längere Strecke durchfließen, als Teil des Wasserlaufes erst von ihrem Zutagetreten, bei dem oben bezeichneten Falle von ihrem Austritte aus dem Stollenmundloche an, Begr. S. 48/9, KB. AH. S. 4, 6/7, Sten. B. AH. S. 8530/1.

5. Als Wasserläufe gelten schließlich Seen, Teiche, Weiher und ähnliche Wasseransammlungen, jedoch mit der Einschränkung in Abs. 3 Satz 2 (s. unten).

Voraussetzung der Zugehörigkeit dieser Gewässer zu den Wasserläufen ist aber stets, daß sie einen oberirdischen Abfluß in einem natürlich oder künstlich geschaffenen Bette haben, vgl. auch § 1 des Pribatflußges.; Nieberding-Frank S. 58. Nicht erforderlich ist, daß der See usw. von einem Wasserlaufe durchströmt wird, es gehört daher auch ein See, aus welchem ein Wasserlauf seinen Ursprung nimmt, zu den Wasserläufen, Begr. S. 48, KB. AH. S. 6. Dagegen wird z. B. ein Teich, der keinen Abfluß in einem Bette hat, sondern nur abgelassen, wird, nicht zu den Wasserläufen, sondern zu den Gewässern des zweiten Abschnitts (§§ 196 ff.) gerechnet.

Ob der Abfluß des Sees innerhalb oder außerhalb Preußens liegt, ist für seine Eigenschaft als Wasserlauf gleichgültig, KB. AH. S. 8/9.

Der Grund für die Aufnahme dieser Wasseransammlungen in den § 1 ist der, daß ihre Verunreinigung oder die Veränderung ihres Wasserstandes auf den Wasserlauf, in welchen sie abfließen, einwirkt, Begr. S. 48.

Gegen die Aufnahme solcher Seen usw. unter die Wasserläufe gemäß den Beschlüssen des Abgeordnetenhauses waren jedoch vielfache Bedenken geltend gemacht worden, die besonders dahin gingen, daß, wenn diese Gewässer ohne Einschränkung dem ersten Abschnitt unterständen, an ihnen in allen Fällen, also auch dann, wenn ihr Abfluß lediglich in einem künstlichen Graben oder einem Wasserlaufe dritter Ordnung bestände, der Gemeingebrauch, sowie der Erwerb von Rechten im Wege der Verleihung und von Zwangsrechten zulässig sei, daß dieses aber sowohl einen erheblichen Eingriff in das an ihnen, vor allem im Osten, bisher bestehende Privateigentum darstellen, als auch infolge der mit dem Gemeingebrauch verbundenen Abwässerzuleitung das Interesse der Allgemeinheit, welches dieselbe aus gesundheitlichen und sonstigen Rücksichten (z. B. zur Erhaltung der Fischzucht) gerade an der Reinhaltung solcher Gewässer, denen das reinigende fließende Wasser fehle, habe, gefährden würde. Aus diesen Gründen war in der Kommission des Herrenhauses der Antrag gestellt, solche Seen usw., aus welchen Gräben und Wasserläufe dritter Ordnung abfließen, von der Geltung als Wasserläufe auszuschließen, und von ihr in erster Lesung angenommen und dem § 1 Abs. 3 als Satz 2 hinzugefügt worden. In der zweiten Lesung wurde aber demgegenüber darauf hingewiesen, daß es allerdings aus den oben angegebenen Gründen gerechtfertigt sei, diese Gewässer den Vorschriften über den Gemeingebrauch, die Verleihung und die Zwangsrechte nicht in vollem Umfange zu unterwerfen, daß sich dieses aber zweckmäßiger durch entsprechende Zusätze bei den diesbezüglichen Bestimmungen erreichen lasse, während es sich nicht empfehle, diese Gewässer, insbesondere die Seen, aus welchen Wasserläufe dritter Ordnung abflössen, von der Geltung als Wasserläufe auszuschließen, da dann infolge der Ausschaltung der Wasserpolizeibehörden die Wahrung der Vorflutinteressen unmöglich gemacht werde. Auf Grund dieser Darlegungen haben die Kommission in zweiter Lesung, sowie das Herrenhaus selbst den Satz 2 des Abs. 3 dahin gefaßt, daß nur die Seen, aus denen lediglich künstliche Wasserläufe abfließen und wegen derer die Wasserlaufsverzeichnisse nicht etwas anderes bestimmen, nicht als Wasserläufe gelten, im übrigen aber durch entsprechende Abänderungen der §§ 25, 49 und 333 (vgl. die Anm. dort) den oben genannten Bedenken Rechnung getragen, KB. HH. S. 760 ff., Sten. B. HH. S. 992/3.

6. Eine besondere Behandlung haben in dem auf Grund der Beschlüsse der Kommission des Abgeordnetenhauses eingefügten Absatz 2 die Fischteiche erfahren. Die Anlage derselben kann in verschiedener Weise erfolgen: entweder man staut einen Wasserlauf in der Weise auf, daß das ganze Flußtal oder ein Teil desselben unter Wasser gesetzt wird, und hemmt gleichzeitig durch entsprechende Einrichtungen den natürlichen Zug der Fische oder es wird seitlich vom Wasserlaufe ein Bassin ausgehoben und diesem wird künstlich Wasser zugeführt, jedoch findet ein ständiger Zu- und Abfluß des Wassers nicht statt, oder aber es besteht eine fortgesetzte künstliche Verbindung eines derartigen Bassins mit dem Wasserlaufe und der dem Wasserabfluß dienende, sogenannte Mönch wirkt gleichzeitig als Wehr zur Erhaltung eines gewissen Wasserstandes des regelmäßig zuströmenden Wassers.

Um die lautgewordenen Zweifel, inwieweit so hergestellte Fischteiche zu den Wasserläufen gehören, (vgl. Baumert a. a. O. S. 36/7), zu beseitigen, ist der zweite Absatz eingefügt worden. Danach sind nur die in der zuerst angegebenen Weise angelegten Teiche zu den Wasserläufen zu rechnen, die sonstigen aber nicht, da hier kein Abfluß im Sinne des § 1 Abs. 1 vorhanden ist, KB. AH. S. 7/8, Sten. B. AH. S. 8528/9.

Um auch anderen der Fischzucht ähnlichen gewerblichen Betrieben die Vorteile des zweiten Absatzes zugänglich zu machen, sind ferner in ihn die Worte „oder zu sonstigen Zwecken" aufgenommen worden.

Vgl. ferner wegen der Fischteiche § 25 Abs. 3, sowie wegen des Einbringens von Fischfutter in die Wasserläufe § 19 Abs. 2.

7. Der dritte Absatz des § 1 behandelt die Gräben, d. h. die in einem, meistens künstlichen, Gerinne abfließenden unbedeutenden Gewässer. Sie dienen in der Mehrzahl der Fälle dem Interesse ihrer Eigentümer. Weitgehenderes Interesse an ihnen besteht nur insoweit, als sie der Vorflut (vgl. wegen dieses Begriffes § 41 Anm. 2) verschiedener Eigentümer dienen, nur insoweit sind sie daher auch nach dem Vorgange des § 100 T. I Tit. 8 ALR. den Wasserläufen zugeteilt worden, Begr. S. 49; vgl. a. Nieberding-Frank S. 121/2.

Alle übrigen Gräben, z. B. Gräben, welche der Eigentümer lediglich auf seinem Grund und Boden anlegt, ferner bloße Grenz- und Wegegräben, Fabrikabwässergräben sind keine Wasserläufe im Sinne des § 1, sondern unterstehen den §§ 196 [175] ff.; wegen der Aufrechterhaltung des geltenden Rechts für solche beim Inkrafttreten des Wassergesetzes bestehenden Gräben vgl. § 389.

8. Der zweite Satz des Abs. 3 war von der Kommission des AH. zunächst dem § 205 [183] als zweiter Absatz hinzugefügt worden, bei der endgültigen Redaktion wurde er an die jetzige Stelle gesetzt. Er stellt eine widerlegliche Beweisvermutung dafür auf, daß Triebwerkskanäle, insbesondere Mühlgräben und Bewässerungskanäle, soweit sie als Wasserläufe anzusehen sind, dies ist aber z. B. bei einem Mühlgraben, der nur den Mühlzwecken und nicht gleichzeitig der Vorflut (Satz 1) dient, nicht der Fall, im Zweifel als künstliche Wasserläufe gelten. Es ist also der Nachweis zulässig, daß ein solcher Kanal kein künstlich von Menschenhand angelegter ist, sondern von alters her als natürliche Abzweigung eines Wasserlaufes bestanden hat, mithin als Teil desselben gilt, KB. AH. S. 9, 10/11, 313—316, 511.

9. Das Meer und der Meeresstrand werden von dem Wassergesetze nicht berührt, das hierfür geltende Recht (ALR § 80 T. II Tit. 15) bleibt daher gemäß § 399 aufrechterhalten, KB. AH. S. 6; vgl. a. die Anm. zu § 399.

Dagegen gehören zu den Wasserläufen die an der Ostsee als „Haffe" bezeichneten Gewässer. Sie sind nach der Rechtsprechung des Reichsgerichts nicht ein Meeresteil, sondern ein zu den öffentlichen Strömen gehörendes, im Staatseigentum stehendes Stromausmündungsgebiet, Begr. S. 49/50, Nieberding-Frank S. 58.

10. Die Vorschrift des vierten Absatzes entspricht der Rechtsprechung des Reichsgerichts und Oberverwaltungsgerichts. Ein natürlicher Wasserlauf gilt danach auch dann noch als solcher, wenn seine wirtschaftliche Brauchbarkeit überwiegend auf künstlichen Verbesserungen beruht. Jedoch muß er als solcher bestehen bleiben; dies ist z. B. dann nicht der Fall, wenn er bei der Anlage eines Kanals in diesen einbezogen wird und als selbständiges Gewässer gänzlich verschwindet, Begr. S. 50.

Diese Bestimmung ist von Bedeutung für die Aufstellung des Verzeichnisses der Wasserläufe zweiter Ordnung gemäß § 2 Nr. 2, vor allem aber als Anhalt für die Rechtsprechung bei der Entscheidung der Frage, ob ein Wasserlauf dritter Ordnung ein natürlicher oder künstlicher ist, KB. AH. S. 6.

§ 2.

(1) Im Sinne dieses Gesetzes sind:

1. Wasserläufe erster Ordnung: die in dem anliegenden Verzeichnis unter I aufgeführten Strecken natürlicher und die dort unter II bezeichneten Strecken künstlicher Wasserläufe;
2. Wasserläufe zweiter Ordnung: die Strecken natürlicher und künstlicher Wasserläufe, die in dem nach § 4 aufzustellenden Verzeichnis eingetragen sind;
3. Wasserläufe dritter Ordnung: alle anderen Strecken natürlicher und künstlicher Wasserläufe.

(2) Natürliche Wasserläufe, die sich von einem natürlichen Wasserlauf abzweigen und wieder mit ihm vereinigen (Nebenarme) sowie Mündungsarme eines natürlichen Wasserlaufs sind der Ordnung zuzuzählen, welcher der Hauptwasserlauf an der Abzweigungsstelle angehört, wenn sich nicht aus der Anlage ein anderes ergibt oder nach § 3 Abs. 1 oder § 4 ein anderes bestimmt wird.

1. § 2 enthält die neue (vgl. Vorbem. z. ersten Titel) Einteilung der Wasserläufe in drei Ordnungen je nach ihrer mehr oder weniger großen Bedeutung für die allgemeine Wasserwirtschaft. Durch diese Regelung ist die Rechtssicherheit gegenüber dem früheren Rechtszustande, nach welchem grundsätzlich zwischen öffentlichen und nicht öffentlichen Wasserläufen, deren Begriff in den drei Hauptrechtsgebieten — des ALR., code civil und gemeinen Rechts — aber wieder ein verschiedener war, unterschieden wurde, wesentlich gefördert worden. Dadurch, daß durch die aufzustellenden Verzeichnisse der Wasserläufe erster und zweiter Ordnung (§ 2 Nr. 1 und 2) der Kreis sowohl dieser Wasserläufe, als auch der der dritten Ordnung, zu welchem alle nicht in diese Verzeichnisse aufgenommenen Wasserläufe gehören, fest umgrenzt wird, sind Zweifel und Rechtsstreitigkeiten über die Zugehörigkeit eines Wasserlaufes zu einer dieser drei Ordnungen nicht mehr möglich. Die Beseitigung derartiger Zweifel ist aber unerläßlich, da die Wasserläufe der drei Ordnungen z. B. hinsichtlich des Eigentums, der Unterhaltung, der zuständigen Wasserpolizeibehörden verschiedenen Bestimmungen unterliegen, Begr. S. 8, 58.

2. Welche Wasserläufe zu denen erster Ordnung gehören, bestimmt das Gesetz selbst in der ihm beigefügten Anlage, s. diese am Schluß des Gesetzes und die Anm. dazu. Maßgebend für die Zuteilung zu dieser Ordnung war im wesentlichen der bestehende Rechtszustand. Alle Wasserläufe, die danach als Binnenschiffahrtswege galten, sind ohne Rücksicht darauf, ob auf ihnen tatsächlich noch ein Schiffsverkehr stattfand, aufgenommen, dagegen die Wasserläufe, die bisher als Privatflüsse galten, meistenteils ausgeschaltet worden. Wo Zweifel über die

Zugehörigkeit bestanden, ist entscheidend gewesen, ob auf dem Wasserlaufe kraft öffentlichen Rechts ein Schiffsverkehr von größerer Bedeutung für die Allgemeinheit stattfindet oder nicht. Diente ein Wasserlauf nur dem Verkehre der Anlieger oder einiger weniger Interessenten, so ist er in das Verzeichnis der Wasserläufe erster Ordnung nicht aufgenommen worden; ebensowenig diejenigen Wasserläufe, welche dem Schiffsverkehr nur in zweiter Linie, in erster Linie aber der Vorflut dienten, z. B. die in Hannover und Schleswig-Holstein vorkommenden sogenannten „Tiefe" (vgl. Anm. 3 zu § 9); wegen der Benutzung derartiger Wasserläufe zu Schiffahrtszwecken vgl. § 35.

Von den künstlichen Wasserläufen sind diejenigen in das Verzeichnis der ersten Ordnung aufgenommen worden, die dem öffentlichen Schiffsverkehr zu dienen bestimmt sind, einerlei ob derselbe betrieben wird oder zurzeit ruht, Begr. S. 50—52.

3. Für die Wasserläufe erster Ordnung hatte das Abgeordnetenhaus die Ausdrücke: Ströme, bzw. Schiffahrtskanäle der Kürze halber beibehalten, die Kommission des Herrenhauses hat aber diese Ausdrücke überall beseitigt, weil die in das Verzeichnis der Wasserläufe erster Ordnung aufgenommenen Wasserläufe nicht in allen Fällen der Bedeutung, welchen das Wort „Strom" im Sprachgebrauche habe, entsprächen, KB. HH. S. 766 (zu § 9).

4. Für die Frage, ob ein Wasserlauf ein natürlicher oder ein künstlicher ist, welche in vielfachen Beziehungen von Bedeutung ist, vgl. Vorbem. 2 zum ersten Titel, ist entscheidend, ob er in einem natürlichen oder künstlichen Bette abfließt (vgl. § 1 Anm. 2). Bei Einschaltung eines Stücks künstlichen Wasserlaufs in einen natürlichen Wasserlauf behält der ganze Wasserlauf die Eigenschaft als natürlicher, ebenso bei künstlichen Veränderungen in demselben (§ 1 Abs. 4), es sei denn, daß der natürliche Wasserlauf durch Einbeziehung in einen künstlichen als natürlicher verschwindet (vgl. § 1 Anm. 10).

Künstliche Seitenkanäle zu natürlichen Wasserläufen gelten als künstliche Wasserläufe.

Seen, welche künstlich mit einem natürlichen Wasserlaufe verbunden sind, bleiben natürliche Wasserläufe, die Verbindungsstrecken sind dagegen als künstliche Wasserläufe zu betrachten; Seen, aus denen aber lediglich ein künstlicher Wasserlauf abfließt, gelten regelmäßig nicht als Wasserläufe (§ 1 Abs. 3 Satz 2).

Auch *Strecken* eines natürlichen Wasserlaufes sind unter die erste Ordnung aufgenommen, während andere Strecken desselben Wasserlaufs in die zweite oder auch dritte Ordnung gehören. Dies ist aber, um Verwirrungen zu vermeiden, immer nur in der Längen-, niemals in der Breitenausdehnung geschehen; die Eigenschaft als Wasserlauf beschränkt sich also nicht auf die eigentliche Fahrstraße für den Schiffsverkehr, sondern umfaßt den Wasserlauf in seiner ganzen Breite, einschließlich der von ihm gebildeten Windungen, Ausbuchtungen und *Seen*. Dies entspricht der geltenden Rechtsprechung, vgl. darüber Begr. S. 55.

Mündungsarme, d. h. Abzweigungen, welche sich mit dem Wasserlaufe nicht wieder vereinigen, sondern anderen Wasserläufen oder dem Meere zufließen, sowie Nebenarme, d. h. Abzweigungen, welche sich mit dem Wasserlaufe wieder vereinigen, sind Teile des Hauptwasserlaufes, von welchem sie ausgehen (§ 2 Abs. 2). Sind die Mündungs- und Nebenarme als solche ausdrücklich in den Verzeichnissen eingetragen, so bleibt ihre Zugehörigkeit zu der ersten bzw. zweiten Ordnung solange aufrechterhalten, als nicht eine Änderung diese Verzeichnisse auf Grund eines Gesetzes (§ 3), bzw. gemäß § 6 erfolgt; sind sie nicht besonders eingetragen, so entscheiden lediglich die tatsächlichen Verhältnisse, sie verlieren also ihre Eigenschaft als Mündungs- bzw. Nebenarm, falls ihr Zusammenhang mit dem Hauptwasserlauf fortfällt, KB. AH. S. 12. Zu ihnen gehören nicht gelegentlich mit Wasser angefüllte Bodensenkungen und Talmulden, die mit einem Wasserlaufe in Verbindung stehen, ebensowenig sogenannte „Altarme" oder „Altwasser", d. h. ehemalige vom Hauptwasserlaufe durchflossene Strecken, deren Verbindung mit diesem durch künstliche Maßnahmen oder natürliche Ereignisse (Senkung der Sohle des Hauptwasserlaufs) aufgehoben ist, vgl. a. OVG. Bd. 46 S. 315.

Für die Zugehörigkeit eines Nebenarms zu einer Ordnung ist ausschlaggebend, welcher Ordnung der Hauptwasserlauf an der Abzweigungsstelle, nicht aber dort, wo die Wiedervereinigung stattfindet, angehört (§ 2 Abs. 2). Ausnahmen hiervon können durch ein gemäß § 3 Abs. 1 zu erlassendes Gesetz oder in dem nach § 4 aufzustellenden Verzeichnis der Wasserläufe zweiter Ordnung festgesetzt werden.

Ob Häfen und Liegestellen Teile der natürlichen Wasserläufe bilden oder nicht, ist regelmäßig nach Lage des einzelnen Falles zu beurteilen. Sie müssen als seine Teile gelten, wenn sie innerhalb des Strombettes liegen, also nicht über die Uferlinie (§ 12 [13]) hinausgehen und lediglich durch einen Ausbau der Stromufer zu Häfen geworden sind, ebenso wenn sie sich nur als eine Erweiterung des Strombettes darstellen, z. B. die Rheinhäfen in Cöln, dagegen nicht solche Häfen, die mit dem Wasserlaufe durch einen Stichkanal verbunden sind; diese sind überhaupt keine Wasserläufe im Sinne des Gesetzes, unterfallen vielmehr dem zweiten Abschnitte (§§ 196 [175] ff.); soweit aus einem solchen Hafen jedoch Wasser in den Wasserlauf abgeleitet oder demselben aus dem Wasserlaufe zugeführt wird, stellt dieses eine dem § 40 unterstehende Benutzung des Wasserlaufes dar, Begr. S. 53—57. Wegen des Eigentums an den Häfen vgl. § 7 Anm. 2, wegen der Verleihung des Rechts zur Anlage solcher Einrichtungen s. § 46 Nr. 2 und 3, wegen der Wasserpolizei bei Häfen an Wasserläufen erster Ordnung s. § 351.

Wo ein Wasserlauf in das Meer einmündet, ist die Grenze zwischen Wasserlauf und Meer auf beiden Ufern in dem dem Gesetze beigefügten Verzeichnisse so genau wie möglich bezeichnet worden, KB. AH. S. 10.

5. Die nach Ausscheidung der Wasserläufe erster Ordnung verbleibenden Wasserläufe bilden die der zweiten und dritten Ordnung.

Von diesen gehören in die zweite Ordnung diejenigen, welche für die Wasserwirtschaft von größerer Bedeutung sind; dieser Gesichtspunkt ist in erster Linie maßgebend, nicht etwa die Größe und Wassermenge des betreffenden Wasserlaufs. Seine Bedeutung für die Wasserwirtschaft ist nach dem größeren oder geringeren Umfange der an seiner Ausnutzung Beteiligten, dem Kreise der durch Einwirkung in seine bestehenden Verhältnisse, z. B. durch die Ableitung von Abwässern, Betroffenen, seiner mehr oder minder schwierigen Unterhaltung zu beurteilen. Wasserläufe, welche die Grenze einer Gemarkung nicht überschreiten, werden in der Regel der dritten Ordnung zuzuteilen sein, Begr. S. 57, KB. AH. S. 191.

Nach diesen Gesichtspunkten ist das Verzeichnis der Wasserläufe zweiter Ordnung gemäß § 4 aufzustellen, wobei auch die streckenweise Zuteilung an die zweite, bzw. dritte Ordnung zulässig ist. (§ 4 Abs. 2.)

§ 3.

(1) Das Verzeichnis der Wasserläufe erster Ordnung kann nur durch Gesetz geändert werden.

(2) Wird infolge einer solchen Änderung jemand in der Ausübung eines Rechtes am Wasserlauf beeinträchtigt oder ein Grundstück beschädigt, so ist dem Benachteiligten Entschädigung vom Staate zu gewähren. Über die Entschädigung beschließt im Streitfall der Bezirksausschuß. Der Beschluß kann binnen drei Monaten nach der Zustellung im Rechtswege angefochten werden. Auf die Entschädigung ist der Vorteil anzurechnen, der dem Benachteiligten aus der Versetzung des Wasserlaufs in eine andere Ordnung erwächst, soweit dieser Vorteil nicht bereits nach § 11 Satz 3 oder § 131 Satz 2 angerechnet worden ist.

1. Es kann sich nach Inkrafttreten des Wassergesetzes die Notwendigkeit herausstellen, das Verzeichnis der Wasserläufe erster Ordnung abzuändern, und zwar entweder durch Aufnahme eines bisherigen Wasserlaufes zweiter oder dritter Ordnung in das Verzeichnis der Wasserläufe erster Ordnung oder durch Versetzung eines bisherigen Wasserlaufes erster Ordnung in die zweite oder dritte Ordnung.

2. Zur Abänderung des Verzeichnisses der Wasserläufe erster Ordnung bedarf es in jedem einzelnen Falle eines besonderen Gesetzes. Hierfür eine Königliche Verordnung genügen zu lassen, wie dies der Entwurf vorsah, erschien nicht angängig, da es sich dabei um eine Beeinträchtigung wohlerworbener Rechte handele und eine solche nur in einem geordneten Verfahren unter Wahrung aller Privatinteressen erfolgen könne, KB. AH. S. 11/12.

3. Wird durch eine Abänderung des Verzeichnisses gemäß Abs. 1 jemand in der Ausübung eines Rechtes am Wasserlaufe beeinträchtigt oder ein Grundstück beschädigt, so ist gemäß Abs. 2 dem Benachteiligten Entschädigung aus der Staatskasse zu gewähren, und zwar muß dieselbe eine vollständige sein, KB. AH. S. 12, vgl. auch § 45

wegen der Entschädigung für die entzogene Benutzungsmöglichkeit. Im Streitfalle beschließt über dieselbe der Bezirksausschuß, gegen dessen Entscheidung binnen drei Monaten nach Zustellung der ordentliche Rechtsweg beschritten werden kann.

Da nun andrerseits die Versetzung eines Wasserlaufs in die erste Ordnung Vorteile für den Entschädigungsberechtigten, z. B. durch Fortfall der ihm obliegenden Unterhaltungslast, vgl. § 115, haben kann, so entspricht es nur der Billigkeit, daß solche Vorteile auf die Entschädigung angerechnet werden, Abs. 2 Satz 4.

4. Wird ein Wasserlauf erster Ordnung in die zweite oder dritte Ordnung versetzt, so fällt der Gemeingebrauch zur Schiffahrt und Flößerei, § 26, fort, und zwar ohne daß für diese Entziehung Entschädigung beansprucht werden kann, da der Gemeingebrauch kein Recht am Wasserlaufe darstellt, s. jedoch die §§ 35 i. V. m. § 31 über die Benutzung von Wasserläufen zweiter und dritter Ordnung für den Verkehr, Begr. S. 54.

5. Wegen der Eigentumsverhältnisse an den Wasserläufen bei solchen Versetzungen vgl. § 11.

§ 4.

(1) Das Verzeichnis der Wasserläufe zweiter Ordnung stellt der Oberpräsident — für die Hohenzollernsche Lande der Regierungspräsident — auf.

(2) In dieses Verzeichnis sind die nicht zur ersten Ordnung gehörenden Strecken natürlicher und künstlicher Wasserläufe aufzunehmen, die für die Wasserwirtschaft von größerer Bedeutung sind. Dabei sind die natürlichen von den künstlichen Wasserläufen getrennt aufzuführen.

Die Aufstellung des Verzeichnisses der Wasserläufe zweiter Ordnung ist dem Oberpräsidenten bzw. für die Hohenzollernschen Lande dem Regierungspräsidenten übertragen.

Die Gesichtspunkte, nach welchen dieses Verzeichnis aufzustellen ist, sind bereits in der Anm. 5 zu § 2 angegeben worden.

§ 5.

(1) Das Verzeichnis wird in den beteiligten Bezirken öffentlich ausgelegt. Die Auslegung ist in ortsüblicher Weise und, wenn Landkreise beteiligt sind, auch durch die Kreisblätter bekannt zu machen. Innerhalb einer vom Oberpräsidenten (Regierungspräsidenten) zu bestimmenden Frist von mindestens sechs Wochen nach der letzten Bekanntmachung können Einwendungen gegen das Verzeichnis erhoben werden. Die Frist sowie die Stelle, bei der die Einwendungen anzubringen sind, ist in der Bekanntmachung zu bestimmen.

(2) Über die rechtzeitig erhobenen, mit den Beteiligten zu erörternden Einwendungen beschließt der Provinzialrat, in den

Hohenzollernschen Landen der Bezirksausschuß. Gegen den Beschluß ist innerhalb zwei Wochen die Beschwerde an den Minister für Landwirtschaft, Domänen und Forsten zulässig. Die Beschwerde steht auch dem Oberpräsidenten (Regierungspräsidenten) zu.

(3) Nach Erledigung der Einwendungen oder fruchtlosem Ablauf der Frist stellt der Oberpräsident (Regierungspräsident) das Verzeichnis endgültig fest. Die Feststellung ist durch die Amtsblätter der beteiligten Bezirke bekannt zu machen.

(4) Das Verzeichnis ist bei der Wasserbuchbehörde (§ 183) zu jedermanns Einsicht offenzulegen. Auszugsweise Abschriften sind bei dem Landrat, in Stadtkreisen bei der Ortspolizeibehörde niederzulegen und auf dem laufenden zu erhalten.

1. In Anbetracht der Wichtigkeit des nach § 4 aufzustellenden Verzeichnisses ist in § 5 ein besonderes, dabei zu beobachtendes Verfahren vorgeschrieben worden, in welchem alle beteiligten Interessen berücksichtigt und namentlich deren Vertretern Gelegenheit zur Geltendmachung ihrer Einwendungen gegeben wird.

Der Kreis dieser Personen ist ebenso wie nach dem Gesetze, betreffend die Verhütung von Hochwassergefahren, vom 16. August 1905 § 2, welcher auch im übrigen den §§ 4 Abs. 1, 5 und 6 zum Vorbilde gedient hat, nicht bestimmt, um denselben nicht unnötig einzuschränken, Begr. S. 58.

2. „Beteiligte Bezirke" im Sinne des Abs. 1 Satz 1, Abs. 3 Satz 2 sind nicht die Regierungsbezirke, sondern allgemein die beteiligten Gebietsteile, in welchen die Auslegung und die spätere Veröffentlichung des Verzeichnisses zu erfolgen hat, Begr. S. 59.

3. Die Offenlegung hat nicht nur am Sitze des Oberpräsidenten zu erfolgen, sondern überall dort, wo die Interessenten ohne Schwierigkeiten Einsicht nehmen können, z. B. dort, wo Landkreise beteiligt sind, auch bei den betreffenden Landratsämtern, KB. HH. S. 760/1.

4. Abs. 4 (Einsicht des Verzeichnisses, Erteilung von auszugsweisen Abschriften) ist von der Kommission des Abgeordnetenhauses eingefügt worden, KB. AH. S. 13.

§ 6.

Für die Änderung des Verzeichnisses gilt § 5 mit der Maßgabe, daß an die Stelle der Auslegung des Verzeichnisses und ihrer Bekanntmachung die Bekanntmachung der beabsichtigten Änderung tritt.

§ 6 ist nicht nur bei der Versetzung eines Wasserlaufes in eine andere Klasse, sondern auch dann anwendbar, wenn ein natürlicher Wasserlauf in einen künstlichen umgewandelt wird, KB. AH. S. 13.

Zweiter Titel.

Eigentumsverhältnisse bei den Wasserläufen.

Ebenso wie die Einteilung der Wasserläufe in den drei Rechtsgebieten der preußischen Monarchie nach verschiedenen Gesichtspunkten erfolgte (vgl. Vorbem. zum ersten Titel), bestand auch über die Eigentumsverhältnisse an den natürlichen Gewässern in jedem dieser Rechtsgebiete eine andere Auffassung. Aber auch innerhalb der einzelnen Rechtsgebiete war diese Frage in Rechtsprechung und Wissenschaft lebhaft umstritten, vgl. Nieberding-Frank S. 63ff.

Streitig war vor allem, ob überhaupt ein Eigentum an den Wasserläufen oder an einzelnen Klassen von ihnen besteht und ferner, soweit ein solches Eigentum anerkannt wird, welche rechtliche Natur dieses Eigentum hat, insbesondere ob es ein Eigentum im privatrechtlichen Sinne ist und ferner, ob es sich lediglich auf das Bett des Wasserlaufes (so die herrschende Meinung, Begr. S. 13) oder auf den Wasserlauf als Ganzes, einschließlich der fließenden Welle, erstreckt.

Kein Privateigentum gibt es nach der herrschenden Ansicht in den Gebieten des ALR., code civil und gemeinen Rechts an den öffentlichen Flüssen (vgl. über den Begriff derselben in diesen Rechtsgebieten die Vorbem. zum ersten Titel). Nach code civil Art. 538 sind sie allerdings Teile des Staatsvermögens, stehen aber nicht im Privateigentume des Staates, sondern sind in erster Linie dem Gemeingebrauch gewidmet, während dem Staate diesem gegenüber nur gewisse Vorzugsrechte (Regalien) zustehen. Nach gemeinem Rechte dienen sie dem Gebrauche aller, welche die rechtliche Möglichkeit des Zutritts haben (res publicae publico usui destinatae); Sonderrechte an ihnen können nur durch einen Akt der Staatsgewalt oder unvordenkliche Verjährung erworben werden. In beiden Rechtsgebieten ging die Auffassung grundsätzlich dahin, daß die fiskalischen Rechte an den öffentlichen Gewässern die Regel bilden, und zwar in der Weise, daß alle Befugnisse, welche nicht ausdrücklich der Allgemeinheit zugestanden sind, stillschweigend als Vorbehalt des Staates gelten (vgl. a. Nieberding-Frank S. 66). In ähnlicher Weise erklärt das ALR. die öffentlichen Ströme für gemeines Eigentum des Staates (T. II Tit. 14 § 21), was nach der herrschenden Auffassung dahin zu verstehen war, daß der Staat zwar kein privatrechtliches Eigentum, jedoch die Gesamtheit der nicht unter den Gemeingebrauch fallenden Nutzungsrechte als Regalien hat.

Auch die Anschauungen über die Eigentumsverhältnisse an den nichtöffentlichen Wasserläufen sind in den drei genannten Rechtsgebieten durchaus verschieden. Nach code civil stehen sie in niemandes Eigentum, sind vielmehr als dem Gemeingebrauch gewidmete Sachen anzusehen, dergestalt, daß auch an ihrem Bette ein Eigentum rechtlich nicht möglich ist. Im gemeinen Rechte ist diese Frage ebenso bestritten wie die, welche Wasserläufe zu den öffentlichen und welche zu den nichtöffentlichen gehören (vgl. Vorbem. zum ersten

Titel). Nach ALR. besteht ebenfalls Streit über die Eigentumsverhältnisse an den Privatflüssen, jedoch geht die ständige Rechtsprechung der höchsten Gerichtshöfe dahin, daß sie im Eigentume der Anlieger stehen. Außerdem besteht noch eine Anzahl provinzieller Gewohnheitsrechte.

Infolge dieser verschiedenen Auffassungen waren naturgemäß die Eigentumsverhältnisse an den Wasserläufen äußerst unklar. Es war daher eine der Hauptaufgaben des Wassergesetzes, diese Frage einheitlich zu regeln und feste und klare Begriffe in dieser Beziehung zu schaffen.

Die Ausgestaltung derselben ist allerdings Gegenstand der lebhaftesten Meinungsverschiedenheiten gewesen, über welche eine allseitige Übereinstimmung nicht erzielt worden ist. Es gab drei Möglichkeiten, die Rechte an den Wasserläufen zu konstruieren: man konnte sie entweder als öffentliche Sache erklären, oder Flußbett und fließende Welle trennen und ein Eigentum an ersterem, nicht aber an letzterer begründen, oder ein Eigentumsrecht am Wasserlauf als einem aus Bett und Wasser bestehenden einheitlichen Ganzen schaffen. Jede dieser Konstruktionen hat im Laufe der Verhandlungen zahlreiche Vertreter gefunden. Wenn man sich schließlich für die zuletzt genannte Konstruktion in dem näher zu erörternden Sinne entschieden hat, so geschah diese aus folgenden Gründen:

Hätte man die Wasserläufe für öffentliche Sachen erklärt, so würde man damit den Begriff des gemeinen Eigentums an ihnen übernommen haben. Dieser Begriff war aber eine ausschließliche Eigentümlichkeit des ALR. und dem übrigen preußischen Recht unbekannt, aber auch im Gebiete des ALR. ist er stets unsicher und ungeklärt geblieben. Die Übernahme dieses auch dem modernen Rechte unbekannten Begriffs in das Wassergesetz verbot sich daher schon aus Gründen der Rechtssicherheit, zudem hätte er, jedenfalls bei den Privatflüssen zugunsten der Anlieger, erheblich modifiziert werden müssen.

Ebensowenig empfahl sich eine getrennte rechtliche Behandlung von Bett und Wasser. Dadurch wäre der Aufbau des Gesetzes wesentlich kompliziert worden, da man bei allen Rechten zur Benutzung des Wasserlaufs zwischen Flußbett und fließender Welle hätte unterscheiden müssen, ferner auch sowohl das nach dieser Konstruktion bestehende Eigentum am Bette im öffentlichen Interesse, als auch das Recht jedermanns auf die fließende Welle im Interesse der Anlieger hätte beschränkt werden müssen. Auch bei Zugrundelegung dieser Konstruktion wäre daher die Schaffung klarer, einheitlicher Begriffe ausgeschlossen gewesen.

Es blieb daher nur die Möglichkeit, ein allerdings im Interesse der möglichsten Ausnutzung der Wasserläufe mannigfach beschränktes Privateigentum an den aus Bett und fließender Welle als einheitlichem Ganzen bestehenden Wasserläufen anzuerkennen.

Ein solches Eigentum im Sinne des geltenden bürgerlichen Rechts (§ 903 BGB.) ist sowohl am Flußbette als an der fließenden Welle rechtlich möglich, an letzterer natürlich nur in einem sich aus der

Natur der Sache ergebenden beschränkten Umfange. Die Rechte des Eigentümers an der fließenden Welle äußern sich in seiner Befugnis zu ihrer grundsätzlich ausschließlichen Verwendung für seine eigenen Zwecke in der Weise, wie dieses tatsächlich mit fließendem Wasser möglich ist, nämlich in dem Rechte, es zu gebrauchen und zu verbrauchen, aufzuhalten, auszupumpen und wegzuleiten. In ähnlicher Weise hat auch bereits das Reichsgericht die Möglichkeit eines Eigentums an der fließenden Welle anerkannt, vgl. z. B. Entsch. Bd. 16 S. 178, Gruchot Bd. 27 S. 148 ff., vgl. a. Nieberding-Frank S. 56/7.

Das in dieser Weise konstruierte Eigentum an den Wasserläufen mußte aber, um es mit dem Grundgedanken des Gesetzes, die Ausnutzung der Wasserkräfte nach Möglichkeit den Interessen der Allgemeinheit anzupassen, in Übereinstimmung zu bringen, mancherlei Einschränkungen unterworfen werden, wie diese sich in den Vorschriften über den Gemeingebrauch, die Verleihung, die Rechte des Eigentümers usw. finden.

Auf diese Weise ist es gelungen, die Eigentumsverhältnisse an den Wasserläufen auf eine einheitliche und klare Grundlage zu stellen, welche gleichzeitig mit dem Eigentumsbegriffe des geltenden bürgerlichen Rechts in Einklang steht.

Vgl. im übrigen Begr. S. 9—15, KB. AH. S. 14—17, Sten. B. AH. S. 7955—67.

§ 7.

An den in der Anlage bezeichneten Wasserläufen erster Ordnung steht, vorbehaltlich der Bestimmungen des § 9 Abs. 1, dem Staate das Eigentum zu.

1. An den Wasserläufen erster Ordnung (§ 3 Nr. 1) steht grundsätzlich dem Staate ein privatrechtliches Eigentum in dem in der Vorbemerkung näher bezeichneten Sinne zu, soweit nicht in § 9 Ausnahmen festgesetzt sind. Der Staat ist daher als Eigentümer befugt, unbeschadet des Gemeingebrauchs und etwaiger besonderer Rechte Dritter, jede Benuzung dieser Wasserläufe zu untersagen. Er ist ferner wie jeder Eigentümer berechtigt, für die Einräumung eines Benutzungsrechtes an einem solchen Wasserlaufe, z. B. auf Grund eines Pachtvertrages, ein Entgelt zu verlangen, soweit ein solches Recht nicht im Wege der Verleihung (§§ 46 ff.) erworben worden ist, Begr. S. 59, Sten. B. AH. S. 7959/60.

2. Die Eigentumsverhältnisse an den Häfen und Anlegestellen (vgl. § 2 Anm. 4) richten sich in erster Linie nach den zwischen dem Staate und dem Unternehmer getroffenen Vereinbarungen. Jedoch steht dem letzteren regelmäßig kein Eigentum an dem betreffenden Teile des Stromes, sondern nur ein Nutzungsrecht, ein Recht, die Umschlagsanlagen einzurichten und zu haben, zu. Nur wo ein selbständiges, mit dem Wasserlaufe durch einen Stichkanal verbundenes Hafenbecken angelegt ist, steht die ganze Anlage im freien Eigentume des Unternehmers, KB. AH. S. 19.

§ 8.

(1) An den Wasserläufen zweiter und dritter Ordnung steht, vorbehaltlich der Bestimmungen des § 9, den Eigentümern der Ufergrundstücke (Anliegern) das Eigentum anteilig zu.

(2) Die Eigentumsgrenzen werden bestimmt:

1. für die gegenüberliegenden Ufergrundstücke durch eine Linie, die in der Stromrichtung laufend die Mitte des Wasserlaufs bei dem gewöhnlichen Wasserstand innehält;
2. für die nebeneinanderliegenden Ufergrundstücke durch eine vom Schnittpunkt ihrer Grenzlinien mit der Uferlinie (§ 12) senkrecht zu der vorbezeichneten Mittellinie zu ziehende Linie.

(3) Als der gewöhnliche Wasserstand gilt der Wasserstand, der im Durchschnitt der Jahre an ebenso viel Tagen überschritten wie nicht erreicht wird, im Ebbe- und Flutgebiete das Hochwasser der gewöhnlichen Flut.

(4) Bei den Grenzflüssen reicht, soweit die Eigentumsverhältnisse nicht anderweit geregelt sind, das Eigentum der preußischen Anlieger bis zur Landesgrenze.

(5) Der Anteil des Anliegers am Wasserlauf ist Bestandteil des Ufergrundstücks.

1. Das Eigentum an den Wasserläufen zweiter und dritter Ordnung in dem in der Vorbemerkung zu diesem Titel bezeichneten Sinne steht, abgesehen von den in § 9 festgesetzten Ausnahmen, den Eigentümern der Ufergrundstücke, den Anliegern, anteilig zu.

Ufergrundstück ist ein im Grundbuche als ein Grundstück eingetragenes Stück Land, welches an den Wasserlauf angrenzt. Ein mit einem solchen Grundstücke nicht zusammenhängendes, aber mit ihm vereinigtes oder ihm zugeschriebenes Grundstück gilt daher nicht als Ufergrundstück im Sinne des § 8. Soweit jedoch die für Ufergrundstücke geltenden Vorschriften auf solche Grundstücke anwendbar sein sollen, ist dies im Gesetze besonders ausgesprochen worden (vgl. z. B. §§ 27 Abs. 1, 43, 137, 138, 144, 284 A 1, B 2), Begr. S. 61.

2. Die Eigentumsgrenze für die verschiedenen gegenüberliegenden Ufergrundstücke wird durch eine Linie, die in der Stromrichtung laufend die Mitte des Wasserlaufs bei dem gewöhnlichen Wasserstande innehält (Abs. 2 Nr. 1). Nach diesen Anhaltspunkten hat die Praxis im Einzelfalle die Mittellinie des Wasserlaufes festzustellen. Die Linie muß

a) in der Stromrichtung laufen, d. h. in der Richtung, welche der Hauptwasserstrom erkennbar nimmt,
b) die Mitte des Wasserlaufes bei dem gewöhnlichen Wasserstande innehalten.

Als der gewöhnliche Wasserstand gilt gemäß Abs. 3 der Wasserstand, der im Durchschnitt des Jahres an ebensoviel Tagen überschritten, wie nicht erreicht wird, im Ebbe- und Flutgebiete das Hochwasser der gewöhnlichen Flut.

Der maßgebende kleinste Zeitraum für die Bemessung des Wasserstandes ist also der Tag. Der Durchschnittsberechnung dagegen sind stets mehrere Jahre zugrunde zu legen, KB. AH. S. 23.

Der Feststellung des täglichen Wasserstandes dient der Pegel, ein im Wasserlaufe angebrachtes Metermaß, an welchem täglich die Höhe des Wassers abgelesen wird.

Dieser Wasserstand ist der normale und deckt sich im allgemeinen auch mit der Vegetationsgrenze, der Grenze des Graswuchses (vgl. § 13 [12]), KB. AH. S. 22.

Außergewöhnliche Schwankungen des Wasserstandes, z. B. die durch Stauanlagen hervorgerufenen, können jedoch bei der Feststellung des gewöhnlichen Wasserstandes nicht berücksichtigt werden.

Als gewöhnlicher Wasserstand für das Ebbe- und Flutgebiet ist in Übereinstimmung mit dem bestehenden Rechtszustande (vgl. Urt. des RG., Entsch. Bd. 44 S. 124 ff.) das Hochwasser der gewöhnlichen Flut bestimmt worden, Begr. S. 60, KB. AH. S. 20.

Die gegenüberliegenden Uferlinien werden nun aber in der Regel nicht genau parallel laufen, sondern es werden auf der einen oder anderen Ausbuchtungen vorhanden sein. In solchen Fällen wird die Mittellinie der kürzeren Uferlinie zu folgen haben, da derartige Unregelmäßigkeiten nicht in Betracht gezogen werden können, Begr. S. 60.

3. Die Eigentumsgrenze für die nebeneinanderliegenden Ufergrundstücke wird in Übereinstimmung mit dem bestehenden Rechtszustande durch eine vom Schnittpunkte ihrer Grenzlinien mit der Uferlinie (§ 12) senkrecht zu der in Anm. 2 bezeichneten Mittellinie zu ziehende Linie bestimmt (Abs. 2 Nr. 2).

4. Da Zweifel über die Eigentumsverhältnisse bei Flüssen, welche die Landesgrenzen bilden, geltend gemacht worden waren, hat die Kommission des Abgeordnetenhauses in den § 8 einen vierten Absatz eingefügt, welcher dieselben dahin regelt, daß, soweit nicht besondere Vereinbarungen mit den Nachbarstaaten getroffen sind, das Eigentum der preußischen Anlieger bis zur Landesgrenze reicht.

Gehört ein solcher Grenzfluß ganz zu Preußen, so ist der Eigentümer des Ufergrundstücks Eigentümer des Wasserlaufes in seiner ganzen Breite, KB. AH. S. 21.

5. Das Eigentum an den Wasserläufen kann grundsätzlich frei veräußert und belastet werden. Der Eigentümer kann aber nicht mehr Rechte übertragen, als er selbst hat, weitergehende Rechte können nur im Wege der Verleihung erworben werden. Die Veräußerung und Belastung bedürfen der Eintragung im Grundbuche (vgl. Vorbem. zum 1. Abschnitt), Begr. S. 60/1.

Obwohl demnach das Eigentum am Ufergrundstücke mit dem am Wasserlaufe nicht untrennbar verbunden ist, so ist doch zur Vermeidung von Zweifeln in Abs. 4 festgestellt, daß der Anteil des Anliegers am Wasserlaufe Bestandteil des Ufergrundstücks ist. Der Zweck dieser Bestimmung ist, klarzustellen, daß im Zweifel der Anteil am Wasserlauf das rechtliche Schicksal des Ufergrundstückes teilt, also bei einer Veräußerung des letzteren auch ohne besondere dahingehende Vereinbarung auf den neuen Eigentümer mitübergeht, Begr. S. 61, KB. AH. S. 20.

§ 9.

(1) Soweit beim Inkrafttreten dieses Gesetzes das Eigentum an Wasserläufen erster Ordnung einem anderen als dem Staate, an Wasserläufen zweiter oder dritter Ordnung einem anderen als den Anliegern zusteht, bleibt es mit dem bisherigen Inhalt aufrechterhalten. Das Eigentum an einem natürlichen Wasserlauf erster Ordnung geht mit Ablauf von zehn Jahren nach dem Inkrafttreten dieses Gesetzes auf den Staat über, wenn der bisherige Eigentümer nicht vorher in das Grundbuch eingetragen ist oder seine Eintragung beantragt hat.

(2) In den im § 323 bezeichneten Gebietsteilen steht das Eigentum an den Wasserläufen zweiter Ordnung, soweit sie beim Inkrafttreten dieses Gesetzes nicht im Eigentum anderer stehen, den Deich- und Sielverbänden zu, zu denen sie gehören.

(3) In der Provinz Hessen-Nassau steht das Eigentum an den natürlichen Wasserläufen zweiter und dritter Ordnung den Gemeinden insoweit zu, als ihnen die Unterhaltung obliegt (§ 117 Abs. 1). Soweit dort beim Inkrafttreten dieses Gesetzes das Eigentum an einem natürlichen Wasserlauf zweiter oder dritter Ordnung, der von der Gemeinde zu unterhalten ist, einem anderen als der Gemeinde zusteht, bleibt es aufrechterhalten, geht aber mit Ablauf von zwei Jahren nach dem Inkrafttreten dieses Gesetzes auf die Gemeinde über, wenn der bisherige Eigentümer nicht vorher in das Grundbuch eingetragen ist oder seine Eintragung beantragt hat.

(4) Für das aufrechterhaltene Eigentum der Anlieger gilt § 8.

1. Die beim Inkrafttreten des Gesetzes an Wasserläufen bestehenden Eigentumsrechte werden grundsätzlich aufrechterhalten und zwar nicht nur soweit sie auf besonderen Titeln (Vertrag, Ersitzung, Rezeß oder Privileg), wie dies der Entwurf vorsah, sondern auch soweit sie auf Gesetz beruhen. Die Beschränkung auf die besonderen Titel, welche die Begründung zu dem Entwurfe S. 51/52, 62 damit rechtfertigte, daß die Regelung der Eigentumsverhältnisse in dem Entwurfe in dem geltenden Rechtszustande entspreche, hielt die Kommission des Abgeordnetenhauses vor allem mit Rücksicht auf die Rechtsverhältnisse an den unter die Wasserläufe erster Ordnung aufgenommenen Privatflüssen, welche bisher im Eigentume der Anlieger gestanden hätten, für unzutreffend, KB. AH. S. 14, 25. Ein solches, lediglich auf dem Gesetze beruhendes Eigentum bleibt also ebenfalls bestehen.

Durch die von der Kommission des Herrenhauses in zweiter Lesung in den Abs. 1 eingefügten Worte „mit dem bisherigen Inhalt" soll klar gestellt werden, daß das bestehende Eigentum mit den bisherigen Beschränkungen seines Inhalts, insbesondere nach der herrschenden Meinung (vgl. S. 13) als bloßes Eigentum am Flußbette aufrechterhalten werden soll, während es bezüglich der übrigen Eigentumsbefugnisse bei der Regel des § 7 bleibt, vgl. die Erklärung des Vertreters des Justizministers in KB. HH. S. 767.

2. Um jedoch möglichst bald Klarheit über die Eigentumsverhältnisse an den Wasserläufen erster Ordnung zu schaffen, ist die Bestimmung in Satz 2 des Abs. 1 getroffen worden, Begr. S. 64, KB. AH. S. 25.

3. Der zweite Absatz ist von dem Abgeordnetenhause in zweiter Lesung eingefügt worden. Er betrifft das Eigentum an den Wasserläufen zweiter Ordnung in den Schleswig-Holsteinischen Marschdistrikten, den Herzogtümern Bremen und Verden, dem Lande Hadeln, dem Fürstentume Ostfriesland und dem Bezirke der Stadt Papenburg nach näherer Maßgabe des § 323. Die für diese Gebiete geltenden deich- und sielrechtlichen Bestimmungen bleiben gemäß § 324 aufrechterhalten. Da diese nun die Eigentumsverhältnisse an den diesen Zwecken dienenden Wasserläufen, den Sieltiefen, mit regeln, erschien die Vorschrift des Abs. 2 erforderlich, um das Eigentum der Deich- und Sielverbände daran festzustellen, Sten. B. AH. S. 7969 ff.

4. Der Entwurf schlug ferner noch in Abs. 2 eine besondere Regelung der Eigentumsverhältnisse in der Provinz Hessen-Nassau, dem sogenannten Harzbezirke, sowie in dem Geltungsbereiche des schlesischen Auenrechts vor. Die Kommission des Abgeordnetenhauses hat jedoch eine besondere Regelung für die beiden letzteren Gebiete mit Rücksicht auf die Abänderung des Abs. 1 (vgl. Anm. 1) nicht für erforderlich erachtet, nachdem das schlesische Auenrecht in einer besonders dafür eingesetzten Subkommission eingehend beraten worden war (vgl. deren Bericht in Anl. III zu Nr. 606 C der Drucks., bzw. Anl. II zu Nr. 611 B der Drucks.); vgl. a. wegen des Harzbezirks § 381.

Dagegen ist für das Eigentum an den Wasserläufen zweiter und dritter Ordnung in der Provinz Hessen-Nassau wegen der dort bestehenden eigenartigen, von alters her bestehenden Verhältnisse eine besondere Regelung im dritten Absatz getroffen worden. Eigentümer sind die Gemeinden, insoweit ihnen gemäß § 117 Abs. 1 die Unterhaltung obliegt. Steht beim Inkrafttreten des Gesetzes das Eigentum an einem von der Gemeinde zu unterhaltenden Wasserlaufe einem anderen als der Gemeinde zu, so bleibt es aufrechterhalten; jedoch muß der Eigentümer innerhalb von zwei Jahren sich im Grundbuche eintragen lassen oder doch wenigstens einen dahingehenden Antrag stellen; unterläßt er dies, so geht das Eigentum auf die Gemeinde über, Begr. S. 62 ff., KB. AH. 25 ff., Sten. B. AH. S. 7968 ff.

Ein im Angeordnetenhause in zweiter Lesung gestellter Antrag, die Frist in Abs. 3, ebenso wie in Absatz 1 auf 10 Jahre statt auf 2 festzusetzen, wurde abgelehnt, weil die Feststellungen gemäß Abs. 1 sowohl das Stromgebiet als auch die Uferlinie (§ 12) umfaßten und daher sehr schwierig und langwierig seien, während solche Schwierigkeiten in den Fällen des dritten Absatzes nicht vorlägen, Sten. B. AH. S. 7969 ff.

Das Eigentum der Gemeinden in der Provinz Hessen-Nassau steht dem Eigentume in Gemäßheit der §§ 7 und 8 in jeder Beziehung gleich. Dies ist zur Vermeidung von Zweifeln im Abgeordnetenhause ausdrücklich festgestellt worden, Sten. B. AH. S. 7975.

§ 10.

(1) Auf Grund Königlicher Verordnung kann der Staat das Eigentum an einem natürlichen Wasserlaufe erster Ordnung, der ihm nach § 9 Abs. 1 nicht gehört, aber von ihm unterhalten wird, in Anspruch nehmen. Die Königliche Verordnung wird durch das Amtsblatt derjenigen Regierung bekannt gemacht, in deren Bezirk die in Anspruch genommene Strecke des Wasserlaufs liegt.

(2) Der bisherige Eigentümer ist zu entschädigen. Von der Entschädigung sind die Lasten abzurechnen, die dem Eigentümer bisher oblagen. Im übrigen sind die §§ 7 bis 9, 11, 13, 24 bis 49 des Enteignungsgesetzes vom 11. Juni 1874 (Gesetzsamml. S. 221) anzuwenden.

1. Ist der Staat auf Grund des § 9 Abs. 1 nicht Eigentümer eines Wasserlaufes erster Ordnung, dessen Unterhaltung ihm kraft Gesetzes oder infolge freiwilliger Übernahme dieser Verpflichtung obliegt — wegen der einzelnen hier in Betracht kommenden Fälle vgl. die §§ 113 ff., sowie Begr. S. 64/5 — so muß ihm im allgemeinen Interesse die Möglichkeit gegeben werden, das Eigentum an einem solchen Strome zu erwerben. Dies ist durch die Vorschrift des § 10 Abs. 1 geschehen. Eine solche Maßnahme kann aber, da es sich um einen Eingriff in fremde Eigentumsrechte handelt, nur auf Grund einer Königlichen Verordnung und gegen Entschädigung geschehen.

2. Die Entschädigung wird gemäß Abs. 2 nach den Grundsätzen des Enteignungsrechts vom 11. Juni 1874, sowie wegen der entzogenen Benutzungsmöglichkeit nach § 45 bemessen.

Die Enteignung zugunsten des Staates beschränkt sich aber auf den Wasserlauf selbst und umfaßt nicht die an ihm bestehenden Rechte, z. B. auf Haltung von Anlagen in demselben, Begr. S. 64/65, KB. AH. S. 27–29, Sten. B. AH. S. 7978 ff.

§ 11.

Wird ein Wasserlauf erster Ordnung nach § 3 Abs. 1 zu einem Wasserlauf zweiter oder dritter Ordnung, oder wird ein Wasserlauf zweiter oder dritter Ordnung zu einem Wasserlauf erster Ordnung, so bleiben die Eigentumsverhältnisse unberührt. Der Staat kann jedoch in letzterem Falle auf Grund Königlicher Verordnung das Eigentum an dem Wasserlauf gegen Entschädigung in Anspruch nehmen. Auf die Entschädigung ist der Vorteil anzurechnen, der dem Eigentümer durch den Wegfall von Lasten, die ihm bisher oblagen, erwächst, soweit er nicht bereits nach § 3 Abs. 2 Satz 4 oder § 131 Satz 2 angerechnet worden ist. Der § 10 Abs. 1 Satz 2, Abs. 2 Satz 3 ist anzuwenden.

1. Bei jeder Versetzung eines Wasserlaufs in eine andere Ordnung bleiben die Eigentumsverhältnisse unberührt. Dies gilt auch in Abweichung von dem Entwurfe (§ 12), welcher in diesem Falle das Eigentum den Anliegern zusprechen wollte, dann, wenn ein Wasserlauf

erster Ordnung zu einem solchen zweiter oder dritter Ordnung wird, Begr. S. 65, KB. AH. S. 29/30.

2. Wird ein Wasserlauf zweiter oder dritter Ordnung zu einem solchen der ersten Ordnung, so ist in Analogie zu § 10 dem Staate das Recht gegeben, das Eigentum an einem solchen Wasserlaufe gegen Entschädigung zu erwerben; wegen der Entschädigung für die entzogene Benutzungsmöglichkeit vgl. a. § 45.

§ 12.

(1) Die Grenze zwischen dem Wasserlauf und dem Ufergrundstück (Uferlinie) wird durch die Grenze des Graswuchses und, soweit diese über dem gewöhnlichen Wasserstande (§ 8 Abs. 3) liegt, durch den letzteren bestimmt.

(2) Die Uferlinie kann von der Wasserpolizeibehörde nach Anhörung der Anlieger und der sonst Beteiligten festgelegt werden. Die Beteiligten können die Festlegung der Uferlinie durch die Wasserpolizeibehörde auf ihre Kosten verlangen.

(3) Die Festlegung der Uferlinie ist den Beteiligten bekannt zu machen und kann binnen vier Wochen nach Zustellung durch Klage im Verwaltungsstreitverfahren angefochten werden. Ist der Oberpräsident oder der Regierungspräsident Wasserpolizeibehörde, so hat er für das Verwaltungsstreitverfahren einen Kommissar zu bestellen, der ihn in allen Rechtshandlungen zu vertreten hat. Zuständig ist der Bezirksausschuß.

(4) Ändert sich der Wasserlauf nachträglich, so kann die Uferlinie nach Abs. 1 bis 3 anderweit festgelegt werden.

1. Die zweifelsfreie Feststellung der Grenze zwischen dem Wasserlaufe und seinen Ufern, d. h. der sog. Uferlinie ist in vielfacher Beziehung von Bedeutung, so insbesondere dann, wenn Wasserlauf und Ufergrundstück verschiedenen Eigentümern gehören, also z. B. regelmäßig bei den Wasserläufen erster Ordnung, ferner für die Unterhaltung (§§ 115 ff.), schließlich auch bezüglich der Vorschriften des § 8 Nr. 2 und § 22 Abs. 2.

Nach früherem Recht wurde der Feststellung im allgemeinen der Wasserstand (nach code civil und gemeinem Recht: der höchste, nach preußischem: der gewöhnliche) zugrunde gelegt; vgl. Nieberding-Frank S. 70, 72. Nach dem Wassergesetze wird die Uferlinie dagegen grundsätzlich nach dem Graswuchse (der Vegetationsgrenze, so z. B. bayr. Wasserges. Art. 6, 23) und nur soweit diese über dem gewöhnlichen Wasserstande liegt, durch den letzteren bestimmt. Im allgemeinen wird sich die Grenze des Graswuchses mit dem gewöhnlichen Wasserstande (vgl. über diesen Begriff § 8 Abs. 2 und Anm. 2 zu § 8) decken. Es sind aber auch Fälle denkbar, daß dem nicht so ist, daß also z. B. in Höhe des gewöhnlichen Wasserstandes wegen des kiesigen Untergrundes kein Graswuchs aufkommt, dann soll der Wasserstand maßgebend sein. Liegt dagegen die Grenze des Graswuchses, wie dies bisweilen, z. B. an der unteren Oder vorkommt, unter dem gewöhnlichen Wasserstande, so ist die alsdann deutlich erkennbare Grenze des Graswuchses entscheidend, Begr. S. 65—67, KB. AH. S. 23/4.

2. Durch Abs. 2 ist der Wasserpolizeibehörde die Befugnis gegeben, dort, wo es im öffentlichen Interesse wünschenswert erscheint, von Amtswegen eine örtliche erkennbare Abmarkung der Uferlinie vorzunehmen, die nur nach Maßgabe des Abs. 4 abgeändert werden kann.

Eine solche Abmarkung für alle Fälle zwingend vorzuschreiben, erschien nicht erforderlich, auch wegen der sich fortwährend ändernden Verhältnisse an den Wasserläufen nicht zweckmäßig. Es steht aber den Beteiligten frei, eine solche Abmarkung bei der Wasserpolizeibehörde zu beantragen, sie müssen aber dann die Kosten derselben tragen. Auch können die Beteiligten privatrechtliche Vereinbarungen über die Uferlinie treffen und vor dem Inkrafttreten des Wassergesetzes getroffene Vereinbarungen dieser Art bleiben bestehen. Vereinbarungen dieser Art haben aber im Gegensatze zu den auch mit öffentlich-rechtlichen Wirkungen ausgestatteten wasserpolizeilichen Abmarkungen nur privatrechtliche Bedeutung, Begr. S. 66, KB. AH. S. 30.

Im übrigen ist die Vorschrift des § 919 BGB., welcher die Grenzfestsetzung zwischen Nachbarn regelt, maßgebend, insbesondere auch hinsichtlich der Kosten, die im Zweifel von den Beteiligten zu gleichen Teilen zu tragen sind, KB. AH. S. 30.

3. Die wasserpolizeiliche Abmarkung ist den Beteiligten zuzustellen und vier Wochen nach Zustellung (nach dem Entwurfe binnen zwei Wochen, Zustellung war nicht erforderlich) durch Klage im Verwaltungsstreitverfahren anfechtbar, Sten. B. AH. S. 7981.

Die Klage ist gegen die Wasserpolizeibehörde zu richten. Es würden also dort, wo der Oberpräsident oder der Regierungspräsident diese Behörde bilden, diese in dem Verwaltungsstreitverfahren vor dem Bezirksausschusse als Partei aufzutreten haben. Da dies nicht angängig erschien, ist in solchen Fällen gemäß Abs. 3 Satz 2 von ihnen ein Kommissar zu ernennen, welcher die Rolle des Beklagten vertritt, Begr. S. 66/7.

§ 13.

(1) Im Grundbuch wird ein Wasserlauf nur auf Antrag des Eigentümers oder eines Berechtigten eingetragen.

(2) Wird die Eintragung des dem Anlieger gehörenden Anteils an einem Wasserlauf beantragt, so ist er im Grundbuch nach den Grundsteuerbüchern, wenn er aber in diesen nicht verzeichnet ist, nur als Anteil an dem Wasserlauf zu bezeichnen.

1. Ein Buchungszwang für die Wasserläufe besteht nicht. Ihre Eintragung im Grundbuche erfolgt vielmehr in Ausdehnung der nur für öffentliche Gewässer geltenden Bestimmung des Art. 1 der Verordn. betr. das Grundbuchwesen vom 13. November 1899 (GS. S. 519)

— wegen der Aufhebung dieser Bestimmung vgl. § 399 Nr. 15 — nur auf Antrag der Eigentümer oder eines Berechtigten.

Einen Buchungszwang für sämtliche Wasserläufe nach Maßgabe des § 2 GBO. einzuführen, erschien überflüssig und wegen der Unvollständigkeit des Katasters hinsichtlich der Gewässer in vielen Landesteilen praktisch kaum durchführbar, auch wegen der häufigen Veränderung der Grenzen der Wasserläufe nicht zweckmäßig.

Ebensowenig erschien es wegen der mit der Durchführung verbundenen Schwierigkeiten ratsam, eine an sich auf Grund des § 83 GBO. i. V. m. Art. 65 EG. z. BGB. zulässige Anordnung dahin zu treffen, daß die Anliegeranteile am Wasserlaufe als solche allgemein, jedoch ohne nähere Bezeichnung nach den Grundsteuerbüchern im Grundbuche einzutragen seien. Eine solche Vorschrift ist auch nicht als erforderlich zu erachten, da die Erkennbarkeit des auf dem Gesetze beruhenden Eigentums am Wasserlaufe auch ohne Eintragung gesichert ist, Veräußerungen des Eigentums am Wasserlaufe ohne das Eigentum am Ufergrundstücke oder Belastungen eines Wasserlaufes mit dinglichen Rechten aber nur selten vorkommen und für solche Fälle die Möglichkeit der Eintragung auf Antrag genügt (vgl. aber Anm. 2).

Soweit jedoch die Eintragung von Wasserläufen im Grundbuche bereits erfolgt ist, wird sie durch das Wassergesetz nicht berührt, KB. HH. S. 767.

2. Die oben erwähnte erleichterte Form der Eintragung der Anteile der Anlieger als solcher ist jedoch für die Wasserläufe, welche im Eigentume der Anlieger stehen, mit Rücksicht darauf zugelassen worden, daß bei ihnen der bei sonstigen Eintragungen, z. B. bei Wasserläufen erster Ordnung und nicht im Eigentume der Anlieger stehenden künstlichen Wasserläufen, erforderlichen Form nach Maßgabe des § 2 GBO. Schwierigkeiten vermessungstechnischer Art entgegenstehen. Dies gilt aber nur, wenn die Anteile in den Grundsteuerbüchern nicht verzeichnet sind. Ist dies dagegen der Fall, so gilt die Ausnahmebestimmung für sie nicht. Natürlich steht es dem Anlieger auch frei, seinen Anteil vermessen und in den Kataster aufnehmen zu lassen.

Ist keine Buchung des Anteils als besonderes Grundstück beantragt, so ist er, da er gemäß § 8 Abs. 4 als Bestandteil des Ufergrundstücks gilt, mit diesem unter einer Nummer einzutragen. Wird in einem solchen Falle der Anteil allein veräußert, so muß er zum Zwecke der Abschreibung und Buchung als selbständiges Grundstück vermessen und katastriert werden. Dies gilt nicht, wenn er ein besonderes Blatt erhalten hat, oder, zwar auf demselben Grundbuchblatte wie das Ufergrundstück, aber als selbständiges Grundstück eingetragen worden ist.

Die Belastung eines Grundstücks mit dinglichen Rechten, insbesondere mit Dienstbarkeiten, bedarf nach § 873 BGB. der Eintragung im Grundbuche; eine Veranlassung hiervon, für die den Vorschriften über die Grundstücke unterstehenden Wasserläufe (vgl. Vorbem. zum 1. Abschnitt) eine Ausnahme zu machen, bestand nicht.

Vgl. im übrigen Begr. S. 67—69.

Vorbemerkung zu den §§ 14 bis 18.

Durch die Gewalt des Wassers werden oft an den Wasserläufen Veränderungen hervorgerufen. Diese können darin bestehen, daß infolge von Verlandungen oder Inselbildungen die Wasserbedeckung ganz oder teilweise aufhört, oder daß ein Wasserlauf sein Bett verläßt und sich ein neues Bett verschafft, daß infolge von Anlandungen die Grenze zwischen Wasserlauf und Ufergrundstück sich verschiebt, oder daß ein Stück Land vom Ufer losgerissen und mit einem anderen Grundstücke vereinigt wird. Die hierbei entstehenden Rechtsverhältnisse behandeln die §§ 14—18 [15 bis 19], Begr. S. 69.

§ 14.

Wird das Bett eines Wasserlaufs vom Wasser verlassen oder tritt darin eine Erderhöhung hervor, die den gewöhnlichen Wasserstand (§ 8 Abs. 3) überragt und bei diesem Wasserstande nach keiner Seite hin mit dem Ufer zusammenhängt — Insel, Werder und dergleichen —, so bleibt das Eigentum an den hierdurch trockengelegten Flächen unverändert.

Verläßt ein Wasserlauf sein Bett oder entstehen in ihm Inseln, Werder u. dgl., so tritt keinerlei Veränderung in den Eigentumsverhältnissen ein (vgl. jedoch § 17). Dabei ist es gleichgültig, auf welche Weise die Inseln entstanden sind, KB. AH. S. 31; vgl. a. für das frühere Recht Nieberding-Frank S. 73/4, 76/7.

Auch sonstige Beschränkungen und Belastungen, z. B. Veräußerungsverbote, Pfandrechte, bleiben durch eine solche Veränderung unberührt, es sei denn, daß es sich um vertragliche oder gesetzliche Einschränkungen handelt, welche mit dem Vorhandensein von, das freigewordene Bett bzw. Insel usw. bedeckendem, Wasser in untrennbarem Zusammenhange stehen, Begr. S. 69.

§ 15.

(1) Hat infolge natürlicher Ereignisse ein natürlicher Wasserlauf erster Ordnung sein Bett verlassen und sich ein neues Bett geschaffen, so wird der neue Wasserlauf Eigentum des Staates.

(2) Die bisherigen Eigentümer des neuen Bettes sind von dem Staate für den Verlust ihres Eigentums zu entschädigen. Auf die Entschädigung sind der Artikel 52 und der Artikel 53 Abs. 1 des Einführungsgesetzes zum Bürgerlichen Gesetzbuch sowie der § 47 des Enteignungsgesetzes vom 11. Juni 1874 (Gesetzsamml. S. 221) anzuwenden.

(3) Steht das alte Bett nicht im Eigentum des Staates, so hat der Eigentümer in Höhe seiner Bereicherung zu der vom Staate zu leistenden Entschädigung beizutragen.

1. Hat ein Wasserlauf erster Ordnung infolge natürlicher Ereignisse sein Bett verlassen — ein Fall, der bei dem heutigen Stande der Wasserbautechnik kaum noch eintreten wird — so wird der Staat Eigen-

tümer des neuen Wasserlaufes; wann das Bett als verlassen gilt, ist nach Lage des Einzelfalles zu entscheiden; vgl. wegen des bisherigen Rechts Nieberding-Frank S. 75.

Wegen der Wasserläufe zweiter und dritter Ordnung vgl. § 16.

2. Die bisherigen Eigentümer des neuen Bettes sind zu entschädigen, und zwar unter allen Umständen, nicht nur, wie dieses der Entwurf dem geltenden Rechte entsprechend vorschlug, soweit das verlassene Bett oder dessen Wert dazu ausreicht.

Steht jedoch das alte Bett nicht im Eigentume des Staates, so entspricht es der Billigkeit und ist daher in Abs. 4 vorgeschrieben, daß der Eigentümer in Höhe seiner Bereicherung zu der vom Staate zu leistenden Entschädigung beizutragen hat.

Über die zu gewährende Entschädigung ist der ordentliche Rechtsweg zulässig, KB. AH. S. 31.

3. Da das bisherige Eigentum an dem neuen Bett mit Rechten Dritter belastet sein oder im Lehns-, Fideikommiß-, Stammgut- oder Leihverbande stehen kann, so sind zur Sicherstellung der Rechte der hieraus Berechtigten an der Entschädigung die Art. 52, 53 Abs. 1 EG. z. BGB. (s. den Wortlaut in Anm. 3 zu § 24) sowie der § 47 EG. für anwendbar erklärt, welcher lautet:

War das enteignete Grundstück Fideikommiß- oder Stammgut oder stand dasselbe im Lehn- oder Leiheverbande, so ist — mit Ausnahme des § 38 vorgesehenen Falles — der Besitzer über die Entschädigungssumme nur nach den Vorschriften zu verfügen berechtigt, welche in den verschiedenen Landesteilen für die Verfügung über derartige Güter und die an deren Stelle tretenden Kapitalien maßgebend sind.

Vgl. KB. AH. S. 36, wo dieser nunmehrige Abs. 3 des § 15 [16] zunächst als besonderer § 19 a behandelt worden war.

§ 16.

(1) Tritt der Fall des § 15 bei einem natürlichen Wasserlauf zweiter oder dritter Ordnung ein, so wird der neue Wasserlauf Eigentum der Anlieger. Wo in der Provinz Hessen-Nassau das Eigentum an Wasserläufen zweiter und dritter Ordnung den Gemeinden zusteht, wird er Eigentum der Gemeinden, durch deren Gebiet er fließt; in den Bezirken der vormaligen hannoverschen Ämter Zellerfeld und Elbingerode sowie in den Teilen des Kreises Osterode, die durch die Verordnungen vom 2. April 1853 (Hannov. Gesetzsamml. Abt. I S. 109) und vom 7. November 1855 (Hannov. Gesetzsamml. Abt. I S. 297) den ehemaligen Ämtern Scharzfels und Osterode zugelegt sind, wird er Eigentum des Staates; soweit nach dem schlesischen Auenrecht das verlassene Bett im Eigentum der Auenberechtigten steht, wird er ihr Eigentum.

(2) Die Eigentümer des verlassenen und die bisherigen Eigentümer des neuen Bettes, die Anlieger des früheren und des neuen Wasserlaufs sowie alle anderen, denen ein Recht an dem früheren Wasserlauf oder am Bette des neuen Wasserlaufs zugestanden hat, sind, und zwar auch jeder einzelne von ihnen, berechtigt, binnen

Jahresfrist den früheren Zustand wiederherzustellen. Die Wasserpolizeibehörde kann durch polizeiliche Verfügung Art und Umfang der vorzunehmenden Arbeiten bestimmen und die Frist verlängern. Die Verfügung kann nur mit der Beschwerde angefochten werden. Der Bescheid auf die Beschwerde ist endgültig.

(3) Streitigkeiten der Beteiligten über die Zulässigkeit der Wiederherstellung werden im Verwaltungsstreitverfahren entschieden. Zuständig ist der Bezirksausschuß. Die Klage ist innerhalb der im Abs. 2 bezeichneten Frist zu erheben. Der Lauf der Frist ist während der Dauer des Verwaltungsstreitverfahrens gehemmt.

(4) Mit der Wiederherstellung des früheren Zustandes treten die früheren Eigentumsverhältnisse wieder ein.

1. § 16 [17] behandelt denselben Fall wie § 15 für die Wasserläufe zweiter und dritter Ordnung. Hier wird der neue Wasserlauf grundsätzlich Eigentum der Anlieger. Die bisherigen Eigentümer des neuen Bettes haben jedoch nicht, wie nach § 15, einen Entschädigungsanspruch, sondern nur ein Recht zur Wiederherstellung des alten Zustandes nach Maßgabe der Absätze 2 und 3.

Eine besondere Regelung ist mit Rücksicht auf die dort bestehenden eigenartigen Verhältnisse (vgl. a. § 9 Anm. 4) für die Provinz Hessen-Nassau, den Harzbezirk und das Geltungsgebiet des schlesischen Auenrechts getroffen worden.

2. Da es nicht möglich ist, bei Wasserläufen zweiter und dritter Ordnung einen Ausgleich zwischen den einzelnen Beteiligten durch die bei Veränderungen des Wasserlaufs entstehenden Vorteile und Nachteile zu finden, so ist den Eigentümern des verlassenen und den bisherigen Eigentümern des neuen Bettes, den Anliegern des früheren und neuen Wasserlaufes, sowie allen anderen, welchen ein Recht an dem früheren Wasserlaufe oder auch an dem Bette des neuen Wasserlaufes (KB. AH. S. 35) zugestanden hat, und zwar jedem für sich, durch Abs. 2 das Recht gewährt worden, den früheren Zustand wieder herzustellen (vgl. auch Wassergesetz für Bayern Art. 25, Württemberg Art. 13, Sachsen § 10), und zwar muß dieses Recht, damit die Verhältnisse nicht lange Zeit mehr gestört werden können, binnen einem Jahre ausgeübt werden. Da nun diese Frist nicht immer ausreicht, kann die Wasserpolizeibehörde sie verlängern; dieselbe kann ferner Art und Umfang der vorzunehmenden Arbeiten bestimmen, damit Meinungsverschiedenheiten schnell und sachverständig entschieden und wirtschaftliche Schädigungen der Betroffenen vermieden werden, Begr. S. 70.

Streitigkeiten über die Zulässigkeit der Wiederherstellung werden im Verwaltungsstreitverfahren entschieden (Abs. 3).

3. Beim Vorliegen gewisser öffentlichen Interessen — Erhaltung der Vorflut, Verhütung von Hochwassergefahr — sollte auf Grund eines von der Kommission des Abgeordnetenhauses eingefügten Abs. 4 auch die Wasserpolizeibehörde die Wiederherstellung des früheren Zustandes von dem zur Unterhaltung des früheren Wasserlaufs Verpflichteten (§§ 115 ff.), bei Wasserläufen dritter Ordnung unter Um-

ständen auch von der Gemeinde, in deren Bezirk das alte Bett liegt, verlangen können, KB. AH. S. 33—35. Die Kommission des Herrenhauses hat jedoch diesen Absatz gestrichen, weil er zu einer großen Belastung der auf Grund desselben evtl. zur Wiederherstellung Verpflichteten führen könne, KB. HH. S. 766/7; vgl. jedoch § 181, wo eine diesem Abs. 4 im wesentlichen entsprechende Bestimmung für Wasserläufe zweiter Ordnung wieder aufgenommen worden ist, falls Staat und Provinzen sich an den Kosten nach Maßgabe des § 176 ff. beteiligen.

4. Ist der alte Zustand wieder hergestellt, so treten die früheren Eigentumsverhältnisse wieder ein (Abs. 4).

§ 17.

(1) Durch allmähliche Anspülung entstehende Anlandungen oder Erdzungen gehören in der sich aus § 8 Abs. 2 Nr. 2 ergebenden Begrenzung den Anliegern.

(2) Dasselbe gilt für Verbreiterungen der Ufergrundstücke, die durch eine natürliche oder künstliche Senkung des Wasserspiegels entstanden sind.

(3) Bei Seen, die Teile von Wasserläufen sind und nicht im Eigentum der Anlieger als solcher stehen, gehören Anlandungen, Erdzungen und trockengelegte Randflächen innerhalb der bisherigen Eigentumsgrenzen den Eigentümern des Sees. Diese haben jedoch den früheren Anliegern den Zutritt zu dem See zu gestatten, soweit dies zur Ausübung des Gemeingebrauchs in dem bisher geübten Umfang erforderlich ist.

1. Die Ufergrundstücke erfahren häufig Erweiterungen durch Anspülungen von Erdreich oder durch eine natürliche oder künstliche Senkung des Wasserspiegels der Wasserläufe; vgl. a. Sten. B. AH. S. 7983/4.

Bei den Anlandungen sind drei Arten zu unterscheiden, erstens solche, welche allmählich durch natürliche Anschwemmung entstehen, zweitens solche, welche künstlich planmäßig hergestellt werden, drittens solche, welche gelegentlich der Ausführung von zu anderen Zwecken bestimmten Strombauwerken entstehen. Dies letztere Neuland ist den natürlichen Anlandungen gleich zu erachten, sobald es über Mittelwasser hinausragt; solange es darunter bleibt, ist es Bestandteil des Flusses. Vorstehendes gilt auch dort, wo ein Fluß in die Mündung übergeht, d. h. also auch in den Haffen (§ 1 Anm. 9). Dagegen greift bei den „Bodden", die Teile des Meeres sind, das privilegierte Okkupationsrecht des Fiskus Platz, KB. AH. S. 35.

Alle diese Erweiterungen des Ufergrundstückes werden entsprechend dem bisher geltenden Rechte (vgl. Nieberding-Frank S. 74, 77/8) Eigentum der Anlieger, nicht etwa der, allenfalls von ihnen verschiedenen, Eigentümer des Wasserlaufs. Die Eigentumsgrenze an solchen Erweiterungen des Ufers zwischen den einzelnen Anliegern ist nach § 8 Abs. 2 Nr. 2 zu bestimmen. Wegen der Rechtsverhältnisse der Anlandungen, bzw. des Neulandes bei der Unterhaltung und dem Ausbau vgl. §§ 140 und 153 Abs. 2.

Dabei ist es unerheblich, ob das Neuland sich unmittelbar längs des Ufers bildet oder sich in Form einer Halbinsel oder Erdzunge vorlagert. Über die Grenzen des Grundstücks, an welchem sich die Anlandung bildet, hinaus sich erstreckende Erdzungen gehören dem Eigentümer des Grundstücks, welchem sie vorgelagert sind, nicht dem des Grundstücks, welchem sie sich ansetzen, wie dies bei strenger Durchführung des Akkreszionsprinzips Rechtens sein müßte, jedoch zu Unbilligkeiten führen würde, Begr. S. 71.

2. Abs. 3 behandelt die Seen, die Teile von Wasserläufen sind und nicht den Anliegern als solchen gehören. Bei ihnen ist ein Sondereigentum besonders häufig, auch kommen bei ihnen Anlandungen und andere Verbreiterungen der Ufergrundstücke durch das Sinken des Wasserspiegels in besonders großem Umfange vor. Die so trockengelegten Randflächen den Anliegern zuzusprechen, würde unbillig sein. Es ist daher bestimmt worden, daß solche Flächen innerhalb der bisherigen Eigentumsgrenze den Eigentümern des Sees verbleiben. Um aber auch den durch die Bildung solcher Randflächen vom See abgeschnittenen Anliegern die Möglichkeit zur Ausübung des Gemeingebrauchs in dem bisher geübten Umfange zu erhalten, muß ihnen zu diesem Zwecke der Zutritt zu dem See gestattet werden.

Ein in der dritten Lesung des Abgeordnetenhauses gestellter Antrag, den Anliegern das Recht zu geben, die Abtretung des Eigentums an derartigen Randflächen gegen Entschädigung zu verlangen, ist nach eingehender Erörterung abgelehnt worden, Sten. B. AH. S. 8532 ff., 8553.

§ 18.

Wird ein Stück Land durch Naturgewalt von dem Ufer eines Wasserlaufs losgerissen und mit einem anderen Grundstück vereinigt, so wird es sein Bestandteil, wenn es von diesem Grundstück nicht mehr unterschieden werden kann oder wenn die Vereinigung ein Jahr bestanden hat, ohne daß der Eigentümer oder ein sonstiger Berechtigter sein Recht, das losgerissene Stück wieder wegzunehmen, gerichtlich oder durch Anmeldung bei der Wasserpolizeibehörde geltend gemacht hat.

1. § 18 [19] behandelt die sogenannten „Avulsionen", d. h. das Losreißen von Stücken Landes und dessen Vereinigung mit einem anderen Grundstücke. Die an solchen Avulsionen entstehenden Rechtsverhältnisse wurden nach früherem Rechte verschieden beurteilt, vgl. darüber Begr. S. 71, Nieberding-Frank S. 74/5.

Nach dem Wassergesetze werden solche durch Naturgewalt, z. B. Wassergewalt, Erdrutsch, Bodensenkungen, losgerissenen Stücke Landes Bestandteil des Grundstücks, mit welchem sie sich vereinigt haben, wenn es entweder von diesem nicht mehr unterschieden werden kann oder die Vereinigung, durch welche dem Eigentümer des Landes erst eine bestimmte Person als Verpflichteter gegenübertritt, ein Jahr bestanden hat, ohne daß der Eigentümer sein ihm zustehendes Wegnahmerecht durch Klage oder durch Anmeldung bei der Wasserpolizeibehörde geltend gemacht hat, Begr. S. 72.

Dritter Titel.

Benutzung der Wasserläufe.

Der Mangel von den wachsenden Bedürfnissen der Volkswirtschaft entsprechenden Vorschriften über die Benutzung der Wasserläufe im geltenden Rechte war der hauptsächlichste Grund für die Neuregelung des Wasserrechts (vgl. Einleitung). Es war daher eine der wichtigsten Aufgaben des Wassergesetzes, in dieser Beziehung Bestimmungen zu treffen, durch welche sowohl dem Interesse der Allgemeinheit genügt wird, als auch unter den vielfach nebeneinander bestehenden und häufig miteinander in Widerspruch tretenden Privatinteressen ein Ausgleich geschaffen wird.

Besonderes Gewicht war dabei auf die Reinhaltung der Gewässer zu legen, die infolge der stetig steigenden Verunreinigung der Wasserläufe durch die Abwässerableitung von seiten der Industrie und der Landwirtschaft besonderer Fürsorge durch den Gesetzgeber bedurfte, zumal die bisherigen vielfach zerstreuten Vorschriften (vgl. darüber Begr. S. 26/7) den Bedürfnissen der Volkswohlfahrt und einer geordneten Wasserwirtschaft in keiner Weise genügten, vgl. a. Holtz a. a. O. S. 49 ff.

Es ist daher bei der Ausgestaltung der Benutzungsrechte in den §§ 19 [20] ff., sei es daß sie auf dem Gesetze selbst beruhen, wie der Gemeingebrauch (§§ 25 ff.) und der Eigentümergebrauch (§§ 40 ff.), sei es daß sie in einem Verleihungsverfahren (§ 46 ff.) erworben sind, in weitgehendem Maße Vorsorge getroffen worden, um Schädigungen anderer, insbesondere der Allgemeinheit, vorzubeugen, bzw. ihnen bei durch die Benutzung verursachten Schäden die Geltendmachung von Schadenersatzansprüchen zu sichern. Vor allem ist auch bei der Ausgestaltung der Befugnisse der Wasserpolizeibehörde dieser Gesichtspunkt besonders ins Auge gefaßt worden und dieser Behörde eine ständige Überwachung der Benutzung im Interesse der Allgemeinheit zur Aufgabe gemacht worden.

Wegen der besonderen Regelung dieser Frage für die bestehenden Benutzungsrechte vgl. §§ 379—382.

Vgl. im übrigen Begr. S. 15/16, 26—29, KB. AH. S. 37 ff.

I. Allgemeine Vorschriften.

Der Benutzung der Wasserläufe sind in den §§ 19—24 aus Gründen des öffentlichen Wohls allgemein gewisse Schranken polizeilicher Natur gesetzt, die für jedermann, also auch für den Eigentümer und denjenigen, der ein besonderes Recht zur Benutzung des Wasserlaufs hat oder erwirbt, gelten, Begr. S. 16.

§ 19.

(1) **Es ist verboten, Erde, Sand, Schlacken, Steine, Holz, feste und schlammige Stoffe sowie tote Tiere in einen Wasserlauf einzubringen. Ebenso ist verboten, solche Stoffe an Wasserläufen abzu-**

lagern, wenn die Gefahr besteht, daß diese Stoffe hineingeschwemmt werden. Ausnahmen kann die Wasserpolizeibehörde zulassen, wenn daraus nach ihrem Urteil eine für andere nachteilige Veränderung der Vorflut oder eine schädliche Verunreinigung des Wassers nicht zu erwarten ist. Wird die Unterhaltungslast erschwert, so darf die Wasserpolizeibehörde die Ausnahme nur mit Zustimmung des Unterhaltungspflichtigen zulassen.

(2) Die Vorschriften des Abs. 1 gelten nicht für das Einbringen von Fischnahrung, jedoch ist die Wasserpolizeibehörde befugt, das Einbringen zu untersagen, wenn dadurch das Wasser zum Nachteil anderer verunreinigt wird. Dasselbe gilt für die Düngung künstlicher teichartiger Erweiterungen von Wasserläufen, die der Fischzucht oder Fischhaltung dienen.

(3) Die Entnahme von Pflanzen, Schlamm, Erde, Sand, Kies und Steinen aus einem Wasserlauf kann, wenn es das öffentliche Interesse erfordert, durch Anordnung der Wasserpolizeibehörde geregelt oder beschränkt werden.

1. Im Interesse der Reinhaltung des Wassers (s. Vorbem. zu diesem Titel), sowie der Sicherung des ungehinderten Ablaufes ist nach dem Vorbilde des § 4 des Privatflußges. (vgl. Nieberding-Frank S. 98, 100, 254) und § 8 des Ges. zur Verhütung von Hochwassergefahren v. 16. August 1905 in § 19 [20] das Einbringen von Stoffen in einen Wasserlauf, die eine Verunreinigung herbeiführen oder den Ablauf erschweren können, verboten. Sind derartige Beeinträchtigungen nicht zu befürchten, so ist die Wasserpolizeibehörde befugt, Ausnahmen zu gestatten. Sie bedarf aber, falls durch ein solches Einbringen die Unterhaltungslast (§§ 113 ff.) erschwert wird, bei der Gestattung derartiger Ausnahmen der Genehmigung der Unterhaltungspflichtigen, da diesen die Möglichkeit gewährt werden muß, die Forderung zu stellen, daß derjenige, welcher die Stoffe einbringen will, ihnen einen Beitrag zu den Kosten der Räumung leistet oder ihnen gegenüber durch privatrechtliche Vereinbarung die Unterhaltungslast ganz oder teilweise übernimmt, Begr. S. 72.

2. Unter „Einbringen" im Sinne des § 19 ist nur ein Hineinschaffen von Stoffen in den Wasserlauf, um sich ihrer zu entledigen, zu verstehen. Es umfaßt nicht etwa auch ein Einlegen zu vorübergehenden Lagerungszwecken, z. B. von Holzstämmen, welche später weitergeflößt werden sollen, oder das Hineinschaffen von festen Stoffen zur Errichtung oder Veränderung von Anlagen in oder an Wasserläufen, welch letzteres dem § 22 untersteht, Begr. S. 72/3, KB. AH. S. 40/1; vgl. a. die Erklärung des Landwirtschaftsministers in Sten. B. HH. S. 995.

Dagegen fällt nach dem von der Kommission des Abgeordnetenhauses eingefügten Satz 2 des Abs. 1 die Ablagerung der im § 19 bezeichneten Stoffe an Wasserläufen unter diese Bestimmung, jedoch nur, wenn die Gefahr besteht, daß sie in den Wasserlauf, sei es durch

Übertreten des Wassers oder durch Regengüsse usw., abgeschwemmt werden, KB. AH. S. 41.

3. Bezüglich der dem § 19 unterfallenden Stoffe werden Zweifel entstehen können, ob es sich im Einzelfalle um feste, bzw. schlammige Stoffe im Sinne dieser Vorschrift oder um flüssige Stoffe im Sinne des § 23 handeln wird. Die Frage wird nach Lage des einzelnen Falles zu entscheiden sein. Z. B. ist der Schlackensand aus den Hochöfen, welcher von dem Wasser lange Strecken auf der Oberfläche schwimmend mitgeführt wird, regelmäßig nicht als fester Stoff zu erachten, dies ist vielmehr nur dann der Fall, wenn er mit dem Wasser in organische Verbindung tritt, so daß dieses einen schlammigen Charakter annimmt. Wird dagegen solcher Flugsand lediglich als Schwebestoff von dem Wasser auf seiner Oberfläche mitgeführt, so handelt es sich um eine nach § 23 zu beurteilende Einleitung verschmutzten Wassers, KB. AH. S. 40, Sten. B. AH. S. 7996/7.

4. Durch den von dem Abgeordnetenhause in dritter Lesung eingefügten Abs. 2 ist im Interesse der Teichwirte eine Ausnahme von § 19 bezüglich des Einbringens von Fischnahrung und der Düngung von Fischteichen (§ 1 Anm. 6) gemacht worden. Jedoch kann die Wasserpolizeibehörde ein solches Einbringen untersagen, wenn dadurch schädliche Verunreinigungen zu befürchten sind, Sten. B. AH. S. 8537/8,

5. Da die Entnahme von Pflanzen und festen Stoffen unter Umständen nachteilige Wirkungen für den Zustand und die Unterhaltung des Wasserlaufs und der Ufergrundstücke haben kann, sind solche Entnahmen der Regelung durch die Wasserpolizeibehörde unterworfen, wenn das öffentliche Interesse es erfordert, Begr. S. 73.

5. § 19 enthält öffentliches Recht. Ein ihm entgegenstehendes Privatrecht kann daher nicht erworben werden, vgl. Urt. des OTr., Entsch. Bd. 70 S. 351; Begr. S. 73.

6. Zuwiderhandlungen gegen § 19 sind in dem Gesetze nicht unter Strafe gestellt. Strafvorschriften können daher nur im Wege besonderer Polizeiverordnungen eingeführt werden. Außerdem aber ist die Polizeibehörde gemäß § 378 in der Lage, die Beseitigung eines polizeiwidrigen Zustandes jederzeit zu erzwingen, KB. AH. S. 42.

§ 20.

(1) Es ist verboten, Hanf und Flachs in einem Wasserlauf zu röten.

(2) Der Bezirksausschuß kann Ausnahmen von diesem Verbote widerruflich für Gemeindebezirke oder Teile von ihnen zulassen, wo die Örtlichkeit für die Anlegung zweckdienlicher Rötegruben nicht geeignet ist und die Inanspruchnahme von Wasserläufen zur Hanf- und Flachsbereitung zur Zeit nicht entbehrt werden kann. Die Zulassung ist jedoch ohne Einfluß auf die Haftung für den entstehenden Schaden.

1. Das Röten von Hanf und Flachs, welches eine, besonders für die Fischzucht verderbliche, Verunreinigung des Wassers herbeiführt, ist in Anschluß an § 44 des Fischereiges. grundsätzlich verboten.

Da aber gewisse Gegenden desselben nicht entbehren können, kann der Bezirksausschuß auf Widerruf Ausnahmen zulassen, Begr. S. 73, KB. AH. S. 42; vgl. a. wegen des ähnlichen früheren Rechts Nieberding-Frank S. 98, 100, 254 und insbes. S. 256.

2. Das Einlegen von Hanf und Flachs in einen Wasserlauf zum Zwecke des Rötens ist kein Gebrauch desselben im Sinne des § 40 Nr. 2. Das Recht dazu kann daher auch nicht durch Verleihung erworben werden, vgl. aber auch Anm. 4.

3. Die Gestattung durch den Bezirksausschuß beseitigt jedoch gemäß der ausdrücklichen Vorschrift des Abs. 2 Satz 2 die Haftung für den durch das Röten entstandenen Schaden nicht.

4. Findet das Röten, wie das meistens geschieht, in Rötegruben statt, so fällt das Ableiten der Abwässer aus denselben in einen Wasserlauf nicht unter § 20, sondern den § 23, bezw. 40 Nr. 2. Ein solches Ableitungsrecht kann daher auch Gegenstand der Verleihung (§ 46) sein, Begr. S. 74.

§ 21.

Die Wasserpolizeibehörde ist befugt, die Benutzung eines Wasserlaufs zu beschränken oder zu untersagen, soweit nicht ein Recht zu der Benutzung besteht oder die Benutzung nach den Vorschriften über den Gemeingebrauch gestattet ist. Solche Verfügungen sind mit Gründen zu versehen.

1. Gemäß § 21 [22] ist die Wasserpolizeibehörde befugt, die Benutzung eines Wasserlaufes zu beschränken oder zu untersagen. Dies Recht steht ihr jedoch insoweit nicht zu, als ein Recht zur Benutzung besteht oder dieselbe nach den Vorschriften über den Gemeingebrauch (§§ 25 ff.) gestattet ist. Diese Ausnahmen waren erforderlich, weil die Polizei gegenüber Benutzungsrechten auf die ihr allgemein zustehenden Befugnisse beschränkt ist, auch, soweit ein solches Recht auf Verleihung (§ 46 ff.) beruht, alle polizeilichen Gesichtspunkte im Verleihungsverfahren erschöpfend und abschließend geprüft und geregelt werden (vgl. §§ 49, 69, 76) und weil der Gemeingebrauch bereits nach § 39 von der Wasserpolizeibehörde geregelt wird, Begr. S. 74.

2. Die Wasserpolizei kann sowohl im öffentlichen, als auch im Privatinteresse auf Grund des § 21 einschreiten.

In der ersten Lesung hatte die Kommission des Abgeordnetenhauses beschlossen, ihr ein solches Recht nur beim Vorliegen eines öffentlichen Interesses zu gewähren. In der zweiten Lesung hat sie die Regierungsvorlage wiederhergestellt, weil es, vor allem im Interesse des kleinen Mannes, wünschenswert erschien, ein Eingreifen der Wasserpolizei, auch wenn es sich lediglich um private Interessen handelt, zuzulassen; ein solches Bedürfnis kann z. B. im Falle des § 43 Abs. 2 vorliegen, KB. AH. S. 42 ff. Auch in der Kommission des Herrenhauses und in diesem Hause selbst gestellte Anträge, die Befugnis aus § 21 nur beim Vorliegen von Gründen des öffentlichen Wohls zu geben, sind abgelehnt worden, KB. HH. S. 769, Sten. B. HH. S. 995 ff.

3. Die Wasserpolizei wird auf Grund des § 21 vor allem dann einzuschreiten haben, wenn eine Entziehung des unentbehrlichen Trink- und Haushaltungswassers stattfindet oder wenn das Interesse der Landesverteidigung, der Vorflut, des Hochwasser-, Ufer-, Deich- und Dünenschutzes, der Landeskultur, Fischerei, Industrie, Schiffahrt und Flößerei, der Reinhaltung der Gewässer und der Erhaltung der Heilquellen es erfordert, Begr. S. 74/5.

4. Eine Anregung in der Kommission des Abgeordnetenhauses, gegenüber Bergwerken ein Einschreiten der Wasserpolizei nur mit Zustimmung der Bergpolizei zuzulassen, wurde mit Rücksicht auf die Erklärung der Regierung zurückgezogen, daß es nicht angängig sei, zwei Polizeibehörden nebeneinander für zuständig zu erklären, daß aber in der Ausführungsanweisung Vorsorge getroffen werden solle, daß die Wasserpolizeibehörde sich in derartigen Fällen vorher des Einverständnisses der Bergpolizei zu vergewissern habe, KB. AH. S. 43, vgl. a. die Anm. zu § 396.

§ 22.

(1) Die Errichtung oder wesentliche Veränderung von Anlagen in Wasserläufen erster und zweiter Ordnung bedarf der Genehmigung der Wasserpolizeibehörde; das gleiche kann für natürliche Wasserläufe dritter Ordnung durch Polizeiverordnung bestimmt werden. Ausgenommen sind Anlagen, die auf Grund eines gesetzlich geordneten Verfahrens oder zur Erfüllung der gesetzlichen Unterhaltungspflicht ausgeführt werden.

(2) Ferner kann zur Erhaltung der Vorflut durch Polizeiverordnung bestimmt werden, daß an Wasserläufen erster und zweiter Ordnung und natürlichen Wasserläufen dritter Ordnung, die nicht unter die Vorschriften des § 285 fallen, Anlagen innerhalb eines bestimmten Abstandes von der Uferlinie (§ 12) nur mit Genehmigung der Wasserpolizeibehörde errichtet werden dürfen.

1. Im Bette des Wasserlaufes errichtete oder in dasselbe hineinragende Anlagen können den Wasserlauf zum Nachteile der Allgemeinheit, insbesondere bezüglich der Erhaltung der Vorflut, beeinflussen. Ihre Errichtung und Veränderung bedarf daher bei Wasserläufen erster und zweiter Ordnung der Genehmigung des Wasserpolizeibehörde, während bei den für die Allgemeinheit nicht so wichtigen natürlichen Wasserläufen dritter Ordnung die Genehmigungspflicht dort, wo sie am Platze erscheint, z. B. bei Einbauten, Brückenanlagen mit zu geringer Weite, durch Polizeiverordnung eingeführt werden kann. Solche Anlagen sind z. B. auch die Dücker, KB. AH. S. 45.

Ausgenommen von der Genehmigungspflicht sind Anlagen, die auf Grund eines gesetzlich geordneten Verfahrens, sei es nach dem Wassergesetze (Verleihung §§ 46 ff., Ausbau §§ 152 ff., Zwangsrechte §§ 330 ff.) oder nach anderen Gesetzen, z. B. des Genehmigungsverfahrens nach der GO. oder zur Erfüllung der gesetzlichen Unterhaltungspflicht (§§ 113 ff.) ausgeführt werden.

2. Da ferner auch Anlagen an Ufergrundstücken, Brücken, Landestege usw., die Abflußverhältnisse eines Wasserlaufs nachteilig beeinflussen können, müssen auch sie der Überwachung durch die Wasserpolizeibehörde unterstellt werden. Eine besondere Genehmigung durch diese Behörde ist aber für derartige Anlagen nicht erforderlich, sie kann vielmehr nur im Wege der Polizeiverordnung vorschreiben, daß sie innerhalb eines bestimmten Abstandes von der Uferlinie nur mit ihrer Genehmigung errichtet werden dürfen, Begr. S. 75/6.

Dies gilt nicht für Wasserläufe, bei welchen Hochwassergefahr besteht (§ 330), da für diese besondere, weitergehendere Vorschriften getroffen sind.

3. Die Wasserpolizeibehörde hat sich aber kleinlicher Maßnahmen, z. B. bei Holztreppchen an Flußläufen, die dem Wasserschöpfen oder dem Waschen von Wäsche dienen (vgl. wegen dieser auch § 333), zu enthalten. Die Ausführungsanweisung soll Bestimmungen in dieser Hinsicht enthalten, KB. AH. S. 45.

§ 23.

(1) Wer Wasser oder andere flüssige Stoffe über den Gemeingebrauch hinaus in einen Wasserlauf einleiten will, hat dies vorher der Wasserpolizeibehörde anzuzeigen. Ist diese der Ansicht, daß der beabsichtigten Einleitung polizeiliche Rücksichten oder die Beschränkungen des § 41 entgegenstehen, so hat sie die Einleitung unter Angabe der Gründe zu untersagen; anderenfalls hat sie dem Anzeigenden mitzuteilen, daß von Polizei wegen keine Bedenken gegen die Einleitung zu erheben seien, und dieses in ortsüblicher Weise bekannt zu machen. Sie kann Vorkehrungen angeben, durch die ihr Widerspruch beseitigt werden kann.

(2) Die Wasserpolizeibehörde entscheidet, von dringlichen Fällen abgesehen, bei Wasserläufen zweiter und dritter Ordnung nach Anhörung des Schauamtes.

(3) Bevor die Mitteilung (Abs. 1) zugestellt ist oder bevor die von der Wasserpolizeibehörde zur Beseitigung ihres Widerspruchs etwa angegebenen Vorkehrungen getroffen sind, ist die Einleitung nicht zulässig.

(4) Diese Vorschriften sind nicht anzuwenden, wenn das Recht zur Einleitung durch Verleihung erworben ist oder beim Inkrafttreten dieses Gesetzes besteht und nach den §§ 379 bis 381 aufrechterhalten bleibt oder wenn die Einleitung von einer anderen zuständigen Polizeibehörde zugelassen oder nach den §§ 16 bis 25 der Gewerbeordnung gestattet ist.

(5) Der Oberpräsident — in den Hohenzollernschen Landen der Regierungspräsident — kann nach Anhörung der Schauämter und des Wasserbeirats (§ 367) für alle oder einzelne Wasserläufe festsetzen, daß es für die Einleitung bestimmter Arten oder Mengen von Flüssigkeiten keiner Anzeige bedarf, wenn sie gemeinüblich und unter den gegebenen Verhältnissen keine Schädigung von ihr zu befürchten ist.

1. Um Schädigungen, welche durch die Einleitung von Wasser und flüssigen Stoffen (vgl. § 19 Anm. 3) entstehen können, vorzubeugen, ist demjenigen, der solche Stoffe einleiten will, in § 23 [24] Abs. 1 eine vorherige Anzeigepflicht bei der Wasserpolizeibehörde auferlegt worden. Diese Verpflichtung besteht aber nur dann, wenn die Einleitung den Gemeingebrauch (§§ 25 ff.) überschreiten wird. Die Behörde kann aus polizeilichen Rücksichten oder wenn Nachteile der in § 41 genannten Art zu befürchten sind, die Einleitung untersagen; anderenfalls hat sie dem Anzeigenden mitzuteilen, daß sie keine Bedenken habe.

Durch diese Vorschrift wird der Wasserpolizeibehörde Gelegenheit gegeben, auf die zu beachtenden polizeilichen Gesichtspunkte hinzuweisen. Teilt die Behörde dem Unternehmer mit, sie habe keine Bedenken, so liegt darin keine Genehmigung, zu einer solchen ist in diesem vorläufigen Stadium des Verfahrens kein Platz. Trotz einer solchen Mitteilung steht daher einem späteren polizeilichen Eingreifen nichts im Wege, Begr. S. 28, KB. AH. S. 46, KB. HH. S. 768. In der Kommission des Herrenhauses und in diesem Hause selbst gestellte Anträge, in dem Verfahren gemäß § 23 eine vorherige Anhörung der Beteiligten, bzw. öffentliche Bekanntmachung vorzuschreiben, wurden abgelehnt, da es sich hier lediglich um ein provisorisches und der Information der Wasserpolizeibehörde dienendes Verfahren handele, dagegen wurde in Abs. 1 hinzugefügt, daß die Polizei, wenn sie keine Bedenken hat, dies in ortsüblicher Weise bekannt zu machen hat, damit die Interessenten Kenntnis davon erhalten, KB. HH. S. 769 ff., Sten. B. HH. S. 1000 ff.

Untersagt die Behörde die Einleitung, so steht dem Unternehmer nur noch der Weg der Verleihung offen.

Die Behörde hat jedoch nach dem von der Kommission des Abgeordnetenhauses eingefügten Abs. 2, abgesehen von dringlichen Fällen, vor ihrer Entscheidung das Schauamt (§§ 356 ff.), und zwar nicht nur das unmittelbar beteiligte, sondern, soweit erforderlich, auch das für den ober- und unterliegenden Teil des Wasserlaufs zuständige, wie in der Ausführungsanweisung bestimmt werden wird (Sten. B. AH. S. 8023, 8025) zu hören; jedoch gilt dieses nach den Beschlüssen der Kommission des Herrenhauses nur für die Wasserläufe zweiter und dritter Ordnung, KB. HH. S 771.

2. Da eine Anzeigepflicht bei unbedeutenden Einleitungen überflüssig ist und zu unnötigen Belästigungen führen würde, kann der Oberpräsident nach Anhörung der Schauämter und des Wasserbeirats (§§ 368 ff.) für alle oder einzelne Wasserläufe der Provinz die Einleitung bestimmten Arten oder Mengen von Flüssigkeiten unter gewissen Voraussetzungen von der Anzeigepflicht ausnehmen (Abs. 5), Begr. S. 28.

3. § 23 ist nicht anwendbar, falls das Einleitungsrecht durch Verleihung erworben oder zu den gemäß §§ 379—381 aufrechterhaltenen Rechten gehört oder falls die Einleitung von einer anderen Polizeibehörde zugelassen oder nach den §§ 16—25 GO. gestattet ist.

Als eine solche Zulassung durch eine besondere Polizeibehörde kommt z. B. die betriebsplanmäßige Genehmigung der Abwässerableitung eines Bergwerks gemäß §§ 67 ff. ABG. in Frage, KB. AH. S. 43.

Die gleiche Bedeutung kommt der Anzeige an die Landespolizeibehörde zu, Sten. B. AH. S. 8024.

4. Verstöße gegen den § 23 unterliegen der Bestrafung auf Grund der §§ 375, 376.

§ 24.

(1) Für den Schaden, der durch die unerlaubte Verunreinigung eines Wasserlaufs entsteht, haftet, selbst wenn eine solche nach § 23 nicht beanstandet ist, der Unternehmer der Anlage, von der die Verunreinigung herrührt. Die Haftung ist ausgeschlossen, wenn der Unternehmer zur Verhütung der Verunreinigung die im Verkehr erforderliche Sorgfalt beobachtet hat.

(2) Den Hypotheken-, Grundschuld- und Rentenschuldgläubigern wird keine besondere Entschädigung gewährt. Doch sind zu ihren Gunsten auf die dem Eigentümer des belasteten Grundstücks zu gewährende Entschädigung die Artikel 52, 53 des Einführungsgesetzes zum Bürgerlichen Gesetzbuch anzuwenden.

(3) Rührt die Verunreinigung von mehreren Anlagen her, so haften die Unternehmer als Gesamtschuldner.

(4) Unter sich sind die Unternehmer nach dem Verhältnis des Anteils an der Verunreinigung, im Zweifel zu gleichen Teilen verpflichtet. Fällt jedoch einzelnen von ihnen ein Verschulden zur Last, so haften diese allein.

(5) Die Vorschriften, wonach auch andere für den Schaden verantwortlich sind, bleiben unberührt. Im Verhältnis zu dem Unternehmer sind, wenn diesem kein Verschulden zur Last fällt, die anderen allein zum Schadenersatz verpflichtet.

(6) Der § 254, der § 840 Abs. 1, 2 und der § 852 des Bürgerlichen Gesetzbuchs sind entsprechend anzuwenden.

1. Die wichtige Bestimmung des § 24 [24a] ist von der Kommission des Abgeordnetenhauses eingefügt worden, da die Bestimmungen des BGB. über unerlaubte Handlungen (§§ 823 ff.) für die Verfolgung der durch unerlaubte Verunreinigung entstandenen Schäden nicht ausreichend erschienen, vgl. a. Vorbem. zum dritten Titel, sowie KB. AH. S. 47 ff., sowie die sehr eingehenden Erörterungen in dem Sten. B. AH. S. 7986 ff.

2. Die hauptsächliche Bedeutung dieser Vorschrift liegt in der Veränderung der Beweislast. Während nämlich nach dem BGB. §§ 823 ff. der Beschädigte den Beweis erbringen muß, daß den Schädiger ein Verschulden trifft, und dieser sich, z. B. nach Maßgabe des § 831, demgegenüber exkulpieren kann, hat nach der Vorschrift des § 24 der Beschädigte nur den Kausalzusammenhang zwischen der Verunreinigung durch die Abwässer und dem entstandenen Schaden nachzuweisen, dem Unternehmer dagegen liegt der Nachweis ob, daß ihn kein Verschulden trifft. Ein solches Verschulden gilt aber nicht nur dann als nicht vorliegend, wenn die Verunreinigung durch höhere Gewalt

verursacht ist, wie dies nach den Beschlüssen der Kommission des Abgeordnetenhauses in erster Lesung der Fall sein sollte. Der Unternehmer ist vielmehr schon dann von der Haftung befreit, wenn ihm der Nachweis gelingt, daß er die im Verkehr erforderliche Sorgfalt zur Verhütung der Verunreinigung beobachtet hat. Es muß ihn also weder culpa in eligendo, noch in custodiendo treffen, dies ist nach der Rechtsprechung des Reichsgerichts zu § 831 BGB. dahin zu verstehen, daß er sowohl bei der Bestellung seiner Angestellten, auch der höchstgestelltesten, sowie bei ihrer Beaufsichtigung, als auch bei Auswahl der zu beschaffenden Vorrichtungen und Gerätschaften alle nur denkbare Sorgfalt verwandt hat. Er muß sich daher auch, wenn er eine besondere Person zur Beaufsichtigung angestellt hat, davon überzeugen, ob diese Aufsichtsperson ihre Schuldigkeit tut, Sten. B. AH. S. 8021, 8028, KB. HH. S. 768, 771/2, Sten. B. HH. S. 1005 ff.

2. Die schädliche Verunreinigung muß aber eine unerlaubte sein. An sich ist jede Verunreinigung, die einen Schaden verursacht, unerlaubt. Daß die Wasserpolizeibehörde gegenüber der gemäß § 23 gemachten Anzeige keine Bedenken erhoben hat, steht nicht etwa der Geltendmachung von Ansprüchen auf Grund des § 24 entgegen; dieses ist durch den von der Kommission des Herrenhauses in Abs. 1 Satz 1 eingefügten Zwischensatz besonders zum Ausdruck gebracht worden, KB. HH. S. 770, 771/2.

Eine unerlaubte Handlung liegt aber dann nicht vor, wenn ein Recht zur Verunreinigung, z. B. **auf Grund einer Verleihung,** eines nach § 379 aufrechterhaltenen Rechts (s. jedoch dort Abs. 4 a) oder bergrechtlicher Enteignung (§ 396) besteht, KB. AH. S. 51, Sten. B. AH. S. 8020/1, 8028, Sten. B. HH. S. 1008.

3. Die Rechte der Realgläubiger an der nach Abs. 1 zu gewährenden Entschädigung sind gemäß Abs. 2 nach den Art. 52, 53 EG. z. BGB. zu beurteilen, welche lauten:

Artikel 52.

„Ist auf Grund eines Reichsgesetzes dem Eigentümer einer Sache wegen der im öffentlichen Interesse erfolgenden Entziehung, Beschädigung oder Benutzung der Sache oder wegen Beschränkung des Eigentums eine Entschädigung zu gewähren und steht einem Dritten ein Recht an der Sache zu, für welches nicht eine besondere Entschädigung gewährt wird, so hat der Dritte, soweit sein Recht beeinträchtigt wird, an dem Entschädigungsanspruche dieselben Rechte, die ihm im Falle des Erlöschens seines Rechts durch Zwangsversteigerung an dem Erlöse zustehen."

Artikel 53.

„Ist in einem Falle des Artikel 52 die Entschädigung dem Eigentümer eines Grundstücks zu gewähren, so finden auf den Entschädigungsanspruch die Vorschriften des § 1128 des Bürgerlichen Gesetzbuchs entsprechende Anwendung. Erhebt ein Berechtigter innerhalb der im § 1128 bestimmten Frist Widerspruch gegen die Zahlung der Entschädigung an den Eigentümer, so kann der Eigentümer und jeder Berechtigte die Eröffnung eines Verteilungsverfahrens nach den für die Verteilung des Erlöses im Falle der Zwangsversteigerung geltenden Vorschriften beantragen. Die Zahlung hat in diesem Falle an das für das Verteilungsverfahren zuständige Gericht zu erfolgen.

Ist das Recht des Dritten eine Reallast, eine Hypothek, eine Grundschuld oder eine Rentenschuld, so erlischt die Haftung des Entschädigungsanspruchs, wenn der beschädigte Gegenstand wiederhergestellt oder für die entzogene be-

wegliche Sache Ersatz beschafft ist. Ist die Entschädigung wegen Benutzung des Grundstücks oder wegen Entziehung oder Beschädigung von Früchten oder von Zubehörstücken zu gewähren, so finden die Vorschriften des § 1123 Abs. 2, Satz 1 und des § 1124 Abs. 1, 3 des Bürgerlichen Gesetzbuchs entsprechende Anwendung."

4. Haben mehrere Unternehmer die Verunreinigung verursacht, so haften sie als Gesamtschuldner (§§ 420 ff. BGB.). Der Beschädigte kann mithin von jedem von ihnen Ersatz des ganzen Schadens verlangen.

5. In den Abs. 3 bis 5 ist das Verhältnis mehrerer Urheber des Schadens untereinander geregelt. Von diesem haftet jedoch derjenige nicht, welchen kein Verschulden trifft; dies gilt aber nur im Innenverhältnis, nicht etwa auch dem Geschädigten gegenüber.

II. Gemeingebrauch.

Der Bedeutung der Wasserläufe für die Allgemeinheit wird zunächst dadurch Rechnung getragen, daß in Übereinstimmung mit dem geltenden Rechte (vgl. darüber Nieberding-Frank S. 246 ff., 304/5) und mit allen neueren außerpreußischen Wassergesetzen in den Vorschriften über den Gemeingebrauch die Benutzung der natürlichen und in gewissem Umfange auch der künstlichen Wasserläufe innerhalb bestimmter Grenzen jedermann gestattet ist (§ 25).

Eine solche Abgrenzung war einmal erforderlich gegenüber den besonderen Rechten auf Benutzung der Wasserläufe, dann aber auch für die Ausübung des Gemeingebrauchs selbst zwischen den dazu Berechtigten untereinander.

Es mußte daher insbesondere das Verhältnis des Gemeingebrauchs zu den Rechten des Eigentümers, der Inhaber der gemäß den §§ 379 ff. aufrechterhaltenen Rechte, sowie zu den auf Grund einer Verleihung erworbenen Rechten geregelt werden. Hierbei ist das Gesetz über den Entwurf, welcher nur eine Behinderung des Gemeingebrauchs für den öffentlichen Verkehr verbot, wesentlich hinausgegangen und hat mit Rücksicht auf die große Bedeutung des Gemeingebrauchs für die Allgemeinheit in Abänderung des § 36 des Entw. bestimmt, daß auch die Eigentümer und die Inhaber der gemäß den §§ 379 ff. aufrechterhaltenen Rechte den Gemeingebrauch weder unnütz erschweren oder ohne erheblichen Grund unmöglich machen dürfen. Es bedeutet dies eine wesentliche Einschränkung dieser Rechte zur Benutzung der Wasserläufe zugunsten des Gemeingebrauchs. In ähnlicher Weise ist bei der Verleihung eines Rechts zur Benutzung eines Wasserlaufes, durch welche eine Verhinderung oder wesentliche Erschwerung des Gemeingebrauchs zu erwarten ist, dem zu Beleihenden die Herstellung von zur Verhütung solcher Folgen geeigneten Einrichtungen, soweit sie mit dem Unternehmen vereinbar und wirtschaftlich gerechtfertigt sind, aufzuerlegen (§ 57).

Im Verhältnisse der zum Gemeingebrauch Berechtigten untereinander ist bestimmt, daß durch seine Ausübung der Gemeingebrauch anderer nicht unmöglich gemacht oder erheblich erschwert werden darf (§ 37).

Der Gemeingebrauch als solcher ist ein öffentliches Recht, es besteht also kein privatrechtlicher Anspruch auf Duldung desselben; sein Schutz ist vielmehr lediglich der Polizei überlassen (ähnlich das frühere Recht, vgl. Nieberding-Frank S. 80. Stört dagegen der zum Gemeingebrauch Berechtigte die Inhaber von besonderen Rechten in der Ausübung derselben, so können diese demgegenüber von den ihnen auf Grund des allgemeinen Rechts zum Schutze ihrer Rechte zustehenden Rechtsbehelfen Gebrauch machen; es handelt sich dann aber nicht um einen Streit über den Gemeingebrauch, sondern um einen solchen über das betreffende Recht.

Vor allem ist es aber die Aufgabe der Wasserpolizeibehörde, gegen jede, andere benachteiligende Ausübung des Gemeingebrauchs regelnd, beschränkend oder verbietend einzuschreiten (§ 39). Sie allein ist ferner bei Streitigkeiten der Gemeingebrauchberechtigten untereinander zuständig, da die öffentlich-rechtliche Natur des Gemeingebrauchs als solchen die Zuständigkeit der ordentlichen Gerichte hier ausschließt.

Vgl. im übrigen Begr. S. 16/7.

§ 25.

(1) Die natürlichen Wasserläufe erster Ordnung darf jedermann zum Baden, Waschen, Schöpfen mit Handgefäßen, Viehtränken, Schwemmen, Kahnfahren und Eislaufen sowie zur Entnahme von Wasser und Eis für die eigene Haushaltung und Wirtschaft benutzen, wenn dadurch andere nicht benachteiligt werden. Mit derselben Beschränkung ist jedem gestattet, in die natürlichen Wasserläufe erster Ordnung Wasser sowie die in der Haushaltung und Wirtschaft entstehenden Abwässer einzuleiten. Hierunter fällt jedoch nicht die Einleitung von Abwässern mittels gemeinsamer Anlagen.

(2) Das gleiche gilt mit Ausnahme der Eisentnahme für die natürlichen Wasserläufe zweiter und dritter Ordnung; jedoch ist das Kahnfahren und Eislaufen nur insoweit gestattet, als es bisher gemeinüblich gewesen ist. Im Streitfalle entscheidet der Regierungspräsident, ob und in welchem Umfange das Kahnfahren und Eislaufen bisher gemeinüblich gewesen ist. Der Eigentümer ist vorher zu hören.

(3) Für künstliche teichartige Erweiterungen von Wasserläufen zweiter und dritter Ordnung gelten vorstehende Bestimmungen nicht. Der Gemeingebrauch ist ferner, unbeschadet der Vorschriften der §§ 26, 35, an solchen Teilen von Wasserläufen ausgeschlossen, die in Hofräumen, Gärten und Parkanlagen liegen und im Eigentum der Anlieger stehen. Die Vorschriften der Abs. 1 bis 2 gelten endlich nicht für Talsperren (§ 106) sowie für solche Seen, aus denen nur natürliche Wasserläufe zweiter oder dritter Ordnung abfließen. Ob und in welchem Umfange der an solchen Seen und Talsperren bisher übliche Gemeingebrauch auch fernerhin zulässig ist, bestimmt der Regierungspräsident. Der Eigentümer der Talsperre oder des

Sees ist vorher zu hören. Der Regierungspräsident kann die Bestimmung jederzeit widerrufen.

(4) Als Wirtschaft gelten der landwirtschaftliche Haus- und Hofbetrieb, mit Ausschluß der landwirtschaftlichen Nebenbetriebe, und kleingewerbliche Betriebe von geringem Umfange.

(5) Die Beeinträchtigung des Gemeingebrauchs anderer gilt als Benachteiligung nur, wenn sie gegen die Vorschrift des § 37 verstößt.

(6) Der Oberpräsident kann für künstliche Wasserläufe, und zwar für Wasserläufe zweiter und dritter Ordnung nach Anhörung der Schauämter, bestimmen, ob und in welchem Umfange der in Abs. 1, 4 vorgesehene Gemeingebrauch auch an ihnen zulässig ist.

1. Der Gemeingebrauch in dem in der Vorbem. näher bezeichneten Sinne ist auf solche Arten der Benutzung beschränkt, durch die eine Beeinträchtigung besonderer Benutzungsrechte anderer und des gleichzeitigen Gemeingebrauchs aller übrigen in der Regel nicht zu besorgen ist, Begr. S. 76.

Ferner ist er regelmäßig nur bei natürlichen Wasserläufen eingeräumt (s. jedoch Abs. 6 und die Anm. dazu).

2. Nach dem Entwurfe sollte der hiernach zulässige Gemeingebrauch das Baden, Waschen, Viehtränken und Schwemmen, sowie die Entnahme von Wasser für die eigene Haushaltung und Wirtschaft, ferner die Einleitung von Wasser und der in der Haushaltung und Wirtschaft entstehenden Abwässer nach näherer Maßgabe des Abs. 1 umfassen. Das Abgeordnetenhaus hatte dem noch das Schöpfen mit Handgefäßen, das Kahnfahren, soweit es bisher üblich war, sowie das Eislaufen hinzugefügt, und zwar die beiden letzteren Arten des Gemeingebrauchs vor allem mit Rücksicht auf die Wichtigkeit der körperlichen Ausbildung der Bevölkerung, insbesondere der Jugend durch den Sport, KB. AH. S. 53 ff., Sten. B. AH. S. 8030 ff.

Wesentliche Änderungen hat der Umfang des Gemeingebrauchs durch die Beschlüsse des Herrenhauses erfahren. Nach den Beschlüssen der Kommission dieses Hauses in erster Lesung sollte der Gemeingebrauch in allen Fällen, also nicht nur bezüglich des Kahnfahrens nur gestattet sein, wenn und soweit er bisher zulässig war. Dies würde zu einer sehr weitgehenden Einschränkung des Gemeingebrauchs geführt haben. Die Kommission hat daher diese Fassung in zweiter Lesung nicht aufrechterhalten, sondern den Umfang des Gemeingebrauchs an den Wasserläufen je nach ihrer Zugehörigkeit zu einer der drei Ordnungen abgestuft. Danach ist der Gemeingebrauch in weitestem Umfange zulässig an den Wasserläufen erster Ordnung und zwar zu sämtlichen Zwecken, die auch das Abgeordnetenhaus vorgesehen hatte, und ohne Rücksicht auf die bisherige Zulässigkeit. Außerdem fällt auch die Entnahme von Eis, welche nach dem Entwurfe und den Beschlüssen des Abgeordnetenhauses dem geltenden Rechte entsprechend vom Gemeingebrauche ausgeschlossen sein sollte (Begr. S. 77, KB. AH. S. 53, 55), unter diesen. Dagegen ist die Eisentnahme auf Grund des Gemeingebrauchs verboten bei den Wasserläufen zweiter und dritter

Ordnung; auch ist bei ihnen das Kahnfahren und Eislaufen nur insoweit gestattet, als es bisher gemeinüblich gewesen ist, worüber im Streitfalle der Regierungspräsident nach vorheriger Anhörung des Eigentümers des Wasserlaufs zu entscheiden hat, KB. HH. S. 761 ff., 772.

Bezüglich der Seen ist auf Grund der in der Anm. 5 zu § 1 wiedergegebenen Erwägungen, soweit aus ihnen nur natürliche Wasserläufe zweiter oder dritter Ordnung abfließen, der Gemeingebrauch gemäß Abs. 3 Satz 3—6 nur dann zulässig, wenn er bisher üblich war. Ob und in welchem Umfange dieses der Fall gewesen ist, ist der jederzeit widerruflichen und von einer vorherigen Anhörung des Eigentümers abhängigen Bestimmung des Regierungspräsidenten überlassen. Bezüglich des Gemeingebrauchs des aus einem solchen See abfließenden Wasserlaufs wird aber durch diese Vorschrift nichts geändert. Das Gleiche gilt für den Gemeingebrauch an Talsperren, KB. HH. S. 761 ff., Sten. B. HH. S. 1010 ff. Wegen der künstlichen teichartigen Erweiterungen von Wasserläufen zweiter und dritter Ordnung vgl. Anm. 7.

3. Nicht unter den Gemeingebrauch fällt das Halten von Enten und Gänsen auf den Wasserläufen, da dieses über den Begriff des Viehtränkens und Schwemmens hinausgeht, KB. AH. S. 54. Ein Regierungsvertreter hat aber im Abgeordnetenhause zugesagt, daß, soweit ein Recht darauf, welches selbstverständlich bestehen bleibe, nicht bestehe, die Wasserbaubehörden bei staatlichen Flüssen angewiesen werden würden, auch in dieser Hinsicht fernerhin das größte Entgegenkommen zu zeigen, Sten. B. AH. S. 8537/8.

Ebenfalls nicht unter den Gemeingebrauch fällt das sogenannte Furtrecht, d. h. das Recht, Vieh durch einen Wasserlauf zu treiben. Es bleibt jedoch dort bestehen, wo es Gegenstand einer besonderen Vereinbarung, z. B. einer Dienstbarkeit geworden ist oder wo es einen solchen Umfang angenommen hat, daß es als eine Art des öffentlichen Verkehrs im Sinne des § 35 anzusehen ist, Sten. B. AH. S. 8039.

4. Die zum Gemeingebrauch gerechneten Benutzungsarten sind aber immer nur unter der Voraussetzung gestattet, daß dadurch andere nicht benachteiligt werden. Werden durch die Ausübung des Gemeingebrauchs solche Nachteile herbeigeführt, so steht den Beschädigten die Klage auf Unterlassung und Schadensersatz nach Maßgabe des BGB. zu, auch wird alsdann die Wasserpolizei auf Grund der §§ 21, 39 einzugreifen haben, Begr. S. 77/8.

5. Abs. 4 gibt eine Bestimmung des in Abs. 1 genannten Begriffs der Wirtschaft. Man hat dabei versucht, einen möglichsten Ausgleich zwischen den landwirtschaftlichen und industriellen Interessen herbeizuführen, indem man nur Betriebe von geringem Umfange in die Begriffsbestimmung aufgenommen hat. Landwirtschaftliche Nebenbetriebe, Brennereien, Stärke-, Zuckerfabriken sind daher davon ausgenommen, ebensowenig dient der Wirtschaft im Sinne des Abs. 4 die Entnahme zur Bewässerung landwirtschaftlich genutzter Grundstücke, sie gehört auch nicht zum Gemeingebrauch. Kleingewerbliche Betriebe gemäß Abs. 4 werden in der Regel nur handwerksmäßige Betriebe, insbesondere die Hausindustrie sein, Begr. S. 77.

Aber auch wenn die Entnahme hiernach der Wirtschaft des einzelnen dient, stellt sie keinen Gemeingebrauch dar, falls sie mittels einer der Versorgung von mehreren Haushaltungen dienenden Anlage, z. B. einer Pumpanlage, erfolgt. Ähnlich ist für die Abwasserableitung in Satz 4 des Abs. 1 ausdrücklich bestimmt, daß sie nicht mittels gemeinsamer Anlagen, z. B. Sammelkanälen, erfolgen darf, Begr. S. 77.

6. Für künstliche Wasserläufe kann gemäß dem von der Kommission des Abgeordnetenhauses eingefügten Abs. 6 der Gemeingebrauch zugelassen werden, KB. AH. S. 53, 55; vgl. andrerseits Begr. S. 76.

7. Der Gemeingebrauch ist dagegen auf Grund des ebenfalls von der Kommission des Abgeordnetenhauses eingefügten und vom Herrenhause abgeänderten Abs. 3 Satz 1 und 2 ausgeschlossen an künstlichen teichartigen Erweiterungen von Wasserläufen zweiter und dritter Ordnung, sowie für die in Hofräumen, Gärten und Parkanlagen belegenen Strecken von Wasserläufen. Die künstlich hergestellten Teiche unterliegen also auch dann nicht dem Gemeingebrauche, wenn sie im Zuge eines natürlichen Wasserlaufes liegen, KB. AH. S. 55. Der Ausschluß der in Hofräumen usw. belegenen Teile von Wasserläufen ist beschlossen worden, um das unbefugte Eindringen beim Kahnfahren und Eislaufen zu verhüten; daß ihrer Benutzung für den öffentlichen Verkehr nichts im Wege steht, ist durch die Einfügung der Worte „unbeschadet der Vorschriften der §§ 26, 35" zum Ausdruck gebracht worden, KB. HH. S. 765/6.

8. Für etwaige Unfälle, welche bei der auf Grund des Gemeingebrauchs vorgenommenen Eisentnahme, bzw. beim Eislaufen, Kahnfahren usw. vorkommen, haftet der Eigentümer des Wasserlaufes nicht; ebensowenig begründet die Befugnis des Regierungspräsidenten, über den Gemeingebrauch Bestimmung zu treffen, eine derartige Haftung des Staates, KB. HH. S. 774.

§ 26.

Die Wasserläufe erster Ordnung können von jedermann für den öffentlichen Verkehr, namentlich zur Schiffahrt und zur Flößerei mit verbundenen Hölzern, benutzt werden.

1. Bei den Wasserläufen erster Ordnung, und zwar sowohl bei künstlichen als auch natürlichen (KB. HH. S. 773) gilt als Gemeingebrauch auch der öffentliche Verkehr; er ist also jedermann gestattet, gleichviel ob er gewerblichen, Vergnügungs- oder anderen Zwecken dient.

Unter „öffentlichem Verkehr" ist der Verkehr zu verstehen, welcher jedem unter Beachtung der zu seiner Regelung erlassenen Bestimmungen offen steht, Begr. S. 78.

Die bestehenden Bestimmungen über die Verleihung des Rechtes zur Erhebung von Verkehrsabgaben und die Feststellung der Tarife, sowie über das Fährregal bleiben unberührt (§ 397). Ebenso bleibt das in das Wegerecht gehörende Brückenregal bestehen.

Dagegen gehört zum Gemeingebrauch die Benutzung der Eiswege, d. h. die Wege auf zugefrorenen Wasserläufen erster Ordnung, KB. AH. S. 56.

§ 27.

(1) An natürlichen Wasserläufen erster Ordnung haben die Eigentümer der Ufergrundstücke und, soweit erforderlich, auch die Eigentümer der dahinter liegenden Grundstücke die Benutzung der Grundstücke als Leinpfad zur Fortbewegung von Schiffen und Flößen durch Menschen oder Tiere zu gestatten. Auch haben sie den zweckentsprechenden Ausbau und die Unterhaltung des Leinpfads durch den Staat zu dulden.

(2) Wird ein Wasserlauf zweiter oder dritter Ordnung nach § 3 Abs. 1 zu einem Wasserlauf erster Ordnung, so hat für die Verpflichtung zum Dulden des Leinpfads nach dem aufzustellenden Plane der Staat die Eigentümer zu entschädigen. Dasselbe gilt für solche Strecken von natürlichen Wasserläufen erster Ordnung, an denen bisher kein Leinpfad bestanden hat.

(3) Die Wasserpolizeibehörde kann bestimmen, daß an einzelnen Strecken natürlicher Wasserläufe erster Ordnung ein Leinpfad nicht freigehalten zu werden braucht.

1. Das Leinpfadrecht an Strömen entstammt dem bisherigen Rechte (vgl. z. B. §§ 57—60 T. II Tit. 15 ALR, Nieberding-Frank S. 71). Es darf nicht auf die Ufergrundstücke beschränkt werden, da seine Ausführung, zumal wenn diese sehr schmal sind, auch die Inanspruchnahme der dahinterliegenden Grundflächen erfordert (vgl. Anm. 1 zu § 8).

Die Eigentümer solcher Grundstücke brauchen aber das Betreten der Grundstücke zwecks Ausübung des Leinspadrechts nur zu dulden, wenn es durch Menschen oder Tiere ausgeübt wird, nicht dagegen, wenn es im Wege der mechanischen Treidelei betrieben wird; ein dazu erforderliches Benutzungsrecht kann vielmehr nur im Wege der Enteignung erworben werden.

Ebenso müssen die Anlieger den zweckentsprechenden Ausbau und die Unterhaltung des Leinpfads dulden, jedoch nur von seiten des Staates, nicht auch durch andere Unternehmer. Dies entspricht dem geltenden Rechtszustande, Begr. S. 79.

Die Duldungspflicht der Anlieger beschränkt sich aber auf das Betreten der Grundstücke, irgendwelche Anlagen im Schiffahrtsinteresse zu machen, sind sie nicht verpflichtet.

Der Leinpfad stellt sich als eine servitutarische Belastung des Uferbesitzers dar; dieser wird daher in seinem Eigentume nur insofern beschränkt, als er die Ausübung des Leinzuges dulden muß. Sein Recht zum Zutritte zu dem Wasserlaufe, auch über den Leinpfad hinweg, bleibt ihm in vollem Umfange, KB. HH. S. 773.

Der von der Kommission des Herrenhauses eingefügte Abs. 1a, welcher den Anliegern dieses Zutrittsrecht auch bei zu Zwecken des Ausbaues des Leinpfades seitens des Staats vorgenommenen Anschüttungen vor der Uferlinie sichern sollte, ist von dem Herrenhause an dieser Stelle als in die Vorschriften über den Ausbau gehörend gestrichen und dem § 156 als Abs. 5 hinzugefügt worden, KB. HH. S. 774, Sten. B.

HH. S. 1012/3. Naturgemäß bleibt diese Bestimmung auf den Fall des § 27 anwendbar.

2. Wird ein Wasserlauf zweiter oder dritter Ordnung gemäß § 3 Abs. 1 in das Verzeichnis der Wasserläufe erster Ordnung aufgenommen, so sind die Anlieger für die nunmehr für sie entstehende Pflicht, den Leinpfad zu dulden, zu entschädigen, ebenso wenn das Leinpfadrecht auf Strecken von Wasserläufen erster Ordnung in Anspruch genommen wird, auf denen bisher kein Leinpfad bestanden hat, KB. AH. S. 57.

3. Der dritte Absatz ist von der Kommission des Abgeordnetenhauses aufgenommen worden, um dort, wo der Leinpfad nicht mehr nötig ist und seine Freihaltung die Bebauung der Ufer hindert, die Möglichkeit zu geben, die Verpflichtung zu einer solchen Freihaltung zu beseitigen, KB. AH. S. 57.

§ 28.

Die Anlieger an natürlichen Wasserläufen erster Ordnung haben das Landen und Befestigen von Schiffen und Flößen zu gestatten, soweit nicht einzelne Strecken von der Wasserpolizeibehörde auf Grund eines Antrags der Anlieger ausgeschlossen sind. Dieselbe Verpflichtung besteht an privaten Ein- und Ausladestellen, an diesen jedoch nur in Notfällen. Die Anlieger haben in Notfällen auch das zeitweilige Aussetzen der Ladung, des Schiffes oder des Floßes zu dulden.

1. § 28 legt den Anliegern von Wasserläufen erster Ordnung, wie auch nach geltendem Rechte (vgl. Nieberding-Frank S. 71) die Verpflichtung auf, das Landen und Befestigen von Schiffen und Flößen zu dulden, die Wasserpolizeibehörde kann jedoch einzelne Strecken auf ihren Antrag von dieser Pflicht ausschließen, ferner auch ohne einen solchen Antrag auf Grund des § 39, wenn das öffentliche Wohl, z. B. bei militärischen Befestigungsanlagen, es erfordert. Hat ein privater Unternehmer für seine Zwecke eine Landungsstelle eingerichtet, so braucht er das Landen und Befestigen nur in Notfällen zu dulden. Für Notfälle besteht ferner nur die Pflicht der Anlieger, das Aussetzen der Ladung des Schiffes oder der Ladung zu dulden, Begr. S. 80, KB. AH. S. 57/8.

§ 29.

Soweit beim Inkrafttreten dieses Gesetzes Bestimmungen zur näheren Regelung der im § 27 Abs. 1 und im § 28 bezeichneten Verpflichtungen von den zuständigen Behörden erlassen sind, bleiben sie maßgebend. Neue Bestimmungen dieser Art kann die Wasserpolizeibehörde durch Polizeiverordnung treffen.

Die zum Erlaß neuer Bestimmungen hinsichtlich der in den §§ 27 und 28 bezeichneten Verpflichtungen zuständigen Wasserpolizeibehörden ergeben sich aus den §§ 342 ff.

§ 30.

(1) Für den Schaden, der durch die bestimmungswidrige Benutzung des Leinpfads oder durch das Landen, Befestigen oder Aussetzen entsteht, ist der Schiffseigner oder Eigentümer des Floßes verantwortlich. Der Schadensersatzanspruch verjährt in einem Jahre. Die Verjährung beginnt mit Ablauf des Jahres, in dem der Schaden entstanden ist.

(2) Diese Vorschriften gelten nicht in den Fällen, für welche die Verantwortlichkeit der im Abs. 1 bezeichneten Personen durch besondere, neben dem Bürgerlichen Gesetzbuch geltende Reichsgesetze geregelt ist. Auch bleiben die Vorschriften unberührt, nach denen diese Personen in weiterem Umfang oder nach denen andere für den Schaden haften.

1. Nach § 30 ist der Schiffseigner oder Eigentümer des Floßes für den durch die **bestimmungswidrige** Ausübung des ihm auf Grund des § 27 und durch die Ausübung des ihm nach § 28 zustehenden Rechte verursachten Schaden haftbar, auch wenn ihn keinerlei Verschulden trifft, Begr. S 80, Sten. B AH. S. 8048/9.

2. Als von dem Abs. 2 getroffene Reichsgesetze kommen insbesondere das Binnenschiffahrtsgesetz vom 15. Juni 1895 / 20. Mai 1898 (§ 4 Abs. 2), sowie das Flößereigesetz vom 15. Juni 1895 (§ 23 Abs. 2) in Betracht.

§ 31.

(1) Auf den Wasserläufen zweiter oder dritter Ordnung bleibt die Flößerei da, wo sie beim Inkrafttreten dieses Gesetzes gemeinüblich oder besonders zugelassen ist, im bisherigen Umfange gestattet. Sie kann ferner im öffentlichen Interesse oder aus Gründen eines überwiegenden wirtschaftlichen Bedürfnisses nach Anhörung der beteiligten Schauämter und des Wasserbeirats durch den Minister für Landwirtschaft, Domänen und Forsten neu zugelassen oder in erweitertem Umfange gestattet werden.

(2) Auf die Flößerei mit verbundenen Hölzern sind die Vorschriften der §§ 28 bis 30 über das Landen und Befestigen an den Ufergrundstücken und über den Ersatz von Schäden entsprechend anzuwenden.

1. Die Flößerei auf den Wasserläufen zweiter und dritter Ordnung ist dort, wo sie beim Inkrafttreten dieses Gesetzes gemeinüblich oder besonders zugelassen ist, aufrechterhalten worden. Die näheren Vorschriften enthalten die §§ 31—34. Dieselben waren erforderlich, weil es sich nicht um ein privates Recht handelt, § 379 also nicht Platz greift, Begr. S. 81.

2. Es sind zu unterscheiden die Flößerei mit verbundenen Hölzern und die wilde Flößerei, Trift, welche die unverbundenen Hölzer dem Strome übergibt, um sie weiter unten wieder aufzufangen. Diese Art der Flößerei nimmt naturgemäß den Wasserlauf in hohem Grade in Anspruch, da die Hölzer ohne jede Leitung sind, Begr. S. 81.

3. Die gesetzliche Regelung der Flößerei schließt sich den §§ 8—12 des Privatflußges. an; vgl. Nieberding-Frank S. 71.

Auf die Flößerei mit verbundenen Hölzern sind die §§ 28—30 über das Landen und Befestigen der Flöße gemäß Abs. 2 anwendbar. Für die wilde Flößerei kommen diese Vorschriften naturgemäß nicht in Betracht.

4. Neue bzw. erweiterte Flößereigenehmigungen kann gemäß Abs. 1 Satz 2 der Landwirtschaftsminister nach Anhörung der Schauämter und des Wasserbeirats erteilen, während hierfür nach dem Entwurfe entsprechend dem § 8 des Privatflußges. Königliche Verordnung erforderlich war, KB. AH. S. 58. Wegen der Entschädigung in diesen Fällen vgl. § 32 i. V. m. § 45.

5. Wegen der Erhaltung der Flößbarkeit vgl. § 129.

§ 32.

(1) Im Falle des § 31 Abs. 1 Satz 2 hat der Staat für nachteilige Wirkungen der Flößerei, die nicht durch besondere Einrichtungen ausgeschlossen werden, Entschädigung zu leisten.

(2) Über die Entschädigung beschließt im Streitfall der Bezirksausschuß. Der Beschluß kann binnen drei Monaten nach der Zustellung im Rechtswege angefochten werden. Auf die Auszahlung und Hinterlegung der Entschädigung sind die bei der Enteignung maßgebenden Vorschriften anzuwenden.

(3) Der Minister für Landwirtschaft, Domänen und Forsten hat eine Flößereiordnung zu erlassen. Sie muß enthalten:

1. die näheren Bestimmungen über die Art und die Ausübung der Flößerei;
2. die dem Eigentümer des Wasserlaufs, den Anliegern und den Stauberechtigten aufzuerlegenden Verpflichtungen und Beschränkungen, soweit sie sich nicht aus § 31 Abs. 2 ergeben.

Vgl. § 31 Anm. 4.

§ 33.

Der Minister für Landwirtschaft, Domänen und Forsten kann in den Fällen des § 31 Abs. 1 zur Deckung der Verwaltungs- und Unterhaltungskosten, im Falle des § 31 Abs. 1 Satz 2 auch zur Deckung der Kosten der Einrichtungen und der Entschädigungen (§ 32 Abs. 1) die Erhebung einer Flößereiabgabe anordnen.

Bei der nach § 33 zu erhebenden Flößereiabgabe sind die Einschränkungen zu beachten, welche sich aus dem Bundesgesetze über die Abgaben von der Flößerei vom 1. Juni 1870 und aus Art. 54 Abs. 4 der Reichsverf. ergeben, Begr. S. 83.

§ 34.

Die nach § 31 Abs. 1 zulässige Flößerei kann auf dem dort angegebenen Wege aufgehoben oder beschränkt werden.

§ 35.

Auf die sonstige Benutzung von Wasserläufen zweiter und dritter Ordnung für den öffentlichen Verkehr sind die §§ 28 bis 30, der § 31 Abs. 1 und der § 34 anzuwenden.

1. Auch bei Wasserläufen zweiter und dritter Ordnung ist der gemeinübliche und bisher zugelassene öffentliche Verkehr für Schiffe, Kähne, auf dem Eise, sowie bei Mündungsstrecken für Schiffsliegeplätze aufrechterhalten. Bezüglich der zukünftigen Zulassung desselben ist § 31 Abs. 1 maßgebend.

Ferner sind die §§ 34 und 28—30 anwendbar.

Außerdem hat die Wasserpolizeibehörde allgemein die Befugnis, in Notfällen und im öffentlichen Interesse, z. B. für die Beförderung von Truppen, Proviant und Munition, den öffentlichen Verkehr zuzulassen, Begr. S. 83.

§ 36.

(1) Der Eigentümer des Wasserlaufs sowie derjenige, dem beim Inkrafttreten dieses Gesetzes ein Recht zur Benutzung des Wasserlaufs zusteht, das nach den §§ 379 bis 381 aufrechterhalten bleibt, darf den Gemeingebrauch nicht unnütz erschweren oder ohne erheblichen Grund unmöglich machen. Im übrigen darf den Gemeingebrauch der Wasserläufe niemand hindern.

(2) Die Wasserpolizeibehörde hat die Beachtung dieser Bestimmungen zu überwachen.

1. Der Eigentümer eines Wasserlaufs ist auf Grund seines Eigentums berechtigt, mit demselben nach Belieben zu verfahren. Er braucht also an sich keinerlei Rücksicht auf die Allgemeinheit zu nehmen. Dasselbe gilt für die Inhaber der gemäß §§ 379—381 aufrechterhaltenen Rechte. Da nun der Gemeingebrauch für den größten Teil der Bevölkerung von größter Wichtigkeit ist, mußte das Recht dieser Berechtigten eine Einschränkung erfahren, zumal der Gemeingebrauch als lediglich im öffentlichen Rechte wurzelnd im ordentlichen Rechtswege nicht verfolgt werden kann. Dies ist dahin geschehen, daß sie den Gemeingebrauch nicht unnütz erschweren oder ohne erheblichen Grund unmöglich machen dürfen, d. h. sie dürfen von ihrem Rechte nicht einen willkürlichen oder gar schikanösen Gebrauch machen (vgl. a. die Vorbem.).

Andere dürfen den Gemeingebrauch überhaupt nicht hindern.

Die Wahrung der Interessen der Allgemeinheit an dem Gemeingebrauche hat gemäß Abs. 2 die Wasserpolizeibehörde zu überwachen, da der Gemeingebrauch kein privates, klagbares Recht verleiht.

Vgl. Begr. S. 83, KB. AH. S. 59/60, Sten. B. AH. S. 8059 ff., 8539 ff.

2. Wegen des Gemeingebrauchs bei Schaffung von Neuland vgl. § 153 Abs. 2, sowie Anm. 2 dazu.

§ 37.

Durch den Gemeingebrauch darf anderen der Gemeingebrauch nicht unmöglich gemacht oder erheblich erschwert werden.

Es darf niemand durch Ausübung des Gemeingebrauchs den Gemeingebrauch der anderen beeinträchtigen.

Bei widerstreitenden Interessen ist es gemäß § 39 Sache der Wasserpolizeibehörde, einen Ausgleich zu schaffen.

§ 38.

Der Gemeingebrauch enthält, unbeschadet der Vorschriften des § 27 Abs. 1, der §§ 28, 29, des § 31 Abs. 2 und des § 32 Abs. 3 Nr. 2, nicht die Befugnis, fremde Ufergrundstücke zu betreten oder sonst zu benutzen oder Anlagen im Wasserlaufe zu errichten.

Ein Recht zur Benutzung der Ufergrundstücke und zur Errichtung von Anlagen im Wasserlaufe besteht nur dort, wo es im Gesetze ausdrücklich zugelassen ist oder dahingehende privatrechtliche Vereinbarungen, insbesondere Dienstbarkeiten bestehen. Ein Notwegerecht zum Wasser zum Zwecke der Ausübung des Gemeingebrauchs kennt das Gesetz nicht, Begr. S. 84.

§ 39.

Die Wasserpolizeibehörde kann den Gemeingebrauch regeln, beschränken oder verbieten. Solche Verfügungen sind mit Gründen zu versehen.

1. Die einzelnen Fälle des Eingreifens der Wasserpolizeibehörde bezüglich des Gemeingebrauchs sind bei Erörterung der einzelnen Bestimmungen über diesen erwähnt worden. Nach der jetzigen Fassung des § 39 hat nunmehr diese Behörde die dort genannten Rechte ganz allgemein und nicht nur, wie der Entwurf dies vorsah, wenn es zur Durchführung der in den §§ 25 und 37 bestimmten Beschränkungen oder aus Gründen des öffentlichen Wohls erforderlich erscheint, Begr. S. 84, KB. AH. S. 61, Sten. B. AH. S. 3067 ff., 8541; im Herrenhause gestellte Anträge, die Fassung des Entwurfes wiederherzustellen, sind, nachdem sie zunächst in der Kommission in erster Lesung Annahme gefunden hatten, von dieser in zweiter Lesung, sowie von diesem Hause selbst abgelehnt worden, KB. HH. S. 773, 774, Sten. B. HH. S. 1014/5.

2. Die Befugnis der Wasserpolizeibehörde, den Gemeingebrauch zu regeln, gibt ihr nicht das Recht, denselben über die Schranken des § 25 hinaus zu erweitern, Sten. B. HH. S. 1014.

III. Benutzung durch den Eigentümer.

Das Eigentum an den Wasserläufen ist, wie bereits in der Vorbemerkung zu diesem Titel ausgeführt, ein privatrechtliches Eigentum sowohl am Flußbette als an der fließenden Welle im Sinne des Zivilrechts. Der Eigentümer kann daher mit demselben, soweit ihm dieses tatsächlich möglich ist, nach Belieben verfahren und andere von jeder Einwirkung ausschließen (§ 903 BGB.).

Von diesem Standpunkte aus stellt sich das Recht des Eigentümers eines Wasserlaufes zu dessen Benutzung lediglich als Ausfluß des Eigentums am Wasserlaufe dar. Dem Eigentümer steht grundsätzlich jede Art der Benutzung frei, soweit das Gesetz ihn nicht in der Ausübung dieses Rechtes beschränkt.

Bei der gesetzlichen Festlegung dieser Einschränkungen ist man von dem Gedanken ausgegangen, daß es erforderlich ist, einerseits einen Ausgleich zwischen dem Widerstreit der Interessen, welcher durch die erheblich gesteigerte Ausnutzung der Wasserläufe für industrielle und landwirtschaftliche Betriebe, sowie für die Trinkwasserversorgung entstanden war, zu schaffen, andrerseits aber auch die Rechte des Eigentümers an dem Wasserlaufe tunlichst zu wahren.

Vgl. im übrigen Begr. S. 18—20.

§ 40.

(1) Das dem Eigentümer als solchem zustehende Recht, den Wasserlauf zu benutzen, unterliegt, unbeschadet der §§ 19 bis 23, den in den §§ 41 bis 45 vorgesehenen Beschränkungen.

(2) Dies gilt insbesondere von dem Rechte:

1. **das Wasser zu gebrauchen und zu verbrauchen, namentlich auch es oberirdisch oder unterirdisch, unmittelbar oder mittelbar abzuleiten,**
2. **Wasser oder andere flüssige Stoffe oberirdisch oder unterirdisch, unmittelbar oder mittelbar einzuleiten,**
3. **den Wasserspiegel zu senken oder zu heben, namentlich durch Hemmung des Wasserablaufs eine dauernde Ansammlung von Wasser herbeizuführen.**

1. Die wichtigsten Arten des Eigentümergebrauchs in dem in der Vorbemerkung bezeichneten Sinne sind in § 40 aufgezählt. Sie unterliegen sämtlich den in den §§ 41—45 vorgesehenen Beschränkungen. Die Geltung dieser Vorschriften beschränkt sich jedoch nicht auf die im Abs. 2 ausdrücklich genannten Arten, wie dies der Entwurf vorsah, sondern trifft, wie durch das von der Kommission des Abgeordnetenhauses in die einleitenden Worte des Abs. 2 eingeschaltete Wort „insbesondere" ergibt, jede nur denkbare Art der Benutzung eines Wasserlaufs durch den Eigentümer, KB. AH. S. 63.

2. Ziff. 1 des Abs. 2 umfaßt den Gebrauch und Verbrauch des Wassers im weitesten Sinne, also jede nur mögliche Verwendung seiner Substanz. Als besonders wichtiger Fall ist die Ableitung von Wasser hervorgehoben, sei es, daß sie unmittelbar durch oberirdische Gräben und Kanäle oder durch unter dem Wasserspiegel abzweigende Rohrleitungen, oder sei es, daß sie mittelbar durch die Entnahme von Wasser aus einem Teiche, welcher durch einen Zuflußgraben mit dem Wasserlaufe in Verbindung steht oder infolge des Aufsaugens des Wassers aus dem Wasserlaufe durch die neben demselben sich

hinziehenden unterirdischen Wasseradern, die sogenannten Grundwasserströme, erfolgt, Begr. S. 84/5.

3. Ziff. 2 des Abs. 2 umfaßt ebenfalls die oberirdische und unterirdische, unmittelbare und mittelbare Einleitung von Wasser und anderen flüssigen Stoffen. Es sind also auch darunter die Fälle begriffen, in welchen die Einleitung zunächst in einen See, einen Nebenfluß, Graben oder unterirdische Gewässer erfolgt, wenn diese Stoffe demnächst aus ihnen in den Wasserlauf gelangen. Auch ist es unerheblich, ob die Einleitung durch besondere Einrichtungen, z. B. Röhren, vorgenommen wird oder ob der Eigentümer das Wasser ungeregelt über die Erdoberfläche in den Wasserlauf abfließen läßt, Begr. S. 85.

4. Zu Ziff. 3. Der Zweck, zu welchem die hier genannten Veränderungen des Wasserspiegels erfolgen, ist für die Anwendbarkeit der §§ 41 ff. ebensowenig von Bedeutung wie die Maßnahmen, durch welche sie bewirkt werden, Begr. S. 85.

§ 41.

(1) Durch die Benutzung darf:

1. zum Nachteil anderer weder die Vorflut verändert noch das Wasser verunreinigt,

2. der Wasserstand nicht derart verändert werden, daß andere in der Ausübung ihrer Rechte am Wasserlauf beeinträchtigt oder fremde Grundstücke beschädigt werden,

3. die einem anderen obliegende Unterhaltung von Wasserläufen oder ihrer Ufer nicht erschwert werden.

(2) Geringfügige Nachteile kommen nicht in Betracht.

(3) Eine Veränderung des Wasserstandes (Abs. 1 Nr. 2), durch die der Grundwasserstand zum Nachteil anderer verändert wird, ist dann gestattet, wenn sie durch Einleitung von Wasser oder durch Senkung des Wasserspiegels zum Zwecke der gewöhnlichen Bodenentwässerung von Grundstücken bewirkt wird, für die der Wasserlauf der natürliche Vorfluter ist.

1. Im Gegensatze zu den zum Gemeingebrauche (§§ 25 ff.) Berechtigten ist der Eigentümer in der Benutzung des ihm gehörigen Wasserlaufs grundsätzlich unbeschränkt (§ 903 BGB.). Sollen ihm also aus volkswirtschaftlichen Gründen in dieser Hinsicht im Gesetze Einschränkungen auferlegt werden, so bedarf es einer genauen Bezeichnung derselben. Diesem Zwecke dient der § 41.

Die Vorschrift ist ebenso wie die der §§ 42 und 43 privatrechtlicher Natur. Verstößt der Eigentümer gegen sie, so steht dem Betroffenen die Klage auf Unterlassung oder Schadensersatz (§§ 823 ff. BGB.) vor den ordentlichen Gerichten offen, Begr. S. 86.

2. Ziff. 1 verbietet die Veränderung der Vorflut und die Verunreinigung des Wassers zum erheblichen (Abs. 2) Nachteile anderer.

Unter Vorflut im allgemeinen ist die Möglichkeit des ungehinderten Abflusses des auf der Erdoberfläche befindlichen Wassers nach dem natürlichen Gefälle, bei Wasserläufen die durch einen normalen Zustand von Bett und Ufer gegebene Möglichkeit des ungehinderten Wasserablaufs im Wasserlaufe zu verstehen. Bei der Entscheidung, welches der normale Zustand von Bett und Ufer ist, darf auf unvordenkliche Zeiten nicht zurückgegriffen werden, vgl. die Erklärung der Regierung in KB. AH. S. 64.

Das Verbot der nachteiligen Veränderung der Vorflut entspricht dem geltenden Rechte, Begr. S. 86; vgl. a. Nieberding-Frank S. 84 ff., insbes. S. 96 ff.

Über die Notwendigkeit, der Verunreinigung des Wassers vorzubeugen, s. die Vorbemerkung zum dritten Titel.

3. Ziff. 2 betrifft Veränderungen des Wasserstandes durch Aufstau, Einleitung oder Entnahme von Wasser; es fällt z. B. auch darunter die Entziehung der nützlichen Winterhochfluten und vor allem auch eine schädliche Hebung oder Senkung des Grundwasserstandes, welche der Eigentümer durch Veränderungen des Wasserlaufes herbeiführen kann und welche zu einer Versumpfung, bzw. Austrocknung weiter Landstrecken führen kann (vgl. auch die Wassergesetz. für Bayern Art. 45, Sachsen § 23 Nr. 5, Württemberg Art. 32 Abs. 4).

Entsprechend sind auch die Einschränkungen des Verfügungsrechts des Grundeigentümers über die nicht zu den Wasserläufen gehörenden Gewässer in den §§ 199 ff. geordnet worden.

Wegen der Veränderung des Wasserstandes von Seen und Teichen im Interesse der Fischerei vgl. § 379 Anm. 6, sowie Anm. 3 zu § 379.

Jedoch gilt die Veränderung des Wasserstandes in Gemäßheit der Ziff. 2 nicht unter allen Umständen als verboten. Es ist vielmehr in Abs. 3 ein Vorbehalt zugunsten der gewöhnlichen Bodenentwässerung gemacht worden. Als solche gilt die Entwässerung, welche zur wirtschaftlichen Benutzung eines Grundstücks nach den örtlichen Verhältnissen bei Grundstücken dieser Art gewöhnlich ist, bei landwirtschaftlich benutzten Grundstücken insbesondere die Entwässerung, die eine bessere Ausnutzung der Grundstücke in der bisherigen Kulturart mit den üblichen Mitteln (Drains, offene Gräben) bezweckt, vgl. die Erklärung der Regierung in KB. AH. S. 65. Dort, wo also der Wasserlauf der natürliche Vorfluter seiner Grundstücke ist, darf der Eigentümer zu Meliorationszwecken derartige Drainageanlagen von verhältnismäßig geringer Tiefe und Breite machen, dagegen ist er nicht zur Herstellung kanalartiger Röhrenleitungen oder außergewöhnlich tiefer Einschnitte berechtigt, auch geht sein Recht nur soweit, das Wasser aus den Drains und offenen Gräben in den Wasserlauf einzuleiten oder durch Vertiefung der Sohle den Wasserstand zu senken, nicht aber auch den Wasserstand durch Hemmung des Wasserlaufs zu heben. Diese Rechte müssen dem Eigentümer im Interesse der Bodenkultur, welche auch für die Allgemeinheit von großer Bedeutung ist, gewährt werden. Entsteht durch solche Maßnahmen ein Schaden, insbesondere eine nachteilige Veränderung des Grundwasserstandes anderer Grundstücke, so ist der Eigentümer zum Ersatze desselben nicht verpflichtet (vgl. wegen der gleichen Vorschrift bei der Verleihung § 50 Abs. 3, beim Ausbau § 156 Abs. 3, bei dem Erwerb von Zwangsrechten § 331 Abs. 2). In der Kommission des Abgeordnetenhauses gestellte Anträge, ihm eine solche Verpflichtung aufzuerlegen, wurden abgelehnt, vgl. im übrigen Begr. S. 87, KB. AH. 63 ff. Wegen der Entwässerung erheblicher Senkungsflächen, insbesondere solcher, die durch Bergbau verursacht sind, vgl. § 156 Anm. 3; vgl. a. wegen des bisherigen Entwässerungsrechtes Nieberding-Frank S. 148 ff.

Anders liegt der Fall, wenn ein fremder Wasserlauf zu derartigen Zwecken benutzt oder neue Entwässerungszüge durch fremde Grundstücke geführt werden sollen. Hier sind die §§ 331, 332, sowie § 50 Abs. 3 maßgebend, vgl. auch KB. AH. S. 66.

4. Ziff. 3 ist gerechtfertigt durch das große Interesse, welches die Allgemeinheit an der ordnungsmäßigen Unterhaltung der Wasserläufe und ihrer Ufer hat, und durch die Erwägungen, daß der Unterhaltungspflichtige nicht durch dem Vorteile eines einzelnen dienende Maßnahmen in der Ausübung seiner Pflicht behindert werden darf, Begr. S. 86/87.

5. Die durch die in Ziff. 1—3 genannten Benutzungsarten des Eigentümers drohenden Nachteile müssen aber stets von erheblicherem Umfange sein, um sie zu unerlaubten zu machen. Dies ist durch den von der Kommission des Abgeordnetenhauses eingefügten Abs. 2 besonders zum Ausdruck gebracht worden, KB. AH. S. 64/5.

§ 42.

Hat im bisherigen Geltungsbereich des Privatflußgesetzes vom 28. Februar 1843 (Gesetzsamml. S. 41) bei dessen Verkündung (4. März 1843) an einem Wasserlauf zweiter oder dritter Ordnung ein Triebwerk rechtmäßig bestanden, so darf ihm durch die Benutzung nicht das Wasser entzogen werden, das zum Betriebe der Anlage in dem damaligen Umfange notwendig ist. Bestand damals bereits auf Grund eines besonderen Titels das Recht zu einer Erweiterung des Betriebs, so darf ihm auch das zum Betriebe der Anlage in diesem erweiterten Umfange notwendige Wasser nicht entzogen werden.

1. § 42 gibt den Inhalt des § 16 Abs. 1 zu b und des § 17 des Privatflußges. wieder, Begr. S. 88; vgl. a. Nieberding-Frank S. 261/2, sowie Baumert a. a. O. S. 17/8.

2. Durch die vom Herrenhause dem Satz 1 eingefügten Worte „in dem damaligen Umfange" soll zum Ausdruck gebracht werden, daß das einem Triebwerke zustehende Wasserquantum sich nach dem vor dem Inkrafttreten des Privatflußgesetzes bestehenden Zustande richtet, Sten. B. HH. S. 1018/9.

§ 43.

(1) Gehört der Wasserlauf nach § 8 den Anliegern, so haben diese das aus ihm abgeleitete Wasser, das nicht auf ihren Ufergrundstücken und ihren dahinter liegenden Grundstücken, soweit

sie zusammen eine wirtschaftliche Einheit bilden, verbraucht wird, in den Wasserlauf zurückzuleiten, bevor er auf der Seite, wo die Ableitung stattfindet, ein fremdes Ufergrundstück berührt. Gehören die gegenüberliegenden Ufergrundstücke verschiedenen Eigentümern, so ist jeder von beiden nur zur Ableitung der Hälfte des vorüberfließenden Wassers berechtigt.

(2) Auch sind die Anlieger zum Rückstau über die Grenzen ihrer Ufergrundstücke hinaus nicht befugt.

1. § 43 Abs. 2 hält das bereits durch § 13 Abs. 1 Nr. 1 des Privatflußges. statuierte, an sich schon in dem § 41 Nr. 2 enthaltene Verbot des Rückstaus über die Grenzen des Ufergrundstücks hinaus aufrecht, um den durch einen solchen Rückstau Benachteiligten den oft schwierigen Nachweis der Schädigung zu ersparen; vgl. Nieberding-Frank S. 257.

2. Ebenso entspricht der Abs. 1 dem § 13 Abs. 1 Nr. 2 des Privatflußges., indem er den Anlieger verpflichtet, das von ihm kraft seines Eigentums an dem Wasserlaufe aus diesem abgeleitete Wasser wieder in den Wasserlauf zurückzuleiten, und zwar entsprechend der bisherigen gerichtlichen Praxis, bevor der Wasserlauf auf der Seite, wo die Ableitung stattfindet, ein fremdes Ufergrundstück berührt; vgl. Nieberding-Frank S. 257/8.

Da aber der Eigentümer auch zum Verbrauche des Wassers befugt ist, muß die Zurückleitung nur insoweit erfolgen, als ein solcher Verbrauch nicht erfolgt ist. Folgt hierin das Gesetz der Auslegung, welche § 13 Abs. 1 Nr. 2 des Privatflußges. in der Praxis erfahren hat, so geht es aber andrerseits noch über diese hinaus, indem es die Zulässigkeit des Verbrauchs nicht auf das Ufergrundstück beschränkt, sondern auf die dahinterliegenden Grundstücke der Anlieger, welche mit diesen eine wirtschaftliche Einheit bilden, (vgl. hierzu aber a. § 44) ausdehnt. Jedoch gelten auch für diesen Gebrauch die Einschränkungen des § 41.

Satz 2 des Abs. 1 ist dem § 14 des Privatflußges. entnommen. Unter der Hälfte des vorüberfließenden Wassers ist nach der Praxis die Hälfte nur desjenigen Wassers zu verstehen, das jeweilig zwischen den beiden Ufern dahinfließt.

Vgl. im übrigen Begr. S. 87/9, KB. AH. S. 70.

§ 44.

Sind die Eigentümer mehrerer aneinander grenzender Teile eines Wasserlaufs über die Ausübung der ihnen zustehenden Benutzungsrechte einig oder zwecks solcher Ausübung zu einer Gemeinschaft vereinigt, so gelten ihre Grundstücke hinsichtlich der Zulässigkeit der Ausübung als ein einziges Grundstück.

1. Die sich an § 13 Abs. 2 des Privatflußges. (vgl. Nieberding-Frank S. 258) anlehnende Vorschrift des § 44 ist namentlich für § 43 Abs. 1 Satz 1, Abs. 2 von Bedeutung, da die Grundstücke mehrerer Eigentümer oder der Gemeinschaft unter solchen Umständen als ein Grundstück (evtl. also auch als eine wirtschaftliche Einheit im Sinne des § 43 Abs. 1 Satz 1) gelten.

2. Gemeinschaften im Sinne des § 44 sind z. B. die Wassergenossenschaften, die auf Grund des Gesetzes, betreffend die durch ein Auseinandersetzungsverfahren begründeten gemeinschaftlichen Angelegenheiten, vom 2. April 1887 (G. S. S. 105) gebildeten Gemeinschaften und auch die Realgemeinden, Begr. S. 89/90, KB. AH. S. 70.

3. Ob die Wasserläufe im Eigentume der Anlieger stehen, ist in Abweichung von § 13 Abs. 2 Privatflußges. für die Anwendbarkeit des § 44 unerheblich, Begr. S. 90.

§ 45.

In den Fällen des § 3 Abs. 2, der §§ 10, 11, des § 32 Abs. 1, der §§ 50, 51, des § 82 Abs. 1, der §§ 156, 157, des § 200 Abs. 1 Nr. 3 und des § 331 Abs. 1 ist für die dem Eigentümer entzogene oder beeinträchtigte Möglichkeit, den Wasserlauf in einer der im § 40 Abs. 2 bezeichneten Arten zu benutzen, insoweit Entschädigung zu gewähren, als die Billigkeit nach den Umständen eine Schadloshaltung erfordert. Soweit es sich um den Ersatz entgangenen Gewinnes handelt, ist der § 252 des Bürgerlichen Gesetzbuchs anzuwenden.

Nach dem § 45 des Entwurfs sollte der Eigentümer wegen Beeinträchtigung des ihm zustehenden Benutzungsrechts in den dort genannten Fällen nur dann Widerspruch erheben, Einrichtungen zur Verhütung von Nachteilen oder Entschädigung verlangen können, wenn er sein Recht länger als ein Jahr ausgeübt oder zu der Ausübung eine Anlage errichtet, bzw. mit der Errichtung begonnen hatte, Begr. S. 90/1. Diese Regelung erschien aber der Kommission des Abgeordnetenhauses im Interesse des Eigentümers nicht als genügend, besonders weil sie seine Ansprüche von einer bereits betätigten oder beabsichtigten Ausübung seines Rechts abhängig machte. Sie war der Ansicht, daß auch die abstrakte, nicht betätigte Möglichkeit, den Wasserschatz gemäß § 40 zu benutzen, einen erheblichen Wert nach der Verkehrsauffassung darstellt, für dessen Entziehung oder Beschränkung daher allgemeinen Rechtsgrundsätzen entsprechend Entschädigung gewährt werden müsse, soweit die Billigkeit nach den Umständen eine Schadloshaltung erfordere. Um aber die Berücksichtigung nur unbestimmter Gewinnmöglichkeiten auszuschließen, ist gleichzeitig § 252 BGB. für anwendbar erklärt.

§ 45 in der Fassung, wie er Gesetz geworden ist, beruht auf einem Kompromisse der verschiedenen widerstreitenden Interessen, von denen die einen in den hier genannten Fällen dem Geschädigten eine Entschädigung in vollem Umfange zusprechen wollten, während die anderen dieselbe ganz erheblich einschränken wollten. Man hat sich schließlich dahin geeinigt, daß nur insoweit Entschädigung zu gewähren ist, als die Billigkeit nach den Umständen eine Schadloshaltung erfordert; dies bedeutet einmal, daß geringfügige Schäden nicht zu ersetzen sind und ferner, daß auch alle die Vorteile, welche dem Geschädigten in seiner gesamten Vermögenslage, wenn auch nur mittelbar, infolge des zum Schadenersatz verpflichtenden Ereignisses erwachsen, zu berücksichtigen sind, KB. AH. S. 70 ff., Sten. B. AH. S. 8082/3, KB. HH. S. 774, Sten. B. HH. S. 1019 ff.; vgl. a. Anm. 2 zu § 52.

IV. Verleihung.

Wollte das Wassergesetz seiner Hauptaufgabe, die wirtschaftliche Ausnutzung der Wasserläufe nach Möglichkeit zu fördern, gerecht werden, so durfte es sich nicht darauf beschränken, die Benutzungsrechte, welche jedermann im Interesse des öffentlichen Wohls an den Wasserläufen zustehen, den öffentlich-rechtlichen Gemeingebrauch, sowie die dem Eigentümer zustehenden Benutzungsrechte zu regeln, sondern es mußte im Interesse der Förderung wasserwirtschaftlicher Unternehmungen auch einen Weg schaffen, auf welchem auch der Nichteigentümer in einem gesetzlich geordneten Verfahren private Benutzungsrechte an den Wasserläufen erwerben, bzw. der Eigentümer sich von den Beschränkungen, welche ihm als solchen durch die §§ 41 ff. auferlegt sind, befreien kann. Diesem Zwecke dient das in den §§ 46 ff. geregelte Institut der Verleihung.

Die Verleihung ist allen denjenigen zugänglich, denen nicht schon durch sonstige Vorschriften des Wassergesetzes ein Recht zur Benutzung eines Wasserlaufes gegeben ist (§ 46 Abs. 2), sei es, daß es sich um Rechte auf Grund der Bestimmungen über den Gemeingebrauch (§§ 25 ff.) oder den Eigentümergebrauch, sei es, daß es sich um Rechte handelt, welche gemäß den §§ 379 ff. aufrechterhalten sind, oder um solche, welche der Eigentümer innerhalb der ihm selbst gezogenen Schranken an dem Wasserlaufe bestellt hat (Dienstbarkeiten, Miete oder Pacht), oder sei es schließlich, daß solche Rechte in dem Ausbauverfahren (§§ 152 ff.) oder in einem Verfahren zur Beschaffung von Zwangsrechten (§ 331 Abs. 2) erworben worden sind; jedoch können der Eigentümer und die Inhaber von aufrechterhaltenen Rechten ihre Rechte nach Maßgabe des § 86 sicherstellen lassen, wodurch ihr Recht einem verliehenen gleichsteht.

Die Zwecke, zu denen die Verleihung nachgesucht werden kann, sind im § 46 unter Nr. 1—4 erschöpfend aufgezählt, und zwar beziehen sie sich abgesehen von den in den Nrn. 2—4 genannten einzelnen Arten in erster Linie auf die in § 40 Abs. 2 bezeichneten wichtigsten Benutzungsmöglichkeiten eines Wasserlaufes.

Zu den hier genannten Zwecken wird dem Antragsteller für ein Unternehmen durch den öffentlich-rechtlichen Akt der Verleihung ein besonderes privates Recht zur Benutzung eines Wasserlaufes gegeben, das im ordentlichen Rechtswege verfolgbar ist (§ 81 Abs. 1). Gleichzeitig dient die Verleihung aber auch dazu, dem Beliehenen der Behörde gegenüber eine gesicherte Rechtsstellung zu verschaffen. Es werden daher im Verleihungsverfahren außer den Beziehungen des zu begründenden Rechtes zu den besonderen Privatinteressen anderer auch die Forderungen des öffentlichen Wohls und die polizeilichen Gesichtspunkte abschließend berücksichtigt (§§ 49, 69); der Beliehene ist daher vor Eingriffen der Behörden, die über den Rahmen der ihnen bei der Verleihung gegebenen Befugnisse hinausgehen, geschützt (vgl. a. Anm. 1 zu § 21).

Bei der Ausgestaltung der Verleihung ist der Grundsatz leitend gewesen, die weitgehendste wirtschaftliche Ausnutzung der Wasserläufe unter geregeltem Ausgleich aller in Betracht kommenden Interessen zu ermöglichen. Dies hat man dadurch zu erreichen versucht, daß man einerseits dem Unternehmer eine klar umgrenzte, nach allen Seiten gesicherte Rechtsstellung gewährt hat, welche jedoch eine Anpassung an die wechselnden Verhältnisse der Wasserwirtschaft gestattet, andrerseits dafür gesorgt hat, daß die Rechte des Eigentümers oder der sonstigen am Wasserlaufe Berechtigten tunlichst, insbesondere durch die Herstellung dementsprechender Einrichtungen durch den Beliehenen (§§ 50 ff.), geschont werden und ihnen die Möglichkeit gegeben wird, ihre Widersprüche und Ansprüche in einem behördlich geleiteten Verfahren geltend zu machen (§§ 65 ff.).

Die auf Grund eines solchen Verfahrens ausgesprochene Verleihung gibt dem Unternehmer das Recht auf Benutzung des Wasserlaufs in dem in dem Verleihungsbeschlusse (§ 72) näher bezeichneten Umfange. Auch hier gilt, ebenso wie bei dem Eigentum, als Wasserlauf der Wasserlauf als Ganzes, d. h. also sowohl das Flußbett als auch die fließende Welle (vgl. Vorbem. zum 2. Titel). Der Beliehene kann daher innerhalb des ihm verliehenen Rechts sowohl das Wasser benutzen, als auch über das Flußbett insoweit verfügen, als es zur Ausübung des verliehenen Rechts notwendig ist. Über die Uferlinie (§ 12) geht die Verleihung nicht hinaus. Will der Unternehmer daher in das Eigentum an Ufergrundstücken eingreifen, so ist er, falls eine gütliche Einigung mit den Eigentümern derselben nicht zu erreichen ist, auf den Weg der Enteignung angewiesen, soweit nicht etwa die Vorschriften über die Zwangsrechte (§§ 331—334) die Möglichkeit eines erleichterten Eingriffs in fremde Eigentumsrechte geben.

2. Wegen des Verhältnisses der Verleihung zur gewerbepolizeilichen Genehmigung eines Unternehmens vgl. die Einleitung.

3. Bezüglich der Ersitzung von Rechten zur Benutzung eines Wasserlaufs ist der § 900 BGB. (vgl. Vorbem. zum 1. Abschnitt) anwendbar, nach dessen Abs. 1 das Eigentum an einem Wasserlauf und damit die dem Eigentümer als solchem zustehenden Benutzungsrechte ersessen werden können, und dessen Abs. 2 auch die Ersitzung eines von dem Eigentum innerhalb dessen Grenzen abgeleiteten Rechts zur Benutzung eines Wasserlaufs, z. B. einer Dienstbarkeit, für zulässig erklärt. Dagegen kann ein über das Eigentum hinausgehendes, mithin gemäß Anm. 1 auch nur vom Eigentümer durch Verleihung erwerbbares Benutzungsrecht im Wege der Ersitzung nicht erworben werden.

Vgl. im übrigen Begr. S. 20—25, 91, KB. AH. S. 74 ff.

§ 46.

(1) Durch Verleihung können an Wasserläufen folgende Rechte erworben werden:

1. den Wasserlauf in einer der im § 40 Abs. 2 bezeichneten Arten zu benutzen;
2. Häfen und Stichkanäle anzulegen, letztere soweit sie nicht selbständige Wasserstraßen bilden;
3. Anlegestellen mit baulichen Vorrichtungen von größerer Bedeutung herzustellen;
4. kommunale oder gemeinnützige Badeanstalten anzulegen.

(2) Eine Verleihung wird nicht erteilt, wenn sich diese Rechte aus anderen gesetzlichen Vorschriften ergeben oder wenn die Benutzung nach den Vorschriften über den Gemeingebrauch gestattet ist.

(3) Die Verleihung kann auf Antrag in der Weise erteilt werden, daß das Recht mit dem Eigentum an einem Grundstück verbunden wird.

1. Wann die Verleihung nachzusuchen ist und wann es derselben nicht bedarf, ist bereits in der Vorbemerkung erörtert worden.

2. Die einzelnen Zwecke, zu welchen die Verleihung erteilt werden kann, sind im § 46 unter den Nr. 1—4 aufgezählt.

Ziff. 1 nennt als solche die in § 40 Abs. 2 genannten Benutzungsarten eines Wasserlaufes und folgt damit der Regierungsvorlage.

Dagegen ist die Errichtung der unter Ziff. 2—4 bezeichneten Anlagen trotz des wiederholten Widerspruchs der Regierung unter die durch Verleihung erwerbbaren Rechte aufgenommen worden.

3. Die Häfen, und zwar einschließlich ihrer Zufahrtstraßen (vgl. KB. AH. S. 180, 262), Stichkanäle und Anlegestellen (vgl. darüber und die Eigentumsverhältnisse an denselben § 1 Anm. 6, § 7 Anm. 2) sind, obwohl die Regierung widersprach, weil durch solche Anlagen unter Umständen das ganze Hinterland dem Interesse der Allgemeinheit zuwider von der Benutzung des Flußlaufes zu Schiffahrtszwecken abgeschnitten werden könne, aufgenommen worden, weil gerade diese Anlagen einen der wichtigsten Teile der Benutzung von Strömen für Schiffahrt und sonstige Zwecke bilden und es daher erforderlich erschien, den Unternehmern daher eine nach Möglichkeit gesicherte Rechtsstellung zu geben.

Von den Anlegestellen sind aber gemäß den Beschlüssen der Kommission des Herrenhauses nur diejenigen der Verleihung zugänglich, welche mit baulichen Vorrichtungen von größerer Bedeutung verbunden sind; ist dieses nicht der Fall, handelt es sich also um Anlegestellen einfacherer Art, so kann der Unternehmer die Befugnis zu ihrer Anlage als Zwangsrecht gemäß § 333 erwerben. Ähnliches gilt für Badeanstalten, bei welchen die Verleihung nur dann zulässig ist, wenn es sich um kommunale oder gemeinnützige Badeanstalten handelt, KB. HH. S. 774/5. In dieser Regelung ist das Herrenhaus insofern von den Beschlüssen des Abgeordnetenhauses abgewichen, als nach diesen alle Anlegestellen und ähnliche Anlagen, sowie die öffentlichen und gewerblichen Badeanstalten der Verleihung bedurften, wenn sie nicht den Zwecken der eigenen Haushaltung und Wirtschaft dienten (§ 333 [309a] in der Fassung des AH.).

Vgl. zu Vorstehendem Begr. S. 91, KB. AH. S. 77 ff. die Erklärungen der Regierung in Drucks. Nr. 611 B Nr. IX und X, sowie Sten. B. AH. 8083 ff.

4. Zu Abs. 2 vgl. die Vorbem.

5. Da die Verbindung des zu verleihenden Rechts mit dem Eigentume an einem Grundstücke unter Umständen für den Unternehmer von besonderem Werte sein kann, ist eine dies ermöglichende Bestimmung in Abs. 3 aufgenommen worden, Begr. S. 91.

§ 47.

(1) Die Verleihung darf nur aus den in diesem Gesetz bezeichneten Gründen versagt werden.

(2) Sie kann dauernd oder auf Zeit erteilt werden.

(3) Ist von der beabsichtigten Benutzung eine Verunreinigung des Wasserlaufs zu erwarten, so darf die Verleihung nur unter Vorbehalt erhöhter Anforderungen in bezug auf Reinigung der Abwässer erteilt werden.

(4) Wird die Verleihung auf Zeit erteilt, so kann der Unternehmer die Verlängerung der Verleihung mit den inzwischen erforderlich gewordenen Veränderungen beanspruchen, soweit nicht überwiegende Rücksichten des öffentlichen Wohles oder Rücksichten von überwiegender wirtschaftlicher Bedeutung entgegenstehen.

1. Die Verleihung stellt einen öffentlich-rechtlichen Akt der Staatshoheit dar. Sie darf daher von den zu ihrer Erteilung bestimmten Behörden (§ 64) nur aus den in dem Wassergesetze selbst ausdrücklich genannten Gründen versagt werden. Liegen solche nicht vor, so ist es Amtspflicht der Behörden, die Verleihung zu erteilen, Begr. S. 91/2.

2. Die Erteilung der Verleihung kann dauernd oder auf Zeit erfolgen (Abs. 2). Ob die Verleihung auf Dauer oder auf Zeit am Platze ist, wird die Verleihungsbehörde von Fall zu Fall unter Berücksichtigung der Art des Unternehmens, seines Wasserbedarfs und seiner Rentabilität, der Verhältnisse des Wasserlaufs und der sonst daran beteiligten Interessen zu prüfen haben, Begr. S. 92, vgl. a. Holtz a. a. O S. 28. Die Verleihung auf Dauer wird vor allem den dem Wohle der Allgemeinheit dienenden Unternehmungen, z. B. zur Förderung der Landeskultur, der Trinkwasserversorgung usw., ferner aber auch bei privaten Anlagen, welche einen großen Kostenaufwand erfordern, zuteil werden.

Ist die Verleihung auf Zeit erfolgt, so steht nach der von der Kommission des Abgeordnetenhauses eingefügten Bestimmung des Abs. 4 dem Unternehmer nach Ablauf derselben ein Anspruch auf Verlängerung der Verleihung mit den inzwischen erforderlich gewordenen

Veränderungen (vgl. über die gegen diesen unbestimmten Begriff geltend gemachten Bedenken. Sten. B. AH. S. 8133 ff., 8542 ff.) zu, soweit nicht überwiegende Rücksichten des öffentlichen Wohls oder Rücksichten von überwiegender wirtschaftlicher Bedeutung entgegenstehen, KB. AH. S. 81 ff., KB. HH. S. 775.

Bei einer Verleihung auf Dauer geben die §§ 84 (Zurücknahme) und 87 ff. (Ausgleichung) eine Handhabe zur Verhütung von Nachteilen für andere Unternehmungen, Begr. S. 93.

3. Auch der Abs. 3 (Vorbehalt erhöhter Anforderungen bei zu besorgender Verunreinigung des Wasserlaufs) ist von der Kommission des Abgeordnetenhauses im Interesse des öffentlichen Wohls eingefügt worden.

§ 48.

Die Verleihung darf nur für ein Unternehmen erteilt werden, dem ein bestimmter Plan zugrunde liegt.

Um der Behörde einen zuverlässigen Anhalt bei der Beurteilung des Unternehmens, seines Wasserbedarfs und seiner voraussichtlichen Einwirkungen auf die Verhältnisse des Wasserlaufs, sowie um dem Verleihungsbeschlusse eine feste Grundlage zu geben, ist die Vorlage eines bestimmten Planes erforderlich. Zugleich wird dadurch der Ausnutzung der Verleihung zu gänzlich unbestimmten Spekulationszwecken vorgebeugt, Begr. S. 93.

§ 49.

(1) Soweit der beabsichtigten Benutzung des Wasserlaufs überwiegende Rücksichten des öffentlichen Wohles entgegenstehen, ist die Verleihung zu versagen oder nur unter Bedingungen zu erteilen, durch welche diese Rücksichten gewahrt werden. Solche Rücksichten sind insbesondere auch dann für gegeben zu erachten, wenn ein in Angriff genommener oder in Aussicht stehender Ausbau des Wasserlaufs durch die beabsichtigte Benutzung gehindert oder wesentlich erschwert werden würde.

(2) Bei Seen, aus denen nur natürliche Wasserläufe zweiter oder dritter Ordnung abfließen, sowie bei künstlichen Wasserläufen und bei den durch Talsperren (§ 106) gebildeten Sammelbecken ist die Verleihung ferner zu versagen, wenn der Eigentümer des Sees oder des künstlichen Wasserlaufs oder der Unternehmer der Talsperre der Verleihung widerspricht.

(3) Widerspricht bei natürlichen Wasserläufen zweiter oder dritter Ordnung die Wasserpolizeibehörde der Verleihung, weil durch die Ausübung des verliehenen Rechtes die Wirkung einer aus Gründen des öffentlichen Wohles errichteten Talsperre (§ 106) wesentlich beeinträchtigt werden würde, so darf die Verleihung nur mit Zustimmung des Ministers für Landwirtschaft, Domänen und Forsten oder unter den von ihm im öffentlichen Interesse gestellten besonderen Bedingungen erteilt werden.

(4) Widerspricht bei natürlichen Wasserläufen erster Ordnung, die in der Anlage besonders bezeichnet sind, die Wasserpolizeibehörde der Verleihung, weil der beabsichtigten Benutzung überwiegende Rücksichten des öffentlichen Wohles entgegenstehen (Abs. 1), so darf die Verleihung nur mit Zustimmung der Minister für Handel und Gewerbe und der öffentlichen Arbeiten oder unter den von ihnen aus solchen Rücksichten gestellten Bedingungen erfolgen. Die Erklärung ist mit Gründen zu versehen.

1. Der § 49 ist, soweit darin das der Ministerialinstanz gegen eine Verleihung bei Strömen eingeräumte Vetorecht geregelt ist, eine der umstrittensten Bestimmungen des Wassergesetzes. Dies hängt mit der Organisation der Verleihungsbehörden zweiter Instanz (§ 76) zusammen, über welche trotz eingehendster Erörterungen eine Übereinstimmung zwischen Regierung und Abgeordnetenhaus nicht erzielt worden ist (vgl. das Nähere zu §§ 64 und 76).

Auf Grund der Beschlüsse des Abgeordnetenhauses ist gemäß Abs. 4 bei Widerspruch der Wasserpolizeibehörde aus den dort genannten Gründen die Verleihung bei der in der Anlage zu dem Gesetze durch einen Stern besonders hervorgehobenen Wasserläufen erster Ordnung nur mit Zustimmung der Minister für Handel und Gewerbe und der öffentlichen Arbeiten oder unter den von ihnen gestellten Bedingungen zu erteilen, KB. AH. S. 84 ff., KB. HH. S. 775/6.

Bei natürlichen Wasserläufen zweiter und dritter Ordnung steht das gleiche Recht unter ähnlichen Voraussetzungen zur Sicherung von Talsperren (§ 106) dem Minister für Landwirtschaft zu (Abs. 3), Begr. S. 93/4.

2. Abgesehen von diesen besonderen Fällen ist die Verleihung ganz allgemein zu versagen oder nur unter in Abs. 1 bezeichneten Bedingungen zu erteilen, falls der beabsichtigten Benutzung des Wasserlaufes überwiegende Rücksichten des öffentlichen Wohls, z. B. auf die Trinkwasserversorgung, die Schiffahrt und Flößerei, die Fischerei, (Sten. B. HH. S. 1017) entgegenstehen, Begr. S. 93, KB. AH. S. 91.

3. Ferner ist bei künstlichen Wasserläufen mit Rücksicht darauf, daß sie von dem Eigentümer in der Regel mit erheblichem Kostenaufwande für einen besonderen Zweck hergestellt sind, die Verleihung stets zu versagen, wenn der Eigentümer widerspricht, Begr. S. 93. Wiederholt gestellte Anträge, künstliche Wasserläufe erster Ordnung von dieser Bestimmung auszunehmen, sind abgelehnt worden, Sten. B. AH. S. 8091, 8543.

Die gleiche Wirkung hat gemäß den Beschlüssen des Herrenhauses, welche auf den in Anm. 5 zu § 1 wiedergegebenen Erwägungen beruhen, der Widerspruch des Eigentümers bei Seen, aus welchen nur Wasserläufe zweiter oder dritter Ordnung abfließen, sowie bei Talsperren, KB. HH. S. 776/7, Sten. B. HH. S. 1022.

§ 50.

(1) Sind von der beabsichtigten Benutzung des Wasserlaufs nachteilige Wirkungen zu erwarten, durch die das Recht eines anderen

beeinträchtigt werden würde, und lassen sie sich durch Einrichtungen verhüten, die mit dem Unternehmen vereinbar und wirtschaftlich gerechtfertigt sind, so ist die Verleihung nur unter der Bedingung zu erteilen, daß der Unternehmer diese Einrichtungen trifft. Auch ist ihm deren Unterhaltung aufzuerlegen, soweit diese Unterhaltungslast über den Umfang einer bestehenden Verpflichtung zur Unterhaltung vorhandener, demselben Zwecke dienender Einrichtungen hinausgeht. Bei nachteiligen Wirkungen der im § 41 Abs. 1, 2 bezeichneten Art gelten diese Vorschriften, auch wenn dadurch ein Recht nicht beeinträchtigt wird.

(2) Sind solche Einrichtungen nicht möglich, so ist die Verleihung zu versagen, wenn derjenige, der von der nachteiligen Wirkung betroffen werden würde, der Verleihung widerspricht. Dies gilt jedoch nicht, wenn einerseits das Unternehmen anders nicht zweckmäßig oder doch nur mit erheblichen Mehrkosten durchgeführt werden kann, andererseits der daraus zu erwartende Nutzen den Schaden des Widersprechenden erheblich übersteigt und, wenn diesem ein auf besonderem Titel beruhendes Recht zur Benutzung des Wasserlaufs zusteht, außerdem Gründe des öffentlichen Wohles vorliegen; ein nach dem 1. Januar 1912 durch Rechtsgeschäft mit dem Eigentümer begründetes Recht kommt hierbei nicht in Betracht.

(3) Als nachteilige Wirkung gilt nicht die Veränderung des Grundwasserstandes, wenn sie durch Einleitung von Wasser oder durch Senkung des Wasserspiegels zum Zwecke der gewöhnlichen Bodenentwässerung von Grundstücken bewirkt wird, für die der Wasserlauf der natürliche Vorfluter ist.

1. Fast stets wird die Benutzung eines Wasserlaufes, zu welcher das Recht im Wege der Verleihung erworben worden ist, Benachteiligungen anderer im Gefolge haben, da die unschädliche Benutzung eines Wasserlaufs in den meisten Fällen schon auf Grund der Vorschriften über den Gemein- bzw. Eigentümergebrauch gestattet ist. Als solche Nachteile kommen bei Wasserläufen hauptsächlich die Beeinträchtigung ihrer Nutzungen und die Erschwerung der Unterhaltungslast, bei Grundstücken Veränderungen des Grundwasserstandes, Überstauung und Entziehung nützlicher Überschwemmungen, z. B. der Winterhochfluten, in Betracht.

Der Unternehmer wird nun in vielen Fällen in der Lage sein, durch zweckentsprechende Anlagen derartigen Nachteilen vorzubeugen. § 50 Abs. 1 bestimmt daher nach dem Vorbilde des § 14 des Enteignungsgesetzes, daß, wenn derartige Beeinträchtigungen zu erwarten sind, dem Unternehmer in dem Verleihungsbeschluß die Herstellung und Unterhaltung solcher Einrichtungen auferlegt werden kann, sofern sie mit dem Unternehmen vereinbar und wirtschaftlich gerechtfertigt sind, vgl. a. §§ 156, 158, sowie über einzelne derartige Einrichtungen die §§ 55—58.

2. § 50 ist aber nur anwendbar, wenn die Nachteile auf die Benutzung des Wasserlaufs zurückzuführen sind, dagegen nicht bei

sonstigen schädlichen Wirkungen des Unternehmens, zu dessen Zwecken diese Benutzung erfolgt, z. B. bei Belästigung infolge von Rauch, Erschütterungen durch eine Fabrikanlage, Begr. S. 95.

3. Satz 2 stellt klar, daß, während nach Satz 1 grundsätzlich dem Benachteiligten ein Recht zur Seite stehen muß, in den Fällen des § 41 Abs. 1 und 2 die Vorschrift des Abs. 1 auch dann gilt, wenn nur tatsächlich, z. B. durch Veränderung der Vorflut oder Erschwerung der Unterhaltung ein Schaden zugefügt wird, KB. AH. S. 97, 265/6.

4. Häufig sind nun Einrichtungen der in Abs. 1 gedachten Art nicht möglich. Ist dies der Fall, so würde an sich die Verleihung bei Widerspruch des Benachteiligten zu versagen sein. Da dies aber dem Grundgedanken des Gesetzes, die wirtschaftliche Ausnutzung der Wasserläufe nach Möglichkeit zu fördern, widersprechen würde, sind in Satz 2 des Abs. 2 die Fälle bezeichnet worden, in welchen ein solcher Widerspruch unbeachtlich ist.

Von diesen ist hervorzuheben der Fall, in dem der Widerspruch auf ein auf einem besonderen Titel beruhendes Recht gestützt wird. Ein auf ein solches gestützter Widerspruch ist stets beachtlich, wenn nicht Gründe des öffentlichen Wohls seine Nichtbeachtung erfordern; dies besondere weitere Erfordernis ist aufgestellt worden, da es sich dabei um eine Art von Enteignung eines derartigen Rechtes handelt. Jedoch soll auf Grund der Beschlüsse der Kommission des Abgeordnetenhauses ein erst nach dem 1. Januar 1912 durch Rechtsgeschäft mit dem Eigentümer des Wasserlaufs, z. B. als Dienstbarkeit, begründetes Benutzungsrecht nicht als ein solches auf besonderem Titel beruhendes Recht gelten, weil das vom Eigentümer abgeleitete Recht nicht günstiger gestellt werden darf, wie das des Eigentümers selbst, Begr. S. 95 ff., KB. AH. S. 93 ff.

5. Abs. 3 beruht auf denselben Erwägungen wie § 41 Abs. 3 Satz 1 (vgl. daher die Anm. 3 zu § 41).

§ 51.

(1) Soweit die im § 50 bezeichneten nachteiligen Wirkungen nicht durch Einrichtungen verhütet werden, hat der Unternehmer den davon Betroffenen Entschädigung zu gewähren.

(2) Die Entschädigung kann in wiederkehrenden Leistungen bestehen. Die Verleihungsbehörde kann die Nachprüfung und anderweite Festsetzung in bestimmten Zeiträumen vorbehalten.

1. Die Berechnung der auf Grund des § 51 zu gewährenden Entschädigung richtet sich nach den Vorschriften des allgemeinen bürgerlichen Rechts (§§ 249 ff. BGB.) und der bei den übrigen Gesetzen durch die Rechtsprechung festgestellten Grundsätzen, z. B. dem ABG. und dem EG., letzteres gibt beispielsweise eine Handhabe für die Anrechnung von Vorteilen, welche dem Betroffenen durch das schädigende Ereignis erwachsen sind (vgl. Eger, Anm. zu § 8 EG.), Begr. S. 97, KB. AH. S. 97 ff.

Vgl. ferner wegen der dem Eigentümer für die entzogene Benutzungsmöglichkeit des Wasserlaufs zu gewährende Entschädigung § 45.

2. Die Entschädigung in Form einer Rente (Abs. 2 Satz 1) wird vor allem bei den Unternehmungen in Frage kommen, welche ihrer Natur oder dem Plane nach nur auf Zeit betrieben werden sollen, Begr. S. 98.

§ 52.

(1) Wegen nachteiliger Veränderung der Vorflut oder des Wasserstandes sowie wegen Erschwerung der Unterhaltung des Wasserlaufs oder seiner Ufer ist insoweit keine Entschädigung zu gewähren, als der Nachteil vermieden worden wäre, wenn der Geschädigte die ihm obliegende Verpflichtung zur Unterhaltung ordnungsmäßig erfüllt hätte.

(2) Dasselbe gilt bei nachteiliger Veränderung des Grundwasserstandes. Der dadurch entstehende Schaden ist ferner nur insoweit zu ersetzen, als die Billigkeit nach den Umständen eine Entschädigung erfordert.

1. § 52 Abs. 1 schließt in den dort genannten Fällen bei mitwirkendem eigenen Verschulden des Geschädigten in Ansehung der ihm obliegenden Unterhaltungspflicht nach dem Vorbilde der §§ 254, 846 BGB. und § 12 Abs. 2 des Strombauverwaltungsges. den Entschädigungsanspruch aus.

Dies gilt aber nur bei Vernachlässigung der dem Geschädigten selbst obliegenden Unterhaltung, nicht auch dann, wenn, wie dies der Entwurf vorsah, er es schuldhaft unterlassen hat, den Unterhaltungspflichtigen zur Erfüllung seiner Pflicht anzuhalten.

2. Aus ebendenselben Gründen ist auch nach Abs. 2 der Entschädigungsanspruch bei Veränderung des Grundwasserstandes ausgeschlossen.

Ein Entschädigungsanspruch in diesem Falle war dem bisherigen Recht unbekannt. Um nun den nützlichen wasserwirtschaftlichen Unternehmungen nicht durch die Furcht vor einer allzustrengen Haftung für Grundwasserschäden von vornherein ein Hindernis in den Weg zu legen, ist in Abs. 2 Satz 2 nach dem Vorgange des § 12 Abs. 2 Satz 2 des Wasserstraßengeſ. v. 5. April 1905 (G. S. S. 179) der Schadenersatzanspruch in solchen Fällen dahin beschränkt, daß Entschädigung nur insoweit zu gewähren ist, als die Billigkeit nach den Umständen eine Entschädigung fordert. Es ist also ein rein objektiver Maßstab anzulegen. Die persönlichen, mehr oder weniger günstigen wirtschaftlichen Verhältnisse des Geschädigten oder des Unternehmers kommen nicht in Betracht. Wohl sind die Vorteile, welche dem Betroffenen unmittelbar oder mittelbar aus dem Unternehmen erwachsen, zu berücksichtigen, Begr. S. 98/9, KB. AH. A. 99/100; vgl. a. Anm. zu § 45.

§ 53.

(1) Ist zu besorgen, daß fremde Grundstücke oder Anlagen durch die Benutzung des Wasserlaufs so beschädigt werden, daß sie nach ihrer bisherigen Bestimmung nicht mehr zweckmäßig benutzt werden

können, so kann der Eigentümer verlangen, daß der Unternehmer das Eigentum an den Grundstücken oder Anlagen gegen Entschädigung erwirbt.

(2) Wenn in der Folge ein abgetretenes Teilgrundstück ganz oder teilweise für den Zweck des Unternehmens nicht weiter notwendig ist und veräußert werden soll, so finden die Bestimmungen des § 57 des Gesetzes über die Enteignung von Grundeigentum vom 11. Juni 1874 (Gesetzsamml. S. 221) über das gesetzliche Vorkaufsrecht entsprechende Anwendung.

1. § 53 entspricht dem § 9 EG., § 139 ABG, sowie dem § 26 Abs. 1 zu b Satz 2, § 29 des Privatflußges., Begr. S. 99.

2. Über die Behandlung eines Antrages auf Grund des § 53 im Verleihungsverfahren vgl. § 70 Abs. 3 Satz 2, Abs. 4, sowie §§ 74, 78.

3. Der von der Kommission des Herrenhauses hinzugefügte Abs. 2 bezweckt, dem Grundstückseigentümer das Vorkaufsrecht gemäß § 57 EG. zu geben, KB. HH. S. 777.

§ 54.

Ein Entgelt für die Benutzung des Wasserlaufs darf dem Unternehmer nicht auferlegt werden.

§ 54 ist eine der umstrittensten Vorschriften des Gesetzes. Er hat in seiner jetzigen Fassung, die auf den Beschlüssen der Kommission des Abgeordnetenhauses in 2. Lesung beruht, gerade den umgekehrten Inhalt wie nach dem Entwurfe und nach den von der Kommission in 1. Lesung an die Stelle des § 54 des Entw. gesetzten §§ 106 a—h.

Während diese Vorschriften den Grundsatz zum Ausdruck gebracht hatten, daß der Beliehene dem Eigentümer eines natürlichen oder künstlichen Wasserlaufes auf Verlangen ein Entgelt, Wasserzins, zu zahlen habe, hat die Kommission in zweiter Lesung auf Grund der dringenden Vorstellungen der beteiligten Kreise die jetzige Vorschrift aufgenommen, nach welcher ein Entgelt für die Benutzung des Wasserlaufs dem Unternehmer nicht auferlegt werden darf; vgl. im übrigen Begr. S. 99 ff., KB. AH. S. 100 ff., Sten. B. AH. 8137.

Dies gilt aber nur für die Verleihung. Außerhalb derselben, z. B. bei künstlichen Wasserläufen, bei welchen der Eigentümer gemäß § 49 Abs. 2 ein unbeschränktes Widerspruchsrecht hat, steht der privatrechtlichen Ausbedingung eines Entgelts nichts entgegen, KB. AH. S. 110.

Ebensowenig berührt § 54 das dem Unternehmer einer Talsperre auf Grund des § 104 zustehende Recht, einen Zuschuß zu den Kosten des Betriebes und der Unterhaltung zu verlangen, KB. AH. S. 109/10.

Ist der Erwerb von solchen Rechten, welche nunmehr der Verleihung zugänglich sind, vor dem Inkrafttreten des Wassergesetzes erfolgt und ist hierbei die Zahlung eines Entgelts durch den Unternehmer vereinbart worden, so werden diese durch den § 54 nicht berührt; die Regierung hat jedoch in Aussicht gestellt, daß sie dort, wo dieses bei im Eigentume des Staates stehenden Wasserläufen der Fall sei, die Unternehmer nach Möglichkeit nicht zwingen werde, sich dadurch, daß sie das umständliche Verleihungsverfahren einschlügen, von der Weiterzahlung solcher Abgaben zu befreien, sondern versuchen werde, anderweitige Vereinbarungen in dieser Beziehung zu treffen, KB. AH. S 504, KB. HH. S. 777, Sten. B. HH 1023/4.

§ 55.

Zu den Einrichtungen im Sinne des § 50 gehören auch Sammelbecken, Talsperren, Reinigungsanlagen und dergleichen. Dem Unternehmer kann die Verpflichtung als Bedingung auferlegt werden, sich an solchen Einrichtungen zu beteiligen.

1. In den §§ 55—58 sind einige der besonders wichtigen Einrichtungen hervorgehoben, welche dem Unternehmer gemäß § 50 Abs. 1 auferlegt werden können.

2. § 55 gibt dem Unternehmer die Möglichkeit, statt selbständig Einrichtungen zu treffen, sich an den in wirtschaftlich hochentwickelten Gegenden häufig vorhandenen Sammelbecken, Talsperren, Reinigungsanlagen usw. zu beteiligen, Begr. S. 101.

§ 56.

(1) Dem Unternehmer kann die Verpflichtung als Bedingung auferlegt werden, einen Wasserlauf oder seine Ufer zu unterhalten, sowie die Kosten zu tragen, die durch die Aufsicht über die Ausübung des verliehenen Rechtes entstehen.

(2) Ferner kann dem Unternehmer die Verpflichtung auferlegt werden, Maßnahmen (Pegelbeobachtungen, Grundwasserstandsbeobachtungen usw.) zu treffen, die geeignet sind, die Feststellung zu erleichtern, ob und in welchem Umfange Schäden entstanden sind.

1. Der durch Einrichtungen nicht zu verhütende Schaden wird häufig in einer Vermehrung der Unterhaltungslast bestehen, z. B. infolge der durch Abwässereinleitung häufiger und in größerem Umfange erforderlich gewordenen Räumung der Sohle des Wasserlaufs. Es kann daher dem Unternehmer diese Last auferlegt werden, womit er in jeder Beziehung, auch der Wasserpolizeibehörde gegenüber, in die öffentlich-rechtliche Verpflichtung des Unterhaltungspflichtigen eintritt.

Ebenso kann ihm die Tragung der durch die Überwachung der Ausübung des ihm verliehenen Rechts entstehenden, oft erheblichen Kosten entsprechend der auch im gewerbepolizeilichen Genehmigungsverfahren bestehenden Praxis auferlegt werden, da es nicht angängig erscheint, diese Kosten von der Allgemeinheit aufbringen zu lassen, Begr. S. 101.

2. Abs. 2 ist von der Kommission des Abgeordnetenhauses eingefügt worden, um die Verfolgung von Entschädigungsansprüchen zu erleichtern, KB. AH. S. 111.

§ 57.

Ist zu erwarten, daß die beabsichtigte Benutzung des Wasserlaufs den Gemeingebrauch unmöglich machen oder wesentlich erschweren würde, so ist, wenn diese Wirkung durch Einrichtungen, die mit dem Unternehmen vereinbar und wirtschaftlich gerechtfertigt sind, verhütet werden kann, dem Unternehmer die Verpflichtung als Bedingung aufzuerlegen, solche Einrichtungen herzustellen und nach § 50 Abs. 1 Satz 2 zu unterhalten.

Der Eigentümer ist, soweit nicht die Vorschrift des § 36 entgegensteht, welche jedoch nur eine öffentlich-rechtliche Bedeutung hat, an sich in der Ausnutzung seines Eigentums an dem Wasserlaufe durch die Vorschriften über den Gemeingebrauch nicht gehindert.

Die Benachteiligung des Gemeingebrauchs gibt also, soweit sie nicht eine derartige ist, daß sie eine Verletzung der öffentlichen Interessen darstellt, der Verleihungsbehörde nicht das Recht, die Verleihung zu versagen. Ebensowenig berechtigt die Beeinträchtigung des Gemeingebrauchs zur Geltendmachung von Schadensersatzansprüchen (vgl. die Vorbem. zu II).

Der Gemeingebrauch ist aber doch von solcher Bedeutung für die Allgemeinheit, daß erheblichen Beeinträchtigungen desselben nach Möglichkeit vorgebeugt werden muß, falls dahingehende Maßnahmen mit dem Unternehmen vereinbar sind. Diesem Gedanken trägt § 57 [55b,] welcher an die Stelle des § 50 Abs. 3 Satz 1 des Entwurfs getreten ist, Rechnung, Begr. S. 97, KB. AH. 111, 97.

§ 58.

(1) In landschaftlich hervorragenden Gegenden ist dem Unternehmer, wenn durch Einrichtungen, die mit dem Unternehmen vereinbar und wirtschaftlich gerechtfertigt sind, eine gröbliche Verunstaltung des Landschaftsbildes verhütet werden kann, die Verpflichtung als Bedingung aufzuerlegen, solche Einrichtungen herzustellen und nach § 50 Abs. 1 Satz 2 zu unterhalten.

(2) Auch im übrigen ist durch entsprechende Bedingungen dafür zu sorgen, daß eine Verunstaltung landschaftlich hervorragender Gegenden vermieden wird, soweit dies mit dem Zwecke und der Wirtschaftlichkeit des Unternehmens vereinbar ist.

§ 58 [55c] erschien im Interesse der Erhaltung landschaftlich hervorragender Gegenden erforderlich, weil das Gesetz gegen die Verunstaltung von Ortschaften und landschaftlich hervorragenden Gegenden vom 15. Juli 1907 nur Hochbauten trifft, daher auf die Anlagen, für welche die Verleihung erteilt ist, in den meisten Fällen nicht anwendbar ist, da dieselben in der Regel in Wehren, Kanälen oder Rohrleitungen bestehen werden, KB. AH. S. 94/5.

Die Vorschrift ist aber lediglich polizeilicher Natur, sie gibt nicht etwa einen privatrechtlichen Anspruch, z. B. auf Entschädigung gemäß § 51; Anträge, einen solchen Anspruch zu gewähren, wurden vielmehr abgelehnt, KB. AH. S. 98/9.

§ 59.

Der Unternehmer kann zur Leistung einer Sicherheit für die Einhaltung der ihm auferlegten Bedingungen und für Schadensersatzansprüche angehalten werden, über welche die Entscheidung nach § 70 Abs. 3 einem späteren Verfahren vorbehalten wird. Die Sicherheit darf den Betrag des in den nächsten drei Jahren voraussichtlich entstehenden Schadens nicht übersteigen und ist in dieser Höhe durch jährliche Zuzahlungen zu erhalten. Der Staat und die Kommunalverbände sind von der Sicherheitsleistung frei.

1. Vgl. Begr. S. 102, KB. AH. S. 111, Sten. B. AH. S. 8138/9, KB. HH. S. 777; ferner die Anm. zu § 70 Abs. 3.

2. Hinzuweisen ist darauf, daß anders, wie nach § 12 Abs. 2 EG. nicht nur der Staat, sondern auch die Kommunalverbände, zu welchen auch die Landgemeinden gehören, Sten. B. AH. S. 8168/9, von der Sicherheitsleistung befreit sind.

§ 60.

(1) Bei der Verleihung ist eine Frist zu bestimmen, binnen deren das Unternehmen ausgeführt und in Betrieb gesetzt sein muß.

(2) Eine Verlängerung der Frist ist zulässig.

Durch den § 60 [57] soll der aus volkswirtschaftlichen Gründen unerwünschten Möglichkeit vorgebeugt werden, daß jemand die Verleihung nur deshalb erwirkt, um sich den Vorrang vor ähnlichen Unternehmungen für die Zukunft zu sichern, Begr. S. 102; vgl. a. § 80 Abs. 1 Nr. 4.

§ 61.

(1) Ist über die Verleihung für mehrere Unternehmungen zu beschließen, die auch bei Teilung der verfügbaren Wassermenge oder bei Festsetzung verschiedener Benutzungszeiten oder geeigneter Betriebseinrichtungen nicht nebeneinander bestehen können, so entscheidet für ihre Erteilung zuerst die Bedeutung der Unternehmungen für das öffentliche Wohl und demnächst ihre wirtschaftliche Bedeutung.

(2) Stehen hiernach mehrere Unternehmungen einander gleich, so gebührt zunächst bestehenden vor neuen, sodann an einen bestimmten Ort gebundenen vor den auch an einem anderen Orte möglichen und endlich Unternehmungen des Eigentümers eines Wasserlaufs vor denen der Anlieger oder anderer Personen, Unternehmungen des Anliegers vor denen anderer Personen der Vorrang.

1. § 61 [58] Abs. 1 beruht auf dem Bestreben, die Wasserläufe möglichst zum Vorteile der Allgemeinheit auszunutzen, Begr. S. 102.

2. Liegen mehrere Anträge auf Verleihung vor, so soll jedoch nicht die Priorität des Antrages entscheiden, wie dies der Entwurf vorsah und es z. B. auch im Grundbuchwesen vorgeschrieben ist, sondern es sollen auch nachträglich eingegangene Anträge berücksichtigt werden

können. Vgl. jedoch § 67 Abs. 2 wegen der Präklusivfrist für solche, KB. AH. S. 112.

2. Falls die Unternehmen gleichwertig sind, greift Abs. 2 Platz, Begr. S. 102; vgl. a. KB. HH. S. 777.

§ 62.

Auf Anweisung der zuständigen Minister ist die Verleihung zu versagen, wenn sie von einem Unternehmer, der nicht die deutsche Reichsangehörigkeit besitzt, oder von einer Erwerbsgesellschaft nachgesucht wird, die ihre Hauptniederlassung nicht im Deutschen Reiche hat.

1. § 62 [58a] (vgl. a. § 340 Abs. 5), welcher zunächst als § 363a in die Übergangs- und Schlußbestimmungen eingefügt war, gibt die Möglichkeit gegenüber denjenigen Ländern, welche die deutschen Staatsbürger ungünstiger behandeln als die eigenen, Vergeltung zu üben, KB. AH. 525, 112.

2. Die Worte „auf Anweisung der zuständigen Minister" bedeuten, daß die Minister auch zu allgemeinen Anweisungen befugt sind, welche für die Verleihungsbehörden bindend sind. Es erschien nicht angängig, letzteren in dieser Beziehung eine selbständige Entscheidung zu überlassen, weil bei solchen Entscheidungen nicht nur politische Erwägungen, sondern auch bestehende Staatsverträge in Frage kommen, KB. AH. S. 526.

§ 63.

Auf die Vorbereitung eines Unternehmens, für das eine Verleihung nachgesucht werden kann, ist § 5 des Enteignungsgesetzes vom 11. Juni 1874 (Gesetzsamml. S. 221) entsprechend anzuwenden. Die dort vorgeschriebene öffentliche Bekanntmachung kann unterbleiben. Zuständig ist die Behörde, die über den Verleihungsantrag zu beschließen haben würde.

§ 63 [59] beruht auf der Erwägung, daß die Vorbereitung eines Unternehmens häufig Eingriffe in fremdes Eigentum erfordert, z. B. eine Begehung, Vermessung, Nivellierung, geologische Untersuchung des in Betracht kommenden Grund und Bodens, Begr. S. 103.

Der für anwendbar erklärte § 5 EG. lautet:

Handlungen, welche zur Vorbereitung eines die Enteignung rechtfertigenden Unternehmens erforderlich sind, muß auf Anordnung der Bezirksregierung der Besitzer auf seinem Grund und Boden geschehen lassen. Es ist ihm jedoch der hierdurch etwa erwachsende, nötigenfalls im Rechtswege festzustellende Schaden zu vergüten. Zur Sicherstellung der Entschädigung darf die Bezirksregierung vor Beginn der Handlungen vom Unternehmer eine Kaution bestellen lassen und deren Höhe bestimmen. Sie ist hierzu verpflichtet, wenn ein Beteiligter die Kautionsstellung verlangt.

Die Gestattung der Vorarbeiten wird von der Bezirksregierung im Regierungsamtsblatte generell bekannt gemacht. Von jeder Vorarbeit hat der Unternehmer unter Bezeichnung der Zeit und der Stelle, wo sie stattfinden soll, mindestens zwei Tage zuvor den Vorstand des betreffenden Guts- oder Gemeindebezirks in Kenntnis zu setzen, welcher davon die beteiligten Grundbesitzer speziell oder in ortsüblicher Weise generell benachrichtigt. Dieser Vorstand ist ermächtigt, dem Unternehmer auf dessen Kosten einen beeidigten Taxator zu dem Zwecke zur Seite zu stellen, um vorkommende Beschädigungen sogleich festzustellen und abzuschätzen. Der abgeschätzte Schaden ist, vorbehaltlich anderweitiger Feststellung im Rechtswege, den Beteiligten (Eigentümer, Nutznießer, Pächter, Verwalter) sofort auszuzahlen, widrigenfalls der Ortsvorstand auf den Antrag des Beteiligten die Fortsetzung der Vorarbeiten zu hindern verpflichtet ist.

Zum Betreten von Gebäuden und eingefriedigten Hof- oder Gartenräumen bedarf der Unternehmer, insoweit dazu der Grundbesitzer seine Einwilligung nicht ausdrücklich erteilt in jedem einzelnen Falle einer besonderen Erlaubnis der Ortspolizeibehörde, welche die Besitzer zu benachrichtigen und zur Offenstellung der Räume zu veranlassen hat.

Eine Zerstörung von Baulichkeiten jeder Art, sowie ein Fällen von Bäumen ist nur mit besonderer Gestattung der Bezirksregierung zulässig.

§ 64.

(1) Über den Antrag auf Verleihung beschließt der Bezirksausschuß (Verleihungsbehörde).

(2) Anträge auf Verleihung sind schleunig zu behandeln.

1. Die §§ 64 [60] und 76 [71] behandeln die Organisation der Verleihungsbehörden, welche, wie bereits in Anm. 1 zu § 49 erwähnt, zu den umstrittensten Gegenständen des Gesetzes gehört, hinsichtlich deren eine Einigung zwischen der Regierung und dem Abgeordnetenhause nicht erzielt worden ist.

Nach der Vorlage der Regierung sollten die Verleihungsbehörden erster Instanz bei Wasserläufen erster Ordnung der in § 341 des Entwurfes als Provinzialbehörde vorgesehene Stromausschuß, soweit ein solcher eingerichtet werden würde, im übrigen sowie bei Wasserläufen zweiter Ordnung der Bezirksausschuß, bei Wasserläufen dritter Ordnung grundsätzlich der Kreisausschuß und nur bei an Wasserläufen dritter Ordnung befindlichen Talsperren und bedeutenderen Wasserversorgungsanlagen der Bezirksausschuß sein. Als Verleihungsbehörde zweiter Instanz (§ 76) war bei Wasserläufen erster Ordnung der Handelsminister bei Wasserläufen zweiter und dritter Ordnung, soweit es sich um Talsperren usw. handelt, der Landwirtschaftsminister, im übrigen die nach § 121 LVG. zuständige Behörde, d. h. Bezirksausschuß bzw. Provinzialrat vorgesehen.

Gegen diese Regelung, vor allem soweit die Entscheidung der Minister als zweite Instanz in Frage kam, wurde aus den beteiligten Kreisen der lebhafteste Widerspruch geltend gemacht, man wandte vor allem dagegen ein, daß dies dazu führen würde, daß, jedenfalls, soweit es sich um Wasserläufe erster Ordnung handele, die Minister in eigener Sache endgültig entscheiden würden. Es wurde daher von vielen Seiten der Standpunkt vertreten, daß die Ministerialinstanz bei der Verleihung überhaupt ausgeschaltet werden müsse. Zwischen den Vertretern dieser Ansicht und den Verteidigern des Regierungsentwurfs kam schließlich ein Kompromiß zustande, nach welchem die Minister als Verleihungsbehörde zweiter Instanz beseitigt, ihnen aber andrerseits das in § 49 Abs. 4 näher bezeichnete Vetorecht eingeräumt wurde.

Dagegen wurde als Verleihungsbehörde zweiter Instanz eine Verwaltungsbehörde (das Landeswasseramt) eingesetzt, vgl. des Näheren die Anm. zu § 76.

Als Verleihungsbehörde erster Instanz ist ganz allgemein der Bezirksausschuß bestimmt worden. Man hat auch davon abgesehen, bei Wasserläufen dritter Ordnung den Kreisausschuß als Verleihungsbehörde beizubehalten, weil die Verleihung bei solchen in den meisten Fällen zum Zwecke der Ableitung von Abwässern beantragt werden würde, gerade die Einleitung schädlicher Abwässer aber nicht nur den Kreis, in welchem die Ableitung erfolgt, sondern auch die unterliegenden Kreise berühre und daher auch hier der Bezirksausschuß die geeignete Behörde sei, zumal diesem auch die erforderlichen Sachverständigen zur Verfügung ständen, KB. AH. S. 113/4.

Vgl. im übrigen Begr. S. 103/4, 110 ff., sowie die sehr eingehenden Erörterungen in KB. AH. S. 84 ff., 112 ff., 122 ff., Sten. B. AH. S. 8091 ff.

§ 65.

(1) Dem Antrag auf Verleihung sind die erforderlichen Zeichnungen und Erläuterungen beizufügen.

(2) Ist der Antrag offenbar unzulässig, so kann er ohne weiteres durch einen mit Gründen versehenen Beschluß zurückgewiesen werden.

(3) Anderenfalls ist die beabsichtigte Benutzung des Wasserlaufs in ortsüblicher Weise in allen Gemeinden (Gutsbezirken) öffentlich bekannt zu machen, auf deren Bezirk sich nach dem Ermessen der Verleihungsbehörde ihre Wirkung erstrecken kann. Die Bekanntmachung hat, soweit Landgemeinden beteiligt sind, auch in den Kreisblättern zu erfolgen.

(4) Daneben sollen alle bekannten Personen, die nach dem Ermessen der Behörde von nachteiligen Wirkungen der Benutzung betroffen werden können, auf die öffentliche Bekanntmachung hingewiesen werden.

1. Wegen der Erteilung einer Nachfrist zur Beibringung der nach Abs. 1 erforderlichen Unterlagen s. § 67 Abs. 3.

2. Abs. 2 trifft vor allem die Fälle, in welchen eine Verleihung auf Rechte beantragt ist, die ihr nach § 46 nicht zugänglich sind, z. B. zur Ent ahme von Kies, Sand, Steinen, Schilf usw., Begr. S. 104.

3. Die Bekanntmachungen gemäß Abs. 3 und 4 dienen der Ermittlung der Widersprüche, der erforderlich erachteten Einrichtungen sowie der geltend zu machenden Schadensersatzansprüche, Begr. S. 105, KB. AH. S. 117.

§ 66.

(1) Die Bekanntmachung muß angeben, wo die ausgelegten Zeichnungen und Erläuterungen eingesehen und bei welcher Behörde Widersprüche gegen die Verleihung sowie Ansprüche auf Herstellung und Unterhaltung von Einrichtungen oder auf Entschädigung schriftlich oder mündlich zu Protokoll erhoben

werden können. Sie muß ferner für die Erhebung von Widersprüchen eine Frist bestimmen. Diese beträgt mindestens zwei und höchstens sechs Wochen und beginnt mit Ablauf des Tages, an dem das letzte die Bekanntmachung enthaltende Blatt ausgegeben ist.

(2) Mitteilungen über Betriebseinrichtungen oder Betriebsweisen, deren Geheimhaltung der Antragsteller für erforderlich hält, sind, getrennt von den zur öffentlichen Auslegung bestimmten Vorlagen, in besonderen Schriftstücken und Zeichnungen vorzulegen.

1. Unter dem letzten die Bekanntmachung enthaltenden Blatte im Sinne des Abs. 1 Satz 3 ist das von mehreren Blättern zuletzt ausgegebene zu verstehen, Begr. S. 105.

2. Die Vorschrift des Abs. 2 ist der Ausführungsanweisung zur GO. vom 1. Mai 1904 (§ 15 Abs. 1) entnommen.

§ 67.

(1) Die Bekanntmachung ist unter der Verwarnung zu erlassen, daß diejenigen, die innerhalb der bestimmten Frist keinen Widerspruch gegen die Verleihung erheben, ihr Widerspruchsrecht verlieren und daß wegen nachteiliger Wirkungen der Ausübung des verliehenen Rechts nur noch die im § 82 bezeichneten Ansprüche geltend gemacht werden können.

(2) In der Bekanntmachung ist dieselbe Frist für andere Anträge auf Verleihung des Rechtes zu einer Benutzung des Wasserlaufs zu bestimmen, durch welche die von dem ersten Antragsteller beabsichtigte Benutzung beeinträchtigt werden würde. Hierbei ist die Verwarnung zu erlassen, daß nach Ablauf der Frist gestellte Anträge auf Verleihung in demselben Verfahren nicht berücksichtigt werden.

(3) Zur Beibringung der Unterlagen (§ 65) kann eine angemessene Nachfrist gewährt werden.

1. Abs. 1 trifft alle Rechte ohne Rücksicht darauf, ob sie unmittelbar auf einer Rechtsnorm oder auf einem besonderen öffentlich- oder privatrechtlichen Titel beruhen, Begr. S. 106, vgl. im übrigen die Anm. zu § 82.

2. Der von der Kommission des Abgeordnetenhauses eingefügte Absatz 2 bezweckt, die fortwährende Stellung neuer kollidierender Anträge während des ganzen, vielleicht längere Zeit in Anspruch nehmenden Verfahrens zu verhindern, KB. AH. S. 118.

Solche weiteren Anträge sind im übrigen stets ebenso wie der erste nach Maßgabe des § 61 bekannt zu machen, KB. AH. S. 118, KB. HH. S. 778.

§ 68.

(1) Werden Verleihungsanträge, bei denen die Voraussetzungen des § 61 und des § 67 Abs. 2 vorliegen, bei verschiedenen Verleihungsbehörden gestellt, so entscheidet diejenige Behörde, welche für den ersten Antrag zuständig ist.

(2) Sind derartige Anträge an ein und demselben Tage eingegangen, so ist der § 58 Abs. 1 Nr. 2 des Landesverwaltungsgesetzes vom 30. Juli 1883 (Gesetzsamml. S. 195) entsprechend anzuwenden.

§ 68 [63 a] ist von der Kommission des Herrenhauses aus den Abs. 4 und 5 des § 63 gemäß den Beschlüssen des Abgeordnetenhauses gebildet worden; ursprünglich waren diese Bestimmungen als § 80 a in das Gesetze eingefügt worden, KB. AH. S. 147, KB. HH. S. 778.

Der in Abs. 2 angezogene § 58 Abs. 1 Nr. 2 LVG. lautet:

Sind die Grundstücke in mehreren Bezirken belegen, oder ist es zweifelhaft, zu welchem Bezirke sie gehören, so wird die zuständige Behörde

1. . . . .
2. für das Beschlußverfahren durch den Regierungspräsidenten, den Oberpräsidenten oder den Minister des Innern, je nachdem die betreffenden Bezirke demselben Regierungsbezirke, derselben Provinz, aber verschiedenen Regierungsbezirken, oder verschiedenen Provinzen angehören,

endgültig bestimmt.

§ 69.

(1) Die Verleihungsbehörde hat von Amts wegen zu prüfen, ob die gesetzlichen Voraussetzungen für die Verleihung vorliegen. Sie hat ferner an Stelle der sonst zuständigen Polizeibehörden zu prüfen, ob die beabsichtigte Benutzung des Wasserlaufs den polizeilichen Vorschriften entspricht.

(2) Die Wasserpolizeibehörde und die sonst in Wahrnehmung öffentlicher Interessen beteiligten Behörden sollen gehört werden.

(3) Ist von einem Bergwerksbesitzer ein Antrag auf Verleihung gestellt, oder hat ein anderer eine Verleihung in einem Gebiete nachgesucht, in dem Bergbau umgeht, so ist die zuständige Bergbehörde in dem Verfahren zu hören.

1. Die von der Verleihungsbehörde zu berücksichtigenden Vorschriften (Abs. 1), sowie die von ihr zu hörenden Behörden (Abs. 2) sind vor allem die wasser-, bau-, feuer-, sicherheits-, berg-, verkehrs- und gesundheitspolizeilichen, Begr. S. 106.

Für den Fall, daß ein Bergwerksbesitzer einen Verleihungsantrag gestellt oder die Verleihung in einem bergbaulichen Gebiete beantragt ist, ist durch die von der Kommission des Abgeordnetenhauses in zweiter Lesung zunächst in den § 396 [360], sodann als Abs. 3 des § 69 aufgenommene Bestimmung die Anhörung der zuständigen Bergbehörde noch besonders vorgeschrieben worden, KB. AH. S. 517 ff.; ein Antrag, welcher das gleiche Ziel verfolgte, war übrigens von der Kommission in erster Lesung als überflüssig abgelehnt worden, KB. AH. S. 119/20.

2. Die von der Verleihungsbehörde vorzunehmende polizeiliche Prüfung erstreckt sich jedoch nur auf die beabsichtigte Benutzung des Wasserlaufes — des Bettes und des darin enthaltenen Wassers —, dagegen auf Anlagen nur insoweit, als sie auf die beabsichtigte Benutzung des Wasserlaufs von Einfluß sind, Begr. S. 106.

3. Haben die beteiligten Behörden Widerspruch gegen die Verleihung erhoben, so gelten sie in dem Verfahren als Parteien (§§ 71, 76), können daher insbesondere auch von den zulässigen Rechtsmitteln (§ 76) Gebrauch machen, Begr. S. 106.

§ 70.

(1) Die Verleihungsbehörde oder ein von ihr beauftragter Beamter hat die Widersprüche, die Anträge auf Verleihungen (§ 61, § 67 Abs. 2), die Ansprüche auf Herstellung und Unterhaltung von Einrichtungen sowie die Entschädigungsansprüche mit denen, die sie erhoben haben, mündlich zu erörtern. Zu dieser Erörterung sind der Unternehmer sowie diejenigen, die Widersprüche oder Ansprüche erhoben haben, mit der Eröffnung vorzuladen, daß im Falle des Ausbleibens gleichwohl mit der Erörterung werde vorgegangen werden.

(2) Wird ein Widerspruch oder ein Anspruch auf Grund eines besonderen privatrechtlichen Titels erhoben, so ist ein Streit über das Bestehen des Titels zur richterlichen Entscheidung zu verweisen. Die Verleihungsbehörde kann die Entscheidung über den Verleihungsantrag bis zur Erledigung des Streites aussetzen. Sie muß dies tun, wenn das Bestehen des Titels glaubhaft gemacht wird und bei Anerkennung des Titels die Verleihung nach § 50 zu versagen sein würde. Bei Aussetzung der Entscheidung ist dem Unternehmen eine Frist zu bestimmen, binnen deren er die Klage zu erheben hat. Wird die Prozeßführung von dem Unternehmer ungebührlich verzögert, so kann das Verleihungsverfahren fortgesetzt werden.

(3) Läßt sich bei Entschädigungsansprüchen nicht voraussehen, ob oder in welcher Höhe ein Schaden entstehen wird, so ist die Entscheidung über diese Ansprüche einem späteren Verfahren nach § 82 vorzubehalten. In den Fällen des § 53 ist auf Antrag des Unternehmers die Entscheidung über die erhobenen Ansprüche einem späteren Verfahren vorzubehalten, falls sich nicht bestimmt voraussehen läßt, daß die gesetzlichen Voraussetzungen vorliegen.

(4) Der Antrag auf Erwerbung des Eigentums (§ 53) ist bis zum Schlusse der nach Abs. 1 stattfindenden Verhandlungen zu stellen.

1. Durch das mündliche Verfahren gemäß Abs. 1 soll den Beteiligten Gelegenheit gegeben werden, ihre Interessen zu vertreten.

Im übrigen schließt sich Abs. 1 dem § 19 der Ausführungsanweisung zur GO. vom 1. Mai 1904 an, Begr. S. 106/7.

2. Die Verleihungsbehörde auch über die Entschädigungsansprüche entscheiden zu lassen, erschien zweckmäßig, weil in dem Verfahren regelmäßig doch Sachverständige gehört werden müssen, die sich dann auch gleich zu dieser Frage äußern können. Ein Bedenken gegen die Festsetzung der Entschädigung im Verwaltungswege besteht nicht, weil der Verleihungsbeschluß, soweit er die Entschädigung

betrifft, gemäß § 76 Abs. 2 im ordentlichen Rechtswege angefochten werden kann, Begr. S. 107.

Eine besondere Bestimmung ist in Abs. 3 jedoch wegen derjenigen Ansprüche, bei welchen sich nicht voraussehen läßt, ob und in welcher Höhe ein Schaden entstehen wird, sowie für die Fälle des § 53 getroffen worden, Sten. B. AH. S. 8138/9.

3. Wird ein Widerspruch oder ein Anspruch auf Grund eines privatrechtlichen Titels erhoben, so hat die Verleihungsbehörde auch hierüber gemäß Abs. 2 zu entscheiden, es sei denn, daß über das Bestehen des Titels selbst Streit besteht. Ein solcher Streit kann nur im ordentlichen Rechtswege entschieden werden. Liegt ein solcher Fall vor, so kann die Verleihungsbehörde ganz allgemein das Verfahren bis zur rechtskräftigen Entscheidung eines solchen Rechtsstreites aussetzen, sie muß dies tun, wenn die in Satz 3 genannten Voraussetzungen vorliegen.

Macht die Verleihungsbehörde von der Aussetzungsbefugnis keinen Gebrauch, was ihrem Ermessen überlassen ist, falls nicht die Voraussetzungen des Satzes 3 vorliegen, so muß sie den zur richterlichen Entscheidung verwiesenen Streit gemäß § 72 Nr. 5 im Verleihungsbeschlusse bezeichnen, ferner ist in demselben anzugeben, welche Auflagen bezüglich Einrichtungen, Bedingungen, Schadensersatz dem Unternehmer gemacht werden für den Fall, daß das Bestehen des Titels im Rechtswege nachgewiesen wird. Würde der Titel zur Versagung der Verleihung führen müssen, so kann die Verleihung nur unter einem dementsprechenden Vorbehalte oder alternativ dahin erfolgen, daß sie für den Fall der Feststellung des Nichtbestehens des Titels im ordentlichen Rechtswege erteilt, für den entgegengesetzten Fall jedoch versagt wird, Begr. S. 108, KB. AH. S. 120.

Als privatrechtliche Titel sind nur die auf einem besonderen privatrechtlichen Entstehungsgrund, wie Vertrag, Ersitzung, Privileg, letztwillige Verfügung (vgl. § 19 GO.; RG. Bd. 13 S. 56/7) beruhenden Rechte anzusehen, Begr. 108.

2. Abs. 4 bezweckt die z. B. beim bergrechtlichen Enteignungsverfahren aufgetauchten Zweifel, bis wann die Stellung des Antrages auf Übernahme des Eigentums an einem Grundstücke (§ 53) gestellt werden kann, zu beseitigen (vgl. a. § 25 Abs. 7 EG.) und Verschleppungen oder Wiederholungen des Verfahrens vorzubeugen, Begr. S. 108/9.

§ 71.

Der Beschluß über den Verleihungsantrag ist dem Unternehmer und allen Behörden und Personen, die Widersprüche oder Ansprüche (§ 70 Abs. 1) erhoben haben, zuzustellen. Er muß mit Gründen versehen sein, wenn die Verleihung nicht dem Antrage gemäß oder unter Zurückweisung von Widersprüchen oder Ansprüchen erteilt wird.

1. § 71 [66] bezeichnet die Parteien des Verleihungsverfahrens; allen dort genannten steht daher auch die Beschwerde gemäß § 76 zu,

also auch den Behörden, welche als solche einen Widerspruch erhoben haben (vgl. a. § 69 Anm. 3), Begr. S. 109.

2. Satz 2 trifft insbesondere die Fälle, wo die Verleihung unter einschränkenden Bedingungen oder unter Auferlegung einer Entschädigung oder wo sie auf eine kürzere als die beantragte Zeit erteilt ist, Begr. S. 109.

§ 72.

Der Verleihungsbeschluß hat zu enthalten:

1. die genaue Bezeichnung der verliehenen Rechte sowie der Unternehmungen, für die sie verliehen werden, und, wenn die Rechte mit dem Eigentum an Grundstücken verbunden werden sollen (§ 46 Abs. 3), auch die genaue Bezeichnung dieser Grundstücke;
2. die nach dem § 47 Abs. 2, 3, dem § 49 Abs. 1, 3, 4, dem § 50 Abs. 1 und den §§ 55 bis 60 getroffenen Bestimmungen;
3. den Ausschluß von Rechten nach Maßgabe der Verwarnung im § 67 Abs. 1;
4. die Entscheidung über Anträge nach § 61 und § 67 Abs. 2, wenn deren Ablehnung erfolgt;
5. die Bezeichnung der Streitigkeiten, die nach § 70 Abs. 2 zur richterlichen Entscheidung verwiesen sind;
6. die Entscheidung über die Widersprüche und Ansprüche und im Falle des § 70 Abs. 3 den Vorbehalt der Entscheidung;
7. im Falle des § 53 die genaue Bezeichnung der Grundstücke oder Anlagen, deren Eigentum der Unternehmer zu erwerben verpflichtet ist;
8. die Festsetzung der von dem Unternehmer zu leistenden Entschädigungen.

1. Vgl. Begr. S. 109/10, KB. AH. S. 121/2.
2. Wegen der Kostenentscheidung vgl. § 75.

§ 73.

Bei der Verleihung eines Staurechts hat der Beschluß ferner Bestimmungen zu enthalten:

1. über die bauliche Einrichtung der Anlagen, welche die abfließende Wassermenge oder die Vorflut beeinflussen;
2. über die innezuhaltenden Stauzeiten;
3. über die festgesetzten Stauhöhen und zwar, wenn der Wasserstand auf einer bestimmten Mindesthöhe gehalten werden muß, auch über diese;
4. über die zu benutzende Wassermenge, wenn ihre Beschränkung erforderlich ist;
5. über die zum Schutze gegen nachteilige Wirkungen des Staues etwa erforderlichen Maßnahmen;

6. in geeigneten Fällen über die Länge der Zeit, für die sich der Unternehmer eine Betriebsstörung ohne Anspruch auf Entschädigung gefallen lassen muß (§ 102 Abs. 2);
7. in geeigneten Fällen und stets, wenn es sich um eine Talsperre (§ 106) handelt, darüber, ob und unter welchen Bedingungen die Stauanlage dauernd außer Betrieb gesetzt oder beseitigt werden darf (§ 99 Abs. 3).

Vgl. Begr. S. 110.

§ 74.

Wird der Unternehmer durch den Verleihungsbeschluß verpflichtet, ein Grundstück nach § 53 zu erwerben, so hat die Verleihungsbehörde unverzüglich das Grundbuchamt um Eintragung eines Vermerkes über die Verpflichtung zu ersuchen. Der Vermerk wirkt gegenüber dem öffentlichen Glauben des Grundbuchs wie eine Vormerkung zur Sicherung des Anspruchs des Unternehmers auf Übertragung des Eigentums.

Da die Eintragung des Eigentumsübergangs an einen gemäß § 53 zu erwerbenden Grundstücke erst nach endgültigem Abschluß des Verfahrens erfolgen kann (§ 78), muß verhütet werden, daß in der Zwischenzeit (von dem Erlasse des Verleihungsbeschlusses an) Verfügungen über ein solches Grundstück getroffen werden, welche, vor allem soweit es sich um gutgläubige Erwerber handelt, dem Unternehmer gegenüber wirksam sein würden. Diesem Zwecke dient die Vorschrift des § 74, Begr. S. 110.

§ 75.

Die Kosten des Verleihungsverfahrens fallen dem Unternehmer zur Last. Die durch unbegründete Widersprüche oder Ansprüche erwachsenen Kosten können jedoch durch den auf den Verleihungsantrag ergehenden Beschluß demjenigen, der sie erhoben hat, auferlegt werden.

1. Der Verleihungsbeschluß bedarf nur in den Fällen des Satzes 2 einer Entscheidung über die Kosten, da, falls er keine dahingehende Entscheidung enthält, alle Kosten von Gesetzes wegen dem Unternehmer zur Last fallen.

2. Satz 2 betrifft nicht nur, wie § 124 LVG., die Kosten für Zeugen und Sachverständige, sondern auch andere, z. B. für einen Ortstermin, Begr. S. 110.

§ 76.

(1) Gegen den Beschluß über den Verleihungsantrag steht, soweit er nicht die von dem Unternehmer zu leistende Entschädigung betrifft, dem Unternehmer und, wenn eine Verleihung erteilt ist, auch den übrigen Parteien (§ 71) binnen zwei Wochen die Beschwerde bei dem Landeswasseramte zu.

(2) Soweit die Entscheidung über den Verleihungsantrag die von dem Unternehmer zu leistende Entschädigung betrifft, kann binnen drei Monaten der Rechtsweg beschritten werden. Die Frist beginnt für den Unternehmer mit dem Tage, an dem die Entscheidung über die Verleihung rechtskräftig geworden ist, für die übrigen Beteiligten mit dem Tage, an dem ihnen die Mitteilung der Verleihungsbehörde von der Rechtskraft der Entscheidung zugestellt ist. Beschreitet der Unternehmer den Rechtsweg, so fallen ihm jedenfalls die Kosten der ersten Instanz zur Last.

1. Vgl. die Anm. zu § 64 über den Entwurf der Regierung und die grundsätzliche Stellungnahme des Abgeordnetenhauses dazu.

2. Bei der Regelung der Verleihungsbehörde zweiter Instanz gingen wiederum die Meinungen darüber auseinander, wie diese auszugestalten sei. Während die einen als solche die Stromausschüsse bestellen und dieser das Oberverwaltungsgericht als dritte Instanz überordnen wollten, ging die Ansicht der anderen dahin, daß die Schaffung von drei Instanzen im Interesse der Beschleunigung des Verfahrens nicht angebracht sei. Gegen die Hereinziehung des Oberverwaltungsgerichts in das Verleihungsverfahren insbesondere wurde einmal geltend gemacht, daß dieses sich seiner geschichtlichen Entwicklung als eine unter Zuziehung von Laien entscheidende Beschlußbehörde nicht ausgestalten lasse, die Heranziehung von Laien aber wegen der zu entscheidenden wasserwirtschaftlichen und technischen Fragen nicht zu entbehren sei, ferner daß dieser Gerichtshof nach seiner jetzigen Ausgestaltung als Revisionsinstanz sich nur mit der Entscheidung der Rechtsfrage, nicht aber mit der materiellen Lage der Sache befassen könne, und schließlich wurde auf die jetzt schon bestehende große Überlastung desselben hingewiesen. Andrerseits wurde aber wiederum die Ansicht vertreten, daß eine letzte gemeinsame Instanz im Interesse der Einheitlichkeit der Rechtsprechung vorhanden sein müsse, daß dies aber, wenn man von der Einführung des Oberverwaltungsgerichts als dritte und letzte Instanz Abstand nehme, bei den alsdann die letzte Instanz bildenden Stromausschüssen, die jeweils für den Kreis einer Provinz eingerichtet werden sollten, nicht der Fall sei. Dieser Einwand wurde von der Mehrheit als berechtigt anerkannt und man beschloß daher, eine besondere gemeinsame Behörde für die ganze Monarchie in dem Landeswasseramt (§ 370—373) zu schaffen und diesem die Entscheidung in zweiter Instanz zu übertragen; vgl. im übrigen die in § 64 Anm. 1 angeführten Materialien, sowie Sten. B. AH. S. 8546 ff.

§ 77.

(1) Mit der Ausübung des verliehenen Rechtes darf erst begonnen werden, wenn der nach § 76 Abs. 2 vorbehaltene Rechtsweg dem Unternehmer gegenüber durch Ablauf der Frist, Verzicht oder rechtskräftiges Urteil erledigt und wenn nachgewiesen ist, daß die nach den §§ 51 bis 53 zu gewährende vereinbarte oder endgültig festgestellte Entschädigung gezahlt oder hinterlegt ist. Besteht die

Entschädigung in wiederkehrenden Leistungen (§ 51 Abs. 2), so genügt die Hinterlegung des Gesamtbetrags für die nächsten drei Jahre.

(2) Auf Antrag des Unternehmers kann in dem Verleihungsbeschluß oder in einem den Verleihungsbeschluß ergänzenden Beschluß, und zwar auch in der Beschwerdeinstanz, angeordnet werden, daß noch vor der endgültigen Entscheidung über den Verleihungsantrag mit der beantragten Benutzung des Wasserlaufs begonnen werden kann, sobald der Antragsteller eine von der Behörde festzusetzende Sicherheit geleistet hat.

(3) Der Staat und die Kommunalverbände sind von der Sicherheitsleistung frei.

(4) Wird mit der Ausübung des Rechtes begonnen, bevor dies nach Abs. 1, 2 zulässig ist, so kann die Wasserpolizeibehörde die Ausübung hindern und die Beseitigung der errichteten Anlagen anordnen.

1. § 77 [72] entspricht dem § 32 EG. und § 52 des Privatflußges.; vgl. a. KB. HH. S. 778.

2. Abs. 2 (vorläufige Benutzung des Wasserlaufs gegen Sicherheitsleistung) hat in der Kommission des Abgeordnetenhauses insofern eine Änderung erfahren, als er nicht nur bei dringlichen Fällen, sondern ganz allgemein anwendbar ist und nicht die Verleihungsbehörde erster Instanz, sondern auch das Landeswasseramt § 76) eine dahingehende Verfügung treffen kann, Begr. S. 113, KB. AH. S. 133 ff.

3. Zu Abs. 3: Wegen des Begriffs der Kommunalverbände vgl. § 59 Anm. 2.

§ 78.

(1) Im Falle des § 53 hat die Verleihungsbehörde nach dem Eintritt der Voraussetzungen des § 77 Abs. 1 unverzüglich das Grundbuchamt um Eintragung des Überganges des Eigentums an dem Grundstück auf den Unternehmer zu ersuchen. Der Übergang vollzieht sich mit der Eintragung.

(2) Ist das in das Eigentum des Unternehmers übergehende Grundstück mit Rechten Dritter belastet oder steht es im Lehns-, Fideikommiß-, Stammguts- oder Leiheverbande, so sind der Artikel 52 und der Artikel 53 Abs. 1 des Einführungsgesetzes zum Bürgerlichen Gesetzbuch sowie der § 47 des Enteignungsgesetzes vom 11. Juni 1874 (Gesetzsamml. S. 221) anzuwenden.

1. Wegen der Eintragung eines vorläufigen Vermerks vgl. § 74.

2. Das Eigentum eines gemäß § 53 zu erwerbenden Grundstücks geht mit der Eintragung (Abs. 1 Satz 2) lastenfrei auf den Erwerber über. Er braucht sich daher mit den Realberechtigten an demselben nicht auseinanderzusetzen, diesen stehen vielmehr nur Rechte an der Entschädigung zu, wegen derer sie sich mit dem Eigentümer gemäß Art. 52, 53 Abs. 1 EG. z. BGB., sowie § 47 des Enteignungsges. (vgl. § 15 Anm. 3) auseinanderzusetzen haben, Begr. S. 114.

§ 79.

Dem Unternehmer ist eine Verleihungsurkunde auszufertigen, die das verliehene Recht und das Unternehmen, für welches es verliehen ist, zu bezeichnen hat. Soweit erforderlich, sind beglaubigte Erläuterungen und Zeichnungen beizufügen.

Die Verleihungsurkunde ist dem Unternehmer von Amts wegen, nicht nur auf Antrag auszufertigen.

Sie muß die ihm bezüglich der Unterhaltung, Herstellung von Einrichtungen, Beteiligung an Sammelbecken usw. (§ 55) gemachten Auflagen bezeichnen. Angaben über die Entschädigungen, namentlich wenn sie durch einmalige Zahlung zu leisten sind, braucht sie regelmäßig nicht zu enthalten, Begr. S. 114.

§ 80.

(1) Die Verleihungsurkunde unterliegt einer Stempelabgabe nach folgenden Sätzen:

wenn der Wert des verliehenen Rechtes beträgt

nicht mehr als	1 000 ℳ					...	1 ℳ
mehr als	1 000 ℳ,	aber nicht mehr als			5 000 ℳ	...	5 „
„ „	5 000 „	„ „ „	„	„	10 000 „	...	10 „
„ „	10 000 „	„ „ „	„	„	20 000 „	...	20 „
„ „	20 000 „	„ „ „	„	„	50 000 „	...	50 „
„ „	50 000 „	„ „ „	„	„	75 000 „	...	75 „
„ „	75 000 „	„ „ „	„	„	100 000 „	...	100 „

und bei einem höheren Werte in Abstufungen von je 50 000 ℳ für jede angefangene Stufe .... 50 „

(2) Ist die Genehmigung einer Anlage, die für die Benutzung des Wasserlaufs erforderlich ist, nach Tarifstelle 22 d des Stempelsteuergesetzes in der Fassung vom 30. Juni 1909 (Gesetzsamml. S. 535) stempelpflichtig, so wird nur eine der beiden Abgaben, und zwar die höhere, erhoben.

(3) Bei Bewilligungen von Fristverlängerungen (§ 60 Abs. 2) kommt ¼ der Sätze zu Abs. 1, 2 in Ansatz, mindestens aber 1 ℳ.

(4) Dient das Unternehmen gemeinnützigen Zwecken, so bleibt die Stempelabgabe außer Ansatz. Durch diese Befreiung wird jedoch die Verpflichtung zur Entrichtung der Abgabe aus Tarifstelle 22 d des Stempelsteuergesetzes nicht berührt.

(5) Die Bestimmungen des Stempelsteuergesetzes sind entsprechend anzuwenden.

§ 80 [75] beruht auf der auch dem StStG. zugrunde liegenden Erwägung, daß es eine in der ausgleichenden Gerechtigkeit begründete Forderung ist, daß derjenige, der die Tätigkeit der Behörden für sein Privatinteresse in Anspruch nimmt oder besondere Vorteile aus der Tätigkeit der Behörden erhält, auch eine besondere Abgabe dafür zahlen muß, Begr. S. 114/5.

§ 81.

(1) Das verliehene Recht ist im Rechtswege verfolgbar. Die für die Ansprüche aus dem Eigentum geltenden Vorschriften sind entsprechend anzuwenden. Das Recht kann von dem Unternehmen, für das es verliehen ist, nicht getrennt werden und geht mit ihm auf den Rechtsnachfolger über.

(2) Ist das Recht mit dem Eigentum an einem Grundstück verbunden (§ 46 Abs. 3), so kann es auch von diesem Eigentum nicht getrennt werden und geht nur mit dem Eigentum an dem Grundstück und dem Unternehmen zusammen auf den Rechtsnachfolger über. Das Recht ist auf Antrag auf dem Grundbuchblatt des Grundstücks zu vermerken. Wird das Grundstück geteilt, so erlischt das verliehene Recht für die Teile, denen seine Ausübung nicht zum Vorteil gereicht.

1. Die Verleihung selbst ist ein öffentlich-rechtlicher Akt, das durch sie begründete Recht dagegen ein privatrechtliches, welches daher entsprechend den Ansprüchen aus dem Eigentum im ordentlichen Rechtswege verfolgt werden kann (Abs. 1 Satz 1 und 2), Begr. S. 115.

2. Die untrennbare Verbindung dieses Rechts mit dem Unternehmen ergibt sich aus der Natur der Verleihung, bei welcher die wirtschaftliche Bedeutung des Unternehmens für die Entscheidung über den Verleihungsantrag ausschlaggebend ist (vgl. §§ 48, 61). Das Recht kann daher nur mit dem Unternehmen veräußert und vererbt werden, Begr. S. 115.

3. Das Gleiche gilt gemäß Abs. 2, falls das Recht auf Antrag des Unternehmers (§ 46 Abs. 3) mit dem Eigentume an einem Grundstücke verbunden ist.

Der auf Antrag erfolgende Vermerk einer solchen Verbindung auf dem Grundbuchblatt des Grundstücks (Abs. 2 Satz 2) genießt jedoch keinen öffentlichen Glauben.

Ob bei Teilung eines Grundstücks (Abs. 2 Satz 3) das verliehene Recht einzelnen Teilen zum Vorteil gereicht oder nicht, ist bei Streit darüber nicht etwa vom Grundbuchrichter, sondern im ordentlichen Rechtswege zu entscheiden. Liegen weder dahingehende einstimmige Erklärungen sämtlicher Beteiligten in grundbuchlicher Form noch ein rechtskräftiges Erkenntnis vor, so muß der Grundbuchrichter bei Abschreibungen das eingetragene Recht mitübertragen, KB. AH. S. 135.

§ 82.

(1) Wegen nachteiliger Wirkungen der Ausübung des verliehenen Rechtes kann der davon Betroffene nicht die Unterlassung der Ausübung oder die Beseitigung einer auf Grund des verliehenen Rechtes errichteten Anlage verlangen. Er kann aber nach den §§ 50 bis 55 fordern, daß Einrichtungen hergestellt und unterhalten werden, welche die nachteilige Wirkung ausschließen und kann, wo solche Einrichtungen mit dem Unternehmen nicht verein-

bar oder wirtschaftlich nicht gerechtfertigt sind, Entschädigung verlangen. Die Ansprüche sind ausgeschlossen, wenn er schon vor Ablauf der im § 66 Abs. 1 bezeichneten Frist die nachteilige Wirkung vorausgesehen hat oder hätte voraussehen müssen und bis zum Ablauf der Frist weder der Verleihung widersprochen noch einen Anspruch auf Herstellung von Einrichtungen oder auf Entschädigung erhoben hat. Der Ablauf der Frist steht den Ansprüchen nicht entgegen, wenn der Geschädigte glaubhaft macht, daß er durch Naturereignisse oder andere unabwendbare Zufälle verhindert worden ist, die Frist einzuhalten.

(2) Die Ansprüche verjähren in drei Jahren von dem Zeitpunkt an, in welchem der Geschädigte von dem Eintritt der nachteiligen Wirkung Kenntnis erlangt hat. Sie sind ausgeschlossen, wenn sie nicht binnen dreißig Jahren nach Ablauf des Jahres geltend gemacht sind, in dem der Unternehmer mit der Ausübung des verliehenen Rechtes begonnen hat.

(3) Die Entscheidung trifft die Verleihungsbehörde; der § 70 Abs. 2 Satz 1, 2 und die §§ 71, 76 sind entsprechend anzuwenden. Dasselbe gilt in den Fällen des § 70 Abs. 3; in den Fällen des § 70 Abs. 3 Satz 2 ist auch § 78 anzuwenden.

1. § 82 [77] verfolgt den Zweck, den Unternehmer bei Ausübung des verliehenen Rechts gegenüber nachträglichen Widersprüchen Dritter zu schützen.

Solche Widersprüche sind nun nicht ohne weiteres unbeachtlich, da sich die Wirkungen wasserwirtschaftlicher Unternehmungen auf die Verhältnisse des Wasserlaufs und auf fremde Grundstücke und Anlagen häufig nicht mit Sicherheit im voraus übersehen läßt.

Die Wirkung solcher nicht rechtzeitiger Widersprüche darf aber nicht dazu führen, daß die Ausübung des verliehenen Rechts untersagt oder die Beseitigung einer auf Grund desselben errichteten Anlage verlangt werden kann, sondern muß entsprechend dem § 26 GO. darauf beschränkt werden, daß, soweit sie berechtigt sind, der Widersprechende die Errichtung und Unterhaltung von Einrichtungen gemäß §§ 50 ff. oder, falls solche untunlich sind, Entschädigung verlangen kann. (Abs. 1 Satz 1 und 2), Begr. S. 115/6; vgl. auch wegen der Entschädigung für die dem Eigentümer entzogene Benutzungsmöglichkeit des Wasserlaufs § 45.

2. Der Unternehmer hat ein berechtigtes Interesse daran, daß die bei einer Verleihung zu erhebenden Ansprüche und Widersprüche bereits im Verleihungsverfahren erörtert werden. Es kann daher nicht dem Belieben der Beteiligten überlassen bleiben, wann sie dieselben erheben wollen. Abs. 1 Satz 3 schließt daher bei fahrlässiger Unterlassung ihrer Geltendmachung die Erhebung von Ansprüchen gemäß Satz 2 aus, s. jedoch Satz 4, Begr. S. 116, KB. AH. S. 135 ff.

3. Um den Unternehmer nicht auf unbeschränkte Zeit derartigen Ansprüchen auszusetzen, bestimmt Abs. 2, daß sie einer seit Kenntnis der nachteiligen Wirkung des Unternehmens laufenden

dreijährigen Verjährungsfrist, sowie einer seit Beginn der Ausübung des verliehenen Rechts laufenden dreißigjährigen Präklusivfrist — der Entwurf sah nur eine solche von 5 Jahren vor — unterliegen, Begr. S. 116, KB. AH. S. 136/70.

4. Zu Abs. 3 vgl. Begr. S. 117. Sten. B. AH. S. 8554.

§ 83.

Die Wasserpolizeibehörde hat den Unternehmer zur Erfüllung der ihm im Verleihungsbeschluß auferlegten Bedingungen anzuhalten.

Durch die nunmehrige, dem § 83 [78] vom Herrenhause gegebene Fassung — vorher hieß es dort „Die Wasserpolizeibehörde kann....." soll zum Ausdruck gebracht werden, daß für diese Behörde nötigenfalls eine Amtspflicht zum Einschreiten besteht, Begr. S. 117/8, KB. AH. S. 137, KB. HH. S. 778, Sten. B. HH. S. 1025 ff.

§ 84.

(1) Wegen überwiegender Nachteile oder Gefahren für das öffentliche Wohl kann die Verleihung auf Antrag des Staates, eines Kommunalverbandes oder einer anderen öffentlichrechtlichen Körperschaft oder der Wasserpolizeibehörde gegen Entschädigung des Unternehmers durch Beschluß der Verleihungsbehörde jederzeit zurückgenommen oder beschränkt werden. Soweit die Zurücknahme oder Beschränkung einer Körperschaft des öffentlichen Rechtes oder deren Angehörigen zum Vorteil gereicht, hat sie nach Maßgabe dieses Vorteils die Entschädigung und die Kosten des Verfahrens aufzubringen, im übrigen hat der Staat die Entschädigung zu zahlen und die Kosten des Verfahrens zu tragen.

(2) Gegen den Beschluß, der mit Gründen zu versehen ist, stehen den Beteiligten die im § 75 bezeichneten Rechtsmittel zu.

(3) Ist das verliehene Recht mit dem Eigentum an einem Grundstück verbunden (§ 46 Abs. 3), so sind, wenn dieses mit Rechten Dritter belastet ist oder im Lehns-, Fideikommiß-, Stammguts- oder Leiheverbande steht, der Artikel 52 und der Artikel 53 Abs. 1 des Einführungsgesetzes zum Bürgerlichen Gesetzbuch sowie der § 47 des Enteignungsgesetzes vom 11. Juni 1874 (Gesetzsamml. S. 221) anzuwenden.

(4) Der nach Abs. 1 Entschädigungspflichtige kann im Rechtswege Erstattung der Entschädigung und der Kosten von demjenigen verlangen, der die Verleihung durch wissentlich unrichtige Nachweisungen erwirkt hat.

1. § 84 [79] bestimmt, wann die Verleihung aus allgemeinen Gründen des öffentlichen Wohls gegen Entschädigung des Unternehmers, § 85 dagegen, wann sie aus besonderen Gründen ohne Entschädigung zurückgenommen werden kann.

2. § 84 entspricht dem § 51 GO., vgl. a. die Wassergeſ. für Baden § 44, Württemberg Art. 45, Sachsen § 38.

3. Auf Grund des § 84 kann die Verleihung durch die Verleihungsbehörde entzogen oder beschränkt, z. B. durch Änderung der auferlegten Bedingungen (Begr. S. 119), werden. Ein dahingehender Beschluß kann aber nur auf Antrag ergehen und zwar ist, da es sich um Gründe des öffentlichen Wohls handeln muß, das Antragsrecht nicht jeder Einzelperson, sondern nur den zur Vertretung der öffentlichen Interessen berufenen Körperschaften, sowie der Wasserpolizeibehörde gegeben, Begr. S. 118, Sten. B. AH. S. 8140/1.

4. Dem Unternehmer muß in solchen Fällen nach allgemeinen Rechtsgrundsätzen Entschädigung gewährt werden.

Die Entschädigung liegt, falls die Zurücknahme oder Beschränkung der öffentlichen Körperschaft, welche den Antrag gestellt hat, oder ihren Angehörigen zum Vorteil gereicht, dieser Körperschaft, in allen übrigen Fällen dem Staat ob; das Gleiche ist im Gegensatze zu dem Entwurfe, nach welchem die Kosten in jedem Falle der Antragsteller tragen sollte (Entw. Abs. 2), bezüglich der Tragung der Kosten der Fall.

Diese Regelung gilt nicht nur, wie dies der Entwurf vorsah, dem Unternehmer gegenüber, sondern auch im Verhältnisse der an derartigen Maßregeln Interessierten untereinander, so daß Regreßansprüche wegen der auf Grund des § 84 geleisteten Entschädigungen ausgeschlossen sind, KB. AH. S. 137 ff.

Die hiernach Entschädigungspflichtigen können jedoch auf Grund des vom Abgeordnetenhause in dritter Lesung eingefügten Abs. 4., Erstattung der, z. B. an einen gutgläubigen Erwerber des verliehenen Rechts, zu zahlenden Entschädigung, sowie der durch das Verfahren entstandenen Kosten von demjenigen verlangen, welcher sich die Verleihung betrüglich erschlichen hat, Sten. B. AH. S. 8555 ff.

Bezüglich der Entschädigung steht dem Unternehmer der Rechtsweg offen, dies folgt aus Abs. 2.

5. Die die Rechte der Realberechtigten an der Entschädigung wahrenden Vorschriften des Art. 52, 53 Abs. 1 EG. z. BGB., sowie § 47 des Enteignungsges. s. bei § 15 Anm. 3.

§ 85.

(1) Ohne Entschädigung kann die Verleihung durch Beschluß der Verleihungsbehörde auf Antrag der Wasserpolizeibehörde zurückgenommen werden:

1. wenn die Verleihung auf Grund von Nachweisungen, die in wesentlichen Punkten unrichtig sind, erteilt ist und dargetan wird, daß deren Unrichtigkeit dem Unternehmer bekannt war, und wenn durch die Verleihung überwiegende Nachteile oder Gefahren für das öffentliche Wohl herbeigeführt sind; dem gutgläubigen Erwerber und dessen Nachfolgern gegenüber greift diese Vorschrift nicht Platz;
2. wenn der Unternehmer die Ausübung des verliehenen Rechtes aufgibt, namentlich die auf Grund dieses Rechtes errichteten Anlagen entfernt oder eingehen läßt;

3. wenn das verliehene Recht für das Unternehmen unbrauchbar oder überflüssig geworden ist;
4. wenn der Unternehmer trotz Aufforderung der Wasserpolizeibehörde die ihm auferlegten Bedingungen in wesentlichen Punkten wiederholt nicht erfüllt oder die ihm für die Ausführung oder Inbetriebsetzung des Unternehmens gesetzten Fristen nicht innehält.

(2) Die Kosten des Verfahrens trägt der Unternehmer, wenn die Verleihung zurückgenommen wird, sonst der Antragsteller.

(3) Gegen den Beschluß der Verleihungsbehörde, der mit Gründen zu versehen ist, steht dem Unternehmer und, wenn ein Antrag abgelehnt ist, auch dem Antragsteller die Beschwerde nach § 76 Abs. 1 zu.

(4) Wird die Verleihung zurückgenommen, so kann die Wasserpolizeibehörde den Unternehmer anhalten, ohne Anspruch auf Entschädigung geeignete Vorkehrungen gegen nachteilige Folgen der Anlagen zu treffen oder die Anlagen gänzlich zu beseitigen und den früheren Zustand wiederherzustellen.

1. Die in den in § 85 [80] bezeichneten Fällen zulässige Zurücknahme der Verleihung bedarf eines geordneten Verfahrens, da durch die Verleihung ein materielles Recht neubegründet wird. Es erscheint nicht angängig in Analogie der §§ 49, 50 GO., wo es sich um die Zurücknahme der gewerbepolizeilichen Genehmigung, durch welche lediglich festgestellt wird, daß gegen die Anlage seitens dieser Behörde keine Bedenken bestehen, die Verleihung ohne weiteres erlöschen zu lassen. Begr. S. 117/8.

2. Die Ziff. 1 ist von der Kommission des Abgeordnetenhauses eingefügt worden, um die Zurücknahme auch bei einer auf Grund wissentlich unrichtiger Angaben erschlichenen und dem Gemeinwohl nachteiligen Verleihung zu ermöglichen, KB. AH. S. 142 ff., Sten.B. AH. S. 8150 ff., 8555 ff.; vgl. a. § 84 Abs. 4.

§ 86.

(1) Soweit das Recht, einen Wasserlauf in einer der im § 46 Abs. 1 bezeichneten Arten zu benutzen, nach den Vorschriften dieses Gesetzes dem Eigentümer des Wasserlaufs als solchem zusteht oder beim Inkrafttreten dieses Gesetzes besteht und nach den §§ 379 bis 381 aufrechterhalten bleibt, kann der Berechtigte verlangen, daß sein Recht durch Beschluß der Verleihungsbehörde sichergestellt werde.

(2) Der § 46 Abs. 3, der § 47 Abs. 1, 3 und die §§ 48, 49, 60, 64 bis 73, 75, 76, 79 bis 85 sind entsprechend anzuwenden, der § 80 Abs. 1 mit der Maßgabe, daß als Stempelabgabe nur ¼ der dort bestimmten Sätze, mindestens aber 1 ℳ, erhoben wird.

(3) Ein in dieser Weise sichergestelltes Recht steht einem verliehenen Rechte gleich.

Die Vorschrift des § 86 [81] bezweckt, den dort genannten Berechtigten, welche gemäß § 46 Abs. 2 ein Recht auf Verleihung nicht haben, eine gleiche Sicherstellung bezüglich der Ausübung ihrer Rechte, wie sie der Beliehene hat, zu ermöglichen, Begr. S. 120, KB. AH. S. 148.

Auf das Verfahren sind die Vorschriften über das Verleihungsverfahren für entsprechend anwendbar erklärt (Abs. 2), jedoch wird der Stempel gemäß § 80 Abs. 1 nur zu ¼ erhoben.

V. Ausgleichung.

Bestehen an einem Wasserlaufe mehrere Benutzungsrechte, so können dieselben in Widerstreit miteinander geraten, sei es daß bei verschiedenen Benutzungsarten die eine die andere beeinträchtigt oder ausschließt, sei es, daß das vorhandene Wasser für den Bedarf aller Berechtigten nicht ausreicht. Dies wird insbesondere einmal bei Veränderungen in den Verhältnissen des Wasserlaufs eintreten können, z. B. bei Verminderung der Zuflüsse oder Vermehrung der Wasserverluste infolge natürlicher Vorgänge oder auch durch vermehrte Ausnutzung der bestehenden Rechte, und ferner, wenn der eine Berechtigte seine Abwässer in den Wasserlauf einleitet, während der andere ein Interesse daran hat, daß das Wasser von derartigen Beimischungen frei bleibt.

Bei dem Vorhandensein solcher kollidierender Interessen wird sich ein Ausgleich durch private Vereinbarungen nur selten erreichen lassen. Das Gesetz sieht daher in den §§ 87—90 [82—85] in solchen Fällen ein auf Antrag einzuleitendes behördliches „Ausgleichungsverfahren" mit öffentlich-rechtlicher Wirkung vor, in welchem Maß, Zeit und Art der Benutzung in einer den Interessen aller Beteiligten möglichst entsprechenden Weise geregelt werden (vgl. auch die Wasser ges. für Württemberg Art. 42, Bayern Art. 65 ff.), Begr. S. 25, 121.

Voraussetzung der Einleitung des Verfahrens ist aber gemäß § 87 Abs. 1 Satz 3 regelmäßig, daß der zu erwartende Gesamtnutzen den zu befürchtenden Schaden erheblich übersteigt.

§ 87.

(1) Reicht das Wasser eines Wasserlaufs zur Benutzung in einer der im § 46 Abs. 1 bezeichneten Arten durch mehrere Berechtigte nicht aus oder wird bei mehreren Benutzungsarten die eine durch die andere beeinträchtigt oder ausgeschlossen, so kann jeder Berechtigte verlangen, daß Maß, Zeit und Art der Benutzung im Ausgleichungsverfahren geregelt werden. Die Regelung kann abgelehnt werden, wenn der davon insgesamt zu erwartende Nutzen den Schaden nicht erheblich übersteigt.

(2) Die Regelung ist in einer den Interessen aller am Verfahren Beteiligten nach billigem Ermessen entsprechenden Weise unter Berücksichtigung der Bedürfnisse des Gemeingebrauchs vorzunehmen. Der hierbei entstehende Schaden ist den Beteiligten

insoweit zu ersetzen, als er nicht durch den sich für sie ergebenden Nutzen aufgewogen wird. Zum Ersatz des Schadens sind sie nach Maßgabe ihres schätzungsweise zu ermittelnden Vorteils verpflichtet.

(3) Ein durch Enteignung begründetes Recht kann nur mit Zustimmung des Berechtigten zur Ausgleichung herangezogen werden.

1. Da das Ausgleichungsverfahren ein öffentlich-rechtliches ist (vgl. Vorbem.), so müssen sich alle Beteiligten, die auf Antrag von der Behörde zu den Verfahren zugezogen werden, der von dieser für zweckmäßig erachteten Regelung fügen, Begr. S. 121.

2. Der Gemeingebrauch gibt seiner Natur nach nicht das Recht, die Ausgleichung zu verlangen. Da aber an seiner Wahrung ein allgemeines Interesse besteht, so hat die Behörde auf seine Bedürfnisse Rücksicht zu nehmen, Abs. 2 Satz 1.

3. Der Ausgleichung unterworfen sind alle Rechte, sei es daß sie auf dem Gesetze, also auch z. B. die durch Verleihung erworbenen Rechte, oder auf besonderem Titel, also auch die gemäß §§ 379 ff. aufrechterhaltenen Rechte, beruhen, Begr. S. 122. Jedoch scheidet gemäß einer Erklärung der Regierung in der Kommission des Abgeordnetenhauses die auf Grund der §§ 16—28 GO. gestattete Benutzung eines Wasserlaufs aus, da es sich hier um Reichsrecht handele, welches durch Landesgesetz nicht abgeändert werden könne; in einem solchen Falle sei daher eine Beschränkung des Rechts nur gemäß § 51 GO. oder in einem neuen Konzessionsverfahren möglich, KB. AH. S. 149; vgl. auch die Ausführungen über das Verhältnis der Gewerbeordnung zu dem Wassergesetze in der Einleitung.

4. Das Ausgleichungsverfahren kann sich naturgemäß nur auf bereits bestehende Rechte beziehen. Erweist sich bei der Benutzung eines Wasserlaufs auf Grund später erworbener oder schon vorhandener, aber bisher nicht ausgeübter Rechte, z. B. seitens des Eigentümers, eine Ausgleichung als erforderlich, so ist ein neues Verfahren in Antrag zu bringen, Begr. S. 122.

5. Da der Inhaber eines auf dem Wege der Enteignung, z. B. auf Grund des EG. oder des ABG., erworbenen Rechts jederzeit in der Lage sein würde, das ihm durch das Ausgleichungsverfahren verkürzte Recht im Wege der Enteignung wiederzuerwerben, kann ein solches Recht gemäß Abs. 3 nur mit Zustimmung des Berechtigten zur Ausgleichung herangezogen werden, Begr. S. 122/3.

§ 88.

(1) Ist es möglich, einen Ausgleich durch Änderung der Betriebseinrichtung eines Berechtigten zu schaffen, so kann diesem auf Antrag eines Beteiligten im Ausgleichungsverfahren auferlegt werden, die Änderung entweder selbst vorzunehmen oder sich gefallen zu lassen, soweit sie nicht die Betriebsleistung beeinträchtigt.

(2) Der Antragsteller hat die Kosten der Änderung zu tragen. Er hat auch den Schaden zu ersetzen, der durch einen Betriebsstill-

stand entsteht. Dasselbe gilt für die Mehrkosten des Betriebs und der Unterhaltung, soweit sie nicht durch die Vorteile der Änderung aufgewogen werden.

§ 88 [83] beruht auf dem Gedanken, daß der Ausgleich sich häufig auch durch eine Veränderung einer unzweckmäßigen Betriebseinrichtung, z. B. bei den zahlreichen alten und unmodern eingerichteten Triebwerken, die unnötig viel Wasser gebrauchen, bewerkstelligen läßt, Begr. S. 123.

§ 89.

Für das Ausgleichungsverfahren gelten der § 64, der § 65 Abs. 1, 2 und die §§ 69 bis 71, 76, 77 mit folgenden Maßgaben:

1. für jeden Beteiligten sind die erforderlichen Feststellungen über die künftige Ausübung seines Benutzungsrechts zu treffen, namentlich über seinen Anteil an dem vorhandenen Wasser, die Zeit der Ausübung, die Stauhöhe und die zu beachtenden Einschränkungen und Auflagen;
2. ein Ausgleichungsverfahren, das mit einem schwebenden Verleihungsverfahren im Zusammenhange steht, kann mit diesem verbunden werden.

§ 89 [84] erklärt eine Reihe von Vorschriften über das Verleihungsverfahren auf das Ausgleichungsverfahren für anwendbar, namentlich auch die über die Verleihungsbehörden handelnden §§ 64 und 76. Die Behörden des Ausgleichungsverfahrens sind also der Bezirksausschuß in erster, das Landeswasseramt in zweiter Instanz.

Ein im Abgeordnetenhause gestellter Antrag, auch den § 61 Abs. 1 für anwendbar zu erklären, wurde mit Rücksicht darauf abgelehnt, daß die Anwendbarkeit dieser Vorschrift zur Bevorzugung der bedeutenderen Unternehmungen führen könne, das öffentliche Interesse aber dadurch, daß die Behörden gemäß Abs. 2 die Ausgleichung nach billigem Ermessen vorzunehmen hätten, genügend gewahrt werde, Sten. B. AH. S. 8163 ff.

§ 90.

Die Kosten des Ausgleichungsverfahrens fallen den Beteiligten nach Maßgabe ihres schätzungsweise zu ermittelnden Vorteils zur Last.

Da die Ausgleichung dem Interesse aller Beteiligten dient, müssen die Kosten des Verfahrens nicht den Antragsteller allein, sondern alle, welche von dem Verfahren Vorteil haben, treffen, Begr. S. 124.

VI. Stauanlagen.

Von den verschiedenen Benutzungsarten des Wasserlaufs sind für die unter § 40 Nr. 3 fallende Benutzung vermittels Stauanlagen wegen ihrer großen wirtschaftlichen Bedeutung, sowie in Anbetracht des Umstandes, daß sie umfangreiche Anlagen erfordern, deren Einrichtung und Betrieb die natürlichen Verhältnisse in und am Wasserlaufe stark beeinflussen kann, in den §§ 91—105 [86—99] besondere Vorschriften in das Gesetz aufgenommen worden, die in vielen Punkten dem geltenden Rechte entsprechen. Sie laufen vor allem darauf hinaus, die Beseitigung, Beschränkung oder Umgestaltung bestehender schädlicher oder unwirtschaftlicher Stauwerke im Interesse der Förderung der allgemeinen Wasserwirtschaft nach Möglichkeit zu erleichtern und zu begünstigen. Abgesehen von diesen besonderen Vorschriften geben auch das Verleihungs- (§ 52 Abs. 2 Satz 2), das Ausgleichungsverfahren (§§ 87, 88, 89 Nr. 1), sowie der § 338 eine Handhabe, Schädigungen durch solche Stauwerke vorzubeugen; über das bisherige Recht vgl. Nieberding-Frank S. 309 ff.

Eine hervorragende Bedeutung nehmen unter den Stauanlagen die Talsperren (§ 106) ein. Da bei ihnen eine besondere Gefährdung der öffentlichen Sicherheit möglich ist, sind für sie wiederum eine Reihe von Sonderbestimmungen in den §§ 107—112 [101—106] getroffen worden, Begr. S. 25/6.

1. Allgemeine Vorschriften.

§ 91.

Für Anlagen im Wasserlauf, die durch Hemmung des Wasserabflusses eine Hebung des Wasserspiegels oder eine Ansammlung von Wasser bezwecken (Stauanlagen), gelten, wenn sie nicht nur vorübergehenden Zwecken dienen, folgende besondere Vorschriften.

Durch Stauanlagen wird das Wasser gehemmt, und zwar entweder zu dem Zwecke, den Wasserspiegel zur Zusammenziehung und Ausnutzung des Gefälles zu heben oder lediglich das Wasser anzusammeln, sei es um die Verfügung über eine gewisse Wassermenge zu erlangen oder um die Tiefe des Wasserlaufs zu vergrößern (z. B. bei einer Kanalisierung für Schiffahrtszwecke) oder schließlich um das Wasser behufs besserer Entwässerung der unterhalb belegenen Grundstücke zurückzuhalten, wie dies z. B. in Schleswig-Holstein auf der Grenze zwischen Marsch und Geest geschieht.

Nicht als Stauanlagen im Sinne dieses Abschnitts sind Buhnen, Grundschwellen und Parallelwerke zu betrachten, sie sind vielmehr als unter den vierten und fünften Titel (Unterhaltung und Ausbau der Wasserläufe) gehörige Strombauwerke zu betrachten. Dagegen gelten die im Schiffahrtsinteresse in dem Strom eingebauten Wehre nebst den dazugehörigen Schleusen als solche Stauanlagen, auf welche allerdings der 5. Titel außerdem anwendbar ist. Bezüglich der Fischpässe wird das dem Landtage bereits vorliegende neue Fischereigesetz Vorschriften enthalten; ihr Einbau in die Wehre muß bei Verleihung der Stauanlage als Einrichtung gemäß § 50, soweit notwendig, vorgesehen werden. Was schließlich die Dämme anlangt, so sind diese keine Stauanlagen im Sinne des § 91, falls sie neben dem Wasserlaufe herlaufen oder zwar senkrecht zu ihm stehen, ihn selbst aber nicht durchdeichen, da § 91 nur Anlagen im Wasserlaufe als Stauanlagen bezeichnet. Dagegen sind Schleusen im Zuge der senkrecht zum Wasserlaufe verlaufenden Dämme als solche Stauanlagen zu betrachten, KB. AH. S. 150/1.

2. Eine große Anzahl von Stauanlagen ist auf Grund einer gemäß § 16 erteilten gewerbepolizeilichen Genehmigung errichtet worden. Auf diese Anlagen sind nach dem von der Regierung vertretenen Standpunkt in erster Linie die Vorschriften der GO. anwendbar (vgl. a. die Einleitung sowie § 93 Abs. 2). Den Unternehmern können daher Auflagen nur durch Abänderung der Genehmigungsurkunde, bzw. nach Maßgabe des § 51 GO. gemacht werden, KB. AH. S. 151/2.

3. Die §§ 91 ff. sind aber nur auf die zu dauernden Zwecken errichteten Stromanlagen anwendbar.

§ 92.

(1) Jede auf Grund eines verliehenen Rechtes oder mit gewerbepolizeilicher Genehmigung errichtete Stauanlage muß mit mindestens einer Staumarke — Merk-, Pegel-, Spiegel-, Meß-, Eichpfahl, Eichmarke, Stauziel — versehen werden, an dem sowohl die während des Sommers als auch die während des Winters innezuhaltenden Stauhöhen, und wenn der Wasserstand auf bestimmten Mindesthöhen gehalten werden muß, auch diese, deutlich angegeben sind.

(2) Die Erhaltung der Höhenpunkte ist durch Beziehung auf möglichst unverrückbare und unvergängliche Festpunkte zu sichern.

(3) Die Staumarke wird von der Wasserpolizeibehörde gesetzt, die darüber eine Urkunde aufzunehmen hat. Der Unternehmer der Stauanlage und, soweit tunlich, auch die anderen Beteiligten sind zuzuziehen.

(4) Die Setzung der Staumarke kann nur durch Beschwerde im Aufsichtswege angefochten werden.

(5) Die Oberkante der Schützen und schützenähnlichen Verschlußvorrichtungen darf bei geschlossener Stauanlage nicht über der höchsten, durch die Staumarke zugelassenen Stauhöhe liegen.

1. Bei der Verleihung eines Staurechts oder bei der gewerbepolizeilichen Genehmigung eines Wassertriebwerks sind nach den Vorschriften der §§ 73 Abs. 2, 3, und 105 Bestimmungen über die Stauzeit und die Stauhöhe zu treffen. Um nun für die Beobachtung der die Stauhöhe betreffenden Bestimmungen ein sicheres Beweismittel zu schaffen, schreibt § 92 vor, daß jede Stauanlage mindestens eine Staumarke haben muß, deren Setzung der Wasserpolizeibehörde obliegt. Diese Behörde setzt also nicht etwa die Stauhöhe fest, dies geschieht vielmehr in dem obengenannten Verfahren, welches an die Stelle des sogenannten Merkpfahlsetzungsverfahrens nach dem Vorflutedikt v. 15. Nov. 1811 §§ 1 ff. getreten ist, ihre Sache ist es nur, ein Merkzeichen für die hier festgesetzte Stauhöhe zu schaffen, Begr. S. 125/6, KB. AH. S. 149.

2. Die Stauhöhen können einen bestimmten Wasserstand festlegen, welcher nicht überschritten werden darf oder auch so bestimmt sein,

daß das Oberwasser nicht unter eine bestimmte Höhe absinken darf, d. h. ein Mindeststau vorgeschrieben ist. Auch dies muß die Staumarke ergeben, Begr. S. 125, KB. AH. S. 154.

3. Abs. 5 ist von dem Abgeordnetenhause in zweiter Lesung hinzugefügt worden. Ein dasselbe Ziel verfolgender Antrag war bereits in der Kommission gestellt, aber zurückgezogen worden. Sie bezweckt eine widerrechtliche Erhöhung der Schützen und ähnlicher beweglicher Verschlußvorrichtungen der Stauanlage über die festgesetzte Stauhöhe hinaus, die bisher öfter von den Stauberechtigten zum Nachteile der Oberlieger, z. B. bei plötzlich eintretendem Hochwasser, vorgenommen worden war, zu verhindern, KB. AH. S. 154, Sten. B. AH. S. 8166 ff.

§ 93.

(1) Für die beim Inkrafttreten dieses Gesetzes bestehenden, mit einer Staumarke nicht versehenen sowie für solche nach dem Inkrafttreten des Gesetzes errichteten Stauanlagen, für die es keiner Verleihung oder gewerbepolizeilichen Genehmigung bedarf, ist, wenn das Staurecht und die zulässige Stauhöhe unstreitig sind, die Staumarke nach § 92 auf Antrag eines Beteiligten zu setzen. Doch muß der Antragsteller, wenn er nicht der Stauberechtigte ist, glaubhaft machen, daß eine für ihn nachteilige Ausübung des Staurechts stattgefunden hat. Die Staumarke kann auch von Amts wegen gesetzt werden.

(2) Sind bei einer Stauanlage, die keiner Verleihung bedarf und die auch nicht zu den Stauanlagen für Wassertriebwerke im Sinne des § 16 der Gewerbeordnung gehört, die Beteiligten darüber einig oder ist im Rechtswege festgestellt, daß zwar ein Staurecht besteht, über die zulässige Stauhöhe jedoch rechtsverbindliche und klare Bestimmungen nicht vorliegen, so ist auf Antrag eines Beteiligten der innezuhaltende Wasserstand durch Beschluß des Kreis- (Stadt-) Ausschusses derart festzusetzen, daß die Interessen des Stauberechtigten und die der beteiligten Grundeigentümer und anderen Stauberechtigten nach billigem Ermessen ausgeglichen werden.

(3) Während der Dauer eines vor den ordentlichen Gerichten anhängigen Rechtsstreits über die zulässige Stauhöhe oder eines Verfahrens nach Abs. 2 kann der Kreis- (Stadt-) Ausschuß auf Antrag eines Beteiligten den innezuhaltenden Wasserstand durch endgültigen Beschluß vorläufig festsetzen. Diese Festsetzung ist maßgebend, bis in dem anhängigen Rechtsstreit oder in einem Verfahren nach Abs. 2 eine Entscheidung über den innezuhaltenden Wasserstand getroffen ist.

1. Über die Setzung von Merkzeichen zur Feststellung der Stauhöhe nach bisherigem Recht (dem Vorflutedikt, bzw. dem Privatflußges.) vgl. Begr. S. 126/7, sowie Nieberding-Frank S. 356 ff.

2. § 93 [88] überträgt das Setzen einer Staumarke, wie auch nach § 92, der Wasserpolizeibehörde. Jedoch ist es auch hier nicht ihre Aufgabe, über die Stauberechtigung selbst zu entscheiden. Sie kann daher

nur tätig werden, wenn darüber, sowie über die zulässige Stauhöhe kein Streit besteht. Besteht über beides Streit, so ist dieser vorher vor den ordentlichen Gerichten zum Austrag zu bringen, jedoch kann, soweit die zulässige Stauhöhe in Frage kommt, der Kreisausschuß auf Antrag den innezuhaltenden Wasserstand durch einen nicht anfechtbaren Beschluß für die Dauer des Rechtsstreits vorläufig festsetzen (Abs. 3).

Sind sich dagegen die Beteiligten über das Bestehen des Staurechts einig oder ist dasselbe durch richterliches Urteil festgestellt und herrscht Streit nur über die Stauhöhe, so ist darüber nicht im ordentlichen Rechtswege zu entscheiden, sondern es findet auf Antrag das in Abs. 2 vorgeschriebene Verfahren zur Festsetzung des innezuhaltenden Wasserstandes vor dem Kreisausschusse statt, gegen dessen Entscheidung die Beschwerde nach Maßgabe des LVG. gegeben ist. Auch während dieses Verfahrens kann ein Provisorium gemäß Abs. 3 angeordnet werden, Begr. S. 127/8, KB. AH. S. 155. Wegen der gewerbepolizeilich genehmigten Stauanlagen vgl. § 91 Anm. 2, sowie Begr. S. 128.

3. Das Setzen einer Staumarke in den Fällen des § 88 geschieht regelmäßig nur auf Antrag eines Beteiligten, da es sich hier meistens um unbedeutende Anlagen handeln wird; nur wenn ein öffentliches Interesse besteht, kann es auch von Amts wegen erfolgen (Abs. 1 Satz 1 und 3), Begr. S. 128.

§ 94.

(1) Der Stauberechtigte und derjenige, der die Stauanlage betreibt, haben für Erhaltung, Sichtbarkeit und Zugänglichkeit der Staumarken und Festpunkte zu sorgen, jede Beschädigung oder Änderung der Staumarken und Festpunkte der Wasserpolizeibehörde unverzüglich anzuzeigen und bei amtlichen Prüfungen unentgeltlich Arbeitshilfe zu stellen.

(2) Eine die Beschaffenheit der Staumarken und Festpunkte beeinflussende Handlung darf nur mit Genehmigung der Wasserpolizeibehörde vorgenommen werden. Für die Erneuerung, Versetzung oder Berichtigung von Staumarken gilt § 92 Abs. 3, 4 entsprechend.

1. An wen von den auf Grund der §§ 94 und 96 Verpflichteten die Wasserpolizeibehörde sich vorkommendenfalls halten will, ist ihrem Ermessen überlassen; in der Regel wird dies im Interesse der möglichst schnellen Hebung des Mißstandes derjenige sein, der am leichtesten zu erreichen ist. Wie der Stauberechtigte und der Betreiber der Stauanlage sich untereinander auseinandersetzen, ist nicht Sache der Behörde, sondern muß der privaten Vereinbarung zwischen diesen überlassen werden, KB. HH. S. 778.

Vgl. im übrigen Begr. S. 128/9, KB. HH. S. 778.

2. Zuwiderhandlungen gegen die Bestimmung des § 94 unterliegen der Bestrafung auf Grund der §§ 375, 376.

§ 95.

(1) Die Kosten des Verfahrens zur Setzung oder Versetzung einer Staumarke hat der Stauberechtigte zu tragen. Die durch un-

begründete Anträge oder Widersprüche entstandenen Kosten können jedoch dem Antragsteller oder Widersprechenden auferlegt werden.

(2) Die Kosten der Erhaltung und Erneuerung der Staumarke fallen dem Stauberechtigten zur Last.

(3) Wegen der Festsetzung der Kosten ist nur die Beschwerde im Aufsichtswege zulässig.

Die Kosten der Setzung, Versetzung, Erhaltung und Erneuerung der Staumarke treffen nicht, wie nach dem Vorflutedikt, grundsätzlich den Antragsteller (vgl. Nieberding-Frank S. 369), sondern den Stauberechtigten, da die Staumarke ein notwendiger Bestandteil der Stauanlage ist, nur bei unbegründeten Anträgen oder Widersprüchen können die durch diese entstandenen Kosten dem Antragsteller, bzw. dem Widersprechenden auferlegt werden, Begr. S. 129.

§ 96.

Der Stauberechtigte und derjenige, der die Stauanlage betreibt, haben die Anlage, einschließlich aller Einrichtungen, die für den Wasserabfluß von Bedeutung sind, in ordnungsmäßigem Zustand, insbesondere auch so zu erhalten, daß kein Wasser zum Nachteil anderer Berechtigter verschwendet wird. Sie können hierzu von der Wasserpolizeibehörde angehalten werden.

1. § 96 [91] will den Nachteilen, welche durch die mangelhafte Unterhaltung einer Stauanlage, insbesondere auch durch ihre Zerstörung, entstehen können, vorbeugen, Begr. S. 129.

Vgl. a. Anm. zu § 94.

2. Den durch Zuwiderhandlungen gegen § 96 Geschädigten steht die Klage auf Grund der §§ 823 ff. BGB. zu, da diese Bestimmung ein Schutzgesetz im Sinne des § 823 Abs. 2 BGB. ist, KB. AH. S. 156.

§ 97.

(1) Besteht die Gefahr, daß eine Stauanlage wegen ihrer Bauart durch Hochwasser beschädigt oder zerstört wird und daß hierdurch anderen Nachteile entstehen, und kann diese Gefahr durch einen Umbau oder eine Sicherung der Stauanlage beseitigt oder vermindert werden, ohne daß ihre Leistungsfähigkeit verringert wird, so kann der Stauberechtigte zum Umbau oder zur Sicherung der Stauanlage auf Antrag angehalten werden.

(2) Antragsberechtigt sind die zur Unterhaltung des Wasserlaufs Verpflichteten sowie andere Beteiligte.

(3) Die Kosten des Umbaues sind auf den Stauberechtigten, den zur Unterhaltung des Wasserlaufs Verpflichteten und auf alle anderen, die sonst an der Unterhaltung oder Sicherung der Stauanlage interessiert sind, nach Maßgabe ihres Vorteils zu verteilen.

(4) Den Kosten ist der dem Stauberechtigten durch den Betriebsstillstand während des Umbaues entstehende, nach billigem Ermessen zu schätzende Schaden hinzuzurechnen. Dasselbe gilt für die durch den Umbau etwa entstehenden Mehrkosten der Unterhaltung. Soweit die Unterhaltung der Stauanlage durch den

Umbau oder die Sicherung erleichtert wird, oder andere Vorteile für den Stauberechtigten entstehen, ist der darin liegende Vorteil von den Kosten abzurechnen.

(5) Über die Voraussetzungen und die Art des Umbaues oder der Sicherung, über die Höhe der Entschädigung und der Sicherheitsleistung, über die Zahlung der Baukosten insbesondere aus der geleisteten Sicherheit, über die Verteilung dieser Leistungen auf die Beteiligten, sowie über die Frist, innerhalb deren der Umbau begonnen und durchgeführt sein muß, beschließt im Streitfall der Bezirksausschuß unter billigem Ausgleich aller in Betracht kommenden Vorteile und Nachteile.

(6) Gegen den Beschluß stehen den Beteiligten die in § 76 bezeichneten Rechtsmittel zu.

(7) Die Wasserpolizeibehörde kann den Stauberechtigten zur Erfüllung der ihm in dem Beschluß gemachten Auflage anhalten.

1. § 95 [92] trifft die Fälle, in welchen durch Stauanlagen, obwohl sie ordnungsmäßig unterhalten sind, wegen ihrer Bauart Gefahren und Nachteile entstehen. Dies gilt vor allem bei eintretendem Hochwasser. Tritt hier die Hinterspülung oder Beschädigung eines Wehrs ein, so läuft die Sohle des Wasserlaufs tiefer aus, die Ufer verlieren ihren Halt und stürzen ein, die Grundwasserstände oberhalb des Wehrs sinken. Derartige Gefahren können oft leicht und mit verhältnismäßig geringen Kosten vermieden werden, wenn rechtzeitig ein Umbau oder die erforderliche Sicherung der Stauanlage vorgenommen wird, Begr. S. 129. Zu solchen Maßnahmen geben die §§ 95 und 96 eine gesetzliche Handhabe.

2. Anordnungen solcher Art erfolgen auf den Antrag der Beteiligten (Abs. 2) durch den Bezirksausschuß (Abs. 5).

3. Die Kosten derartiger Sicherungsmaßregeln sind jedoch nicht von denjenigen, welche sie verlangt haben, allein zu tragen, wie das der Entwurf vorsah, sondern sie sind nach dem von der Kommission des Abgeordnetenhauses eingefügten Abs. 3 unter alle Beteiligten, einschließlich des Stauberechtigten, nach Maßgabe ihres Vorteiles durch den Bezirksausschuß nach billigem Ermessen zu verteilen, KB. AH. S. 156 ff.

Zu diesen Kosten gehören gemäß Abs. 3 der dem Stauberechtigten durch den während der Vornahme solcher Bauten erforderlichen Betriebsstillstand entstandene Schaden, sowie die Vermehrung seiner Unterhaltungslast. Andrerseits muß er sich aber auch die Vorteile, welche ihm, z. B. hinsichtlich der Unterhaltung, erwachsen, anrechnen lassen.

§ 98.

(1) Soweit im Falle des § 97 überwiegende Nachteile oder Gefahren für das öffentliche Wohl bestehen, kann die Wasserpolizeibehörde auf Anweisung der Aufsichtsbehörde den Umbau oder die Sicherung der Stauanlage fordern.

(2) Im übrigen wird nach § 97 verfahren, jedoch hat der Staat die Kosten zu tragen, soweit sie die Vorteile der Beteiligten übersteigen.

1. Der von der Kommission des Abgeordnetenhauses neu eingefügte § 98 [92a] bezweckt, auch der Wasserpolizeibehörde das Recht zu geben, Bauten der in § 97 genannten Art an einer Stauanlage zu fordern, falls das öffentliche Wohl gefährdet ist, KB. AH. S. 160 ff.

2. In diesem Falle hat aber der Staat die Kosten (vgl. § 97 Abs. 3 und 4) insoweit zu tragen, als sie die Vorteile der Beteiligten übersteigen.

§ 99.

(1) Eine Stauanlage, die mit einer Staumarke versehen ist, darf nur mit Genehmigung der Wasserpolizeibehörde dauernd außer Betrieb gesetzt oder beseitigt werden.

(2) Die Genehmigung darf nur versagt werden, wenn andere durch die Außerbetriebsetzung oder Beseitigung der Stauanlage geschädigt werden würden und sie sich dem Stauberechtigten und der Wasserpolizeibehörde gegenüber verpflichten, nach Wahl des Stauberechtigten die Kosten der Erhaltung der Stauanlage ihm zu ersetzen oder statt seiner die Stauanlage zu erhalten. Sie müssen sich auch verpflichten, dem Stauberechtigten andere Nachteile zu ersetzen und für Erfüllung ihrer Verpflichtung Sicherheit zu leisten. Über die Höhe der dem Stauberechtigten für die Erhaltung der Stauanlage zu ersetzenden Kosten sowie über die Ersetzung anderer Nachteile und die Sicherheitsleistung beschließt, wenn keine Einigung zustande kommt, der Bezirksausschuß. Gegen den Beschluß des Bezirksausschusses steht den Beteiligten binnen zwei Wochen die Beschwerde an das Landeswasseramt zu. Die Wasserpolizeibehörde hat auf Antrag des Stauberechtigten eine Frist zu bestimmen, binnen deren die in den Sätzen 1 und 2 bezeichneten Verpflichtungen übernommen sein müssen, widrigenfalls die Genehmigung erteilt wird. Die Fristbestimmung ist öffentlich bekannt zu machen. Die Art der Bekanntmachung bestimmt die Wasserpolizeibehörde. Der Staat und die Kommunalverbände sind von der Sicherheitsleistung frei.

(3) Für Stauanlagen, die auf Grund eines verliehenen Rechtes errichtet werden, gelten die Vorschriften der Abs. 1, 2 nur, soweit im Verleihungsbeschluß nichts anderes bestimmt ist.

1. Die Stauberechtigung begründet nicht gleichzeitig eine Staupflicht, d. h. eine Pflicht, die Stauanlage aufrechtzuerhalten. Der Stauberechtigte würde also an sich, wie dies auch für das bisher geltende Recht anerkannt war (vgl. Entsch. des RG. Bd. 64 S. 24; Nieberding-Frank S. 317) berechtigt sein, jederzeit den Stau ohne Rücksicht auf die Folgen, welche dadurch für andere, die sich auf den Wasserstand des Staus eingerichtet haben, entstehen können, niederzulegen, es sei denn, daß er sich ihnen gegenüber durch privatrechtliche Vereinbarung zur Erhaltung der Anlage verpflichtet hatte.

Die Außerbetriebsetzung oder Beseitigung der Stauanlage kann nun aber wegen der damit verbundenen Änderung der Abflußverhältnisse des Wasserlaufes und des Grundwasserstandes zu einer erheblichen

Schädigung derjenigen führen, welche in der Annahme, daß die Stauanlage erhalten bzw. in Betrieb bleiben würde, sich nach dem durch sie geregelten Wasserstande eingerichtet hatten.

Um nun einen Ausgleich zwischen den sich hiernach allenfalls widerstreitenden Interessen zu ermöglichen, bestimmt das Gesetz einerseits, daß zu jeder Außerbetriebsetzung oder Beseitigung einer Stauanlage die Genehmigung der Wasserpolizeibehörde erforderlich ist, daß aber andrerseits die Genehmigung nur dann versagt werden darf, wenn diejenigen, welche nach obigem dadurch geschädigt werden würden, sich innerhalb einer von der Wasserpolizeibehörde zu bestimmenden Frist verpflichten, entweder dem Stauberechtigten die Kosten der ferneren Erhaltung der Stauanlage zu ersetzen oder die Erhaltung derselben selbst zu übernehmen und ihm ferner für die ihm sonst entstehenden Nachteile Ersatz zu leisten, Begr. S. 130/1, KB. AH. S. 162/3, KB. HH. S. 778.

Zuwiderhandlungen gegen die Bestimmung des Abs. 1 unterliegen der Bestrafung auf Grund der §§ 375, 376.

2. Zu Abs. 2 letzter Satz: Wegen des Begriffs der Kommunalverbände vgl. § 59 Anm. 2, sowie Sten. B. AH. S. 8168/9.

3. Abs. 3 ist aufgenommen worden, weil bei der künftigen Verleihung von Staurechten sich bei der Erteilung Gelegenheit bietet, in dem Verleihungsbeschluß Bestimmungen über die Außerbetriebsetzung und Beseitigung einer Stauanlage zu treffen, wie dies z. B. bei Talsperren zwingend vorgeschrieben ist (§ 73 Nr. 7), Begr. S. 131.

§ 100.

Es ist verboten, unbefugt die aufgestauten Wassermassen plötzlich abzulassen, wenn dadurch für fremde Grundstücke oder Anlagen Gefahren oder Nachteile entstehen, die Ausübung von Wassernutzungsrechten beeinträchtigt oder die Unterhaltung des Wasserlaufs erschwert wird.

§ 100 [94] findet keine Anwendung, wenn die Verleihungsurkunde das plötzliche Ablassen des Wassers gestattet, ferner in den Fällen des § 101 Abs. 2 Satz 2, sowie dann, wenn es sich um Stauanlagen handelt, die dem Interesse der Landesverteidigung dienen, Begr. S. 131.

Zuwiderhandlungen unterliegen der Bestrafung auf Grund der §§ 375, 376.

§ 101.

(1) Das Wasser darf bei Stauanlagen nicht über die durch die Staumarke festgesetzte Höhe aufgestaut werden.

(2) Sobald das Wasser über diese Höhe wächst, muß der Unternehmer unter Beachtung der Vorschrift des § 100 durch Öffnen der beweglichen Teile der Stauanlage und durch Wegräumen aller Hindernisse (Treibzeug, Eis, Geschiebe und dergleichen) den Abfluß des Wassers ohne Anspruch auf Entschädigung sogleich und unausgesetzt so lange befördern, bis das Wasser wieder auf die Höhe der Staumarke gesunken ist. Die Wasserpolizeibehörde ist berechtigt, wenn Hochwasser zu erwarten ist, dem Unternehmer, ohne daß

diesem ein Anspruch auf Entschädigung zusteht, aufzugeben, unverzüglich durch dieselben Maßnahmen das aufgestaute Wasser unter die Höhe der Staumarke zu senken, soweit es für die Stauanlage im Verleihungs- oder Genehmigungsverfahren festgesetzt oder von der Polizeibehörde bestimmt ist, und den Wasserstand möglichst auf dieser Höhe zu erhalten, bis das Hochwasser fällt.

(3) Muß das Oberwasser auf einer bestimmten Höhe erhalten werden, so darf das aufgestaute Wasser nicht unter diese Höhe gesenkt werden. Sobald es darunter sinkt, ist der Wasserabfluß so lange zu hemmen, bis das Wasser die bestimmte Höhe wieder erreicht hat.

(4) Die zur Durchführung dieser Vorschriften erforderlichen Anordnungen trifft die Wasserpolizeibehörde; in dringenden Fällen ist auch die Ortspolizeibehörde dazu befugt.

1. § 101 [95] entspricht im wesentlichen dem geltenden Recht (§§ 8 und 9 des Vorflutedikts), Begr. S. 131.

2. Abs. 2 findet auf feste Wehre keine Anwendung, da hier eine willkürliche Beeinflussung der Stauhöhe nicht möglich ist; die Staumarke dient hier nur dem Zwecke, die Krone des Wehrs festzulegen und eine unbefugte Erhöhung desselben zu verhindern, KB. AH. S. 163.

3. Zuwiderhandlungen gegen Abs. 1—3 unterliegen der Bestrafung auf Grund der §§ 375, 376.

§ 102.

(1) Wer die Stauanlage betreibt, ist auf Anordnung der Wasserpolizeibehörde verpflichtet, die beweglichen Teile der Stauanlage zu öffnen oder zu schließen, wenn dadurch die Unterhaltung des Wasserlaufs erheblich erleichtert wird.

(2) Wird durch die angeordneten Maßnahmen der Betrieb der Anlage gestört, so kann Entschädigung verlangt werden, wenn die Störung über die im Verleihungsbeschluß bestimmte Zeit hinaus dauert (§ 73 Nr. 6) oder, soweit der Verleihungsbeschluß eine Zeit nicht bestimmt hat, die Störung erheblich ist.

(3) Die Entschädigung hat der Unterhaltungspflichtige zu leisten.

Da die Öffnung oder Schließung der Stauanlage der Räumung des Wasserlaufs, sowie infolge der durch eine Öffnung eintretenden Spülung der Erhaltung der Vorflut dienlich sein kann, gibt § 102 [96] der Wasserpolizeibehörde die Befugnis, solche Maßregeln anzuordnen, Begr. S. 132.

Wird jedoch infolgedessen der Betrieb der Stauanlage in der in Abs. 2 näher bestimmten Weise gestört, so hat der zur Unterhaltung des Wasserlaufs Verpflichtete dem Stauberechtigten Entschädigung zu leisten. Bezüglich der Entschädigung ist, da es sich um einen privatrechtlichen Anspruch handelt, der ordentliche Rechtsweg zulässig, KB. AH. S. 164.

§ 103.

(1) Entstehen Überschwemmungen oder andere Nachteile für fremde Grundstücke oder Anlagen dadurch, daß trotz ordnungs-

mäßiger Ausübung des Staurechts der Wasserstand über die zulässige Stauhöhe steigt, so kann dem Stauberechtigten auf Antrag des Geschädigten auferlegt werden, sich Maßnahmen auf Grundstücken anderer oder am Wasserlauf, jedoch ohne Änderung der Stauanlage und ohne Beeinträchtigung seines Staurechts gefallen zu lassen, durch welche die nachteiligen Wirkungen verhütet werden können.

(2) Der Antragsteller hat die zur Verhütung einer Beeinträchtigung des Staurechts erforderlichen Maßnahmen zu treffen; er ist auf Verlangen des Stauberechtigten anzuhalten, eine Sicherheit dafür zu leisten. Der Staat und die Kommunalverbände sind von der Sicherheitsleistung frei.

(3) Auf das Verfahren sind der § 64, der § 65 Abs. 1, 2, die §§ 69, 71, der § 75 Satz 1 und der § 76 Abs. 1 entsprechend anzuwenden.

Bisweilen werden trotz ordnungsmäßiger Unterhaltung der Stauanlage Überschwemmungen und sonstige Nachteile für fremde Grundstücke und Anlagen eintreten, z. B. weil die von der Gewerbepolizei genehmigten Anlagen des Stauberechtigten nicht ausreichen. In solchen Fällen kann allerdings den davon Betroffenen nicht das Recht gewährt werden, Änderungen an den Stauanlagen vorzunehmen, wohl aber Maßnahmen an dem Wasserlaufe oder ihren Grundstücken zu treffen, durch welche diese Gefahren beseitigt werden und welche sich der Stauberechtigte, soweit nicht sein Staurecht beeinträchtigt wird, gefallen lassen muß, ohne Entschädigung beanspruchen zu können, selbst wenn ihm dadurch, z. B. durch Verminderung der Betriebsleistung eines Triebwerks ein Schaden entsteht; denn soweit ihm nur das Wasser, das über den ihm auf Grund seines Staurechts zustehenden Höchststau steigt, genommen wird, wird ihm lediglich ein Vorteil entzogen, auf welchen er keinen rechtlichen Anspruch hat. Werden solche Maßnahmen getroffen, so kann der Stauberechtigte verlangen, daß gleichzeitig Vorsorge zur Verhütung einer etwaigen Beeinträchtigung seines Staurechts getroffen und dafür Sicherheit geleistet wird.

Als derartige Maßnahmen zur Ableitung des Überschußwassers kommen hauptsächlich in Betracht die Anlage eines Umflutgrabens unter Einbau eines zweiten Wehrs oder das Ziehen von Parallelgräben zu dem Wasserlaufe.

§ 103 [97] gilt aber nur für den Fall, daß der Stauberechtigte die Stauanlage ordnungsmäßig benützt und die §§ 100, 101 beachtet. Ist dies nicht der Fall, so ist er auf Grund des § 823 Abs. 2 BGB. schadensersatzpflichtig, Begr. S. 133.

2. Zu Abs. 2 Satz 2: Wegen des Begriffs der Kommunalverbände vgl. § 59 Anm. 2.

§ 104.

(1) Der Staat und andere öffentlichrechtlichen Verbände können als Unternehmer einer Stauanlage, bei der das Staubecken mehr als 100 000 cbm Wasser faßt, einen angemessenen Zuschuß zu den Kosten der Unterhaltung und des Betriebs der Anlage, einschließlich

einer angemessenen Verzinsung und einer Tilgung des Baukapitals, von den zur Benutzung eines Wasserlaufs Berechtigten verlangen, die von der Änderung des Wasserabflusses Vorteil haben. Der Zuschuß ist nach dem ausgenutzten Vorteil zu bemessen.

(2) Im Streitfall entscheidet der Bezirksausschuß im Verwaltungsstreitverfahren.

(3) Wird die Stauanlage von einer Wassergenossenschaft betrieben, so gelten statt dieser Vorschriften die §§ 236, 242.

(4) Die Vorschriften der Abs. 1 und 2 sind auf die Talsperren anzuwenden, die nach dem Gesetz, betreffend Maßnahmen zur Verhütung von Hochwassergefahren in der Provinz Schlesien, vom 3. Juli 1900 (Gesetzsamml. S. 171) errichtet worden sind oder errichtet werden.

§ 98 des Entwurfs, welcher ein Recht des Staates auf Übernahme einer an einem Wasserlaufe erster Ordnung errichteten Stauanlage gegen Entschädigung des Unternehmers vorsah, ist von der Kommission des Abgeordnetenhauses gestrichen worden, weil ein Bedürfnis zu einer solchen Vorschrift mit Rücksicht auf die §§ 103 und 338 nicht anerkannt werden könne, sie aber andrerseits auch die Unternehmungen andrer öffentlichen Körperschaften, z. B. kommunale Überlandzentralen, gefährden könne, Begr. S. 133, KB. AH. S. 164.

Die Kommission des Herrenhauses hat sodann den § 106 des Entw., welcher dem Staate oder anderen öffentlichen Verbänden als Unternehmern einer Talsperre das Recht gab, die Benutzungsberechtigten des Wasserlaufs, welche von der Talsperre Vorteil haben, zu deren Kosten heranzuziehen, als § 104 [98] unter die allgemeinen Vorschriften über Stauanlagen gesetzt, da es zweckmäßig ist, dieses Recht nicht auf Talsperren im Sinne des § 106 zu beschränken, sondern auch auf Stauanlagen von größerem Umfange auszudehnen, KB. HH. S. 779.

Außerdem hat sie den Abs. 4 hinzugefügt.

§ 105.

Bei Stauanlagen für gewerbliche Wassertriebwerke ist in dem Genehmigungsverfahren nach der Reichsgewerbeordnung der § 73 Nr. 2, 3 anzuwenden, wenn nicht eine Verleihung des Staurechts erforderlich ist. Sind die Beteiligten darüber einig oder ist im Rechtswege festgestellt, daß zwar ein Staurecht besteht, über die zulässige Stauhöhe jedoch rechtsverbindliche und klare Bestimmungen nicht vorliegen, so ist der innezuhaltende Wasserstand von der Genehmigungsbehörde nach den Grundsätzen des § 93 Abs. 2 zu bestimmen.

1. § 105 [99] bezweckt auch für den Fall, daß das Staurecht nicht im Wege der Verleihung, sondern der gewerbepolizeilichen Genehmigung erteilt wird, die Bestimmung von Stauzeit und Stauhöhe zu sichern, denn nur wenn dies der Fall ist, kann die Wasserpolizeibehörde die Staumarke gemäß § 92 setzen, Begr. S. 133/4.

2. Durch den von der Kommission des Abgeordnetenhauses eingefügten zweiten Satz soll mit Rücksicht darauf, daß der bisher im gewerbepolizeilichen Genehmigungsverfahren angewendete § 5 des Vorflutedikts gemäß § 399 zur Aufhebung gelangt, klargestellt werden, daß auch im Falle des § 105 nach § 93 Abs. 2 zu verfahren ist, KB. AH. S. 165, vgl. a. S. 155.

2. Talsperren.

§ 106.

Für Stauanlagen, bei denen die Höhe des Stauwerkes von der Sohle des Wasserlaufs bis zur Krone mehr als 5 m beträgt und das Sammelbecken, bis zur Krone des Stauwerkes gefüllt, mehr als 100 000 cbm umfaßt (Talsperren), gelten die nachstehenden Vorschriften.

1. Das Talsperrenwesen hat im Laufe des letzten Jahrhunderts namentlich in den westlichen Provinzen Preußens einen gewaltigen Aufschwung genommen. Die Talsperren sind infolgedessen für die allgemeine Wasserwirtschaft von der allergrößten Bedeutung geworden. Das Wassergesetz hat daher die Aufgabe, ihre Errichtung und Ausnutzung einerseits nach Möglichkeit zu fördern und den modernen Anschauungen genügende Bestimmungen zu treffen, andrerseits aber auch den durch ihre Anlage möglichen Gefahren und Nachteilen für die anderen an den Wasserläufen Interessierten vorzubeugen.

Der Förderung des Talsperrenwesens dienen, abgesehen von der allgemein durch die Verleihung gegebenen Möglichkeit der weitergehenderen Benutzung eines Wasserlaufs die Vorschrift des § 51, nach welcher bei der Verleihung dem Unternehmer die Beteiligung an Sammelbecken, unter welchen in erster Linie die Talsperren verstanden sind, aufgegeben werden kann, ferner die Bestimmung über die Zuschußleistung zu Stauanlagen größeren Umfangs in § 104 (s. dort), sowie die denselben Gedanken bei Talsperren, welche durch Wassergenossenschaften betrieben werden, verfolgende Vorschrift des § 242, vgl. ferner § 238.

Der Verhütung von Nachteilen durch Talsperren dagegen dienen die Vorschriften der §§ 107—112 [101—105].

2. Um den Umfang der Talsperren im Sinne der §§ 106 ff. nicht zu weit zu fassen, bestimmt § 106 [100] auf Grund der Beschlüsse der Kommission des Abgeordnetenhauses, daß Stauanlagen nur dann als Talsperren anzusehen sind, wenn sie beide dort näher bezeichneten Merkmale nebeneinander aufweisen, während nach dem Entwurfe schon das Vorhandensein eines derselben genügen sollte, KB. AH. S. 165.

3. Auch Talsperren in einem dem Wasserlaufe benachbarten Tale gelten als Stauanlagen im Sinne des § 91, d. h. als Anlagen im Wasserlaufe, da mit solchen Anlagen stets eine Veränderung, bzw. Ableitung des Hauptwasserlaufs verbunden ist, so daß es sich auch dann um die Errichtung einer Stauanlage innerhalb des neuen Wasserlaufs handelt, KB. AH. S. 166.

§ 107.

(1) Talsperren dürfen nur auf Grund eines Planes errichtet werden, der genaue Angaben über die gesamte Anlage, deren Bau, Unterhaltung und Betrieb enthalten muß und auch alle Einrichtungen zu berücksichtigen hat, durch die Nachteile und Gefahren für andere verhütet werden können. Der Plan bedarf, sofern nicht für die Talsperre die Verleihung oder die gewerbepolizeiliche Genehmigung erforderlich ist, der Genehmigung des Regierungspräsidenten.

(2) Dasselbe gilt bei wesentlichen Veränderungen von Talsperren.

(3) Vorstehende Bestimmungen sind auf die Talsperren anzuwenden, die nach dem Gesetz, betreffend Maßnahmen zur Verhütung von Hochwassergefahren in der Provinz Schlesien, vom 3. Juli 1900 (Gesetzsamml. S. 171) errichtet worden sind oder noch errichtet werden.

1. Vgl. Begr. S. 135, KB. AH. S. 166/7.

Als Nachteil im Sinne des Abs. 1 gelten nicht nur Nachteile für Leben und Gesundheit, sondern auch wirtschaftliche Schädigungen jeder Art, z. B. durch Entziehung des zu einem Betriebe erforderlichen Wassers, KB. HH. S. 780.

2. Abs. 3 ist von der Kommission des Herrenhauses mit Rücksicht auf eine Petition der Triebwerksbesitzer am Queis eingefügt worden, die sich durch die Errichtung und den Betrieb der auf Grund des Gesetzes vom 3. Juli 1900 errichteten Talsperren benachteiligt fühlten, KB. HH. S. 779; vgl. aber auch § 104 Abs. 4.

§ 108.

(1) Talsperren unterstehen der Aufsicht des Regierungspräsidenten. Dieser hat besonders darauf zu achten, daß der Bau, die Unterhaltung und der Betrieb nach dem Plane geschehen; er ist befugt, dem Unternehmer auch nach Ausführung des Planes Sicherheitsmaßregeln aufzugeben, die er zum Schutze der unterhalb liegenden Grundstücke gegen Gefahren für notwendig hält.

(2) Zur Deckung der Kosten der Aufsicht können von dem Unternehmer Gebühren erhoben werden. Die Höhe bestimmt der Regierungspräsident.

1. Vgl. Begr. S. 135, KB. AH. S. 167/8.

2. Falls eine Talsperre auf Grund einer gewerbepolizeilichen Genehmigung errichtet, sind Auflagen durch den Regierungspräsidenten, da die GO. ein Reichsgesetz ist, nur insoweit möglich, als sie mit den in der Konzessionsurkunde festgesetzten Bedingungen vereinbar sind, Sten. B. AH. S. 8169 ff., 8561/2.

3. Zur Deckung der erheblichen Aufsichtskosten können ähnlich, wie bei der Baupolizei, Gebühren erhoben werden, Begr. S. 136.

§ 109.

In den Fällen der §§ 107, 108 tritt an die Stelle des Regierungspräsidenten im Geltungsgebiete des Gesetzes vom 3. Juli 1900 der Oberpräsident.

§ 109 [102a] ist mit Rücksicht auf den neueingefügten Abs. 3 des § 107 von der Kommission des Herrenhauses eingeschaltet worden, um im Geltungsbereiche des Gesetzes vom 3. Juli 1900 festzustellen, daß dort nicht nur der Ausbau und die Unterhaltung, sondern in Abweichung von § 107 auch der Betrieb der Talsperren dem Oberpräsidenten und nicht dem Regierungspräsidenten untersteht, KB. HH. S. 779/80.

§ 110.

(1) Die §§ 107, 108 gelten auch für andere als die im § 106 bezeichneten Stauanlagen, wenn der Regierungspräsident feststellt, daß bei ihnen wegen der Gestaltung des Wasserlaufs oder seiner Umgebung im Falle eines Bruches des Stauwerks erhebliche Gefahren zu befürchten sind. Gegen die Feststellung, die im Amtsblatt und in ortsüblicher Weise sowie, wenn Landkreise beteiligt sind, auch in den Kreisblättern bekannt zu machen ist, kann nur Beschwerde im Aufsichtswege erhoben werden.

(2) Bei Stauanlagen, die erst nach Inbetriebsetzung auf Grund der Vorschriften des Abs. 1 den Bestimmungen über Talsperren unterworfen werden, können nur die im § 97 angegebenen Maßnahmen und diese nur nach den §§ 97, 98 gefordert werden.

1. § 110 [103] bezieht sich auch auf zur Zeit des Inkrafttretens des Wassergesetzes bereits bestehende Stauanlagen, jedoch mit der Einschränkung in Abs. 2, KB. AH. S. 166.

Vgl. im übrigen Begr. S. 135/6, KB. AH. S. 168.

§ 111.

(1) Erstreckt sich das Unternehmen auf mehrere Regierungsbezirke, so bestimmt der Oberpräsident und, wenn mehrere Provinzen beteiligt sind, der Minister für Landwirtschaft, Domänen und Forsten den Regierungspräsidenten, der die in den §§ 107, 108 bezeichneten Aufgaben wahrzunehmen hat.

(2) Soll die Talperre durch eine Wassergenossenschaft ausgeführt werden, so ist stets der Regierungspräsident zuständig, der die Aufsicht über die Genossenschaft führt (§ 217 Abs. 3).

Vgl. Begr. S. 135.

§ 112.

Gegen die Entscheidungen des Regierungspräsidenten auf Grund der §§ 107, 108 ist nur binnen zwei Wochen die Beschwerde bei Wasserläufen erster Ordnung an den Minister der öffentlichen Arbeiten, sonst an den Minister für Landwirtschaft, Domänen und Forsten zulässig.

Vgl. Begr. S. 135.

Vierter Titel.

Unterhaltung der Wasserläufe und ihrer Ufer.

1. Grundlage jeder Wasserwirtschaft und Voraussetzung für ihre gedeihliche Weiterentwicklung ist die ordnungsmäßige Unterhaltung der Wasserläufe.

Die diesbezügliche Regelung in den bisherigen Gesetzen erschien, abgesehen von wenigen Ausnahmen, nicht befriedigend. Außer an einer weitgehenden Zersplitterung des Rechtsstoffes litt der bisherige Rechtszustand vor allem an dem Mangel von geeigneten Trägern der Unterhaltungslast bei den Wasserläufen zweiter Ordnung. Diese war z. B. bei den Privatflüssen im Geltungsbereiche des Privatflußgesetzes den Anliegern zugewiesen. Die Erfahrung hat aber gezeigt, daß die den Anliegern übertragene Aufgabe über deren Kräfte hinausgeht, soweit es sich nicht um unbedeutende, meist leicht zu unterhaltende Wasserzüge, d. h. also solche Wasserläufe handelt, welche das Gesetz als Wasserläufe dritter Ordnung (§ 2) bezeichnet und deren Unterhaltung es auch weiterhin den Eigentümern überläßt (§ 115 Nr. 3). Bei den Wasserläufen zweiter Ordnung ist, insbesondere bei großer Zersplitterung des Uferbesitzes, eine ordnungsmäßige Unterhaltung durch die Anlieger nicht durchzuführen. Die dringend nötige Einheitlichkeit und Planmäßigkeit in der Unterhaltung der Wasserläufe kann unter einigermaßen schwierigen Verhältnissen überhaupt nicht erreicht werden, da die Polizeibehörde sich nur an den Einzelverpflichteten halten kann. Der Kreis der zur Unterhaltung Verpflichteten ist außerdem im geltenden Rechte zu eng gefaßt, die Unterhaltungslast ungerecht verteilt. Zahlreiche Eigentümer von Grundstücken, Bergwerken und gewerblichen Anlagen und manche Verbände, die, ohne Anlieger zu sein, die Vorteile einer ordnungsmäßigen Unterhaltung des Wasserlaufs genießen, haben zu den Lasten der Unterhaltung nichts beizutragen. Die Bildung leistungsfähiger, mit entsprechenden Befugnissen ausgestatteter Genossenschaften zum Zwecke der Unterhaltung solcher Wasserläufe ist nach geltendem Rechte nur mit Zustimmung aller Beteiligten möglich und mußte daher naturgemäß in engen Grenzen bleiben.

Auch dort, wo, wie z. B. in den ehemals kurhessischen und nassauischen Gebietsteilen, die Unterhaltung den Gemeinden zugewiesen war, hatte sich gezeigt, daß dieser Rechtszustand weder den Bedürfnissen einer geordneten Wasserwirtschaft, noch den Grundsätzen der Billigkeit genügte, da einerseits viele kleinere Gemeinden nicht genügend leistungsfähig waren und andrerseits viele Gemeinden, welche die Wasserläufe nicht unmittelbar berührten, den Vorteil der Unterhaltung mitgenossen, ohne zu ihren Lasten beitragen zu müssen.

Aus diesen Gründen hat das Gesetz davon abgesehen, sich in dieser Hinsicht an den bestehenden Rechtszustand anzuschließen. Die Unterhaltung der Wasserläufe zweiter Ordnung ist vielmehr nach dem Vorbilde des sächsischen Wassergesetzes regelmäßig Wassergenossenschaften übertragen worden, welche aus den Eigentümern aller Grundstücke, Bergwerke und gewerblichen Anlagen, sowie den Verbänden, welche von der ordnungsmäßigen Unterhaltung Vorteil haben, und zwar entweder unter Zustimmung aller Beteiligten (§ 206) oder durch Mehrheitsbeschluß derselben (§ 238) oder auch zwangsweise gegen den Widerspruch der Mehrheit (§ 245 Abs. 1 Nr. 1) zu bilden sind (§ 115 Abs. 1 Nr. 2). Diese Genossenschaften werden sich dem natürlichen Zuge des Wasserlaufs möglichst anzupassen haben und für größere Strecken mit gleichartigen Interessen zu errichten sein. Dadurch wird eine einheitliche wirtschaftliche Behandlung der Wasserläufe ermöglicht werden. Die Kosten sind, wie auch bisher, im wesentlichen nach Maßgabe der dem einzelnen aus der Unterhaltung erwachsenden Vorteile unter die Genossen zu verteilen.

Außerdem sind aber die bestehenden und zu erwartenden besonderen Verhältnisse nach Möglichkeit berücksichtigt worden und daher z. B. in gewissen Fällen auch die Unterhaltung durch die Gemeinden oder andere öffentlich-rechtliche Verbände zugelassen (§§ 126 ff.), andrerseits aber auch dort, wo die Unterhaltung außergewöhnlich schwierig oder kostspielig ist, z. B. wegen bestehender Hochwassergefahren, die Übertragung der Unterhaltung an den Provinzialverband zugelassen worden (§ 125), Begr. S. 29—31.

2. Die Unterhaltung dient vor allem dazu, die Wasserläufe in dem ihrer wichtigsten Bestimmung, das abfließende Wasser aufzunehmen und abzuführen, entsprechenden Zustande zu erhalten, bzw. denselben wiederherzustellen. Wesentliche Veränderungen eines Wasserlaufs fallen nicht unter die Unterhaltung, sondern unter den in den §§ 152 ff. behandelten Ausbau. Die Aufgaben der Unterhaltung im einzelnen sind in § 114 angegeben (vgl. die Anm. dort).

Grundsätzlich reicht die Unterhaltungspflicht nur bis zur Uferlinie (§ 12), erstreckt sich also nicht auf die Unterhaltung der Ufer. Hauptsächlich im Interesse der Vorflut sind jedoch gemäß den §§ 119, 120 sowohl der Unterhaltungspflichtige, als auch die Anlieger zur Vornahme gewisser Uferarbeiten verpflichtet (vgl. das Nähere bei diesen Paragraphen).

§ 113.

(1) Die durch dieses Gesetz begründete Verpflichtung zur Unterhaltung der Wasserläufe und ihrer Ufer ist eine öffentlichrechtliche Verbindlichkeit, die, abgesehen von den in diesem Gesetze bestimmten Fällen, weder aufgehoben noch geändert werden kann. Beim Inkrafttreten dieses Gesetzes bestehende öffentlichrechtliche Verbindlichkeiten zur Unterhaltung eines Wasserlaufs oder seiner Ufer erlöschen, soweit sie nicht in diesem Gesetz aufrechterhalten sind.

(2) Vereinbarungen über die Unterhaltungspflicht können mit privatrechtlicher Wirkung getroffen werden.

Nach dem bisher geltenden Rechte gingen bezüglich der Räumungspflicht für die Privatflüsse Provinzialgesetze, Lokalstatuten und spezielle Rechtstitel gemäß § 7 des Privatflußgesetzes den Bestimmungen dieses Gesetzes vor (vgl. Nieberding-Frank S. 103). Da nun eine große Anzahl von Gewohnheitsrechten und Observanzen bestanden, so war der Rechtszustand in dieser Hinsicht ein sehr unklarer. Das Wassergesetz hat daher im Interesse der Rechtssicherheit diesen Zustand beseitigt und bestimmt, daß sämtliche derartige öffentlich-rechtliche Verbindlichkeiten, soweit nicht im Gesetze selbst Ausnahmen gemacht sind (vgl. §§ 126 ff.), erlöschen, Begr. S. 136, KB. AH. S. 169/70.

Unbeschadet der hiernach bestehenden öffentlich-rechtlichen Unterhaltungspflicht läßt das Gesetz in Abs. 2 des § 113 [107] privatrechtliche Vereinbarungen darüber zu, da es häufig zweckmäßig sein kann, daß dem Unternehmer einer Anlage, welche auf die Unterhaltungslast einwirkt, die Unterhaltung ganz oder teilweise übertragen wird. Die öffentlich-rechtliche Unterhaltungspflicht bleibt aber daneben bestehen, so daß die Wasserpolizeibehörde den gesetzlich Verpflichteten selbst jederzeit zur Erfüllung seiner Verpflichtung anhalten kann, Begr. S. 137.

§ 114.

(1) **Die Unterhaltung umfaßt bei Wasserläufen erster Ordnung die Erhaltung der Schiffbarkeit und der Vorflut, bei den übrigen Wasserläufen die Erhaltung der Vorflut.**

(2) **Künstliche Wasserläufe erster Ordnung sind nur insoweit im Vorflutinteresse zu erhalten, als sie der Vorflut zu dienen bestimmt sind.**

(3) **Die Erhaltung der Schiffbarkeit erstreckt sich nur auf das dem öffentlichen Schiffsverkehr dienende Fahrwasser. Sie umfaßt nicht die besonderen Zufahrtstraßen zu den Häfen.**

(4) **Ist ein Wasserlauf nach einem behördlich festgestellten Plane ausgebaut, so erstreckt sich die Unterhaltung auf die Erhaltung des Zustandes, in den der Wasserlauf durch den Ausbau versetzt ist, es sei denn, daß bei Wasserläufen erster Ordnung der Minister der öffentlichen Arbeiten, sonst der Minister für Landwirtschaft, Domänen und Forsten nach Anhörung des Wasserbeirats die Erhaltung dieses Zustandes für nicht mehr erforderlich erklärt.**

1. Die Unterhaltung der Wasserläufe in dem in der Vorbem. bezeichneten Sinne ist, neben der bei natürlichen und künstlichen Wasserläufen erster Ordnung in Betracht kommenden Rücksicht auf die Schiffahrt, auf dasjenige Maß an Leistungen beschränkt, das für die Erhaltung der Vorflut erforderlich ist, und zwar grundsätzlich für die Erhaltung der Vorflut lediglich im Wasserlaufe selbst, also bis zur Uferlinie (§ 12) einschließlich des Uferfußes (vgl. § 120 Abs. 3 sowie KB. HH. S. 781), Uferarbeiten sind von den Unterhaltungspflichtigen nur in dem in den §§ 119 und 120 bestimmten Umfange zu leisten.

2. Bei den Wasserläufen erster Ordnung steht die „Erhaltung der Schiffbarkeit" im Vordergrunde. Dieser Ausdruck deckt sich mit dem Begriff der Sorge „für die zur Sicherheit und Bequemlichkeit der Schiffahrt nötigen Anstalten" in § 79 T. II Tit. 15 ALR., KB. AH. S. 171; vgl. a. Nieberding-Frank S. 145.

Zur Erhaltung der Schiffbarkeit gehört auch die Erhaltung der Flößbarkeit, ferner umfaßt sie nicht nur den Personen-, sondern auch den Frachtschiffahrtsverkehr.

Als Erhaltung gilt an sich nur die Sicherung des bestehenden Zustandes (vgl. Vorbem.). Die Regierung hat jedoch erklärt, daß sie sich für verpflichtet erachte, in den Grenzen des § 133 bei der Unterhaltung im Interesse der Schiffbarkeit den wechselnden Verkehrsverhältnissen und Verkehrsbedürfnissen Rechnung zu tragen, ebenso dem Lokalverkehr und der Möglichkeit, zwischen den Buhnen Anlegestellen herzustellen, KB. AH. S. 177/8.

Gerade durch diese letztere Zusicherung sind die Bedenken (vgl. KB. AH. S. 174), welche von seiten der Kleinschiffer gegen die Bestimmung des Abs. 3 des § 114 [108], nach welcher sich die Erhaltung der Schiffbarkeit nur auf das dem öffentlichen Schiffsverkehr dienende Fahrwasser beschränkt ist, beseitigt worden.

Die Erhaltung der Schiffbarkeit umfaßt gemäß Abs. 3 Satz 2 nicht die besonderen Zufahrtstraßen zu den Häfen, d. h. die Strecke von der Fahrrinne des Wasserlaufs bis zum Hafenmund, d. h. den mit Quaimauern umgebenen Hafeneingang. Die Unterhaltung derselben liegt vielmehr den Unternehmern des Hafens ob, die mit der Verleihung des Rechts zur Anlage des Hafens (§ 46 Abs. 2) auch das Recht zur Herstellung der Zufahrtstraße erhalten, KB. AH. S. 174, 180.

Die Vorschrift des Abs. 3 des Entw., nach welcher eine Anzahl im einzelnen bezeichneter Wasserläufe erster Ordnung nicht der Unterhaltung im Schiffahrtsinteresse bedürfen sollten, ist von der Kommission des Abgeordnetenhauses gestrichen worden, KB. AH. S. 175/6, 177/8.

3. Grundsätzlich dient aber die Unterhaltung in erster Linie der **Erhaltung der Vorflut** (vgl. über diesen Begriff § 41 Anm. 3), und zwar bei den Wasserläufen zweiter und dritter Ordnung ausschließlich.

Bei den Wasserläufen erster Ordnung umfaßt die Unterhaltung ebenfalls die Erhaltung der Vorflut mit, jedoch entsprechen die zur Erzielung ausreichender Fahrtiefe und Instandhaltung der einheitlichen Fahrrinne hergestellten Strombauten in der Regel auch der Beschaffung ausreichender Vorflut, KB. AH. S. 172.

Künstliche Wasserläufe erster Ordnung, die ausschließlich für den Schiffsverkehr bestimmt sind, wie z. B. der Kanal vom Rhein nach Hannover, sind in der Regel so gestaut, daß ein Abfluß des Wassers nur zeitweise beim Öffnen der Schleusen stattfindet. In manchen Fällen dienen sie aber auch der Vorflut, wie z. B. der Teltow-Kanal, nur in diesem Falle ist ihre Unterhaltung auch im Vorflutinteresse erforderlich und in Abs. 2 vorgeschrieben, Begr. S. 140, KB. AH. S. 172.

Für den Begriff der Erhaltung der Vorflut wird auch fernerhin die Auslegung von Bedeutung sein, welche die gemäß § 10 des Vorflutedikts und § 7 des Privatflußges. dem Unterhaltungspflichtigen obliegende Verpflichtung zur Räumung und Auskrautung in der Rechtsprechung erfahren hat. Diese geht im wesentlichen dahin, daß mit einer Räumungsanordnung nicht die Neuherstellung des wünschenswerten

Zustandes eines Wasserlaufs, sondern nur die Wiederherstellung eines bereits vorhanden gewesenen und bis in die neueste Zeit hineinreichenden Zustandes verlangt werden kann (vgl. das Nähere Begr. S. 138, sowie Nieberding-Frank S. 101 ff., 127).

Eine Erweiterung des geltenden Rechts enthält jedoch Abs. 4, indem bei planmäßig regulierten Wasserläufen die Unterhaltungspflicht auf den Zustand erstreckt wird, in den sie durch den Ausbau (§ 152 ff.) versetzt sind, gleichviel ob diese Arbeiten zur Erhaltung oder Wiederherstellung der Vorflut erforderlich sind. Diese Vorschrift findet jedoch keine Anwendung, wenn die dort genannten Ministerien nach Anhörung des Wasserbeirats die Erhaltung dieses Zustandes für nicht mehr erforderlich erklären — ein Fall, der nur äußerst selten eintreten wird —, Begr. S. 138, KB. AH. S. 174/5.

Wegen der Unterhaltungspflicht des Ausbauunternehmers in solchen Fällen vgl. § 115 Abs. 3, aber auch § 174 Abs. 3 wegen der Beitragspflicht des Unterhaltungspflichtigen.

3. Nach dem Entwurfe (Abs. 4 Satz 2) sollte sich bei Haffen und Seen, die zu den Wasserläufen erster Ordnung gehören, auch die Erhaltung der Vorflut auf die Fahrwasser beschränken. Diese Sondervorschrift wurde jedoch von der Kommission des Abgeordnetenhauses, nachdem eine lebhafte Erörterung derselben in beiden Lesungen stattgefunden hatte, in zweiter Lesung gestrichen. Es gelten also auch hier die allgemeinen Vorschriften, KB. AH. S. 172/3, 177—179.

§ 115.

(1) Die Unterhaltung des Wasserlaufs liegt ob:

1. bei natürlichen Wasserläufen erster Ordnung dem Staate;
2. bei natürlichen Wasserläufen zweiter Ordnung den für diesen Zweck zu bildenden Wassergenossenschaften;
3. bei natürlichen Wasserläufen dritter Ordnung sowie
4. bei künstlichen Wasserläufen

dem Eigentümer und, wenn sich dieser nicht ermitteln läßt, dem Anlieger.

(2) Bis eine Wassergenossenschaft gebildet ist, sind natürliche Wasserläufe zweiter Ordnung von den bisher dazu Verpflichteten zu unterhalten.

(3) Ist ein Wasserlauf von einem anderen als dem zu seiner Unterhaltung Verpflichteten nach einem behördlich festgestellten Plane ausgebaut, so liegt die fernere Unterhaltung nach § 114 Abs. 4 dem Unternehmer des Ausbaues ob. Sie kann aber von dem bisher Verpflichteten durch Vereinbarung mit dem Unternehmer unter Zustimmung der Wasserpolizeibehörde übernommen werden.

1. § 115 [109] regelt die Frage, wer grundsätzlich zur Unterhaltung der Wasserläufe verpflichtet ist, während in den folgenden Paragraphrn angegeben wird, in welchen Fällen Ausnahmen von dieser grundsätzlichen Regelung eintreten.

2. Demgemäß sind grundsätzlich zur Unterhaltung verpflichtet:

a) bei den natürlichen Wasserläufen erster Ordnung der Staat. Nach dem Entwurfe sollte hier grundsätzlich der Eigentümer unterhaltungspflichtig sein, weil die Auferlegung der Unterhaltungslast an den Eigentümer, der übrigens bei diesen Wasserläufen regelmäßig der Staat sein würde, der Billigkeit entspreche. Die Kommission des Abgeordnetenhauses vertrat jedoch den Standpunkt, daß es ebenso wie bei den Wasserläufen zweiter und dritter Ordnung vor allem darauf ankomme, einen leistungsfähigen Träger der Unterhaltungslast zu schaffen, dies sei aber mit Rücksicht auf die Größe der Aufgabe grundsätzlich nur bei dem Staate der Fall; die Tragung der Unterhaltung der natürlichen Wasserläufe erster Ordnung sei ebenso zu beurteilen wie bei den Heerstraßen, die ebenfalls unabhängig von der Frage des Eigentumes durch den Staat zu unterhalten seien, es sei daher nicht angängig, die Frage des Eigentums mit der der Unterhaltungslast zu verquicken, eine andere wohl zu bejahende Frage sei es, ob die Eigentümer zu den Kosten der Unterhaltung heranzuziehen seien, vgl. hierzu § 128 und 132, KB. AH. S. 185—187.

b) bei natürlichen Wasserläufen zweiter Ordnung die zu diesem Zwecke zu bildenden Wassergenossenschaften, wie dies auch in der Regierungsvorlage vorgeschlagen war. Bisher lag bei den Privatflüssen in dem größten Teile der Monarchie, nämlich in dem Gebiete des Privatflußgesetzes, von einigen Ausnahmen abgesehen, die Unterhaltung den Anliegern ob (vgl. Nieberding-Frank S. 103). Mehrfache Enqueten, namentlich seitens des mit Rücksicht auf die vielfachen Überschwemmungen und Wassersnöte in mehreren Provinzen auf Anregung des Landtages anfangs der 90er Jahre eingesetzten Hochwasserausschusses, hatten jedoch ergeben, daß die Anlieger nicht geeignet oder doch nicht leistungsfähig genug waren, um die im öffentlichen Interesse obliegende Unterhaltungspflicht zu erfüllen und daß eine Besserung der zum Teil trostlosen Zustände nur dadurch zu erreichen war, daß die Unterhaltungslast leistungsfähigen Trägern auferlegt wurde. Als solche schlug die Regierungsvorlage nach dem Vorgange des sächsischen Wassergesetzes die zu diesem Zwecke zu bildenden Wassergenossenschaften vor, um alle, die an der Unterhaltung eines Wasserlaufs interessiert sind und Vorteil davon haben, in angemessener Weise zu den Unterhaltungskosten heranziehen zu können. Die Unterhaltung den an dem Wasserlaufe gelegenen Gemeinden zu übertragen, erschien einmal wegen der bereits bestehenden Belastung derselben mit wirtschaftlichen Aufgaben, dann aber auch deswegen nicht zweckmäßig, weil auch viele kleinere Gemeinden nicht genügend leistungsfähig seien, ferner alsdann die den Wasserlauf nicht unmittelbar berührenden Gemeinden trotz des Vorteils, den sie an dem Wasserlauf hätten, von der Unterhaltungslast befreit sein würden. Die in der Kommission des Abgeordnetenhauses gegen diese Regelung geltend gemachten Gründe, die vor allem darauf hinausliefen, daß eine Änderung der bestehenden Verhältnisse doch nur dort nötig sei, wo sich daraus Mißstände ergeben hätten und die Unterhaltung durch Genossenschaften die Kosten derselben wesentlich erhöhen würden, vermochten nicht eine Änderung der Regierungsvorlage bezüglich der grundsätzlichen Regelung dieser Frage herbeizuführen, veranlaßte aber die Kommission des Abgeordnetenhauses, die Ausnahmevorschrift des § 116 (s. dort) aufzunehmen, vgl. im übrigen Begr. S. 29 ff., 141, KB. AH. S. 187 ff., 194 ff., sowie die Vorbemerkung.

c) bei Wasserläufen dritter Ordnung, sowie bei sämtlichen künstlichen Wasserläufen der Eigentümer und, soweit sich dieser nicht ermitteln läßt, der Anlieger, KB. AH. S. 191/2.

3. Zu Abs. 3 vgl. Begr. S. 139/40, sowie Anm. 2 zu § 114.

§ 116.

(1) Kann ein natürlicher Wasserlauf zweiter Ordnung ebenso zweckmäßig wie durch eine Wassergenossenschaft durch die bisher Verpflichteten unterhalten werden oder besteht kein öffentliches Interesse für die Bildung der Genossenschaft, so hat ihre Bildung zu unterbleiben.

(2) Kann ein solcher Wasserlauf ebenso zweckmäßig wie durch eine Wassergenossenschaft durch eine Gemeinde (Gutsbezirk) oder eine andere Körperschaft des öffentlichen Rechtes unterhalten werden, so kann ihr mit ihrer Zustimmung die Unterhaltung von dem Regierungspräsidenten übertragen werden.

Über die Gründe zur Aufnahme der Bestimmung des § 116 [109 a], die zum Teil schon in § 109 Abs. 4 Satz 2 des Entw. enthalten war, vgl. Anm. 2 b zu § 115.

§ 117.

(1) In der Provinz Hessen-Nassau liegt die Unterhaltung der natürlichen Wasserläufe zweiter und dritter Ordnung den Gemeinden ob, durch deren Gemarkung sie fließen.

(2) Im Bezirk des vormaligen Herzogtums Nassau gilt dasselbe von den künstlichen Wasserläufen zweiter und dritter Ordnung, die zur Bewässerung oder Entwässerung größerer Gemarkungsteile dienen. Die zur Bewässerung oder Entwässerung einzelner Grundstücke oder für Triebwerke bestimmten künstlichen Wasserläufe zweiter und dritter Ordnung sind von den Eigentümern der Grundstücke oder Triebwerke zu unterhalten, zu deren Vorteil sie angelegt sind.

(3) Die Vorschriften des Abs. 2 gelten auch für den Kreis Biedenkopf, jedoch sind dort die zur Bewässerung dienenden künstlichen Wasserläufe zweiter und dritter Ordnung stets von den Eigentümern der Grundstücke zu unterhalten, zu deren Vorteil sie angelegt sind.

Die Vorschrift des § 117 [109 b] ist aus § 109 Abs. 3 Satz 1 des Entw. hervorgegangen. Sie erhält die in der Provinz Hessen-Nassau und den übrigen dort genannten Gebieten bestehenden Sonderrechte, welche sich durchaus bewährt hatten, aufrecht, Begr. S. 141, KB. AH. S. 192, 201.

§ 118.

(1) Den Gutsherrschaften, denen das Eigentum an einem Wasserlauf zweiter oder dritter Ordnung auf Grund des schlesischen Auenrechts zusteht, verbleibt die Unterhaltungslast in dem bisherigen Umfang; soweit beim Inkrafttreten dieses Gesetzes eine gegenteilige Observanz besteht, behält es dabei sein Bewenden.

(2) Zur Unterhaltung eines natürlichen Wasserlaufs zweiter oder dritter Ordnung im Gebiete des schlesischen Auenrechts ist eine Wassergenossenschaft zu bilden, wenn der nach Abs. 1 zur Unterhaltung Verpflichtete es beantragt oder den Wasserlauf nicht ordnungsmäßig unterhält. Antragsberechtigt ist in letzterem Falle auch die Wasserpolizeibehörde. Die Wassergenossenschaft kann den Verpflichteten, auch wo er nicht Anlieger ist, zu den Genossenschaftslasten heranziehen. Die Höhe der Beitragspflicht ist unter Berücksichtigung der bisherigen Unterhaltungslast des Verpflichteten nach billigem Ermessen festzustellen. Der hiernach zu leistende Beitrag kann von dem dazu Verpflichteten zum 25fachen Betrage abgelöst werden.

(3) Vorstehende Bestimmungen gelten auch, wenn der Auenberechtigte auf sein Eigentum verzichtet.

1. Abs. 1 des § 118 [109 c] ist aus dem § 109 Abs. 3 Satz 2, Abs. 2 und 3 aus § 109 Abs. 5 des Entw. hervorgegangen.

2. Die Rechtsverhältnisse des schlesischen Auenrechts sind Gegenstand der Beratung einer besonders zu diesem Zwecke eingesetzten Unterkommission gewesen, deren schriftlich niedergelegter Bericht sich in der Drucks. Nr. 611 B unter II findet.

In diesem Rechtsgebiete bleibt somit, soweit nicht eine gegenteilige Observanz besteht, die Unterhaltungslast der Gutsherrschaften, denen das Eigentum an einem Wasserlaufe zweiter oder dritter Ordnung zusteht, aufrechterhalten. Es ist jedoch zu den Zwecken der Unterhaltung bei natürlichen Wasserläufen eine Wassergenossenschaft zu bilden, wenn die Gutsherrschaften oder die an ihrer Stelle observanzmäßig Verpflichteten es beantragen oder ihrer Unterhaltungspflicht nicht ordnungsmäßig nachkommen; sie können aber zu den Genossenschaftslasten auch dann herangezogen werden, wenn sie nicht Anlieger sind. Vorstehendes gilt auch, wenn der Auenberechtigte auf sein Eigentum verzichtet, Begr. S. 142, KB. AH. S. 192/3, 201 ff.

§ 119.

(1) Der zur Unterhaltung des Wasserlaufs Verpflichtete hat, unbeschadet der Vorschriften des § 120, diejenigen Arbeiten im Wasserlauf, an den Ufergrundstücken und den dahinter liegenden Grundstücken auszuführen, die erforderlich sind, um einer zukünftigen Behinderung der Vorflut durch Uferabbrüche vorzubeugen, oder die infolge der Schiffahrt oder von Strombauten an den Ufergrundstücken und den dahinter liegenden Grundstücken entstandenen Schäden zu beseitigen und solche Schäden für die

Zukunft zu verhindern. Die Eigentümer dieser Grundstücke haben zu den Kosten dieser Arbeiten nach dem Maße der Vorteile beizutragen, die ihnen durch die Sicherung des Bestandes ihrer Grundstücke erwachsen; an Stelle des Beitrages in Geld steht es ihnen frei, in geeigneten Fällen Arbeiten zu leisten, auch Baustoffe zu liefern. Beiträge können nicht verlangt werden, soweit Arbeiten erforderlich sind, um die infolge der Schiffahrt oder von Strombauten an den Ufergrundstücken und den dahinterliegenden Grundstücken entstandenen Schäden zu beseitigen und solche Schäden für die Zukunft zu verhindern.

(2) Die Eigentümer sind vor Anordnung der Arbeiten unter Erläuterung des Planes und des voraussichtlich auf sie entfallenden Beitrags zu hören.

1. § 119 [110] ist im wesentlichen an die Stelle des § 111 des Entw. getreten, während § 120 [111] den Inhalt des § 110 des Entw. mit mehreren Abänderungen wiedergibt. Die Umkehrung ist vorgenommen worden, weil die nunmehr in § 120 aufgenommenen Verpflichtungen gewissermaßen die in dem jetzigen § 119 erwähnten Verpflichtungen zur Voraussetzung haben, KB. AH. S. 216.

Beide Bestimmungen regeln die Frage, inwieweit sich die Unterhaltungsarbeiten auch auf die Ufer, die an sich der nur bis zur Uferlinie (§ 12) reichenden Unterhaltungspflicht bei den Wasserläufen nicht unterstehen, zu erstrecken haben (vgl. a. § 114 Anm. 1), und zwar der jetzige § 120 bezüglich der — dem Eigentümer der Ufergrundstücke obliegenden — einfachen Uferunterhaltung, der jetzige § 119 bezüglich der — in erster Linie den Unterhaltungspflichtigen (vgl. aber z. B. § 122) obliegenden — schwierigen Uferunterhaltungsarbeiten; wegen des früheren Rechtszustandes vgl. Nieberding-Frank S. 387 ff.

2. Die gemäß § 119 dem Unterhaltungspflichtigen obliegenden Arbeiten beziehen sich auf den Wasserlauf, die Ufergrundstücke und, in Erweiterung des Entwurfs, auch auf die dahinterliegenden Grundstücke, weil auch ihre Unterhaltung im Interesse der Unterhaltung der Wasserläufe und ihrer Ufer notwendig ist.

3. Als solche Arbeiten kommen in Betracht diejenigen, welche erforderlich sind, um einer zukünftigen Behinderung der Vorflut durch Uferabbrüche vorzubeugen oder die infolge der Schiffahrt oder von Strombauten an den Ufergrundstücken entstandenen Schäden zu beseitigen und solche für die Zukunft zu verhindern.

Daß derartige Arbeiten, soweit sie der Erhaltung der Vorflut dienen, im Interesse der Allgemeinheit liegen und daher, soweit es sich um umfangreichere, nicht dem jetzigen § 120 unterfallende Arbeiten handelt, dem Unterhaltungspflichtigen aufzuerlegen sind, ist auch im Anschluß an den Entwurf im Abgeordnetenhause allseitig anerkannt worden.

Dagegen ist die Frage, ob auch die Beseitigung und Verhinderung der durch die Schiffahrt und Strombauten hervorgerufenen Schäden im § 119 dem Unterhaltungspflichtigen aufzuerlegen sei, Gegenstand sehr lebhafter Erörterungen und Meinungsverschiedenheiten in der Kommission und im Abgeordnetenhause selbst gewesen. Bereits in der ersten Lesung der Kommission hatte ein dahingehender Antrag, welcher namentlich mit dem Hinweise auf die durch den Wellenschlag der großen Dampfer und die Flußregulierungsarbeiten möglichen Schäden an den Ufergrundstücken begründet wurde, namentlich von seiten der Regierung lebhaften Widerspruch gefunden, weil eine solche Bestimmung den Staat als den Eigentümer der Ströme zu sehr belaste, außerdem aber auch unter die Vorschriften über den Ausbau (§§ 152 ff.) gehöre. Dieser letztere Grund hatte, nachdem der oben genannte Antrag in erster Lesung angenommen worden war, in der zweiten Lesung der Kommission hauptsächlich zur Streichung des betreffenden Passus in § 119 Abs. 1 geführt, KB. AH. S. 205 ff. In der zweiten Lesung des Abgeordnetenhauses wurde aber ein dahingehender Antrag von neuem gestellt und im wesentlichen, wie oben ausgeführt, begründet und ferner darauf hingewiesen, daß der Ausbau nur ein Recht zur Verhütung derartiger Schäden gebe, sie also in das Belieben des Ausbauberechtigten stelle, während es im Interesse der Uferanlieger unbedingt erforderlich sei, auch eine dahingehende Pflicht im Gesetze ausdrücklich zu statuieren, wozu § 119 der geeignete Ort sei. Diese Gründe drangen durch und der Antrag wurde trotz des wiederholten Widerspruchs der Regierung angenommen, Sten. B. AH. S. 8178 ff., vgl. a. S. 8563/4, KB. HH. S. 781/2.

4. Mehrfach erörtert worden ist auch, was unter „Arbeiten“ im Sinne des § 119 Abs. 1 zu verstehen ist. Der Entwurf sprach hier von „Erdarbeiten“; als solche sollten nach der Begründung S. 143 nicht nur solche Arbeiten, welche in einer Bewegung der Erdmassen bestehen, sondern auch die Aufbringung von Rasenstücken und ähnliche Maßnahmen, dagegen nicht eigentliche Uferbefestigungsarbeiten, zu deren Vornahme der Unterhaltungspflichtige in keinem Falle verpflichtet sei, gelten. Die Kommission des Abgeordnetenhauses hat dies Wort durch den allgemeinen Ausdruck „Arbeiten“ ersetzt, weil in häufigen Fällen mit eigentlichen Erdarbeiten nicht viel zu erreichen ist, wenn nicht gleichzeitig auch Steine, Faschinen und sonstige Materialien mit verwendet werden. Im übrigen ist nach Lage des Einzelfalls von der zuständigen Behörde (§ 133) zu entscheiden, welche Arbeiten erforderlich sind, KB. AH. S. 209, 219/20, 221.

5. Daß die Eigentümer der Ufergrundstücke zu den Kosten der Arbeiten, soweit sie dem Interesse der Vorflut dienen, nach Maßgabe des ihnen durch dieselben bezüglich der Sicherung des Bestandes ihrer Grundstücke erwachsenden Vorteile beizutragen haben, entspricht nur der Billigkeit, ebenso daß sie an Stelle dieser Beiträge Naturalleistungen durch Arbeiten oder Lieferung von Baustoffen machen können (Satz 2), Begr. S. 143.

Daß zu den Arbeiten zur Verhütung der Schiffahrt- und Strombauschäden solche Beiträge nicht verlangt werden können (Satz 3), ergibt sich aus der Natur der Sache, KB. AH. S. 219/20.

Die Entscheidung über die Beitragspflicht und -höhe trifft gemäß § 148 in erster Instanz der Bezirksausschuß; das dabei zu beobachtende Verfahren regelt § 149.

6. Ein Antrag, auch im Gebiet von Ebbe und Flut die Eigentümer der Ufergrundstücke mit Rücksicht auf die dort herrschenden, besonders gefährlichen Verhältnisse von der Beitragspflicht auszuschließen, wurde auf Grund einer Erklärung der Regierung, daß dort dem Interesse der Vorflut dienende, also zur Beitragsleistung verpflichtende Arbeiten wohl kaum einmal vorkommen würden, zurückgezogen, KB. AH. S. 211/2, 220/1.

§ 120.

(1) Die Eigentümer der Ufergrundstücke und der dahinter liegenden Grundstücke haben ihre Grundstücke von solchen Bäumen, Sträuchern, Einfriedigungen und anderen Gegenständen freizuhalten, die bei bordvollem Wasserlauf den Wasserabfluß wesentlich beeinträchtigen.

(2) Sie haben ferner oberhalb der Uferlinie einfache, eine besondere Sachkenntnis nicht voraussetzende und nicht mit unverhältnismäßig hohen Kosten verbundene Einebnungs- und Berasungsarbeiten auszuführen, soweit die Arbeiten erforderlich sind, um den Uferabbrüchen vorzubeugen, durch welche die Vorflut im Wasserlauf beeinträchtigt werden würde.

(3) Soweit der Erfolg der im Abs. 2 bezeichneten Arbeiten durch die vorherige Befestigung des Uferfußes unterhalb der Uferlinie bedingt ist, tritt die Verpflichtung zu ihrer Vornahme erst ein, nachdem der Uferfuß in der erforderlichen Weise befestigt ist. Die Wasserpolizeibehörde entscheidet darüber, ob diese Voraussetzung vorliegt.

(4) Sind die Ufer eines Wasserlaufs nach einem behördlich festgestellten Plane ausgebaut, so hat sie der Unternehmer des Ausbaues, unbeschadet der Bestimmung des Abs. 1, in dem Zustande zu unterhalten, in den sie durch den Ausbau versetzt sind, es sei denn, daß bei Wasserläufen erster Ordnung der Minister der öffentlichen Arbeiten, sonst der Minister für Landwirtschaft, Domänen und Forsten die Erhaltung dieses Zustandes nicht mehr für erforderlich erklärt.

(5) Wird das Ufer durch Gebäude, Mauern, Bollwerke oder dergleichen gebildet oder ragen diese Bauwerke in den Wasserlauf hinein, so hat deren Eigentümer für die Unterhaltung zu sorgen.

1. Vgl. § 119 Anm. 1.

2. Die den Eigentümern der Ufergrundstücke und der dahinterliegenden Grundstücke gemäß § 120 [111] obliegende Unterhaltungspflicht ihrer Grundstücke ist gegenüber dem Entwurfe erheblich eingeschränkt worden, insbesondere durch die Vorschriften in Abs. 2 und 3, vgl. a. § 121 Satz 2.

3. Nach Abs. 1 müssen die Eigentümer ihre Grundstücke von solchen Bäumen, Sträuchern, Einfriedigungen und anderen Gegenständen freihalten, welche bei bordvollem Wasserlauf den Wasserabfluß wesentlich beeinträchtigen (vgl. aber auch § 122).

Bordvoll ist derjenige Zustand, bei welchem der Wasserlauf allerdings dem Ausufern oder Überschwemmen nahe, sein Gerinne aber noch deutlich erkennbar ist. In der Praxis kann die Ausuferungshöhe des Wasserlaufs ohne große Schwierigkeiten festgelegt werden, Begr. S. 144, KB. AH. S. 209, 211/2.

4. Der Eigentümer hat ferner gemäß Abs. 2 einfache und nicht mit großen Kosten verbundene Arbeiten, welche zur Verhinderung von die Vorflut beeinträchtigenden Uferabbrüchen erforderlich sind, auszuführen (vgl. aber auch § 124); dies jedoch nur dann, wenn die zu ihrem Erfolge notwendige Befestigung des Uferfußes, welche dem zur Unterhaltung des Wasserlaufs Verpflichteten obliegt, vorher stattgefunden hat (Abs. 3), KB. AH. S. 216 ff.

Als solche dem Eigentümer obliegende Arbeiten nennt Abs. 2 die Einebnung und Berasung der Ufergrundstücke. Das Berasen umfaßt nicht nur das Säen von Rasen, sondern unter Umständen auch das Aufbringen von Plaggen und Rasenboden. Die Einebnung hat den Zweck, einer planmäßigen Berasung durch Planierungsarbeiten den Erfolg zu sichern unter diese fällt aber nicht die Beseitigung großer Uferbrüche, KB. AH. S. 209/10.

„Ufer" ist derjenige Landstreifen, der zwischen der gewöhnlichen Wasserlinie und der Linie des regelmäßig wiederkehrenden Hochwassers liegt, KB. AH. S. 211.

5. Abs. 4 trifft bezüglich der Arbeiten an ausgebauten Ufern dieselbe Bestimmung, wie sie § 114 Abs. 4 bezüglich der Unterhaltung der Wasserläufe trifft, Begr. S. 144/5.

§ 121.

Die Verpflichtung zur Uferunterhaltung kann durch Vereinbarung zwischen den beteiligten Grundstückseigentümern und dem zur Unterhaltung des Wasserlaufs Verpflichteten mit Zustimmung der Wasserpolizeibehörde abweichend von den §§ 119, 120 geregelt werden. Auf Verlangen des zur Uferunterhaltung Verpflichteten hat statt seiner der zur Unterhaltung des Wasserlaufs Verpflichtete die im § 120 bezeichneten Uferarbeiten gegen angemessene Vergütung auszuführen.

1. § 121 [112] gibt die Möglichkeit, die Verpflichtung zu Uferarbeiten, abweichend von den §§ 119 und 120 durch Vereinbarung zwischen den Grundstückseigentümern und den Unterhaltungspflichtigen mit Zustimmung der Wasserpolizeibehörde zu regeln, und zwar gilt dies nicht nur für natürliche Wasserläufe erster und zweiter Ordnung, wie dies der Entwurf vorsah, sondern für sämtliche Wasserläufe, Begr. S. 145, KB. AH. S. 222.

2. Gemäß dem von der Kommission des Abgeordnetenhauses eingefügten Abs. 2 kann der Grundstückseigentümer verlangen, daß der Unterhaltungspflichtige die ihm gemäß § 120 obliegenden Uferarbeiten gegen angemessene Entschädigung ausführt, KB. AH. S. 222/3. Wegen der Festsetzung der Vergütung vgl. § 148.

§ 122.

Sind Vorfluthindernisse im Wasserlauf von einem anderen als dem Unterhaltungspflichtigen verursacht worden, so hat die Wasserpolizeibehörde, soweit tunlich, diesen zur Beseitigung anzuhalten. Dasselbe gilt von solchen Hindernissen auf den Ufergrundstücken, die bei bordvollem Wasserlauf den Wasserabfluß wesentlich beeinträchtigen.

Diese Vorschrift ist aus Billigkeitsrücksichten aufgenommen worden, KB. AH. S. 212, 223.

§ 123.

Die Anlieger an einem Wasserlauf sind, auch wenn sie nicht dessen Eigentümer sind, unbeschadet der Vorschrift des § 22, berechtigt, im Wasserlauf die zur Befestigung der Ufer dienenden Arbeiten vorzunehmen. Dasselbe Recht steht dem nach § 120 Abs. 4 zur Unterhaltung der Ufer Verpflichteten zu.

§ 123 [113] bezweckt, dem Ufereigentümer sowie dem Ausbauberechtigten (§ 120 Abs. 4) die Möglichkeit zu geben, die häufig zur Ausführung der ihm nach § 120 obliegenden Uferarbeiten erforderlichen Arbeiten unter der Uferlinie im Bette des Wasserlaufs, zu welchem sie, soweit sie nicht gleichzeitig Eigentümer des Wasserlaufs sind, an sich nicht berechtigt wären, auszuführen, Begr. S. 145/6.

Soweit zu solchen Arbeiten die wasserpolizeiliche Genehmigung gemäß § 22 erforderlich ist, ist dieselbe einzuholen, KB. AH. S. 223.

Wo das Recht zur Vornahme derartiger Arbeiten bisher anderen als den Anliegern zustand, wird dieses aufrechterhalten, so z. B. für die Deich- und Sielverbände in Ostfriesland (§§ 324 ff.), KB. HH. S. 782.

§ 124.

(1) Ist ein natürlicher Wasserlauf nach einem behördlich festgestellten Plane ausgebaut, so ist der zur Unterhaltung des Wasserlaufs Verpflichtete befugt, durch Erklärung gegenüber der Wasserpolizeibehörde die den Grundstückseigentümern nach § 120 Abs. 2 obliegende Uferunterhaltung an ihrer Stelle zu übernehmen. Er kann die Grundstückseigentümer mit Beiträgen in Höhe der ihnen nach § 120 Abs. 2 obliegenden Lasten zu den Kosten dieser Uferarbeiten heranziehen.

(2) Dasselbe gilt, wenn die Ufer eines natürlichen Wasserlaufs nach einem behördlich festgestellten Plane ausgebaut sind und die Unterhaltung sowohl des Wasserlaufs als auch der Ufer, soweit sie ausgebaut sind, demselben Verpflichteten obliegt.

§ 124 [114] gibt demjenigen, der den Wasserlauf oder Wasserlauf und Ufer gemeinsam zu unterhalten hat, im Interesse einer einheitlichen und ordnungsmäßigen Unterhaltung das Recht, falls der Wasserlauf oder die Ufer ausgebaut sind, die den Grundstückseigentümern gemäß § 120 Abs. 2 obliegenden einfacheren Uferarbeiten an Stelle derselben zu übernehmen und diese zu Beiträgen heranzuziehen.

Sind nur die Ufer ausgebaut und ist die Unterhaltung von Wasserlauf und Ufer nicht in einer Hand vereinigt, so greift § 124 nicht Platz, es bleibt vielmehr bei der allgemeinen Unterhaltungspflicht, Begr. S. 146/7, KB. AH. S. 224.

Wegen der Entscheidung über die Beiträge vgl. § 148.

§ 125.

(1) Die Unterhaltung eines Wasserlaufs zweiter Ordnung und seiner Ufer kann, wenn sie wegen Hochwassergefahr besonders schwierig oder kostspielig ist, mit Zustimmung des Provinziallandtags dem Provinzialverbande durch den Minister für Landwirtschaft, Domänen und Forsten übertragen werden, in der Provinz Hessen-Nassau und in den Hohenzollernschen Landen mit Zustimmung des Kommunallandtags dem Bezirks- und dem Landeskommunalverband.

(2) In diesem Falle regelt sich die Aufbringung und Unterverteilung der aus der Unterhaltung des Wasserlaufs erwachsenden Kosten sowie die Vorausbelastung einzelner Beteiligter nach den §§ 21, 27 des Kreis- und Provinzialabgabengesetzes vom 23. April 1906 (Gesetzsamml. S. 159).

(3) Der Provinzial- (Bezirks-, Landeskommunal-) Verband hat durch Statut für den von ihm zu unterhaltenden Wasserlauf eine Vertretung der Beteiligten einzusetzen, die bei der Unterhaltung des Wasserlaufs und seiner Ufer mitzuwirken, insbesondere an den Schauen teilzunehmen hat. Zusammensetzung, Wahl und Befugnisse dieser Vertretung sind in dem Statut zu regeln.

1. Die hochwassergefährlichen Wasserläufe zweiter Ordnung bedürfen häufig wegen der kostspieligen Unterhaltung eines besonders leistungsfähigen Trägers der Unterhaltungslast. Ihre Unterhaltung und ihr Ausbau ist daher schon in den Provinzen Schlesien und Brandenburg durch die Hochwasserschutzgesetze aus den Jahren 1900 bzw. 1904 den Provinzen übertragen worden. § 125 [115] gibt diese Möglichkeit für alle Provinzen; Besonderheiten gelten nur für die Provinz Hessen-Nassau und die Hohenzollernschen Lande. Die Übertragung sollte nach dem Entwurfe durch Königliche Verordnung nach Anhörung des Provinziallandtages erfolgen. Die Kommission des Abgeordnetenhauses hielt es aber mit Rücksicht auf die finanzielle Bedeutung einer solchen Maßregel für erforderlich, daß der Provinziallandtag nicht nur gehört werde, sondern seine ausdrückliche Zustimmung geben müsse. Unter diesen Umständen erschien es nicht mehr nötig, die Übertragung im Wege der Königlichen Verordnung vorzuschreiben; um aber eine

Stelle zu haben, welche die Übertragung an die Provinz vornimmt, wurde als solche der Landwirtschaftsminister bestimmt, Begr. S. 147, KB. AH. S. 225/6.

2. Durch Abs. 2 ist klargestellt, daß die Unterhaltung der Wasserläufe in solchen Fällen eine Veranstaltung der Provinzialverbände ist und dementsprechend eine Heranziehung der Beteiligten zu den Kosten der Unterhaltung erfolgen kann, Begr. S. 147.

3. Abs. 3 regelt die Einsetzung einer Interessentenvertretung in derartigen Fällen, damit nicht nur deren Wünsche bei der Unterhaltung gehört und berücksichtigt werden, sondern auch ihre praktischen Erfahrungen verwertet werden können. Die Provinz hat zu diesem Zwecke ein Statut auf Grund der §§ 8 und 35 der Provinzialordnung vom 29. Juni 1875 in der Fassung vom 22. März 1881 (GS. S. 176, 233) zu erlassen, welches gemäß § 119 Nr. 1 daselbst der landesherrlichen Genehmigung bedarf, Begr. S. 147.

§ 126.

(1) An die Stelle der nach diesem Gesetze zur Unterhaltung Verpflichteten treten:

1. wenn bis zum 1. Januar 1912 der Staat einen natürlichen Wasserlauf zweiter oder dritter Ordnung oder dessen Ufer unterhalten hat oder zu unterhalten verpflichtet war, der Staat;
2. wenn beim Inkrafttreten dieses Gesetzes ein anderer auf Grund einer Observanz oder eines besonderen Titels zur Unterhaltung eines natürlichen Wasserlaufs dritter Ordnung oder seiner Ufer öffentlichrechtlich verpflichtet ist, dieser;
3. wenn beim Inkrafttreten dieses Gesetzes ein anderer auf Grund einer Observanz oder eines besonderen Titels zur Unterhaltung eines künstlichen Wasserlaufs oder seiner Ufer öffentlichrechtlich verpflichtet ist, dieser;
4. wenn in einem Verleihungsbeschluß oder in einem Beschluß, durch den ein Zwangsrecht begründet wird (§§ 330 flg.), oder im gewerbepolizeilichen Genehmigungsverfahren dem Unternehmer die Verpflichtung zur Unterhaltung eines Wasserlaufs oder seiner Ufer auferlegt ist, der Unternehmer für die Dauer der Verpflichtung;
5. wenn der Staat eine Wassergenossenschaft oder eine andere Körperschaft des öffentlichen Rechtes die Verpflichtung zur Unterhaltung eines Wasserlaufs oder seiner Ufer durch Vereinbarung mit dem Unterhaltungspflichtigen unter Zustimmung der Wasserpolizeibehörde mit öffentlichrechtlicher Wirkung übernimmt, diese.

(2) Im Sinne des Abs. 1 Nr. 5 stehen den Körperschaften des öffentlichen Rechtes diejenigen einer öffentlichen Aufsicht unterstehenden Gemeinschaften Unterhaltungspflichtiger gleich, die auf

Grund der bisherigen Gesetzgebung oder statutarischer oder regulativmäßiger Bestimmungen vor dem Inkrafttreten dieses Gesetzes gebildet sind oder nach dem Inkrafttreten dieses Gesetzes gebildet werden.

(3) Der Umfang der Pflicht zur Unterhaltung des Wasserlaufs und der Ufer bestimmt sich auch in den Fällen der Abs. 1, 2 nach § 114 und § 120 Abs. 1 bis 4.

1. Die §§ 126, 127 [116, 116a] geben Ausnahmevorschriften, nach denen die öffentlich-rechtliche Unterhaltungspflicht bei natürlichen Wasserläufen zweiter und dritter Ordnung, sowie bei künstlichen Wasserläufen anderen als den nach der allgemeinen gesetzlichen Regel Verpflichteten obliegen soll und welche gegenüber dem § 116 des Entw. wesentlich erweitert worden sind.

Wegen der Wasserläufe erster Ordnung vgl. § 128.

2. Danach bleibt gemäß Nr. 1 des § 126 die bis zum 1. Januar 1912 vorhanden gewesene Unterhaltungspflicht des Staates bezüglich eines Wasserlaufes zweiter oder dritter Ordnung — letzteres sah der Entwurf nicht vor —, sowie ihrer Ufer, auch wenn er dieselbe bisher nicht ausgeübt hat (KB. AH. S. 236), bestehen; das Gleiche gilt, wenn auch ohne einen Verpflichtungsgrund die Unterhaltung tatsächlich durch den Staat erfolgt ist.

So hat z. B. der Staat in der Provinz Ostpreußen an einer Anzahl von Privatflüssen, die an ihn als Rechtsnachfolger des Deutschen Ordens zu Eigentum übergegangen sind, die Unterhaltungspflicht, Begr. S. 148.

2. Ziff. 2 bestimmt die Aufrechterhaltung von Observanzen und besonderen Titeln, auf Grund deren beim Inkrafttreten eine Verpflichtung zur Unterhaltung eines natürlichen Wasserlaufs dritter Ordnung besteht, Ziff. 3 behandelt dieselbe Frage bei künstlichen Wasserläufen. Wegen der Behandlung dieser Frage bei Wasserläufen zweiter Ordnung vgl. § 127.

Die Regelung dieser Frage ist Gegenstand erheblicher Meinungsverschiedenheiten, insbesondere bezüglich der Observanzen, in der Kommission des Abgeordnetenhauses gewesen und beruht in der Gestalt, in welcher sie in das Gesetz übergegangen ist, auf einem Kompromisse zwischen den verschiedenen Ansichten.

Die Meinungsverschiedenheiten gingen vor allem dahin, ob man die zur Unterhaltung eines Wasserlaufs zweiter und dritter Ordnung verpflichtenden Observanzen überhaupt aufrechterhalten wolle oder nicht, ferner ob, wenn man sie aufrechterhalten wolle, dies nur bezüglich der öffentlich-rechtlichen Körperschaften, wie dieses der Entwurf (§ 116 Abs. 1 Nr. 2, Abs. 2) vorsah, oder allgemein geschehen solle, schließlich ob die Observanzen bezüglich der Unterhaltungspflicht bei den Wasserläufen zweiter und dritter Ordnung oder nur bei denen dritter Ordnung bestehen bleiben, bei Wasserläufen zweiter Ordnung dagegen die observanzmäßig Verpflichteten zur Leistung eines Beitrages an den Unterhaltungspflichtigen verpflichten sollten (vgl. im einzelnen die Verhandlungen in KB. AH. S. 231 ff.). Man einigte sich schließlich auf die letztere Regelung.

Demgemäß hält Ziff. 2 nur bei Wasserläufen dritter Ordnung die auf einer Observanz oder einem besonderen Titel beruhenden Unterhaltungspflichten aufrecht.

Gerade die Observanzen hatten zu den meisten Streitigkeiten über die Unterhaltungspflicht geführt. Sie bestehen vor allem bei Stauanlagen, insbesondere solchen für Mühlen, wie auch das OVG. und RG. bei Auslegung des § 7 des Privatflußges. in ständiger Rechtsprechung festgestellt haben, vgl. KB. AH. S. 234/5.

Die Ziff. 3, welche die gleiche Regelung für künstliche Wasserläufe trifft, ist vom Abgeordnetenhause in dritter Lesung eingefügt worden, weil es von der Kommission übersehen worden war, eine solche Bestimmung in das Gesetz aufzunehmen, Sten. B. AH. S. 8565 ff.

3. Ziff. 4 berücksichtigt, daß es in den dort genannten Verfahren oft zweckmäßig sein wird, dem Unternehmer an Stelle der Zahlung einer Entschädigung an den Unterhaltungspflichtigen für Beeinträchtigungen in der Ausübung seiner Verpflichtungen die Übernahme dieser Verpflichtung selbst aufzuerlegen (vgl. z. B. § 56 Abs. 1, sowie Begr. S. 101 zu § 55 Abs. 2).

4. Ziff. 5 läßt aus Zweckmäßigkeiten die Übernahme der Unterhaltung durch den Staat oder eine sonstige der dort, sowie in Abs. 2 genannten öffentlichen Körperschaften auf Grund einer privaten Vereinbarung mit dem Unterhaltungspflichtigen zu, welche der Zustimmung der Wasserpolizeibehörde bedarf und alsdann öffentlichrechtliche Wirkung hat.

Zu den in Abs. 2 den öffentlichen Körperschaften gleichgestellten Gemeinschaften gehören z. B. auch die Auseinandersetzungsinteressentschaften, denen rezeßmäßig die Unterhaltung von Wasserläufen übertragen ist, Begr. S. 148.

§ 127.

(1) Besteht beim Inkrafttreten dieses Gesetzes eine observanzmäßige oder auf besonderem Titel beruhende Pflicht zur Unterhaltung eines natürlichen Wasserlaufs zweiter Ordnung, so kann derjenige, dem die Unterhaltung nach § 115 Abs. 1 Nr. 2, § 116 Abs. 2 oder § 125 übertragen wird, den bisher Verpflichteten in Höhe seiner bisherigen Verpflichtung zu den Kosten der Unterhaltung heranziehen. Der Kostenbeitrag darf den Durchschnitt der in den letzten zehn Jahren vor dem Inkrafttreten dieses Gesetzes für den bisherigen Unterhaltungspflichtigen notwendig gewordenen laufenden Aufwendungen nicht übersteigen.

(2) Der hiernach zu leistende Beitrag kann von dem dazu Verpflichteten zum 25fachen Betrage bar abgelöst werden.

1. Wegen der Entstehungsgeschichte dieser Bestimmung vgl. § 126 Anm. 2.

Durch sie wird der auf Grund einer Observanz oder eines besonderen Titels zur Unterhaltung eines natürlichen Wasserlaufs zweiter

Ordnung Verpflichtete verpflichtet, dem vom Inkrafttreten des Gesetzes an Unterhaltungspflichtigen auf dessen Verlangen einen Beitrag nach Maßgabe seiner bisherigen Verpflichtung zu leisten, den er evtl. nach Abs. 2 ablösen kann, KB. AH. S. 237.

§ 128.

(1) Ist beim Inkrafttreten dieses Gesetzes ein anderer als der Staat zur Unterhaltung eines natürlichen Wasserlaufs erster Ordnung öffentlichrechtlich verpflichtet, so kann der Staat denjenigen, dem die Unterhaltung des Wasserlaufs abgenommen wird, in Höhe seiner bisherigen Verpflichtung zu den Kosten der Unterhaltung heranziehen. Der Kostenbeitrag darf den Durchschnitt der in den letzten zehn Jahren vor dem Inkrafttreten dieses Gesetzes für den bisherigen Unterhaltungspflichtigen notwendig gewordenen laufenden Aufwendungen nicht übersteigen.

(2) Der § 127 Abs. 2 ist anzuwenden.

§ 128 [117] gibt dort, wo beim Inkrafttreten des Wassergesetzes ein anderer als der Staat zur Unterhaltung eines Wasserlaufes erster Ordnung öffentlich-rechtlich verpflichtet ist, dem Staate, auf welchen diese Verpflichtung gemäß § 115 Nr. 1 nunmehr übergeht, das Recht, den bisher Verpflichteten nach Maßgabe seiner bisherigen Verpflichtung zu den Kosten der Unterhaltung heranzuziehen, KB. AH. S. 239/40.

§ 129.

(1) Wo die Flößerei auf Wasserläufen zweiter oder dritter Ordnung gemeinüblich oder besonders zugelassen ist, hat der Staat die zur Erhaltung der Flößbarkeit erforderlichen Maßnahmen zu treffen.

(2) War beim Inkrafttreten dieses Gesetzes ein anderer hierzu verpflichtet, so behält es dabei sein Bewenden.

(3) Der zur Unterhaltung des Wasserlaufs und der zur Erhaltung der Flößbarkeit Verpflichtete können mit Zustimmung der Wasserpolizeibehörde vereinbaren, daß einer von ihnen auch die Verpflichtung des andern übernimmt.

Die Flößerei wird gemäß § 31 auf den Wasserläufen zweiter und dritter Ordnung nicht nur aufrechterhalten, sondern kann auf Grund dieser Vorschrift auch erweitert oder neu zugelassen werden.

Es muß deshalb auch für die Unterhaltung der Flößstraßen gesorgt werden. Da die Flößerei zum größten Teil vom Staate eingerichtet worden ist, muß diese Sorge den Staat treffen; in manchen Fällen ist sie aber auch von privaten Unternehmern eingerichtet worden, dann verbleibt diesen gemäß Abs. 2 auch die Unterhaltung der Flößstraßen, Begr. S. 149, KB. AH. S. 240.

Bisweilen wird es zweckmäßig, daß der nach dem Vorstehenden zur Unterhaltung der Flößstraßen und der zur Unterhaltung des Wasserlaufs Verpflichtete sich darüber verständigen, wer von ihnen die erforderlichen Unterhaltungsarbeiten, die sich häufig nicht voneinander trennen lassen werden oder doch zusammen besser und billiger ausgeführt werden können, ausführen soll. § 129 [118] Abs. 3 läßt daher eine private Vereinbarung zwischen diesen Verpflichteten dahin zu, daß der eine die dem anderen obliegenden Arbeiten mitübernimmt. Stimmt die Wasserpolizeibehörde einer solchen Vereinbarung zu, so hat sie öffentlich-rechtliche Wirkung, Begr. S. 149.

§ 130.

(1) Streitigkeiten der Beteiligten darüber, wem von ihnen die öffentlichrechtliche Verpflichtung zur Unterhaltung eines Wasserlaufs oder seiner Ufer obliegt, werden im Verwaltungsstreitverfahren entschieden.

(2) Ebenso ist über Ansprüche von Beteiligten auf Erstattung des Geleisteten gegen einen aus Gründen des öffentlichen Rechtes zur Unterhaltung eines Wasserlaufs oder seiner Ufer Verpflichteten im Verwaltungsstreitverfahren zu entscheiden, ohne Rücksicht darauf, ob auf Anordnung der Wasserpolizeibehörde oder ohne eine solche geleistet worden ist. Doch steht, soweit nach § 133 Abs. 1 die dort bezeichnete Behörde über vorzunehmende Unterhaltungsarbeiten entscheidet, dieser Behörde bei Klagen gegen den Staat die Vorentscheidung darüber zu, ob und in welchem Umfang die vorgenommenen Arbeiten zur Erfüllung der Unterhaltungspflicht erforderlich waren.

(3) Zuständig ist der Bezirksausschuß.

1. Die Entscheidung von Streitigkeiten über die Unterhaltungsverpflichtung, sowie über Ansprüche auf Erstattung des von einem Beteiligten freiwillig oder auf Anordnung der Wasserpolizeibehörde zur Unterhaltung Geleisteten gegen den auf Grund des Gesetzes Unterhaltungspflichtigen erfolgt im Verwaltungsstreitverfahren durch den Bezirksausschuß.

2. Handelt es sich jedoch um Arbeiten an einem Wasserlaufe erster Ordnung, über deren Vornahme die in § 133 Abs. 1 bezeichnete Behörde zu entscheiden hat, so steht, falls jemand solche Arbeiten freiwillig oder in der irrtümlichen Annahme dazu verpflichtet zu sein oder auf Grund einer irrtümlichen Anordnung der Behörde geleistet hat und nunmehr Erstattung der Kosten derselben von dem Staate als dem eigentlichen Verpflichteten verlangt, dieser Behörde die Entscheidung darüber zu, ob und in welchem Umfange die vorgenommenen Arbeiten zur Erfüllung der Unterhaltungspflicht des Staates erforderlich waren (Abs. 2 Satz 2). An diese Vorentscheidung ist der Verwaltungsrichter gebunden, Begr. S. 150.

Ein Antrag, diese Bestimmung zu streichen, ist von der Kommission des Abgeordnetenhauses abgelehnt worden, vgl. dazu Anm. zu § 148; KB. AH. S. 241.

§ 131.

Wird ein Wasserlauf zweiter oder dritter Ordnung nach § 3 Abs. 1 zu einem Wasserlauf erster Ordnung und wird dadurch die

Last der Uferunterhaltung für die dazu Verpflichteten vermehrt, so ist ihnen Entschädigung aus der Staatskasse zu leisten. Auf die Entschädigung ist der Vorteil anzurechnen, der dem zur Uferunterhaltung Verpflichteten durch den Übergang der Unterhaltung des Wasserlaufs auf den Staat erwächst, soweit dieser Vorteil nicht bereits nach § 3 Abs. 2 Satz 4 oder § 11 Satz 3 angerechnet worden ist.

1. Durch die Versetzung eines Wasserlaufs zweiter oder dritter Ordnung in die erste Ordnung (§ 3) kann die Uferunterhaltungslast vor allem dadurch, daß die Ufer infolge des verstärkten Schiffsverkehrs größeren Angriffen ausgesetzt sind, vermehrt werden. Hierfür sind die Unterhaltungspflichtigen nach näherer Maßgabe des § 131 [120] zu entschädigen, wobei jedoch die Vorteile, welche durch den Übergang der Unterhaltung des Wasserlaufs auf den Staat dem Ufereigentümer evtl. entstehen, anzurechnen sind, Begr. S. 150.

Wegen der Entscheidung über die Entschädigung vgl. § 148; KB. AH. S. 241.

Wegen der Entschädigung für die Beschädigung von Grundstücken bei einer solchen Versetzung vgl. § 3 Abs. 2.

2. Bei der Versetzung eines Wasserlaufs erster Ordnung in die zweite oder dritte Ordnung bedarf es einer entsprechenden Vorschrift nicht, da dann die Unterhaltung der Ufer in der Regel nicht erschwert, sondern vielmehr erleichtert werden wird, Begr. S. 150.

§ 132.

(1) Geht bei der Versetzung eines Wasserlaufs zweiter oder dritter Ordnung in die erste Ordnung die Unterhaltung auf den Staat über, so können diejenigen, denen die Unterhaltung des Wasserlaufs abgenommen wird, in Höhe ihrer bisherigen Verpflichtung zu den Kosten der Unterhaltung herangezogen werden. Lag die Unterhaltung bisher einer Wassergenossenschaft oder Gemeinde ob, so hat diese den Beitrag zu den Kosten aufzubringen. Der § 127 Abs. 1 Satz 2, Abs. 2 ist entsprechend anzuwenden.

(2) Bei der Versetzung eines Wasserlaufs erster Ordnung in die zweite oder dritte Ordnung verbleibt die Unterhaltung des Wasserlaufs dem Staate.

1. Bei Versetzung eines Wasserlaufs zweiter oder dritter Ordnung in die erste Ordnung geht die Unterhaltungslast gemäß § 115 Nr. 1 auf den Staat über. Es entspricht der Billigkeit, daß diesem das Recht gegeben wird, die bisher Unterhaltungspflichtigen nunmehr zu den Kosten nach Maßgabe ihrer bisherigen Unterhaltungspflicht heranzuziehen.

Lag die Unterhaltung bisher einer Wassergenossenschaft ob, so soll sie gemäß Abs. 1 Satz 2 zum Zwecke der Aufbringung dieser Kosten bestehen bleiben, Begr. S. 150.

Wegen der Entscheidung über die Beiträge vgl. § 148.

Die Beiträge können durch eine einmalige Kapitalentschädigung gemäß § 127 Abs. 2 abgelöst werden.

2. Dagegen geht bei der Versetzung eines Wasserlaufes erster Ordnung in die zweite oder dritte Ordnung die Unterhaltungspflicht

nicht etwa auf die gemäß § 115 Nr. 2 und 3 hierzu Verpflichteten (Wassergenossenschaft, bzw. Eigentümer oder Anlieger) über, sondern verbleibt nach dem von der Kommission des Abgeordnetenhauses eingefügten Abs. 2 dem Staate, KB. AH. S. 242.

§ 133.

(1) Soweit die Unterhaltung der Wasserläufe erster Ordnung oder ihrer Ufer dem Staate obliegt, entscheidet unter Beobachtung der Vorschriften des § 114 Abs. 1 und des § 119 die mit ihrer Verwaltung beauftragte Behörde über die vorzunehmenden Unterhaltungsarbeiten. Dasselbe gilt für die zur Erhaltung der Flößbarkeit an Wasserläufen zweiter oder dritter Ordnung vom Staate zu treffenden Maßnahmen.

(2) In allen übrigen Fällen stellt erforderlichenfalls die Wasserpolizeibehörde durch polizeiliche Verfügung Art und Maß der zur Unterhaltung des Wasserlaufs und seiner Ufer nach den §§ 114, 119, 120 auszuführenden Arbeiten sowie die Zeit zu ihrer Ausführung fest. Diese Feststellungen können allgemein durch Polizeiverordnungen (Unterhaltungsordnungen), für bereits bestehende Gemeinschaften der in § 126 Abs. 2 bezeichneten Art nach ihrer Verfassung getroffen werden.

(3) Ist ein anderer als der Staat zur Unterhaltung eines künstlichen Wasserlaufs erster Ordnung verpflichtet, so kann er über die Unterhaltung allgemeine Bestimmungen aufstellen, die der Genehmigung der mit der Aufsicht über den künstlichen Wasserlauf erster Ordnung betrauten Behörde unterliegen. Die allgemeinen Bestimmungen haben sich auch auf die Unterhaltung der Ufer zu erstrecken, soweit sie dem zur Unterhaltung des künstlichen Wasserlaufs erster Ordnung Verpflichteten obliegt.

(4) Für Wasserläufe, deren Unterhaltung einem Provinzial- (Bezirks-, Landeskommunal-) Verband übertragen ist (§ 125), können allgemeine Bestimmungen über die Unterhaltung auch durch Reglement nach den Provinzialordnungen getroffen werden. Das Reglement bedarf der Genehmigung des Ministers für Landwirtschaft, Domänen und Forsten.

(5) Soweit nach Abs. 3 oder 4 eine allgemeine Ordnung erfolgt, kann daneben keine polizeiliche Unterhaltungsordnung mehr erlassen werden; bereits erlassene polizeiliche Unterhaltungsordnungen treten außer Kraft. Die im einzelnen Falle zu treffende polizeiliche Verfügung darf mit der allgemeinen Ordnung nicht in Widerspruch stehen.

1. Bei den Wasserläufen erster Ordnung, deren Unterhaltung dem Staate obliegt, ist durch die staatliche Verwaltung für eine gesicherte und von technisch richtigen Gesichtspunkten geleitete Erfüllung der Unterhaltungspflicht gesorgt. Es kann deshalb der damit betrauten Bauverwaltung überlassen bleiben, zu bestimmen, welche Arbeiten erforderlich sind; das Gleiche gilt, soweit der Staat zur Unterhaltung der Flößstraßen bei Wasserläufen zweiter und dritter Ordnung gemäß § 129 verpflichtet ist.

Es besteht daher kein privatrechtlicher Anspruch Dritter gegen den Staat auf Vornahme bestimmter Unterhaltungsarbeiten (RG. Bd. 53 S. 131). Wohl aber kann der Staat bzw. der betreffende Beamte wegen eines durch Vernachlässigung der Unterhaltungspflicht entstandenen Schadens auf Grund der §§ 31, bzw. 839 BGB. in Anspruch genommen werden; vgl. KB. AH. 243/4, wo auch die abweichende, von einer auf Grund des BGB. nicht mehr haltbaren Entscheidung des RG. ausgehende Ansicht der Begründung (S. 151) in dieser Frage von seiten der Regierung richtiggestellt worden ist.

Um aber zum Ausdruck zu bringen, daß, wenn auch kein zivilrechtlicher Anspruch darauf gegen den Staat besteht, für ihn doch eine fraglose Verpflichtung besteht, die in den §§ 114 Abs. 1, 119 bezeichneten Unterhaltungsarbeiten ausführen zu lassen, hat die Kommission des Herrenhauses in Abs. 1 die Worte „unter Beobachtung der Vorschriften des § 114 Abs. 1 und des § 119" eingefügt, KB. HH. S. 782/3.

Wegen der Erstattung von Aufwendungen an einen Beteiligten vgl. § 120 Abs. 2 Satz 2, sowie die Anm. 2 zu § 120.

2. Ist ein anderer als der Staat zur Unterhaltung eines künstlichen Wasserlaufs erster Ordnung verpflichtet, so soll diesen Verpflichteten eine möglichst weitgehende Selbständigkeit eingeräumt werden und ihm gemäß Abs. 3 gestattet werden, der Genehmigung der Aufsichtsbehörde unterliegende allgemeine Bestimmungen über die Unterhaltung aufzustellen. Eine Verpflichtung dazu besteht aber nicht; die Landespolizeibehörde wird aber bei der Genehmigung der Anlage eines solchen Kanals dort, wo es erforderlich erscheint, den Erlaß solcher Bestimmungen zweckmäßig vorschreiben, Begr. S. 151.

3. In ähnlicher Weise können gemäß Abs. 4 die Provinzialverbände, denen die Unterhaltung eines Wasserlaufs gemäß § 125 übertragen worden ist, mit Genehmigung des Ministers für Landwirtschaft allgemeine Bestimmungen über die Unterhaltung durch Reglement nach den Provinzialordnungen treffen.

4. Soweit nicht nach Abs. 1 den staatlichen Baubehörden die Entscheidung über die erforderlichen Unterhaltungsarbeiten zusteht, steht die Bestimmung über Art, Maß und Ausführungszeit der Unterhaltungsarbeiten an Wasserlauf und Ufern (§§ 114, 119, 120) gemäß Abs. 2 der Wasserpolizeibehörde zu. Sie kann dieselben im Wege der Polizeiverfügung, die jedoch gemäß Abs. 5 nicht im Widerspruche zu den auf Grund der Abs. 3 und 4 erlassenen allgemeinen Bestimmungen und den Verfassungen der Unterhaltungsgemeinschaften gemäß § 126 Abs. 2 (Sten. B. HH. S. 1028) stehen dürfen, oder durch allgemeine Polizeiverordnungen (Unterhaltungsordnungen), welche jedoch, soweit allgemeine Bestimmungen auf Grund der Abs. 3 und 4 erlassen sind, nicht zulässig sind (Abs. 5), treffen, Begr. S. 151.

§ 134.

Bei natürlichen Wasserläufen erster und zweiter Ordnung gelten für das Rechtsverhältnis zwischen den Unterhaltungspflichtigen und den Grundstückseigentümern die §§ 135 bis 144.

1. Durch die Vorschriften der §§ 135—144 [124—133] soll **bei den natürlichen Wasserläufen erster und zweiter Ordnung** die Durchführung der Unterhaltungspflicht insofern erleichtert werden, als den Anliegern gewisse Verpflichtungen gegenüber den Unterhaltungspflichtigen auferlegt werden. Sie lehnen sich fast sämtlich an das Strombauverwaltungsgesetz (StBG.) vom 20. August 1883 (GS. S. 333) an, beziehen sich aber in Abweichung von diesem nicht nur auf die schiffbaren Ströme, sondern auf sämtliche natürliche Wasserläufe erster Ordnung, sowie ferner auch auf die Wasserläufe zweiter Ordnung (vgl. a. Nieberding-Frank S. 145/6); letzteres ist deshalb gerechtfertigt, weil nunmehr die Unterhaltungspflicht bei diesen nicht mehr, wie nach dem Privatflußgesetze den Anliegern, sondern den Wassergenossenschaften (§ 115 Nr. 2) obliegt, Begr. S. 152, KB. AH. S. 244.

2. Wo in den §§ 135—144 von den „Unterhaltungspflichtigen" die Rede ist, sind darunter, soweit sich nicht aus den Bestimmungen selbst ein anderes ergibt, sowohl der zur Unterhaltung des Wasserlaufs als auch der zur Uferunterhaltung Verpflichtete gemeint, Begr. S. 152.

3. Wegen der vorherigen Anhörung der Anlieger, sowie wegen der Entscheidung von Streitigkeiten vgl. § 147.

§ 135.

(1) Dem Unterhaltungspflichtigen sowie seinen Beamten und mit Berechtigungsausweis versehenen Beauftragten ist gestattet, bei der Vorbereitung und Ausführung der Unterhaltungsarbeiten die Ufergrundstücke, Anlandungen und Inseln zu betreten.

(2) Entstehen durch diese Handlungen Beschädigungen, so hat der Beschädigte auf Ersatz des Schadens Anspruch. Geringfügige Nachteile kommen jedoch nicht in Betracht.

1. § 135 [124] gestattet in Anschluß an § 11 StBG. den Organen der Unterhaltungspflichtigen das jederzeitige Betreten der Ufergrundstücke, Anlandungen und Inseln; die Sandbänke sind in Abweichung von § 11 StBG. hier nicht genannt, weil sie Teile des Wasserlaufs sind, Begr. S. 152; vgl. a. Mahraun zu § 11 StBG.

2. Die im § 11 StBG. vorgesehene Entschädigungspflicht für durch das Betreten entstehende Schäden sollte nach dem Entw., soweit § 146 eine solche nicht vorsieht, nicht übernommen werden. Die Kommission des Abgeordnetenhauses hielt eine solche jedoch, soweit es sich nicht um geringfügige Schäden handelt, für angebracht und hat den Abs. 2 hinzugefügt, KB. AH. S. 245; vgl. a. KB. HH. S. 783.

§ 136.

(1) Gegen Entschädigung haben die Anlieger zur Herstellung von Deckwerken, Buhnen, Sperrwerken (Kupierungen) oder zu anderen Unterhaltungsarbeiten den erforderlichen Grund und Boden, einschließlich der Arbeits- und Lagerplätze, zur Benutzung einzuräumen und den Anschluß der Werke an das Ufer zu gestatten.

(2) Ebenso müssen die Anlieger gegen Entschädigung die Ausführung der für die Unterhaltungsarbeiten nötigen Hilfsanlagen

am und im Wasserlauf, die Ablagerung des Aushubs von Erde, Kies, Sand, Hölzern und dergleichen auf den Ufergrundstücken, die An- und Abfuhr solcher Materialien sowie die An- und Abfuhr der Baustoffe dulden, auch einen bestimmten Zugang für die Arbeiter und Aufsichtspersonen einräumen.

1. Die § 136—139 [125—128] geben im wesentlichen den Inhalt des § 3 StVG. wieder.

„Deckwerke" sind Uferschutzwerke, welche das natürliche Ufer in der Breite von einigen Metern mit einer künstlichen Packlage von Steinen und Faschinen bedecken und der Erhaltung des vorhandenen Ufers dienen.

„Buhnen" sind Werke, welche mit der schmalen Seite beinahe senkrecht auf dem Ufer stehend mit der breiten Seite, dem Buhnenkopfe, in das Flußbett hineinragen; sie dienen dem Zwecke, das Geröll und andere feste Stoffe, welche der Wasserlauf mit sich führt, aufzufangen und zu lagern, wodurch einerseits das Ufer gegen Abbrüche geschützt und andrerseits allmählich Neuland gebildet wird.

„Kupierungen" sind Werke, welche einen Stromarm durchquerend die Verlandung dieses Armes, ähnlich wie die Buhnen, bezwecken, vgl. Mahraun Anm. 5—7 zu § 3 StVG.

2. Die Herstellung von Deckwerken, Buhnen usw. gehört nicht zu den Arbeiten, zu welchen der Unterhaltungspflichtige verpflichtet ist und von der Wasserpolizeibehörde angehalten werden kann. Sie werden ihm aber die Erfüllung der Unterhaltungspflicht erleichtern können; soweit sie diesem Zwecke dienen, gelten sie als Unterhaltungsarbeiten und nicht als Ausbau (§§ 152 ff.), Begr. S. 153.

3. Soweit Deichstatuten weitergehende Verpflichtungen für den Anlieger enthalten, als in § 136 vorgesehen, bleiben dieselben bestehen, KB. AH. S. 246.

§ 137.

Die §§ 135, 136 gelten auch für die hinter den Ufergrundstücken liegenden Grundstücke und deren Eigentümer.

Vgl. § 123 Anm. 1 und 2.

§ 138.

Gegen Entschädigung müssen die Anlieger ferner die Entnahme der zur Unterhaltung erforderlichen Feld- und Bruchsteine, von Kies, Rasen, Sand, Lehm und anderer Erde aus den Ufergrundstücken und den dahinter liegenden Grundstücken, soweit sie land- oder forstwirtschaftlich genutzt werden oder Unland sind, gestatten, wenn der Unterhaltungspflichtige diese Materialien anderweit nur mit unverhältnismäßigen Kosten gewinnen kann.

Vgl. § 134 Anm. 1 und 2.

§ 139.

Durch die Inanspruchnahme der Grundstücke in den Fällen der §§ 136 bis 138 darf der Abfluß von Wasserläufen nur mit

Zustimmung der Beteiligten gehindert werden. Auch darf in den Fällen des § 138 die bestehende Uferhöhe nur mit Zustimmung der Anlieger verringert werden, wenn dadurch das Übertreten des Hochwassers auf die angrenzenden Ländereien früher als bisher herbeigeführt wird.

Vgl. § 134 Anm. 1 und 2.

§ 140.

(1) Anlandungen, die infolge der Unterhaltungsarbeiten entstehen, gehören in der aus § 8 Abs. 2 Nr. 2 sich ergebenden Begrenzung den Anliegern.

(2) Der zur Unterhaltung des Wasserlaufs Verpflichtete ist jedoch befugt, die Anlandungen auszubilden und soweit zu befestigen, daß sie ohne Nachteil für den Wasserlauf zur Grasnutzung verwendet werden können (reif sind). Zu diesem Zwecke tritt er kraft Gesetzes in den Besitz und die Nutzung der Anlandungen. Den Anliegern ist von dem Vorhaben des Unterhaltungspflichtigen, die Anlandung auszubilden und zu befestigen, schriftlich Kenntnis zu geben.

(3) Die Anlieger dürfen die Anlandungen nur mit Zustimmung des Unterhaltungspflichtigen in Besitz und Nutzung nehmen. Sie können die Zustimmung verlangen, sobald die Anlandungen reif oder die zur Erreichung dieses Zieles erforderlichen Arbeiten eingestellt sind oder wenn der Unterhaltungspflichtige die Befugnis, sie reif zu machen, nicht ausübt, jedoch nur gegen Erstattung des Wertes der Anlandungen, soweit er die von dem Unterhaltungspflichtigen aufgewendeten Kosten nicht übersteigt.

(4) Diese Vorschriften gelten auch für nicht reife Anlandungen, die infolge von Unterhaltungsarbeiten vor dem Inkrafttreten dieses Gesetzes entstanden sind. Bei natürlichen Wasserläufen erster Ordnung bleiben die nach dem Strombauverwaltungsgesetz vom 20. August 1883 (Gesetzsamml. S. 333) erworbenen Rechte unberührt.

1. Die §§ 140, 141 [129, 130] geben im wesentlichen den Inhalt der §§ 5, 6 Abs. 1 StBG., die sich in der Praxis bewährt hatten, wieder.

Der Rechtszustand bezüglich der infolge von Unterhaltungsarbeiten gebildeten Anlandungen ist der, daß Eigentümer derselben der Anlieger in der aus § 8 Abs. 2 Nr. 2 sich ergebenden Begrenzung wird, daß er aber in der tatsächlichen Verfügung über sie durch den Unterhaltungspflichtigen beschränkt ist (vgl. RG. Bd. 33 S. 333). Letzterer tritt der Auslegung entsprechend, welche § 5 Abs. 2 StBG. in der Rechtsprechung erfahren hat, insoweit kraft Gesetzes in den Besitz und die Nutzung der Anlandung, als sie noch nicht im technischen Sinne „reif" sind; der Begriff der Reife ist zur Vermeidung von Zweifeln in Abs. 1 ausdrücklich so festgelegt, wie ihn Praxis und Literatur herausgebildet haben, Begr. S. 153; vgl. Mahraun Anm. 1—6 zu § 5 StBG.

Um den Anliegern Gewißheit zu geben, von welchem Zeitpunkt an der Unterhaltungspflichtige von dem ihm gemäß Abs. 2 zustehenden Rechte Gebrauch machen will, bestimmt der von der Kommission des Abgeordnetenhauses eingefügte Satz 3 des Abs. 2, daß er von einem solchen Vorhaben den Anliegern schriftlich Kenntnis zu geben hat, KB. AH. S. 247.

Ob die Anlandungen vor oder nach dem Inkrafttreten des Wassergesetzes entstanden sind, ist für die Anwendbarkeit des § 140 unerheblich (vgl. Abs. 4). Jedoch bleiben die auf Grund des StBG. entstandenen Rechte unberührt.

Wann die Anlieger berechtigt sind, die Anlandung in Besitz und Nutzung zu nehmen, bestimmt Abs. 3 in Anlehnung an § 6 Abs. 1 StBG.; vgl. a. Mahraun Anm. 1—4 zu § 6 StBG.

§ 141.

(1) Solange der Unterhaltungspflichtige die Anlandungen in Besitz hat, muß er dem Eigentümer oder Nutzungsberechtigten des Ufergrundstücks, soweit es dessen wirtschaftliche Interessen erfordern, vorbehaltlich der Bestimmung des § 142, die Verbindung mit dem Wasserlauf und dessen Benutzung gestatten.

(2) Liegen die Anlandungen vor Fähren, Landeplätzen und dergleichen, so hat der Unterhaltungspflichtige ihre Ausbildung möglichst zu beschleunigen, auch Fürsorge für zweckentsprechenden Zugang zu treffen.

(3) Im Falle einer Verpachtung ist bei gleichem Gebote dem Eigentümer oder Nutzungsberechtigten des Ufergrundstücks der Vorzug zu geben.

1. Vgl. Anm. 1 zu § 140.

2. § 141 [130] sichert den Besitzern von Ufergrundstücken und von Anlagen an solchen den Zugang zu dem Wasserlaufe bei derartigen Anlandungen und gibt den ersteren bei Verpachtungen derselben ein Vorzugsrecht (vgl. Abs. 3 und 5 des § 5 StBG., sowie Mahraun Anm. 7 und 9 dazu).

3. Nach Abs. 4 des Entw. sollte der Unterhaltungspflichtige entsprechend dem § 5 Abs. 6 StBG. befugt sein, die Ausübung des Jagdrechts auf den Anlandungen zu beschränken, Begr. S. 153. Die Kommission des Abgeordnetenhauses hat jedoch diese Vorschrift gestrichen, weil sie zu einer großen Belästigung des Jagdberechtigten führen würde, der Unterhaltungspflichtige auch ihnen gegenüber durch § 142 genügend geschützt sei, KB. AH. S. 247/8.

§ 142.

Solange die in Erfüllung der Unterhaltungspflicht ausgeführten Anlagen als Unterhaltungsanlagen von dem Verpflichteten unterhalten werden, ist dieser berechtigt, jede Benutzung der anstoßenden Anlandungen, die den Anlagen schädlich werden könnte, zu verbieten.

§ 142 [131] berechtigt den Unterhaltungspflichtigen entsprechend § 7 StBG., die Benutzung der Anlandungen, welche an die von ihm errichteten und noch unterhaltenen Unterhaltungsanlagen anstoßen, d. h. mit ihnen im Zusammenhange stehen (Begr. S. 153), insoweit zu verbieten, als sie diesen Anlagen schädlich werden können, z. B. durch Entnahme von Erde, Steinen, Beseitigen der Weidenpflanzungen usw.; vgl. Mahraun Anm. 1 zu § 7 StBG.

§ 143.

(1) Wird eine Berasung oder Bepflanzung reifer, vom Anlieger in Besitz genommener Anlandungen erforderlich, so kann der zur Unterhaltung des Wasserlaufs Verpflichtete den Anlieger auffordern, sie binnen einer bestimmten Frist auszuführen. Kommt der Anlieger der Aufforderung nicht nach, so ist der Unterhaltungspflichtige berechtigt, die Berasung oder Bepflanzung selbst auszuführen, die Nutzung davon zu ziehen und zu diesem Zwecke die Ufergrundstücke zu betreten oder zu befahren.

(2) Dem Anlieger ist die Nutzung zu überlassen, wenn er die bisher durch die Nutzung nicht gedeckten Aufwendungen erstattet und die Unterhaltung der Anlandungen, nötigenfalls unter Sicherstellung, übernimmt.

§ 143 [132] entspricht dem § 10 StBG. und will die Berasung und Bepflanzung reifer (§ 140 Abs. 1) Anlandungen dort, wo sie erforderlich ist, sichern, Begr. S. 153/4.

§ 144.

Dem Unterhaltungspflichtigen sowie seinen Beamten und mit Berechtigungsausweis versehenen Beauftragten ist das Setzen von Stations- und Festpunktmarken, desgleichen von Schiffahrtzeichen und sonstigen Merkzeichen auf Anlandungen aller Art und Inseln sowie auf den Ufergrundstücken und, soweit erforderlich, auch den dahinterliegenden Grundstücken jederzeit gestattet. Wenn diese Marken und Merkzeichen wenig sichtbar sind und daraus Gefahren bei der Bewirtschaftung entstehen können, sind sie angemessen zu kennzeichnen. Die Grundstückseigentümer oder Nutzungsberechtigten haben Anspruch auf Ersatz des Schadens, den sie dadurch erleiden.

§ 144 [133] gibt den § 11 StBG. wieder; wegen des Betretens der Anlandungen vgl. § 135, Begr. S. 154, KB. AH. S. 248.

§ 145.

(1) Bei Wasserläufen dritter Ordnung, die nicht von den Anliegern zu unterhalten sind, haben diese die Ablagerung des Aushubs von Erde, Kies, Sand, Hölzern und dergleichen auf den Ufergrundstücken zu dulden und für die Beseitigung des Aushubs zu

sorgen, soweit es zur Erhaltung eines ungehinderten Wasserabflusses erforderlich ist und ohne ungebührliche Belastung der Anlieger möglich ist. Der Aushub geht in das Eigentum des Anliegers über. Soweit eine ungebührliche Belastung stattfindet, ist der Unterhaltungspflichtige zur Beseitigung des Aushubs verpflichtet.

(2) Bei künstlichen Wasserläufen dritter Ordnung, die gewerblichen Unternehmungen dienen, hat der Unterhaltungspflichtige auf Verlangen des Anliegers den Aushub zu entfernen und für Beschädigungen Ersatz zu leisten.

(3) Dem Unterhaltungspflichtigen sowie seinen Beamten und mit Berechtigungsausweis versehenen Beauftragten ist gestattet, bei der Vorbereitung und Ausführung der Unterhaltungsarbeiten die Ufergrundstücke zu betreten und dort vorübergehend Materialien niederzulegen. Für die hierdurch verursachten Beschädigungen ist Ersatz zu leisten.

(4) Besondere Titel und Observanzen, die eine von den Vorschriften dieses Paragraphen abweichende Regelung enthalten, bleiben aufrechterhalten.

Die Vorschriften der §§ 135—144, in welchen die den Unterhaltungspflichtigen gegenüber den Anliegern zustehenden Rechte geregelt sind (vgl. Anm. 1 zu § 135), gelten nicht für die Wasserläufe dritter Ordnung, bei welchen sie auch entbehrlich sind.

Es war aber erforderlich, für die Wasserläufe dritter Ordnung, welche ausnahmsweise nicht im Eigentume der Anlieger stehen und daher nicht von ihnen, sondern den Eigentümern zu unterhalten sind (§ 115 Nr. 3), Bestimmungen darüber zu treffen, inwieweit die Anlieger die Ablagerung des Aushubs auf ihren Ufergrundstücken zu dulden und für die Beseitigung desselben, soweit es zur Erhaltung eines ungehinderten Wasserabflusses erforderlich ist, zu sorgen haben, Begr. S. 155.

Der Entwurf beschränkte sich nun darauf, eine dahingehende Verpflichtung der Anlieger im allgemeinen zu statuieren. Die Kommission des Abgeordnetenhauses hielt es aber mit Rücksicht auf die Verschiedenartigkeit der in dieser Hinsicht bestehenden Verhältnisse für erforderlich, eingehendere Bestimmungen darüber in § 145 [134] zu treffen. Insbesondere war man der Ansicht, daß die zahlreichen observanzmäßigen und auf besonderen Titeln beruhenden Regelungen, die vielfach von den Vorschriften der Regierungsvorlage abweichen, ebenso wie bei der Unterhaltung der Wasserläufe und ihrer Ufer (vgl. §§ 126 ff.) aufrechterhalten bleiben müßten, und hat deshalb eine dementsprechende Vorschrift in Abs. 4 aufgenommen. Ferner ist auf Grund des Bedenkens, daß, namentlich in industriereichen Gegenden die den Anliegern obliegende Verpflichtung zur Beseitigung des Aushubs zu einer schweren Belastung derselben führen könne, diese Beseitigung unter derartigen Verhältnissen den Unterhaltungspflichtigen auferlegt worden (Abs. 2 und 3), KB. AH. S. 248 ff.

§ 146.

Soweit nicht in diesem Titel eine Entschädigungspflicht ausdrücklich festgestellt ist, kann für einen durch Unterhaltungsarbeiten verursachten Schaden nur insoweit Ersatz verlangt werden, als der Schaden bei Beobachtung der erforderlichen Sorgfalt vermieden worden wäre.

Soweit nicht in dem vierten Titel ausdrücklich bestimmt ist, daß für die durch Unterhaltungsarbeiten verursachten Schäden Ersatz zu leisten ist (vgl. §§ 135, 136, 138, 144, 145), soll der Unterhaltungspflichtige zum Schadensersatz nur dann verpflichtet sein, wenn ihn ein Verschulden trifft. Dies ist in § 146 [135] ausgesprochen, Begr. S. 154/5.

§ 147.

(1) In den Fällen der §§ 136 bis 145 sind, soweit nicht Gefahr im Verzuge ist, die Eigentümer oder Nutzungsberechtigten der betroffenen Grundstücke vor der Inangriffnahme der geplanten Maßnahmen zu hören.

(2) Im Falle von Streitigkeiten, auch von solchen nach § 135, verfügt die Wasserpolizeibehörde.

1. Der Entwurf enthielt nach dem Vorbilde der §§ 4 und 13 StBG. in § 147 [136] eine eingehende Regelung des Rechtsmittelsverfahrens in den Fällen der §§ 135—145, Begr. S. 155. Die Kommission des Abgeordnetenhauses hielt dieselbe aber für entbehrlich und hat in Abs. 2 die einheitliche Bestimmung getroffen, daß in allen diesen Fällen die Wasserpolizeibehörde zu verfügen hat, KB. AH. S. 251.

2. Die Kommission hat ferner als Abs. 1 die Bestimmungen aufgenommen, daß in allen Fällen der §§ 136—145, soweit nicht Gefahr im Verzuge ist, die Besitzer der betroffenen Grundstücke vor der Inangriffnahme der geplanten Maßnahmen zu hören sind. Eine solche vorherige Anhörung der Anlieger auch im Falle des § 135 (Betreten der Ufergrundstücke) vorzuschreiben, erschien mit Rücksicht darauf, daß dadurch nur sachlich nicht notwendige Weiterungen entstehen würden, nicht zweckmäßig, KB. AH. S. 251.

§ 148.

(1) Die nach den §§ 131, 135 bis 146 den Grundstückseigentümern oder Nutzungsberechtigten zustehenden Entschädigungen, die nach den §§ 119, 121, 124, 127, 128, 132 zu leistenden Beiträge und Vergütungen sowie die nach § 140 Abs. 3 und § 143 Abs. 2 zu erstattenden Beträge werden im Streitfall durch Beschluß des Bezirksausschusses festgesetzt.

(2) Die Vorschriften des § 76 sind anzuwenden.

Während § 137 des Entw. die für die Entscheidung von Streitigkeiten zuständigen Behörden einheitlich nur für die gemäß den §§ 135 bis 144 zu leistenden Entschädigungen und die auf Grund des § 143 Abs. 2 zu erstattenden Aufwendungen regelte, im übrigen aber über diese

Frage bei den einzelnen Vorschriften des vierten Titels Bestimmungen vorsah, hat die Kommission des Abgeordnetenhauses alle Fälle, in welchen der vierte Titel die Leistung von Entschädigungen, Beiträgen und Vergütungen, sowie die Erstattung sonstiger Beträge mit Ausnahme des Falles des § 130 Abs. 2 (s. unten) vorschreibt, zusammengefaßt und in § 148 [137] für die Entscheidung von Streitigkeiten dieselben Behörden als zuständig bestimmt, welche im Verleihungsverfahren zu entscheiden haben (§§ 64, 76). Aus der Anwendbarkeit des § 76 ergibt sich ferner, daß, soweit es sich um Entschädigungen handelt, der ordentliche Rechtsweg nach Maßgabe des § 76 Abs. 2 gegeben ist.

Ein Antrag, auch für die Fälle des § 130, insbesondere für Streitigkeiten über die öffentlich-rechtliche Verpflichtung zur Unterhaltung des Wasserlaufs überhaupt, dieselbe Regelung wie in § 148 vorzunehmen, wurde jedoch abgelehnt, da es sich hier nicht um Fragen der Zweckmäßigkeit oder Billigkeit, sondern um reine Rechtsfragen handle und solche nicht im Beschlußverfahren, sondern wie dies überall nach geltendem Recht geschehe, durch richterliches Urteil entschieden werden müßten. Aus diesen Gründen wurde in den Fällen des § 130 das Verwaltungsstreitverfahren beibehalten, KB. AH. S. 252 ff.

§ 149.

(1) Im Falle des § 119 wird nach Beendigung der Arbeiten eine Liste der auf die einzelnen Eigentümer entfallenden Beiträge auf Antrag des zur Unterhaltung des Wasserlaufs Verpflichteten von dem Regierungspräsidenten (Oberpräsidenten), bei Wasserläufen zweiter und dritter Ordnung von dem Landrat öffentlich ausgelegt. Die Auslegung ist in ortsüblicher Weise und, wenn Landkreise beteiligt sind, auch durch die Kreisblätter bekannt zu machen. Innerhalb einer Frist von vier Wochen nach der letzten Bekanntmachung können Einwendungen gegen die Liste erhoben werden. Die Frist und die Stelle, bei der die Einwendungen anzubringen sind, ist in der Bekanntmachung anzugeben. Neben der öffentlichen Bekanntmachung sind die Eigentümer auf diese durch besondere Mitteilung hinzuweisen.

(2) Über die rechtzeitig erhobenen, erforderlichenfalls mit den Beteiligten zu erörternden Einwendungen entscheidet der Bezirksausschuß.

(2a) Die Vorschriften des § 76 Abs. 1 sind anzuwenden.

(3) Nach Erledigung der Einwendungen oder fruchtlosem Ablauf der Frist stellt der Regierungspräsident (Oberpräsident), bei Wasserläufen zweiter und dritter Ordnung der Landrat die Liste endgültig fest.

Der § 149 [137a] ist von der Kommission des Herrenhauses eingefügt worden, um das Verfahren bei der Einziehung von Beiträgen in den Fällen des § 119 zu vereinfachen. Die auf Grund dieser Bestimmung festgestellten Beiträge unterliegen der Einziehung im Verwaltungszwangsverfahren, KB. HH. S. 783.

§ 150.

(1) Die §§ 135 bis 138, der § 140 Abs. 2, 3, Abs. 4 Satz 1 und die §§ 141 bis 144 sind auf Grundstücke, die Bestandteile von Festungen, Eisenbahnen oder öffentlichen Wegen sind, nicht anzuwenden, wenn Gründe des öffentlichen Wohles entgegenstehen. Ob dies der Fall ist, entscheidet auf Anrufen des Grundstückseigentümers der Regierungspräsident.

(2) Gegen die Entscheidung des Regierungspräsidenten ist nur Beschwerde im Aufsichtswege zulässig.

(3) Im Falle des Abs. 1 ist der Grundstückseigentümer verpflichtet, die erforderlichen Unterhaltungsarbeiten nach näherer Bestimmung der Wasserpolizeibehörde selbst auszuführen.

§ 150 [138] berechtigt den Regierungspräsidenten auf Anrufen des Grundstückseigentümers, die Vornahme von Unterhaltungsarbeiten an den dort genannten, dem öffentlichen Interesse dienenden Grundstücken zu untersagen, wenn Gründe des öffentlichen Wohls dies erforderlich erscheinen lassen. Der Grundstückseigentümer ist aber alsdann verpflichtet, die erforderlichen Arbeiten nach näherer Anweisung der Wasserpolizeibehörde selbst auszuführen, Begr. S. 155.

§ 151.

Soweit nicht Staatsverträge oder sonstige, mit anderen Staaten getroffene Abreden entgegenstehen, können die Vorschriften dieses Gesetzes über die Unterhaltung für solche Wasserläufe, die nicht ausschließlich dem preußischen Staatsgebiet angehören, zeitweilig außer Kraft gesetzt werden. Zuständig ist bei Wasserläufen erster Ordnung der Minister der öffentlichen Arbeiten, sonst der Minister für Landwirtschaft, Domänen und Forsten.

§ 151 [139] beruht auf dem Gedanken der Retorsion und bezweckt, die Staaten, in welchen sich Strecken auch in Preußen fließender Wasserläufe befinden, zu zwingen, auch ihrerseits für die ordnungsmäßige Unterhaltung derselben Sorge zu tragen, Begr. S. 155/6, KB. AH. S. 256.

Fünfter Titel.

Ausbau der Wasserläufe und ihrer Ufer.

1. Das wirtschaftliche Bedürfnis fordert, daß der Unterhaltungspflichtige bei den größeren natürlichen Wasserläufen, nämlich denen erster und zweiter Ordnung, nicht nur für die Erhaltung des bestehenden Zustandes sorgt, welche Gegenstand der Unterhaltung ist (vgl. Vorbem. 2 zum vierten Titel), sondern daß er auch zur Verbesserung des bestehenden Zustandes in der Lage ist. An sich würde der Unterhaltungspflichtige, da mit der Vornahme derartiger Arbeiten regelmäßig eine Benutzung der Wasserläufe (§ 40), bzw. der Ufergrundstücke verbunden sein wird, den Weg der Verleihung, bzw. Enteignung einschlagen müssen. Dies

würde aber höchst unzweckmäßig sein und die Ausführung solcher im Interesse der Allgemeinheit wünschenswerter Arbeiten wesentlich erschweren. Das Gesetz hat daher in Ausdehnung des Strombauverwaltungsgesetzes, nach welchem der Staat schon bisher zur Ausführung der Regulierung öffentlicher Ströme kraft seines Hoheitsrechtes selbständig befugt war (vgl. Nieberding-Frank S. 394 ff.), im fünften Abschnitte Vorschriften getroffen, welche bezwecken, den Ausbau von natürlichen Wasserläufen erster und zweiter Ordnung, sowie ihrer Ufer nach Möglichkeit zu fördern. Dies ist vor allem durch die Zulassung eines vereinfachten Verfahrens geschehen, welches auch dort, wo es sich um die Benutzung von Wasserläufen oder Ufergrundstücken handelt, die Einleitung eines besonderen Verleihungs-, bzw. Enteignungsverfahrens überflüssig macht.

2. Der Ausbau solcher Wasserläufe kann aus mannigfachen Gründen, z. B. zu Zwecken der Verbesserung und Sicherung der Schiffahrt, der Vorflut, des Hochwasserabflusses, im Interesse der Allgemeinheit wünschenswert sein. Es erscheint aber nicht in allen Fällen des Ausbaues erforderlich, die Einhaltung der Verfahrensvorschriften der §§ 164 ff. zwingend vorzuschreiben, sondern nur dann, wenn wirklich ganz umfassende durchgreifende Änderungen vorgenommen, wenn ein vollständig neues Bett hergestellt, große Hochwasserregulierungsprojekte, Stauwerke usw. ausgeführt werden sollen, d. h. also in den Fällen des § 153 Nr. 1. Dagegen kann bei den minder wichtigen Arbeiten an den Wasserläufen und ihren Ufern, welche aber immerhin über den Rahmen der gewöhnlichen Unterhaltungsarbeiten hinausgehen, von diesem Verfahren abgesehen und das sog. „kleine Ausbauverfahren" nach näherer Maßgabe des § 173 zugelassen werden.

3. Der Ausbau ist nur zulässig, wenn Gründe des öffentlichen Wohls vorliegen (§ 152). Ob dies der Fall ist, ist der Entscheidung des Regierungs- bzw. Oberpräsidenten überlassen.

4. Zum Ausbau besteht grundsätzlich nur ein Recht, nicht aber eine Pflicht. Ein Zwang kann nur in den Fällen des Titels 6 ausgeübt werden (vgl. die Vorbem. dazu). Ausbauberechtigt sind nur die in § 155 genannten öffentlich-rechtlichen Körperschaften, einzelne Personen dagegen nicht, selbst wenn ihnen die Unterhaltung eines Wasserlaufs oder seiner Ufer obliegt. Wohl aber kann der Ausbauberechtigte die Ausführung des Ausbaues, nicht aber die ihm gemäß § 155 zustehenden öffentlich-rechtlichen Befugnisse auf einen einzelnen Unternehmer übertragen. Letztere können vielmehr nur an die in § 155 Abs. 2 bezeichneten Körperschaften des öffentlichen Rechts übertragen werden.

5. Das Ausbauverfahren ist dem Verleihungsverfahren (§§ 46 ff.) nachgebildet worden. Greifen die Wirkungen des Ausbaues in den Bereich von Rechten an dem Wasserlaufe ein, so kann der Betroffene nicht dem Ausbau widersprechen, sondern nur die Herstellung von Einrichtungen oder Entschädigung verlangen (§§ 156, 157). Handelt es sich dagegen um die Verletzung von Rechten, welche sich nicht als Rechte am Wasserlaufe darstellen, so steht deren Inhabern

ein Widerspruchsrecht zu, das der Unternehmer nur durch gütliche Vereinbarung oder im Wege der Enteignung beseitigen kann, das Gleiche gilt für die Beseitigung oder Beschränkung fremder Rechte, z. B. bei der Inanspruchnahme von Grundstücken bei Durchstichen und Verbreiterungen eines Wasserlaufs, es sei denn, daß die Voraussetzungen des § 331 vorliegen. Um aber nicht in allen Fällen eine förmliche Enteignung erforderlich zu machen, sind die für das Rechtsverhältnis zwischen Unterhaltungspflichtigen und Grundstückseigentümer geltenden, erleichternden Vorschriften der §§ 135 ff. auf den Ausbau für anwendbar erklärt (§ 162 Abs. 1) und ferner in den §§ 160 ff. ebenfalls erleichternde Bestimmungen in dieser Hinsicht getroffen worden. Vgl. im übrigen Begr. S. 31/2, 156—158, KB. AH. S. 256/7.

6. Wegen der Beteiligung des Staates und der Provinzen an dem Ausbau der Wasserläufe zweiter Ordnung vgl. Titel 6.

7. Die §§ 152—175 treten, soweit es sich um den Ausbau von Wasserläufen erster Ordnung handelt, mit der Verkündung des Gesetzes in Kraft, vgl. § 400 und die Anm. dazu.

§ 152.

Natürliche Wasserläufe erster oder zweiter Ordnung und ihre Ufer können nach den folgenden Bestimmungen aus Gründen des öffentlichen Wohles ausgebaut werden.

Der Ausbau in dem in der Vorbemerkung bezeichneten Sinne beschränkt sich, wie dort bereits bemerkt, auf die natürlichen Wasserläufe erster und zweiter Ordnung. Bei Wasserläufen dritter Ordnung ist ein Ausbau natürlich auch möglich. Es empfiehlt sich aber nicht, ihn den §§ 152 [140] ff. zu unterwerfen, weil einmal durch diese Vorschriften den Anliegern zugunsten des Unterhaltungspflichtigen weitgehende Beschränkungen und Lasten auferlegt werden, ferner der Ausbau nur leistungsfähigen Trägern überlassen werden kann, eine Bedingung, die die Träger der Unterhaltungslast bei Wasserläufen dritter Ordnung (§ 115 Nr. 3) nicht erfüllen. Ein Antrag, den fünften Titel auch auf solche Wasserläufe auszudehnen, wurde daher in der Kommission des Abgeordnetenhauses abgelehnt, KB. AH. S. 257 ff. Liegt es im Einzelfalle im Interesse der Allgemeinheit, einen Wasserlauf dritter Ordnung auf Grund dieser Vorschriften auszubauen, so kann dies dadurch erreicht werden, daß er in die zweite Ordnung aufgenommen wird.

Vgl. jedoch wegen der künstlichen Wasserläufe und zwar auch der dritter Ordnung § 175.

§ 153.

(1) Das Ausbauunternehmen kann

1. die Einlegung von Stauwerken, eine die Befahrung der Wasserstraße mit größeren Fahrzeugen bezweckende Vertiefung, die Herstellung eines neuen Bettes, die Durchführung einer Hochwasserregulierung oder

2. andere über die Unterhaltung hinausgehende Verbesserungen

zum Gegenstand haben.

(2) Den Ausbauunternehmungen im Sinne des Abs. 1 Nr. 2 wird gleichgestellt die künstliche Schaffung von Neuland an Ufergrundstücken.

1. § 153 [141] enthält die Aufzählung der hauptsächlichsten Gegenstände des Ausbaues. Es handelt sich dabei um Arbeiten, welche über die Unterhaltung hinausgehen.

Die wichtigeren derselben sind in Ziff. 1 einzeln bezeichnet; dabei sind die Worte des Entwurfs „eine die Verhältnisse des Wasserlaufs in erheblicher Weise beeinflussende Vertiefung" von der Kommission des Abgeordnetenhauses durch den Ausdruck „eine die Befahrung der Wasserstraße mit größeren Schiffsgefäßen (jetzt: Fahrzeugen, KB. HH. S. 783) bezweckende Vertiefung" ersetzt worden, um durch diese genauere Bezeichnung den Unterschied zwischen dem großen und kleinen Ausbau (§ 173, s. Vorbem.) deutlicher zum Ausdruck zu bringen.

Nur bei ihnen ist das Verfahren gemäß den §§ 164—171 zwingend vorgeschrieben, während bei allen anderen, minderwichtigen Unterhaltungsarbeiten (Nr. 2) von diesem Verfahren nach Maßgabe des § 173 abgesehen werden kann.

Es handelt sich also entsprechend dem Umfange der Unterhaltungspflicht (§ 114) in erster Linie um Arbeiten zur Verbesserung der Vorflut, ferner aber auch zu ihrer Sicherung, Begr. S. 159.

Die Beseitigung vorhandener, sowie die Verhinderung zukünftiger Schiffahrtsschäden an den Ufergrundstücken ist gemäß den Beschlüssen der Kommission des Abgeordnetenhauses unter die Aufgaben des Unterhaltungspflichtigen aufgenommen worden (vgl. § 119, sowie Anm. 3 dazu). Die dementsprechende Vorschrift des Abs. 2 gemäß den Beschlüssen der Kommission in erster Lesung ist daher überflüssig und demgemäß vom Abgeordnetenhause gestrichen worden, Sten. B. AH. S. 8569/70.

2. Statt dessen ist dem § 153 als Abs. 2 die Bestimmung hinzugefügt worden, daß den Ausbauunternehmungen im Sinne des Abs. 1 die künstliche Schaffung von Neuland an Ufergrundstücken gleichgestellt wird, und ferner im Zusammenhang damit der § 57 in 156 Abs. 4 auf den Ausbau für anwendbar erklärt worden, Sten. B. AH. S. 8569/70.

Auf Grund dieser beiden Bestimmungen ist die Rechtslage die, daß, falls die künstliche Schaffung von Neuland den Gemeingebrauch an einem Wasserlaufe, insbesondere den Zugang zu ihm, unmöglich macht oder erheblich erschwert, der Ausbauberechtigte verpflichtet ist, soweit sich dies durch Einrichtungen, welche mit dem Unternehmen vereinbar und wirtschaftlich gerechtfertigt sind, verhüten läßt, derartige Einrichtungen herzustellen und nach Maßgabe des § 50 Abs. 1 Satz 2 zu unterhalten.

Eine denselben Zweck verfolgende Vorschrift war zunächst in der zweiten Lesung des Abgeordnetenhauses als Abs. 2 des § 36 aufgenommen worden. Man hat sie aber in dritter Lesung gestrichen und durch die Vorschriften der §§ 153 Abs. 2, 156 Abs. 4 ersetzt, weil dadurch den Interessen der zum Gemeingebrauch Berechtigten bezüglich solchen Neulandes genügend gedient ist, während die Vorschrift des § 36 Abs. 2, welche den Gemeingebrauch bei Neuland, insbesondere den Zugang zum Wasserlaufe unter Benutzung des Neulandes, in dem bisher geübten Umfange aufrechterhalten wollte, die volkswirtschaftlich wünschenswerte Erwerbung von Neuland unmöglich machte, da die Aufrechterhaltung des Gemeingebrauchs die Ausnutzung der neugewonnenen Flächen, z. B. zu Garten- oder Ackerland, unmöglich gemacht haben würde, da dann jeder sein Vieh über dasselbe zum Wasser hätte treiben dürfen. Erfolgt die künstliche Schaffung nicht im wasserrechtlichen Ausbauverfahren, also z. B. beim Einbau eines Bahndamms in den Wasserlauf, so muß sich der Unternehmer entweder mit dem Ufereigentümer verständigen oder die Enteignung durchführen, wo dem Eigentümer ebenfalls Gelegenheit gegeben ist, seine Interessen zu wahren, KB. AH. S. 8059 ff., 8539 ff.

Das auf diese Weise von dem Ausbauunternehmer gewonnene Neuland erwirbt derselbe direkt als Eigentum, KB. HH. S. 783.

§ 154.

Die Wasserpolizeibehörde entscheidet im Streitfalle, ob Arbeiten über die Unterhaltung hinausgehen und den Vorschriften dieses Titels unterstehen. Die Entscheidung kann nur mit der Beschwerde im Aufsichtswege angefochten werden.

Der § 154 [141a] ist von dem Abgeordnetenhause in zweiter Lesung eingeführt worden, um unter Ausschluß des Rechtsweges die Entscheidung bei einem Streite, ob es sich im einzelnen Falle um eine Unterhaltungs- oder Ausbauarbeit handelt, was unter gewissen Umständen für die Duldungspflicht der Anlieger von Bedeutung sein kann, einer Behörde zu übertragen, Sten. B. AH. S. 8201.

§ 155.

(1) Ausbauberechtigt sind:

1. bei natürlichen Wasserläufen erster Ordnung der Staat;

2. bei Wasserläufen zweiter Ordnung der Staat, Wassergenossenschaften oder andere Körperschaften des öffentlichen Rechtes sowie die diesen im § 126 Abs. 2 gleichgestellten Gemeinschaften Unterhaltungspflichtiger für die von ihnen zu unterhaltende Strecke, ferner eine den Ausbau des Wasserlaufs bezweckende Wassergenossenschaft für die innerhalb des Genossenschaftsgebietes gelegene Strecke.

(2) Durch Königliche Verordnung kann das Recht zum Ausbau eines Wasserlaufs und in Verbindung damit auch das Recht zum Ausbau der Ufer dem Reiche, einem fremden Staate oder einer

nicht schon nach Abs. 1 ausbauberechtigten öffentlichrechtlichen Körperschaft mit ihrer Zustimmung übertragen werden.

(3) Der Ausbauberechtigte bedarf zum Ausbau keiner Verleihung.

1. § 155 [142] trifft sowohl die Wasserläufe als ihre Ufer, und zwar können sie beide gemeinsam, als auch unabhängig voneinander ausgebaut werden, vgl. jedoch Anm. 3.

2. Ausbauberechtigt sind der Staat und die in § 155 genannten Körperschaften. Ihnen steht also das Recht zu, von dem in den §§ 164 ff. bestimmten Verfahren Gebrauch zu machen, andrerseits haben sie aber auch, falls sie einen Ausbau vornehmen, die Pflicht, diese Vorschriften dabei zu beachten; vgl. a. Vorbem. 4.

3. Bei Wassergenossenschaften, die den Ausbau eines Wasserlaufs zweiter Ordnung bezwecken (Nr. 2), richtet sich das Ausbauverfahren nur gegen solche, welche nicht Mitglieder der Genossenschaft sind, während die Genossenschaft nach § 222 Abs. 1 ihren Mitgliedern gegenüber berechtigt ist, die zur Erfüllung des Genossenschaftszweckes erforderlichen Anlagen herzustellen. Wird der Ausbau aber von einer Unterhaltungsgenossenschaft für den Wasserlauf (§ 206) vorgenommen, so richtet sich das Ausbauverfahren auch gegen die Genossen, Begr. S. 158.

Das Recht, die Ufer allein auszubauen, steht aber nur dem Staate für die Strecken der natürlichen Wasserläufe erster Ordnung, auf welchen er nicht unterhaltungspflichtig ist, sowie dem Unterhaltungspflichtigen zu.

Dagegen ist eine Genossenschaft, welche lediglich den Ausbau der Ufer bezweckt, zur Vornahme des Ausbaues auf Grund der §§ 153 ff. nicht berechtigt, denn es ist in Nr. 2 nur von Genossenschaften zum Zwecke des Ausbaues des Wasserlaufs die Rede; ihre Bildung ist allerdings in § 206 Nr. 2 zugelassen, sie müssen sich aber dann ohne ein solches Verfahren behelfen.

4. In allen diesen Fällen ist, wie auch in der Vorschrift des Abs. 2, nach welchem die Übertragung des Rechts zum Ausbau des Wasserlaufs an die dort genannten Verbände nur zusammen mit der Übertragung des Rechts zum Ausbau der Ufer zulässig ist, das Bestreben maßgebend gewesen, den Ausbau eines Wasserlaufs und seiner Ufer nach Möglichkeit in einer Hand, und zwar in der des zum Ausbau des Wasserlaufs Berechtigten, zu vereinigen, dem dann auch die Unterhaltung des Wasserlaufs gemäß § 108 Abs. 4 obliegt (§ 115 Abs. 3) und ebenso die Unterhaltung der Ufer überlassen werden kann (§ 120 Abs. 2 i. V. m. § 124 Abs. 1), Begr. S. 159.

5. Wegen der Heranziehung des Staates und der Provinzen zu der Aufbringung der Kosten für den Ausbau von Wasserläufen zweiter Ordnung vgl. Titel 6 (§§ 176 ff.).

§ 156.

(1) Dem Unternehmer des Ausbaues liegt die Herstellung derjenigen Einrichtungen ob, die zur Sicherung von Grundstücken und

Anlagen gegen Gefahren und Nachteile notwendig sind, wenn solche Einrichtungen mit dem Unternehmen vereinbar und wirtschaftlich gerechtfertigt sind. Er hat auch die im öffentlichen Interesse erforderlichen Einrichtungen zu treffen. Zu diesen gehören die durch den Ausbau bedingten Änderungen an öffentlichen Wegen und den in ihrem Zuge belegenen Brücken. Der Wege- oder Brückenunterhaltungspflichtige hat, unbeschadet auf besonderem Titel beruhender Verpflichtungen, zu den Kosten so viel beizutragen, als ihm durch die Änderung Kosten erspart werden, die er sonst zur Erfüllung seiner Unterhaltungspflicht hätte aufwenden müssen.

(2) Sind von dem Ausbau nachteilige Wirkungen zu erwarten, durch die das Recht eines anderen beeinträchtigt werden würde, so kann der davon Betroffene die Herstellung von Einrichtungen fordern, welche die nachteiligen Wirkungen ausschließen. Von nachteiligen Wirkungen der im § 41 Abs. 1, 2 bezeichneten Art gilt dasselbe, auch wenn dadurch kein Recht beeinträchtigt wird.

(3) Als Nachteil gilt nicht die Veränderung des Grundwasserstandes, wenn der Ausbau zur Beschaffung der Vorflut für die gewöhnliche Bodenentwässerung von Grundstücken erfolgt, für die der auszubauende Wasserlauf der natürliche Vorfluter ist.

(4) Der § 57 ist auf den Ausbau sinngemäß anzuwenden.

(5) Nimmt der Staat zum Ausbau eines Leinpfades oder zu sonstigen Zwecken eine Anschüttung vor der Uferlinie vor, so hat er den früheren Anliegern oder Nutzungsberechtigten, soweit es deren wirtschaftliche Interessen erfordern, die Verbindung mit dem Wasserlaufe und dessen Benutzung in dem bisher geübten Umfange zu gestatten.

1. Bei dem Ausbaue wird sich in den meisten Fällen ein Eingriff in fremde Rechte nicht vermeiden lassen. Wollte man nun in solchen Fällen diesen Berechtigten die Befugnis geben, dem Ausbau zu widersprechen, so würden diese im volkswirtschaftlichen Interesse wünschenswerten Arbeiten häufig unmöglich gemacht werden. Das Wassergesetz erkennt aber ein solches Widerspruchsrecht, soweit es sich um Rechte an den Wasserläufen handelt — wegen sonstiger Rechte vgl. die §§ 160 bis 162 — nicht an (§ 156 Abs. 1 Satz 2), sondern beschränkt die durch den Ausbau in ihren Rechten Beeinträchtigten auf einen Anspruch gegen den Ausbauberechtigten, Einrichtungen zur Verhütung solcher nachteiliger Wirkungen zu treffen, oder ihnen, falls derartige Einrichtungen mit dem Unternehmen nicht vereinbar oder wirtschaftlich nicht gerechtfertigt sind, Entschädigung zu leisten (§ 156 Abs. 2 Satz 1, § 157 Abs. 1 Satz 1). Das Gleiche gilt von nachteiligen Wirkungen der in § 41 Abs. 1, 2 bezeichneten Art, und zwar hier auch dann, wenn dadurch kein Recht beeinträchtigt wird.

Soweit Privilegien und besondere Titel an Strömen unter der Bedingung erteilt sind, daß sie sich allen vom Staate kraft seines Hoheitsrechts vorgenommenen Veränderungen am Strome unterwerfen müssen, tritt an Stelle dieser Beschränkung nunmehr die

Beschränkung durch das Recht des Staates zum Ausbau der natürlichen Wasserläufe erster Ordnung, KB. AH. S. 265; vgl. a. die Anm. zu § 382.

2. Abgesehen von diesen besonderen Fällen hat der Ausbauunternehmer auf Grund des Abs. 1 ganz allgemein diejenigen Einrichtungen zu treffen und nach Maßgabe des § 156 [143] zu unterhalten, die zur Sicherung von Grundstücken und Anlagen gegen Gefahren und Nachteile erforderlich sind, wenn solche Einrichtungen mit dem Unternehmen vereinbar oder wirtschaftlich gerechtfertigt sind. Ebenso liegt ihm die Herstellung der im öffentlichen Interesse erforderlichen Einrichtungen ob. Zu diesen sollen nach dem von der Kommission des Abgeordnetenhauses trotz des Widerspruchs der Regierung eingefügten Satz 3 auch die durch den Ausbau bedingten Änderungen an öffentlichen Wegen und in ihrem Zuge befindlichen Brücken gehören, zu deren Kosten jedoch der zur Unterhaltung solcher Anlagen Verpflichtete soviel beizutragen hat, als er sonst auf Grund seiner Unterhaltungslast hätte aufwenden müssen; diese Regelung hielt man aus Rücksichten der Billigkeit für geboten, weil man dem Wege- und Brückenunterhaltungspflichtigen doch nicht zumuten könne, wie dies in der Begründung (S. 160) allerdings angenommen werde, die Kosten der infolge des Ausbaues an diesen Anlagen erforderlich werdenden Änderungen zu tragen, KB. AH. S. 263 ff.

Als solche Einrichtung kommt ferner die Schaffung von Zuwegen zum Wasserlauf für solche Interessenten in Betracht, welche durch den Ausbau und die damit in Zusammenhang stehenden Arbeiten, insbesondere durch Anschüttung, vom Wasserlaufe abgeschnitten werden (Abs. 5), vgl. KB. AH. S. 270, sowie § 27 Anm.

Wegen der Maßnahmen zur Beobachtung des Pegels und Grundwasserstandes vgl. § 168 Abs. 2 Satz 2, sowie Anm. 2 zu § 168.

Entschädigungsansprüche für den Fall, daß die in Abs. 1 genannten Einrichtungen mit dem Unternehmen nicht vereinbar oder wirtschaftlich nicht gerechtfertigt sind, sieht das Gesetz im Gegensatz zu den in Anm. 1 genannten Fällen und in Abweichung von dem Entwurfe (§ 156) nicht vor.

3. Abs. 3 bestimmt eine Ausnahme von den Verpflichtungen auf Grund des Abs. 1 und 2 im Interesse der „gewöhnlichen Bodenentwässerung" von Grundstücken, vgl. über diesen Begriff Anm. 3 zu § 41, sowie KB. HH. S. 784.

Bemerkenswert ist die bei der Gelegenheit der Besprechung dieser Bestimmung in der Kommission des Abgeordnetenhauses und des Herrenhauses getroffene Feststellung, daß die Entwässerung von Grundstücken, bei welchen durch unterirdische Arbeiten, insbesondere durch den Bergbau, Bodensenkungen von erheblicherem Umfange eintreten, nicht unter die „gewöhnliche Bodenentwässerung" fällt, der Grundstücksbesitzer sich also evtl. durch die Vornahme einer solchen Ableitung von Wasser haftbar macht. Daß er sich seinerseits wegen solcher Senkungen an den Bergwerksbesitzer auf Grund des § 148 ABG., der gemäß § 396 aufrechterhalten bleibt, halten kann, unterliegt keinem Zweifel, KB. AH. S. 262/3, KB. HH. S. 784.

§ 157.

(1) Soweit in den Fällen des § 156 Abs. 2 Einrichtungen der dort bezeichneten Art mit dem Unternehmen nicht vereinbar oder wirtschaftlich nicht gerechtfertigt sind, kann der von der nachteiligen Wirkung Betroffene Entschädigung fordern. Wegen Beeinträchtigung eines Rechtes kann er, sofern es sich nicht um ein Recht am Wasserlauf handelt, auch dem Ausbau widersprechen.

(2) Die Entschädigung kann in wiederkehrenden Leistungen bestehen; dabei kann die Nachprüfung und anderweite Festsetzung in bestimmten Zeiträumen vorbehalten werden. Auf die Entschädigung ist der Vorteil anzurechnen, der dem Berechtigten aus dem Unternehmen erwächst.

1. Zu Abs. 1 vgl. § 156 Anm. 1, sowie wegen der Bemessung des Schadens § 159.

2. Die Bestimmung des Abs. 2 Satz 1 ist eingefügt worden, weil die Notwendigkeit von Kapitalabfindungen unter Umständen den Ausbau unnötig erschweren kann (Teil 1) und ferner sich die Folgen von schädlichen Eingriffen häufig nur schwer übersehen lassen (Teil 2), KB. AH. S. 267.

§ 158.

Dem Unternehmer liegt auch die Unterhaltung der im § 156 bezeichneten Einrichtungen ob, soweit diese Unterhaltungslast über den Umfang einer bestehenden Verpflichtung zur Unterhaltung vorhandener, demselben Zwecke dienender Einrichtungen hinausgeht.

Die Einschränkung der dem Unternehmer bezüglich der gemäß § 156 hergestellten Einrichtungen obliegenden Unterhaltungslast gegenüber bereits bestehenden Unterhaltungsanlagen in § 158 [145] entspricht der Billigkeit, sowie der in § 14 Abs. 1 Satz 2 EG. für die Enteignung vorgenommenen Regelung, Begr. S. 160; vgl. auch § 50 Abs. 1 Satz 2, sowie Eger zu § 14 EG. Anm. 140 ff.

§ 159.

(1) Wegen nachteiliger Veränderung der Vorflut oder des Grundwasserstandes, wegen Erschwerung der Unterhaltung des Wasserlaufs oder seiner Ufer und wegen vorübergehender Beeinträchtigung von Wassernutzungsrechten kann Entschädigung nur verlangt werden, wenn der Schaden erheblich ist.

(2) Der durch Veränderung des Grundwasserstandes entstehende Schaden ist ferner nur insoweit zu ersetzen, als die Billigkeit nach den Umständen eine Entschädigung erfordert.

1. Mit Rücksicht darauf, daß es sich hier um Unternehmungen handelt, die dem öffentlichen Wohle dienen und deren Ausführung nicht durch die Belastung des Unternehmers mit einer Fülle kleinlicher Schadensersatzansprüche erschweren darf, ist die Entschädigungspflicht in den in § 159 [146] genannten Fällen auf erhebliche Schäden beschränkt, Begr. S. 160.

Bei der Beurteilung, ob ein Schaden erheblich ist oder nicht, kommen nur objektiv erhebliche Schäden in Betracht, die subjektiven Verhältnisse des Betroffenen, insbesondere seine Vermögensverhältnisse, dagegen nicht, KB. AH. S. 269.

Zu Abs. 2 vgl. § 52 Anm. 2.

§ 160.

(1) Der Unternehmer ist berechtigt, Anlandungen aller Art, Felsen, Inseln und Ufervorsprünge abzutreiben oder sonst zu beseitigen, wenn dies nach dem Plane (§ 163) erforderlich ist. Entschädigung kann nur verlangt werden, wenn der Schaden erheblich ist.

(2) Bei Ausführung der Arbeiten hat der Unternehmer dafür zu sorgen, daß eine Verunstaltung landschaftlich hervorragender Gegenden vermieden wird, soweit dies mit dem Zweck und der Wirtschaftlichkeit des Unternehmens vereinbar ist.

1. § 160 [147] Abs. 1 ist dem § 8 Abs. 1 StBG. entnommen.

2. Auch die Beseitigung von Sandbänken muß geduldet werden, da diese Teile des Wasserlaufs sind und die im § 153 bezeichneten Verbesserungen des letzteren ihre Beseitigung zum Gegenstande haben können. Die Beseitigung von Sandbänken, die weder zu den Inseln, noch zu den Anlandungen gerechnet werden können, da sie bei gewöhnlichem Wasserstande mit Wasser bedeckt sind, ist sogar dann, wenn die Sandbänke der Vorflut, bei Wasserläufen erster Ordnung auch wenn sie der Schiffahrt hinderlich sind, eine Pflicht desjenigen, dem die Unterhaltung des Wasserlaufs obliegt, Begr. S. 160/1.

3. Entschädigung ist auf Verlangen, jedoch nicht, wie der Entwurf dies vorsah, unter allen Umständen, sondern nur dann zu leisten, wenn der Schaden erheblich ist, KB. AH. S. 270.

4. Abs. 2 ist von der Kommission des Abgeordnetenhauses eingefügt worden, weil es beim Ausbau ebenso wie bei der Verleihung (vgl. § 58) geboten erschien, das Landschaftsbild nach Möglichkeit vor Beeinträchtigungen zu schützen; ein Entschädigungsanspruch kann hier allerdings nicht gewährt werden, KB. AH. S. 270.

§ 161.

Die Bepflanzung, Berasung oder anderweite Befestigung der im § 160 Abs. 1 bezeichneten Grundstücke bedarf der Zustimmung des Unternehmers, soweit sie nach dem Plane (§ 163) beseitigt werden sollen. Dasselbe gilt für die gänzliche oder teilweise Beseitigung dieser Grundstücke, soweit der Plan ihre Beseitigung oder Erhaltung vorsieht.

§ 161 [148] gibt den Inhalt des § 10 Abs. 1 Satz 1 StBG. wieder, Begr. S. 160.

§ 162.

(1) Die für das Rechtsverhältnis zwischen dem Unterhaltungspflichtigen und den Grundstückseigentümern geltenden Vorschriften der §§ 135 bis 144 sind entsprechend auf das Rechtsverhältnis

zwischen dem Ausbauunternehmer und den Grundstückseigentümern anzuwenden.

(2) Die Anlieger sind ferner ohne Anspruch auf Entschädigung verpflichtet, wildwachsende Bäume und Sträucher, welche die Durchführung des Unternehmens wesentlich beeinträchtigen, und die nach dem Plane (§ 163) beseitigt werden müssen, auf Erfordern des Unternehmers nach ihrer Wahl entweder selbst zu beseitigen oder die Beseitigung zu dulden.

1. Da der Ausbau der Wasserläufe und ihrer Ufer, ebenso wie ihre Unterhaltung im öffentlichen Interesse liegt, sind die erleichternden Vorschriften der §§ 135—144 in Abs. 1 des § 162 [149] auf den Ausbau für entsprechend anwendbar erklärt, Begr. S. 161.

2. Eine dem Abs. 2 entsprechende Vorschrift fand sich bereits in § 9 Abs. 1 C (vgl. § 284 C, sowie Anm. 1 zu § 284) des Hochwasserschutzgesetzes v. 16. Aug. 1905. Da nun die Beseitigung von Bäumen und Sträuchern nicht nur im Interesse des Hochwasserschutzes, sondern ganz allgemein bei jedem Ausbau erforderlich werden kann, dehnt Abs. 2 diese Vorschrift auf den Ausbau im allgemeinen aus. Die Beseitigung, bzw. ihre Duldung kann von den Anliegern aber nur dann verlangt werden, wenn der Plan sie vorsieht und wenn ferner — nach dem von der Kommission des Abgeordnetenhauses mit Rücksicht auf die Erhaltung des Landschaftsbildes eingefügten Zusatz — die zu beseitigenden Bäume und Sträucher die Durchführung des Unternehmens wesentlich beeinträchtigen. Der Eigentümer der Bäume und Sträucher kann eine Entschädigung nicht verlangen, sie verbleiben aber in seinem Eigentum, Begr. S. 161, KB. AH. S. 271.

§ 163.

Der Unternehmer hat den Plan für den Ausbau dem örtlich zuständigen Regierungspräsidenten, bei natürlichen Wasserläufen erster Ordnung, mit deren Verwaltung ein Oberpräsident oder ein anderer Regierungspräsident beauftragt ist, diesem einzureichen. Der Regierungspräsident (Oberpräsident) hat zu prüfen, ob Gründe des öffentlichen Wohles vorliegen und, wenn dies nicht der Fall ist, den Ausbau für unzulässig zu erklären. Die Entscheidung kann nur mit der Beschwerde im Aufsichtswege angefochten werden, und zwar, wenn es sich um den Ausbau eines natürlichen Wasserlaufs erster Ordnung handelt, bei dem Minister der öffentlichen Arbeiten, sonst bei dem Minister für Landwirtschaft, Domänen und Forsten.

Durch § 163 [150] soll die Prüfung der Frage, ob für den Ausbau Gründe des öffentlichen Wohls vorliegen, durch eine staatliche Behörde gesichert werden. Bei dieser Prüfung ist insbesondere den beteiligten anderen Behörden Gelegenheit zu geben, die von ihnen zu vertretenden öffentlichen Interessen zur Geltung zu bringen, z. B. wenn durch den Ausbau Eisenbahnen, öffentliche Wege, Festungen oder Bergwerke berührt werden, vgl. Begr. S. 161.

§ 164.

(1) Mit dem Plane ist ein Auszug daraus einzureichen, der eine kurze Darstellung des Unternehmens und die herzustellenden Einrichtungen enthalten muß.

(2) Der Auszug ist in den Gemeinden (Gutsbezirken), auf die sich nach dem Ermessen des Regierungspräsidenten (Oberpräsidenten) die Wirkung des Unternehmens erstrecken kann, während eines Zeitraumes von mindestens zwei Wochen zu jedermanns Einsicht auszulegen. Zeit und Ort der Auslegung des Auszugs sowie die Stelle, bei welcher der Plan selbst eingesehen werden kann, sind in ortsüblicher Weise und, wenn Landgemeinden beteiligt sind, auch in den Kreisblättern bekannt zu machen. Daneben sollen alle bekannten Personen, die nach dem Ermessen des Regierungspräsidenten (Oberpräsidenten) von nachteiligen Wirkungen des Ausbaues betroffen werden können, auf die öffentliche Bekanntmachung hingewiesen werden.

1. Die vorhergehenden Bestimmungen geben dem Ausbauunternehmer eine Reihe von Sonderrechten. Diese stehen ihm aber nur dann zu, wenn er das in den §§ 164—171 [151—157 a] geregelte Verfahren beobachtet. Zwingend ist dasselbe nur für die in § 153 Nr. 1 bezeichneten Änderungen vorgeschrieben, während bei kleineren Ausbauunternehmungen von der Einhaltung desselben nach Maßgabe des § 173 abgesehen werden kann (vgl. § 153 Anm. 1).

Die Vorschriften schließen sich im einzelnen den §§ 4—9 des schles. Hochwasserschutzges., sowie dem § 13 des Wasserstraßengesetz. an und sind den für das Verleihungsverfahren geltenden nach Möglichkeit angepaßt.

2. Über die Einzelheiten der Offenlegung des Planes, sowie über den Kreis der besonders zu benachrichtigenden Personen (Abs. 2) wird die zu erlassende Ausführungsanweisung Bestimmungen treffen, KB. AH. S. 271.

§ 165.

(1) Die Bekanntmachung muß angeben, bei welcher Behörde Widersprüche gegen den Ausbau und Ansprüche auf Herstellung und Unterhaltung von Einrichtungen oder auf Entschädigung schriftlich oder mündlich zu Protokoll erhoben werden können. Sie muß ferner für die Erhebung von Widersprüchen eine Frist bestimmen. Diese beträgt mindestens vier Wochen und beginnt mit Ablauf des Tages, an dem das die letzte Bekanntmachung enthaltende Blatt ausgegeben ist. Widerspruch kann auch die Wasserpolizeibehörde erheben.

(2) Auch die Gemeinde- (Guts-) Vorstände können Ansprüche auf Herstellung und Unterhaltung von Einrichtungen erheben.

1. Die Kommission des Abgeordnetenhauses hat die Widerspruchsfrist (Abs. 1 Satz 3) von mindestens 2 auf 4 Wochen verlängert, weil in ländlichen Bezirken eine längere Frist am Platze sei, und ferner in Abs. 1 Satz 4 besonders zum Ausdruck gebracht, daß auch der Wasserpolizeibehörde ein Widerspruchsrecht zusteht, KB. AH. S. 271/2.

§ 166.

Die Bekanntmachung ist unter der Verwarnung zu erlassen, daß diejenigen, die innerhalb der im § 165 Abs. 1 bezeichneten Frist keinen Widerspruch gegen den Ausbau erheben, ihr Widerspruchsrecht verlieren und daß nach Feststellung des Planes (§ 168) nur noch die im § 172 bezeichneten Ansprüche geltend gemacht werden können.

§ 167.

Nach Ablauf der Frist (§ 165 Abs. 1) hat ein Beauftragter des Regierungspräsidenten (Oberpräsidenten) die Widersprüche und Ansprüche (§ 165) mit den Beteiligten, nötigenfalls unter Zuziehung von Sachverständigen, mündlich zu erörtern und sodann die Verhandlungen der Planfeststellungsbehörde (§ 168) vorzulegen. Zu der Erörterung sind der Unternehmer sowie diejenigen, die Widersprüche oder Ansprüche erhoben haben, mit der Eröffnung vorzuladen, daß im Falle des Ausbleibens gleichwohl mit der Erörterung werde vorgegangen werden.

Nach dem Entwurfe sollte die mündliche Erörterung der Widersprüche und Ansprüche erst nach Ablauf der Auslege- (§ 164 Abs. 2) und der Einspruchsfrist (§ 165 Abs. 1) stattfinden. Die Kommission des Abgeordnetenhauses hat jedoch die Erwähnung der Auslegefrist als überflüssig gestrichen, weil, selbst wenn die Auslegefrist einmal länger sein sollte als die Widerspruchsfrist, ihr die letztere übersteigender Rest jedenfalls praktisch völlig bedeutungslos sei, KB. AH. S. 272.

§ 168.

(1) Der örtlich zuständige Bezirksausschuß beschließt über die Widersprüche und Ansprüche und stellt danach den Plan fest. Der § 70 Abs. 2 Satz 1, 2, 4, 5 ist entsprechend anzuwenden. Soweit begründete Widersprüche erhoben sind, wird der Plan unter dem Vorbehalt festgestellt, daß mit der Ausführung erst nach Beseitigung der Widersprüche begonnen werden darf.

(2) Läßt sich bei den Entschädigungsansprüchen nicht voraussehen, ob oder in welcher Höhe ein Schaden entstehen wird, so ist die Entscheidung über diese Ansprüche einem späteren Verfahren vorzubehalten. Der Bezirksausschuß kann dem Unternehmer hierbei auferlegen, Maßnahmen (Pegelbeobachtungen, Grundwasserstandsbeobachtungen usw.) zu treffen, die geeignet sind, die Feststellung, ob und in welchem Umfang Schäden entstanden sind, zu erleichtern.

(3) Die Kosten des Verfahrens fallen dem Unternehmer zur Last.

1. Als Planfeststellungsbehörde fungiert gemäß den Beschlüssen der Kommission des Abgeordnetenhauses ganz allgemein der Bezirksausschuß, während nach dem Entwurfe bei Strömen, für welche ein Stromausschuß eingerichtet sein würde, dieser entscheiden sollte.

2. Um die Feststellung etwaiger Schäden zu erleichtern, gibt der von der Kommission des Abgeordnetenhauses eingefügte Satz 2 des Abs. 2 dem Bezirksausschusse die Befugnis, dem Ausbauunternehmer dahingehende Maßnahmen, insbesondere Pegel- und Grundwasserstandsbeobachtungen aufzuerlegen, wie sie auch bisher schon bei großen Ausbauunternehmungen, welche einen erheblichen Einfluß auf die Vorflutverhältnisse der Umgegend hatten, z. B. an der Elbe und Weser, üblich waren, KB. AH. S. 273, 264.

§ 169.

Der Beschluß ist mit Gründen zu versehen und dem Unternehmer sowie allen zuzustellen, die Widersprüche oder Ansprüche erhoben haben.

§ 170.

(1) Gegen den Beschluß steht, soweit er nicht die von dem Unternehmer zu leistende Entschädigung betrifft, den Beteiligten binnen zwei Wochen die Beschwerde zu.

(2) Über die Beschwerde entscheidet bei natürlichen Wasserläufen erster Ordnung der Minister der öffentlichen Arbeiten, sonst der Minister für Landwirtschaft, Domänen und Forsten.

(3) Für die Anfechtung der Entscheidung über die Entschädigungsansprüche und für den Beginn des Ausbaues gelten der § 76 Abs. 2 und der § 77 entsprechend.

Die Beschwerdeinstanz bildet gemäß den Beschlüssen der Kommission des Abgeordnetenhauses in zweiter Lesung entsprechend dem Entwurfe bei natürlichen Wasserläufen erster Ordnung der Minister der öffentlichen Arbeiten, im übrigen der Minister für Landwirtschaft.

In erster Lesung hatte die Kommission trotz des Widerspruchs der Regierung den Instanzenzug in gleicher Weise geregelt, wie beim Verleihungsverfahren (vgl. § 76), weil ebenso wie eine materielle auch eine formelle Rechtseinheit geschaffen werden müsse; der Ministerialinstanz war, ähnlich wie gemäß § 49 Abs. 4, auch im Ausbauverfahren nur ein Vetorecht eingeräumt worden (§ 170 [157] Abs. 2 in der Fassung der 1. Lesung).

In zweiter Lesung wurde jedoch die Regierungsvorlage wiederhergestellt, weil auf Grund der Darlegungen der Regierung anerkannt wurde, daß man das Ausbauverfahren wegen der dabei in Betracht kommenden erheblichen öffentlichen Interessen hinsichtlich des Instanzenzuges dem wesentlich privatrechtlichen Zwecken dienenden Verleihungsverfahren nicht gleichstellen dürfe, und daß es zur Vermeidung von weitgehenden Schädigungen der Wasserwirtschaft geboten sei, der Ministerialinstanz beim Ausbauverfahren die letzte Entscheidung einzuräumen, KB. AH. S. 274, 275/6; vgl. auch die Erklärung des Ministers für Landwirtschaft zu den Beschlüssen der Kommission in erster Lesung, Drucks. Nr. 611 B Anl. IX unter 2.

2. Bezüglich der Entschädigungsansprüche ist der ordentliche Rechtsweg nach Maßgabe des § 76 Abs. 2 gegeben (Abs. 2).

§ 171.

(1) In dringlichen Fällen kann der Bezirksausschuß Abweichungen von dem endgültig festgestellten Plane gestatten.

(2) Die Entscheidung hierüber erfolgt durch unanfechtbaren Beschluß.

(3) Das Verfahren zwecks endgültiger Feststellung des neuen Planes ist ohne Verzug durchzuführen.

§ 171 [157a] ist vom Abgeordnetenhause in zweiter Lesung eingefügt worden, um für den Fall, daß der für ein Ausbauunternehmen aufgestellte Plan in der Ausführung sich in Einzelheiten als abänderungsbedürftig erweisen sollte, Abweichungen und zwar nicht nur unwesentliche, wie dies nach den Beschlüssen des Abgeordnetenhauses der Fall sein sollte (vgl. KB. HH. S. 784) von diesem Plane, die andernfalls nicht zulässig sein würden und eine Einstellung der Arbeiten zur Folge haben könnten, zu ermöglichen, ohne daß zuvor ein erneutes förmliches Ausbauverfahren abgeschlossen zu sein braucht, Sten. B. AH. S. 8201.

§ 172.

(1) Auch nach Feststellung des Planes (§ 168) kann wegen nachteiliger Wirkungen des Ausbaues der davon Betroffene die Herstellung und Unterhaltung von Einrichtungen oder Entschädigung nach den §§ 156 bis 159 fordern, es sei denn, daß er schon vor Ablauf der im § 165 Abs. 1 bezeichneten Frist die nachteilige Wirkung vorausgesehen hat oder hätte voraussehen müssen und bis zum Ablauf der Frist weder dem Ausbau widersprochen noch Ansprüche auf Herstellung von Einrichtungen oder auf Entschädigung erhoben hat. Der Ablauf der Frist steht den Ansprüchen nicht entgegen, wenn der Beschädigte glaubhaft macht, daß er durch Naturereignisse oder andere unabwendbare Zufälle verhindert worden ist, die Frist einzuhalten. Die Ansprüche verjähren in drei Jahren von dem Zeitpunkte an, in welchem der Geschädigte von dem Eintritt der nachteiligen Wirkung Kenntnis erlangt hat. Sie sind ausgeschlossen, wenn sie nicht binnen dreißig Jahren nach der Fertigstellung des Teiles des Unternehmens, durch den der Schaden verursacht worden ist, geltend gemacht werden.

(2) Den Zeitpunkt der Fertigstellung der einzelnen Teile des Unternehmens hat der Regierungspräsident (Oberpräsident) in den beteiligten Gemeinden (Gutsbezirken) in ortsüblicher Weise und, wenn Landgemeinden beteiligt sind, auch in den Kreisblättern bekannt zu machen.

(3) Die Entscheidung trifft die Planfeststellungsbehörde. Der § 70 Abs. 2 Satz 1, 2 und die §§ 169, 170 sind entsprechend anzuwenden. Dasselbe gilt im Falle des § 168 Abs. 2.

1. § 172 [158] ist dem für das Verleihungsverfahren geltenden § 82 nachgebildet (vgl. Anm. 1 zu § 164).

Durch diese Vorschrift sollen die Beteiligten veranlaßt werden, mit ihren Ansprüchen nach Möglichkeit im Ausbauverfahren hervorzutreten, damit der Unternehmer nach Ablauf einer gewissen Zeit gegen nachträgliche Ansprüche sichergestellt ist.

Vgl. im übrigen die Anm. zu § 82 sowie KB. AH. S. 276 ff.

2. Der Beginn der dreißigjährigen Ausschlußfrist des Abs. 1 Satz 4 ist nach dem Vorbilde des § 14 des Wasserstraßengeſ., sowie § 31 EG. von dem Zeitpunkte der Fertigstellung des Unternehmens an, und zwar des Teiles des Unternehmens, durch welchen der Schaden verursacht worden ist, zu berechnen. Dies erschien zweckmäßig, weil der Ausbau sich auf größere Strecken ausdehnen kann und dann in der Regel für einen Teil zu einem früheren Zeitpunkt fertiggestellt wird als für andere Teile des Wasserlaufs. Durch den Abs. 2 soll jeder Zweifel über den Beginn der Frist ausgeschlossen werden, Begr. S. 162.

§ 173.

(1) Bei Ausbauunternehmungen der im § 153 Nr. 2 bezeichneten Art kann nach dem Ermessen des nach § 163 zuständigen Regierungspräsidenten (Oberpräsidenten) auf Antrag des Unternehmers davon abgesehen werden, das in den §§ 164 bis 170 geregelte Verfahren mit den daselbst bestimmten Wirkungen einzuschlagen.

(2) Die Beteiligten sind vor der Ausführung in geeigneter Weise zu hören. Ihre Ansprüche auf Grund des § 156, des § 157 Abs. 1 Satz 1, Abs. 2 und der §§ 158 bis 162 bleiben unberührt.

1. § 173 [159] enthält die Vorschriften über das sogenannte „kleine Ausbauverfahren" (vgl. Vorbem.).

Er war von der Kommission des Abgeordnetenhauses in erster Lesung als überflüssig gestrichen worden, weil bei derartigen minderwichtigen Ausbauten private Vereinbarungen genügten. In zweiter Lesung nahm jedoch die Kommission die Bestimmung in allerdings veränderter Fassung wieder in das Gesetz auf, weil anerkannt wurde, daß in den Fällen, wo bei minderwichtigen Ausbauunternehmungen eine private Einigung nicht zu erzielen sei, das kleine Ausbauverfahren nicht zu entbehren sei, da ohne dasselbe der Unternehmer entweder das komplizierte und in solchen Fällen überflüssige Verfahren der §§ 164 ff. einschlagen oder, falls er dies nicht tue, eine Besitzstörungsklage seitens der durch den Ausbau Betroffenen gewärtigen müsse, Begr. S. 162, KB. AH. S. 278 ff., Sten. B. AH. S. 8201.

2. Über die Zulässigkeit des kleinen Ausbauverfahrens entscheidet der nach § 163 zuständige Regierungs- bzw. Oberpräsident.

3. Das Verfahren selbst ist gegenüber dem Entwurfe wesentlich vereinfacht worden, indem in Abs. 2 an Stelle der dort vorgeschlagenen ins einzelne gehenden Bestimmungen lediglich bestimmt ist, daß die Beteiligten vorher in geeigneter Weise zu hören sind, ihre Ansprüche auf Herstellung von Einrichtung zur Verhütung nachteiliger Folgen des Ausbaues, bzw. auf Entschädigung nach Maßgabe der §§ 156, 157 Abs. 1 Satz 1, Abs. 2, 158—162 aber unberührt bleiben und, wie im sonstigen Ausbauverfahren, im ordentlichen Rechtswege verfolgt werden können, Begr. S. 162.

§ 174.

(1) Die Anlieger eines Wasserlaufs haben zum Ausbau der Ufer, soweit er nach dem festgestellten Plane zur Erhaltung, Sicherung oder Verbesserung der Vorflut im Wasserlauf erforderlich ist, dem Unternehmer einen angemessenen Kostenbeitrag zu leisten. Der Beitrag darf die Vorteile nicht übersteigen, die den Anliegern durch Sicherung des Bestandes ihrer Ufergrundstücke erwachsen.

(2) Die Vorschriften des Abs. 1 sind entsprechend anzuwenden, wenn der Ausbau unter der Uferlinie ausgeführt werden muß, um einer künftigen Behinderung der Vorflut durch Uferabbrüche vorzubeugen.

(3) Wird durch den Ausbau eines Wasserlaufs der Unterhaltungspflichtige von der Unterhaltungslast befreit (§ 115 Abs. 3), so hat er dem Unternehmer einen Kostenbeitrag in Höhe des Vorteils zu leisten, der ihm aus der Befreiung von der Unterhaltungslast erwächst. Dieser Kostenbeitrag darf den zehnjährigen Durchschnitt der vor dem Ausbau für den bisherigen Unterhaltungspflichtigen notwendig gewordenen laufenden Aufwendungen nicht übersteigen und kann durch Zahlung des 20fachen Betrages abgelöst werden.

(4) Kommt in den Fällen der Abs. 1 bis 3 keine Einigung zustande, so entscheidet auf Antrag des Unternehmers der Bezirksausschuß durch Beschluß. Wegen des Verfahrens zur Feststellung der Beitragspflichtigen und der auf sie entfallenden Beiträge findet die Vorschrift des § 149 Anwendung. Auf die Anfechtung des Beschlusses ist der § 76 Abs. 1 entsprechend anzuwenden.

1. Entsprechend dem schon vielfach bestehenden Rechtszustande (vgl. hierüber Begr. S. 162—164) soll durch die Vorschrift des § 174 [160] die Möglichkeit gegeben werden, die Anlieger zu den Kosten des Ausbaues der Ufer heranzuziehen und zwar nicht nur bei den natürlichen Wasserläufen erster Ordnung, wie dieses der Entwurf vorsah, sondern bei sämtlichen Wasserläufen, bei welchen ein Ausbau im Sinne der §§ 152 ff. stattfinden kann, d. h. bei den natürlichen Wasserläufen erster und zweiter Ordnung, da man es für der Billigkeit entsprechend betrachtete, daß überall dort, wo die Anlieger durch den Ausbau in ihren gesetzlichen Lasten eine Erleichterung erführen, sie auch einen Beitrag dazu leisten müßten, KB. AH. S. 282.

2. Die Beiträge sind zu leisten lediglich zu den Aufwendungen für den Ausbau der Ufer zur Erhaltung, Sicherung oder Verbesserung der Vorflut, nicht etwa auch zu dem im Interesse der Schiffahrt erfolgten Ausbau (Abs. 1), und ferner bei einem Ausbau unter der Uferlinie dann, wenn der Ausbau notwendig ist, um einer künftigen Behinderung der Vorflut durch Uferabbrüche vorzubeugen (Abs. 2). Keinesfalls darf aber die Heranziehung über die Vorteile hinausgehen, die dem Anlieger nachweisbar, namentlich für den Bestand seines Grundeigentums, erwachsen (Abs. 1 Satz 2). Daneben bleibt die Leistungsfähigkeit der Heranzuziehenden angemessen zu berücksichtigen, Begr.

S. 164; vgl. a. KB. HH. S. 784/5, wo das Wort „namentlich" in Abs. 2, welches das Abgeordnetenhaus gestrichen hatte, dem Entwurfe entsprechend wieder eingefügt worden ist.

3. Die Vorschrift des Abs. 3 ist eine auf Billigkeitsrücksichten beruhende Konsequenz des § 115 Abs. 3.

Das Höchstmaß der von dem Unterhaltungspflichtigen zu leistenden Beiträge ist in Satz 2 durch die Kommission des Abgeordnetenhauses entsprechend den zu den §§ 126, 128 gefaßten Beschlüssen festgesetzt worden, KB. AH. S. 282/3.

4. Die Streitigkeiten über die zu leistenden Beiträge entscheidet in erster Instanz der Bezirksausschuß, in zweiter Instanz gemäß den Beschlüssen der Kommission des Abgeordnetenhauses, ebenso wie im Verleihungsverfahren das Landeswasseramt (§ 76 Abs. 1), während nach dem Entw. die Beschwerde an den Provinzialrat auf Grund des § 121 LVG. zulässig sein sollte, Begr. S. 164 KB. AH. S. 282.

§ 175.

(1) Für die Herstellung und Veränderung künstlicher Wasserläufe erster und zweiter Ordnung gelten sinngemäß die §§ 156 bis 159, der § 163 Satz 1 und die §§ 164 bis 172.

(2) Wird ein künstlicher Wasserlauf dritter Ordnung hergestellt oder verändert, so gelten sinngemäß der § 156 Abs. 2, 3, die §§ 157 bis 159 und der § 172 Abs. 1 Satz 3, 4.

Durch den vom Abgeordnetenhause in zweiter Lesung eingefügten § 175 [160 I] soll vor allem die Frage, wie die bei künstlichen Wasserläufen und zwar auch bei solchen dritter Ordnung (Abs. 2) häufig eintretenden Schäden zu behandeln sind, den für den Ausbau der natürlichen Wasserläufe in dieser Hinsicht geltenden Vorschriften im wesentlichen entsprechend geregelt werden, Sten. B. AH. S. 8238.

Sechster Titel.

Beteiligung des Staates und der Provinzen an dem Ausbau der Wasserläufe zweiter Ordnung.

Der fünfte Titel schafft lediglich ein Ausbaurecht, aber keine Ausbaupflicht. Bei der Beratung der Vorschriften über den Ausbau in der Kommission des Abgeordnetenhauses stellte sich nun das Bedürfnis heraus, im Interesse einer geordneten Wasserwirtschaft den Ausbau von Wasserläufen zweiter Ordnung unter Umständen auch zwangsweise durchführen zu können, zumal die dem Staate gegebene Möglichkeit, auch diese Wasserläufe auszubauen, nicht ausreichend erschien, um in dieser Beziehung befriedigende Verhältnisse zu schaffen. Man hielt es daher für notwendig, Vorschriften in das Gesetz aufzunehmen, auf Grund welcher auf die zur Unterhaltung der Wasserläufe zweiter Ordnung Verpflichteten, falls überwiegende Interessen des öffentlichen Wohls dies erheischen, ein Zwang zum Ausbau eines solchen Wasserlaufs ausgeübt werden kann. Es wurde jedoch gleichzeitig anerkannt, daß ein solcher Zwang ungerechtfertigt sei, wenn durch den Ausbau dem Unterhaltungspflichtigen Lasten auferlegt würden, die entweder ihre Leistungsfähigkeit überstiegen oder außer Verhältnis zu dem ihnen durch den Ausbau erwachsenden Vorteil stünden, wenn also der Vorteil, den der Ausbau naturgemäß für die Wasserwirtschaft mit sich bringt, im wesentlichen weiteren Kreisen zugute komme. Da in solchen Fällen auch ein Interesse der Allgemeinheit an dem Ausbau besteht, so erschien es gerechtfertigt, den Staat und die Provinzen in gewissem Umfange zu den Kosten eines solchen Ausbaues heranzuziehen.

Die näheren Bestimmungen hierüber enthalten die §§ 176—181 [160a—d,] durch welche aber, wie in § 179 ausdrücklich gesagt ist, ein Recht auf derartige Beiträge gegen Staat und Provinzen nicht begründet wird. Die Verweigerung der Leistung solcher Beiträge trotz Vorliegens der Voraussetzungen für dieselben (§ 177) hebt jedoch die für den Unterhaltungspflichtigen bestehende Zwangspflicht zum Ausbau auf, KB. AH. S. 283 ff., 367 ff.

§ 176.

(1) Dem zur Unterhaltung eines natürlichen Wasserlaufs zweiter Ordnung Verpflichteten liegt, wenn überwiegende Rücksichten des öffentlichen Wohles dies erfordern, auch der Ausbau des Wasserlaufs und seiner Ufer ob.

(2) Er kann hierzu durch Verfügung der Wasserpolizeibehörde angehalten werden.

1. Wie sich aus dem Wortlaut des § 176 [160a] ergibt, trifft die Ausbaupflicht in dem in der Vorbem. angegebenen Sinne nur die zur Unterhaltung der Wasserläufe zweiter Ordnung selbst, nicht etwa auch die zur Unterhaltung ihrer Ufer Verpflichteten, welche meistens wenig leistungsfähig sind.

Andrerseits aber kann der Unterhaltungspflichtige des Wasserlaufs nicht nur zum Ausbau des Flußlaufes selbst, sondern auch zum Ausbau der Ufer gezwungen werden, vgl. a. KB. AH. S. 285.

2. Stets aber ist zur Ausübung eines derartigen Zwanges durch die Wasserpolizeibehörde erforderlich, daß überwiegende Gründe des öffentlichen Wohls den Ausbau erheischen und Staat oder Provinzen sich nach Maßgabe der §§ 177 ff. an den Kosten so beteiligen, daß der Verpflichtete hierdurch ausreichend entlastet wird (KB. HH. S. 785).

Wegen der Rechtsmittel gegen derartige Verfügungen der Wasserpolizeibehörde vgl. § 177 Anm. 4.

§ 177.

(1) Wenn der Ausbau dem Verpflichteten Lasten auflegt, die in keinem Verhältnis zu den ihm dadurch erwachsenden Vorteilen oder zu seiner Leistungsfähigkeit stehen, ist die Ausübung des Zwanges nur dann zulässig, wenn der Staat und die Provinz sich an der Aufbringung der Kosten angemessen beteiligen und der Verpflichtete hierdurch ausreichend entlastet wird.

(2) Gereicht der Ausbau auch einem anderen als dem Verpflichteten zum Vorteil, so kann der andere nach Maßgabe seines Vorteils herangezogen werden.

(3) Im Streitfall beschließt der Bezirksausschuß über die Höhe der von dem Verpflichteten (Abs. 1) oder von dem anderen (Abs. 2) zu übernehmenden Kosten.

1. Vgl. Vorbem.

2. Gemäß Abs. 2 sollen neben dem Staat oder den Provinzen auch andere, nicht Unterhaltungspflichtige, welche ein unmittelbares Interesse an dem Ausbau haben, zur Beitragsleistung herangezogen werden können.

3. Über die Höhe der von dem Unterhaltungspflichtigen und dem nach Abs. 2 Verpflichteten zu tragenden Kosten entscheidet gemäß Abs. 3 im Streitfalle der Bezirksausschuß. Dagegen steht ihm eine Entscheidung darüber, ob und welche Beiträge vom Staate oder den Provinzen zu leisten sind, nicht zu. Er hat lediglich die Höhe der von den nach Abs. 1 bzw. 2 Verpflichteten zu übernehmenden Kosten festzusetzen, sowie sich darüber auszusprechen, ob die vom Staate oder den Provinzen bewilligten Beiträge angemessen im Sinne des Abs. 1 sind. Ist dies nach dem Ausspruche des Bezirksausschusses nicht der Fall, so kann ein Zwang zum Ausbau nicht ausgeübt werden, KB. AH. S. 286.

4. Gegen die Entscheidung des Bezirksausschusses, die im Beschlußverfahren ergeht, ist die Beschwerde an den Provinzialrat gegeben, während die Verfügung der Wasserpolizeibehörde gemäß § 176 Abs. 2 mit der Klage beim Bezirksausschuß und Oberverwaltungsgericht angefochten werden kann, KB. AH. S. 286/7.

§ 178.

Der Beitrag des Staates muß den Beitrag des Provinzialverbandes mindestens erreichen.

1. Vgl. Vorbem.

2. Durch die Fassung der Vorschrift des Abs. 1 soll zum Ausdruck gebracht werden, daß der Beitrag des Staates den des Provinzialverbandes auch übersteigen kann, KB. AH. S. 287.

§ 179.

Ein Rechtsanspruch an den Staat oder den Provinzialverband auf Beteiligung an der Aufbringung der Kosten besteht nicht.

Vgl. Vorbem., sowie KB. HH. S. 785.

§ 180.

In der Provinz Hessen-Nassau treten an die Stelle des Provinzialverbandes die Bezirksverbände, in den Hohenzollernschen Landen der Landeskommunalverband.

§ 181.

Hat infolge natürlicher Ereignisse ein natürlicher Wasserlauf zweiter Ordnung sein Bett verlassen und erfordern überwiegende

Rücksichten des öffentlichen Wohles die Wiederherstellung des früheren Zustandes, so kann die Wasserpolizeibehörde die Wiederherstellung dem zur Unterhaltung des Wasserlaufs Verpflichteten aufgeben. Für die Aufbringung der Kosten gelten die §§ 177 bis 180 entsprechend.

Vgl. Anm. zu § 15, sowie KB. HH. S. 785.

Siebenter Titel.

Wasserbücher.

1. Die Bestimmungen über die Wasserbücher sind eine Neuschöpfung des Gesetzes, welche einem von maßgebenden Körperschaften der Landwirtschaft und Industrie anerkannten Bedürfnisse nach möglichster Klärung der an den Wasserläufen bestehenden Rechte Rechnung tragen soll.

Bei der Regelung der rechtlichen Bedeutung der Eintragungen in das Wasserbuch hat man sich jedoch nicht darauf beschränkt, in ihnen, ohne den Eintragungen eine rechtserzeugende oder rechtserhaltende Wirkung beizulegen, lediglich eine Stelle zu schaffen, an welcher sich die Interessenten über die an den Wasserläufen bestehenden Rechte unterrichten können, wie dies z. B. in den Wassergesetzen für Baden (§ 21), Württemberg (Art. 101 ff.) und Bayern (Art. 196 ff.) der Fall ist. Die Eintragung im Wasserbuche hat vielmehr die Wirkung, daß sie bis zum Beweise des Gegenteils die Vermutung der Richtigkeit für sich hat (§ 190; vgl. auch sächs. Wasserges. § 50 Abs. 5). Diese Bedeutung mußte den Eintragungen mindestens verliehen werden, wenn die Einrichtung der Wasserbücher überhaupt einen rechtlichen Wert haben sollte. Andrerseits ist man aber nicht soweit gegangen, die Eintragungen im Wasserbuche zugunsten desjenigen, der ein eingetragenes Recht gutgläubig erwirbt, in Anlehnung an die entsprechende Vorschrift des § 892 BGB. über den öffentlichen Glauben des Grundbuches gleichfalls mit öffentlichem Glauben auszustatten. Den Eintragungen eine so weitgehende Wirkung beizulegen, erschien mit Rücksicht darauf, daß das der Eintragung voraufgehende Verfahren immerhin ein summarisches ist, nicht angängig. Erwirbt daher jemand ein derartiges Recht, so muß er sich, wie auch sein Rechtsvorgänger, mit der auch ihm zugute kommenden Vermutung der Richtigkeit begnügen, die ihm in den bei weitem meisten Fällen auch einen ausreichenden Schutz gewähren wird, Begr. S. 32, 172; vgl. a. Holtz a. a. O. S. 42 ff.

2. Der Umfang der in die Wasserbücher einzutragenden Rechte ergibt sich einmal aus dem praktischen Bedürfnisse, dann aber auch aus den sonstigen Vorschriften des Gesetzes. So z. B. wird sich die Zugehörigkeit zu einer der drei Ordnungen der Wasserläufe aus den aufzustellenden Verzeichnissen der Wasserläufe erster und zweiter Ordnung (§ 2 Abs. 1 Nr. 1, § 3), das Eigentum an ihnen regelmäßig unmittelbar aus den §§ 7—9 ergeben. Von den §§ 7—9 abweichende Regelungen

dieses Eigentums bedürfen nach den Bestimmungen des allgemeinen bürgerlichen Rechts der Eintragung im Grundbuche. Ebensowenig wird in den Fällen der §§ 10 und 11 ein Zweifel über die Eigentumsverhältnisse möglich sein. Belastungen eines Wasserlaufs mit einer Hypothek, Grundschuld oder Rentenschuld, einem Erbbaurechte oder Vorkaufsrechte sind ebenfalls im Grundbuche einzutragen. Die an den einzelnen Wasserläufen bestehenden Wassergenossenschaften und Deichverbände werden allen denen, die davon berührt werden, bekannt sein. In allen diesen Fällen erscheint eine Eintragung im Wasserbuche überflüssig.

Von den hiernach verbleibenden Rechten an den Wasserläufen konnten als eintragungsfähig nur diejenigen in Betracht kommen, hinsichtlich deren ein praktisches Bedürfnis anzuerkennen ist, alsbald durch ihre Eintragung an einer einheitlichen Stelle und Ausstattung mit der Vermutung der Richtigkeit eine klare Rechtslage zu schaffen. Der Eintragung zugänglich sind daher alle der Verleihung unterworfenen Benutzungsrechte an Wasserläufen, die Zwangsrechte der §§ 331—333, sowie die von den §§ 115, 117 abweichende Regelung der Unterhaltungspflicht.

Für andere Rechte, z. B. die Fischereirechte, die Berechtigungen zur Entnahme von Sand, Kies, Steinen, Rohr usw., ist die Eintragung nicht zugelassen. Der Entwurf sah für solche Rechte ein sog. „Nebenbuch" vor, welches nur Orientierungszwecken dienen sollte, die Kommission des Abgeordnetenhauses hat aber die dahingehende Bestimmung des § 172 des Entw. gestrichen, Begr. S. 33/4, KB. AH. S. 291, 300.

3. Neben den Wasserbüchern, die nur für die Eintragung von Rechten bestimmt sind, sollen bei Wasserläufen erster und zweiter Ordnung zur Förderung der Gewässerkunde sog. „Beschreibungen" angelegt werden (§ 194). Solche Beschreibungen werden bereits seit etwa 15 Jahren in der Ministerialinstanz ausgearbeitet. Sie sollen Auskunft geben über die Verhältnisse an dem Wasserlaufe in seiner ganzen Ausdehnung; aus diesem Grunde empfiehlt sich auch ihre Trennung von den Wasserbüchern, welche immer nur für mehr oder minder ausgedehnte Strecken des Wasserlaufs angelegt werden können. Um aber den Zusammenhang zu wahren, ist bestimmt, daß den Wasserbüchern für die einzelnen Teile des Wasserlaufs eine Abschrift der Beschreibung desselben beizufügen ist (§ 194 Abs. 2).

4. Als Wasserbuchbehörde ist der Bezirksausschuß bestimmt (§ 183). Diese Aufgabe den Grundbuchämtern zu übertragen, erschien einmal nicht zweckmäßig, weil deren Bezirke im allgemeinen so klein sind, daß für alle nicht ganz untergeordneten Wasserläufe mehrere Wasserbücher angelegt werden müßten, dann aber auch weil die Eintragung in vielen Fällen, namentlich dann, wenn es sich um die Eintragung eines auf Grund tatsächlicher Ausübung nach näherer Maßgabe des § 187 Abs. 2 in Anspruch genommenen Rechts handelt, eine eingehende Kenntnis der örtlichen Verhältnisse erforderlich sein wird, die bei einer Verwaltungsbehörde eher als bei den Grundbuchämtern vorhanden sein wird.

Wegen des Verhältnisses der Wasserbücher zu den Grundbüchern vgl. § 190 Anm. 2.

§ 182.

(1) Für die Wasserläufe sind zur Eintragung von Rechten, die eine der im § 46 bezeichneten Arten der Benutzung betreffen, und von Zwangsrechten nach den §§ 331 bis 333 sowie zur Eintragung der von den Bestimmungen der §§ 115, 117 abweichenden Unterhaltungspflicht Wasserbücher anzulegen, für die Wasserläufe dritter Ordnung jedoch erst, wenn eine Eintragung vorzunehmen ist.

(2) Die Einrichtung der Wasserbücher bestimmen die zuständigen Minister.

1. Die Gründe, welche dafür maßgebend gewesen sind, nur die Eintragung einer beschränkten Anzahl besonders wichtiger Rechte in die Wasserbücher zuzulassen, sind bereits in der Vorbemerkung dargelegt worden.

Nach dem Entwurf sollten dies nur die in § 40 aufgezählten Rechte sein. Mit Rücksicht darauf aber, daß die Anzahl der durch Verleihung zu erwerbenden Rechte auf Grund der Beschlüsse des Abgeordnetenhauses (vgl. § 46 Anm. 2 und 3) wesentlich erweitert worden und ferner die auf besonderem Titel oder einer Observanz beruhenden Verpflichtungen zur Unterhaltung eines Wasserlaufs in gewissem Umfange aufrechterhalten worden sind (vgl. § 126 Anm. 2), sind auch diese, sowie die Zwangsrechte gemäß den §§ 331—333 unter die Zahl der in die Wasserbücher einzutragenden Rechte aufgenommen worden, KB. AH. S. 287—291.

2. Es besteht kein Bedürfnis und würde auch mit großen praktischen Schwierigkeiten verbunden sein, für sämtliche Wasserläufe die Anlegung von Wasserbüchern zwingend vorzuschreiben. Regelmäßig werden eintragungsfähige Rechte nur an den Wasserläufen erster und zweiter Ordnung bestehen oder in Zukunft zur Entstehung gelangen; nur für sie ist daher auch die Anlegung von Wasserbüchern zwingend vorgeschrieben. Bei Wasserläufen dritter Ordnung findet sie dagegen erst dann statt, wenn eine Eintragung, sei es auf Ersuchen einer Behörde (§ 185), sei es auf Antrag eines Berechtigten (§ 186), vorzunehmen ist.

Für die Gewässer, die nicht zu den Wasserläufen gehören, besteht ein Bedürfnis zur Anlegung von Wasserläufen nicht, da ihnen entweder die rechtliche Selbständigkeit fehlt, so z. B. bei dem gewöhnlichen Oberflächen- und dem Grundwasser, oder die beschränkte Anzahl der an ihnen, z. B. an Seen (§ 199) Interessierten die Einrichtung eines derartigen amtlichen Buches erübrigt, da den Beteiligten die an ihnen etwa bestehenden Benutzungsrechte auch ohne ein solches Buch bekannt sein werden, Begr. S. 165.

3. Der Erlaß von Vorschriften über die Einrichtung der Wasserbücher ist nach dem Vorbilde des § 1 Abs. 2 GBO. den zuständigen Ministern überlassen worden, soweit sie ein Interesse daran haben und ressortmäßig beteiligt sind, KB. AH. S. 291/2.

Ihre Sache wird es daher z. B. sein, zu bestimmen, ob und inwieweit für einen Wasserlauf dritter Ordnung, wenn eine Eintragung vorzunehmen ist, ein besonderes Wasserbuch angelegt werden oder die Eintragung in einem für den Rezipienten bereits bestehenden Wasserbuch erfolgen soll, Begr. S. 165.

§ 183.

(1) Für die Anlegung und Führung des Wasserbuchs ist der Bezirksausschuß zuständig (Wasserbuchbehörde).

(2) Soweit ein Wasserlauf mehrere Regierungsbezirke berührt, kann der zuständige Minister einen der Bezirksausschüsse mit der Anlegung und Führung des Wasserbuchs betrauen.

(3) Beglaubigte auszugsweise Abschriften des Wasserbuchs sind bei den Wasserpolizeibehörden niederzulegen.

Im Gegensatze zu dem Entwurfe, welcher eingehende, für die Wasserläufe der drei Ordnungen verschiedene Vorschriften in dieser Beziehung enthielt, hat die Kommission des Abgeordnetenhauses trotz vielfacher, vor allem auch von seiten der Regierung dagegen geltend gemachten Bedenken, einheitlich den Bezirksausschuß als die für die Anlegung und Führung des Wasserbuchs zuständige Behörde, sog. Wasserbuchbehörde, bestimmt, weil es sich bei den Eintragungen um Rechtsfragen handele und weil ferner der Bezirksausschuß als Verleihungsbehörde schon aus dem Verleihungsverfahren die einschlägigen Verhältnisse am besten kenne, auch über die erforderlichen technischen und sonstigen Hilfskräfte verfüge, so daß bei ihm alle Voraussetzungen für eine sachgemäße und einheitliche Führung der Wasserbücher gegeben seien, KB. AH. 288/9, 292 ff.

Der Bezirksausschuß ist jedoch befugt, die Geschäfte des Wasserbuchs einem einzelnen seiner Mitglieder zu übertragen und wird regelmäßig von dieser Befugnis Gebrauch machen, KB. AH. S. 293.

2. Abs. 2 hat z. B. den Fall im Auge, daß die beiden Ufer desselben Flusses (Rhein, Elbe) zu verschiedenen Bezirksausschüssen gehören, KB. AH. S. 293.

3. Um den vom Sitze der Bezirksausschüsse entfernt wohnenden Interessenten die Einsicht der Wasserbücher zu erleichtern, bestimmt Abs. 3, daß beglaubigte auszugsweise Abschriften der Bücher bei der Wasserpolizeibehörde niederzulegen sind. Für die Übereinstimmung mit dem Original zur Zeit der Herstellung der Abschriften haftet der Staat, nicht jedoch auch dafür, daß etwa im Originale vorgenommene Änderungen in der Abschrift nachgetragen worden sind; eine solche Nachtragungspflicht, wie sie der Entwurf vorsah, ist in das Gesetz nicht aufgenommen worden, die Abschriften werden aber nach Möglichkeit mit dem Originale in Übereinstimmung zu halten sein, Begr. S. 166, KB. AH. S. 294.

§ 184.

Abgesehen von den Fällen des § 86 ist das dem Eigentümer eines Wasserlaufs als solchem zustehende Benutzungsrecht sowie

das daraus abgeleitete Benutzungsrecht eines anderen in das Wasserbuch nicht einzutragen.

An sich steht auch dem Eigentümer eines Wasserlaufs das Recht zu, das ihm als solchem zustehende Benutzungsrecht in das Wasserbuch eintragen zu lassen. Da dies aber dem der Einrichtung der Wasserbücher zugrunde liegenden Gedanken, nach welchem das Eigentumsrecht an Wasserläufen der Eintragung nicht zugänglich sein soll (vgl. Vorbem.), widersprechen, ferner zu einer großen Belastung der Wasserbuchbehörden führen, und schließlich auch überflüssig sein würde, da sie nur in einer Wiederholung der gesetzlichen Bestimmungen bestehen könnte, so untersagt der § 184 [163] eine solche Eintragung mit Ausnahme der Fälle des § 86 (s. darüber § 185).

Das Gleiche gilt für die nach dem Inkrafttreten des Gesetzes von dem Eigentume abgeleiteten Benutzungsrechte, sei es auf Grund von Miet- oder Pachtverträgen, sei es auf Grund einer Dienstbarkeit. Letztere sind gemäß § 873 BGB. im Grundbuche einzutragen, ihre nochmalige Eintragung im Wasserbuche würde daher überflüssig und nur geeignet sein, Widersprüche zwischen den beiden Büchern zu ermöglichen. Miet- und Pachtrechte im Wasserbuche einzutragen erscheint ebensowenig angängig als ihre Eintragung im Grundbuche, welche auf Grund des BGB. ausgeschlossen ist, Begr. S. 167.

§ 185.

(1) Rechte, die nach den Vorschriften dieses Gesetzes durch eine Behörde begründet oder sichergestellt sind, sind auf Ersuchen der Behörde einzutragen, die in erster Instanz beschlossen hat.

(2) In das Grundbuch werden diese Rechte, unbeschadet des § 81 Abs. 2 Satz 2, nicht eingetragen.

Will der Eigentümer entgegen dem § 184 die Eintragung des ihm zustehenden Rechts erwirken, so muß er die Sicherstellung desselben nach Maßgabe des § 86 erwirken. Denn solche Rechte sind ebenso wie alle auf Grund des Wassergesetzes durch eine Behörde im Rahmen des § 182 begründeten Rechte auf ein von Amtswegen zu stellendes Ersuchen der betreffenden erstinstanzlichen Behörde einzutragen. Als solche durch eine Behörde begründeten Rechte kommen in Betracht die in einem Verleihungs- (§§ 46 ff.), Ausgleichungs- (§§ 87 ff.), Merkpfahlsetzungs- (§ 93) und Ausbauverfahren (§§ 152 ff.), sowie in einem Verfahren zur Begründung von Zwangsrechten erworbenen Rechte, Begr. S. 167/8.

Alle diese Rechte können jedoch, auch wenn sie an Wasserläufen bestehen, welche im Grundbuche eingetragen sind, gemäß Abs. 2 nicht auch ihrerseits im Grundbuche vermerkt werden. Hierfür besteht kein praktisches Bedürfnis, auch würde ihre Eintragung zu Schwierigkeiten bezüglich der Darstellung des grundbuchmäßigen Rangverhältnisses führen, Begr. S. 168.

Eine Ausnahme ist nur für den Fall des § 81 Abs. 2 Satz 2 zu machen, da hier die Eintragung eines mit dem Eigentume an einem Grundstücke verbundenen, auf Verleihung beruhenden Rechtes auf dem Grundbuchblatte des Grundstücks ausdrücklich zugelassen ist, vgl. § 81 Anm. 3.

§ 186.

(1) Rechte, die beim Inkrafttreten dieses Gesetzes bestehen und nach den §§ 379, 380 aufrechterhalten bleiben, sind nach den §§ 187, 188 auf Antrag des Berechtigten einzutragen. Der Antrag ist bei der Wasserbuch- oder bei der Wasserpolizeibehörde schriftlich oder zu Protokoll zu stellen. Dem Antrag sind die zum Nachweise des Rechtes dienenden Urkunden sowie ein vollständiges Verzeichnis der dem Antragsteller bekannten Personen, die in der Geltendmachung von Rechten durch die im § 190 Abs. 1 bestimmte Wirkung der Eintragung beeinträchtigt werden würden, beizufügen. Ist das Recht im Grundbuch eingetragen, so hat der Antragsteller eine das Recht betreffende beglaubigte auszugsweise Abschrift des Grundbuchblatts einzureichen.

(2) Offenbar unbegründete Anträge sind durch einen mit Gründen versehenen Bescheid des Vorsitzenden zurückzuweisen. Gegen den Bescheid ist binnen zwei Wochen der Antrag auf Beschlußfassung durch das Kollegium und gegen dessen Beschluß die Beschwerde an das Landeswasseramt oder unmittelbar die Beschwerde an letzteres zulässig.

Da die an sich wohl wünschenswerte zwangsweise Eintragung sämtlicher gemäß § 379, 380 aufrechterhaltenen Rechte mit zu großen Schwierigkeiten verbunden sein, auch eine zu große Belastung der Wasserbuchbehörden mit sich bringen würde, sucht das Gesetz die Inhaber solcher Rechte dadurch zur Stellung des Antrages auf Eintragung zu veranlassen, daß es in § 380 bestimmt, daß solche Rechte mit dem Ablaufe von 10 Jahren nach Inkrafttreten des Gesetzes erlöschen, wenn nicht vorher seine Eintragung in das Wasserbuch beantragt ist, es sei denn, daß es sich um ein im Grundbuche eingetragenes Recht handelt. Es muß also jeder, der sein Recht sich erhalten will, vor Ablauf dieser Frist den Antrag auf Eintragung stellen, Begr. S. 168.

§ 187.

(1) Ist das Recht im Grundbuch eingetragen, so ist es in Übereinstimmung mit diesem in das Wasserbuch einzutragen. Im übrigen wird das Recht eingetragen, wenn sein Bestehen nachgewiesen ist.

(2) Ohne den Nachweis des Bestehens ist ein Recht, das auf Grund eines besonderen Titels in Anspruch genommen wird, einzutragen, wenn glaubhaft gemacht wird, daß es zehn Jahre lang vor dem 1. Januar 1912 von dem Antragsteller und seinen Rechtsvorgängern ohne Widerspruch ausgeübt worden ist. Ein Recht, das auf keinen besonderen Titel gestützt wird, ist einzutragen, wenn glaubhaft gemacht wird, daß die zu seiner Ausübung vorhandene Anlage rechtmäßig ist oder daß sie vor dem 1. Januar 1912 schon mehr als zehn Jahre bestanden hat.

(3) Urkunden, auf die eine Eintragung sich gründet oder Bezug nimmt, sind in Urschrift oder beglaubigter Abschrift von der Wasserbuchbehörde aufzubewahren.

1. Die §§ 187, 188 [166, 167] regeln das Eintragungsverfahren der gemäß § 186 einzutragenden Rechte.

2. Im Grundbuch eingetragene Rechte werden auf Antrag einfach aus diesem in das Wasserbuch übernommen, da gemäß § 891 Abs. 1 BGB., wenn für jemand ein Recht im Grundbuche eingetragen ist, vermutet wird, daß es ihm zusteht. Im übrigen muß das Bestehen eines Rechts, falls kein Aufgebotsverfahren (§ 188) stattgefunden hat, nachgewiesen werden. Wann dieser Nachweis als erbracht gilt, hat die Wasserbuchbehörde nach freiem Ermessen zu entscheiden. Sie kann zu diesem Zwecke auch etwa angetretene Zeugenbeweise erheben.

Um jedoch sowohl der Wasserbuchbehörde als auch dem Antragsteller die Eintragung zu erleichtern, stellt das Gesetz dem förmlichen Nachweise des Bestehens des Rechts seine Glaubhaftmachung in der in Abs. 2 näher angegebenen Weise gleich, Begr. S. 169/70.

3. Abs. 3 entspricht dem § 9 Abs. 1 GBO.

§ 188.

(1) Liegen die Voraussetzungen des § 187 nicht vor, so ist der Antrag öffentlich bekannt zu machen. Die Bekanntmachung hat in dem für die amtlichen Bekanntmachungen der Wasserbuchbehörde bestimmten Blatte sowie in ortsüblicher Weise in allen Gemeinden (Gutsbezirken) zu erfolgen, auf deren Bezirk sich nach dem Ermessen der Wasserbuchbehörde die Wirkung des angemeldeten Rechts erstrecken kann, soweit Landgemeinden beteiligt sind, auch in den Kreisblättern. Die Wasserbuchbehörde ist befugt, noch andere Bekanntmachungen zu veranlassen. Daneben sollen der Eigentümer des Wasserlaufs und alle anderen Beteiligten, soweit sie der Behörde bekannt sind, auf die öffentliche Bekanntmachung hingewiesen werden.

(2) Die Bekanntmachung muß die Stelle bezeichnen, wo die zum Nachweise des Rechtes beigebrachten Urkunden eingesehen werden können, und die Frist bestimmen, binnen deren Widersprüche bei der Wasserbuchbehörde anzubringen sind. Die Frist beträgt mindestens einen Monat und beginnt mit Ablauf des Tages, an dem das im Abs. 1 bezeichnete Blatt ausgegeben ist. Die Bekanntmachung ist unter der Verwarnung zu erlassen, daß die Eintragung des Rechtes mit der gesetzlichen Wirkung (§ 190) erfolgen werde, wenn in der bestimmten Frist niemand widerspricht.

(3) Nach Ablauf der Frist ist das Recht einzutragen. Offenbar unbegründete Widersprüche sind durch einen mit Gründen versehenen Bescheid des Vorsitzenden zurückzuweisen. Der Bescheid kann nach § 186 Abs. 2 Satz 2 angefochten werden. Die übrigen innerhalb der Frist erhobenen Widersprüche sind im Wasserbuch zu vermerken.

Falls die Voraussetzungen nicht vorliegen, unter welchen § 187 die sofortige Eintragung eines Rechtes gestattet, so soll ein Aufgebotsverfahren gemäß § 188 stattfinden, welches den Zweck hat, alle diejenigen, welche durch die Eintragung eines tatsächlich nicht oder nicht in dem angemeldeten Umfange bestehenden Rechts und die aus der Eintragung folgende Vermutung der Richtigkeit (§ 190) beeinträchtigt werden könnten, auf den Antrag aufmerksam zu machen und ihnen Gelegenheit zu geben, durch Erhebung eines Widerspruchs zwar nicht die Eintragung, wohl aber den Eintritt der Rechtsvermutung ihnen gegenüber zu hindern.

Ist innerhalb der Aufgebotsfrist kein Widerspruch erhoben, so ist das Recht einzutragen. Sind dagegen Einsprüche eingelegt, so sind sie, soweit sie nicht offenbar unbegründet sind (Abs. 3 Satz 2), im Wasserbuche zu vermerken und schließen die Rechtsvermutung des § 190 dem Widersprechenden gegenüber aus. Ihre Berechtigung zu prüfen ist nicht Aufgabe der Wasserbuchbehörde. Es ist vielmehr Sache des Inhabers des eingetragenen Rechts, sei es durch Feststellung der Nichtberechtigung des Widerspruchs im ordentlichen Rechtswege, sei es durch nachträgliche Beibringung des Nachweises auf Grund des § 187, die Löschung des Widerspruchs herbeizuführen. Andrerseits bleibt es aber auch dem Widersprechenden demgegenüber unbenommen, in derselben Weise wiederum eine Berichtigung des Wasserbuchs nach Maßgabe des § 192 zu erwirken, Begr. S 170/1, vgl. auch KB. AH. S. 296 ff. wegen der gegen den § 188 geltend gemachten Bedenken.

§ 189.

Unterhaltungspflichten (§ 182 Abs. 1) sind auf Antrag der Wasserpolizeibehörde oder der Beteiligten einzutragen, wenn ihr Bestehen nachgewiesen ist.

Vgl. KB. AH. S. 299, vgl. a. § 182 Anm. 1. Ein Aufgebotsverfahren entsprechend dem § 188 ist hier nicht vorgesehen.

§ 190.

(1) Die Eintragungen im Wasserbuch gelten bis zum Beweise des Gegenteils als richtig.

(2) Dies gilt nicht für Eintragungen, die mit dem Grundbuch im Widerspruch stehen, sowie gegenüber denjenigen, für welche ein Widerspruch im Wasserbuch vermerkt ist.

1. Wegen der Wirkungen der Eintragungen im Wasserbuche vgl. Vorbem. 1.

2. Im Verhältnis zwischen Wasserbuch und Grundbuch geht letzteres vor, dies ist sowohl in § 190 Abs. 2, als auch durch die Bestimmungen des § 187 Abs. 1 Satz 1, sowie § 380 Abs. 1 Satz 2 zum Ausdruck gebracht, vgl. Näheres in Begr. S. 171/2.

§ 191.

Wird ein im Wasserbuch eingetragenes Recht nach den Vorschriften dieses Gesetzes durch eine Behörde beseitigt oder verändert, so ist auf Ersuchen der Behörde, die in erster Instanz beschlossen hat, das Wasserbuch zu berichtigen.

1. Die §§ 191, 192 [169, 170] handeln von der Berichtigung unrichtiger Eintragungen im Wasserbuche, mögen sie von vornherein unrichtig gewesen oder nachträglich durch eine Änderung des ihnen zugrunde liegenden Rechtsverhältnisses (Übertragung des Rechts, Verzicht auf dasselbe), unrichtig geworden sein, Begr. S. 172.

2. Unter „Berichtigung" versteht das Gesetz jede Änderung in Ansehung der eingetragenen Rechtsverhältnisse und Widersprüche, insbesondere die völlige oder teilweise Löschung, Begr. S. 173.

3. § 191 entspricht dem § 185. Er hat Fälle im Auge, wie die Beseitigung eines verliehenen Rechts durch Zurücknahme der Verleihung (§§ 84, 85) oder die Entziehung oder Beschränkung eines Staurechts nach Maßgabe des § 338.

§ 192.

(1) Ergibt sich, daß die Wasserbuchbehörde unter Verletzung gesetzlicher Vorschriften ein Recht oder einen Widerspruch eingetragen hat, so hat sie die Berichtigung des Wasserbuchs von Amts wegen zu beschließen.

(2) Die Wasserbuchbehörde hat ferner die Berichtigung auf Antrag zu beschließen, wenn nachgewiesen wird, daß eine Eintragung nicht mit der wirklichen Rechtslage übereinstimmt oder daß ein eingetragener Widerspruch unbegründet ist. Antragsberechtigt sind diejenigen, zu deren Gunsten die Eintragung erfolgt ist oder die Berichtigung erfolgen soll.

(3) Der Beschluß der Wasserbuchbehörde ist mit Gründen zu versehen und dem Antragsteller sowie den von der Berichtigung Betroffenen zuzustellen. Gegen den Beschluß ist binnen zwei Wochen Beschwerde an das Landeswasseramt zulässig. Die Berichtigung des Wasserbuchs ist erst auf Grund des rechtskräftigen Beschlusses zu bewirken.

(4) Widersprüche sind auch auf Ersuchen der ordentlichen Gerichte einzutragen.

1. § 192 [170] Abs. 1 beruht auf der Erwägung, daß mit Rücksicht auf die vielen, vor allem in den ersten 10 Jahren vermutlich eingehenden Anträgen Versehen bei der Eintragung oder dem ihr voraufgehenden Aufgebotsverfahren (§ 188) vorkommen können. Die in solchen Fällen der Wasserbuchbehörde gegebene Befugnis zur Berichtigung von Amts wegen entspricht dem Rechte des Grundbuchamtes gemäß § 54 Abs. 1 GBO., Begr. S. 173.

2. Zu Abs. 2 vgl. die Anm. zu § 188.

Auch wer die rechtzeitige Erhebung eines Einspruchs im Aufgebotsverfahren (§ 188) verabsäumt hat, kann einen Berichtigungsantrag stellen. Er muß aber den Nachweis führen, daß die Eintragung nicht mit der wirklichen Rechtslage in Einklang steht, z. B. durch Vorlage eines Grundbuchauszuges über ein entgegenstehendes Recht, Begr. S. 173.

3. Im Gegensatz zu den Berichtigungen nach § 191, welche ohne weiteres zu erfolgen haben, erfordern Berichtigungen auf Grund des

§ 192 einen besonderen Beschluß der Wasserbuchbehörde, vor dessen Rechtskraft die Eintragung nicht vorgenommen werden darf (Abs. 3).

4. Abs. 4 ist von der Kommission des Abgeordnetenhauses eingefügt worden, weil für die Eintragung eines Widerspruchs auf Grund eines Verfahrens im ordentlichen Rechtswege Raum gegeben werden müsse, KB. AH. S. 300.

§ 193.

Die Einsicht der Wasserbücher und ihrer Abschriften sowie derjenigen Urkunden, auf die in den Eintragungen Bezug genommen ist, ist jedem gestattet. Ferner kann jeder eine auf Verlangen zu beglaubigende Abschrift fordern.

Nach dem Entwurfe sollte die Einsicht der Wasserbücher und ihrer bei den Wasserpolizeibehörden niedergelegten Abschriften (§ 183 Abs. 3), sowie der der Eintragung zugrunde liegenden Urkunden in Anschluß an § 11 Abs. 1 Satz 1 GBO. nur demjenigen gestattet sein, der ein berechtigtes Interesse daran hat. Die Kommission des Abgeordnetenhauses hielt aber bei den Wasserbüchern eine derartige Einschränkung nicht für erforderlich, da hier im Gegensatz zu den Grundbüchern, in welchen auch die Hypotheken eingetragen seien, an deren Geheimhaltung der Eigentümer ein Interesse haben könne, ein Grund zur Geheimhaltung nicht bestehe. Nach ihren Beschlüssen ist daher die Einsicht jedem gestattet, Begr. S. 175, KB. AH. S. 300.

§ 194.

(1) Zur Förderung der Gewässerkunde sollen für die Wasserläufe erster und zweiter Ordnung Beschreibungen angelegt werden, die einen Überblick über die Beschaffenheit, den Abflußvorgang und die Wasserwirtschaft der Wasserläufe geben. Über die Anlegung der Beschreibungen haben der Minister der öffentlichen Arbeiten und der Minister für Landwirtschaft, Domänen und Forsten eine Anweisung zu erlassen.

(2) Eine Abschrift der Beschreibung des ganzen Wasserlaufs soll den Wasserbüchern, die den Wasserlauf betreffen, sowie den nach § 183 Abs. 3 niederzulegenden Abschriften beigefügt werden.

1. § 194 [173] hat sein Vorbild in der Anweisung des Ministers für Landwirtschaft für die Arbeiten zur Förderung der Gewässerkunde vom 1. Mai 1892, die sich jedoch nur auf die Privatflüsse bezog, vgl. auch die Vorbemerkung.

2. Die Beschreibungen werden gemäß ihrer Aufgabe, einen Überblick über die Beschaffenheit, den Abflußvorgang und die Wasserwirtschaft der Wasserläufe erster und zweiter Ordnung zu geben, unter Verwertung des von der Landesanstalt für Gewässerkunde gesammelten Stoffes vor allem folgendes zu behandeln haben: die Größe und Beschaffenheit des Niederschlagsgebietes, die allgemeinen Ver-

hältnisse des Flußlaufs und Flußtals, insbesondere die Begrenzung des Hochwasserabfluß- und des Überschwemmungsgebiets, die Beobachtungen der Wasserstände, Messungen der Abflußmenge und Ermittlungen über Hochfluten und Eisverhältnisse, die für Gebrauch und Verbrauch des Wassers, seine Reinhaltung, die Hebung oder Senkung des Wasserspiegels, den Ausbau und die Unterhaltung des Wasserlaufs und seiner Ufer beachtenswerten Bauwerke im oder am Wasserlaufe sowie die vorhandenen Deiche und Anlagen im Überschwemmungsgebiete.

Insbesondere sollen auch landeskulturelle Interessen mehr als bisher berücksichtigt werden. Aus diesem Grunde ist der Erlaß der Ausführungsanweisung über die Anlegung der Beschreibungen durch die Kommission des Abgeordnetenhauses in allen Fällen den Ministern der öffentlichen Arbeiten und für Landwirtschaft gemeinsam übertragen worden, während nach dem Entwurfe der erstere bei Wasserläufen erster, der letztere bei Wasserläufen zweiter Ordnung zuständig sein sollte, Begr. S. 176, KB. AH. S. 301.

§ 195.

Die Verhandlungen vor der Wasserbuchbehörde und die Eintragungen sind kostenfrei. Jedoch sind die durch öffentliche Bekanntmachungen, durch Erteilung und Beglaubigung von Abschriften oder durch offenbar unbegründete Anträge und Widersprüche erwachsenden Kosten dem Antragsteller oder dem Widersprechenden aufzuerlegen.

Da die Klarstellung der an den Wasserläufen bestehenden Rechte im Interesse der Allgemeinheit liegt, sind die Verhandlungen vor den Wasserbuchbehörden einschließlich der Eintragung grundsätzlich kostenfrei; die Ausnahmen sind in Satz 2 ausdrücklich festgestellt.

Dabei sind unter Kosten in § 195 [174] sowohl die Auslagen, als auch die Gebühren zu verstehen, Begr. S. 176/7, vgl. a. KB. AH. S. 301.

Zweiter Abschnitt.

Gewässer, die nicht zu den Wasserläufen gehören.

1. Die Bedeutung der nicht zu den Wasserläufen im Sinne des § 1 gehörenden oberirdischen und unterirdischen Gewässer für die allgemeine Wasserwirtschaft steht zwar hinter derjenigen der Wasserläufe erheblich zurück, erfordert aber dennoch eine Regelung, die sich mit Rücksicht auf die fortgeschrittene Wasserwirtschaft nicht auf eine bloße Wiedergabe der wenigen über diese Gewässer bestehenden Vorschriften des geltenden Rechts beschränken darf. Hinsichtlich der Behand-

lung des außerhalb der Wasserläufe oberirdisch (wild) abfließenden Wassers legt das Gesetz den in Altpreußen bestehenden Rechtszustand zugrunde, berücksichtigt aber gleichzeitig die in den Gebieten des code civil und des gemeinen Rechts bestehenden Besonderheiten (§ 197, 198). Dagegen sind zur Beseitigung von Übelständen, welche bei der gegenwärtigen Lage der Gesetzgebung sich gezeigt haben, neue Vorschriften wegen der Benutzung des Wassers der nicht zu den Wasserläufen gehörenden Seen, sowie auch des unterirdischen Wassers getroffen worden. Durch dieselben ist vor allem das nach bisherigem Rechte bestehende unbeschränkte Verfügungsrecht des Eigentümers über diese Gewässer im Interesse der Erhaltung des Grundwasserstandes erheblich eingeschränkt und den durch Veränderung desselben Benachteiligten ein Anspruch auf Herstellung von die nachteiligen Folgen nach Möglichkeit verhütenden Einrichtungen oder, falls solche nicht tunlich sind, auf Schadensersatz, soweit ihn die Billigkeit nach den Umständen erfordert, gegeben worden (§ 200), vgl. im übrigen die Vorbem. zu den §§ 199 ff., sowie den Vortrag über die Bedeutung des Grundwasserstandes in Drucks. Nr. 611 B Anl. V.

2. Das Gesetz beschäftigt sich mit dem Grundwasser aber nicht nur im zweiten Abschnitte, sondern auch im ersten Abschnitte, in dem eine Benutzung der Wasserläufe, die mittelbar eine schädliche Veränderung des Grundwasserstandes zur Folge hat, verboten und, soweit solche Schädigungen nicht zu umgehen sind, den Betroffenen ein Anspruch auf Schadensersatz gegeben wird (§§ 41, 52, 156). Ausgenommen sind hierbei jedoch solche Maßnahmen, die zur Beschaffung der Vorflut für die gewöhnliche Bodenentwässerung von Grundstücken dienen, für welche der Wasserlauf der natürliche Vorfluter ist. Dieser Grundsatz kommt an verschiedenen Stellen des Gesetzes zum Ausdruck (§ 41 Abs. 3, § 50 Abs. 3, § 159 Abs. 3, § 199 Abs. 1, § 331 Abs. 2). Er stellt das Recht zur gewöhnlichen landwirtschaftlichen und sonstigen Bodenentwässerung fest, ohne die eine erfolgreiche Benutzung des Grundstücks nicht möglich ist, Begr. S. 36.

§ 196.

Der Eigentümer eines Grundstücks kann über das auf oder unter der Oberfläche befindliche Wasser verfügen, soweit sich nicht aus diesem Gesetz, insbesondere aus den Vorschriften über die Wasserläufe und ihre Benutzung, ein anderes ergibt oder Rechte Dritter entgegenstehen.

Der Grundstückseigentümer, auf oder unter dessen Grundstück sich die nicht zu den Wasserläufen gehörigen Gewässer in dem in der Vorbem. bezeichneten Sinne befinden, ist, wie auch nach geltendem Rechte, grundsätzlich zur freien Verfügung über dieselben befugt.

Einschränkungen dieses Verfügungsrechts bestehen nur insoweit, als sie sich aus dem Wassergesetze selbst ergeben. Als solche kommen namentlich die in den §§ 199—204 [177—182] enthaltenen, dem bisherigen Rechte unbekannten Beschränkungen des Verfügungsrechts über die nicht zu den Wasserläufen gehörenden Seen, sowie über das unterirdische Wasser in Betracht, über die bei diesen Vorschriften das Nähere zu erörtern ist.

Dann aber findet das Verfügungsrecht des Grundeigentümers über diese Gewässer vor allem seine Schranke in den Vorschriften des Gesetzes über die Wasserläufe und ihre Benutzung. Dem Grundeigentümer, welcher nicht zugleich Eigentümer des Wasserlaufs ist, sind daher alle Eingriffe in die Rechte des Eigentümers an dem Wasserlaufe untersagt, welche über den Gemeingebrauch (§§ 25 ff.) hinausgehen. Ihm steht also insbesondere kein Recht auf die nicht auf Grund des Gemeingebrauchs gestattete (Entnahme für die eigene Haushaltung und Wirtschaft, § 25) Ableitung des Wassers zu, sei es, daß sie unmittelbar oder mittelbar auf unterirdischem Wege (vgl. § 40 Anm. 2) erfolgt. Ob das aus dem Untergrunde zutage geförderte Wasser tatsächlich aus dem Wasserlaufe stammt, wird Sache der Feststellung im einzelnen Falle sein; z. B. wird dies anzunehmen sein, wenn bei durchlässigem Boden das herausgepumpte Wasser sich sofort durch nachsickerndes oder nachströmendes Wasser aus dem Wasserlaufe ergänzt. Gegenüber etwaigen hiernach unzulässigen Ableitungen durch den Grundeigentümer steht dem Eigentümer des Wasserlaufs die Unterlassungsklage und, falls sie vorsätzlich oder fahrlässig erfolgen, die Schadensersatzklage auf Grund der §§ 823 ff. BGB. zu. Auch ist die Wasserpolizeibehörde befugt, gegen eine derartige unberechtigte Benutzung des Wasserlaufs auf Grund des § 21 einzuschreiten.

Will der Grundeigentümer ein Recht zu einer solchen Ableitung von Wasser aus dem Wasserlaufe erwerben, so muß er den Weg der Verleihung (§§ 46 ff.) einschlagen, Begr. S. 177/8.

Auch das geltende Recht gestattet nur dem Uferbesitzer, nicht den anderen Grundstückseigentümern, das Wasser des Flusses mittelbar unter gewissen Beschränkungen abzuleiten (§§ 1, 13 Abs. 1 Nr. 2 Privatflußges.: vgl. a. Nieberding-Frank S. 248 ff.

§ 197.

(1) Der Eigentümer eines Grundstücks darf den Ablauf des oberirdisch außerhalb eines Wasserlaufs abfließenden Wassers nicht künstlich so verändern, daß die tieferliegenden Grundstücke belästigt werden.

(2) Unter dieses Verbot fällt nicht eine Veränderung des Wasserablaufs infolge veränderter wirtschaftlicher Benutzung des Grundstücks.

1. Unter dem oberirdisch außerhalb eines Wasserlaufs abfließenden Wasser ist alles Wasser zu verstehen, welches aus dem Boden herausquellend oder aus der Atmosphäre niedersinkend oberirdisch abfließt, ohne einen Wasserlauf im Sinne des § 1 zu bilden. In der Regel wird es sich um Wasser handeln, das ohne festes Bett dem natürlichen Gefälle folgt. Doch gehört auch Wasser dazu, welches in festen Gräben fließt, sofern diese nicht der Vorflut der Grundstücke verschiedener Eigentümer dienen (§ 1 Abs. 3), sich also nicht als Wasserläufe im Sinne des Abs. 1 darstellen, Begr. S. 178.

2. Das in Abs. 1 aufgestellte Verbot, den Ablauf des außerhalb eines Wasserlaufs oberirdisch abfließenden Wassers künstlich in einer die tieferliegenden Grundstücke belästigenden Weise zu verändern, untersagt dem Grundstückseigentümer, durch künstliche Vorrichtungen den natürlichen Ablauf zum Nachteile der tieferliegenden Grundstücke zu verstärken oder ihm eine Richtung zu geben, welche das tieferliegende Grundstück mehr als bisher belästigt. Diese Vorschrift entspricht den Bestimmungen des BGB. über Immissionen (§§ 906 ff.) und findet sich auch in den meisten neueren außerpreußischen Wassergesetzen (Baden § 11, Bayern Art. 17, Württemberg Art. 6, Sachsen § 12), Begr. S. 178; vgl. a. wegen des bisherigen Rechtes Nieberding-Frank S. 148 ff., sowie den Artikel „Entwässerung und Entwässerungsrecht" von Anschütz im Handw. der Staatsw. Bd. III.

Ändert sich dagegen der vorhandene Ablauf des wildfließenden Wassers durch natürliche Ereignisse, so hat der Grundeigentümer, dem die Veränderung zum Nachteile gereicht, diesen zu tragen. Es steht ihm also nicht etwa ein Wiederherstellungsrecht zu, wie ihm dieses die Wassergesetze für Bayern (Art. 17 Abs. 3), Sachsen (§ 13) und Württemberg (Art. 6 Abs. 2) entsprechend einer für das Gebiet des gemeinen Rechts vertretenen, jedoch sehr bestrittenen Meinung zugestehen, Begr. S. 179.

Vgl. im übrigen wegen der Verpflichtung zur Aufnahme des wildabfließenden Wassers § 189, sowie die Anm. dazu.

3. Eine Ausnahme von dem Verbote des Abs. 1 ist in Abs. 2 für Veränderungen des Wasserlaufs infolge veränderter wirtschaftlicher Benutzung des Grundstücks festgesetzt. Eine solche kann dem Grundeigentümer nicht verwehrt werden, da die Rücksichtnahme auf die Unterlieger nicht dazu führen darf, den Oberlieger in der wirtschaftlichen Verwertung seines Grundstücks zu hindern. Dies ist auch bereits im geltenden Rechte anerkannt (Rehbein, Entsch. des OTr. I, 2 S. 795), Begr. S. 178, KB. AH. S. 304 ff.

§ 198.

(1) Der Eigentümer eines Grundstücks ist berechtigt, das oberirdisch außerhalb eines Wasserlaufs von einem anderen Grundstück abfließende Wasser von seinem Grundstück abzuhalten.

(2) In den Hohenzollernschen Landen, in der Provinz Hessen-Nassau, in denjenigen Gebietsteilen der Rheinprovinz, in denen bisher das französische oder das gemeine Recht galt, und in der Provinz Schleswig-Holstein ist diese Vorschrift nur mit der Maßgabe anzuwenden, daß der Eigentümer eines landwirtschaftlich benutzten Grundstücks verpflichtet ist, den infolge der natürlichen Bodenverhältnisse stattfindenden Wasserablauf von einem anderen landwirtschaftlich benutzten Grundstück zu dulden.

Im Gebiete des Allgemeinen Landrechts ist der Unterlieger zur Aufnahme des ihm wild zufließenden Wassers grundsätzlich nicht verpflichtet. Er kann sich vielmehr dagegen durch Anlagen auf seinem Grundstücke schützen (ALR. § 102 T. I Tit. 8) und braucht es nur dann aufzunehmen, wenn der Oberlieger es durch Veranstaltungen auf eigenem Grund und Boden nicht abführen kann (§ 103) und es ihm selbst nicht etwa durch natürliche Hindernisse unmöglich wird, das Wasser weiter abzuleiten (§ 104). Hiervon gilt aber wieder die Ausnahme, daß der Unterlieger das Wasser, auch wenn er es nicht weiter ableiten kann, dann aufnehmen muß, wenn der für ihn entstehende Schaden durch den Vorteil des Oberliegers überwogen wird und letzterer zur Vergütung des Schadens bereit und vermögend ist (§ 105); vgl. Nieberding-Frank S. 88 ff., sowie den Artikel „Vorflut" von Frank und Anschütz im Handw. der Staatsw. Bd. VIII.

Dagegen ist im Gebiete des gemeinen Rechts nach dem Grundsatze der römischen actio pluviae arcendae, sowie im Anschluß daran nach code civil (Art. 640) der Grundeigentümer in allen Fällen verpflichtet, dem von einem anderen Grundstücke wild abfließenden Wasser den Übertritt auf sein Grundstück zu gestatten. In gleicher Weise ist diese Frage in den meisten neueren außerpreußischen Wassergesetzen geregelt (Württemberg Art. 6 Abs. 1, Sachsen § 11, Baden § 11 Abs. 1, Bayern Art. 17 Abs. 2). Auch der Entwurf des BGB. § 856 wollte in dieser Hinsicht dem gemeinen Rechte folgen, die Bestimmung ist aber nicht in das Gesetz selbst aufgenommen worden.

Der Entwurf des Wassergesetzes sah nun in dem § 307 Abs. 1 vor allem auf Grund der Gutachten des Landesökonomiekollegiums eine dem ALR. entsprechende Regelung dieser Frage vor.

Gegen die Ausdehnung dieser landrechtlichen Grundsätze auf die Gebiete des gemeinen Rechts und des code civil erhob sich jedoch in der Kommission des Abgeordnetenhauses und in diesem Hause selbst lebhafter Widerspruch. Es wurde vor allem dagegen geltend gemacht, daß sich in diesen Gebieten wegen der dort bestehenden eigenartigen Bodenverhältnisse der Grundsatz, daß der Unterlieger das wild abfließende Wasser aufnehmen müsse, glänzend bewährt und überall eingebürgert habe, es handele sich dort fast stets um stark zersplitterten Grundbesitz und um abfallendes Terrain, wolle man hier den Grundsatz des ALR. einführen, so werde es für den Oberlieger nicht möglich sein, sich des Wassers auf seinem Grundstücke zu entledigen. Auf Grund dieser Darlegungen statuierte die Kommission zunächst eine Ausnahme in dem in Anm. 5 näher bezeichneten Umfange für die Provinz Hessen-Nassau und diejenigen Teile der Rheinprovinz, in welchen bisher das französische oder das gemeine Recht galt. Das Abgeordnetenhaus fügte dem in zweiter Lesung die Hohenzollernschen Lande zu, weil dort die gleichen Erwägungen zutrafen, lehnte jedoch auf Grund des Widerspruchs der Regierung eine Ausdehnung dieser Ausnahmevorschrift auf den Geltungsbereich des gemeinen Rechts in der Provinz Hannover ab. In dritter Lesung hatten jedoch die Darlegungen der Vertreter dieser Provinz dazu geführt, daß mit Rücksicht auf die dort bestehenden Rechtsanschauungen auch diejenigen Teile der Provinz Hannover, wo bisher gemeines Recht galt, der Ausnahmebestimmung des Abs. 2 unterstellt wurden.

Die Kommission des Herrenhauses hat aber die Geltung des Abs. 2 für die genannten Teile der Provinz Hannover wieder beseitigt, so daß für sie der Abs. 1 maßgebend ist, dagegen die Provinz Schleswig-Holstein der Ausnahmebestimmung des Abs. 2 unterstellt, KB. HH. S. 785/6.

Ferner wurde die grundsätzliche Bestimmung des § 307 Abs. 1 des Entw. von der Kommission aus systematischen Gründen als § 198 [176a] in den zweiten Abschnitt übernommen.

Vgl. im übrigen Begr. S. 228 ff., KB. AH. S. 305 ff., 396 ff., Sten. B. AH. S. 8203 ff., 8571 ff.

2. Über den Begriff des oberirdisch außerhalb eines Wasserlaufs abfließenden Wassers vgl. § 197 Anm. 1.

3. Die Vorschrift des Abs. 1 ist rein privatrechtlicher Natur. Das Recht des Eigentümers eines tieferliegenden Grundstücks, sein Grundstück gegen das wild abfließende Wasser zu schützen, kann daher, ebenso wie der Anspruch des Oberliegers, für dieses Wasser auf Grund eines besonderen Rechtstitels (Anm. 4) freie Vorflut zu verlangen, im Streitfalle nur im ordentlichen Rechtswege verfolgt werden. Hierbei ist vom Gerichte vor allem zu prüfen, ob eine Verpflichtung zur Aufnahme dieses Wassers auf Grund eines besonderen Rechtstitels oder nach Maßgabe der §§ 330, 340 besteht, Begr. S. 229.

4. Etwaige beim Inkrafttreten des Wassergesetzes bestehende, auf besonderem Titel beruhende Rechte der Oberlieger, die Aufnahme des wild abfließenden Wassers durch den Unterlieger zu verlangen, bleiben gemäß den §§ 379 Abs. 1 Nr. 3, 380 aufrechterhalten. Hierunter fallen namentlich die Rechte, welche im Wege eines Verfahrens auf Grund des § 68 Zust. Ges. und der §§ 15 ff. des Vorflutedikts begründet sind, Begr. S. 229.

5. Wie bereits in Anm. 1 dargelegt, ist für die in Abs. 2 genannten Gebiete mit Rücksicht auf den dort bestehenden Rechtszustand, sowie ihre eigenartigen Terrainverhältnisse eine Sondervorschrift getroffen worden. In ihnen gilt der Grundsatz des Abs. 1 nur mit der Maßgabe, daß der Eigentümer eines landwirtschaftlich benutzten Grundstücks verpflichtet ist, den infolge der natürlichen Bodenverhältnisse stattfindenden Wasserablauf von einem anderen landwirtschaftlich benutzten Grundstücke zu dulden. Ist das Grundstück bestellt, so verliert es dadurch seine „natürlichen Bodenverhältnisse" im Sinne dieser Vorschrift nicht. In diesen Gebieten muß also der Unterlieger das wild abfließende Wasser aufnehmen, wie es bei der landwirtschaftlichen Benutzung des Grundstücks nach dem natürlichen Gefälle abfließt. Auch die Ableitung des Wassers in den z. B. in der Provinz Hessen-Nassau üblichen, sogenannten Wasserfurchen fällt unter den Begriff des natürlichen Wasserablaufs gemäß Abs. 2; diese Furchen sollen die Gewalt des wild abfließenden Wassers brechen und erleichtern es daher dem Unterlieger, dieses Wasser aufzunehmen, Sten. B. AH. S. 8207.

6. Vgl. im übrigen die §§ 330 ff. und die Anm. dazu.

Vorbemerkung zu den §§ 199—204.

1. Dem bisher geltenden Recht waren Verfügungsbeschränkungen des Eigentümers eines Sees über diesen, sowie des Eigentümers eines Grundstücks über das in demselben enthaltene unterirdische Wasser unbekannt. Sie durften daher mit diesen Gewässern nach Belieben verfahren, ohne auf die Nachbarn Rücksicht nehmen oder von ihnen Schadensersatzansprüche befürchten zu müssen. Insbesondere waren sie uneingeschränkt befugt, diese Gewässer nach ihrem Belieben zu gebrauchen und zu verbrauchen, sie abzuleiten, den Wasserstand zu heben oder zu senken und sie zu verunreinigen. Vor allem genossen auch andere Grundstückseigentümer und die Unternehmer von Wassergewinnungsanlagen keinerlei Schutz gegen Veränderungen des Grundwasserstandes durch den Eigentümer des Grundstücks, in welchem sich das unterirdische Wasser befand. Dieser durfte dieses Wasser daher zu beliebigem Gebrauche durch Pumpwerke zutage fördern, auch wenn dadurch einer Quelle oder einem bereits vorhandenen Brunnen eines anderen das Wasser entzogen oder fremde Grundstücke durch die Veränderung des Grundwasserstandes völlig entwertet wurden (RG. Bd. 64 S. 24, Bd. 35 S. 172, Bd. 26 S. 226); ebenso war er befugt, die unterirdische Quelle eines Wasserlaufs, ehe sie zutage tritt, abzufangen und dadurch den Wasserlauf völlig zum Versiegen zu bringen (RG. Bd. 27 S. 328, Bd. 16 S. 229). Nur bezüglich der mittelbaren Entnahme von Wasser aus einem Wasserlaufe (vgl. die Anm. zu § 196), sowie bezüglich der Anlegung von Brunnen (vgl. ALR. §§ 129—131 T. I Tit. 8) bestanden in dieser Beziehung einige Einschränkungen, vgl. a. Nieberding-Frank S. 233 ff.

Dieser Rechtszustand entspricht dem Rechtsempfinden in keiner Weise und widerstreitet oft in hohem Grade den Interessen der Allgemeinheit und der einzelnen Beteiligten.

Die Bedeutung des unterirdischen Wassers für die allgemeine Wasserwirtschaft, namentlich infolge des wachsenden Wasserbedarfs der großen Städte und der Industrie, ist in den letzten Jahrzehnten stetig gestiegen und hat naturgemäß eine gewaltige Zunahme der Zutageförderung des unterirdischen Wassers zur Trinkwasserversorgung und zu gewerblichen Zwecken zur Folge gehabt. Bei dem unmittelbaren oder mittelbaren Zusammenhange der unterirdischen Wasseradern bringen aber umfangreiche Wasserentnahmen fast stets eine Veränderung des Grundwasserstandes für die umliegenden Gegenden mit sich, die nicht selten zu großen Schädigungen, namentlich zur Verminderung der Ertragsfähigkeit landwirtschaftlicher Grundstücke oder zur Entziehung des Wassers bei Brunnen und Wasserversorgungsanlagen, führt.

Aus diesen Gründen hatte sich eine Einschränkung der freien Verfügungsbefugnis des Grundstückseigentümers über das unterirdische Wasser als im volkswirtschaftlichen Interesse unbedingt erforderlich herausgestellt, das Gleiche gilt für die Verfügungsbefugnis des Eigentümers eines Sees.

Diesem Bestreben verdanken die §§ 199 [177] ff. ihre Entstehung, welche dem Eigentümer unter möglichster Wahrung seiner Interessen die erforderlich erscheinenden Schranken in dieser Hinsicht setzen.

Um aber in den Fällen, in denen die wirtschaftliche Bedeutung eines Unternehmens die dadurch verursachten Schäden erheblich überwiegt, solchen Unternehmen die Möglichkeit zu geben, sich von den einschränkenden Vorschriften der §§ 199 ff. zu befreien, ist auch bei diesen Gewässern entsprechend der Verleihung bei den Wasserläufen (§§ 46 ff.) ein Weg eröffnet, weitergehende Rechte in einem geordneten Verfahren nach näherer Maßgabe des § 203 zu erwerben, Begr. S.179ff.

2. Wegen ähnlicher Vorschriften in den neuen außerpreuß. Wassergesetzen vgl. die Ges. für Württemberg Art. 3, Baden § 4, Bayern Art. 19, Sachsen § 40).

§ 199.

(1) Der Eigentümer eines nicht zu den Wasserläufen gehörenden Sees ist nicht befugt, den See abzulassen oder seinen Wasserspiegel erheblich zu senken, wenn dadurch der Grundwasserstand zum Nachteil anderer verändert wird, es sei denn, daß es zur gewöhnlichen Bodenentwässerung erforderlich ist.

(2) Es ist ihm ferner nicht gestattet, Wasser oder andere flüssige Stoffe in den See einzuleiten oder feste oder schlammige Stoffe in den See einzubringen, durch die das Wasser zum Nachteil anderer verunreinigt wird. Der § 23 Abs. 1, 3 und 4 ist entsprechend anzuwenden, auf den Eigentümer jedoch nur dann, wenn einem anderen ein Recht an dem See zusteht, oder wenn durch die Einleitung andere Gewässer verunreinigt werden können.

(3) Ob und in welchem Umfang der an Seen bisher übliche Gemeingebrauch im Falle des Bedürfnisses auch fernerhin zulässig ist, bestimmt der Regierungspräsident. Der Eigentümer des Sees ist vorher zu hören. Der Regierungspräsident kann die getroffene Bestimmung jederzeit widerrufen. Die §§ 36 bis 39 sind entsprechend anzuwenden.

1. § 199 [177] Abs. 1 verbietet dem Eigentümer eines nicht zu den Wasserläufen gehörenden Sees das Ablassen eines solchen Gewässers, sowie jede erhebliche Senkung des Wasserspiegels, wenn dadurch der Grundwasserstand zum Nachteile anderer geändert wird. Bei der Senkung des Wasserspiegels wird es sich in erster Linie um die Entnahme von Wasser in größerem Umfange durch Schöpf- oder Pumpwerke zu landwirtschaftlichen oder industriellen Zwecken handeln.

Jedoch kann dieses Verbot nicht soweit führen, daß der Eigentümer des Sees daran gehindert wird, seine eigenen Grundstücke durch die Befreiung von schädlicher Nässe für die landwirtschaftliche oder sonstige Benutzung brauchbar zu machen. So wird z. B. die Senkung des Wasserspiegels des Sees häufig erforderlich sein, um den ihn begrenzenden Ländereien die nötige Vorflut zu erhalten. Aus diesen Gründen rechtfertigt sich die Ausnahme von dem Verbote zugunsten der gewöhnlichen

Bodenentwässerung (vgl. über diesen Begriff im einzelnen § 41 Anm. 3), Begr. S. 181. Eine weitere Ausnahme ist vom Herrenhause zugunsten der Fischteiche gemacht worden, Sten. B. AH. S. 1028/9; vgl. a. § 379 Abs. 6.

2. In gleicher Weise ist dem Eigentümer eines Sees die nachteilige Verunreinigung desselben durch Einbringung von flüssigen oder festen Stoffen (vgl. wegen dieser Begriffe die Anm. zu den §§ 19 und 23) in ähnlicher Weise, wie bei den Wasserläufen gemäß §§ 20 ff., untersagt. Ein solches Verbot ist vor allem im Interesse anderer zur Benutzung des Sees, z. B. zu Fischereizwecken, Berechtigter erforderlich, Begr. S. 181, Sten. B. AH. S. 8574/5.

Gleichzeitig besteht, um künftigen Schäden vorzubeugen, für derartige Einleitungen die Anzeigepflicht gemäß § 23, die den Eigentümer jedoch nur dann trifft, wenn einem anderen ein Recht an dem See zusteht oder durch die Einleitung andere Gewässer verunreinigt werden können (KB. HH. S. 786). Verstöße hiergegen unterliegen der Bestrafung auf Grund der §§ 375, 376.

3. Der Abs. 3 ist von der Kommission des Abgeordnetenhauses eingefügt worden, um dort, wo bisher ein Gemeingebrauch an Seen üblich gewesen sei — was jedoch z. B. im Gebiete des ALR., wo solche Seen im freien Eigentume des Grundstückseigentümers standen, nicht der Fall war —, diesen zu erhalten, KB. AH. S. 306/7.

Jedoch soll dies gemäß den Beschlüssen der Kommission des Herrenhauses nur dann geschehen, wenn ein Bedürfnis vorliegt. Die Kommission hat ferner die Sätze 2 und 3 eingefügt, um dem Eigentümer des Sees die Wahrung seiner Rechte zu ermöglichen, KB. HH. S. 786.

4. Privatrechte zur Mitbenutzung eines Sees, die auf Ersitzung, Vertrag oder einem sonstigen besonderen Titel beruhen, bleiben natürlich in allen Fällen unberührt, KB. AH. S. 307.

§ 200.

(1) Der Eigentümer eines Grundstücks darf das unterirdische Wasser zum Gebrauch oder Verbrauch nicht dauernd in weiterem Umfang als für die eigene Haushaltung und Wirtschaft (§ 25 Abs. 4) zutage fördern, wenn dadurch

1. der Wassergewinnungsanlage oder der benutzten Quelle eines anderen das Wasser entzogen oder wesentlich geschmälert oder
2. die bisherige Benutzung des Grundstücks eines anderen erheblich beeinträchtigt oder
3. der Wasserstand eines Wasserlaufs oder eines Sees (§ 199) derart verändert wird, daß andere in der Ausübung ihrer Rechte daran beeinträchtigt werden.

(2) Den Geschädigten steht kein Anspruch auf Unterlassung zu, wenn der aus der Zutageförderung zu erwartende Nutzen den ihnen erwachsenden Schaden erheblich übersteigt oder wenn das Unternehmen, für das die Zutageförderung erfolgt, dem öffentlichen

Wohle dient. Sie können jedoch die Herstellung von Einrichtungen fordern, durch die der Schaden verhütet oder ausgeglichen wird, wenn solche Einrichtungen mit dem Unternehmen vereinbar und wirtschaftlich gerechtfertigt sind. Soweit der Schaden nicht verhütet oder ausgeglichen werden kann, ist insofern Schadenersatz zu leisten, als die Billigkeit nach den Umständen eine Entschädigung erfordert.

(3) Die Entschädigung kann, wenn der Unternehmer dies beantragt, auch in wiederkehrenden Leistungen bestehen. Der § 51 Abs. 2 Satz 2 ist entsprechend anzuwenden.

1. § 200 [178] Abs. 1 will nachteiligen Veränderungen des Grundwasserstandes in Zukunft entgegen dem bisherigen Recht (vgl. die Vorbem. zu den §§ 199 ff.) dadurch vorbeugen, daß er die Zutageförderung des unterirdischen Wassers, zum Gebrauch oder Verbrauch, soweit sie nicht nur vorübergehend oder zwar dauernd, jedoch nur für die eigene Haushaltung und Wirtschaft (vgl. § 25 Abs. 3) erfolgt, beim Vorliegen der in Nr. 1—3 genannten Voraussetzungen verbietet.

Die Zutageförderung ist danach untersagt und gibt den Beschädigten die in Abs. 2 bezeichneten Rechte, wenn dadurch:

1. den Wassergewinnungsanlagen eines anderen das Wasser entzogen oder wesentlich geschmälert wird. Diesen Anlagen sind diejenigen Quellen gleichgestellt, welche tatsächlich benutzt werden und somit ein Vermögensobjekt darstellen.

2. die bisherige Benutzung des Grundstücks eines anderen erheblich beeinträchtigt wird. Auch hier erfordert, ebenso wie in den Fällen der Nr. 1, die Billigkeit eine Einschränkung der bisher bestehenden schrankenlosen Verfügungsfreiheit des Grundeigentümers, welche zu den größten Mißständen geführt hatte, Begr. S. 182.

3. der Wasserstand eines Wasserlaufes oder eines nicht zu den Wasserläufen gehörenden Sees mittelbar derart verändert wird, daß andere in der Ausübung ihrer Rechte an dem Wasserlauf oder See beeinträchtigt werden. Die Veränderung des Grundwasserstandes kann auch, ohne daß sie sich als mittelbare Entnahme von Wasser aus dem Wasserlaufe, welche der Eigentümer nicht zu dulden braucht (vgl. § 196 Anm.), darstellt, den Wasserstand eines Wasserlaufs oder Sees nachteilig beeinflussen, z. B. wenn die Zutageförderung auf einem entfernter liegenden Grundstücke erfolgt und auf den an den Wasserläufen angrenzenden Grundstücken der Grundwasserstand gesenkt und infolgedessen ein Nachströmen von Wasser aus dem Wasserlaufe eintritt oder wenn sie auf oberhalb des Wasserlaufs, besonders in den Quellgebieten belegenen Grundstücken vorgenommen wird und infolgedessen dem Wasserlauf weniger Wasser zufließt als bisher, Begr. S. 182/3.

2. Soweit die Zutageförderung des unterirdischen Wassers dagegen nicht zu Zwecken des Gebrauchs oder Verbrauchs erfolgt, ist sie keinerlei Einschränkungen unterworfen. Der Grundeigen-

tümer ist daher befugt, dem Boden zu Zwecken der Entwässerung, z. B. auch durch Drainierung, nach Belieben Wasser zu entziehen, auch wenn benachbarte Grundstücke in Mitleidenschaft gezogen werden (vgl. z. B. die §§ 41 Abs. 3, § 50 Abs. 3, 156 Abs. 3, 199 Abs. 1, 330 Abs. 2 Satz 2), Begr. S. 183.

3. Verstöße gegen die Verbotsvorschriften des Abs. 1 berechtigen die dadurch Geschädigten nicht zu der an sich nach den Bestimmungen des allgemeinen bürgerlichen Rechts zulässigen Unterlassungsklage, wenn der aus der Zutageförderung des unterirdischen Wassers zu erwartende Nutzen den ihnen erwachsenden Schaden erheblich übersteigt, oder wenn das Unternehmen, für welches die Zutageförderung erfolgt, dem öffentlichen Wohle dient (Abs. 2 Satz 1). Diese Vorschrift war erforderlich, um nicht das Zustandekommen großer und nützlicher Unternehmen zur Ausnutzung des unterirdischen Wassers unnötig zu erschweren.

Andrerseits ist aber auch die Geltendmachung von Schadensersatzansprüchen in solchen Fällen nicht, wie nach dem allgemeinen bürgerlichen Recht (§§ 823 ff. BGB.) von dem Nachweise eines Verschuldens abhängig gemacht. Allerdings stehen den Geschädigten Schadensersatzansprüche bei Verstößen, welche nach obigem keinen Unterlassungsanspruch geben, nicht ohne weiteres zu. Sie können vielmehr entsprechend den auch für die Benutzung der Wasserläufe geltenden Vorschriften (vgl. §§ 50 ff.) in erster Linie nur die Herstellung von Einrichtungen fordern, durch welche der Schaden verhütet oder ausgeglichen wird, aber auch dieses nur unter der Voraussetzung, daß solche Einrichtungen mit dem Unternehmen vereinbar und wirtschaftlich gerechtfertigt sind. Erst dann, wenn dieser Anspruch nicht durchführbar ist, stehen ihnen Schadensersatzansprüche zu. Diese sind aber an die Grenze gebunden, daß die Billigkeit nach den Umständen eine Entschädigung erfordert. Diese letztere Bedingung hatte die Kommission des Abgeordnetenhauses in erster Lesung aus der Regierungsvorlage gestrichen, so daß die Geschädigten unter allen Umständen vollen Schadensersatz hätten fordern können, in zweiter Lesung hat die Kommission aber die Regierungsvorlage wiederhergestellt. Durch die nunmehrige Fassung ist insbesondere auch die Möglichkeit gegeben, bei Festsetzung der Entschädigung, z. B. auf Grund des § 287 ZPO. durch den ordentlichen Richter, die dem Geschädigten etwa durch das Unternehmen erwachsenden Vorteile in Anrechnung zu bringen (vgl. auch die Anm. zu § 45), Begr. S. 183, KB. AH. S. 307 ff.

4. Abs. 3 ist von dem Abgeordnetenhause nach dem Vorbilde des für die Verleihung geltenden § 51 eingefügt worden, um auch die Leistung der Entschädigung in Form einer Rente zu ermöglichen, Sten. B. AH. S. 8210/1.

5. Wegen der entsprechenden Vorschriften bezüglich der aufrechterhaltenen Rechte vgl. § 379 Abs. 4 Nr. b.

§ 201.

Dem Eigentümer eines Grundstücks ist nicht gestattet, den Grundwasserstrom eines Tales durch unterirdische Anlagen aufzustauen.

1. § 201 [179] ist mit Rücksicht auf die bei vermehrten Anforderungen der Wasserversorgung zu besorgende nachteilige Aufstauung und Zurückhaltung des Grundwasserstroms eines Tals aufgenommen worden, Begr. S. 184.

2. Wegen der beim Bergbau erschrotenen Wässer vgl. die Anm. zu § 396.

§ 202.

(1) Der Eigentümer eines Grundstücks ist nicht befugt, Stoffe in den Boden einzubringen oder einzuleiten, durch die das unterirdische Wasser, ein Wasserlauf oder ein See (§ 199) zum Nachteil anderer verunreinigt wird.

(2) Auf die Düngung von Grundstücken ist die Vorschrift des Abs. 1 nicht anzuwenden.

1. Abs. 1 verbietet die Verunreinigung der Gewässer durch das Einbringen von flüssigen oder festen Stoffen, z. B. lösbaren Chemikalien in den Boden des Grundstücks; dazu gehört auch die Ausschüttung solcher Stoffe (Schwefel-, Salzsäure) auf dem Grundstücke, welche dann in den Boden dringen, Begr. S. 184, Sten. B. AH. S. 8575.

2. Abs. 2 nimmt die Düngung von Grundstücken von dieser Vorschrift aus. Es ist demnach auch die Berieselung landwirtschaftlich genutzter Rieselfelder aus städtischen Kanalisationen gestattet, jedoch bezieht sich diese Zulassung stets nur auf diese Felder selbst, gelangen solche Rieselwässer auf andere tieferliegende Grundstücke, so stellt dies eine unerlaubte Immission dar, Begr. S. 184, Sten. B. AH. S. 8213.

§ 203.

(1) Die dem Grundstückseigentümer nach den §§ 199 bis 202 nicht zustehenden Rechte können von ihm und mit seiner Zustimmung auch von einem anderen durch Verleihung erworben werden. Ferner kann der Gebrauch oder Verbrauch von Wasser sowie die Einleitung von Wasser oder anderen flüssigen Stoffen durch mehrere Berechtigte im Ausgleichungsverfahren geregelt werden.

(2) Die §§ 47 bis 52, 55 bis 73, 75 bis 77, 79 bis 85 und 87 bis 90 sind entsprechend anzuwenden. Handelt es sich bei der Verleihung um den Erwerb eines dem Grundeigentümer nach § 200 nicht zustehenden Rechtes, so gelten die §§ 51, 82 mit der Maßgabe, daß der entstehende Schaden nur zu ersetzen ist, soweit die Billigkeit den Umständen nach eine Entschädigung erfordert.

(3) Soweit das Recht, über das Wasser eines Sees (§ 199) oder über das unterirdische Wasser zu verfügen, dem Grundstückseigentümer nach den §§ 196 bis 202 zusteht oder beim Inkrafttreten

dieses Gesetzes besteht und nach § 379 aufrechterhalten bleibt, kann dessen Sicherstellung nach § 86 verlangt werden.

1. § 203 [181] gibt im Interesse der Förderung nützlicher Unternehmungen dem Grundstückseigentümer die Möglichkeit, sich von den ihm in den §§ 199—202 gezogenen Schranken bei der Zutageförderung des Grundwassers im Wege einer Verleihung zu befreien (vgl. die Vorbem. zu den §§ 199 ff.). Dieser Weg steht aber nur dem Grundeigentümer und denjenigen, denen er die Erlaubnis dazu erteilt, offen. Will ein anderer ohne eine solche Erlaubnis die Verleihung nachsuchen, so muß er zunächst das Eigentum an dem betreffenden Grundstücke erwerben, zu welchem Zwecke bei dem dem öffentlichen Wohle dienenden Unternehmen auch der Weg der Enteignung eingeschlagen werden kann.

Die entsprechende Anwendbarkeit der Vorschriften über die Verleihung gemäß Abs. 2 sichert, daß kein Unternehmen zur Ausführung gelangt, dem überwiegende Rücksichten des öffentlichen Wohls entgegenstehen (§ 49 Abs. 1), ebenso daß die erforderlichen Einrichtungen hergestellt und, soweit solche untunlich sind, Entschädigung geleistet wird (§§ 50 ff.).

Die Verleihungsbehörden sind die gleichen wie bei der Verleihung an Wasserläufen (§§ 64, 71), Begr. S. 184/5, KB. AH. S. 312/3.

2. Wollen andere als der Grundstückseigentümer die Verleihung nachsuchen, so bestimmt sich, da, abgesehen von den Fällen der Enteignung (Anm. 1) dessen Zustimmung erforderlich ist, die Frage, ob eine Vergütung dafür zu entrichten ist, nach den getroffenen Vereinbarungen. § 54 kommt hier nicht in Betracht, Sten. B. AH. S. 8213 ff.

3. Da auch bei den Seen (§ 199) und dem unterirdischen Wasser häufig ein Ausgleich entgegenstehender Interessen beim Gebrauch oder Verbrauch, sowie der Einleitung von Wasser oder anderen flüssigen Stoffen durch mehrere Berechtigte zum Wohle der Allgemeinheit erforderlich sein wird, kann auch hier ein Ausgleichungsverfahren gemäß den §§ 87—90 stattfinden (Abs. 1 Satz 2, Abs. 2), Begr. S. 185.

4. Wegen der Sicherstellung der Rechte derjenigen Personen, welche die Gewässer des zweiten Abschnitts innerhalb der gesetzlichen Schranken benutzen wollen und welchen daher der Weg der Verleihung nicht offensteht (Abs. 3), vgl. die Anm. zu § 86.

§ 204.

(1) Wer unterirdisches Wasser zum Gebrauch oder Verbrauch über die Grenzen seines örtlich oder wirtschaftlich zusammenhängenden Grundbesitzes hinaus fortleiten will, bedarf der polizeilichen Genehmigung. Zuständig ist, wenn das Unternehmen der Versorgung von Ortschaften oder größeren Ortsteilen mit Trink- oder Nutzwasser dient, der Regierungspräsident, sonst der Landrat, in Stadtkreisen die Ortspolizeibehörde. Gegen die Entscheidung steht dem Unternehmer nur die Beschwerde im Aufsichtswege zu.

(2) Ist das Recht zur Zutageförderung des unterirdischen Wassers durch Verleihung erworben, so bedarf es keiner polizeilichen Genehmigung nach Abs. 1.

§ 204 [182] schreibt in gewissen Fällen des § 199, in denen erfahrungsgemäß die Schädigungen anderer besonders umfangreich sind, noch eine besondere polizeiliche Genehmigung vor, nämlich dann, wenn die Fortleitung von unterirdischem Wasser zum Zwecke des Gebrauchs und Verbrauchs — nicht etwa auch die Fortleitung von gebrauchtem Wasser zum Zwecke der Beseitigung — über die Grenzen des örtlich oder wirtschaftlich zusammenhängenden Grundbesitzes des Unternehmers hinaus erfolgt, z. B. zur Versorgung entfernt liegender gewerblicher Anlagen mit Gebrauchswasser oder größerer Gemeinschaften mit Trinkwasser, welche regelmäßig große Grundwasserentnahmen zur Folge haben.

Die Vorschrift hat einen rein polizeilichen Charakter und beseitigt nicht etwa die Ansprüche aus § 199 Abs. 2. Natürlich kann der Unternehmer die Erwerbung dieser Rechte auch im Verleihungsverfahren des § 203 betreiben; eine besondere polizeiliche Genehmigung ist dann aber nicht erforderlich, da sämtliche polizeiliche Rücksichten im Verleihungsverfahren abschließend gewürdigt werden (Abs. 2), Begr. S. 185/6.

2. Die Vorschrift des § 204 gelangt in allen den Fällen zur Anwendung, wo der Unternehmer den Weg der Verleihung nicht einschlägt, z. B. weil er es darauf ankommen lassen will, ob Ansprüche auf Grund des § 199 Abs. 2 gegen ihn geltend gemacht werden, Sten. B. AH. S. 8214/5.

3. Zuständig ist ähnlich wie nach ALR. § 96 T. I Tit. 8 bei größeren Anlagen der Regierungspräsident, im übrigen der Landrat, bzw. in Stadtkreisen die Ortspolizeibehörde, Begr. S. 186, Sten. B. AH. S. 8215/6.

§ 205.

An Seen, die nicht zu den Wasserläufen gehören, steht, soweit das Eigentum an ihnen nicht anderweit geordnet ist, den Anliegern das Eigentum anteilig zu. Der § 8 Abs. 2, 3 und der § 13 Abs. 2 sind sinngemäß anzuwenden.

1. § 205 [183] regelt das Eigentum an den nicht zu den Wasserläufen gehörenden Seen dem geltenden Rechte entsprechend, nach welchem die sog. „Landseen", soweit nicht besondere Titel es anders bestimmen, den Anliegern nach der Ausdehnung des Uferbesitzes und bis zur Mitte des Gewässers gehören, vgl. Begr. S. 186 und die dort angezogenen Entsch. des RG.

2. Wegen der Triebwerks- und Bewässerungskanäle vgl. § 1 Abs. 3 Satz 2 und die Anm. dazu, ferner § 389, sowie die ausführlichen Erörterungen in KB. AH. S. 313 ff.

Dritter Abschnitt.

Wassergenossenschaften.

Obwohl das Gesetz, betreffend die Bildung von Wassergenossenschaften, vom 1. April 1879 (WGG.) das Wassergenossenschaftswesen zusammenfassend und im allgemeinen befriedigend geordnet hat, ist diese Materie nach dem Vorgange der neuen Wassergesetze anderer Bundesstaaten (Baden, Württemberg, Bayern und Sachsen) in das Wassergesetz aufgenommen worden, und zwar zunächst, weil eine einheitliche und erschöpfende Regelung des Wasserrechts wünschenswert ist, hauptsächlich jedoch, weil sich nach manchen Richtungen eine Weiterbildung der geltenden Bestimmungen als notwendig herausgestellt hat. Der dritte Abschnitt beschränkt sich daher nicht darauf, das für die Wassergenossenschaften geltende Recht zu übernehmen, sondern bestrebt sich gleichzeitig, seither hervorgetretene Unklarheiten zu beseitigen, Lücken auszufüllen, Veraltetes auszuscheiden und Bestehendes in dieser oder jener Beziehung zeitgemäß fortzuentwickeln.

Die vorgenommenen Abänderungen bewegen sich hauptsächlich in folgender Richtung:

Zunächst ist der örtliche Geltungsbereich des Wassergenossenschaftsgesetzes erweitert. Das WGG. gilt in ganz Preußen, ausgenommen den Kreis Siegen und das Ebbe- und Flutgebiet der Provinz Hannover, soweit es sich um die Errichtung neuer oder die Verhältnisse bestehender Genossenschaften zur Ent- und Bewässerung von Grundstücken handelt (§ 2). Bei Erlaß des WGG. ging man davon aus, daß für den Kreis Siegen kein Bedürfnis zur Unterstellung unter dies Gesetz bestehe, weil durch die Siegener Wiesenordnung vom 28. Oktober 1846 das Genossenschaftswesen auf diesem Gebiete zufriedenstellend geregelt sei, und daß in dem Ebbe- und Flutgebiete Hannovers das Entwässerungswesen mit dem Sielwesen so eng zusammenhänge, daß die Anwendbarkeit des WGG. eine Abänderung des Deich- und Sielrechts notwendig machen würde, welche sehr schwierig und für welche ein Bedürfnis nicht bestehe; soweit aber die Sielordnungen keine Bestimmungen enthielten, genüge das Hannoversche Ent- und Bewässerungsgesetz vom 22. August 1847 und die Königl. Verordnung vom 28. Mai 1867.

Nach den gemachten Erfahrungen liegt nun aber kein Grund vor, die Geltung der Bestimmung über Wassergenossenschaften für die genannten Landesteile ausdrücklich auszuschließen. Die Siegener Wiesenordnung ist durch § 387 aufrechterhalten (vgl. die Anm. dort); es bleibt also die Möglichkeit bestehen, auf Grund dieser Ordnung die gemeinschaftlichen Ent- und Bewässerungen zu regeln. Da aber diese Ordnung mehr auf kleinere Verhältnisse zugeschnitten ist, kann ein Bedürfnis, größere Entwässerungen nach den Vorschriften des WGG. auszuführen, dennoch wohl vorliegen; die Möglichkeit dieser Regelung soll deshalb nicht ausgeschlossen sein. In dem Ebbe- und Flutgebiet Hannovers hat sich neben der Anwendung der Sielordnungen, deren

Geltungsgebiet räumlich genau umgrenzt ist, eine nicht unerhebliche genossenschaftliche Entwicklung auf dem Gebiete der Entwässerung vollzogen; die Bildung der Genossenschaften ist hier auf Grund der Verordnung, betreffend die Bildung von Genossenschaften zu Entwässerungs- und Bewässerungsanlagen in den neu erworbenen Landesteilen, vom 28. Mai 1867 (GS. S. 769) erfolgt. Es besteht nun kein Grund, hier nicht die allgemeinen Bestimmungen über die Bildung der Ent- und Bewässerungsgenossenschaften zur Anwendung zu bringen.

Neben dem allgemeinen WGG. kommen als Spezialgesetze die im § 399 Nr. 43—45 aufgeführten Gesetze in Betracht, welche das WGG. für das Gebiet der Wupper und der Volme mit ihren Nebenflüssen sowie der Ruhr im Interesse der genossenschaftlichen Anlegung von Sammelbecken zu gewerblichen Zwecken in diesen Flußgebieten ergänzen. Auf Grund dieser Gesetze sind bereits 12 Genossenschaften gegründet, darunter 4 unter Anwendung des Beitrittszwanges. Mit Rücksicht darauf, daß auch in anderen Gegenden die Herstellung solcher Sammelbecken immer mehr an Bedeutung gewinnt, ist es gerechtfertigt, die Bildung von Genossenschaften zu diesem Zwecke allgemein zuzulassen.

Die Entwicklung, die das Genossenschaftswesen auf Grund des Gesetzes vom 1. April 1879 genommen hat, muß als glänzend bezeichnet werden. Die gebildeten Genossenschaften haben mit verschwindenden Ausnahmen die Ent- oder Bewässerung von Grundstücken zu Landeskulturzwecken zum Gegenstande. Gebildet sind seit Inkrafttreten dieses Gesetzes bis zum 1. April 1911: 3795 Genossenschaften mit einem Meliorationsgebiete von 1 193 353 ha und einem Aufwande von 165 758 750 Mark anschlagsmäßiger Kosten. Hiervon haben 1652 Genossenschaften mit 389 202 ha Meliorationsgebiet und 74 828 915 Mark Kosten die Dränierung von Grundstücken zum Zwecke; sonstige Entwässerungen mittels offener Gräben sowie Bewässerungen und Flußregulierungen bilden den Gegenstand der übrigen Genossenschaften. Die Entwicklung ist allmählich vorwärts gegangen. Während in den ersten Jahren nach Inkrafttreten des Gesetzes nur jährlich 17 bis 22 Gründungen erfolgten und bis 1892 die Zahl 100 nicht überschritten wurde, stieg sie bis 1906 auf 100 bis 200, um in den dann folgenden Jahren 200 zu überschreiten. Der Grund, warum fast nur Ent- und Bewässerungsgenossenschaften gebildet wurden, lag einmal darin, daß solche Unternehmungen am meisten dem Interesse der Landeskultur dienen, dann aber auch darin, daß allein bei ihnen ein Beitrittszwang gegen Widersprechende ausgeübt werden konnte, während bei den sonstigen Genossenschaften, die auf Grund des Gesetzes von 1879 gebildet werden können, dieses nicht möglich war. Sollte auch hier die Entwicklung gefördert werden, so konnte die Anwendbarkeit des Beitrittszwanges nicht entbehrt werden, wenn auch nur mit der Einschränkung, daß der Genossenschaftszweck vom Standpunkte des Gemeinwohls den Zwang rechtfertigt. Aber auch abgesehen von der Erweiterung der Zulassung des Beitrittszwanges sind die Zwecke, zu denen Genossenschaften überhaupt gebildet werden können, gegenüber dem Gesetze von 1879 zu erweitern, da auch auf dem Gebiete der Wasserwirtschaft ein Zusammenfassen der einzelnen Kräfte zu einem gemeinsamen Zusammenwirken immer mehr erforderlich ist und dem gemeinen Wohle dient.

Die Änderungen, die der dritte Abschnitt gegenüber dem geltenden Rechte enthält, bestehen hiernach kurz in folgendem:

a) Der dritte Abschnitt gilt für den ganzen Umfang der Monarchie.

b) Das Wassergesetz enthält nicht mehr besondere Bestimmungen über freie Genossenschaften im Gegensatze zu öffentlichen Genossenschaften, da ein Bedürfnis zum Erlasse besonderer gesetzlicher Bestimmungen über die Bildung freier, also lediglich auf privatrechtlicher Grundlage beruhender Genossenschaften nicht besteht. Seit Erlaß des Gesetzes vom 1. April 1879 sind freie Genossenschaften nur in ganz verschwindender Anzahl begründet worden; der größte Teil von ihnen ist nachträglich wegen der Vorzüge der öffentlichen Genossenschaften in solche umgewandelt worden. Das Wassergesetz behandelt daher nur Wassergenossenschaften, die den öffentlichen Genossenschaften des Gesetzes von 1879 entsprechen. Zudem bietet das allgemeine bürgerliche Recht genügend Handhaben, um auf privatrechtlicher Grundlage eine gemeinschaftliche Melioration durchzuführen.

c) Die Zwecke, zu deren Durchführung Genossenschaften gebildet werden können, sind erweitert.

d) Das Wassergesetz führt neben den beiden Arten von Genossenschaften, die das Wassergenossenschaftsgesetz zuläßt, nämlich: der nur durch Übereinkunft aller Beteiligten zu bildenden Genossenschaft und der Genossenschaft, bei der eine zwangsweise Heranziehung der Minderheit erfolgen kann, noch eine dritte Art neu ein. Es sind dies die Zwangsgenossenschaften, die in Anlehnung an das geltende Deichrecht in gewissen, weiter unten (§ 245 ff.) zu behandelnden Fällen ohne Zustimmung der Mehrheit oder auch gegen den Widerspruch aller zustande kommen können.

e) Die Vorschriften über das Verfahren zur Bildung der Genossenschaften sind teilweise abgeändert worden, um eine einfachere und schnellere Anwendung zu ermöglichen, Begr. S. 37 ff.

Erster Titel.

Allgemeine Vorschriften.

§ 206.

Nach den Vorschriften dieses Gesetzes können Wassergenossenschaften gebildet werden:

1. zur Unterhaltung von Wasserläufen zweiter oder dritter Ordnung und zum Ausbau solcher Wasserläufe zwecks Verbesserung der Vorflut oder des Hochwasserabflusses;

2. zur Unterhaltung der Ufer von Wasserläufen sowie zum Ausbau der Ufer zwecks Verbesserung der Vorflut oder

des Hochwasserabflusses oder zum Schutze der Ufergrundstücke und der dahinterliegenden Grundstücke;
3. zur Reinhaltung von Gewässern;
4. zur Entwässerung und Bewässerung von Grundstücken und zur Unterhaltung von Entwässerungs- oder Bewässerungsanlagen;
5. zu Verfehnung von Grundstücken und zur Unterhaltung von Verfehnungsanlagen;
6. zur Anlegung und zum Ausbau von Wasserläufen zweiter und dritter Ordnung und ihrer Ufer zu anderen als den unter Nr. 1 bis 5 bezeichneten Zwecken;
7. zur Unterhaltung und zum Ausbau von natürlichen Wasserläufen erster Ordnung sowie zum Ausbau ihrer Ufer zu anderen als den unter Nr. 2 bezeichneten Zwecken;
8. zur Herstellung und Unterhaltung der Schiffbarkeit oder Flößbarkeit von Wasserläufen, sowie zur Herstellung und Unterhaltung neuer Schiffahrtstraßen und anderer Schiffahrtanlagen;
9. zur Anlegung, Unterhaltung und Ausnutzung von Stauanlagen;
10. zur Anlegung, Unterhaltung und Ausnutzung von Wasserversorgungsanlagen, soweit sie nicht unter Nr. 9 fallen;
11. zur Beseitigung von Hindernissen des Hochwasserabflusses;
12. zur Zurückhaltung von Wasser in den Niederschlagsgebieten von Wasserläufen;
13. zur Aufbringung von Beiträgen in den Fällen des § 174 Abs. 1, 2;
14. zur Aufhöhung und Aufspülung von Grundstücken im Interesse der Bodenkultur.

In Anlehnung an § 1 WGG. zählt § 206 [184] die Zwecke, zu deren Durchführung Wassergenossenschaften gebildet werden können, auf, enthält aber gleichzeitig eine erhebliche Erweiterung dieser Zwecke, deren Zulassung sich nach den gesammelten Erfahrungen als notwendig herausgestellt hat, vgl. z. B. die Nr. 4, 10—13.

In Nr. 3 ist mit Rücksicht auf die steigende Bedeutung der Reinhaltung der Gewässer (vgl. Vorbem. zum dritten Titel des ersten Abschnitts) diese in Abweichung von § 1 WGG., wo sie unter den allgemeinen Begriff der Benutzung von Gewässern fällt, als Genossenschaftsaufgabe besonders hervorgehoben.

Die in Nr. 5 genannte Verfehnung bezweckt die Kultivierung von Hochmooren dadurch, daß das Moor durch eine bis in den mineralischen Boden einschneidende Entwässerung trockengelegt, die Torfsubstanz entnommen und der mineralische Untergrund durch Vermischung mit den Rückständen des Moors, insbesondere mit der zurückzuhaltenden obersten Schicht (der Bunkererde) zu Kulturland gemacht wird. In

Verbindung mit dieser Verfehnung wird das Verfehnungsgebiet durch die Anlage von Stichkanälen, welche an die vorhandenen Moorkanäle anschließen, für den Verkehr, insbesondere für die Abfuhr des Torfs und den sonstigen Schiffsverkehr der Ansiedler aufgeschlossen. Eine freiwillige Verfehnungsgenossenschaft ist zuerst im Jahre 1909 im Kreise Meppen gebildet worden. Durch Ziff. 5 soll die Bildung weiterer derartiger Genossenschaften im Interesse der Aufschließung der großen Hochmoore gefördert werden, Begr. S. 187.

Zu Nr. 6: Während die Nrn. 1, 2, 4 und 5 die Anlegung neuer Wasserläufe und den Ausbau vorhandener Wasserläufe und ihrer Ufer im Interesse der Landeskultur (Ent- und Bewässerung, Verbesserung der Vorflut, Hochwasserschutz, Verfehnung) zum Gegenstande haben, sieht Nr. 6 die Anlegung und den Ausbau zu sonstigen beliebigen Zwecken, z. B. zur Ableitung von Fabrikwasser, zur Trinkwasserversorgung usw. vor. Die Trennung der Nrn. 1, 2, 4, 5 von 6 ist deshalb vorgenommen worden, weil nach § 238 in den Fällen der ersteren ein Beitrittszwang stattfindet, im Falle der Nr. 6 dagegen nicht.

Zu den in Nr. 9 genannten Stauanlagen gehören auch die Sammelbecken (§ 1 WGG.), sowie die Talsperren (vgl. §§ 106 ff.).

Da es fraglich war, ob die Schaffung zentraler Wasserversorgungsanlagen im Wege der Genossenschaftsbildung unter die in § 1 WGG. genannte Benutzung der Gewässer fällt, ist dieser Zweck in Nr. 15 besonders aufgeführt worden.

Durch die Nr. 11 und 12 soll die Bildung von Genossenschaften zum Hochwasserschutz und zur Hochwasserverhütung gefördert werden.

In Nr. 13 ist an Stelle des im Entw. enthaltenen Wortes „Quellgebieten" der umfassende Ausdruck „Niederschlagsgebieten" gesetzt worden, KB. AH. S. 318.

Die Nr. 14 ist vom Abgeordnetenhause in zweiter Lesung hinzugefügt worden, um die Bildung von Genossenschaften auch für die Aufspülung der Ufer durch sogenannte Spülschiffe oder Spülbagger im Interesse des Deichschutzes und der Landeskultur, sowie für ihre Aufhöhung durch sogenannte Kolmationen zu ermöglichen. Sten. B. AH. S. 8216 ff.

§ 207.

(1) Die Bildung der Genossenschaft erfordert den Nachweis, daß das Unternehmen dem öffentlichen Wohle dient oder einen gemeinwirtschaftlichen Nutzen bezweckt.

(2) Sie erfolgt:

1. durch Genehmigung der Satzung auf Grund eines einstimmigen Beschlusses der Beteiligten;
2. durch Genehmigung der Satzung auf Grund eines Beschlusses der Mehrheit unter zwangsweiser Heranziehung der Minderheit;
3. durch Erlaß der Satzung ohne Zustimmung der Mehrheit.

1. § 207 [185] Abs. 1 gibt den § 45 Satz 1 WGG. wieder.

2. § 207 Abs. 2 fügt den beiden, von dem WGG. bereits zugelassenen Arten der öffentlichen Genossenschaften in Nr. 3 noch die Zwangsgenossenschaften hinzu (vgl. Näheres hierüber §§ 245 ff.).

Das Wort „Mehrheit" in Nr. 2 besagt dasselbe, wie der Ausdruck „Mehrheit der Beteiligten" in § 238 Nr. 2, KB. AH. S. 319.

3. Die Genossenschaft tritt in den Fällen der Nr. 1 und 2 in Kraft mit der Genehmigung ihres Statuts. Ein im Herrenhause gestellter Antrag, ihr Inkrafttreten nach erfolgter Genehmigung des Statuts auf den Zeitpunkt der Beschlußfassung gemäß Nr. 1 und 2 zurückzubeziehen, ist abgelehnt worden, Sten. B. HH. S. 1035 ff.

Es ist jedoch darauf hinzuweisen, daß gemäß § 256 Abs. 2 schon vorher die Bevollmächtigten für den Fall der Genehmigung der Satzung mit Zustimmung des Kommissars Verträge im Namen der zu bildenden Genossenschaft abschließen können.

§ 208.

Ist die Satzung genehmigt oder erlassen, so kann nicht mehr geltend gemacht werden, daß eine Voraussetzung für ihre Genehmigung oder ihren Erlaß nicht vorgelegen habe.

1. Die Vorschrift des § 208 [186] soll die Genossenschaft gegen spätere Anfechtungen, z. B. im Verwaltungsstreitverfahren über die Verpflichtung zur Zahlung von Beiträgen, schützen; den in ihr ausgesprochenen Grundsatz hatte auch schon das OVG. für das geltende Recht in ständiger Rechtsprechung angenommen, vgl. Begr. S. 188.

2. Zu den Voraussetzungen, deren Fehlen nach Erlaß oder Genehmigung der Satzung nicht mehr geltend gemacht werden kann, gehört auch die Ordnungsmäßigkeit des Verfahrens zur Bildung der Genossenschaft, so daß etwa in demselben enthaltene Mängel als geheilt gelten.

§ 209.

(1) Die Genossenschaft ist rechtsfähig.

(2) Sie muß ihren Sitz in Preußen haben.

§ 209 [187] entspricht den §§ 10, 7 WGG.

§ 210.

Der Genossenschaft können außer den jeweiligen Eigentümern der bei dem Unternehmen beteiligten Grundstücke, Bergwerke und gewerblichen Anlagen nur diejenigen Wassergenossenschaften sowie Kommunal-, Deich- und Fischereiverbände, die an dem Unternehmen ein Interesse haben, als Genossen angehören. Den Eigentümern stehen die Erbbauberechtigten gleich.

1. § 210 [188] beschränkt den Kreis der Mitglieder einer Genossenschaft nicht, wie § 5 WGG., abgesehen von den dort genannten Verbänden, auf die Eigentümer der beteiligten Grundstücke, sondern dehnt ihn auf die Eigentümer der Bergwerke und gewerblichen Anlagen, auch wenn sie nicht mit Grundeigentum beteiligt sind, aus, Begr. S. 189.

Unter dem Bergwerkseigentümer im Sinne des Wassergesetzes ist nicht nur derjenige, welcher Bergwerkseigentum auf Grund des ABG. erworben hat, zu verstehen, sondern auch z. B. wer in der Provinz Hannover auf Grund eines aus dem Grundeigentume abgeleiteten Abbaurechts Kalibergbau treibt.

Als Bergwerk gilt der Inbegriff der Bergwerksanlagen, KB. AH. S. 319.

2. Der zweite Satz ist von der Kommission des Abgeordnetenhauses eingefügt worden, weil ohne die ausdrückliche Gleichstellung der Erbbauberechtigten mit dem Grundstückseigentümer erstere zu den Genossenschaftsbeiträgen nicht herangezogen werden könnten und daher der letztere für sie eintreten müsse, was häufig höchst unbillig sein würde, KB. AH. S. 319.

§ 211.

(1) Für den Beitritt von Körperschaften, Stiftungen und Anstalten des öffentlichen Rechtes ist die Genehmigung des Staates nicht erforderlich.

(2) Lehns- und Fideikommißbesitzer sind befugt, ohne Zustimmung der Anwärter der Genossenschaft beizutreten.

§ 211 [189] bezweckt im Anschluß an § 47 WGG. (vgl. v. Bülow-Fastenau Anm. dazu), das Verfahren der Genossenschaftsbildung möglichst einfach zu gestalten. Der Entwurf wollte zu diesem Zwecke auch bei geschäftsunfähigen oder in der Geschäftsfähigkeit beschränkten Personen die Zustimmung des Vormundschaftsgerichts, bei Ehegatten die Zustimmung des anderen Ehegatten oder der Abkömmlinge ausdrücklich für nicht erforderlich erklären. Die dahingehenden Bestimmungen des § 211 wurden aber von der Kommission des Abgeordnetenhauses beseitigt, weil es zweifelhaft erschien, ob nicht die Aufnahme dahingehender Vorschriften eine durch Landesgesetz unzulässige Abweichung von den geltenden reichsgesetzlichen Bestimmungen darstellen würde, vgl. Begr. S. 189, KB. AH. S. 320/1.

§ 212.

(1) Die Genossenschaft muß einen Vorstand haben. Dieser kann aus einer Person oder aus mehreren Personen bestehen, von denen eine den Vorsitz führt.

(2) Der Vorstand vertritt die Genossenschaft gerichtlich und außergerichtlich. Er hat die Stellung eines gesetzlichen Vertreters. Der Umfang seiner Vertretungsmacht kann durch die Satzung mit Wirkung gegen Dritte beschränkt werden. Er führt die Verwaltung der Genossenschaft, sofern nicht einzelne Geschäfte durch Gesetz oder Satzung dem Vorsitzenden des Vorstandes oder der Mitgliederversammlung überwiesen sind.

(3) Der Vorsitzende des Vorstandes, der sich als solcher ausweist, bedarf zur Vertretung des Vorstandes vor den Prozeß-

gerichten und den Verwaltungsgerichten keiner besonderen Vollmacht.

(4) Abgesehen von den Fällen des § 275 Abs. 1, 2 und des § 278 Abs. 1 Nr. 1 kann durch die Satzung bestimmt werden, daß an die Stelle der Mitgliederversammlung ein von den Genossen zu wählender Ausschuß tritt.

1. § 212 [190] Abs. 1—3 gibt den § 9 WGG. mit einigen, dem für den Vorstand eines Vereins geltenden, dem § 26 BGB. nachgebildeten Abänderungen wieder, Begr. S. 189.

2. Mit Rücksicht darauf, daß manche Genossenschaften sehr zahlreiche und häufig weit auseinander wohnende Mitglieder haben werden, ist ihnen in Abs. 4 die Möglichkeit gegeben, durch die Satzung zu bestimmen, daß die Obliegenheiten der Mitgliederversammlung, soweit sie in Abs. 4 nicht besonders ausgenommen sind, oder auch einzelne derselben einem von dieser Versammlung zu wählenden Ausschuß zu übertragen sind. Ob ein solcher Ausschuß gewählt werden soll, steht im freien Ermessen der Mitgliederversammlung. Die Wahl hat unmittelbar, d. h. also durch die Versammlung selbst zu erfolgen, während nach dem Entwurfe auch die mittelbare Wahl zulässig sein sollte, Begr. S. 189, KB. AH. S. 321/2.

§ 213.

Die Rechtsverhältnisse der Genossenschaft und der Genossen richten sich, soweit sie nicht in diesem Gesetz geregelt sind, nach der Satzung.

§ 213 [191] gibt den § 8 WGG. wieder, Begr. S. 189.

§ 214.

(1) Die Satzung muß Bestimmungen enthalten über:

1. den Namen und Sitz der Genossenschaft;
2. den Genossenschaftszweck unter Bezugnahme auf den Plan des Unternehmens;
3. etwaige Änderungen des Planes;
4. die Benutzung und Unterhaltung der genossenschaftlichen Anlagen;
5. die von den Genossen zu übernehmenden Beschränkungen des Grundeigentums und die ihnen sonst obliegenden Verpflichtungen;
6. das Verhältnis der Teilnahme an den Nutzungen und Lasten sowie am Stimmrecht;
7. die Aufstellung des Haushaltsplanes und die Feststellung und Entlastung der Rechnung;
8. die Zusammensetzung und die Wahl des Vorstandes, die Befugnisse des Vorstandes und, wenn der Vorstand aus mehreren Mitgliedern besteht, auch die seines Vorsitzenden, die Formen für den Ausweis der Vorstandsmitglieder und die Beurkundung ihrer Beschlüsse;

9. die Voraussetzungen und die Form für die Zusammenberufung der Mitgliederversammlung oder des an ihre Stelle tretenden Ausschusses und die Beurkundung ihrer Beschlüsse;
10. die Gegenstände, die der Beschlußfassung der Mitgliederversammlung oder des Ausschusses unterliegen sollen;
11. die Zusammensetzung und die Wahl der Schaukommissionen (§ 237);
12. die Form für die Bekanntmachungen der Genossenschaft;
13. die öffentlichen Blätter, in welche die Bekanntmachungen aufzunehmen sind, soweit sie nach dem Gesetz, der Satzung oder den Beschlüssen der Genossenschaftsorgane durch öffentliche Blätter zu ergehen haben.

(2) Der Satzung ist ein Verzeichnis der beteiligten Grundstücke, Bergwerke und gewerblichen Anlagen mit Angabe der jeweiligen Eigentümer sowie der beteiligten Verbände beizufügen. Das Verzeichnis ist auf dem laufenden zu erhalten.

1. § 214 [192] entspricht mit einigen Auslassungen und Zusätzen dem § 56 WGG. und bezeichnet die Punkte, welche in jeder Satzung enthalten sein müssen, daneben können natürlich noch andere Festsetzungen getroffen werden (v. Bülow-Fastenau Anm. 1 zu § 56). Die Kommission des Abgeordnetenhauses hat noch die Nr .7 eingefügt, weil es angezeigt erschien, im Gesetze ausdrücklich vorzuschreiben, daß jede Genossenschaftssatzung Bestimmungen über die Aufstellung des Haushaltsplans, sowie über die Feststellung und Entlastung der Rechnung enthalten müsse, KB. AH. S. 322.

2. Nach § 56 Nr. 3 WGG. muß die Satzung eine genaue Bezeichnung der Genossen enthalten. Da nun ihre Zahl einem ständigen Wechsel unterliegt, hätte bei Übernahme der Vorschrift des WGG. jede Änderung des Mitgliederbestandes eine Satzungsänderung erforderlich gemacht. Dies erschien nicht zweckmäßig und es ist daher in Abs. 2 bestimmt worden, daß der Satzung ein Verzeichnis der Genossen beizufügen ist, welches auf dem laufenden zu erhalten ist, Begr. S. 190.

§ 215.

Durch die Satzung können Vorschriften über die Bildung eines Schiedsgerichts getroffen werden, das bei Streitigkeiten über genossenschaftliche Angelegenheiten auf Anrufen beider Parteien zu entscheiden hat.

§ 56 Nr. 11 WGG. schrieb die Aufnahme von Vorschriften über die Einrichtung eines Schiedsgerichts zur Entscheidung von Streitigkeiten in die Satzung als zwingend vor (v. Bülow-Fastenau Anm. 6 zu § 56). Eine solche obligatorische Vorschrift erschien nicht zweckmäßig; es ist vielmehr den Genossenschaften überlassen worden, in der Satzung Bestimmungen über die Bildung eines solchen Schiedsgerichts zu treffen.

Selbst wenn aber die Satzung dahingehende Vorschriften enthält, besteht kein Zwang, es in den ihm zugewiesenen Angelegenheiten anzurufen, wie dieses der Entwurf vorsah, es kann vielmehr gemäß den Beschlüssen des Abgeordnetenhauses in zweiter Lesung nur dann in Tätigkeit treten, wenn **beide** Parteien es anrufen, Sten. B. AH. 8574 ff.; vgl. a. KB. AH. S. 322/3.

§ 216.

In Genossenschaften mit mehr als zwei Mitgliedern darf kein Genosse mehr als zwei Fünftel aller Stimmen führen.

§ 216 [194] entspricht dem § 48 Satz 2 WGG., während dessen Satz 1 in § 192 Nr. 6 enthalten ist, Begr. S. 190.

Durch die Vorschrift soll ausgeschlossen werden, daß ein Genosse etwa die Hälfte oder mehr aller Stimmen in sich vereinigt, ein Verhältnis, welches leicht dazu führen könnte, das genossenschaftliche Unternehmen im Privatinteresse auszubeuten (v. Bülow-Fastenau Anm. 1 zu § 48).

§ 217.

(1) Die Genossenschaft steht unter der Aufsicht des Staates.

(2) Die Aufsicht beschränkt sich auf die ordnungsmäßige Ausführung, Unterhaltung und Wiederherstellung der genossenschaftlichen Anlagen sowie darauf, daß die Angelegenheiten der Genossenschaft in Übereinstimmung mit den Gesetzen und der Satzung verwaltet werden.

(3) Die Aufsicht wird bei den Genossenschaften, die ausschließlich zu einem der im § 206 Nr. 1 bis 6 bezeichneten Zwecke gebildet werden, sowie im Falle des § 206 Nr. 9, wenn es sich nicht um eine Talsperre (§ 106) und im Falle des § 206 Nr. 13, wenn es sich nicht um einen Wasserlauf erster Ordnung handelt, durch den Landrat als Vorsitzenden des Kreisausschusses, in Stadtkreisen durch die Ortspolizeibehörde, in zweiter Instanz durch den Regierungspräsidenten, bei den übrigen Genossenschaften durch den Regierungspräsidenten, in zweiter Instanz durch den Oberpräsidenten geführt. Zuständig ist diejenige Behörde, in deren Bezirk die Genossenschaft ihren Sitz hat.

(4) Die Aufsichtsbehörde ist berechtigt, ihre Anordnungen unmittelbar durchzusetzen.

1. § 217 [195] entspricht im wesentlichen dem § 49 WGG. Jedoch ist der Satz 2 des § 49 Abs. 2, welcher die Handhabung des Aufsichtsrechts durch eine allgemein gehaltene Bestimmung regelte, fortgelassen worden, da er zu Mißverständnissen und Zweifeln Veranlassung gegeben hatte. Man hat es daher statt dessen vorgezogen, dem Umfange der Aufsichtsrechte im Gesetze selbst erschöpfend zu regeln, vgl. z. B. die §§ 196 bis 199, 206, 209, Begr. S. 190.

Weitere Aufsichtsbefugnisse als die im Gesetze ausdrücklich genannten stehen also den in Abs. 3 bezeichneten Behörden nicht zu, wie sich auch aus dem Ausdrucke „beschränkt sich" zu Eingang des Abs. 2 ergibt, der an die Stelle der im Entwurfe vorgesehenen Worte „erstreckt sich", gerade um dieses hervorzuheben, gesetzt ist, KB. AH. S. 324.

Wegen des Verhältnisses dieser Aufsichtsbefugnisse zu den Rechten der Schauämter vgl. § 357 Anm. 4.

2. Bei der Bestimmung der zuständigen Behörden in Abs. 3 hat man sich im wesentlichen dem geltenden Recht (§ 49 Abs. 3 WGG., § 94 Abs. 2 Zust. Ges.; vgl. v. Bülow-Fastenau Anm. 3 zu § 49) angeschlossen, indem bei den Genossenschaften, deren Ziele zur sonstigen Zuständigkeit des Regierungspräsidenten gehören (§ 206 Nr. 7, 8) oder bei denen die Beaufsichtigung der Anlagen eine größere technische Mitwirkung erfordert (§ 206 Nr. 9, wenn es sich um eine Talsperre handelt, sowie § 206 Nr. 11, 12 und 13, soweit es sich um einen Wasserlauf erster Ordnung handelt) die Aufsicht dem Regierungspräsidenten, sonst dem Landrate übertragen worden ist, Begr. S. 190, KB. AH. S. 324.

3. Um jeden Zweifel zu vermeiden, ist die an sich schon aus § 132 LVG. folgende Befugnis der Aufsichtsbehörde, ihre Anordnungen unmittelbar durchzusetzen, in Abs. 4 ausdrücklich nochmals festgestellt worden. Sie darf daher z. B. die Wiederherstellung der durch Hochwasser zerstörten Anlage selbst in die Wege leiten und ist nicht etwa gezwungen, auf dem Umwege der Zwangsetatisierung dieses Ziel zu erreichen, Begr. S. 190.

§ 218.

Kommt die durch die Satzung vorgeschriebene Wahl des Vorstandes oder einzelner Mitglieder trotz der Aufforderung der Aufsichtsbehörde nicht zustande, so ist diese befugt, für die fehlenden Mitglieder Vertreter zu bestellen, die bis zur ordnungsmäßigen Wahl der fehlenden Mitglieder deren Obliegenheiten wahrzunehmen haben. Die Aufsichtsbehörde kann eine angemessene Entschädigung für sie festsetzen.

Da es unter der Herrschaft des WGG. vorgekommen war, daß Mitglieder der Genossenschaft durch Hintertreibung der Vorstandswahl die Fortführung der Geschäfte der Genossenschaft unmöglich zu machen, versucht hatten, ist in § 218 [196] der Aufsichtsbehörde die Möglichkeit gegeben worden, einen Vorstand zum Zwecke der Führung der Geschäfte zu bestellen, zumal ein solcher Versuch bei den nach § 245 zugelassenen Zwangsgenossenschaften die Durchführung des Gesetzes vereiteln würde, Begr. S. 191.

§ 219.

(1) Unterläßt oder verweigert es die Genossenschaft, die ihr gesetz- oder satzungsmäßig obliegenden, von einer Behörde innerhalb der Grenzen ihrer Zuständigkeit festgestellten Leistungen und Ausgaben in den Haushaltsplan aufzunehmen oder außerordent-

lich zu genehmigen, so kann die Aufsichtsbehörde unter Anführung der Gründe die Aufnahme in den Haushaltsplan oder die Feststellung der außerordentlichen Ausgabe und die Einziehung der erforderlichen Beiträge verfügen.

(2) Gegen die Verfügung steht der Genossenschaft binnen zwei Wochen die Klage beim Bezirksausschuß zu. Ist der Regierungspräsident Aufsichtsbehörde, so hat er für das Verwaltungsstreitverfahren einen Kommissar zu bestellen, der ihn in allen Rechtsverhandlungen zu vertreten hat.

§ 219 [197] entspricht dem § 50 WGG. i. V. m. § 94 Abs. 3 Zust. Ges., jedoch ist auch hier, wie an anderen Stellen (vgl. z. B. § 12 Abs. 3), gegenüber der Verfügung der Aufsichtsbehörde nicht mehr die Klage beim Oberverwaltungsgerichte als erster Instanz, sondern die Klage beim Bezirksausschusse zulässig, für welche, falls sie sich gegen den Regierungspräsidenten richtet, von diesem ein Kommissar zu bestellen ist (Abs. 2), Begr. S. 191.

§ 220.

(1) Zur Veräußerung von Grundstücken oder zur Aufnahme von Anleihen, mit Ausnahme solcher, durch die der Schuldenbestand nicht vermehrt wird, bedarf die Genossenschaft der Genehmigung des Kreis- (Stadt-) Ausschusses und, wenn die Genossenschaft in erster Instanz der Aufsicht des Regierungspräsidenten untersteht, des Bezirksausschusses.

(2) Durch die Satzung kann eine Genehmigung auch für andere Fälle vorgeschrieben werden.

§ 220 [198] entspricht dem § 51 WGG. i. V. m. § 94 Abs. 2 Satz 2 Zust. Ges. mit der Maßgabe, daß bei Genossenschaften, bei welchen der Regierungspräsident Aufsichtsbehörde erster Instanz ist (§ 217 Anm. 2) nicht dieser, sondern der Bezirksausschuß die Genehmigung zu erteilen hat, da kein Grund besteht, bei Genossenschaften, die der Aufsicht des Landrats (§ 217 Abs. 3) unterstehen, die Beschlußbehörde, bei den anderen dagegen die Aufsichtsbehörde in diesen Fällen entscheiden zu lassen, Begr. S. 191.

§ 221.

Der Aufsichtsbehörde muß auf Verlangen Einsicht in die Akten der Genossenschaft gewährt und Abschrift des Haushaltsplans und des Rechnungsabschlusses sowie der Niederschriften der Schaukommission und der Verhandlungen des Vorstandes und der Mitgliederversammlung (des Ausschusses) überreicht werden. Sie ist befugt, außerordentliche Prüfungen der Genossenschaftskasse und der gesamten Genossenschaftsverwaltung zu veranlassen und an den Schauen und an den Versammlungen des Vorstandes sowie an den Sitzungen der Mitgliederversammlung (des Ausschusses) persönlich oder durch Beauftragte teilzunehmen.

§ 221 [199] entspricht dem § 25 des Normaldeichstatuts vom 14. Nov. 1853 (GS. S. 935) und ist in das Gesetz ausdrücklich aufgenommen worden, um die hier aufgeführten, auch bisher in der Praxis der Verwaltungsbehörden bereits anerkannten Befugnisse der Aufsichtsbehörde außer Zweifel zu stellen, Begr. S. 191, KB. AH. S. 325/6, HH. S. 786/7.

§ 222.

(1) Die Genossenschaft ist berechtigt, auf den zu ihr gehörenden Grundstücken die zur Erfüllung des Genossenschaftszwecks erforderlichen Anlagen herzustellen und zu erhalten.

(2) Im Streitfall beschließt die Aufsichtsbehörde, ob eine Anlage zur Erfüllung des Genossenschaftszwecks erforderlich ist. Gegen den Beschluß ist binnen zwei Wochen die Beschwerde an die Aufsichtsbehörde zweiter Instanz zulässig.

(3) Die Genossen können von der Genossenschaft Ersatz verlangen, für den Nachteil, der für ihre Grundstücke, Bergwerke oder gewerblichen Anlagen unter Berücksichtigung der ihnen aus den Anlagen erwachsenden Vorteile entsteht. Beträgt die Ersatzsumme mehr als einhundert Mark, so sind der Artikel 52 und der Artikel 53 Abs. 1 des Einführungsgesetzes zum Bürgerlichen Gesetzbuch sowie der § 47 des Enteignungsgesetzes vom 11. Juni 1874 (Gesetzsamml. S. 221) anzuwenden.

(4) Den Pächtern und anderen Nutzungsberechtigten stehen solche Entschädigungsansprüche gegen die Genossenschaft nicht zu.

1. Das WGG. gibt in § 56 Nr. 5 der Genossenschaft die Ermächtigung, in der Satzung die den Genossen obliegenden Leistungen festzustellen. In die auf Grund dieser Bestimmung erlassenen Satzungen ist stets die im § 222 [200] enthaltene Vorschrift aufgenommen worden. Es erschien aber richtiger, eine so wichtige, für alle Genossenschaften in Betracht kommende Bestimmung nicht der Satzung zu überlassen, sondern im Gesetze selbst zu treffen, Begr. S. 191; vgl. a. KB. AH. S. 326.

2. Wegen der Art. 52, 53 Abs. 1 EG. z. BGB., sowie § 47 Enteignungsges. vgl. § 15 Anm. 3, § 24 Anm. 3, sowie KB. HH. S. 787.

§ 223.

Für die Verbindlichkeiten der Genossenschaft haftet ihr Vermögen. Soweit daraus Gläubiger der Genossenschaft nicht befriedigt werden können, muß der Schuldbetrag durch Beiträge aufgebracht werden, die von dem Vorstand nach dem in der Satzung festgesetzten Teilnahmemaßstab umzulegen sind.

§ 224.

(1) Die Genossenschaftslasten sind öffentliche Lasten. Sie haften auf den bei dem Unternehmen beteiligten Grundstücken und Bergwerken in dem durch das Teilnahmeverhältnis (§ 214 Nr. 6) festgesetzten Umfang.

(2) Die ausgeschiedenen Genossen bleiben für die bis zu ihrem Austritt umgelegten Beiträge verhaftet.

§ 223 [201] entspricht dem Abs. 1 und 2, § 224 [202] dem Abs. 3 Satz 1, 2 des § 52 WGG. Weggelassen ist dessen Abs. 3, Satz 3, nach welchem die Zwangsversteigerung wegen rückständiger Beiträge nicht ausgeschlossen ist, weil das selbstverständlich ist, ferner der Abs. 4, nach welchem die Lasten bei Parzellierungen auf alle Trennstücke verhältnismäßig zu verteilen sind, da das Verhältnis der Teilnahme an den Lasten nach § 214 Nr. 6 in der Satzung zu regeln ist.

Neu ist dagegen § 224 Abs. 2, der das Maß der Haftung ausgeschiedener Genossen festsetzt, Begr. S. 191/2; vgl. a. zu § 223 Sten. B. HH. S. 1039 ff.

§ 225.

(1) Die Teilnahme an den Genossenschaftslasten ist nach dem Maßstab des für die Genossen aus den Genossenschaftsanlagen erwachsenden Vorteils zu regeln. Bei Genossenschaften zur Reinhaltung eines Gewässers bestimmt sich die Teilnahme an den Genossenschaftslasten vorzugsweise nach dem Maßstab der von den einzelnen Genossen hervorgerufenen Verunreinigung und der zur Beseitigung dieser Verunreinigung dienenden Aufwendungen der Genossenschaft.

(2) Das Stimmrecht der Genossen ist nach dem Verhältnis ihrer Teilnahme an den Genossenschaftslasten festzustellen. Jeder beitragspflichtige Genosse muß mindestens eine Stimme haben.

(3) Durch einstimmigen Beschluß der zur Abstimmung erschienenen Beteiligten kann ein anderer als der in den Vorschriften des Abs. 1 und des Abs. 2 Satz 1 festgestellte Maßstab bestimmt werden.

Die Vorschrift des § 225 [203], die in Abs. 1 den Maßstab für die Verteilung der Genossenschaftslasten, den sog. Beitragsfuß, regelt, entspricht den §§ 66 Abs. 1, 67 WGG., wo sie jedoch nur für Genossenschaften zur Ent- und Bewässerung getroffen war.

Soll für die Verteilung der Lasten bzw. das Stimmrecht ein anderer als der Vorteilsmaßstab angewendet werden, z. B. nach dem Umfange der beteiligten Flächen, so bedarf es zu einer dahingehenden statutarischen Bestimmung gemäß Abs. 3 eines einstimmigen Beschlusses (vgl. a. v. Bülow-Fastenau Anm. 1 zu § 66 WGG., Nieberding-Frank S. 208).

Für Genossenschaften zur Reinhaltung eines Gewässers sind Sonderbestimmungen erforderlich, da dort nicht immer der Vorteilsmaßstab verwendbar ist (vgl. § 238 Abs. 1 Nr. 3), Begr. S. 192. Nach dem Entwurfe sollte daher bei ihnen bei der Verteilung der Lasten neben dem Vorteil auch das Maß der von den einzelnen Genossen verursachten Verunreinigung in die Wagschale fallen. In der ersten Lesung der Kommission des Abgeordnetenhauses war nun beantragt worden, dieses Maß allein entscheiden zu lassen. Der Antrag wurde jedoch mit Rücksicht auf die Erklärung der Regierung, daß bei der Verteilung der Lasten nur solche Verunreinigungen in Betracht kommen könnten, die sich nach Maßgabe des Wassergesetzes als erlaubte darstellen, d. h. also Verunreinigungen, zu denen das Recht im Wege der Verleihung erworben oder gemäß § 379 aufrechterhalten sei und gegen welche daher weder die Polizei noch der davon Betroffene im Wege der Zivilklage vorgehen könnten; würden solche Verunreinigungen durch die Genossenschaftsanlagen beseitigt, so sei darin ein Vorteil zu erblicken, der bei der Bemessung der Genossenschaftslasten zu berücksichtigen sei. Aus diesen Gründen wurde die Heranziehung auch des Vorteilsmaßstabes beibehalten; immerhin aber sollen nach den Beschlüssen der Kommission in zweiter Lesung diejenigen Genossen, welche die Verunreinigung verursacht haben, vorzugsweise zu den Lasten herangezogen werden, KB. AH. S. 326/7.

§ 226.

(1) Streitigkeiten über die Zugehörigkeit zur Genossenschaft werden im Verwaltungsstreitverfahren entschieden.

(2) Gegen die Heranziehung und Veranlagung zu den Genossenschaftslasten steht den Inanspruchgenommenen binnen vier Wochen der Einspruch zu. Über den Einspruch beschließt der Vorstand. Gegen den Beschluß kann binnen zwei Wochen die Klage im Verwaltungsstreitverfahren erhoben werden, sofern nicht das Schiedsgericht (§ 215) von beiden Parteien angerufen wird. Die Klage hält die Vollstreckung des Beschlusses nicht auf.

(3) Zuständig ist der Bezirksausschuß.

1. § 226 [204] entspricht dem § 53 WGG., dessen Abs. 3 durch § 94 Abs. 6 Zust. Ges. aufgehoben ist, mit der Abweichung, daß beim Streite über die Zugehörigkeit zur Genossenschaft die Erhebung der Klage nicht mehr von der Erteilung eines förmlichen Bescheides des Genossenschaftsvorstandes abhängig sein soll und daß gegen die Heranziehung zu den Genossenschaftslasten Einspruch, Beschluß des Vorstandes und Klage stattfindet; beides entspricht dem für Kommunalangelegenheiten geltenden Rechte (vgl. §§ 9, 18, 26, 34 Zust. Ges.). In Abweichung vom geltenden Rechte ist für die Klage stets der Bezirksausschuß für zuständig erklärt, entsprechend dem im Wassergesetze allgemein befolgten Grundsatze, für das Verwaltungsstreitverfahren von einer Zuständigkeit des Kreisausschusses abzusehen, Begr. S. 192.

2. Die Vorschrift des Abs. 1 rechtfertigt nicht etwa den Schluß, daß die Klage eines Genossen auf Anerkennung seiner Nichtzugehörigkeit zur Genossenschaft zulässig sei. Eine solche Klage, durch deren Zulassung eine Genossenschaft jederzeit in Frage gestellt werden könnte, ist auch nach bisherigem Rechte bei den auf Grund Königlicher Verordnung oder durch den Landwirtschaftsminister gebildeten Genossenschaften von den höchsten Gerichtshöfen für unstatthaft erklärt worden und zwar mit der Begründung, daß die Bildung einer solchen Genossenschaft ein organisatorischer Akt der Staatsgewalt sei, demgegenüber eine Nachprüfung im Verwaltungsstreitverfahren nicht mehr stattfinde.

Dagegen trifft Abs. 1 die Fälle, in welchen ein Grundstück, welches zur Genossenschaft gehört, nachträglich ganz oder teilweise untergeht, wie dies z. B. bei Kanal- oder Eisenbahnbauten gelegentlich eintritt, KB. AH. S. 328.

3. Der Entwurf sah, ebenso wie § 53 WGG., keine Frist für die Erhebung des Einspruchs gemäß Abs. 2 vor. Nach der Rechtsprechung des OVG. betrug die Einspruchsfrist in solchen Fällen nach dem Gesetze vom 18. Juni 1840 drei Monate. Das Abgeordnetenhaus hielt es aber für zweckmäßiger, hier die kürzere (vierwöchige) Frist des § 69 Kommunalabgabenges. einzuführen, Sten. B. AH. S. 8576.

2. Neben dem Verwaltungsstreitverfahren ist ein Schiedsgerichtsverfahren zulässig, das aber gemäß § 215 nur dann zur Anwendung gelangen kann, wenn beide Parteien das Schiedsgericht anrufen.

§ 227.

(1) Der Vorstand und, wenn dieser aus mehreren Personen besteht, auch sein Vorsitzender sind berechtigt, Anordnungen, die sie in Ausübung der ihnen zustehenden Befugnisse gegen einzelne Genossen richten, durch folgende Zwangsmittel durchzusetzen:

1. Ist eine Handlung zu erzwingen, die ein Dritter ausführen kann, so können sie die Ausführung veranlassen und den vorläufig zu bestimmenden Kostenbetrag im Zwangswege von dem Verpflichteten einziehen.
2. Steht es fest, daß der Verpflichtete nicht imstande ist, die aus der Ausführung durch einen Dritten entstehenden Kosten zu tragen, oder ist eine nicht durch einen Dritten ausführbare Handlung oder eine Unterlassung zu erzwingen, so können sie Geldstrafen bis zu dreißig Mark festsetzen. Die Strafgelder fließen in die Genossenschaftskasse.

(2) Der Anwendung der Zwangsmittel muß eine schriftliche Androhung vorausgehen; in dieser ist, wenn eine Handlung erzwungen werden soll, eine Frist zu bestimmen, innerhalb deren die Handlung auszuführen ist.

§ 228.

(1) Gegen die Anordnungen des Vorstandes und seines Vorsitzenden und gegen die Androhung eines Zwangsmittels ist die Beschwerde an die Aufsichtsbehörde, gegen deren Bescheid die weitere Beschwerde an die höhere Aufsichtsbehörde und gegen deren Bescheid die Klage bei dem Oberverwaltungsgerichte zulässig. Die Klage kann nur darauf gestützt werden:

1. daß die angefochtene Anordnung durch Nichtanwendung oder unrichtige Anwendung des bestehenden Rechtes, insbesondere auch der von den Behörden innerhalb ihrer Zuständigkeit erlassenen Verordnungen, den Kläger in seinen Rechten verletze;

2. daß die tatsächlichen Voraussetzungen nicht vorhanden seien, die den Vorstand oder seinen Vorsitzenden zum Erlaß der Anordnung oder zur Androhung des Zwangsmittels berechtigt haben würden.

(2) Das gegen die Androhung eines Zwangsmittels gerichtete Rechtsmittel erstreckt sich zugleich auf die Anordnung, um deren Ausführung es sich handelt, wenn sie nicht bereits Gegenstand eines besonderen Beschwerdeverfahrens geworden ist.

(3) Die Beschwerde gegen den Vorstand oder seinen Vorsitzenden ist bei diesem, die weitere Beschwerde bei der Behörde, gegen deren Bescheid sie sich richtet, anzubringen.

(4) Die Frist zur Einlegung der Beschwerde und der weiteren Beschwerde sowie zur Erhebung der Klage gegen den auf die Beschwerde erlassenen Bescheid beträgt zwei Wochen.

(5) Wird die Beschwerde oder die weitere Beschwerde der Vorschrift des Abs. 3 zuwider innerhalb der gesetzlichen Frist bei der Behörde angebracht, die zur Beschlußfassung darüber zuständig ist, so gilt die Frist als gewahrt.

(6) Gegen die Festsetzung und Ausführung eines Zwangsmittels ist nur die Beschwerde im Aufsichtswege innerhalb zwei Wochen zulässig.

Die §§ 227, 228 [205, 206] entsprechen dem § 54 WGG. mit der Abweichung, daß als Rechtsmittel gegen die Anordnungen des Vorstandes nur die Beschwerde, nicht auch die Klage gegeben wird, weil ein Bedürfnis für ein doppeltes Rechtsmittel nicht anerkannt werden kann.

Die im § 54 WGG. angezogenen Gesetzesstellen (jetzt §§ 132, 133, 127, 129 LVG.) sind des leichteren Überblicks halber vollständig wiedergegeben, Begr. S. 192.

§ 229.

(1) Rückständige Beiträge sowie die im § 227 erwähnten Strafen und Kosten können im Verwaltungszwangsverfahren beigetrieben werden. Die zuständige Vollstreckungsbehörde wird durch die Aufsichtsbehörde bestimmt. Das Beitreibungsverfahren kann auch gegen die Pächter und anderen Nutzungsberechtigten der einer Genossenschaft angehörenden Grundstücke, Bergwerke und gewerblichen Anlagen gerichtet werden.

(2) Zu den Nutzungsberechtigten gehören auch die Mieter der an die Genossenschaft angeschlossenen gewerblichen Anlagen sowie der gesonderten Arbeitsstellen in diesen Anlagen. Gegen den Mieter gesonderter Arbeitsstellen ist das Verwaltungszwangsverfahren nur wegen des auf seine Arbeitsstelle entfallenden Beitrags zulässig.

1. Abs. 1 des § 229 [207] entspricht dem § 55 WGG., Abs. 2 dem Art. 4 des Ges. v. 19. Mai 1891 (vgl. § 399 Nr. 43 ff). Neu ist die Bestimmung im Abs. 1 Satz 2, daß die Vollstreckungsbehörde von der Aufsichtsbehörde zu bestimmen ist; sie ist im Interesse der Geschäftsvereinfachung

getroffen worden, da sonst die Bezirksregierung die Vollstreckungsbehörde bestimmen müßte (§ 4 Abs. 3 der Verordn. betr. das Verwaltungszwangsverfahren v. 15. Nov. 1899 — GS. S. 545), Begr. S. 192.

2. Als „gesonderte Arbeitsstellen" im Sinne des Abs. 2 gelten Arbeitsstellen, welche besonders vermietet werden, z. B. die an der unteren und mittleren Wupper bestehenden sog. Schleifkotten, d. h. größere Schleifereien mit 60 oder mehr Schleifsteinen, bei welchen die einzelnen Schleifsteine nebst der dazu gehörigen Wasserkraft gesondert vermietet werden, so daß in ein und demselben Schleifkotten sich oft mehrere selbständige Teilmieter befinden, KH. AH. S. 328.

3. Abs. 2 Satz 2 schützt solche Teilmieter gegen die Zwangsbeitreibung des auf die ganze Anlage entfallenden Beitrags, indem er gegen ihn das Verwaltungszwangsverfahren nur wegen des auf seine Arbeitsstelle entfallenden Beitrags zuläßt, KB. AH. S. 328.

§ 230.

(1) Der Vorstand hat die Mitgliederversammlung (den Ausschuß) einzuberufen, sobald das Interesse der Genossenschaft es erfordert oder ein Drittel der Genossen es unter Angabe des Zweckes schriftlich beantragt.

(2) Wenn der Vorstand dem Antrage binnen zwei Monaten nicht stattgegeben hat, so liegt die Einberufung der Aufsichtsbehörde ob.

1. § 230 [208] entspricht dem § 60 WGG., jedoch ist das dort unter Nr. 1 angeführte Beispiel (wenn eine Zwangsvollstreckung in das Vermögen der Genossenschaft fruchtlos ausgefallen ist) fortgelassen worden, da dieser Fall wohl nur selten eintreten wird und sich deshalb nicht dazu eignet, besonders angeführt zu werden, Begr. S. 192; vgl. auch KB. AH. S. 328/9.

2. Abs. 2 bezieht sich nur auf den in Abs. 1 genannten zweiten Fall.

§ 231.

Die Aufsichtsbehörde ist befugt, Mitglieder des Vorstandes, die sich einer groben Pflichtverletzung schuldig machen, ihres Amtes zu entsetzen. Die auf Amtsentsetzung lautende Verfügung kann binnen zwei Wochen durch Klage bei dem Oberverwaltungsgericht angefochten werden. Bis zur Entscheidung über die Klage bleibt das Vorstandsmitglied von den Amtsgeschäften enthoben.

1. Durch den neuen § 231 [209] soll die Beseitigung von Vorstandsmitgliedern, welche ihre Pflichten gröblich verletzen, durch die Aufsichtsbehörde ermöglicht werden. Entsprechend den für die Entfernung der Beamten der Landgemeinden aus dem Amte geltenden Vorschriften (§ 143 Nr. 3 der Landgemeindeordnung v. 3. Juli 1891 — GS. S. 233 —) ist bestimmt, daß auf die Klage des Betroffenen das Oberverwaltungsgericht über die Amtsentsetzung befinden soll, Begr. S. 192/3.

2. Ein Antrag, dem § 231 [209] einen zweiten Absatz hinzuzufügen, durch welchen der Aufsichtsbehörde in den Fällen des Abs. 1 nach Anhörung der Genossenschaftsversammlung die Befugnis gegeben werden sollte, den Vorsteher einer im Gebiete der Genossenschaft belegenen Gemeinde mit der Wahrnehmung der Geschäfte des Vorstehers des Genossenschaftsvorstandes zu betrauen, wurde von der Kommission des Abgeordnetenhauses abgelehnt, weil eine solche Vorschrift einen zu weitgehenden Eingriff in die Selbstverwaltung der Genossenschaften darstellen würde, KB. AH. S. 329.

§ 232.

Im Einverständnis mit der Genossenschaft können neue Mitglieder eintreten oder bisherige ausscheiden. Es bedarf jedoch hierzu der Genehmigung der Aufsichtsbehörde; diese hat beim Ausscheiden von Mitgliedern auch das Interesse der Gläubiger zu berücksichtigen.

1. Nach dem WGG. waren die Bedingungen wegen Aufnahme neuer Mitglieder in der Satzung festzusetzen (§ 56 Nr. 13), während das Gesetz selbst für das Ausscheiden die Vorschrift enthielt, daß dieses nur im Einverständnisse beider Teile mit Genehmigung der Aufsichtsbehörde erfolgen könne (§ 59). Das Wassergesetz behandelt diese beiden Fälle in § 232 [210] aus Zweckmäßigkeitsgründen gleichmäßig, Begr. S. 193.

2. Die neu eintretenden Genossen haften für die bei ihrem Eintritte bestehenden Verbindlichkeiten der Genossenschaft in der gleichen Weise wie die alten Genossen, Sten. B. HH. S. 1041/2.

§ 233.

(1) Die Genossenschaft ist verpflichtet, Eigentümer von Grundstücken, Bergwerken und gewerblichen Anlagen sowie Wassergenossenschaften oder andere Verbände (§ 210) auf ihr Verlangen in die Genossenschaft aufzunehmen, wenn der von der Genossenschaft verfolgte Zweck auch für sie nur durch Anschluß an die genossenschaftlichen Anlagen und deren Mitbenutzung erreichbar ist und die Anlagen, nötigenfalls nach entsprechendem Ausbau, den gemeinsamen Bedürfnissen genügen.

(2) Der neu hinzutretende Genosse hat jedoch die besonderen Kosten der zum Anschluß an die genossenschaftlichen Anlagen und zu ihrer Mitbenutzung herzustellenden Einrichtungen zu tragen.

§ 233 [211] entspricht dem § 69 WGG., jedoch ist dessen Abs. 2 fortgefallen, da der neu aufgenommene Genosse nach § 225 zu den Lasten der Genossenschaft nach dem ihm zuteil werdenden Vorteile beizutragen hat. Wenn die Anlagekosten noch nicht getilgt sind, muß er dementsprechend an ihrer Aufbringung mitwirken, sind sie aber abgetragen, so würde es unbillig sein, ihn noch zu einer nicht mehr zu leistenden Ausgabe heranzuziehen, Begr. S. 193.

§ 234.

(1) Das Ausscheiden von Grundstücken, Bergwerken oder gewerblichen Anlagen kann von der Genossenschaft gegen den Willen der Eigentümer verlangt werden, wenn sonst die Erreichung des Genossenschaftszwecks gefährdet werden würde.

(2) Dem Ausscheidenden ist Entschädigung zu leisten; eine Werterhöhung, die das Grundstück, das Bergwerk oder die gewerbliche Anlage erst infolge des genossenschaftlichen Unternehmens gewinnen würden, kommt jedoch bei der Bemessung der Entschädigung nicht in Anschlag.

§ 234 [212] gibt den § 68 WGG. wieder, Begr. S. 193.

§ 235.

Über Streitigkeiten in den Fällen des § 233 und des § 234 Abs. 1 entscheidet der Bezirksausschuß im Verwaltungsstreitverfahren.

§ 235 [213] entspricht dem § 70 WGG. i. V. m. § 153 LVG., Begr. S. 193.

§ 236.

Haben Eigentümer von Grundstücken, Bergwerken oder gewerblichen Anlagen sowie Wassergenossenschaften oder andere Verbände (§ 210), ohne Genossen zu sein, dadurch Vorteil, daß sie den Betrieb von Anlagen auf die Ausnutzung der durch die Genossenschaftsanlagen geschaffenen günstigeren Wasserverhältnisse einrichten, so ist die Genossenschaft befugt, ihnen die durch das genossenschaftliche Unternehmen ermöglichte bessere Benutzung zu untersagen, wenn infolge dieser Benutzung die genossenschaftlichen Anlagen für die Bedürfnisse der Genossenschaft nicht mehr ausreichen. Dasselbe gilt, wenn Genossen die günstigeren Wasserverhältnisse für andere als die zur Genossenschaft gehörenden Grundstücke, Bergwerke oder gewerbliche Anlagen nutzbar machen.

Der der Bestimmung des § 236 [214] zugrunde liegende Gedanke ist dem Gesetze vom 19. Mai 1891 Art. 3 § 2 (GS. S. 97) entnommen und gibt der Genossenschaft ein Untersagungsrecht, wenn die Genossen durch eine Ausnutzung der Genossenschaftsanlagen geschädigt werden, die nicht von selbst, sondern durch besondere Maßnahmen der Nichtgenossen eintritt, Begr. S. 193.

§ 237.

Die Genossenschaftsanlagen sind mindestens einmal im Jahre zu schauen. Der Schaukommission sollen außer dem Vorstand oder einzelnen seiner Mitglieder auch noch andere Genossen angehören.

Wegen der Wichtigkeit der Schauen ist ihre Vornahme, über die sich bisher die Satzungen verhielten, im Gesetze selbst vorgeschrieben worden. Die Zusammensetzung der Schaukommissionen ist in der Satzung zu regeln (§ 214 Nr. 11), Begr. S. 193.

Zweiter Titel.

Genossenschaften mit Zulässigkeit des Beitrittszwanges.

§ 238.

(1) Soll eine Genossenschaft zu einem der im § 206 Nr. 1 bis 5, 9, 11, 12 oder 14 bezeichneten Zwecke gebildet werden, so können widersprechende Eigentümer der bei ihr zu beteiligenden Grundstücke, Bergwerke und gewerblichen Anlagen sowie Wassergenossenschaften und andere Verbände (§ 210) zum Beitritt gezwungen werden, wenn

1. das Unternehmen zweckmäßig nur auf genossenschaftlichem Wege durchgeführt werden kann;
2. die Mehrheit der Beteiligten der Genossenschaftsbildung zustimmt und
3. das Unternehmen unter Berücksichtigung der Genossenschaftslasten für die Grundstücke, Bergwerke und gewerblichen Anlagen der Widersprechenden sowie für die widersprechenden Wassergenossenschaften und anderen Verbände (§ 210) Vorteile in Aussicht stellt, bei einer Genossenschaft zur Reinhaltung auch, wenn das Unternehmen zur Beseitigung der von ihnen hervorgerufenen Verunreinigung dient.

(2) Die Mehrheit berechnet sich, wenn nur Grundstücke beteiligt sind, sowohl nach der Fläche als auch nach dem Grundsteuerreinertrag oder, wenn die Grundstücke sämtlich einem Auseinandersetzungsverfahren unterliegen und in diesem besonders abgeschätzt sind, nach dem so ermittelten Werte oder Ertrage. Sind Bergwerke, gewerbliche Anlagen, Wassergenossenschaften oder andere Verbände (§ 210) allein oder neben Grundstücken beteiligt, so berechnet sich die Mehrheit nach dem vorläufig festgestellten Vorteil (§ 252); soll in diesem Falle ein Beitrittszwang gegen widersprechende Eigentümer von Grundstücken ausgeübt werden, so bedarf es außerdem der Mehrheit der beteiligten Grundstückseigentümer, berechnet nach Satz 1.

(3) Als Vorteil im Sinne des Abs. 1 Nr. 3 gilt auch die Möglichkeit, das Unternehmen durch zweckentsprechende und wirtschaftlich gerechtfertigte Anlagen oder Einrichtungen auszunutzen.

(4) Eigentümer von Grundstücken, für die das Unternehmen keinen Vorteil in Aussicht stellt, können zum Beitritt gezwungen werden, soweit es im Interesse der Beschaffung oder Erhaltung der Vorflut oder zur Durchleitung von Entwässerungs- oder Bewässerungsanlagen erforderlich ist. Solche Grundstücke sind von allen Genossenschaftslasten befreit. Erleiden sie Schaden, so ist er von der Genossenschaft zu ersetzen. Über die Entschädigungsansprüche beschließt der Bezirksausschuß. Gegen dessen Beschluß kann binnen drei Monaten der Rechtsweg beschritten werden.

1. Das WGG. (§ 65) kannte einen Beitrittszwang nur bei Genossenschaften zur Ent- und Bewässerung von Grundstücken, welche im Landeskulturinteresse begründet werden; das Gesetz vom 19. Mai 1891 Art. 1 ließ ihn auch für Genossenschaften zur Anlegung, Benutzung und Unterhaltung von Sammelbecken für gewerbliche Anlagen zu. Die auf gemeinsames Zusammenwirken hindrängende Entwicklung der Wasserwirtschaft verlangt in weiterem Umfange die Möglichkeit, Widerstrebende im Zwangswege heranzuziehen. Die Ausübung eines Beitrittszwangs wird daher in den §§ 238 [216] ff. außer zu jeder Art von Ent- und Bewässerung von Grundstücken und zur Anlegung von Stauanlagen jeder Art auch zur Unterhaltung von Wasserläufen zweiter und dritter Ordnung, zur Unterhaltung und zum Schutz der Ufer von Wasserläufen und zur Reinhaltung von Gewässern, zu jedem Ausbaue von Wasserläufen zweiter und dritter Ordnung und zum Ausbau der Ufer von Wasserläufen jeder Art, sofern der Ausbau zur Verbesserung der Vorflut oder des Hochwasserabflusses vorgenommen wird, zur Verfehnung von Grundstücken und zur Beseitigung von Hindernissen des Hochwasserabflusses, zur Zurückhaltung des Wassers in den Niederschlagsgebieten und zur Aufspülung und Aufhöhung von Grundstücken im Interesse der Bodenkultur zugelassen, Begr. S. 194/5.

2. Die Zulassung des Beitrittszwanges für Stauanlagen jeder Art (§ 206 Nr. 9) bedeutet lediglich eine zweckentsprechende Ausdehnung des schon nach dem Gesetze vom 19. Mai 1891 für gewerbliche Sammelbecken bestehenden Beitrittszwanges auf gemeinnützige Unternehmungen, welche oft einen landeskulturellen Charakter haben; in Betracht kommen hier insbesondere Sammelbecken zur Zurückhaltung von Hochwasserwellen und zur Aufspeicherung von Riesel- und Anfeuchtungswasser für trockene Jahreszeiten, Begr. S. 194.

3. Der Beitrittszwang bei Genossenschaften zur Unterhaltung der Wasserläufe zweiter und dritter Ordnung und ihrer Ufer (§ 206 Nr. 1, 2) rechtfertigt sich ohne weiteres aus der Erwägung, daß eine gemeinsame Unterhaltung den Vorzug vor der Unterhaltung durch den einzelnen verdient und es daher billig ist, wenn die Minderheit sich der Mehrheit fügen muß. Bei Wasserläufen erster Ordnung, welche vom Eigentümer, also meistens vom Staat zu unterhalten sind, kann ein Zwang zur Übernahme der Unterhaltungspflicht entbehrt werden, Begr. S. 194.

4. Auch die Reinhaltung der Wasserläufe (§ 206 Nr. 3), welche bei der zunehmenden Verschmutzung, besonders in den Industriegebieten, eine immer größere Bedeutung für die Allgemeinheit angenommen hat, kann durch Unternehmungen in genossenschaftlicher Hinsicht am zweckmäßigsten besorgt werden, auch hier empfiehlt sich daher die Zulassung eines Beitrittszwanges auf Grund eines Mehrheitsbeschlusses, Begr. S. 194.

5. In gleicher Weise kann die Verfehnung von Grundstücken in dem in Anm. zu Nr. 5 des § 206 bezeichneten Sinne nur dann in der wünschenswerten Weise gefördert werden, wenn die Mehrheit der

Beteiligten in der Lage ist, die Minderheit zur Mitarbeit zu zwingen, Begr. S. 194/5.

6. Da für die Durchführung von Unternehmungen zur Verbesserung der Vorflut und des Hochwasserabflusses, sowie zur planmäßigen Beseitigung von Hindernissen des letzteren (§ 206 Nr. 1, 2, 11) es sich bisher stets sehr schwierig erwiesen hat, die Zustimmung aller Beteiligten zu erlangen, muß auch hier die Möglichkeit eines Beitrittszwanges gegeben werden, Begr. S. 195.

7. Aus ähnlichen Gründen erschien dem Abgeordnetenhause zweckmäßig, auch bei den in den Nr. 12 und 14 des § 206 bezeichneten Genossenschaften einen Beitrittszwang durch Mehrheitsbeschluß zuzulassen, KB. AH. S. 333, Sten. B. AH. S. 8221.

8. Nach dem Entwurfe (§ 216 Abs. 2) sollte, um nützliche Ausbauten gemäß § 174 möglichst zu fördern, der Beitrittszwang auch bei Genossenschaften zur Aufbringung von Beiträgen in den Fällen des § 174 Abs. 1 und 2 (§ 206 Nr. 13) zugelassen werden, wenn die Mehrheit der an einem solchen Ausbaue Beteiligten der Genossenschaftsbildung zustimmt und der Ausbau den ihm Widersprechenden unter Berücksichtigung der aufzubringenden Beiträge Vorteile in Aussicht stellt, Begr. S. 195. Die Kommission des Abgeordnetenhauses hat aber diese Bestimmung gestrichen, weil die Bildung von Genossenschaften zu diesem Zwecke höchstens dann zuzulassen sei, wenn die Gesamtheit der Beteiligten einverstanden sei, man aber nicht so weit gehen könne, gegen die Minorität die Ausübung eines Zwanges zu gestatten, lediglich um dem Ausbauberechtigten die Erlangung seiner Anliegerbeiträge zu erleichtern, KB. AH. S. 330/1.

9. Von den im § 238 Abs. 1 geforderten drei Voraussetzungen des Beitrittszwanges stimmt die Nr. 2 mit dem geltenden Rechte überein (§ 65 Abs. 1 Nr. 3 WGG., Art. 1 Abs. 1 Nr. 3 des Ges. v. 19. Mai 1891). Die Voraussetzung, daß das Unternehmen Zwecken der Landeskultur (WGG.) oder eine bessere Ausnutzung der gewerblichen Triebkraft des Wassers oder eine bessere Benutzung des Wassers zu sonstigen gewerblichen Zwecken (Ges. v. 1891) verfolgt, ist nicht übernommen worden, weil § 238 die Ausübung des Beitrittszwanges bei der Bildung von Wassergenossenschaften zu den dort vorgesehenen Zwecken allgemein, nicht nur in Beschränkung auf landeskulturelle oder gewerbliche Zwecke zuläßt (vgl. Anm. 1); sie ist aber auch entbehrlich, da § 207 die Sicherheit dafür gibt, daß nur Genossenschaften gebildet werden, welche dem öffentlichen Wohle dienen oder einen gemeinwirtschaftlichen Nutzen bezwecken. Ferner enthalten die Nr. 1 und 3 grundsätzliche Abweichungen vom geltenden Rechte. Nr. 2 des § 65 WGG. und Art. 1 des Ges. v. 1891 verlangen, daß das Unternehmen nur bei Ausdehnung auf die in dem Eigentum der Widersprechenden befindlichen Grundstücke (gewerblichen Anlagen) zweckmäßig ausgeführt werden kann, wobei unter zweckmäßiger Ausführung nach der Auslegung durch die Praxis nicht nur die technische, sondern auch die finanzielle Zweckmäßigkeit der Ausführung zu verstehen ist; das Vorteilsprinzip kommt nur insoweit zur Anwendung,

als Grundstücke (gewerbliche Anlagen), für die das Unternehmen eine erhöhte Ertragsfähigkeit nicht in Aussicht stellt, nicht zwangsweise zugezogen werden können. Hieraus hatte sich der Mangel ergeben, daß häufig Grundstücke, obwohl sie von dem Unternehmen erhebliche Vorteile hatten, zur Durchführung desselben nicht herangezogen werden konnten, da ihre Inanspruchnahme zu seiner zweckmäßigen Ausführung in dem oben bezeichneten Sinne nicht erforderlich war. § 238 Abs. 1 stellt daher in Nr. 1 und 3 als Voraussetzung für den Beitrittszwang ganz allgemein den der Billigkeit am meisten entsprechenden Grundsatz auf, daß die Ausübung eines solchen Zwanges für alle Grundstücke (gewerbliche Anlagen usw.) zuzulassen ist, für welche das Unternehmen Vorteile in Aussicht stellt, jedoch mit der Einschränkung, daß das Unternehmen zweckmäßig nur auf genossenschaftlichem Wege durchgeführt werden kann. Unter Vorteil ist dabei nur der Nettovorteil zu verstehen, d. h. der Vorteil, welcher verbleibt, wenn die Genossenschaftslasten abgezogen sind; stellt sich später heraus, daß ein Vorteil nicht vorhanden ist, wobei dann allerdings die Genossenschaftslasten unberücksichtigt bleiben müssen (vgl. § 241 Anm. 2) so tritt Beitragsfreiheit ein (§ 239), Begr. S. 195/6.

Wegen der Entscheidung über das Vorhandensein der Voraussetzungen für die Anwendung des Beitrittszwanges vgl. § 270.

10. Die Bestimmung des Abs. 2 muß schon um deswillen von dem § 65 Nr. 3 WGG. abweichen, weil es sich an letzterer Stelle nur um die Heranziehung von Grundstücken, nach dem Wassergesetze oder auch von Bergwerken, gewerblichen Anlagen und Verbänden handeln kann. Als Maßstab für die Heranziehung von Grundstücken ist der der Fläche und des Grundsteuerreinertrages beibehalten worden, bei den übrigen Beteiligten (Bergwerken usw.), soll in Übereinstimmung mit dem Gesetze von 1891 der rechnerisch in jedem Falle zu ermittelnde tatsächliche Vorteil in Ansatz gebracht werden, da es an einem allgemein anwendbaren anderem Maßstab fehlt.

Handelt es sich um die gleichzeitige Heranziehung beider Arten von Beteiligten und stimmen nicht alle Grundstücke zu, so bedarf es gemäß Satz 2 zweiter Teil einer besonderen Abstimmung unter den Eigentümern der Grundstücke nach dem Maßstabe der Fläche und des Grundsteuerreinertrages. Diese Sonderbestimmung soll verhindern, daß in den Gegenden, wo Landwirtschaft und Industrie zusammen beteiligt sind, die Landwirte von den in der Mehrheit befindlichen Industriellen gegen ihren Willen zum Beitritte gezwungen werden können, indem ein solcher Zwang nur dann zulässig ist, wenn auch die Mehrheit der Grundstückseigentümer sich in einer Sonderabstimmung für die Heranziehung zu der Genossenschaft ausgesprochen hat. Aus diesen Gründen sind auch die mehrfach gestellten Anträge, diese Sonderbestimmung, welche eine unberechtigte Bevorzugung der Landwirtschaft darstelle, zu beseitigen, abgelehnt worden, vgl. Begr. S. 196 KB. AH. S. 334 ff., Sten. B. AH. S. 8221/2.

11. Abs. 3 legt den vom Oberverwaltungsgericht mehrfach vertretenen Grundsatz gesetzlich fest, daß unter Vorteil nicht nur der sich

von selbst ergebende unmittelbare Vorteil, sondern auch die erst bei entsprechender Ausnutzung des Unternehmens geschaffene Verbesserungsmöglichkeit, der mittelbare Vorteil, zu verstehen ist, Begr. S. 196/7.

12. Die neu in das Gesetz aufgenommene Bestimmung des Abs. 4 entspricht der bisher geübten Praxis. Bei Herstellung von Genossenschaftsanlagen, besonders bei Entwässerungen, ist es oft notwendig, den Vorfluter unterhalb des eigentlichen Meliorationsgebietes noch eine Strecke weiter auszubauen oder zu überwachen, ohne daß die an diesen Teil des Wasserlaufs angrenzenden Ländereien davon Vorteil haben. Ebenso kommt es oft vor, daß mit den Genossenschaftsgräben durch höher, innerhalb des Genossenschaftsgebiets gelegene Landflächen (Sandrücken usw.) gegangen werden muß, ohne daß für das durchschnittene Land ein Nutzen in Aussicht steht. Um nun in derartigen Fällen die Genossenschaft nicht zu zwingen, das Vorflutverfahren nach den §§ 330, 331 oder das Enteignungsverfahren einzuleiten, gestattet ihr die Vorschrift des Abs. 4 die zwangsweise Zuziehung der betreffenden Grundeigentümer. Für Beitragsfreiheit und Entschädigung ist durch die Bestimmungen in Satz 2 ff. gesorgt; ferner erwächst den Eigentümern solcher Flächen in der Regel der Vorteil, daß, soweit ihnen bisher die Unterhaltung des Vorfluters obgelegen hat, diese von der Genossenschaft übernommen wird, ohne daß sie zu den Kosten beizutragen haben, Begr. S. 197; vgl. a. Sten. B. HH. S. 1042/3.

§ 239.

(1) Ergibt sich, daß das ausgeführte Unternehmen einem Grundstück, einem Bergwerk, einer gewerblichen Anlage, einer Wassergenossenschaft oder einem anderen Verbande (§ 210) keinen Vorteil gewährt, so kann der Genosse für die Dauer des Zustandes der Genossenschaft gegenüber den Erlaß der Genossenschaftsbeiträge verlangen, bei Genossenschaften zur Reinhaltung von Gewässern jedoch nur, soweit die Heranziehung wegen des ihm aus den Genossenschaftsanlagen erwachsenden Vorteils erfolgt ist. Soweit bei letzteren Genossenschaften ein Genosse wegen der von ihm hervorgerufenen Verunreinigung zu Beiträgen herangezogen ist, kann er den Erlaß der Beiträge verlangen, wenn sich ergibt, daß er zu der Verunreinigung nicht beiträgt.

(2) Werden die Ansprüche vom Vorstand nicht als berechtigt anerkannt, so sind sie im Wege des Einspruchs gegen die Heranziehung zu den Genossenschaftslasten nach § 226 Abs. 2 geltend zu machen, doch kann die Entscheidung über den Einspruch nicht in der Satzung einem Schiedsgericht übertragen werden.

Die §§ 239—241 [217—219] entsprechen dem § 66 Abs. 2, 3 WGG. mit einigen, im wesentlichen der Klarstellung dienenden Änderungen. Letzteres gilt namentlich vom § 240 Abs. 2, der inhaltlich mit § 66 Abs. 3 Satz 2 WGG. übereinstimmt (vgl. v. Bülow-Fastenau Anm. 2 zu § 66 WGG.). Die Fassung ist dieselbe wie die des § 292 Abs. 1, 2, Begr. S. 197.

§ 240.

(1) Ergibt sich, daß ein Grundstück, abgesehen von dem Falle des § 238 Abs. 4, oder ein Bergwerk oder eine gewerbliche Anlage, dauernden Nachteil von dem ausgeführten Unternehmen hat, so kann der Genosse deren Ausscheiden aus der Genossenschaft verlangen.

(2) Soweit der Erwerb des ausscheidenden Grundstücks zur Durchführung der Genossenschaftszwecke erforderlich ist, kann der Genossenschaft das Recht zur Enteignung nach dem Enteignungsgesetz vom 11. Juni 1874 (Gesetzsamml. S. 221) gewährt werden. Über die Gewährung des Enteignungsrechts entscheidet der Bezirksausschuß durch einen mit Gründen versehenen Beschluß. Der Beschluß kann binnen zwei Wochen durch Beschwerde bei dem Minister der öffentlichen Arbeiten angefochten werden. Die Gewährung des Enteignungsrechts durch den Vorsitzenden nach § 117 des Landesverwaltungsgesetzes vom 30. Juli 1883 (Gesetzsamml. S. 195) ist nicht zulässig.

S. Anm. zu § 239, sowie KB. AH. S. 338.

§ 241.

In den Fällen der §§ 239, 240 bleiben bei der Ermittlung, ob ein Grundstück, ein Bergwerk oder eine gewerbliche Anlage keinen Vorteil oder Nachteil von dem Unternehmen hat, die darauf entfallenden Genossenschaftsbeiträge unberücksichtigt.

1. S. Anm. zu § 239.

2. Gemäß § 241 dürfen in den Fällen der §§ 239, 240 im Gegensatz zu denen des § 238 (Abs. 1 Nr. 3) bei Berechnung des Vorteils die Genossenschaftsbeiträge nicht in Abzug gebracht werden. Hier handelt es sich nicht, wie bei § 238 um eine erst zu begründende, sondern um eine bereits bestehende Genossenschaft. Bei einer solchen kann aber nur der Rohvorteil zugrundegelegt werden, da sonst der Fall eintreten könnte, daß, wenn bei einem mißlungenen Unternehmen die Rohvorteile gleich den Genossenschaftsbeiträgen oder kleiner wie diese sind, sämtliche Genossen Lastenfreiheit beanspruchen oder ihren Austritt durchsetzen könnten und die Gläubiger der Genossenschaft das Nachsehen hätten. In demselben Sinne hat auch bereits das Oberverwaltungsgericht das geltende Recht ausgelegt, Begr. S. 197.

§ 242.

(1) Haben Eigentümer von Grundstücken, Bergwerken oder gewerblichen Anlagen, Wassergenossenschaften oder andere Verbände (§ 210), ohne Genossen zu sein, oder haben Genossen mit anderen als den zur Genossenschaft gehörenden Grundstücken, Bergwerken oder Anlagen von den ausgeführten Genossenschaftsanlagen Vorteil oder tragen sie zur Verunreinigung eines Gewässers bei, zu dessen Reinhaltung die Genossenschaft gebildet ist,

so können sie vom Genossenschaftsvorstand nach Anhörung zu Beiträgen gemäß den für die Genossen geltenden Bestimmungen herangezogen werden. Die Beiträge dürfen, soweit sie wegen des den Herangezogenen aus den Genossenschaftsanlagen erwachsenden Vorteils erhoben werden, diesen Vorteil nicht übersteigen.

(2) Die Genossenschaft ist in diesem Falle verpflichtet, die herangezogenen Eigentümer und Verbände auf ihr Verlangen in die Genossenschaft aufzunehmen.

Oft haben Grundstücke usw., ohne daß sie zur Genossenschaft gehören, Vorteile von den Genossenschaftsanlagen. Entsprechend dem im § 238 Abs. 1 Nr. 3 aufgestellten Grundsatze, daß alle Grundstücke usw., welche Vorteil davon haben, zwangsweise zur Genossenschaft herangezogen werden können, wird der Genossenschaft im § 242 [220] das Recht gegeben, von solchen Grundstücken, auch wenn sie nicht zugezogen sind, Beiträge zu erheben, wogegen die Eigentümer der herangezogenen Grundstücke das Recht erhalten, ihrerseits die Aufnahme in die Genossenschaft auch noch nachträglich zu verlangen. Diese Regelung entspricht nicht nur der Billigkeit, sondern auch einem praktischen Bedürfnisse. Da das geltende Recht eine solche Bestimmung nicht hatte, mußte bis jetzt bei Entwerfung des Genossenschaftsplans und Aufstellung des Teilverzeichnisses die Grenze möglichst weit gezogen werden, damit niemand, der Vorteil hatte, ausgelassen wurde; dem zu Unrecht Herangezogenen blieb es dann überlassen, später nachzuweisen, daß er keinen Vorteil hatte, und daraufhin Beitragsfreiheit gemäß § 66 Abs. 2 WGG. zu verlangen. § 241 ermöglicht es in Zukunft, Grundstücke, bei denen der Eintritt eines Vorteils zweifelhaft ist, zunächst auszulassen und sie erst auf Grund einer späteren Nachprüfung heranzuziehen, Begr. S. 197/8; vgl. a. KB. HH. S. 787.

§ 243.

Über Streitigkeiten in den Fällen des § 240 Abs. 1 und des § 242 entscheidet der Bezirksausschuß im Verwaltungsstreitverfahren.

§ 243 [221] entspricht dem § 213 (§ 70 WGG.).

§ 244.

(1) Liegen die Voraussetzungen des § 233 Abs. 1 für mehrere Grundstücke, Bergwerke, gewerbliche Anlagen, Wassergenossenschaften oder andere Verbände (§ 210) vor, wollen aber nicht alle Eigentümer oder Verbände in die Genossenschaft eintreten, so können die Widersprechenden für verpflichtet erklärt werden, der Genossenschaft beizutreten, wenn der Beitritt unter Berücksichtigung der dadurch entstehenden Kosten und der Genossenschaftsbeiträge Vorteile für sie in Aussicht stellt und wenn die Aufnahme aller beteiligten Eigentümer und Verbände in die Genossenschaft von der Mehrheit dieser Eigentümer und Verbände, nach § 238 Abs. 2 berechnet, beantragt wird.

(2) Auf das Verfahren sind die Vorschriften der §§ 248 flg. über das Verfahren zur Bildung von Genossenschaften entsprechend anzuwenden.

(3) Die nach § 254 zu wählenden Bevollmächtigten haben die Gesamtheit der Beteiligten bei den Verhandlungen mit der Genossenschaft oder in einem etwaigen Verwaltungsstreitverfahren nach den §§ 233, 235 zu vertreten.

Auch bei dem nachträglichen Beitritt mehrerer Grundstücke zu einer Genossenschaft gemäß § 233 soll für den Fall, daß einzelne dieser Grundeigentümer den Beitritt nicht wollen, auch hier durch Majoritätsbeschluß in gleicher Weise wie bei Neubegründung einer Genossenschaft nach § 238 ein Zwang zum Beitritt ausgeübt werden können. Durch die dies bestimmende Vorschrift des § 244 [222] wird eine im WGG. unliebsam empfundene Lücke ausgefüllt, Begr. S. 198.

Dritter Titel.

Zwangsgenossenschaften.

§ 245.

(1) Genossenschaften können ohne Zustimmung der Beteiligten gebildet werden:

1. zur Unterhaltung natürlicher Wasserläufe zweiter Ordnung, wenn nicht die Voraussetzungen des § 116 vorliegen;
2. zur Unterhaltung natürlicher Wasserläufe zweiter Ordnung in den Fällen des § 118 Abs. 2;
3. zur Unterhaltung natürlicher Wasserläufe dritter Ordnung in den Fällen des § 118 Abs. 2;
4. zur Beseitigung von Hindernissen des Hochwasserabflusses, wenn sie zur Verhütung von Hochwassergefahr notwendig ist;
5. zur Reinhaltung von Gewässern, wenn schwerwiegenden Mißständen auf andere Weise nicht abgeholfen werden kann.

(2) Zu einer Genossenschaft der im Abs. 1 Nr. 1 bis 3 bezeichneten Art sind die Eigentümer der Grundstücke, Bergwerke und gewerblichen Anlagen, sowie die Wassergenossenschaften oder anderen Verbände (§ 210) heranzuziehen, denen die ordnungsmäßige Unterhaltung des Wasserlaufs zum Vorteil gereicht. Als Vorteil gilt auch die Möglichkeit, das Unternehmen durch zweckentsprechende und wirtschaftlich gerechtfertigte Anlagen oder Einrichtungen auszunutzen.

(3) Eine Genossenschaft der im Abs. 1 Nr. 4 bezeichneten Art ist aus den Eigentümern der Grundstücke, Bergwerke und gewerblichen Anlagen, den Wassergenossenschaften und den anderen Verbänden (§ 210) zu bilden, die von der Hochwassergefahr bedroht sind.

(4) Eine Genossenschaft der im Abs. 1 Nr. 5 bezeichneten Art ist aus den Eigentümern der Grundstücke, Bergwerke und gewerblichen Anlagen, den Wassergenossenschaften und den anderen Verbänden (§ 210) zu bilden, die zur Verunreinigung eines Gewässers beitragen oder denen aus den Anlagen der Genossenschaft Vorteile erwachsen. Reichen die vorhandenen Gewässer zur unschädlichen Abführung der Schmutzwässer nicht aus, so kann in dem Plane des von der Genossenschaft durchzuführenden Unternehmens auch die Anlegung von Kanälen zur Ableitung der Schmutzwässer vorgesehen werden.

1. Die in § 245 [223] vorgesehenen Zwangsgenossenschaften stellen eine neue Art von Genossenschaften dar; zu ihrer Begründung bedarf es nicht der Zustimmung aller oder der Mehrheit der Interessenten, sondern sie können auch ohne deren Zustimmung gebildet werden.

Ihre Bildung ist zu dreierlei Zwecken vorgesehen, nämlich im Interesse der Unterhaltung (Nr. 1—3), des Hochwasserabflusses (Nr. 4) und der Reinhaltung der Gewässer (Nr. 5).

2. Die Unterhaltung der Wasserläufe zweiter Ordnung liegt gemäß § 115 Abs. 1 Nr. 2 grundsätzlich zu bildenden Wassergenossenschaften ob. Es besteht nun die Möglichkeit, daß die Mehrheit der Interessenten sich der Bildung einer solchen Genossenschaft widersetzt. Für solche läßt § 245 Nr. 1 mit Rücksicht auf das Interesse, welches die Allgemeinheit an der ordnungsmäßigen Unterhaltung solcher Wasserläufe hat, die zwangsweise Bildung einer Genossenschaft zu diesem Zwecke zu. Ausgenommen sind nur die Fälle des § 116, nach welchem die Unterhaltung eines Wasserlaufs zweiter Ordnung dort, wo sie, ebenso zweckmäßig, wie durch eine Wassergenossenschaft, durch andere bewirkt werden kann, durch diese erfolgen kann.

Ferner ist bei Wasserläufen zweiter und dritter Ordnung die Bildung von Zwangsgenossenschaften in den Fällen des § 118 Abs. 2, d. h. bei Vorliegen eines Antrags der auf Grund des schlesischen Auenrechts unterhaltungspflichtigen Gutsherrschaften, zulässig.

In der Kommission des Herrenhauses und in diesem Hause selbst gestellte Anträge, auch bei Wasserläufen dritter Ordnung dort, wo es zur Sicherung ordnungsmäßiger Unterhaltung notwendig erscheint, die Bildung von Zwangsgenossenschaften zuzulassen, sind abgelehnt worden, KB. HH. S. 787, Sten. B. HH. S. 1044 ff. Besteht ein solches Bedürfnis, so kann dies Ziel durch eine Versetzung des Wasserlaufs in die zweite Ordnung erreicht werden, auf den dann § 245 Nr. 1 anwendbar ist.

Den Kreis der Heranzuziehenden bestimmt Abs. 2.

3. Den zweiten Zweck, zu welchem die Bildung von Zwangsgenossenschaften zugelassen ist, bildet die Beseitigung von Hindernissen des Hochwasserabflusses, wenn sie zur Verhütung von Hochwassergefahr notwendig ist.

Nach bisherigem Rechte war einerseits die Freilegung des Hochwasserabflußgebietes im Rückstande geblieben, da es an einem

Verpflichteten fehlte, welcher die zu diesem Zwecke notwendigen Aufwendungen von Gesetzes wegen zu übernehmen hatte, andrerseits verlangte das Hochwasserschutzgesetz von 1905 nur die Freihaltung des Überschwemmungsgebietes, gab aber kein Mittel, ältere Fehler zu beseitigen und der schon vorhandenen Verbauung der Hochwasserabflußprofile entgegenzuwirken. Dieser als Mangel empfundenen Lücke sollen die Vorschriften der §§ 292, 293 abhelfen. Der mit diesen Bestimmungen verfolgte Zweck kann aber nur dann erreicht werden, wenn zu seiner Durchführung geeignete Träger vorhanden sind. Als solche kommen vor allem die Genossenschaften in Frage, deren Bildung daher nötigenfalls auch im Zwangswege erfolgen können muß.

Den Kreis der Heranzuziehenden bestimmt Abs. 3. Von den dort bezeichneten Interessenten werden vor allem die bereits bestehenden Korporationen und Verbände, wie Unterhaltungsgenossenschaften, Deichverbände, Gemeinden usw. in Frage kommen, Begr. S. 199, KB. AH. S. 339 ff.

4. Die Interessen derer, welche einen Wasserlauf verunreinigen, und derer, welche Vorteile von dem reinen Wasser haben, werden häufig derart entgegengesetzte sein, daß es nicht gelingen wird, auch nur die Bildung einer Genossenschaft durch Mehrheitsbeschluß zu erreichen. Es erscheint daher mit Rücksicht auf das große Interesse, welches die Allgemeinheit an der Reinhaltung der Gewässer hat, angezeigt, auch hier die Bildung von Zwangsgenossenschaften zuzulassen. Geringfügige Anlässe genügen aber zur Ausübung eines dahingehenden Zwanges nicht, es müssen vielmehr schwerwiegende Mißstände sanitärer oder wirtschaftlicher Natur vorliegen, welchen auf andere Weise nicht abgeholfen werden kann.

Den Kreis der Heranzuziehenden bestimmt Abs. 4 Satz 1.

Das Abgeordnetenhaus hat ferner noch dem Abs. 4 einen zweiten Satz hinzugefügt, nach welchem dann, wenn die vorhandenen Gewässer zur unschädlichen Abführung der Schmutzwässer nicht ausreichen, in dem Plane des von der Genossenschaft durchzuführenden Unternehmens auch die Anlegung von Kanälen zur Ableitung der Schmutzwässer vorgesehen werden kann. Dieser Zusatz verdankt der Erwägung seine Entstehung, daß in stark industriell entwickelten Gegenden, namentlich im Gebiete der Kaliindustrie Fälle denkbar seien, in denen die vorhandenen natürlichen Wasserläufe nicht ausreichten, um die bergbaulichen und industriellen Abwässer unschädlich zu beseitigen, auch wenn man nach den Erfahrungen der Technik das Möglichste zu ihrer Reinigung getan hätte, und daß in solchen Fällen die Möglichkeit geboten sein müsse, die zur Reinhaltung der Gewässer zu bildenden Genossenschaften im Zwangswege dazu anzuhalten, ihre Abwässer nicht — wie bisher — den natürlichen Vorflutern auf dem nächsten Wege zuzuführen, sondern in künstlichen Kanälen an Stellen größerer Wasserläufe zu leiten, wo sie nach den in diesen vorhandenen Wassermengen unschädlich aufgenommen werden könnten.

Solche Kanäle können bereits in dem der Genossenschaft bei ihrer Gründung zugrunde zu legenden Plane (§ 214 Nr. 2) vorgesehen werden.

Dadurch ist zum Ausdrucke gebracht, daß gegenüber solchen Auflagen im Plane die Rechtsmittel zulässig sind, welche auch sonst bezüglich der Nachprüfung über das Vorliegen der Voraussetzungen des Zwanges gegeben sind, d. h. die des § 270, KB. AH. S. 341, Sten. B. AH. S. 8223/4.

§ 246.

Die §§ 239 bis 244 sind entsprechend anzuwenden.

Die Rechtsstellung der Zwangsgenossenschaft ist, wie § 246 [224] ergibt, nachdem sie einmal zustande gekommen ist, die gleiche wie die einer Genossenschaft, welche mit Zustimmung der Mehrheit unter Anwendung des Beitrittszwanges gegen die Minderheit gebildet werden kann. Die Bildung wird so zu erfolgen haben, daß zunächst der Versuch gemacht wird, die Zustimmung aller Beteiligten oder wenigstens der Mehrheit zu finden, und daß erst, wenn dieses mißlingt, mit der Zwangsbildung vorgegangen wird, wobei die Beteiligten mit ihren Einwendungen zu hören sind (vgl. § 258), Begr. S. 199.

§ 247.

(1) Unterläßt der Vorstand einer Zwangsgenossenschaft (§ 245) trotz Aufforderung der Aufsichtsbehörde, für die ordnungsmäßige Ausführung, Unterhaltung oder Wiederherstellung der genossenschaftlichen Anlagen Sorge zu tragen, so kann die Aufsichtsbehörde nach Anhörung der Genossenschaftsversammlung die Geschäfte des Vorstandes dem Vorstand einer Gemeinde, deren Gemarkung ganz oder zum Teil zum Gebiete der Genossenschaft gehört, übertragen. Die Aufsichtsbehörde kann für den Gemeindevorstand eine angemessene Entschädigung festsetzen. Gegen die Verfügung, durch welche dem Gemeindevorstande die Führung der Geschäfte des Genossenschaftsvorstandes übertragen wird, findet nur die Beschwerde an die Aufsichtsbehörde zweiter Instanz (§ 217 Abs. 3) statt.

(2) Vor der ordentlichen Neuwahl zum Genossenschaftsvorstand ist die Genossenschaftsversammlung jedesmal darüber zu hören, ob die Führung der Geschäfte des Genossenschaftsvorstandes noch weiterhin dem Gemeindevorstande zu belassen ist.

Die Kommission des Herrenhauses hat den § 196a gemäß den Beschlüssen des Abgeordnetenhauses aus systematischen Gründen als § 247 [224 a] unter die Vorschriften über die Zwangsgenossenschaften aufgenommen, KB. HH. S. 786, 787.

Der von der Kommission des Abgeordnetenhauses eingefügte § 196a verdankt ähnlichen Erwägungen seine Entstehung, wie § 218 [196] (s. dort Anm.). Er soll verhindern, daß der Vorstand einer gegen den Willen der Mehrheit gebildeten Zwangsgenossenschaft durch passiven Widerstand die Erreichung der Genossenschaftszwecke vereitelt, KB AH. S. 224/5.

Vierter Titel.

Verfahren zur Bildung von Genossenschaften.

Die Bestimmungen des vierten Titels schließen sich den Verfahrensvorschriften der §§ 71—85 WGG. im wesentlichen an, jedoch sind die praktischen Erfahrungen, die bei ihrer Anwendung gemacht worden sind, berücksichtigt; insbesondere sind alle in Betracht kommenden Bestimmungen nach Möglichkeit in das Gesetz selbst aufgenommen und der im WGG. enthaltene Hinweis auf andere, meist wenig bekannte Gesetze vermieden worden. Der Gang des von dem Kommissar als Beauftragtem des Regierungspräsidenten zu leitenden Verfahrens (§ 2 Abs. 251, 252 ff.), ist mehr als im WGG. dem in der Praxis üblichen Vorgehen nachgebildet, Begr. S. 199/200.

§ 248.

Das Verfahren zur Bildung einer Genossenschaft wird durch den Regierungspräsidenten geleitet. Liegt das Genossenschaftsgebiet in mehreren Regierungsbezirken, so wird der zuständige Regierungspräsident durch den Oberpräsidenten, wenn mehrere Provinzen beteiligt sind, durch den zuständigen Minister endgültig bestimmt.

§ 248 [225] entspricht dem § 73 WGG. i. V. m. § 94 Abs. 5 Zust. Ges. mit der Maßgabe, daß die zuständige Stelle allein der Regierungspräsident ist.

Satz 2 enthält eine Ergänzung des WGG. für den Fall, daß das Genossenschaftsgebiet in mehreren Provinzen liegt.

Wegen der Übertragung der Leitung des Verfahrens an eine Generalkommission (§ 77 Abs. 1 Satz 2 WGG.) vgl. § 274, Begr. S. 200.

§ 249.

(1) Das Verfahren zur Bildung der Genossenschaft kann von Amts wegen oder auf Antrag eingeleitet werden. Dem Verfahren ist ein Plan zugrunde zu legen, der enthalten muß:

1. **die erforderlichen Zeichnungen und Erläuterungen;**
2. **einen Kostenanschlag des Unternehmens;**
3. **die Bezeichnung der an der Genossenschaft zu beteiligenden Grundstücke, Bergwerke und gewerblichen Anlagen sowie der dazu heranzuziehenden Wassergenossenschaften oder anderen Verbände (§ 210).**

(2) Dem Plane sind zur Vorbereitung der Abstimmung beizufügen: wenn Grundstücke beteiligt sind, die zur Ermittlung der Fläche und des Grundsteuerreinertrags nötigen Katasterauszüge, oder wenn die Grundstücke sämtlich einem Auseinandersetzungsverfahren unterliegen und in diesem besonders abgeschätzt sind, Auszüge aus den hierbei aufgestellten Verzeichnissen über den Wert oder Ertrag der Grundstücke. Sollen Bergwerke, gewerbliche An-

lagen, Wassergenossenschaften oder andere Verbände an der Genossenschaft beteiligt werden, so bedarf es eines Voranschlages des von dem Unternehmen zu erwartenden Vorteils und der Angabe des Maßstabs, nach dem dieser Vorteil auf die Grundstücke, Bergwerke, gewerblichen Anlagen und Verbände verteilt werden soll.

(3) Wird das Verfahren auf Antrag eingeleitet, so hat der Antragsteller auf Verlangen des Regierungspräsidenten den Plan und die im Abs. 2 bezeichneten Unterlagen einzureichen.

§ 249 [226] entspricht den §§ 72, 74 und 75 WGG. mit der Maßgabe, daß der Fall, welcher sich nach den genannten Erfahrungen als die Regel herausgestellt hat, nämlich die Einleitung des Verfahrens von Amts wegen, wenn auch auf Anregung aus Interessentenkreisen, an die Spitze gestellt ist, Begr. S. 200.

§ 250.

(1) Auf Antrag kann der Bezirksausschuß beschließen, daß die Besitzer von Grundstücken Vorarbeiten, die zur Vorbereitung der Genossenschaftsbildung erforderlich sind, dulden müssen. Der ihnen hierdurch etwa erwachsende Schaden ist zu vergüten. Zur Sicherstellung der Entschädigung kann der Bezirksausschuß vor Beginn der Arbeiten vom Antragsteller eine Sicherheit bestellen lassen und deren Höhe bestimmen.

(2) Die Gestattung der Vorarbeiten wird von dem Bezirksausschuß in dem für seine öffentlichen Bekanntmachungen bestimmten Blatte bekannt gemacht. Von jeder Vorarbeit hat der Antragsteller unter Angabe von Zeit und Ort mindestens zwei Tage vorher den Gemeinde (Guts-) Vorstand in Kenntnis zu setzen. Dieser hat die beteiligten Grundbesitzer davon besonders oder in ortsüblicher Weise allgemein zu benachrichtigen und ist ermächtigt, dem Antragsteller auf dessen Kosten einen beeideten Sachverständigen zur Seite zu stellen, um Beschädigungen sogleich festzustellen und abzuschätzen. Der abgeschätzte Schaden ist, vorbehaltlich anderweiter Feststellung im Rechtswege, den Berechtigten sofort auszuzahlen, widrigenfalls der Gemeinde- (Guts-) Vorstand auf Antrag des Beteiligten die Fortsetzung der Vorarbeiten zu hindern verpflichtet ist.

(3) Zum Betreten von Gebäuden und eingefriedigten Hof- oder Gartenräumen bedarf der Antragsteller, soweit dazu der Grundbesitzer seine Einwilligung nicht ausdrücklich erteilt, in jedem einzelnen Falle einer besonderen Erlaubnis der Ortspolizeibehörde. Diese hat die Besitzer zu benachrichtigen und zur Offenstellung der Räume zu veranlassen.

(4) Eine Zerstörung von Baulichkeiten jeder Art und ein Fällen von Bäumen ist nur zulässig, nachdem der Bezirksausschuß dies durch Beschluß genehmigt hat.

(5) Der Beschluß ist endgültig.

§ 250 [227] entspricht dem § 71 WGG., der die Frage, welche Vorarbeiten sich ein Grundbesitzer zur Vorbereitung einer Genossenschaft gefallen lassen muß, in Anschluß an § 5 EG. regelte (v. Bülow-Fastenau Anm. 1 zu § 71); jedoch ist auch hier von der Kommission des Abgeordnetenhauses in Abweichung von dem Entwurfe überall an Stelle des Kreisausschusses der Bezirksausschuß für zuständig erklärt worden, KB. AH. S. 344.

Gemäß den Beschlüssen des Abgeordnetenhauses sollte gegen die Beschlüsse des Bezirksausschusses in den Fällen der Abs. 1 und 4 die Beschwerde an das Landeswasseramt zulässig sein. Die Kommission des Herrenhauses hat jedoch diese Bestimmung dahin abgeändert, daß gegen die Beschlüsse des Bezirksausschusses kein Rechtsmittel gegeben ist, KB. HH. S. 788.

§ 251.

(1) Ist der Antrag auf Einleitung des Verfahrens offenbar unzulässig, undurchführbar oder unzweckmäßig, so kann er ohne weiteres durch einen mit Gründen versehenen Bescheid zurückgewiesen werden.

(2) Anderenfalls ernennt der Regierungspräsident einen Kommissar zur Verhandlung mit den Beteiligten. Dasselbe gilt, wenn das Verfahren von Amts wegen eingeleitet werden soll.

§ 251 [228] entspricht den §§ 76, 77 Abs. 1 Satz 1 WGG., Begr. S. 200; vgl. a. KB. HH. S. 788.

Vorbemerkung zu den §§ 252 bis 262.

Die §§ 252—262 [229—239] entsprechen den §§ 78—81 WGG. und geben den Gang des Verfahrens wieder, wie dieser sich nach den gemachten Erfahrungen wirklich abzuspielen pflegt. Durch diese Vorschriften soll es dem Kommissar leichter gemacht werden, Formfehler zu vermeiden, auch erhalten die Interessenten die Sicherheit, daß sie mit ihren Anträgen und Einwendungen gehört werden, Begr. S. 200.

§ 252.

Der Kommissar hat die Satzung zu entwerfen, die im § 249 bezeichneten Unterlagen, soweit sie noch nicht vorhanden sind, zu beschaffen und, wenn nicht nur Grundstücke beteiligt sind, den für die einzelnen Beteiligten aus dem Unternehmen zu erwartenden Vorteil vorläufig festzustellen. Bei Genossenschaften zur Reinhaltung von Gewässern gilt als Vorteil auch die Beseitigung der von den Beteiligten hervorgerufenen Verunreinigung; der Vorteil wird nach dem Umfang der Verunreinigung berechnet.

Ein im Abgeordnetenhaus gestellter Antrag, bei Berechnung des Vorteils für die Reinhaltungsgenossenschaften nicht nur das Maß der Verunreinigung, sondern auch ihre Wichtigkeit für das gemeine Wohl in Ansatz zu bringen, ist abgelehnt worden, Sten. B. AH. S. 8225/6.

§ 253.

Der Kommissar hat sodann einen Beschluß der Beteiligten über den Plan und die Bildung der Genossenschaft herbeizuführen.

§ 254.

(1) Wird die Bildung der Genossenschaft beschlossen, so hat der Kommissar die Beschlußfassung über die Satzung und alle anderen Punkte, bei denen er es für erforderlich erachtet, ferner in den Fällen des § 238 nötigenfalls eine Beschlußfassung über die Anwendung des Beitrittszwanges zu veranlassen. Zu dem Zwecke können die Beteiligten Bevollmächtigte wählen.

(2) In den Fällen des § 238 können die Widersprechenden verlangen, daß die Zustimmenden und die Widersprechenden getrennt Bevollmächtigte wählen, deren Zahl dem Verhältnisse der für oder gegen die Genossenschaftsbildung abgegebenen Stimmen annähernd zu entsprechen hat; die Zahl der Bevollmächtigten bestimmt der Kommissar.

(3) Die Bevollmächtigten sind befugt, Änderungen des Planes vorzunehmen, wenn nicht ausdrücklich ein anderes beschlossen wird.

1. Die in den § 254, 256 [231, 233] gegebenen eingehenden Vorschriften über die Wahl und die Befugnisse der von den Genossen zu wählenden Bevollmächtigten haben sich als notwendig erwiesen, weil darüber unter der Herrschaft des WGG. (§ 81) Unklarheiten und Zweifel entstanden waren.

Da die Bevollmächtigten oft über manche Angelegenheiten Beschlüsse fassen müssen, nicht nur dürfen, war es erforderlich, zu bestimmen, daß, wenn Bevollmächtigte der Zustimmenden und der Widersprechenden gewählt sind, sie gemeinsam und nicht getrennt abstimmen (§ 256 Abs. 1). Dies war nach geltendem Rechte fraglich.

Daß die Stellungnahme der von den Widersprechenden gewählten Bevollmächtigten im Protokolle vermerkt werden muß, geht aus § 262 hervor, Begr. S. 200.

2. Ob sie überhaupt Bevollmächtigte wählen wollen, und welchen Umfang die ihnen zu erteilenden Vollmachten haben sollen, steht im Ermessen der sie wählenden Beteiligten, KB. AH. S. 346. Wegen der Abstimmungsverhältnisse bei einer solchen Wahl vgl. § 257.

3. Nach dem Entwurfe (Abs. 3) sollten die Bevollmächtigten auch die Befugnis haben, die von den Beteiligten beschlossene Satzung abzuändern. Diese Berechtigung hat die Kommission des Abgeordnetenhauses in der Erwägung beseitigt, daß eine derartige Befugnis zu weit gehe, da die Satzung die Grundlage der ganzen Genossenschaft bilde und daher ihre Abänderung unbedingt der Mitgliederversammlung selbst vorbehalten bleiben müsse.

Im übrigen ist es zulässig und auch zweckmäßig, daß die Mitgliederversammlung bei der Gründung der Genossenschaft den Vorstand ermächtigt, kleine Satzungsänderungen, welche im Genehmigungsverfahren von der genehmigenden Behörde für erforderlich erachtet werden sollten, auch ohne Einberufung einer neuen Versammlung vorzunehmen, KB. AH. S. 345 ff.

Hiernach ist die Vollmacht der Bevollmächtigten auf Änderungen des Planes beschränkt; sie haben daher auch nicht etwa über die Zugehörigkeit des Einzelnen zur Genossenschaft zu bestimmen.

§ 255.

Die nach den §§ 253, 254 herbeizuführenden Beschlüsse können in einem Termin oder in mehreren Terminen gefaßt werden.

§ 255 [232] bezweckt eine nach bisherigem Rechte offene Frage gesetzlich zu regeln, Begr. S. 200.

§ 256.

(1) Beschlüsse der Bevollmächtigten werden mit Stimmenmehrheit gefaßt; jeder Bevollmächtigte hat eine Stimme.

(2) Die Bevollmächtigten sind befugt, mit Genehmigung des Kommissars für den Fall der Genehmigung oder des Erlasses der Satzung Verträge im Namen der zu bildenden Genossenschaft zu schließen.

Vgl. Anm. 1 zu § 254.

§ 257.

Abgesehen von der Beschlußfassung über die Bildung der Genossenschaft genügt bis zur Genehmigung der Satzung zu allen Beschlüssen der Gesamtheit der Beteiligten die einfache Mehrheit der im Abstimmungstermin Erschienenen. Ausgenommen hiervon ist der Beschluß, durch welchen für die Teilnahme an den Genossenschaftslasten oder für das Stimmverhältnis der Genossen ein anderer als der in § 225 festgestellte Maßstab bestimmt wird. Die Mehrheit wird nach dem Grundsteuerreinertrag oder dem im Auseinandersetzungsverfahren geschätzten Werte oder Ertrage (§ 249 Abs. 2) der beteiligten Grundstücke, wenn aber bei der Genossenschaft Bergwerke, gewerbliche Anlagen, Wassergenossenschaften oder andere Verbände (§ 210) beteiligt sind, nach dem vorläufig festgestellten Vorteil (§ 252) berechnet.

§ 257 [234] regelt das Abstimmungsverfahren bei den Beschlüssen der Genossenschaft. Er unterscheidet zwischen Beschlüssen über die Bildung der Genossenschaft und Beschlüssen während ihres Bestehens.

a) Bei der Bildung der Genossenschaft ist, wie auch im geltenden Rechte Einstimmigkeit erforderlich, mit Ausnahme der Genossenschaften mit Beitrittszwang, bei deren Bildung nach § 238 Abs. 2 (vgl. dort Anm. 10), besondere Abstimmungsvorschriften gelten, je nachdem es sich um Grundstücke einerseits und Bergwerke usw. andrerseits oder um beide Arten von Beteiligten gemeinsam handelt (vgl. a. § 65 Abs. 1 Nr. 3, § 80 Abs. 2, 3 WGG.).

b) Bei allen übrigen Abstimmungen, also insbesondere auch bei denen über die Satzungen, sowie über die Wahl der Bevollmächtigten (§ 254) entscheidet, soweit nur Grundstücke beteiligt sind, grundsätzlich die Mehrheit der Anwesenden, berechnet nach dem Grundsteuerreinertrage — die Fläche kommt hier im Gegensatz zu § 238 Abs. 2 nicht in Betracht —; sind dagegen auch Bergwerke usw. beteiligt, so erfolgt die Abstimmung nach dem auf Grund des § 252 vorläufig ermittelten Vorteilsmaßstabe. Diese Vorschrift gilt jedoch nur bis zur Genehmigung der Satzung; ist diese genehmigt, so sind ihre diesbezüglichen Bestimmungen (§ 214 Nr. 6) maßgebend.

Eine Ausnahme von dieser Abstimmungsvorschrift besteht für den Fall, daß ein von § 225 Abs. 1 und 2 abweichender Maßstab für die Lastenverteilung und das Stimmrecht beschlossen werden soll. Zu solchen Beschlüssen ist gemäß § 225 Abs. 3 Einstimmigkeit der Erschienenen erforderlich.

Daß auch bei der Beschlußfassung über die Satzungen die Stimmenmehrheit nach dem Maßstabe des § 257 Abs. 2 genügt und zwar auch dann, wenn zu dem Beschlusse über die Bildung der Genossenschaft Einstimmigkeit erforderlich war, stellt eine Abweichung von dem geltenden Rechte dar, welches eine Feststellung der Satzung durch Mehrheitsbeschluß in diesem Falle nicht kennt; sie erschien zweckmäßig, um zu verhindern, daß das Zustandekommen einer Genossenschaft, deren Bildung einstimmig beschlossen ist, an Meinungsverschiedenheiten über die eine oder die andere Satzungsbestimmung scheitert, Begr. S. 200/1, KB. AH. S. 345, KB. HH. S. 787.

§ 258.

Wird die Bildung einer Genossenschaft der im § 245 Abs. 1 bezeichneten Arten abgelehnt, so hat der Kommissar die Beteiligten über die Voraussetzungen für die Bildung einer Zwangsgenossenschaft und über die Satzung zu hören.

§ 259.

Die den Miteigentümern eines Grundstücks, eines Bergwerks oder einer gewerblichen Anlage zustehenden Stimmen gelten als in dem Sinne abgegeben, in dem die Mehrheit der im Abstimmungstermin erschienenen Miteigentümer, berechnet nach der Größe ihrer Anteile, gestimmt hat.

§ 259 [236] bringt eine Ergänzung des geltenden Rechts, Begr. S. 201.

§ 260.

(1) Die Einwendungen der Beteiligten sowie die Voraussetzungen für die Anwendung des Beitrittszwanges und etwaige Anträge auf Erstattung von Kosten (§ 272 Abs. 3) sind, erforderlichenfalls nach Anhörung oder unter Zuziehung von Sachverständigen, mit den Beteiligten oder den dazu ermächtigten Bevollmächtigten zu erörtern.

(2) Werden gegen die vom Kommissar getroffene vorläufige Feststellung des Vorteils Einwendungen erhoben, so hat der Kommissar, soweit sie von der Mehrheit der Beteiligten als berechtigt anerkannt werden, die Feststellung entsprechend zu ändern. Anderenfalls entscheidet der Regierungspräsident. Die so getroffene Feststellung gilt nur bis zur Genehmigung der Satzung für die erforderlichen Abstimmungen.

§ 261.

Die Aufrechterhaltung der Ordnung in den Verhandlungsterminen liegt dem Kommissar ob. Er kann gegen Beteiligte, Sachverständige oder andere Personen, die sich während der Verhandlungen einer Ungebühr schuldig machen, vorbehaltlich strafgerichtlicher Verfolgung, eine Ordnungsstrafe bis zu zwanzig Mark festsetzen.

1. § 261 [238] gibt dem Kommissar das Recht zur Aufrechterhaltung der Ordnung in den Verhandlungsterminen und zur Verhängung von Ordnungsstrafen; im WGG. sind diese Vorschriften nicht enthalten, sie sind aber notwendig und den für die Verhandlungen vor den Auseinandersetzungsbehörden geltenden Bestimmungen nachgebildet, Begr. S. 201.

2. Als Höchstmaß der Ordnungsstrafe hat die Kommission des Abgeordnetenhauses in Abweichung von dem Entwurfe, der ein solches von 100 Mark vorsah, den Betrag von 20 Mark für ausreichend erachtet, vor allem auch mit Rücksicht darauf, daß eine solche Strafe gegen dieselbe Person in derselben Sitzung mehrfach verhängt werden kann, KB. AH. S. 348.

§ 262.

Über die Verhandlungen mit den Beteiligten und ihren Bevollmächtigten ist ein Protokoll aufzunehmen. In dieses muß auch die Festsetzung der Ordnungsstrafe (§ 261) und die Veranlassung dazu aufgenommen werden. Das Protokoll ist von dem Kommissar und dem etwa zugezogenen Protokollführer und, wenn Sachverständige vernommen sind, auch von diesen zu unterschreiben. Sind Bevollmächtigte gewählt, so sollen auch diese das Protokoll unterschreiben.

§ 262 [239] gibt eine oft vermißte klare Bestimmung über die Art der Protokollvollziehung, Begr. S. 201, KB. AH. S. 348; vgl. a. Anm. 1 zu § 254.

Vorbemerkung zu den §§ 263—268.

Die §§ 263—268 [240—245] ordnen das Ladungsverfahren. § 77 WGG. nimmt wegen der Ladung auf die im Auseinandersetzungsverfahren geltenden Vorschriften Bezug (vgl. v. Bülow-Fastenau Anm. 2 zu § 77). Da diese nicht allgemein bekannt sind, erschien es zweckmäßig, sie im Gesetze selbst einzeln aufzuführen, Begr. S. 201.

§ 263.

(1) Zu den Verhandlungsterminen sind die dabei Beteiligten spätestens eine Woche vor dem Termin zu laden. In dringenden Fällen kann die Ladungsfrist auf drei Tage abgekürzt werden. In der Ladung sind die Verhandlungsgegenstände anzugeben.

(2) Vor der Beschlußfassung über die Satzung ist der Entwurf acht Tage vorher offen zu legen und in der Ladung Ort und Zeit der Offenlegung mitzuteilen.

(3) Die Ladung ergeht, abgesehen von der Ladung zur Abstimmung über die Bildung einer Genossenschaft, bei der die Ausübung des Beitrittszwanges nicht zulässig ist, unter der Verwarnung, daß die Nichterscheinenden oder Nichtabstimmenden als demjenigen zustimmend gelten, wofür die Mehrheit der Stimmen abgegeben wird.

1. In Abs. 1 des § 263 [240] ist die gesetzliche Mindestfrist zwischen Ladung und Termin, die nach den geltenden Bestimmungen drei Tage beträgt (§ 35, § 60 Abs. 2 des Ges. betr. das Verfahren in Auseinandersetzungsangelegenheiten vom 18. Febr. 1880 [GS. S. 59] in der Fassung der Bekanntmachung vom 10. Okt. 1899 [GS. S. 403]) aus Zweckmäßigkeitsgründen auf eine Woche erhöht; in dringenden Fällen soll jedoch diese Frist abgekürzt werden dürfen (vgl. § 226 ZPO.), damit Nachladungen, die sich aus irgendeinem Grunde als notwendig herausstellen, noch rechtzeitig ergehen können, Begr. S. 201.

2. Abs. 2 ist von der Kommission des Abgeordnetenhauses eingefügt worden, weil es wünschenswert erschien, daß denjenigen, welche sich für einen der Genossenschaftsversammlung vorzulegenden Satzungsentwurf interessieren, die Möglichkeit gegeben werde, sich vorher über diesen Inhalt zu unterrichten, KB. AH. S. 350.

3. Nach Abs. 3 hat die Ladung, entsprechend den Bestimmungen der §§ 257, 225 stets unter der Verwarnung zu ergehen, daß die Nichterscheinenden oder Nichtabstimmenden als demjenigen zustimmend gelten, wofür die Mehrheit der Stimmen abgegeben wird. Ausgenommen ist allein der Fall der Bildung einer Genossenschaft, die nur mit Zustimmung aller Beteiligten, also ohne Anwendung des Beitrittszwanges geschehen kann, Begr. S. 201. Die gegen diese Vorschrift in der Kommission des Abgeordnetenhauses erhobenen Bedenken vermochten nicht durchzudringen, KB. AH. S. 349/50.

§ 264.

(1) Auf das Verfahren bei der Zustellung der Ladungen sind, soweit sich nicht aus den §§ 265 bis 268 ein anderes ergibt, die Vorschriften der Zivilprozeßordnung über Zustellungen von Amts wegen (§§ 208 bis 213, 166 flg.) mit der Maßgabe entsprechend anzuwenden, daß an die Stelle des Gerichtsschreibers der Kommissar oder ein von ihm bestellter Beamter tritt.

(2) Zur Bewirkung der Zustellungen kann sich der Kommissar an Stelle der Gerichtsdiener auch anderer Beamter oder vereideter Boten bedienen.

§ 264 [241] entspricht den §§ 21, 22 des Ges. v. $\frac{\text{18. Febr. 1880}}{\text{10. Okt. 1899}}$

§ 265.

(1) Ist die Ladung an mehrere Personen in einem Gemeinde-(Guts-) Bezirk zuzustellen, so kann dies durch Umlauf geschehen. In diesem Falle ist sie allen Personen, denen sie zuzustellen ist, zur Kenntnisnahme vorzulegen oder vorzulesen und eine beglaubigte Abschrift bei einer in dem Schriftstück zu bezeichnenden Person niederzulegen. Die Niederlegung kann bei dem Gemeindevorsteher oder bei einer Person erfolgen, an die der Umlauf gerichtet ist.

(2) Die Bestimmungen des § 264 Abs. 2 dieses Gesetzes und der §§ 180 bis 184, 188 bis 191 der Zivilprozeßordnung über Ort, Art und Zeit der Zustellung sowie über die Aufnahme der Zustellungsurkunde sind auf die Zustellung durch Umlauf entsprechend anzuwenden.

(3) Erfolgt die Zustellung nicht an die Person selbst, der zugestellt werden soll, so ist der Person, der zugestellt ist, eine schriftliche Anzeige über die nach Abs. 1 zu bewirkende Niederlegung des zuzustellenden Schriftstücks zu übergeben. Der Vorgang ist in der Zustellungsurkunde zu erwähnen. Im Falle verweigerter Kenntnisnahme oder Annahme der Anzeige genügt die Erwähnung der Verweigerung.

(4) Erfolgt die Zustellung durch Umlauf, so soll außerdem jedem Beteiligten ein Abdruck der Ladung durch die Post zugesandt werden.

§ 265 [242] entspricht den §§ 23, 24 Abs. 1, 2, 4 des Ges. vom $\frac{\text{18. Febr. 1880}}{\text{10. Okt. 1899}}$.

Die Kommission des Abgeordnetenhauses hatte diese Bestimmung in erster Lesung gestrichen, weil durch das hier geregelte Umlaufverfahren die Kenntnisnahme der Ladung durch sämtliche Beteiligte nicht genügend sichergestellt werde. In zweiter Lesung ist jedoch die Regierungsvorlage wiederhergestellt worden, da durch die ohne eine solche Vorschrift erforderliche Ladung jedes einzelnen Beteiligten durch Zustellung unverhältnismäßig hohe Kosten entstehen würden. Gleichzeitig ist, um das Bedenken, welches in erster Lesung zur Streichung des § 242 geführt hatte, zu beseitigen, der Abs. 4 eingefügt worden. Das Unterlassen der hiernach erforderlichen brieflichen Mitteilung der Ladung an jeden Beteiligten hat aber, da es sich um eine rein instruktionelle Vorschrift handelt, nicht etwa die Ungültigkeit der bezüglichen Verhandlungen und Beschlüsse zur Folge, KB. AH. S. 350 ff.

§ 266.

(1) Die Vorschriften des § 174 und des § 175 Abs. 1 Satz 1 der Zivilprozeßordnung über die Bestellung eines Zustellungsbevollmächtigten sind nicht anzuwenden. An ihre Stelle tritt folgende Bestimmung:

(2) Wenn ein Beteiligter weder im Deutschen Reiche wohnt noch einen im Deutschen Reiche wohnhaften Bevollmächtigten bestellt hat, kann der Kommissar die Bestellung eines Zustellungsbevollmächtigten binnen einer von ihm zu bestimmenden Frist anordnen.

§ 266 [243] entspricht den §§ 25 Abs. 1, 2, § 26 des Ges. vom $\frac{\text{18. Febr. 1880}}{\text{10. Okt. 1899}}$.

§ 267.

Die öffentliche Zustellung (§ 204 der Zivilprozeßordnung) erfolgt nur durch je einmalige Einrückung der Ladung in den Deutschen Reichsanzeiger und in die Amtsblätter der Regierungen, deren Bezirke bei dem Verfahren beteiligt sind. Eine Anheftung findet nicht statt.

§ 267 [244] entspricht dem § 28 des Ges. v. $\frac{\text{18. Febr. 1880}}{\text{10. Okt. 1899}}$.

§ 268.

Zu Terminen, die im Verlauf einer Verhandlung vom Kommissar anberaumt werden, ist eine Ladung derjenigen Personen, denen die Anberaumung des Termins zum Protokoll eröffnet ist, nicht erforderlich.

§ 268 [245] entspricht dem § 29 des Ges. v. $\frac{\text{18. Febr. 1880}}{\text{10. Okt. 1899}}$.

§ 269.

Der Kommissar hat die Ordnungsmäßigkeit der Ladungen zu bescheinigen.

Die neue Vorschrift des § 269 [246] bedeutet für die mit der Genehmigung der Satzung betraute Behörde eine große Geschäftsentlastung, da der Kommissar durch die Bescheinigung der Ordnungsmäßigkeit der Ladung die Verantwortung dafür übernimmt, Begr. S. 201/2.

§ 270.

(1) Im Falle zwangsweiser Heranziehung der Minderheit (§ 207 Abs. 2 Nr. 2, § 238) und bei Bildung einer Zwangsgenossenschaft (§ 207 Abs. 2 Nr. 3, § 245) hat nach Abschluß der Verhandlungen der Bezirksausschuß über das Vorhandensein der Voraussetzungen für die Anwendung des Beitrittszwanges, soweit hierüber Streit besteht, zu beschließen.

(2) Gegen die Beschlüsse des Bezirksausschusses steht den Beteiligten und dem Regierungspräsidenten binnen zwei Wochen die Beschwerde an das Landeswasseramt zu.

(3) Die Satzung bedarf der Genehmigung des Regierungspräsidenten. Für die Zwangsgenossenschaften wird sie von ihm erlassen.

(4) Die Satzung ist auf Kosten der Genossenschaft in den Amtsblättern der beteiligten Regierungsbezirke bekannt zu machen. Die Bekanntmachung kann auf das Datum der Satzung und die im § 214 Nr. 1, 2, 9, 10, 12, 13 bezeichneten Festsetzungen beschränkt werden.

1. § 65 WGG. bestimmt, daß die Satzung der Genehmigung durch den zuständigen Minister bedarf, daß aber bei Anwendung des Beitrittszwanges landesherrliche Verodnung notwendig sei. Nach dem Entwurfe (§ 247) sollte die landesherrliche Genehmigung nur für die Bildung von Zwangsgenossenschaften (§ 245 [223]) beibehalten werden, während bei Anwendung des Beitrittszwanges mit Zustimmung der Mehrheit der Beteiligten (§ 238 [216]) die Genehmigung des Ministers, bei Zustimmung aller Beteiligten die des Regierungspräsidenten genügen sollte, Begr. S. 202.

Die Kommission des Abgeordnetenhauses hat die Bestimmung des § 270 [247] wesentlich umgestaltet.

Schon bei der Beratung des § 216 des Entw. waren Anträge gestellt worden, welche darauf hinausliefen, die Entscheidung über das Vorliegen der Voraussetzungen des Beitrittszwanges (§ 238 [216] Abs. 1 Nr. 1—3) einer Rechtskontrolle durch eine unabhängige Beschlußbehörde (den Bezirksausschuß) zu unterwerfen. Diese Anträge wurden damit begründet, daß eine solche Rechtskontrolle erforderlich sei, um den Minoritäten einen Schutz gegen eine Vergewaltigung durch die Majoritäten und um den zwangsweise zu einer Genossenschaft zusammenzuschließenden Beteiligten einen Schutz gegen eine Überspannung des Zwanges durch die Verwaltungsbehörden zu geben. Dieser Antrag fand in der Kommission des Abgeordnetenhauses in erster Lesung Annahme und es wurde dem § 216 ein Abs. 5 hinzugefügt, welcher die materielle Vorschrift enthielt, daß das Vorhandensein der Voraussetzungen für die Ausübung des Beitrittszwanges vom Bezirksausschusse im Beschlußverfahren festzustellen sei. Da durch diese Bestimmung eine genügende Rechtskontrolle gegeben war, erschien es ausreichend, daß die eigentliche Bildung der Genossenschaft nicht mehr durch Königliche Verordnung oder durch Entscheidung des Ministers, wie dies der Entwurf vorsah, sondern lediglich durch eine formelle Bestätigung der Satzung seitens des Regierungspräsidenten erfolge, und es wurde daher auch eine dementsprechende anderweitige Fassung der diesbezüglichen formellen Bestimmung des § 270 [247] vorgenommen, KB. AH. S. 331/2. In der zweiten Lesung hielt die Kommission trotz vielfacher Bedenken, welche dagegen geltend gemacht wurden, grundsätzlich an der in erster Lesung vorgenommenen Regelung dieser

Frage fest, nahm aber noch verschiedene Änderungen vor. Einmal ist in Abs. 1 bestimmt worden, daß der Bezirksausschuß nur dann in Tätigkeit zu treten hat, wenn über das Vorliegen der Voraussetzungen des Beitrittszwanges Streit herrscht, weil es nur dann Zweck habe, einen Beschluß des Bezirksausschusses herbeizuführen, wenn Widersprüche erhoben seien. Ferner ist in Konsequenz der Beschlüsse der Kommission zu §§ 341 bzw. § 370 [344a] als Beschwerdeinstanz an die Stelle des Stromausschusses das Landeswasseramt gesetzt worden. In Abs. 3 ist allerdings daran festgehalten worden, daß die Satzung lediglich der formellen Bestätigung durch den Regierungspräsidenten bedarf, jedoch in Satz 2 bestimmt worden, daß bei Zwangsgenossenschaften die Satzung durch ihn zu erlassen ist. Schließlich ist mit Rücksicht darauf, daß es nicht erforderlich erschien, sowohl in dem § 216 als auch in dem § 246 [224] — hier durch Bezugnahme auf den § 216 — die Mitwirkung des Bezirksausschusses besonders hervorzuheben, vielmehr genügend sei, wenn diese rein das Verfahren der Genossenschaftsbildung betreffenden Bestimmungen lediglich im § 247, d. h. in dem Abschnitt über die Bildung der Genossenschaft enthalten seien, bei der Redaktion des Gesetzes in der Kommission der Abs. 5 des § 216, sowie die Bezugnahme auf § 216 in dem § 224 Abs. 2 gestrichen, KB. AH. S. 333 ff., 353 ff., vgl. a. S. 344.

2. Hinsichtlich der Bekanntmachung der genehmigten Satzung weicht Abs. 2 vom geltenden Rechte (§ 58 WGG.) insofern ab, als er im Interesse der Kostenersparnis, namentlich bei kleinen Genossenschaften, gestattet, daß die Veröffentlichung im Amtsblatt auf die wesentlichsten Bestimmungen der Satzung beschränkt wird, Begr. S. 202.

§ 271.

Nach Bildung der Genossenschaft hat die Aufsichtsbehörde sogleich die Wahl und Einsetzung des Genossenschaftsvorstandes nach den Vorschriften der Satzung zu veranlassen.

§ 271 [248] entspricht dem § 83 WGG.

§ 272.

(1) Die in dem Verfahren vorkommenden Verhandlungen und Geschäfte, einschließlich der von den Gerichten und anderen Behörden vorzunehmenden, sind gebühren- und stempelfrei. Zu diesen Geschäften gehört auch die Anfertigung und Beglaubigung von Kataster- und Grundbuchauszügen.

(2) Bare Auslagen, die durch zurückgewiesene oder zurückgenommene Anträge oder Einwendungen entstehen, können dem Antragsteller oder dem, der die Einwendungen erhoben hat, auferlegt werden. Von den anderen baren Auslagen trägt die Staatskasse die Reisekosten, Reisezulagen und Tagegelder der in dem Verfahren mitwirkenden Staatsbeamten, die übrigen Auslagen die Genossenschaft.

(3) Wird die Genossenschaft gebildet, so kann der Regierungspräsident die Erstattung der von dem Antragsteller auf notwendige Vorarbeiten zweckdienlich verwendeten baren Auslagen der Genossenschaft zur Last legen, wenn dies vor dem Abschluß der kommissarischen Verhandlungen beantragt ist.

§ 272 [249] entspricht im wesentlichen den §§ 84, 85 WGG. Im Abs. 1 Satz 2 wird klargestellt, daß auch die Anfertigung und Beglaubigung von Kataster- und Grundbuchauszügen gebühren- und stempelfrei zu erfolgen hat.

Durch die Vorschrift des Abs. 2 Satz 2 werden ferner gegenüber dem WGG. hervorgetretene Zweifel, ob die Reisekosten, Reisezulagen und Tagegelder der in dem Verfahren mitwirkenden Staatsbeamten stets von der Staatskasse zu tragen seien, in bejahendem Sinne entschieden.

Kommt eine Genossenschaft nicht zustande, so sind auch die übrigen Auslagen, wenn sie im Falle der Bildung einer Gemeinschaft von dieser zu tragen wären, einstweilen aber vom Staat aus den für die Vorarbeiten bereitgestellten Mitteln zur Verfügung gestellt sind, endgültig von ihm zu übernehmen. Dies gilt auch für den Fall, daß das Verfahren auf Antrag eingeleitet ist. Hat jedoch in diesem Falle der Antragsteller selbständig Vorarbeiten unternommen, so muß er deren Kosten auch tragen, soweit nicht der Staat sie als notwendige Arbeiten auf den für die Vorarbeiten bereitgestellten Fonds freiwillig übernimmt.

Nach der Vorschrift des Abs. 3 soll an Stelle des Ministers (§ 85 WGG.) der Regierungspräsident über die Erstattung von Vorarbeitskosten an den Antragsteller im Falle der Bildung der Genossenschaft entscheiden, weil der Regierungspräsident, welcher das Verfahren zur Bildung der Genossenschaft leitet (§ 248), vollkommen in der Lage ist, über die Zweckdienlichkeit der gemachten Aufwendungen zu entscheiden, Begr. S. 203; vgl. a. v. Bülow-Fastenau, Anm. 1 zu § 85 WGG.

§ 273.

(1) Über Beschwerden, welche die Leitung des Verfahrens durch den Kommissar zum Gegenstand haben, beschließt endgültig der Regierungspräsident.

(2) Über Beschwerden gegen Ordnungsstrafen (§ 261) entscheidet der Bezirksausschuß endgültig. Diese Beschwerden sind binnen zwei Wochen zu erheben.

1. § 273 [250] Abs. 1 entspricht dem § 94 WGG. i. V. m. § 94 Abs. 5 Zust.-Ges.

2. Abs. 2 ist von der Kommission des Abgeordnetenhauses eingefügt worden, um, wie allgemein üblich, die Entscheidung über Strafen einer kollegialen Behörde zu übertragen, KB. AH. S. 356.

§ 274.

Die Leitung des Verfahrens zur Bildung einer Genossenschaft kann vom Oberpräsidenten und, wenn mehrere Provinzen beteiligt

sind, von dem zuständigen Minister einer Generalkommission übertragen werden. In diesem Falle tritt sie an die Stelle des Regierungspräsidenten.

§ **274** [251] entspricht dem § 77 Abs. 1 Satz 2 WGG. Ergänzend ist noch bestimmt, daß dann, wenn mehrere Provinzen beteiligt sind, die Übertragung der Leitung des Verfahrens an eine Generalkommission durch den Minister erfolgen soll. Ist der Generalkommission die Leitung des Verfahrens übertragen, so tritt sie in dem Verfahren zur Bildung der Genossenschaft an die Stelle des nach § 248 berufenen Regierungspräsidenten.

Mit Zustimmung der Generalkommission kann ferner der Regierungspräsident in einem von ihm geleiteten Verfahren auf Grund des § 251 Abs. 2 einen Spezialkommissar zu seinem Kommissar bestellen.

Fünfter Titel.

Änderung der Satzung.

§ 275.

(1) Eine Änderung der Satzung, durch die ein neuer Genossenschaftszweck eingeführt werden soll, bedarf eines einstimmigen Beschlusses der Mitgliederversammlung, es sei denn, daß es sich um die Neueinführung eines solchen Zweckes handelt, zu dessen Durchführung der Eintritt in eine neu zu bildende Genossenschaft erzwungen werden könnte. In diesem Falle genügt ein Mehrheitsbeschluß der Mitgliederversammlung, berechnet nach § 238 Abs. 2, wenn die übrigen Voraussetzungen des Beitrittszwanges für alle widersprechenden Genossen vorliegen.

(2) Eines einstimmigen Beschlusses bedarf ferner eine Änderung der Satzung, durch die für die Teilnahme an den Genossenschaftslasten oder für das Stimmverhältnis der Genossen ein anderer als der im § 225 festgestellte Maßstab bestimmt wird.

(3) Andere Satzungsänderungen können, mangels anderweiter Bestimmungen der Satzung, von der Mitgliederversammlung (dem Ausschusse) mit Stimmenmehrheit beschlossen werden.

§ 275 [252] beseitigt bisher bestehende Zweifel und will klarstellen, daß gewisse Beschlüsse, welche bei der Neubegründung einer Genossenschaft der Einstimmigkeit bedurft hätten (Abs. 1, 2), nicht hinterher nach Begründung der Genossenschaft durch einfachen Mehrheitsbeschluß der Mitgliederversammlung gefaßt werden dürfen, Begr. S. 203.

§ 276.

Änderungen der Satzungen bedürfen der Genehmigung des Regierungspräsidenten.

§ 277.

Die genehmigten Änderungen sind nach § 270 Abs. 4 bekannt zu machen.

Die §§ 276 [253] und 277 [254] bringen die Genehmigung und Bekanntmachung von Satzungsänderungen in Übereinstimmung mit den Vorschriften des § 270 über Erlaß oder Genehmigung und Bekanntmachung der Satzung bei Neubegründung der Genossenschaft, Begr. S. 203/4, KB. AH. S. 357.

Sechster Titel.

Auflösung und Liquidation der Genossenschaften.

§ 278.

(1) Die Genossenschaft kann aufgelöst werden:

1. wenn die Mitgliederversammlung mit einer Mehrheit von zwei Dritteln der Stimmen die Auflösung beschließt;
2. auf Antrag eines Genossen, wenn die Genossenschaft nur noch aus zwei Mitgliedern besteht;
3. wenn in Jahresfrist, von der Genehmigung der Satzung an gerechnet, nicht zur Ausführung des Unternehmens geschritten oder wenn die begonnene Ausführung mindestens ein Jahr lang eingestellt und die Verzögerung durch Verschulden der Genossen herbeigeführt ist oder wesentliche Voraussetzungen der Genehmigung der Satzung hierdurch verändert worden sind.

(2) Die Auflösung der Genossenschaft erfolgt durch den Regierungspräsidenten.

§ 278 [255] entspricht den §§ 61 und 62 WGG. mit der Maßgabe, daß an die Stelle des Ministers der Regierungspräsident tritt, Begr. S. 204, KB. AH. S. 357.

§ 279.

(1) Die Auflösung der Genossenschaft tritt in Kraft, sobald die Verfügung des Regierungspräsidenten dem Vorstande zugestellt worden ist.

(2) Die Auflösung ist auf Kosten der Genossenschaft von der Aufsichtsbehörde in dem für ihre amtlichen Bekanntmachungen bestimmten Blatte sofort zu veröffentlichen.

§ 279 [256] Abs. 1 entspricht dem § 63, Abs. 2 dem § 86 Abs. 1 WGG., Begr. S. 204, KB. AH. S. 358.

§ 280.

(1) Nach Auflösung der Genossenschaft erfolgt die Liquidation durch den Vorstand oder die durch Satzung oder Beschluß der Genossenschaft dazu berufenen Personen.

(2) Auf das Liquidationsverfahren sind der § 48 Abs. 2, 3 und die §§ 49 bis 53 des Bürgerlichen Gesetzbuchs entsprechend anzuwenden.

§ 281.

Bis zur Beendigung der Liquidation gelten für die staatliche Aufsicht und die Rechtsverhältnisse der bisherigen Genossen untereinander sowie zu dritten Personen die Bestimmungen dieses Gesetzes und der Satzung, soweit sich nicht aus dem Wesen der Liquidation ein anderes ergibt.

§ 282.

(1) Nach Beendigung der Liquidation werden die Bücher und Schriften der aufgelösten Genossenschaft von der Aufsichtsbehörde in Verwahrung genommen.

(2) Die Genossen und ihre Rechtsnachfolger haben das Recht, die Bücher und Schriften einzusehen und zu benutzen.

Die §§ 280—282 [257—259] entsprechen im wesentlichen den §§ 34—42, 86 Abs. 2, 88 WGG.

Die Erwägung, daß die Vorschriften über die Liquidation bei Genossenschaften praktisch selten zur Anwendung kommen, läßt es unbedenklich erscheinen, einen Teil der Verfahrensvorschriften durch Bezugnahme auf die im wesentlichen sachlich übereinstimmenden Vorschriften des BGB. über die Liquidation bei Auflösung eines Vereins zu erledigen (§ 280 Abs. 2), anstatt sie im Wortlaut aufzunehmen (vgl. auch sächs. Wasserges. § 127 Abs. 2), Begr. S. 204.

Siebenter Titel.

Genossenschaften, die vor dem Inkrafttreten dieses Gesetzes begründet sind.

§ 283.

(1) Auf die beim Inkrafttreten dieses Gesetzes bestehenden öffentlichrechtlichen Wassergenossenschaften sind die Vorschriften anzuwenden, welche für die nach diesem Gesetz gebildeten Wassergenossenschaften gelten.

(2) Jedoch bleiben abweichende Bestimmungen der bisherigen Satzungen über die Zuständigkeit der Schiedsgerichte (§ 215, § 226 Abs. 2) in Kraft, ebenso sonstige abweichende Bestimmungen insoweit, als die im Abs. 1 für anwendbar erklärten Vorschriften durch die Satzung geändert werden können oder auf die Satzung verweisen.

Es ist sachlich gerechtfertigt und auch für die Praxis am klarsten, wenn diejenigen Vorschriften des Wassergesetzes, welche für die nach ihnen zu bildenden Genossenschaften zwingend gelten sollen, die gleiche Kraft auch für die bereits bestehenden älteren öffentlich-rechtlichen Wassergenossenschaften haben. Soweit dagegen die Vorschriften des Wassergesetzes keinen zwingenden Charakter haben, können abweichende Bestimmungen der Satzungen unbedenklich bestehen bleiben, Begr. S. 204.

Vierter Abschnitt.

Verhütung von Hochwassergefahr.

Aus denselben Gründen, aus denen trotz des WGG. der dritte Abschnitt über die Wassergenossenschaften in das Gesetz aufgenommen worden ist (vgl. Vorbem. zum dritten Abschnitt), hat auch, obwohl der Hochwasserschutz durch das praktisch bewährte Deichgesetz vom 28. Januar 1848 (DG.) und das Gesetz zur Verhütung von Hochwassergefahren vom 16. August 1905 (HWSchG.) geregelt ist, diese Materie Aufnahme in das Gesetz gefunden.

Die Vorschriften des vierten Abschnitts geben im wesentlichen die Bestimmungen dieser Gesetze wieder. Wären diese Vorschriften aber auch nicht übernommen worden, so hätte doch nicht davon abgesehen werden können, bezüglich des Hochwasserschutzes Bestimmungen zu treffen, da sonst die Freilegung des Überschwemmungsgebiets, für die es zurzeit an Vorschriften fehlt, ungeregelt bliebe. Zugleich bildet die Übernahme des Deichrechts erwünschte Gelegenheit, dieses, wenn es sich auch im allgemeinen bewährt hat und im wesentlichen beibehalten wird, doch in einigen Punkten weiter zu entwickeln, wozu sich besonders für die Provinz Hannover ein Bedürfnis herausgestellt hat. Auch mußten einige Bestimmungen dieser Gesetze, welche mit dem Wassergesetze nicht in Einklang stehen, entsprechend abgeändert werden.

Erster Titel.

Polizeiliche Beschränkungen im Hochwasserabflußgebiete von Wasserläufen.

§ 284.

(1) Zur Verhütung von Hochwassergefahr kann der Regierungspräsident und, wenn mehrere Regierungsbezirke beteiligt sind, der Oberpräsident, nach den §§ 137, 139 flg. des Landesverwaltungsgesetzes vom 30. Juli 1883 (Gesetzsamml. S. 195), und zwar auch für einzelne Kreise und Teile von Kreisen, Polizeiverordnungen erlassen, wonach

A. von der Genehmigung des Landrats abhängig gemacht werden:

1. Vertiefungen der Erdoberfläche im Hochwasserabflußgebiete sowie die Entnahme von Lehm, Kies, Steinen und anderen Stoffen aus den Ufergrundstücken und, soweit erforderlich, auch aus den dahinter liegenden Grundstücken;

2. das Bepflanzen hochwasserfreier Grundstücke, die der Unterspülung ausgesetzt sind, mit Bäumen und Sträuchern;

B. der Landrat zu verbieten:

1. das Lagern von Schlamm, Erde, Sand, Schlacken, Steinen, Holz und anderen Stoffen, welche die Vorflut zu behindern geeignet sind, im Hochwasserabflußgebiete;

2. die durch Beackerung, Rodung, Plaggenhieb, Beweidung und dergleichen erfolgende Bodenlockerung auf Grundstücken, die im Stromstrich des Hochwassers liegen, sowie auf Ufergrundstücken der Wasserläufe erster und zweiter Ordnung und, soweit erforderlich, auf den dahinter liegenden Grundstücken;

3. bei Wasserläufen erster und zweiter Ordnung die Benutzung der Ufergrundstücke zum Aufziehen oder Abrollen von Holz oder anderen Gegenständen sowie zum Viehtränken, wenn nicht besondere Vorkehrungen den Eintritt von Schäden ausschließen;

C. auf Anordnung des Landrats die Grundstücksbesitzer ohne Anspruch auf Entschädigung verpflichtet sind, im Hochwasserabflußgebiet eines Wasserlaufs wildwachsende Bäume und Sträucher und außerhalb des Hochwasserabflußgebiets alle Bäume und Sträucher, die der Gefahr ausgesetzt sind, in den Wasserlauf abzufallen oder durch das Wasser entwurzelt zu werden, nach ihrer Wahl entweder selbst zu beseitigen oder die Beseitigung zu dulden.

(2) In Stadtkreisen und denjenigen Städten, deren Polizeiverwaltung der Aufsicht des Landrats nicht untersteht, tritt an Stelle des Landrats die Ortspolizeibehörde.

(3) In den Fällen A 1 und 2 und B 2 sind die Grundflächen in der Polizeiverordnung zu bezeichnen.

(4) In den Polizeiverordnungen können Geldstrafen bis zu einhundertundfünfzig Mark angedroht werden.

(5) Vor Erlaß der Polizeiverordnung soll der Entwurf in den Gemeinden und Gutsbezirken sechs Wochen lang zur Einsicht ausgelegt werden.

(6) Den nach Abs. 1 erlassenen Bestimmungen unterliegen nicht die Strombauverwaltung bei der Unterhaltung und dem Ausbau von Wasserläufen erster Ordnung und die Deichverwaltungsbehörden bei Ausübung ihrer Befugnisse im Vorlande der Deichverbände.

1. § 284 [261] ist im wesentlichen dem § 9 des Hochwasserschutzgesetzes (HWSchG.) vom 16. August 1905 entnommen, welcher lautet:

„Der Regierungspräsident und, wenn es sich um Anordnungen handelt, welche die Grenzen eines Regierungsbezirkes überschreiten, der Oberpräsident kann nach Maßgabe der §§ 137, 139, 140 des Gesetzes über die allgemeine Landesverwaltung vom 30. Juli 1883 (Gesetzsamml. S. 195) auch für einzelne Kreise und Teile von Kreisen zur Verhütung von Hochwassergefahr Polizeiverordnungen erlassen, wonach

A. von der Genehmigung des Landrats, in Stadtkreisen der Ortspolizeibehörde, abhängig gemacht werden:

1. Vertiefungen der Erdoberfläche im Hochwasserabflußgebiete der Wasserläufe, sowie die Entnahme von Lehm, Kies, Steinen und anderen Stoffen aus dem Bette und den Ufergrundstücken nicht schiffbarer Wasserläufe.
2. Das Bepflanzen solcher hochwasserfreien Ufergrundstücke, welche der Unterspülung ausgesetzt sind, mit Bäumen und Sträuchern;

B. der Landrat, in Stadtkreisen die Ortspolizeibehörde, befugt ist, zu verbieten:

1. das Lagern von Schlamm, Sand, Erde, Schlacken, Steinen, Holz und anderen Stoffen, welche die Vorflut zu erschweren geeignet sind, im Hochwasserabflußgebiete der Wasserläufe;
2. die Bodenlockerung auf Grundstücken, die im Stromstriche des Hochwassers liegen, sowie auf Ufergrundstücken nicht schiffbarer Wasserläufe durch Beackerung, Rodung, Plaggenhieb, Beweidung und dergl.;
3. bei nicht schiffbaren Wasserläufen die Benutzung der Ufer zum Aufziehen oder Abrollen von Holz oder anderen Gegenständen, sowie zum Viehtränken;

C. auf Anordnung des Landrats, in Stadtkreisen der Ortspolizeibehörde, die Grundstücksbesitzer ohne Anspruch auf Entschädigung verpflichtet sind, im Hochwasserabflußgebiet eines Wasserlaufes wildwachsende Bäume und Sträucher und außerhalb des Hochwasserabflußgebietes solche Bäume und Sträuche, die der Gefahr ausgesetzt sind, in den Wasserlauf abzufallen oder durch das Wasser entwurzelt zu werden, nach ihrer Wahl entweder selbst zu beseitigen oder sich die Beseitigung gefallen zu lassen.

In den Fällen A 2 und B 2 sind die betreffenden Grundflächen in der zu erlassenden Polizeiverordnung zu bezeichnen.

In der Provinz Hannover hat der Landrat, in Stadtkreisen die Ortspolizeibehörde die nach den Bestimmungen unter **A**, **B** und **C** erforderlichen Entscheidungen in Gemeinschaft mit dem Wasserbauinspektor zu treffen. Den Stadtkreisen stehen gleich die im § 27 Abs. 1 der Kreisordnung für die Provinz Hannover vom 6. Mai 1884 (Gesetzsamml. S. 181) bezeichneten Städte, soweit sie nicht im Abs. 2 ausgenommen sind.

Vor Erlaß der Polizeiverordnungen soll der Entwurf in den betreffenden Gemeinden und Gutsbezirken sechs Wochen lang zur Einsicht ausgelegt werden."

Wegen der Entstehungsgeschichte dieser Bestimmung vgl. H e r m e s - F e c h n e r, Anm. 1 ff. zu § 9 HWSchG.

Bei einem Vergleich mit dem § 9 HWSchG. ergeben sich für den § 261 folgende A b w e i c h u n g e n (wegen der mit § 9 übereinstimmenden Begriffe vgl. Anm. 6):

a) Im Abs. 1 sind zwischen „Gesetzsamml. S. 195" und „auch für einzelne Kreise" die Worte „und zwar" eingefügt worden. Durch diese Fassung soll die doppelte Absicht des § 9 HWSchG., welche dahin ging, einmal das Recht des Regierungs-(Ober-)Präsidenten zum Erlasse von Polizeiverordnungen auf dem behandelten Gebiete außer Zweifel zu stellen und ferner dieses Recht über den Umfang des § 137 LVG. hinaus dahin zu erweitern, daß die Verordnungen auch für einzelne Kreise und Teile von Kreisen erlassen werden dürfen, deutlicher zum Ausdrucke gebracht werden, Begr. S. 204/5.

b) Abs. 1 A Nr. 1 erwähnt nur die Entnahme von Lehm, Kies usw. aus den Ufergrundstücken als genehmigungspflichtig, während dieselbe Ziffer des § 9 HWSchG. auch die Entnahme aus dem Bette des Wasserlaufes nennt. Diese Fassung ist darauf zurückzuführen, daß gegenüber

Entnahmen aus dem Bett bereits § 19 Abs. 2 genügend Vorsorge trifft, Begr. S. 205, KB. AH. S. 359.

Ferner ist in § 284 [261] die Vorschrift nicht auf die nichtschiffbaren Wasserläufe beschränkt, gilt vielmehr für alle Wasserläufe, da bei schiffbaren Wasserläufen das Bedürfnis nach einer solchen Bestimmung in gesteigertem Maße besteht.

Schließlich ist in § 284 statt „Ufergrundstücken" gesagt „den Ufergrundstücken und, soweit erforderlich, auch aus den dahinterliegenden Grundstücken", weil als Ufergrundstücke im Sinne des Wassergesetzes nur die unmittelbar an die Uferlinie stoßenden Grundstücke gelten, während nach dem HWSchG. unter Ufergrundstücken alle über der Hochwassergrenze liegenden Teile der Ufer verstanden werden, soweit ihre Lockerung, z. B. bei hohen steilen Hängen, das Abrutschen von Massen und damit eine Verengung des Flußbettes verursachen kann, Begr. S. 205; vgl. a. Hermes-Fechner Anm. 9 zu § 9 HWSchG.

c) In Abs. 1 A Nr. 2 ist das Wort „solcher" aus sprachlichen Gründen fortgelassen. Statt „Ufergrundstücke" ist aus den unter b angegebenen Gründen lediglich „Grundstücke" gesagt, Begr. S. 205.

d) In Abs. 1 B Nr. 1 ist statt des Wortes „erschweren" der Ausdruck „behindern" gewählt worden, da es üblich ist, bei der Vorflut, nicht das Wort „Erschwerung", sondern „Behinderung, Hindernis" zu gebrauchen, Begr. S. 205.

e) Nach § 9 HWSchG. Abs. 1 B Nr. 2 und 3 beziehen sich die dort bezeichneten Verbietungsrechte auf die „nichtschiffbaren Wasserläufe", nach dem Entwurfe sollten sie auf die Wasserläufe zweiter Ordnung beschränkt werden, da ihre Ausdehnung auch auf die unbedeutenderen Wasserläufe, d. h. die dritter Ordnung im Sinne des Wassergesetzes, entbehrlich erschien, vor allem mit Rücksicht darauf, daß, wenn ein solcher kleinerer Wasserlauf Hochwassergefahren in sich schließe, ein ausreichender Anlaß vorliegen werde, ihn in die zweite Ordnung zu versetzen. Die Kommission des Abgeordnetenhauses hat aber auch unter Zustimmung der Regierung die Wasserläufe erster Ordnung diesen Vorschriften unterstellt, da das Strombauverwaltungsgesetz, welches bisher bei ihnen die nötigen Sicherungsmaßregeln in dieser Beziehung gewählt hatte, durch das Wassergesetz aufgehoben wird (vgl. § 399 Nr. 13), Begr. S. 205, KB. AH. S. 359, 361.

In B Nr. 2 ist auch hier aus den zu b genannten Gründen statt „Ufergrundstücken" gesagt „Ufergrundstücken und, soweit erforderlich, auf den dahinterliegenden Grundstücken". Ein in der zweiten Lesung der Kommission des Abgeordnetenhauses gestellter Antrag, diese letzteren Worte zu streichen, da gerade die Bestimmung unter B 2 die landwirtschaftliche Nutzung der Grundstücke auf beiden Seiten der Wasserläufe, besonders in der Ebene, stark zu beeinträchtigen geeignet sei, wurde abgelehnt, weil es zur Abwehr der Hochwassergefahr nicht ausreichend erschien, diese Vorschrift auf die Ufergrundstücke zu beschränken, KB. AH. S. 362. Dieser Antrag verfolgte im wesentlichen dieselben Zwecke, wie der in erster Lesung gestellte Antrag, die Worte „Beweidung" in B 2 zu streichen, der damit begründet wurde, daß das Beweiden im allgemeinen keineswegs zur Bodenlockerung führe, sondern den Boden fester und gegen das Wasser widerstandsfähiger mache. Die Mehrheit der Kommission schloß sich aber dem von der Regierung vertretenen Standpunkte an, daß die Möglichkeit, das Beweiden zu verbieten, unerläßlich sei, da dieses namentlich auf sandigen und moorigen Böden sehr schädlich wirken könne und daß Mißgriffe nicht zu befürchten seien, da die Polizei doch nur dort einschreiten werde, wo es ihr geboten erscheine, KB. AH. S. 360; vgl. a. wegen der gleichen Verhandlungen bei Beratung des HWSchG. Hermes-Fechner Anm. 14 zu § 9 dess. Andrerseits hat aber die Kommission die in B Nr. 3 vorgesehene Befugnis, die Benutzung der Ufergrundstücke zum Viehtränken zu verbieten, dahin eingeschränkt, daß ein solches Verbot nur dann zulässig ist, wenn nicht besondere Vorkehrungen den Eintritt von Schäden, sei es unter oder über der Uferlinie, ausschließen, KB. AH. S. 359.

f) In Abs. 1 C ist das Wort „solche" lediglich aus sprachlichen Gründen durch den Ausdruck „alle" ersetzt worden, Begr. S. 205.

2. Der die besonderen Verhältnisse in der Provinz Hannover berücksichtigende Abs. 3 des § 9 HWSchG. (vgl. Hermes-Fechner Anm. 6 und 19 dazu) hat in beiden Häusern des Landtages zu den lebhaftesten Erörterungen und verschiedenartigsten Beschlußfassungen geführt, die in engem Zusammenhang mit der Regelung der Wasserpolizei in den §§ 342 ff. stehen. Der Entwurf wollte diese Ausnahmevorschrift überhaupt wegfallen lassen, weil ihre Bestimmungen sich mit den Vorschriften über die Verwaltung der Wasserpolizei nicht vertrügen, Begr. S. 205. Ein in der Kommission gestellter Antrag, den hannoverschen Städten die bisher innegehabte Sonderstellung wieder einzuräumen, wurde mit Rücksicht auf die Darlegung der Regierung, daß es dadurch unmöglich gemacht werde, in Hannover eine einheitliche Ausgestaltung der Wasserpolizei zu erreichen, abgelehnt, KB. AH. S. 360/1. Dagegen hat das Abgeordnetenhaus in zweiter Lesung beschlossen, die Sonderstellung der hannoverschen Städte durch Einfügung einer dem Abs. 2 Satz 3 des § 9 HWSchG. (s. Anm. 1) ziemlich wörtlich entsprechenden Bestimmung in § 284 und durch einen gleichen Zusatz in § 342 aufrecht zu erhalten, Sten. B. AH. S. 257 ff. Ein in dritter Lesung gestellter Antrag, diese Zusätze zu den §§ 284 und 342 wieder zu streichen, vermochte im Abgeordnetenhause nicht durchzudringen, Sten. B. AH. S. 8577 ff. Dagegen ist diese Streichung von der Kommission des Herrenhauses erfolgt, KB. HH. S. 788. Das Herrenhaus selbst hat jedoch die Bestimmung in gewisser Weise wiederhergestellt, indem es beschlossen hat, dem letzten Satz des Abs. 1 folgende Fassung zu geben:

„In Stadtkreisen und denjenigen Städten, deren Polizeiverwaltung der Aufsicht des Landrats nicht untersteht, tritt an Stelle des Landrats die Ortspolizeibehörde."

und im Zusammenhang damit in Abs. 1 A, B und C die Worte „in Stadtkreisen der (die) Ortspolizeibehörde zu streichen. Durch diese Bestimmung ist tatsächlich im wesentlichen die Sonderstellung der sogenannten bevorzugten Städte in Hannover wiederhergestellt worden, denn für Hannover gilt die in Altpreußen bestehende Vorschrift, daß in Städten, die noch nicht Stadtkreise sind, aber über 10 000 Einwohner haben, der Landrat die Polizeiaufsicht hat, nicht, Sten. B. HH. S. 1047 ff.

3. Die Höhe der zulässigen Geldstrafe gemäß Abs. 3 entspricht derjenigen in § 11 HWSchG.

4. Abs. 5 ist eingefügt worden, um zu verhindern, daß die Ausübung von Rechten, welche dem Staate, vertreten durch die Strombauverwaltungsbehörden, und den Deichverbänden, vertreten durch ihre Verwaltungsorgane, gesetzlich zusteht, einer Beaufsichtigung und Genehmigungspflicht durch den Landrat (Ortspolizeibehörde) unterliegt, Begr. S. 206.

5. Bezüglich des Umfanges der durch § 284 verliehenen polizeilichen Befugnisse ist folgendes zu bemerken:

Von der Befugnis, Polizeiverordnungen zu erlassen, werden der Regierungs- bzw. Oberpräsident nur dort Gebrauch zu machen haben, wo ein Bedürfnis dazu besteht. Die notwendige Begrenzung derselben ergibt sich aus den Eingangsworten: „Zur Verhütung von Hochwassergefahr". Es muß also vor Erlaß einer jeden solchen Polizeiverordnung geprüft werden, ob sie zu diesem Zwecke erforderlich ist, KB. AH. S. 360, 362; vgl. a. Hermes-Fechner Anm. 3 zu § 9 HWSchG.

Auch die Abs. 2 und 4 dienen dem Zwecke, eine vorherige genaue Prüfung der in Betracht kommenden Verhältnisse zu sichern, vgl. a. Hermes-Fechner Anm. 17, 18 und 20 zu § 9 HWSchG.

Erst wenn eine solche Polizeiverordnung erlassen ist, können der Landrat bzw. die Ortspolizeibehörde in eine Prüfung darüber eintreten, ob eine der unter A bis C bezeichneten Maßnahmen zu treffen ist, KB. AH. S. 360.

Ihre Anordnung kann jedoch nicht ganz allgemein für das gesamte in Frage kommende Gebiet erfolgen, sondern kann sich immer nur gegen bestimmte Personen, bzw. Grundstücke richten, vgl. Hermes-Fechner Anm. 11 zu § 9 HWSchG.

6. Für die Anwendung des § 284 sind folgende aus dem HWSchG. (§ 9) entnommene Begriffe von Bedeutung:

Zu A: „Grundstücke, die der Unterspülung ausgesetzt sind" (A Nr. 2); hierdurch soll zum Ausdruck gebracht werden, daß nur das Bepflanzen an den der Gefahr des Abbruchs ausgesetzten Stellen verhindert werden soll, Hermes-Fechner Anm. 10 zu § 9.

Zu B: „Hochwasserabflußgebiet" (B Nr. 1) ist derjenige Teil des Überschwemmungsgebietes, der für den Abfluß des Hochwassers von Bedeutung ist, nicht auch diejenige überschwemmte Fläche, auf welcher das Wasser staut oder doch nur langsam abfließt Hermes-Fechner Anm. 8 zu § 9.

„Das Lagern von Schlamm, Erde, Sand usw." (B Nr. 1) kommt nur in Betracht, wenn es zu vorübergehenden Zwecken erfolgt, Hermes-Fechner Anm. 12 zu § 9.

Als „im Stromstriche des Hochwassers liegend" (B Nr. 2) werden diejenigen Teile des Überschwemmungsgebietes angesehen, über die bei Hochwasser eine starke Strömung stattfindet, Hermes-Fechner Anm. 13 zu § 9.

Zu C: „Wildwachsende Bäume und Sträucher" sind solche, welche nicht durch Saat, Pflanzung oder natürliche Verjüngung eines geordneten Forstbetriebes entstanden sind, Hermes-Fechner Anm. 15 zu § 9.

Zweiter Titel.

Freihaltung des Überschwemmungsgebietes von Wasserläufen.

§ 285.

(1) Für die bei Hochwasser gefahrbringenden Wasserläufe wird das Überschwemmungsgebiet, soweit es nicht hochwasserfrei eingedeicht ist und den Vorschriften dieses Titels unterliegen soll, nach § 286 festgestellt.

(2) In diesem Gebiete dürfen nicht ohne Genehmigung:

1. Erhöhungen der Erdoberfläche und über die Erdoberfläche hinausragende Anlagen (Deiche, Dämme und andere deichähnliche Erhöhungen; Gebäude, Mauern und andere bauliche Anlagen; Feldziegeleien, Einfriedigungen, Baum- und Strauchpflanzungen und ähnliche Anlagen) hergestellt, erweitert, verlegt,
2. Deiche, Dämme und andere deichähnliche Erhöhungen ganz oder teilweise beseitigt

werden.

(3) Schutzmaßregeln, die in Notfällen für die Dauer der Gefahr getroffen werden, bedürfen keiner Genehmigung. Sollen sie jedoch dauernd bestehen bleiben, so ist die Genehmigung nach Beseitigung der Gefahr einzuholen.

1. § 285 [262] gibt mit einigen rein redaktionellen Änderungen den § 1 HWSchG. wieder; neu zugefügt ist, um Zweifel auszuschließen, der Satz 2 des Abs. 3, Begr. S. 206.

2. Wegen des Begriffs des Überschwemmungsgebietes vgl. § 286 Anm. 2.

3. Unter Nr. 1 fallen alle mit dem Erdboden verbundenen, für die Dauer bestimmten Erhöhungen der Erdoberfläche ohne Unterschied des Materials (wegen des vorübergehenden Lagerns von Schlamm, Sand, Steinen usw., vgl. § 284 Abs. 1 Nr. B 1, sowie Anm. 6 dazu). Zu diesen gehören insbesondere auch die Brücken, soweit sie im Überschwemmungsgebiete über die Erdoberfläche hinausragen.

Wegen der Anlage von Eisenbahndämmen vgl. die Erlasse des Ministers für öffentliche Arbeiten und für Landwirtschaft vom 16. Juni 1902, sowie des Ministers für Landwirtschaft vom 9. September 1902, Hermes-Fechner Anm. 5 zu § 1 HWSchG.

4. Unter deichähnlichen Erhöhungen im Sinne des § 284 sind nur solche Anlagen zu verstehen, welche ihrem Wesen und ihrer Bestimmung nach den Deichen ähnlich sind (anders das OVG., auch noch Bd. 50 S. 296 für diesen Begriff im Deichgesetze), Hermes-Fechner S. 4 und Anm. 9 zu § 1 HWSchG.

5. Bezüglich der Genehmigung von Anlagen, welche an Stelle vorhandener hergestellt werden, vgl. § 288 Anm. 3.

§ 286.

(1) Die Wasserläufe, für welche die Vorschriften dieses Titels gelten sollen, sind in ein Verzeichnis aufzunehmen, das der Oberpräsident für die von ihm verwaltete Provinz – für die Hohenzollernschen Lande der Regierungspräsident – aufstellt.

(2) In dem Verzeichnis ist für jeden Wasserlauf zu bestimmen, ob die Vorschriften des § 285 Abs. 2, 3 für die ganze Breite des Überschwemmungsgebiets und den Wasserlauf in seiner ganzen Länge oder nur für Teile des Überschwemmungsgebiets oder des Wasserlaufs gelten sollen. In dem Verzeichnis kann bestimmt werden, daß gewisse Erhöhungen und Anlagen der im § 285 Abs. 2 bezeichneten Art wegen ihrer unerheblichen Einwirkung auf den Hochwasserabfluß keiner Genehmigung bedürfen oder von der Wasserpolizeibehörde widerruflich gestattet werden dürfen.

(3) Das Verzeichnis wird für jeden Wasserlauf, erforderlichenfalls unter Beifügung von Lageplänen, öffentlich ausgelegt. Im übrigen gelten die §§ 5, 6 mit der Maßgabe, daß auszugsweise Abschriften bei dem Landrat, in Stadtkreisen bei der Ortspolizeibehörde niedergelegt und auf dem laufenden erhalten werden.

(4) Der Neuaufstellung von Verzeichnissen bedarf es nicht, soweit solche beim Inkrafttreten dieses Gesetzes bereits nach § 12 des Gesetzes zur Verhütung von Hochwassergefahren vom 16. August 1905 (Gesetzsamml. S. 342) aufgestellt sind.

1. § 286 [263] entspricht dem § 2 HWSchG.

Im Abs. 1 ist die Vorschrift fortgelassen, daß die schiffbaren, besonders hochwassergefährlichen und die sonstigen Wasserläufe gesondert aufzuführen sind, da jetzt die Zugehörigkeit zu einem der Wasserläufe erster oder zweiter Ordnung auf Grund der §§ 2 und 3 festgestellt wird.

Abs. 2 Satz 2 ist aus Zweckmäßigkeitsgründen dahin abgeändert worden, daß in dem Verzeichnisse nicht diejenigen Anlagen aufzuzählen sind, welche genehmigungspflichtig sind, sondern diejenigen, bei welchem es einer Genehmigung nicht bedarf. Ferner ist es der Wasserpolizeibehörde gestattet, solche Anlagen von kleinerem Umfange widerruflich zu gestatten. Gedacht ist hierbei hauptsächlich an Weidezäune, die in kleineren Flußtälern, namentlich des Westens, jährlich zur Weidezeit aufgestellt und im Winter wieder entfernt werden; obwohl bei solchen Anlagen von jeder Genehmigung nicht abgesehen werden kann, da sie bei Hochwasser gefährliche Vorfluthindernisse bilden können, würde es doch zu umständlich sein, sie jedes Jahr einem neuen Genehmigungsverfahren gemäß § 287 zu unterwerfen; es genügt vielmehr, bei ihnen eine Gestattung durch die Polizeibehörde auf Widerruf vorzusehen, die es dem Unternehmer jedoch nicht verwehrt, eine dauernde Genehmigung auf Grund des § 287 nachzusuchen. Durch diese Bestimmung ist zugleich der § 7 HWSchG. überflüssig geworden, nach welchem schon bei Aufstellung des Verzeichnisses solche Erleichterungen zugelassen werden konnten, Begr. S. 206/7.

Abs. 3 entspricht den Abs. 3—7 des § 2 HWSchG. Um Wiederholungen zu vermeiden, ist auf die §§ 5 und 6 des Wassergesetzes mit einer Maßgabe verwiesen, die, nachdem auf Grund der Beschlüsse der Kommission des Abgeordnetenhauses der Bezirksausschuß an Stelle des Regierungspräsidenten und des Landrats als Wasserbuchbehörde bestimmt ist (§ 183), im Interesse der leichteren Orientierung der Ortseingesessenen und Lokalbehörden wünschenswert erschien, KB. AH. S. 362/3.

Die im § 399 Nr. 16 des Wassergesetzes ausgesprochene Aufhebung des HWSchG. macht die Vorschrift des Abs. 4 erforderlich, weil den sonst auf Grund des § 12 HWSchG. beim Inkrafttreten des Wassergesetzes bereits aufgestellten Verzeichnissen durch den Wegfall jenes Gesetzes die rechtliche Bedeutung entzogen würde und die Neuaufstellung dieser Verzeichnisse nach Maßgabe des § 286 Abs. 1—3 erforderlich wäre, Begr. S. 207.

2. Das gemäß § 286 aufzustellende Verzeichnis bezweckt, jedem die Möglichkeit zu geben, sich Gewißheit zu verschaffen, für welches Gebiet eine Genehmigung zu den in § 285 bezeichneten Anlagen erforderlich ist.

Als Überschwemmungsgebiet im Sinne dieser Vorschrift kommt derjenige Teil der Erdoberfläche in Betracht, welcher bei Hochwasser von dem aus den Ufern tretenden Wasser eingenommen wird. Bei der Bestimmung seiner Grenzen kann der höchste Wasserstand zugrunde gelegt werden, zugleich aber müssen dabei die wirtschaftlichen Bedürfnisse der von den Wasserläufen durchschnittenen Gebiete und die abzuwendenden Hochwassergefahren gebührend berücksichtigt werden, Hermes-Fechner Anm. 1 zu § 2 HWSchG. Außergewöhnliche Umstände sind aber nicht zu berücksichtigen, OVG. Bd. 44 S. 318, Bd. 54 S. 363.

§ 287.

(1) Zuständig für die Genehmigung (§ 285) ist bei Wasserläufen erster Ordnung der Bezirksausschuß, sonst der Kreis- (Stadt-) Ausschuß.

(2, 3) In erheblicheren Fällen hat die Genehmigungsbehörde vor der Beschlußfassung den Meliorationsbaubeamten, den zur Unterhaltung des Wasserlaufs Verpflichteten, den Vorstand von Wassergenossenschaften zur Unterhaltung oder zum Ausbau der Ufer, die übrigen Beteiligten und, wenn es sich um das Vorland von Verbandsdeichen handelt, den Vorstand der Deichverbände,

außerdem, wenn dem Antrage Bedenken entgegenstehen, den Antragsteller zu hören. Ferner hat die Genehmigungsbehörde zur Erhebung von Einwendungen in einer von ihr zu bestimmenden Frist öffentlich aufzufordern unter der Verwarnung, daß nach dieser Frist keine Einwendungen mehr erhoben werden können.

(4) Die Aufforderung ist in den Kreisblättern und nach dem Ermessen der Genehmigungsbehörde außerdem in ortsüblicher oder anderer Weise öffentlich bekannt zu machen. Sind nur Stadtkreise beteiligt, so ist die Aufforderung in ortsüblicher Weise bekannt zu machen.

1. § 287 [264] entspricht im wesentlichen dem § 3 HWSchG.

Die besonders hochwassergefährlichen Wasserläufe sind ebenso wie in § 286 nicht mehr besonders behandelt und der Genehmigung durch den Bezirksausschuß unterstellt, da auch dem Landrate und damit dem Kreisausschusse technische Beamte beigegeben werden sollen (vgl. § 353), Begr. S. 206.

Die Anhörung der in Abs. 2 bezeichneten Beteiligten ist, ebenso wie die Aufforderung zur Erhebung von Einwendungen (Abs. 3), um die Behörden zu entlasten, auf die wirklich bedeutsamen Fälle beschränkt, KB. AH. S. 363.

Der Kreis der nach Abs. 2 zu hörenden Beteiligten ist um den Flußunterhaltungspflichtigen (worunter bei Wasserläufen erster Ordnung, die vom Staate zu unterhalten sind, die Strombauverwaltung zu verstehen ist), den Vorstand von Wassergenossenschaften zur Unterhaltung oder zum Ausbau der Ufer, und bei vorhandenen Deichen um den Deichvorstand erweitert worden, da alle diese ein erhebliches Interesse an der Freihaltung des Überschwemmungsgebietes haben können, Begr. S. 207, KB. AH. S. 363.

Die Aufforderung gemäß Abs. 3 ist nicht wie in § 3 Abs. 3 HWSchG. fakultativ, sondern im Interesse der Beteiligten zwingend vorgeschrieben, jedoch auf die erheblicheren Fälle (Abs. 2) beschränkt.

2. Für das Verfahren selbst sind die Vorschriften der §§ 115 bis 126 LVG. maßgebend; es ist daher auch ein Vorbescheid gemäß § 117 dieses Ges. zulässig (KB. AH. S. 364), ferner steht es gemäß §§ 120, 76—79 im Ermessen der Beschlußbehörde, Erhebungen an Ort und Stelle zu veranlassen (Hermes-Fechner, Anm. 1 zu § 3 HWSchG.).

3. Als **Beteiligte** sind alle diejenigen anzusehen, in deren Rechtssphäre die zu genehmigende Anlage in ihren Wirkungen auf den Hochwasserabfluß eingreift, also insbesondere die benachbarten Grundeigentümer, Hermes-Fechner, Anm. 5 zu § 3 HWSchG.

§ 288.

(1) Die Genehmigung darf nur aus Rücksichten des Hochwasserschutzes versagt oder an Auflagen und Einschränkungen geknüpft werden.

(2) Die Genehmigung zur Herstellung von Anlagen darf nicht versagt werden, wenn die Nachteile, die für den Hochwasserabfluß zu befürchten sind, durch eine anderweite Verbesserung auf Kosten des Antragstellers wieder ausgeglichen werden.

(3) Tritt die herzustellende Anlage an die Stelle einer vorhandenen und wird der Abfluß nicht mehr als bisher behindert, so kann die Genehmigung nur, wenn Widerspruch erhoben wird, und nur gegen Entschädigung versagt werden. Die Entschädigung hat der Widersprechende zu leisten. Sie wird durch Beschluß des Bezirksausschusses festgesetzt. Der Beschluß kann binnen drei Monaten nach der Zustellung im Rechtswege angefochten werden.

§ 288 [265] entspricht im wesentlichen dem § 4 HWSchG.

Abs. 2 Nr. 2 hat eine redaktionelle Änderung erfahren.

Abs. 3 gibt die Nr. 1 des § 4 wieder, enthält jedoch die Neuerung, daß auch dann, wenn die herzustellende Anlage an die Stelle einer vorhandenen tritt und wenn der Abfluß *nicht mehr als bisher* behindert wird, die Genehmigung versagt werden kann, allerdings nur auf Widerspruch und gegen Entschädigung, welche der Widersprechende zu leisten hat. Diese Änderung des bisherigen Rechtszustandes (vgl. darüber *Hermes-Fechner*, Anm. 1 zu § 4, Anm. 8 zu § 1 HWSchG.) entspricht einem dringenden Bedürfnisse, da es häufig nicht genügt, eine Verschlechterung des bisherigen Zustandes zu verhindern, sondern eine Verbesserung desselben erforderlich ist.

Die Festsetzung der Entschädigung ist dem Bezirksausschusse (nach dem Entwurfe: der Genehmigungsbehörde gemäß § 287) übertragen, gegen dessen Entscheidung binnen 3 Monaten der ordentliche Rechtsweg gegeben ist, KB. AH. S. 364.

§ 289.

Gegen den Beschluß der Genehmigungsbehörde steht denen, die rechtzeitig Einwendungen erhoben haben, und soweit die Genehmigung versagt oder an Auflagen oder Einschränkungen geknüpft wird, auch dem Antragsteller innerhalb vier Wochen die Beschwerde an den Minister für Landwirtschaft, Domänen und Forsten zu.

§ 289 [266] entspricht dem § 6 HWSchG.

Die nach geltendem Rechte zweifelhafte Frage, wer zur Einlegung der Beschwerde gegen den Beschluß des Bezirksausschusses berechtigt ist, insbesondere ob dieses Recht nur dem Antragsteller zusteht oder auch sonstigen Beteiligten, ist ausdrücklich dahin klargestellt, daß alle diejenigen zur Beschwerde berechtigt sind, welche rechtzeitig Einwendungen erhoben haben. Rechtzeitig erhoben sind die Einwendungen, welche bis zum Ablauf der nach § 287 Abs. 3 in erheblicheren Fällen zu bestimmenden Frist und, soweit die nach § 287 Abs. 2 vor der Beschlußfassung zu Hörenden in Betracht kommen, bis zur Eröffnung des Beschlusses erhoben sind.

Die Vorschrift des § 6 Satz 2 HWSchG. ist entbehrlich, da die Strombauverwaltung als Unterhaltungspflichtige nach Maßgabe des § 287 Abs. 2 zu hören und daher, wenn sie im Verfahren Einwendungen erhoben hat, nach § 289 zur Beschwerde berechtigt ist. Auch der letzte Satz des § 6 konnte als selbstverständlich fortgelassen werden, da die Beschwerdefrist nach § 52 LVG. erst mit der Zustellung beginnt, diese also nicht mehr besonders vorgeschrieben zu werden braucht.

Hinzuweisen ist noch darauf, daß nach § 384 Abs. 1 auch dem Vorsitzenden der Genehmigungsbehörde das Beschwerderecht gemäß § 123 LVG. zusteht, Begr. S. 208.

§ 290.

Anordnungen, die erforderlich sind, um die Durchführung der im § 285 gegebenen Vorschriften zu sichern, trifft bei Wasserläufen erster Ordnung der Regierungspräsident, bei anderen Wasserläufen der Landrat, in Stadtkreisen die Ortspolizeibehörde.

1. § 290 [267] entspricht dem § 5 HWSchG. unter Fortlassung der besonders hochwassergefährlichen Wasserläufe (vgl. Anm. 1 zu § 264).

2. Gegen Anordnungen gemäß § 290 ist nicht die Beschwerde an den Minister für Landwirtschaft (§ 289), sondern das allgemeine Verwaltungsstreitverfahren gegeben, Hermes-Fechner, Anm. 1 zu § 5 HWSchG.

Dritter Titel.

Seedeiche an der Ostsee.

§ 291.

(1) Deiche, die gegen die Fluten der Ostsee schützen sollen, dürfen nicht ohne Genehmigung des Bezirksausschusses hergestellt, erweitert, verlegt und ganz oder teilweise beseitigt werden.

(2) Die zur Durchführung dieser Vorschriften erforderlichen Anordnungen trifft der Regierungspräsident.

(3) Im übrigen sind auf solche Deiche der § 285 Abs. 3, der § 287 Abs. 2 bis 4, der § 288 Abs. 1 und der § 289 anzuwenden.

Die §§ 1—3 des Deichgesetzes vom 28. Januar 1848 (DG.) beziehen sich nicht nur auf die Deiche an Wasserläufen, sondern auf die an der See gelegenen Deiche.

Die Geltung dieser Bestimmungen für Wasserläufe ist durch das HWSchG. beseitigt worden.

Gemäß § 399 Nr. 7 wird nunmehr das ganze Deichgesetz aufgehoben. Es bedarf daher besonderer Bestimmungen über die Seedeiche. Dies ist in der Weise geschehen, daß für die Seedeiche an der Nordsee das hannoversche und schleswig-holsteinische Sonderrecht den Wünschen der Bevölkerung entsprechend in den §§ 323—329 aufrechterhalten worden ist, während für die Seedeiche an der Ostsee die Vorschrift des § 291 [268] getroffen worden ist, Begr. S. 208/9.

Vierter Titel.

Beseitigung von Hindernissen des Hochwasserabflusses.

Das Hochwasserschutzgesetz und dementsprechend die §§ 261—267 regeln nur die Freihaltung des Überschwemmungsgebietes der Wasserläufe. Um aber den Hochwassergefahren wirksam entgegentreten zu können, bedarf es auch einer gesetzlichen Handhabe, den Hochwasserabfluß durch Beseitigung entgegenstehender Hindernisse zu verbessern (vgl. Vorbem. zum vierten Abschnitt). Diesem Zwecke dienen die Vorschriften der §§ 292 [269] ff., durch welche die Anwendbarkeit des Enteignungsrechts zur Beseitigung von Abflußhindernissen klargestellt wird, Begr. S. 209.

§ 292.

(1) Soweit es zur Verhütung von Hochwassergefahr notwendig ist, Erhöhungen der Erdoberfläche und über die Erdoberfläche hinausragende Anlagen (Deiche, Dämme und andere deichähnliche Erhöhungen; Gebäude, Mauern und andere bauliche Anlagen; Feldziegeleien, Einfriedigungen, Baum- und Strauchpflanzungen und ähnliche Anlagen), die den Abfluß des Hochwassers behindern, ganz oder teilweise zu beseitigen, kann das Recht zur Enteignung nach dem Enteignungsgesetz vom 11. Juni 1874 (Gesetzsamml. S. 221) gewährt werden.

(2) Über die Gewährung des Enteignungsrechts entscheidet der Bezirksausschuß nach Anhörung der Wasserpolizeibehörde durch einen mit Gründen versehenen Beschluß. Der Beschluß kann binnen zwei Wochen durch Beschwerde bei dem Minister der öffentlichen Arbeiten angefochten werden. Die Gewährung des Enteignungsrechts durch den Vorsitzenden nach § 117 des Landesverwaltungsgesetzes vom 30. Juli 1883 (Gesetzsamml. S. 195) ist nicht zulässig.

(3) Wird das Enteignungsrecht dem Staate oder einem Kommunalverbande gewährt, so können sie die Eigentümer derjenigen Grundstücke und Anlagen sowie diejenigen Verbände und Körperschaften des öffentlichen Rechtes, denen die Beseitigung zum Vorteil gereicht, zu den Kosten des Unternehmens nach Verhältnis des ihnen aus diesem erwachsenden Vorteils heranziehen. Der Beitrag darf für jeden Herangezogenen das Maß des ihm erwachsenden Vorteils nicht übersteigen. Auf Antrag des Unternehmers setzt der Bezirksausschuß die Höhe des Beitrags fest. Gegen den Beschluß ist binnen zwei Wochen die Beschwerde bei dem Landeswasseramte zulässig.

1. Indem § 292 [269] Abs. 1 das Enteignungsgesetz vom 11. Juni 1874 für anwendbar erklärt, „soweit es zur Verhütung von Hochwassergefahren notwendig ist", gibt er zu erkennen, daß die dort genannten Verhütungsmaßnahmen in allen Fällen Unternehmungen, welche dem öffentlichen Wohle dienen, im Sinne des § 1 EG. darstellen. Bei der

Gewährung des Enteignungsrechtes gemäß Abs. 2 ist daher nur zu prüfen, ob die Durchführung des Projekts zur Verhütung von Hochwassergefahren geboten ist, nicht aber außerdem noch, ob diese Verhütung im einzelnen Falle dem öffentlichen Wohle dient, Begr. S. 209.

2. Um das Enteignungsverfahren schneller durchführen zu können, soll der Bezirksausschuß über die Gewährung des Enteignungsrechtes beschließen. Im übrigen finden die Bestimmungen des EG. Anwendung, Begr. S. 210.

3. Durch Abs. 3 soll auch dem Staate und den Kommunalverbänden, welche in manchen Fällen sich der in erster Linie den Genossenschaften, welche die Beseitigung von Hindernissen des Hochwasserabflusses bezwecken (206 Nr. 11), obliegenden Aufgabe nicht entziehen können, mit Hilfe des Enteignungsrechtes gegen Hindernisse des Hochwasserabflusses vorzugehen, die den Genossenschaften schon auf Grund des § 225 gegebene Möglichkeit gewährt werden, diejenigen, welche von der Beseitigung der Hindernisse Vorteil haben, nach Maßgabe dieses Vorteils zu den Kosten des Unternehmens heranzuziehen, Begr. S. 210.

Die Höhe der Beiträge setzt der Bezirksausschuß fest, gegen dessen Beschluß nicht, wie dies der Entwurf vorsah, die Beschwerde an die Minister, sondern auf Grund der Beschlüsse der Kommission des Abgeordnetenhauses, die Beschwerde an das Landeswasseramt zulässig ist, KB. AH. S. 365/6.

§ 293.

Wenn einer nach § 238 oder nach § 245 Abs. 1 Nr. 4 gebildeten Genossenschaft zur Beseitigung von Hindernissen des Hochwasserabflusses durch das Unternehmen Lasten entstehen würden, die in keinem Verhältnis zu den ihnen dadurch erwachsenden Vorteilen oder zu ihrer Leistungsfähigkeit stehen, sollen sich Staat und Provinzialverband an der Aufbringung der Kosten beteiligen. Der Beitrag des Staates muß den Beitrag des Provinzialverbandes mindestens erreichen. An die Stelle des Provinzialverbandes treten in der Provinz Hessen-Nassau der Bezirksverband, in den Hohenzollernschen Landen der Landeskommunalverband. Rechte gegen den Staat und den Provinzialverband werden hierdurch nicht begründet.

1. Über die Träger der Unternehmen zur Beseitigung von Hochwasserabflußhindernissen enthält der vierte Titel keine Bestimmung. Als solche kommen vor allem Kommunal-, Deichverbände und Wassergenossenschaften in Betracht, vgl. a. § 292 Anm. 3.

Werden nun solche Genossenschaften unter Anwendung des Beitrittszwanges gemäß § 238 oder als Zwangsgenossenschaften auf Grund des § 245 Abs. 1 Nr. 4 gebildet, so kann dies zu einer Überbürdung der zu solchen Genossenschaften Herangezogenen führen. § 293 [270] sieht deshalb für diese Fälle eine Beihilfe des Staates und der

Provinzen vor, welch letztere, da die Beseitigung der Abflußhindernisse zugleich eine Landesmelioration in sich schließt, schon nach § 4 Nr. 2 des Dotationsgesetzes vom 8. Juli 1875 (GS. S. 497) zu einer solchen Beisteuer verpflichtet sind. Nach dem Entwurfe sollte eine Heranziehung des Staates jedoch nur bei Wasserläufen erster Ordnung zulässig sein und zwar zur Hälfte neben den Provinzen, während bei den übrigen Wasserläufen nur die Provinzen beitragspflichtig sein sollten, Begr. S. 210. Die Kommission des Abgeordnetenhauses hat den § 293 entsprechend ihren Beschlüssen über die Beteiligung des Staates und der Provinzen an dem Ausbau der Wasserläufe zweiter Ordnung (§§ 176 ff.) dahin abgeändert, daß die Beteiligung von Staat und Provinzen bei allen Wasserläufen in mindestens gleicher Weise und gleichem Maße stattfinden soll. Ein Recht auf eine solche Beihilfe besteht aber nicht, KB. AH. S. 366 ff., Sten. B. HH. S. 789.

Fünfter Titel.

Deichverbände.

§ 294.

(1) Soweit es zur Abwendung gemeiner Gefahr oder zur Förderung der Landeskultur notwendig ist, können Deichverbände zur gemeinsamen Herstellung, Erweiterung und Unterhaltung von Deichen und dazu gehörenden Sicherungs-, Entwässerungs- und Bewässerungsanlagen durch die Eigentümer der der Überschwemmung ausgesetzten Grundstücke gebildet werden, wenn deren Mehrheit (§ 296) der Bildung des Deichverbandes zustimmt. Andere Beteiligte, insbesondere die Eigentümer der außendeichs verbleibenden Vorländer, sind zu hören.

(2) Zur Abwendung gemeiner Gefahr können Deichverbände auch ohne die Zustimmung der Beteiligten gebildet werden. In diesen Fällen ist vorher der Wasserbeirat (§ 367) zu hören.

1. Über die geschichtliche Entwicklung der Deichverbände vgl. Nieberding-Frank S. 415 ff., sowie Anschütz in Bd. III des Handw. für Staatsw. Bd. III unter „Deichwesen".

2. § 294 [272] läßt die Bildung von Deichverbänden zu den gleichen Zwecken zu wie § 11 DG. Eine wesentliche Abweichung vom DG. liegt aber darin, daß gemäß § 294 Abs. 2 die zwangsweise Bildung von Deichverbänden nur in Fällen gemeiner Gefahr statthaft ist, während nach § 11 DG. dies auch im Interesse der Landeskultur zulässig war. Daß in diesen letzteren Fällen die Zustimmung der Mehrheit der Beteiligten erforderlich ist, entspricht der ähnlichen Vorschrift für Wassergenossenschaften zu landeskulturellen Zwecken in § 238 und auch der Abänderung, mit welcher das DG. durch das Gesetz von 1872 (Art. I Nr. 4) in den Provinzen Hannover und Schleswig-

Holstein eingeführt worden ist, nur soll die hier vorgeschriebene Anhörung des ständischen Verwaltungsausschusses der Provinz (Provinzialausschuß) durch die Anhörung des Wasserbeirats (§§ 367—369) ersetzt werden, Begr. S. 211/2; vgl. a. Nieberding-Frank S. 423, Anschütz, a. a. O. S. 471.

§ 295.

Deichverbände sollen insbesondere gebildet werden, um:

1. die Eigentümer der Grundstücke einer noch nicht eingedeichten Niederung zur gemeinsamen Herstellung und Unterhaltung von Anlagen der im § 294 bezeichneten Art zu verpflichten;
2. die Eigentümer einer schon eingedeichten Niederung zur gemeinsamen Verbesserung und Unterhaltung von Anlagen zu verpflichten, die bisher nur von einzelnen Beteiligten ausgeführt und unterhalten wurden;
3. Anlagen der unter Nr. 2 bezeichneten Art und die Eigentümer der durch sie geschützten Grundstücke einem schon bestehenden Deichverband anzuschließen;
4. Anlagen eines schon bestehenden Deichverbandes zu erweitern und auf nicht eingedeichte Grundstücke auszudehnen.

§ 295 [273] entspricht in etwas veränderter Fassung dem § 12 DG., dessen § 13 als entbehrlich fortgelassen ist. Er bezeichnet die Zwecke, zu denen Deichverbände gebildet werden können. Begr. S. 212, KB. AH. S. 380/1; vgl. a. Nieberding-Frank S. 422.

§ 296.

(1) Bei der Abstimmung über die Bildung eines Deichverbandes wird die Mehrheit sowohl nach der Fläche als auch nach dem Grundsteuerreinertrage der einzudeichenden Grundstücke und, wenn diese Grundstücke sämtlich einem Auseinandersetzungsverfahren unterliegen und in diesem besonders abgeschätzt sind, nach dem so ermittelten Werte oder Ertrage berechnet.

(2) In den Fällen des § 296 Nr. 3, 4 gilt eine Mehrheit im Sinne des § 294 nur dann als vorhanden, wenn außer der Mehrheit der nicht zu einem Deichverbande gehörenden Grundstücke, nach Abs. 1 berechnet, auch die bereits bestehenden Deichverbände der Bildung des neuen Deichverbandes zustimmen.

In Abweichung von § 11 DG., nach welchem bei Bildung eines Deichverbandes die Beteiligten nur zu hören waren (Nieberding-Frank S. 426), ist gemäß § 294 in der Regel eine Abstimmung erforderlich. Es bedarf daher einer Regelung des Abstimmungsverhältnisses. Diese ist, da der Deichverband nur aus Eigentümern von Grundstücken gebildet werden kann (§ 294 Abs. 1), in Anschluß an die für solche bei der Bildung von Wassergenossenschaften bestehenden Vorschriften (§ 238 Abs. 2) erfolgt. Soweit etwa Bergwerksgrundstücke usw.

höhere Vorteile von der Eindeichung haben als andere wird dieses bei der Bemessung der Beiträge gemäß § 310 zu berücksichtigen sein, Begr. S. 212.

§ 297.

Auf das Verfahren zur Bildung von Deichverbänden sind die Vorschriften der §§ 248 bis 273 über das Verfahren zur Bildung von Wassergenossenschaften entsprechend anzuwenden.

Für die Bildung von Deichverbänden gelten zweckmäßig dieselben Verfahrensvorschriften wie für die Bildung von Wassergenossenschaften (vgl. a. Vorbem.), Begr. S. 212; vgl. über dieses Verfahren nach früherem Recht Nieberding-Frank S. 426 ff.

§ 298.

(1) Mehrere Deichverbände, die ein gemeinschaftliches Interesse an der Erhaltung ihrer Deiche, der Neuanlegung von Deichen oder der Anlegung und Erweiterung von Entwässerungs- oder Bewässerungsanlagen haben, können beschließen:

1. **unter Auflösung der einzelnen Verbände sich zu einem einzigen Deichverbande zu vereinigen,**
2. **ohne Auflösung einen gemeinschaftlichen Deichverband zu bilden, dem die Erfüllung gemeinsamer Aufgaben überwiesen wird.**

(2) Die Rechtsverhältnisse des neuen Deichverbandes sind durch eine Satzung zu regeln, die der Genehmigung des Regierungspräsidenten bedarf.

(3) Stimmen nicht alle beteiligten Deichverbände der Bildung des neuen Deichverbandes oder der Satzung zu, so kann der Deichverband durch eine nach § 297 zu erlassende Satzung gebildet werden, wenn die den zustimmenden Deichverbänden angehörenden Grundstücke nach dem im § 296 Abs. 1 bestimmten Maßstab die Grundstücke der widersprechenden Deichverbände übertreffen.

(4) Mit der Genehmigung oder dem Erlaß der Satzung gehen die Rechte und Verbindlichkeiten der aufgelösten Deichverbände auf den neugebildeten Deichverband über.

§ 298 [276] entspricht dem § 14 DG. (Nieberding-Frank S. 422). Die Satzung ist jedoch in Abweichung von dem Entwurfe in den Fällen des Abs. 3 nicht vom Könige, sondern gemäß § 297, d. h. entsprechend den für die Wassergenossenschaften geltenden Vorschriften, also durch den Regierungspräsidenten (§ 270 Abs. 3) zu erlassen, KB. AH. S. 381.

§ 299.

(1) Der Deichverband muß einen Vorstand haben. Dieser kann aus einer Person als Deichvorsteher oder aus mehreren Personen, von denen eine als Deichvorsteher den Vorsitz führt, bestehen.

(2) Die Wahl des Deichvorstehers (Deichhauptmann, Deichrichter, Deichgraf, Deichgräf usw.) bedarf der Bestätigung durch die Aufsichtsbehörde (§ 302). Wird die Bestätigung versagt oder kommt die Wahl des Vorstandes oder einzelner Mitglieder nicht zustande, so stehen der Aufsichtsbehörde die im § 218 bezeichneten Befugnisse zu.

(3) Im übrigen ist der § 212 Abs. 2 bis 4 anzuwenden.

Nach § 15 DG. mußte jeder Deichverband eine Satzung haben, in welcher die Organisation, sowie die Befugnisse und Pflichten der Deichverwaltungsbehörde näher zu bestimmen waren. Über den sonstigen Inhalt der Satzung verhielt sich das Normaldeichstatut §§ 29 ff. (Erl. v. 14. Nov. 1853), dessen Bestimmungen stets in die bisher erlassenen Satzungen Aufnahme gefunden haben.

§ 299 [277] gibt demgegenüber in Anschluß an den für die Wassergenossenschaften geltenden § 212 die zwingenden Vorschriften im Gesetze selbst. Eine Bezugnahme auf den § 212 im Ganzen war nicht angängig, da für die Deichvorsteher das im § 29 Abs. 2 des Erl. v. 14. Nov. 1853 enthaltene Bestätigungsrecht aufrechterhalten werden muß.

Bezüglich der Organisation der Deichverbände gibt § 299 i. V. m. § 301 Abs. 2, § 212 Abs. 2, 4, § 214 Nr. 7 die Möglichkeit, dieselbe den bestehenden Verschiedenheiten und dem in den verschiedenen Landesteilen bestehenden Herkommen anzupassen. Es kann sowohl ein kollegialer Deichvorstand (Deichamt), als auch ein Einzelvorsteher mit und ohne Gehilfen eingesetzt werden, die Deichgenossen können sowohl durch eine Repräsentation (Ausschuß), als auch durch eine allgemeine Mitgliederversammlung an der Verwaltung mitwirken; wegen des bisherigen Rechts vgl. Nieberding-Frank S. 430 ff., Anschütz a. a. O. S. 472/3.

Die in dem § 300 Abs. 2 hinter „Deichvorsteher" und im § 307 Abs. 1 hinter „Mitgliedern des Deichvorstandes" eingeklammerten Benennungen wollen darauf hinweisen, daß in den Satzungen die herkömmlichen Amtsbezeichnungen beibehalten werden können, Begr. S. 212/3.

§ 300.

Auf Verlangen der Aufsichtsbehörde hat der Deichverband für die technische Verwaltung einen technisch genügend vorgebildeten Beamten anzustellen, der der Bestätigung durch die Aufsichtsbehörde bedarf. Kommt der Deichverband dieser Verpflichtung nicht nach oder wird die Bestätigung versagt, so stehen der Aufsichtsbehörde die im § 218 bezeichneten Befugnisse zu.

1. § 300 [278] entspricht dem § 36 des Normaldeichstatuts.

2. Um bei kleinen, wenig gefährdeten Deichverbänden die Möglichkeit zu geben, von der Anstellung eines technischen Beamten abzusehen, sind die Eingangsworte des § 300 von der Kommission des Abgeordnetenhauses eingefügt worden, KB. AH. S. 381.

3. Der technische Beamte braucht nicht, wie bisher, eine höhere akademische Vorbildung zu besitzen, es genügt vielmehr, daß er eine Wiesenbauschule, Baugewerkschule oder eine ähnliche mittlere Lehranstalt besucht hat, KB. AH. S. 381.

4. Nicht jeder Deichverband braucht für sich einen besonderen Beamten anzustellen, es können sich vielmehr mehrere Verbände zu diesem Zwecke zusammenschließen, auch kann die Stelle im Nebenamte, z. B. mit einem Kreisbaumeister, besetzt werden, KB. AH. S. 381/2.

§ 301.

(1) Die Rechtsverhältnisse des Deichverbandes und seiner Mitglieder richten sich, soweit sie nicht in diesem Gesetz geregelt sind, nach der Satzung.

(2) Für die Satzung gilt der § 214.

§ 301 [279] entspricht dem § 15 DG. (vgl. a. § 213 des Wasserges.)

§ 302.

(1) Der Deichverband steht unter der Aufsicht des Staates.

(2) Die Aufsicht beschränkt sich auf die ordnungsmäßige Ausführung, Unterhaltung und Wiederherstellung der gemeinschaftlichen Anlagen sowie darauf, daß die Angelegenheiten des Deichverbandes nach den Gesetzen und der Satzung verwaltet werden.

(3) Die Aufsicht führt bei Deichverbänden, deren Deiche ganz oder teilweise an Wasserläufen erster Ordnung liegen, der Regierungspräsident, in zweiter Instanz der Oberpräsident, bei anderen Deichverbänden der Landrat als Vorsitzender des Kreisausschusses, in Stadtkreisen die Ortspolizeibehörde, in zweiter Instanz der Regierungspräsident. Zuständig ist die Behörde, in deren Bezirk der Deichverband seinen Sitz hat.

(4) Werden im Gebiete eines Deichverbandes Unterdeichverbände gebildet, so kann in der Satzung bestimmt werden, daß die Aufsicht über die Unterdeichverbände in erster Instanz von dem Deichvorsteher des Hauptdeichverbandes geführt wird. In diesem Falle führen die nach Abs. 3 für den Hauptdeichverband zuständigen Aufsichtsbehörden erster und zweiter Instanz die Aufsicht über die Unterdeichverbände in zweiter und dritter Instanz; wo in diesem Abschnitte die Beschwerde an die Aufsichtsbehörde zugelassen ist, geht die Beschwerde in erster Instanz an den Deichvorsteher des Hauptdeichverbandes, in zweiter Instanz an die sonst als Aufsichtsbehörde in erster Instanz für den Hauptdeichverband zuständige Behörde und gegen deren Entscheidung in dritter Instanz an die sonst für den Hauptdeichverband zuständige Aufsichtsbehörde zweiter Instanz.

(5) Die Aufsichtsbehörde ist berechtigt, ihre Anordnungen unmittelbar durchzusetzen.

1. § 15a DG. bestimmt, daß die Satzung das den Staatsbehörden beizulegende Recht der Oberaufsicht regeln soll. Die näheren Bestimmungen in dieser Hinsicht sind in den §§ 24—38 des Normaldeichstatuts getroffen (vgl. Nieberding-Frank S. 452 ff.). Auch hier erschien es zweckmäßiger, die diesbezüglichen Vorschriften unmittelbar im Gesetze selbst zu treffen (vgl. a. Anm. zu § 299). Dies ist in den §§ 302—304 geschehen, Begr. S. 213.

2. § 302 Abs. 2 entspricht dem § 24 Abs. 3 des Normaldeichstatuts, dem § 49 WGG., sowie dem § 217 Abs. 2 des Wasserges. (vgl. die Anm. 1 dazu).

3. Nach § 24 Abs. 2 des Normaldeichstatuts sollte als Aufsichtsbehörde in allen Fällen die Bezirksregierung (nach § 18 LVG. der Regierungspräsident) zuständig sein. Nach Abs. 2 soll bei Wasserläufen zweiter und dritter Ordnung der Landrat hier zuständig sein, was der Regelung dieser Frage bei den Wassergenossenschaften in § 217 entspricht, vgl. im übrigen Begr. S. 213/4.

4. Der Abs. 3a ist von dem Abgeordnetenhause in zweiter Lesung eingefügt worden mit Rücksicht auf die bestehenden Verhältnisse in den großen Deichverbänden, z. B. dem Weichsel-, Nogat-Verbande, in welchen der Deichvorsteher des Hauptverbandes die Aufsicht über die Unterverbände führt, Sten. B. AH. S. 8242 ff.

§ 303.

(1) Zur Veräußerung von Grundstücken oder zur Aufnahme von Anleihen, mit Ausnahme solcher, durch die der Schuldenbestand nicht vermehrt wird, sowie zum Bau neuer Schleusen in den Deichen bedarf der Deichverband der Genehmigung der Aufsichtsbehörde.

(2) Zu den Beschlüssen über die Vergütung des Deichvorstehers und des technischen Deichbeamten ist gleichfalls die Genehmigung der Aufsichtsbehörde erforderlich.

(3) Sind diese Vergütungen offenbar unzulänglich, so hat die Aufsichtsbehörde sie angemessen festzusetzen. Dasselbe gilt von den Vergütungen der anderen Angestellten des Deichverbandes.

(4) Durch die Satzung kann die Genehmigung auch für andere Fälle vorgeschrieben werden.

§ 303 [281] entspricht dem § 57 des Normaldeichstatuts (vgl. Nieberding-Frank S. 453); aus dessen Bestimmung zu b ist das Erfordernis der Aufsichtsgenehmigung zum Bau neuer Deiche weggelassen, da die für Deichverbände früher nicht erforderlich gewesene, durch das HWSchG. eingeführte Genehmigung des Bezirks-, bzw. Kreis- oder Stadtausschusses in das Gesetz übernommen ist, Begr. S. 214.

§ 304.

(1) Unterläßt oder verweigert es der Deichverband, die ihm gesetz- oder satzungsmäßig obliegenden, von einer Behörde innerhalb der Grenzen ihrer Zuständigkeit festgestellten Leistungen und Ausgaben in den Haushaltsplan aufzunehmen oder außerordentlich

zu genehmigen, so kann die Aufsichtsbehörde unter Anführung der Gründe die Aufnahme in den Haushaltsplan oder die Feststellung der außerordentlichen Ausgaben und die Einziehung der erforderlichen Beiträge verfügen.

(2) Gegen die Verfügung steht dem Deichverbande binnen zwei Wochen die Beschwerde an die Aufsichtsbehörde zweiter Instanz und gegen deren Bescheid binnen gleicher Frist die weitere Beschwerde an den Minister für Landwirtschaft, Domänen und Forsten zu.

§ 304 [282] entspricht dem § 27 des Normaldeichstatuts, vgl. Nieberding-Frank S. 453.

§ 305.

Der Deichvorsteher kann die nur zu mechanischen Verrichtungen berufenen Angestellten des Deichverbandes zur Erfüllung ihrer Pflichten durch Ordnungsstrafen bis zu dreißig Mark anhalten. Die Strafgelder fließen in die Deichkasse.

§ 305 [283] entspricht dem § 33 des Normaldeichstatuts (Nieberding-Frank S. 446). Das Höchstmaß der zu verhängenden Ordnungsstrafen ist von 9 Mark (Entwurf) auf 30 Mark heraufgesetzt worden, KB. AH. S. 384.

§ 306.

Die zum Schutze der Deiche und anderer Anlagen des Deichverbandes erforderlichen Polizeiverordnungen erläßt bei Deichverbänden, über die der Regierungspräsident in erster oder im Falle des § 302 Abs. 4 in zweiter Instanz die Aufsicht führt, der örtlich zuständige Regierungspräsident, sonst der örtlich zuständige Landrat, in Stadtkreisen die örtlich zuständige Ortspolizeibehörde, und zwar der Regierungspräsident auch für einzelne Kreise oder Teile von Kreisen, der Landrat auch für einzelne Ortspolizeibezirke oder Teile von solchen, nach den §§ 137, 139 flg. des Landesverwaltungsgesetzes vom 30. Juli 1883 (Gesetzsamml. S. 195). Zu den Anlagen des Deichverbandes gehören auch die Wasserläufe, die von ihm zu unterhalten sind oder der Aufsicht der Deichverwaltungsbehörde unterstehen.

1. § 306 [284] Satz 1 will die nach dem bisherigen Rechte bestandenen Zweifel, welcher Behörde das Polizeiverordnungsrecht zum Schutze der Deiche usw. zusteht (vgl. darüber Anschütz a. a. O. S. 472), beseitigen, Begr. S. 214—215.

Ein Antrag, auch die vorherige Anhörung des Deichvorstandes vorzuschreiben, wurde wegen der daraus möglichen praktischen Schwierigkeiten, von der Kommission des Abgeordnetenhauses abgelehnt, KB. AH. S. 384.

2. Welche Wasserläufe im Sinne des Satz 2 von dem Deichverbande zu unterhalten sind oder seiner Aufsicht unterstehen, ergibt sich aus der Satzung, aus dem Plane oder einer späteren Ergänzung derselben, KB. AH. S. 384; vgl. a. Begr. S. 214, Sten. B. AH. S. 8245/6.

§ 307.

(1) Die örtliche Polizei zum Schutze der Deiche und der im § 306 bezeichneten Anlagen (örtliche Deichpolizei) wird von dem Deichvorsteher wahrgenommen; durch die Satzung können die örtliche Deichpolizei oder einzelne ihrer Geschäfte anderen Mitgliedern des Deichvorstandes (Deichgeschworene, Deichschöppen, Deichschulzen, Heimräte usw.) übertragen werden.

(2) Der Bezirksausschuß ist befugt, eine Benutzung der Deiche, die ihre Widerstandskraft schwächen kann, zu beschränken oder ganz zu untersagen. Wer hierdurch in der Ausübung eines Rechtes beeinträchtigt wird, kann von dem Unterhaltungspflichtigen Entschädigung fordern.

(3) Gegen den Beschluß des Bezirksausschusses ist innerhalb zwei Wochen die Beschwerde an den Minister für Landwirtschaft, Domänen und Forsten zulässig.

(4) Soweit der Beschluß die Entschädigung betrifft, kann binnen drei Monaten der Rechtsweg beschritten werden. Die Frist beginnt mit dem Zeitpunkte der Rechtskraft desjenigen Teiles des Beschlusses, durch den die Beschränkung oder Untersagung angeordnet wird.

(5) Die zur Durchführung der Beschlüsse des Bezirksausschusses erforderlichen Anordnungen trifft der Regierungspräsident.

1. § 29 des Normaldeichstatuts hatte von § 15e DG, welcher eine Übertragung der grundsätzlich der Bezirksregierung als Landespolizeibehörde zustehenden Deichpolizei auf die Deichverwaltungsbehörde durch Statut zuließ, Gebrauch gemacht und die örtliche Deichpolizei dem Deichhauptmann übertragen. Diese in fast alle neueren Statuten übernommene Regelung legt § 307 [285] Abs. 1 gesetzlich fest, und hält zugleich die jetzt vorhandene Möglichkeit offen, auch andere Mitglieder des Deichvorstandes zur Erledigung örtlicher Geschäfte der Deichpolizei heranzuziehen, Begr. S. 214.

2. Abs. 2 gibt den § 24 DG. wieder.

Die hier der Behörde erteilte Befugnis gehört nach der Entscheidung des OVG. v. 5. Dez. 1903 (Entsch. Bd. 45 S. 332) nicht zur Zuständigkeit der örtlichen Deichpolizei. Es soll vielmehr durch diese Bestimmung der Behörde die Berechtigung erteilt werden, auch eine an sich erlaubte Benutzung der Deiche zu beschränken oder zu untersagen, sobald sie deren Widerstandsfähigkeit zu schwächen geeignet ist; es handelt sich also um eine Art von Enteignung, weshalb im zweiten Satze eine Verpflichtung zur Entschädigung des Berechtigten vorgeschrieben ist, gegen deren Festsetzung nach den Beschlüssen der Kommission des Abgeordnetenhauses binnen drei Monaten der ordentliche Rechtsweg gegeben ist, Begr. S. 215, KB. AH. S. 385/6.

Ein Antrag, solche Beschlüsse von der Zustimmung des Deichvorstandes abhängig zu machen, ist von der Kommission des Abgeordnetenhauses abgelehnt worden; der Bezirksausschuß wird aber diesen in der Regel vorher hören, KB. AH. S. 385.

Die Kommission des Abgeordnetenhauses hat auch in den Fällen des Abs. 2 den Bezirksausschuß stets für zuständig erklärt, während der Entwurf hier die Zuständigkeit je nach der Bedeutung der Wasserläufe und Deiche unter den Bezirksausschuß und den Kreis- bzw. Stadtausschuß verteilen wollte.

Ebenso ist in Abs. 4 die Durchführung der Beschlüsse, zu der die Beschlußbehörden nicht geeignet sind, nicht dem Regierungspräsidenten oder dem Landrat, sondern lediglich dem ersteren übertragen worden, Begr. S. 215, KB. AH. 385/6.

§ 308.

(1) Der Deichvorsteher und die anderen mit örtlichen Geschäften der Deichpolizei betrauten Mitglieder des Deichvorstandes sind berechtigt, ihre polizeilichen Anordnungen durch die im § 227 Abs. 1 bezeichneten Zwangsmittel durchzusetzen. Der § 227 Abs. 2 ist anzuwenden.

(2) Gegen polizeiliche Verfügungen des Deichvorstehers und der anderen Mitglieder des Deichvorstandes, einschließlich der Androhung, Festsetzung und Ausführung eines Zwangsmittels, ist binnen zwei Wochen die Beschwerde an die Aufsichtsbehörde und binnen der gleichen Frist die weitere Beschwerde an die Aufsichtsbehörde zweiter Instanz zulässig. Die Beschwerden sind bei der für die Entscheidung zuständigen Behörde oder bei der Behörde anzubringen, gegen deren Verfügung sie sich richten.

(3) Das gegen die Androhung eines Zwangsmittels gerichtete Rechtsmittel erstreckt sich zugleich auf die Anordnung, um deren Ausführung es sich handelt, wenn sie nicht bereits Gegenstand eines besonderen Beschwerdeverfahrens geworden ist.

1. Der Abs. 1 des § 308 [286] dient ebenso wie § 309 Abs. 1 dem Zwecke, die Zwangsbefugnisse der Deichbehörden deutlicher als bisher im Gesetze selbst klarzustellen, Begr. S. 215.

2. Mit Rücksicht auf die besondere Eigenart des Deichwesens, die bei der großen Gefahr, welche eine Vernachlässigung der Deichpflicht mit sich bringt, nicht die mit dem Klagewege verbundene Verzögerung gestattet, sondern eine schnelle Erledigung von Streitfragen erfordert, ist nach Abs. 2 gegen die Verfügungen der örtlichen Deichpolizei nur die Beschwerde im Aufsichtswege zulässig, Begr. S. 215.

3. Abs. 3 entspricht dem auch sonst geltenden Rechte (vgl. § 133 Abs. 1 LVG.), Begr. S. 216.

§ 309.

(1) Die Deichverwaltungsbehörden (Deichvorstand, Deichvorsteher) sind berechtigt, Anordnungen, die sie in Ausübung ihrer Befugnisse gegen einzelne Genossen richten, durch die im § 227 Abs. 1 bezeichneten Zwangsmittel durchzusetzen. Der § 227 Abs. 2 ist anzuwenden.

(2) Die Anordnungen und Beschlüsse der Deichverwaltungsbehörden können nach § 286 Abs. 2, 3 angefochten werden, wenn nicht durch dieses Gesetz der Rechtsweg oder das Verwaltungsstreitverfahren zugelassen oder durch die Satzung das schiedsgerichtliche Verfahren vorgeschrieben ist.

1. Zu Abs. 1 vgl. Anm. 1 zu § 308.

2. Abs. 2 beruht auf denselben Gründen wie § 308 Abs. 2, vgl. dort Anm. 2, sowie Begr. S. 215/6.

§ 310.

(1) Die zur Herstellung und Unterhaltung der Deiche und der dazu gehörenden Sicherungs-, Entwässerungs- und Bewässerungsanlagen erforderlichen Beiträge und Leistungen sind nach dem in der Satzung zu bestimmenden Maßstab von allen zum Deichverbande gehörenden Grundstücken aufzubringen (Deichpflicht), auch wenn diese sonst von den öffentlichen Lasten befreit oder dabei bevorrechtet sind. Als Verteilungsmaßstab ist in der Regel das Verhältnis des abzuwendenden Schadens und herbeizuführenden Vorteils anzunehmen; aus besonderen Gründen kann jedoch ein anderer Maßstab zugelassen werden.

(2) Eine Befreiung von der Deichpflicht kann nicht erworben werden.

(3) Die Deichpflicht ist eine öffentlichrechtliche Verpflichtung. Der § 223 und der § 224 Abs. 1 Satz 2, Abs. 2 sind anzuwenden.

(4) Auf die Heranziehung und Veranlagung zur Deichpflicht ist der § 226 Abs. 2, 3 anzuwenden.

1. Abs. 1 und 2 des § 310 [288] entsprechen dem § 16, Abs. 3 dem § 18 DG. § 17 DG. ist nicht übernommen, weil die dort behandelten Fälle der älteren Deichverbände inzwischen erledigt sind, Begr. S. 216; vgl. a. Nieberding-Frank S. 440/1, 431.

Die Ausgestaltung der Deichpflicht in Abs. 1 beruht auf dem Grundsatze der sog. Kommuniondeichung, d. h. Aufbringung der Kosten der von dem Verbande zu unterhaltenden Deiche durch Verteilung unter die Mitglieder (vgl. a. § 324), welche im Gegensatze zu der sog. Pfanddeichung steht, bei welcher jeder Deichgenosse ein ihm zugewiesenes Stück des Deiches instandzuhalten hatte (Anschütz a. a. O. S. 464).

2. Im Abs. 4 ist durch die Bezugnahme auf § 226 Abs. 2 und 3 das dort vorgesehene Rechtsmittelverfahren (Einspruch mit nachfolgender Klage im Verwaltungsstreitverfahren) zugelassen, während nach bisherigem Rechte (§ 22 DG.) nur die Beschwerde bei der Verwaltungsbehörde gegeben war (vgl. a. § 24 Abs. 4 des Normaldeichstatuts). Dies ist unbedenklich, da nach § 226 Abs. 2 Satz 4 durch die Klage die Vollstreckung nicht aufgehalten wird (vgl. a. Anm. 2 zu § 308), Begr. S. 216.

§ 311.

(1) Die Eigentümer der zum Deichverbande gehörenden Grundstücke und der Vorländer sind verpflichtet, dem Deichverbande die zu den Deichanlagen erforderlichen Grundstücke gegen Entschädigung abzutreten.

(2) Grenzen und Größe der abzutretenden Grundstücke, die vom Verbande zur Verhütung nachteiliger Wirkungen herzustellenden Sicherungsanlagen und die zu leistende Entschädigung werden durch Beschluß des Deichvorstandes festgestellt. Mit der Rechtskraft des Teiles des Beschlusses, durch den über die Verpflichtung zur Abtrennung entschieden wird, geht das Eigentum an den abzutretenden Grundstücken auf den Deichverband über.

(3) Soweit der Beschluß über die Entschädigung entscheidet, kann binnen drei Monaten der Rechtsweg beschritten werden, wenn nicht durch die Satzung die Entscheidung einem Schiedsgericht übertragen ist. Die Frist beginnt mit dem im Abs. 2 Satz 2 bezeichneten Zeitpunkte. Soweit Eigentümer von Vorländern eine Entschädigung beanspruchen können, kann die Entscheidung darüber nicht durch die Satzung einem Schiedsgericht übertragen werden.

(4) Im übrigen sind die §§ 7 bis 14, 16, 17, 33, 36 bis 39, 45 bis 49 des Enteignungsgesetzes vom 11. Juni 1874 (Gesetzsamml. S. 221) entsprechend anzuwenden.

(5) Auf die zu den Deichen gehörenden Entwässerungs- und Bewässerungsanlagen ist der § 222 anzuwenden.

§ 311 [289] ersetzt zum Teil den § 20 DG. sowie den § 23 des Normaldeichstatuts (vgl. Nieberding-Frank S. 432 ff.), enthält aber wesentliche Änderungen.

Zunächst wird bei der Hergabe von Grund und Boden unterschieden, ob er für die eigentlichen Deichanlagen und die zu diesen gehörenden Sicherheitsanlagen (Abs. 1—4) oder für die dazu gehörenden Ent- und Bewässerungsanlagen (Abs. 5) bestimmt ist, während § 20 DG. beide Fälle gleich behandelt.

Die Herstellung von Ent- und Bewässerungsanlagen geht über die den Deichverbänden unmittelbar gestellten Aufgaben hinaus und ist mit den den Wassergenossenschaften gestellten Aufgaben verwandt. Es ist daher gerechtfertigt, die Inanspruchnahme von Grundeigentum zu diesen Zwecken in Übereinstimmung mit § 222 dahin zu regeln, daß der Grundeigentümer die Anlagen dulden muß, aber nicht gezwungen werden kann, das Eigentum dem Deichverbande abzutreten, andrerseits auch keinen Anspruch darauf hat, daß ihm das Eigentum abgenommen wird (Abs. 5), Begr. S. 216.

Für die Abtretung des Eigentums bestimmt § 20 DG., daß der außerordentliche Wert nicht in Anrechnung zu bringen ist. Der Begriff des außerordentlichen Werts entstammt dem ALR., ist aber weder im gemeinen Rechte noch im code civil enthalten und auch nicht in die modernen Gesetze übergegangen. Der Entwurf hatte daher von der Verwendung dieses veralteten Begriffs abgesehen und wollte an dessen Stelle die Enteignung gegen Erstattung des gemeinen Werts zulassen, da eine solche Regelung im praktischen Erfolge der in § 20 DG. ziemlich gleichkomme, während die Gewährung einer vollständigen Entschädigung nach Maßgabe des EG. eine unberechtigte Ausdehnung der Entschädigungspflicht darstellen würde, Begr. S. 216/7. Die Kommission des Abgeordnetenhauses hat sich dem aber nicht angeschlossen und den § 311 Abs. 1 dahin gefaßt, daß dem zu Enteignenden Entschädigung, d. h. also vollständige Entschädigung im Sinne des EG. zu gewähren ist, KB. AH. S. 387.

2. Die Abs. 2 und 3, die das Verfahren näher bestimmen, schließen sich dem § 23 des Normaldeichstatuts an, enthalten aber einige wesentliche Ergänzungen, besonders hinsichtlich der bisher nicht zweifellosen Frage des Eigentumsübergangs.

3. Wegen der Aufrechterhaltung bestehender, von § 311 abweichender Satzungsbestimmungen vgl. § 313.

§ 312.

(1) Gegen Entschädigung müssen auf Anordnung des Deichvorstandes:

1. die Eigentümer der zum Deichverbande gehörenden Grundstücke und der Vorländer die Entnahme der zur Herstellung und Unterhaltung der Deiche und der dazu gehörenden Sicherungsanlagen erforderlichen Feld- und Bruchsteine, von Kies, Rasen, Sand, Lehm und anderer Erde aus ihren land- und forstwirtschaftlich genutzten Grundstücken, ihrem Unland und ihren Gewässern gestatten;
2. die Eigentümer der Vorländer die im Interesse der Herstellung und Unterhaltung der Deiche und der dazu gehörenden Sicherungs-, Entwässerungs- und Bewässerungsanlagen erforderlichen Beschränkungen des Grundeigentums dulden.

(2) Die Beschränkungen, denen sich die Eigentümer der Vorländer nach Abs. 1 Nr. 2 zu unterwerfen haben, sind in der Satzung näher zu bestimmen. Über die Höhe der Entschädigung beschließt im Streitfall der Bezirksausschuß. Der Beschluß kann binnen drei Monaten nach der Zustellung im Rechtswege angefochten werden.

§ 312 [290] regelt die Verpflichtung der Deichgenossen und Vorlandsbesitzer zur Hergabe der zur Herstellung und Unterhaltung der Deiche und der dazu gehörenden Sicherungsanlagen erforderlichen Baumaterialien sowie die sonstigen Verpflichtungen, welche den Besitzern der Vorländer, abgesehen von der Grundabtretung nach § 311, obliegen. Die erstere Verpflichtung ist in § 20 DG. festgestellt, während dessen § 21 bezüglich der letzteren sich darauf beschränkt, vorzuschreiben, daß im Deichstatute hierüber nähere Bestimmungen getroffen werden können. Diese sind in § 20 des Normaldeichstatuts enthalten; eine Entschädigung ist hier aber nicht vorgesehen. Daß aber eine solche gegeben wird, ist billig, da die Vorlandbesitzer nach § 294 (DG. § 21) nicht Mitglieder des Deichverbandes sind und von dessen Anlagen keinen Vorteil haben, Begr. S. 217. Aus diesen Gründen vermochten auch die gegen diese Entschädigungspflicht in der Kommission grundsätzlich geltend gemachten Bedenken nicht durchzudringen, KB. AH. S. 387. Vgl. jedoch wegen der Aufrechterhaltung abweichender Satzungsbestimmungen § 313.

Über die Höhe der gemäß Abs. 1 zu gewährenden Entschädigung beschließt im Streitfalle nicht der Deichvorstand, wie dies der Entwurf vorsah, sondern der Bezirksausschuß, KB. AH. S. 387 ff.

Im übrigen gibt § 312 das geltende Recht wieder. Daß übrigens die Deichgenossen durch die Satzung verpflichtet werden können, andere als die im Abs. 1 Nr. 1 angegebenen Beschränkungen ihrer Grundstücke, wie sie z. B. im § 19 des Normaldeichstatuts vorgeschrieben sind, zu dulden, ergibt sich aus dem im § 301 angezogenen § 214 (Nr. 3), Begr. S. 217.

§ 313.

Soweit in den Fällen der §§ 311, 312 bei bereits bestehenden Deichverbänden die Satzungen abweichende Vorschriften enthalten, bewendet es dabei.

§ 313 [290a] ist von der Kommission des Abgeordnetenhauses eingefügt worden mit Rücksicht auf die bei einzelnen Deichverbänden, z. B. beim Wischeverband, bestehenden Satzungsbestimmungen, die von den §§ 311, 312 wesentlich abweichen und nach denen insbesondere das Material zu Deich- und sonstigen Bauten von den Anliegern unentgeltlich hergegeben werden muß, KB. AH. S. 389/90.

§ 314.

Übernimmt ein Deichverband die Unterhaltung bereits bestehender Deiche, so gehen sie mit Genehmigung oder Erlaß der Satzung in sein Eigentum über. Durch die Satzung kann bestimmt werden, daß die Nutzungen den bisherigen Eigentümern verbleiben.

§ 314 [291] entspricht dem § 18 Abs. 1 des Normaldeichstatuts.

§ 315.

(1) Ist ein Deich bei Hochwasser gefährdet, so müssen nach Anordnung der Deichpolizeibehörde alle Bewohner der bedrohten und nötigenfalls auch der benachbarten Gegend zu den Schutzarbeiten unentgeltlich Hilfe leisten und die erforderlichen Arbeitsgeräte und Beförderungsmittel mit zur Stelle bringen.

(2) Die Deichpolizeibehörde kann die in einem solchen Falle nötigen Maßregeln sofort durch Zwangsmittel zur Ausführung bringen; sie ist befugt, die Verabfolgung der zur Abwehr der Gefahr dienlichen Baustoffe aller Art, wo solche sich finden mögen,

zu fordern, und diese müssen mit Vorbehalt der Ausgleichung unter den Verpflichteten und der Erstattung des Schadens von den Besitzern verabfolgt werden. Zum Ersatz des Schadens ist der Deichverband verpflichtet. Über die Höhe der Entschädigung beschließt im Streitfall der Bezirksausschuß. Der Beschluß kann binnen drei Monaten nach der Zustellung im Rechtswege angefochten werden.

§ 315 [292] regelt die Nothilfe bei Deichgefährdung und verpflichtet dazu nicht nur die Deichangehörigen, sondern auch andere Bewohner benachbarter Gegenden. Die Bestimmungen sind bereits im § 25 DG. enthalten, Begr. S. 217, vgl. a. KB. AH. S. 390.

Die hier getroffenen Bestimmungen sind Sonderbestimmungen für Deichgefahr, die durch die allgemeine Bestimmung in § 354 ergänzt werden. Während im ersteren Falle die Deichpolizeibehörde zu den gestatteten Anordnungen zuständig ist, ist es im letzteren die Wasserpolizei oder die Ortspolizei, Begr. S. 218.

§ 316.

(1) Der Deichverband kann durch den Regierungspräsidenten aufgelöst werden, wenn die Mitgliederversammlung mit einer Mehrheit von zwei Dritteln der Stimmen die Auflösung beschließt.

(2) Im übrigen sind auf die Auflösung und Liquidation des Deichverbandes die §§ 279 bis 282 entsprechend anzuwenden.

Die Auflösung eines Deichverbandes, über welche das DG. überhaupt keine Bestimmung enthielt, erfolgt beim Vorliegen der Voraussetzungen des § 316 [293] Abs. 1 (Auflösungsbeschluß mit $\frac{2}{3}$ Majorität) ebenso wie bei den Wassergenossenschaften (§ 278 Abs. 2) abweichend von dem Entwurfe in allen Fällen durch den Regierungspräsidenten, Begr. S. 218, KB. AH. S. 390.

§ 317.

Neben den §§ 294 bis 316 sind die §§ 208, 209, 211, 215, 216, 221, der § 229 Abs. 1, die §§ 230 bis 234, 236, 237, 239 bis 244, der § 275 Abs. 1, 3 und die §§ 276, 277 auf Deichverbände entsprechend anzuwenden.

§ 318.

(1) Auf die beim Inkrafttreten dieses Gesetzes bestehenden Deichverbände sind die Vorschriften anzuwenden, die für die nach diesem Gesetze gebildeten Deichverbände gelten.

(2) Jedoch bleiben abweichende Bestimmungen der bisherigen Satzungen in Kraft, soweit die im Abs. 1 für anwendbar erklärten Vorschriften durch die Satzung geändert werden können oder auf die Satzung verweisen.

§ 23 DG. läßt die bestehenden Statute in Kraft und bestimmt nur, daß diejenigen, bei denen es erforderlich erscheint, einer Revision unterzogen werden sollen. Damit ist aber nur die Aufrechterhaltung solcher Statuten gemeint, welche Bestimmungen treffen, die nach dem WG. lediglich dispositiv sind, gegen zwingende Vorschirften des WG. durften auch solche Statuten nicht verstoßen. Dies ist auch in § 318 [295] Abs. 2 zum Ausdruck gebracht worden (vgl. a. § 283 für die Wassergenossenschaften), Begr. S. 218. Anträge, welche entsprechend dem § 313 die bestehenden Satzungen, soweit sie nicht gegen die Vorschriften des Wassergesetzes über die Deichaufsicht verstießen, in vollem Umfange aufrechterhalten wollten, sind von der Kommission des Abgeordnetenhauses abgelehnt worden, KB. AH. S. 390/1.

Sechster Titel.

Deiche, die zu keinem Deichverbande gehören.

§ 319.

(1) Ist ein schon vorhandener, zum Schutze der Ländereien mehrerer Eigentümer dienender Deich, der zu keinem Deichverbande gehört, ganz oder teilweise verfallen oder durch Naturgewalt oder fremdes Eingreifen zerstört, so kann bei Deichen an Wasserläufen erster Ordnung und bei Seedeichen der Bezirksausschuß, sonst der Kreis- (Stadt-) Ausschuß auf Antrag eines Beteiligten und, wenn aus der Nichterhaltung des Deiches eine gemeine Gefahr entsteht, auch ohne Antrag den Unterhaltungspflichtigen durch Beschluß für verpflichtet erklären, den Deich bis zu derjenigen Höhe und Stärke wiederherzustellen, die er früher gehabt hat.

(2) In gleicher Weise kann bei solchen Deichen dem Unterhaltungspflichtigen die Vornahme derjenigen Maßregeln aufgegeben werden, welche erforderlich sind, um die Erhaltung der Deiche in ihrem bisherigen Umfang und Zustande zu sichern.

(3) Ist es ungewiß oder streitig, wer zur Unterhaltung des Deiches verpflichtet ist, so können die Leistungen vorläufig von dem gefordert werden, der ihn bisher unterhalten hat oder, wenn dieser nicht leistungsfähig ist, von den Eigentümern derjenigen Grundstücke, die nach dem Ermessen der Behörde durch den Deich geschützt werden. Das letztere gilt auch, wenn der Verpflichtete nicht leistungsfähig ist. Ist die Heranziehung der Eigentümer nicht so schnell möglich, wie die Dringlichkeit des Falles es erfordert, so hat die Gemeinde (der Gutsbezirk), in deren Bezirk der Deich gelegen ist, auf Erfordern die Kosten der Unterhaltung oder Wiederherstellung des Deiches vorzuschießen. Sind mehrere Gemeinden (Gutsbezirke) beteiligt, so sind die vorzuschießenden Kosten auf diese angemessen zu verteilen.

(4) Gegen den Beschluß des Bezirks- (Kreis- [Stadt-]) Ausschusses ist innerhalb zwei Wochen die Beschwerde an den Minister für Landwirtschaft, Domänen und Forsten zulässig.

(5) Bei Beschlüssen des Bezirksausschusses trifft der Regierungspräsident, bei Beschlüssen des Kreis- (Stadt-) Ausschusses der Landrat (die Ortspolizeibehörde) die zu ihrer Durchführung nötigen Anordnungen.

(6) Die nach Abs. 1 bis 3 zur Unterhaltung oder Wiederherstellung der Deiche geforderten Beiträge und Leistungen sind öffentliche Lasten.

1. § 319 [296] regelt die Wiederherstellung zerstörter und verfallener Deiche; darunter fallen aber nicht deichähnliche Erhöhungen (§ 285 Abs. 2), OVG. Bd. 50 S. 296 zu § 4 DG.

2. § 319 [296] gibt die §§ 4—7, 9 DG. i. V. m. § 96 Zust. Ges. (vgl. Nieberding-Frank S. 404/5, 406 ff.) wieder mit folgenden Abänderungen:

Abs. 1: Bei Wasserläufen zweiter und dritter Ordnung ist in Übereinstimmung mit § 3 HWSchG. (§ 287 des Wasserges.) der Kreisausschuß für zuständig erklärt.

Nach dem Vorbilde der Abänderung, welche die §§ 4, 5 DG. bei ihrer Einführung in die Provinzen Hannover und Schleswig-Holstein erfahren haben (Art. 1 Nr. 3 des Ges. v. 11. April 1872), ist ein Beschluß über die Wiederherstellung der Deiche von Amts wegen nur dann zu fassen, wenn gemeine Gefahr aus der Nichtunterhaltung entstehen kann.

Dem Falle der Zerstörung durch Naturgewalt ist auch der durch fremdes Eingreifen gleichgestellt, da es nicht auf die Veranlassung der Zerstörung ankommt, sondern nur darauf, ob ein zerstörter Deich wiederhergestellt werden muß.

Abs. 3: Da die in Dringlichkeitsfällen nach § 6 DG. zulässige Heranziehung aller, auch der nicht deichpflichtigen Grundbesitzer zu den Wiederherstellungsarbeiten noch zu lange Zeit in Anspruch nehmen kann, ist für solche Eilfälle die Heranziehung der Gemeinden an Stelle der einzelnen Grundbesitzer gestattet.

Abs. 5: Da die Beschlußfassung nicht, wie nach den §§ 4, 6 DG. der Bezirksregierung (nach § 18 LVG. dem Regierungspräsidenten), sondern den Beschlußbehörden (Abs. 1) übertragen ist, muß bestimmt werden, wer deren Beschlüsse durchzuführen hat, da diese selbst hierzu nicht geeignet sind.

Vgl. Begr. S. 218/9.

§ 320.

Den zur Unterhaltung oder Wiederherstellung eines Deiches vorläufig Herangezogenen (§ 319 Abs. 3) bleibt vorbehalten, ihre Ansprüche auf Erstattung ihrer Beiträge oder des Wertes ihrer Leistungen im Rechtswege gegen den Unterhaltungspflichtigen geltend zu machen.

§ 320 [297] entspricht dem § 8 DG., vgl. Nieberding-Frank S. 407.

§ 321.

(1) Wird die Baulast vorläufig geregelt, so ist zur Regelung der künftigen Leistungen die Bildung eines Deichverbandes herbeizuführen, es sei denn, daß durch Anerkenntnis oder im Rechtswege ein leistungsfähiger Verpflichteter ermittelt ist.

(2) Lehnen die Beteiligten die Bildung eines Deichverbandes ab und ist sie nicht zur Abwendung gemeiner Gefahr erforderlich, so kann die fernere Erhaltung des Deiches nicht mehr verlangt werden.

§ 321 [298] entspricht dem § 10 DG., vgl. Nieberding-Frank S. 405.

§ 322.

Der § 307 Abs. 2 bis 5 ist auf Deiche, die zu keinem Deichverbande gehören, entsprechend anzuwenden.

Vgl. Anm. 2 zu § 307.

Siebenter Titel.

Besondere Vorschriften für die Provinzen Hannover und Schleswig-Holstein.

Über den in diesen Provinzen bestehenden Rechtszustand vgl. Begr. S. 219—225, Nieberding-Frank S. 416 ff., 438 ff., Anschütz a. a. O. S. 473.

§ 323.

(1) Die Vorschriften des zweiten, fünften und sechsten Titels dieses Abschnitts gelten nicht:

1. in den Schleswig-Holsteinischen Marschdistrikten, soweit das Patent vom 29. Januar 1800 und das allgemeine Deichreglement vom 6. April 1803 Platz greifen;
2. in den Herzogtümern Bremen und Verden, soweit die Deichordnung vom 29. Juli 1743 Anwendung findet, doch gelten die Vorschriften des zweiten Titels in den oberhalb des Hemelinger Wehres an der Weser und Aller gelegenen Gebietsteilen;
3. in dem Lande Hadeln;
4. in dem Fürstentum Ostfriesland und dem zum Herzogtum Arenberg-Meppen gehörenden Bezirk der Stadt Papenburg.

(2) Ferner gelten die Vorschriften des fünften und sechsten Titels nicht:

1. in dem Fürstentum Lüneburg und den zur Provinz Hannover gehörenden Lauenburgischen Landesteilen, soweit die Lüneburgische Deich- und Sielordnung vom 15. April 1862 und

2. in den Grafschaften Hoya und Diepholz, soweit die Deich- und Abwässerungsordnung vom 22. Januar 1864 Anwendung findet oder demnächst in Anwendung gebracht wird.

1. § 323 [300] Abs. 1 gibt, soweit der Ausschluß der dort bezeichneten Gebietsteile von dem zweiten Titel in Betracht kommt, den § 13 HWSchG. mit einer etwas anderen Numerierung und einer Einengung in Nr. 2 wieder. Zweck des § 13 war, das Ebbe- und Flutgebiet, in welchem das Übertreten des Wassers lediglich dadurch verursacht wird, daß bei starkem Seewind das Wasser aus der Nordsee in die Wasserläufe hineinstaut, von der Geltung des HWSchG. auszuschließen, da die für dieses Gebiet geltenden partikularrechtlichen Deichordnungen die zur Verhütung von Hochwassergefahr erforderlichen Maßnahmen befriedigend regelten, Hermes-Fechner, Anm. zu § 13 HWSchG.

Diese befriedigende partikularrechtliche Regelung ist auch der Anlaß zur Einfügung des § 323 Abs. 1 in das Gesetz gewesen; nur sind in Nr. 2 die oberhalb des Hemelinger Wehrs an der Weser und Aller gelegenen Gebietsteile dem zweiten Titel (§§ 238 ff.) unterstellt worden, weil durch den Bau dieses Wehrs das Ebbe- und Flutgebiet der Weser an dieser Stelle abgeschnitten wird und daher kein Grund besteht, das oberhalb des Wehrs gelegene Geltungsgebiet der Bremischen Deichordnung anders zu stellen wie das außerhalb der Ebbe und Flut gelegene Überschwemmungsgebiet der sonstigen Wasserläufe.

Dagegen enthält die Aufzählung der vorbehaltenen Rechtsgebiete in § 323 Abs. 1 und 2 keine Abweichung von der im Art. II des Ges. vom 11. April 1872 für dessen Vorschriften gegebenen, da die Unterstellung des Gebiets oberhalb des Hemelinger Wehrs nur für den zweiten, nicht für den fünften und sechsten Titel gilt, Begr. S. 225/6.

2. Vgl. im übrigen die Anm. zu § 301.

§ 324.

In den im § 323 bezeichneten Gebietsteilen verbleibt es, vorbehaltlich der §§ 325 bis 329 bei den dort geltenden, das Deich- und Sielwesen betreffenden Gesetzen und Verordnungen und den durch rechtsverbindliches Herkommen feststehenden deich- und sielrechtlichen Bestimmungen. Der Übergang von der Kabel- zur Kommuniondeichung innerhalb eines Deichverbandes kann aber, und zwar sowohl für sämtliche Deiche als auch für einzelne Deiche oder Deichstrecken, in Zukunft überall mit Stimmenmehrheit durch die Verbandsvertretung beschlossen werden.

1. § 324 [301] gibt den Art. III Abs. 1 des Ges. vom 11. April 1872 unverändert wieder; Abs. 2 ist nicht übernommen, da die dadurch für den Bezirk der Stadt Papenburg eingeführten Gesetzesbestimmungen heute als geltende im Sinne des § 324 anzusehen sind und daher trotz der Aufhebung des diese Vorschriften einführenden Gesetzes vom 11. April 1872 aufrechterhalten bleiben.

Neu ist die Bestimmung wegen des Übergangs von der Kabel- (Pfand-) zur Kommuniondeichung (vgl. § 310 Anm. 1) in Satz 2. Da letztere zweifellos den Vorzug verdient, sollen die ihrer Einführung entgegenstehenden Bestimmungen des geltenden Rechts beseitigt werden, Begr. S. 226.

2. Der Ausschluß der in § 323 bezeichneten Gebietsteile von der Geltung des Wasserrechts beschränkt sich nicht auf die in § 323 genannten Vorschriften des zweiten, bzw. fünften und sechsten Titels des vierten Abschnitts, sondern die dort geltenden deich- und sielrechtlichen Bestimmungen bleiben ganz allgemein, auch soweit es sich nicht um die Vorschriften des vierten Titels handelt, aufrechterhalten. Soweit also diese Deich- und Sielordnungen überhaupt Vorschriften enthalten, gehen diese sämtlichen Bestimmungen des Wassergesetzes vor, dies gilt z. B. für die dort getroffenen Vorschriften hinsichtlich der Durchleitung von Wasser, der Organisation und der Benutzung des Wassers (vgl. z. B. die Deich- und Sielordnung für Ostfriesland §§ 110 ff., 72 ff., 89 ff.), Begr. S. 226, KB. AH. S. 392, Sten. B. AH. 7970 ff., 7989/90, 7997/8, 8024/5 sowie 8598 ff.

Dies gilt ferner für die diesen Deich- und Sielordnungen, z. B. in der ostfriesischen, in bezug genommenen Vorschriften des hannoverschen Gesetzes von 1847 (vgl. § 399 Nr. 38), insbesondere für die in diesem Gesetze enthaltenen Bestimmungen über die Aufnahme von Aushuberde seitens der Uferanlieger, sowie der Durchführung des Wassers durch eingedeichte Marschen (s. a. oben), Sten. B. AH. S. 8317/8.

Wegen des Eigentums der Deich- und Sielverbände an den Wasserläufen zweiter und dritter Ordnung in den Gebieten des § 323, vgl. § 9 Abs. 2.

§ 325.

(1) Die Verfassung der Deich- und Siel- (Schleusen-, Wettern-, Wasserlösungs- usw.) Verbände kann mit deren Zustimmung oder bei Widerspruch mit Zustimmung des Wasserbeirats durch eine vom Minister für Landwirtschaft, Domänen und Forsten zu erlassende Satzung neu geregelt oder festgestellt werden.

(2) Wo eine solche Regelung eintritt, soll die Mitwirkung der Staatsbehörden in Angelegenheiten der Verbände auf die Oberaufsicht beschränkt und die unmittelbare Beaufsichtigung und Leitung der Verbandsangelegenheiten eigenen Beamten oder Vertretern der Verbände übertragen werden.

(3) Auch kann durch eine mit Zustimmung des Deich- und Siel- (Schleusen-, Wettern-, Wasserlösungs- usw.) Verbandes von dem Minister für Landwirtschaft, Domänen und Forsten zu erlassende Satzung bestimmt werden, daß an Stelle der durch § 324 aufrechterhaltenen deich- und sielrechtlichen Bestimmungen die entsprechenden Vorschriften dieses Gesetzes für das Verbandsgebiet gelten sollen.

(4) Ohne Zustimmung des Deichverbandes kann bei einer Neuordnung nach Abs. 1, soweit die ordentliche Deichlast nach den

Grundsätzen der Kabelwirtschaft getragen wird, die Kommuniondeichung und, soweit nach der Bremischen Deichordnung vom 29. Juli 1743 die Aufbringung der Verbandslasten nach dem Herkommen vorgeschrieben ist, die Aufbringung nach § 310 eingeführt werden.

(5) Die Vorschrift des § 12 Kapitel IV der Bremischen Deichordnung wird aufgehoben, soweit sie die Moorländereien von der ordentlichen Deichlast befreit.

1. Die Vorschriften im § 325 [302] Abs. 1 und 2 sind dem Art. IV des Ges. vom 11. April 1872 entnommen (vgl. darüber Begr. S. 222/3. Durch Abs. 1 soll den Verbänden die Möglichkeit gegeben werden, ihre Verfassung nach Maßgabe der Bestimmungen des Wassergesetzes weiter zu entwickeln, ferner soll auch der Landwirtschaftsminister (nicht, wie nach dem Entwurfe: der König), wenn nötig, das Recht haben, eine solche Neuregelung mit Zustimmung des Wasserbeirats (nach dem Entwurfe: des Provinzialrats) auch gegen den Willen der Verbände vorzuschreiben, Begr. S. 226, KB. AH. S. 392 ff., Sten. B. AH. S. 8599 ff.

2. Abs. 3 will die Möglichkeit geben, das im vierten Abschnitte geregelte Deichrecht ganz oder zum Teil in den Ebbe- und Flutgebieten der Provinzen Hannover und Schleswig-Holstein einzuführen. Gedacht ist besonders daran, daß die Verbände den Wunsch haben, nur die Vorschriften über die Aufsicht, über die Verwaltung der Deichpolizei und damit zugleich der Wasserpolizei (§ 306, 307) oder über die Lastenverteilung einzuführen; auch würde es nicht ausgeschlossen sein, nur die Vorschriften des § 301 einzuführen so daß der Verband in der Lage wäre, ein Statut zu beschließen, ohne zugleich die innere Organisation nach Maßgabe der Abs. 1 und 2 mit zu regeln. Alle diese Beschlüsse sind aber freiwillige und können nicht erzwungen werden, Begr. S. 223.

Nur in dem Gebiete der Bremischen Deichordnung und im Lande Hadeln muß, wenn nicht die weitere Entwicklung des Deich- und Sielwesens dauernd lahmgelegt werden soll, die Möglichkeit gegeben werden, die auf Grund der bestehenden Vorschriften herkömmliche Lastenverteilungsart auch gegen den Willen des Deichverbandes abzuändern. Ferner hat sich herausgestellt, daß eine ordnungsmäßige Unterhaltung der Deiche da außerordentlich erschwert ist, wo die ordentliche Deichlast noch nach den Grundsätzen der Kabelwirtschaft (Pfanddeichung, vgl. § 288 Anm. 1) getragen wird. In manchen Fällen ist es, um zu besseren Zuständen zu gelangen, unabweisbar, statt dessen die Kommuniondeichung einzuführen, die z. B. bereits in Ostfriesland besteht. Abs. 4 gibt daher die Möglichkeit, dort, wo die örtlichen Verhältnisse es erfordern, die Kommuniondeichung auch ohne Zustimmung der Beteiligten einzuführen. Selbstverständlich soll aber an den bestehenden Verhältnissen da, wo sie sich bewährt haben, nichts geändert werden, Begr. S. 224/5.

3. Nach der Bremischen Deichordnung (Kap. IV, § 2) sollten alle Grundstücke ohne Unterschied, die im Schutze der Deiche liegen, die

Deichlasten nach Proportion einmütig tragen. § 12 machte jedoch für die Moorländereien die Ausnahme, daß sie nach dem Herkommen bis auf weitere Verordnung noch von der ordentlichen Deichlast befreit und nur an der außerordentlichen Deichlast teilnehmen sollen. Diese veraltete Vorschrift soll durch die Vorschrift des Abs. 5 aufgehoben werden, Begr. S. 226.

§ 326.

(1) Mehrere Deichverbände, die ein gemeinschaftliches Interesse an der Erhaltung ihrer Deiche, an der Neuanlegung von Deichen oder an der Herstellung, Erweiterung oder Unterhaltung von Sicherungs-, Entwässerungs- oder Bewässerungsanlagen haben, können beschließen, sich zu einem gemeinschaftlichen Deichverbande, unter Auflösung der einzelnen Verbände oder ohne deren Auflösung, zu vereinigen, wenn dadurch eine angemessenere Aufsicht zu erzielen ist. Der § 298 Abs. 2 bis 4 ist anzuwenden.

(2) Dasselbe gilt für Siel- (Wasserlösungs-) Verbände, die ganz oder überwiegend dem örtlichen Bereich eines und desselben Deichverbandes angehören, und für nicht demselben Deichverband angehörende Verbände solcher Art, die in wasserwirtschaftlicher Beziehung gemeinsame Interessen haben.

(3) Der § 325 Abs. 3 ist anzuwenden.

1. § 326 [303] Abs. 1 und 2 gibt in Erweiterung des Art. V des Ges. vom 11. April 1872 die Möglichkeit, mehrere Deichverbände zwangsweise zusamenzuschließen, nicht nur, wie nach jenem Gesetz, sie unter eine gemeinsame Verwaltung zu stellen, was unpraktisch und daher niemals ins Leben getreten war. Diese Möglichkeit bestand im übrigen schon nach den Deichordnungen von Ostfriesland (§ 22), Lüneburg (40) und Hoya (§ 40), so daß sie eine Neuerung nur für die Bremische Deichordnung und das Land Hadeln bedeutet, Begr. S. 224.

2. Der neue Abs. 3 ist notwendig, um auch den vereinigten Deich- und Sielverbänden die Möglichkeit zu geben, bei ihrer Umgestaltung eine Regelung zu treffen, wie sie den anderen, nicht vereinigten Deichverbänden nach § 325 Abs. 3 gestattet ist, Begr. S. 227.

§ 327.

Eine Befreiung von der Deich- und Sielpflicht findet nicht statt, soweit sie nicht auf dem bestehenden Beitragsfuß oder der geltenden Art der Lastenverteilung beruht.

§ 327 [304] entspricht dem Art. VII Abs. 2 des Ges. vom 11. April 1872. Die Bestimmung des Abs. 3 des Art. VII ist nicht übernommen worden, weil ihr heute eine praktische Bedeutung nicht mehr innewohnt, Begr. S. 227.

§ 328.

Fehlt es an Vorschriften über die Bildung neuer Deichverbände oder an gesetzlichen Bestimmungen und rechtsverbindlichem Herkommen über die Verpflichtung der Eigentümer eingedeichter Grundstücke und Vorländer zu deren Abtretung oder zur Gestattung vorübergehender Benutzung ihres Grundeigentums für die Deichzwecke, so gelten die hierauf bezüglichen Bestimmungen des fünften Titels dieses Abschnitts.

§ 328 [305] entspricht dem Art. VIII des Ges. v. 11. April 1872.

§ 329.

(1) Soweit in den im § 323 bezeichneten Gebietsteilen die örtliche Deichpolizei (§ 307 Abs. 1) dem Deich- oder Sielvorsteher oder einem anderen Mitgliede der Deich- oder Sielverwaltungsbehörde zusteht, erstreckt sie sich auch auf die Wasserläufe, die von einem Deich- oder Sielverbande zu unterhalten sind oder der Aufsicht einer Deich- oder Sielverwaltungsbehörde unterstehen.

(2) Auf die Durchsetzung und die Anfechtung der zum Schutze der Deiche und der im § 306 bezeichneten Anlagen eines Deich- und Sielverbandes getroffenen polizeilichen Verfügungen ist § 308 anzuwenden.

1. § 329 [306] Abs. 1 dehnt die im § 306 Abs. 2 allgemein für die Deichverbände gegebene Vorschrift, die lediglich den bereits auf Grund der Rechtsprechung des Oberverwaltungsgerichts bestehenden Rechtszustand wiedergibt, auf die bestehenden Deich- und Sielverbände in den im § 323 bezeichneten Gebietsteilen aus, Begr. S. 227.

2. Da es wünschenswert erschien, ausdrücklich auszusprechen, daß § 308 auch hier Anwendung findet, ist der Abs. 2 von der Kommission des Herrenhauses dem § 329 hinzugefügt worden, KB. HH. S. 789.

Fünfter Abschnitt.

Zwangsrechte.

Soll das Wassergesetz seinen Zweck, die Ausnutzung der Gewässer den Interessen der Allgemeinheit anzupassen, erfüllen, so lassen sich Eingriffe in fremde Rechte nicht vermeiden. Solche Eingriffe sind denn auch bei der Verleihung (vgl. § 50), bei der Unterhaltung und dem Ausbau der Wasserläufe (§§ 134 ff., 156 ff.) zugelassen worden.

Damit ist aber den Bedürfnissen der Wasserwirtschaft noch nicht genügend gedient. Es muß vielmehr auch solchen wasserwirtschaftlichen Unternehmungen, denen die obengenannten Verfahren nicht zugänglich sind, das Recht zu derartigen Eingriffen gegeben werden. Diesem Zwecke dienen die sog. Zwangsrechte der §§ 330 ff., die aber insofern weitergehen, als die genannten Verfahren, als auf Grund derselben fremde Rechte nicht nur in tatsächlicher, sondern auch in rechtlicher Beziehung beschränkt werden können. Der Erwerb der Zwangsrechte geschieht in einem besonders geordneten Verfahren.

Als besonders wichtige Arten derselben seien hier genannt: die Verpflichtung des Stauberechtigten, sich im Interesse der Landeskultur oder Schiffahrt die Beschränkung seiner Gerechtsame gefallen zu lassen, sowie die Verpflichtung des Eigentümers eines Grundstücks, die Durchleitung von Wasser zur Verschaffung von Vorflut, zur Entwässerung oder Bewässerung zu dulden (§§ 338, 331, 332), Begr. S. 40/1.

Vgl. auch die ähnlichen Bestimmungen des bayr. (Art. 153 ff.), württemb. (Art. 54 ff.) und sächs. Wassergesetzes (§§ 143 ff.).

§ 330.

Kann der Eigentümer eines Grundstücks das oberirdisch außerhalb eines Wasserlaufs abfließende Wasser durch Anlagen auf seinem Grund und Boden nicht oder nur mit unverhältnismäßigen Kosten abführen, so ist er berechtigt, von den Eigentümern der tiefer liegenden Grundstücke die Aufnahme des Wassers ohne Entschädigung zu verlangen. Können aber diese Eigentümer das Wasser nicht oder nur mit erheblichen Kosten weiter ableiten, so sind sie zur Aufnahme nur gegen Entschädigung und nur dann verpflichtet, wenn der Vorteil für den Eigentümer des höher liegenden Grundstücks erheblich größer ist als ihr Schaden.

Nach dem Entwurfe war in § 330 [307] Abs. 1 die Bestimmung getroffen, daß der Eigentümer eines Grundstücks berechtigt ist, das oberirdisch wild abfließende Wasser von seinem Grundstücke abzuhalten. Auf Grund der Beschlüsse der Kommission des Abgeordnetenhauses ist diese Bestimmung als § 198 [176a] mit den dort genannten Modifikationen für gewisse Landesteile in den zweiten Abschnitt aufgenommen worden, vgl. daher § 198 und die Anm. dazu.

Nachdem so der Abs. 1 an dieser Stelle weggefallen ist, enthält § 330 [307] nur noch einen Absatz (Abs. 2 des Entw.). Durch ihn soll in Zusammenhang mit den Vorschriften der §§ 331 und 332 dafür gesorgt werden, daß jeder Grundeigentümer eine in der Regel ausreichende Entwässerung seiner Grundstücke herbeiführen kann, ohne daß die Eigentümer der Nachbargrundstücke, deren Inanspruchnahme dazu erforderlich ist, unbillig belastet werden, Begr. S. 230. Dies ist in der Weise geschehen, daß in sinngemäßer Anlehnung an die §§ 103—105 T. I Tit. 8 ALR. die Eigentümer der tieferliegenden Grundstücke zur Aufnahme des wild abfließenden Wassers für verpflichtet erklärt sind, falls der Oberlieger dieses Wasser auf seinem Grundstücke nicht oder nur mit unverhältnismäßig hohen Kosten abführen kann. Sind jedoch die Unterlieger zur Weiterführung solchen Wassers nicht oder nur mit erheblichen Kosten in der Lage, so sind sie zur Aufnahme desselben nur dann verpflichtet, wenn der durch die Aufnahme dem Oberlieger erwachsende Vorteil erheblich höher ist, als ihr Schaden, außerdem ist in diesen Fällen Entschädigung zu leisten Neu ist hierbei gegenüber dem ALR., daß überall auch der durch die Abführung des Wassers zu erwartende Kostenaufwand in Betracht zu ziehen ist, Begr. S 229, vgl. a. Nieberding-Frank S. 89.

Vorbemerkung zu den §§ 331 und 332.

Die §§ 331 [308] und 332 [309], welche die Vorschriften über die wichtigsten Zwangsrechte enthalten, sind für die Ausgestaltung der Wasserwirtschaft von ausschlaggebender Bedeutung. Die in ihnen verliehenen Rechte sind allerdings, wie bei der Erörterung dieser Bestimmungen im einzelnen darzulegen sein wird, schon in gewissem Umfange im geltenden Rechte enthalten, bedeuten aber eine wesentliche Erweiterung desselben Denn während nach diesen die Pflicht zur Duldung von Veränderungen des Wasserlaufes (§ 331), sowie von Durchleitungen des Wassers (§ 332) nur zu Zwecken der Ent- und Bewässerung des Bodens bestand, ist diese Verpflichtung im Interesse der Allgemeinheit auf eine Anzahl von anderen Zwecken, z B die Beseitigung von Abwässern, ausgedehnt worden Die Auferlegung dieser Verpflichtungen stellt sich allerdings als eine weitgehende Einschränkung des Eigentums dar. Jedoch sind demgegenüber eine Reihe von Kautelen geschaffen, die das Eigentum gegen eine zu weitgehende Ausnutzung dieser Zwangsrechte und damit eine zu erhebliche Belastung sichern. Denn einmal ist Voraussetzung für die Ausübung dieser Zwangsrechte, daß das betreffende Unternehmen anders nicht zweckmäßig oder nur mit erheblichen Mehrkosten durchgeführt werden kann und daß der davon zu erwartende Nutzen den Schaden des Betroffenen erheblich übersteigt. Ferner sind gewisse Teile des Grundbesitzes, insbesondere Gebäude, diesen Zwangsrechten nicht unterworfen (§ 336). Und schließlich ist dem Unternehmer eine sehr weitreichende Entschädigungspflicht auferlegt, indem in § 338 bestimmt ist, daß bei der Bemessung des Schadens jedes Interesse des Geschädigten zu berücksichtigen ist.

Mit Rücksicht auf diese Ausgestaltung dieser Vorschriften haben daher auch die im Landtage, insbesondere im Herrenhause (Sten. B. HH. S. 1052 ff.) gegen sie geltend gemachten Bedenken nicht durchzudringen vermocht.

§ 331.

(1) **Zugunsten eines Unternehmens, das die Entwässerung von Grundstücken, die Beseitigung von Abwässern oder die bessere Ausnutzung einer Triebwerksanlage bezweckt, kann der Unternehmer von den Eigentümern eines Wasserlaufs sowie von den Eigentümern der zur Durchführung des Unternehmens erforderlichen Grundstücke verlangen, daß sie die zur Herbeiführung eines besseren Wasserabflusses dienenden Veränderungen des Wasserlaufs (Vertiefungen, Verbreiterungen, Durchstiche, Verlegungen) gegen Entschädigung dulden, wenn das Unternehmen anders nicht zweckmäßig oder nur mit erheblichen Mehrkosten durchgeführt werden kann und der davon zu erwartende Nutzen den Schaden des Betroffenen erheblich übersteigt.**

(2) **Bezweckt das Unternehmen nur die gewöhnliche Entwässerung von Grundstücken, für die der Wasserlauf der natürliche Vorfluter ist, so erwirbt der Unternehmer mit der Feststellung des**

ihm nach Abs. 1 zustehenden Rechtes zugleich das Recht, den Wasserspiegel auf der Strecke, für die das Recht festgestellt ist, zu senken oder durch Einleitung von Wasser in den Wasserlauf zu heben, soweit dadurch kein anderer Nachteil als eine Veränderung des Grundwasserstandes verursacht wird. Eine Entschädigung für Nachteile, die lediglich durch die Veränderung des Grundwasserstandes hervorgerufen werden, hat der Unternehmer nicht zu leisten.

1. Wie in der Vorbemerkung bereits angedeutet, kennt auch das geltende Recht bereits Einschränkungen des Grundeigentums der hier genannten Art. Es besteht nämlich nach den §§ 15 ff. des Vorflutedikts die Verpflichtung, Veränderungen des Wasserlaufs, vor allem durch Vertiefungen, Verbreiterungen, Durchstiche, Verlegungen insoweit zu dulden, als sie der Beschaffung oder Verbesserung der Vorflut zur landwirtschaftlichen Bodenbewässerung dienen, vgl. Nieberding-Frank S. 90. Die fortschreitende Wasserwirtschaft, insbesondere die immer steigende Benutzung der Wasserläufe zur Abführung der Abwässer und zur besseren Ausnutzung der Triebwerke, erfordert jedoch die Ausdehnung dieser Verpflichtung auch auf solche Zwecke. Diesem Bedürfnisse trägt die Vorschrift des § 331 [308] Rechnung. Dadurch, daß die Ausübung des Rechts zur Vornahme derartiger Veränderungen nur unter den bereits in der Vorbem. genannten Voraussetzungen der Notwendigkeit und des überwiegenden Vorteils für das betreffende Unternehmen zulässig ist, ist dafür gesorgt, daß auf Grund dieser Rechte nur dann in das Eigentum am Wasserlaufe und an den benachbarten Grundstücken eingegriffen werden kann, wenn es zur Förderung überwiegender wirtschaftlicher Interessen notwendig ist, Begr. S. 230/1.

Ferner ist bei solchen Eingriffen dem davon Betroffenen Entschädigung nach näherer Maßgabe der §§ 338, 341 und 342 zu leisten, vgl. jedoch § 308 Abs. 2.

Auch ist der Erwerb der Zwangsrechte durch den § 336 eingeschränkt.

2. Die Geltung des § 331 beschränkt sich nicht, wie dieses der Entwurf vorsah, auf die Wasserläufe zweiter und dritter Ordnung, sondern bezieht sich auf sämtliche Wasserläufe, KB. AH. S. 398/9. Er betrifft aber nur die Veränderung schon vorhandener natürlicher Wasserläufe, nicht etwa auch die Anlage neuer Wasserläufe, KB. HH. S. 790/1.

3. Hat die an dem Wasserlaufe vorzunehmende Veränderung eine Hebung oder Senkung des Wasserspiegels zur Folge, so stellt sich dieses als eine Benutzung im Sinne des § 40 Nr. 3 dar. Der Unternehmer bedarf hierzu stets der Verleihung (§ 46 ff.); ist er zugleich Eigentümer des Wasserlaufs, allerdings nur dann, wenn er über die ihm in den §§ 41 und 43 Abs. 2 gezogenen Schranken hinausgehen will. Geht der durch das Unternehmen beabsichtigte Eingriff nicht über die Uferlinie (§ 12) hinaus, handelt es sich also z. B. um eine Senkung des Wasserspiegels durch eine bloße Vertiefung der Sohle des Wasser-

laufs, so bedarf der Unternehmer lediglich der Verleihung, da die Verleihung des Rechts zur Senkung des Wasserspiegels die Befugnis zum Eingriff in das Flußbett in sich schließt. Werden aber zugleich Eingriffe in die Ufergrundstücke (Verbreiterungen, Durchstiche usw.) geplant, so muß der Unternehmer neben der Verleihung auch das Recht hierzu nach Maßgabe der §§ 331, 341 nachsuchen. Beide Verfahren sind daher nebeneinander durchzuführen, wenn auch einer äußerlichen Verbindung derselben, soweit dieselbe Behörde zuständig ist, nichts im Wege steht, Begr. S. 231, KB. AH. S. 400 (zu § 332 [309]).

Eine im Interesse der Landeskultur erforderliche Ausnahme von dieser Regel besteht gemäß Abs. 2 auch hier für die Fälle der gewöhnlichen Bodenentwässerung von Flächen, für welche der Wasserlauf der natürliche Vorfluter ist, wenn durch die Veränderung der Grundwasserstand beeinträchtigt wird (vgl. ebenso in den §§ 41 Abs. 3, 5 Abs. 3, 156 Abs. 3, 199 Abs. 1). Da auch hier die Veränderung des Grundwasserstandes nicht als Nachteil gilt, ist ein Verleihungsverfahren nicht erforderlich, auch ist für sie keine Entschädigung zu leisten, wohl aber für alle sonstigen dadurch entstehenden Schäden, auch für Veränderungen des Grundwasserstandes über die in Satz 1 des Abs. 2 gesteckten Grenzen hinaus, Begr. S. 232, KB. HH. S. 791.

§ 332.

(1) Zugunsten eines Unternehmens, das die Entwässerung oder Bewässerung von Grundstücken, die Wasserbeschaffung zu häuslichen oder gewerblichen Zwecken oder die Beseitigung von Abwässern bezweckt, kann der Unternehmer unter den Voraussetzungen des § 308 Abs. 1 von den Eigentümern der dazu erforderlichen Grundstücke verlangen, daß sie die oberirdische oder unterirdische Durchleitung von Wasser und die Unterhaltung der Leitungen gegen Entschädigung dulden. Vorstehende Bestimmung ist auch gegen den Eigentümer eines Wasserlaufs anzuwenden.

(2) Unreines Wasser darf jedoch nur mittels geschlossener, wasserdichter Leitungen durchgeleitet werden, wenn die Durchleitung sonst Nachteile oder Belästigungen für die Grundstückseigentümer zur Folge haben würde.

(3) Ein auf Grund des Abs. 1 erhobener Anspruch kann zurückgewiesen werden, wenn durch das Unternehmen wichtige öffentliche Interessen geschädigt werden würden.

Auch § 332 [309] entspricht, wie in der Vorbemerkung zu den §§ 331, 332 bereits bemerkt, in gewissem Umfange dem geltenden Rechte, nämlich insoweit als auch bisher schon auf Grund des § 13 des Vorflutedikts und § 25 Nr. 1 des Privatflußges. die Grundeigentümer verpflichtet waren, die Durchleitung von Wasser zur Ent- oder Bewässerung anderer Grundstücke zu dulden, vgl. Nieberding-Frank S. 157 ff. Diese Verpflichtung ist im Interesse einer geordneten Wasserwirtschaft durch § 332 auf die Fälle erweitert, in denen die Durchleitung der Wasserbeschaffung für häusliche oder gewerbliche Zwecke, sowie der Beseitigung von Abwässern dient. Jedoch ist auch hier, wie in § 331

Abs. 1 die Erwerbung eines solchen Rechts an die Voraussetzungen der Notwendigkeit und des überwiegenden Vorteils für das Unternehmen geknüpft (vgl. Vorbem.).

Fortan kann also beim Vorliegen dieser Voraussetzungen die Duldung der Durchleitung von Wasser für die meisten wirtschaftlichen Zwecke gefordert werden, mag es sich um die Verwendung des Wassers im Betriebe der Landwirtschaft, zum Waschen, Kochen, Viehtränken oder sonstigen Haushaltungszwecken, zur Trinkwasserversorgung, zur Kesselspeisung von Fabriken und dergl. handeln, oder mag sie der Beseitigung des im Betriebe der Land- oder Hauswirtschaft oder im gewerblichen Betriebe verunreinigten Wassers dienen. Nur ist im letzteren Falle, da die Durchleitung von unreinem Wasser durch fremde Grundstücke für die Grundeigentümer, z. B. durch Verbreitung übler Gerüche, oft lästig und unter Umständen auch gesundheitsschädlich sein kann, in Abs. 2 bestimmt, daß, wenn solche Nachteile zu befürchten sind, die Durchleitung nur mittels geschlossener, wasserdichter Leitungen, namentlich also nicht in offenen Gräben geschehen darf, Begr. S. 232.

Der letzte Satz des Abs. 1 ist von der Kommission des Abgeordnetenhauses eingefügt worden, um klarzustellen, daß das Zwangsrecht der Durchleitung auch bei einem Wasserlauf, der z. B. von der Leitung gekreuzt werden soll, erworben werden kann, KB. AH. S. 404, 404.

Ebenso dient der von derselben Kommission hinzugefügte Abs. 3 der Klarstellung dahin, daß der Antrag auf Erteilung eines Zwangsrechtes gemäß Abs. 3 zurückgewiesen werden kann, wenn durch das Unternehmen wichtige öffentliche Interessen geschädigt werden würden, eine Bedingung, die sich im übrigen auch schon aus dem gemäß § 341 auf die Erteilung von Zwangsrechten anwendbaren § 49 im wesentlichen ergibt. Die Einfügung dieser Bestimmung ist vor allem auf die Anträge zurückzuführen, welche darauf hinausliefen, kommunale Wasserversorgungsanlagen gegen durch Erwerb solcher Durchleitungsrechte ermöglichte Konkurrenzunternehmen zu schützen. Da solche kommunale Unternehmen stets als im öffentlichen Interesse liegend anzusehen sind, sind sie durch die Bestimmung des Abs. 3 genügend gesichert und es sind daher die Anträge, ihren Schutz im Gesetze besonders zum Ausdruck zu bringen, abgelehnt worden, KB. AH. S. 401 ff., KB. HH. S. 790 ff., vgl. im übrigen auch die eingehenden Erörterungen zu § 332 [309] in Sten. B. HH. S. 1052 ff.

Hervorzuheben ist hier noch, daß ein in der Kommission des Abgeordnetenhauses gestellter Antrag, als § 309a eine Bestimmung einzufügen, nach welcher die Zwangsrechte der §§ 331 und 332 auch dem Bergwerksbesitzer zur Entwässerung der durch den Bergwerksbetrieb versumpften Grundstücke zustehen sollten, auf Grund der Erklärung der Regierung zurückgezogen wurde, daß zu der dem Bergwerksbesitzer gemäß § 148 ABG. obliegenden Wiederherstellung des früheren Zustandes bei der Versumpfung eines Grundstücks auch dessen Entwässerung gehört und daß daher ein Grundeigentümer, welcher sich derselben widersetze, sich dem Einwand aus § 254 BGB. dahin, daß er selbst an der Fortdauer des Schadens schuld sei, aussetze, KB. AH. S. 399.

§ 333.

(1) Der Eigentümer oder Nutzungsberechtigte eines Ufergrundstücks kann für die Zwecke der eigenen Haushaltung und Wirtschaft (§ 25 Abs. 3) von dem Eigentümer eines natürlichen Wasserlaufs verlangen, daß er die Einrichtung von Treppen, Brücken, Bootshäusern, Wascheinrichtungen, Haltepfählen oder ähnlichen Anlagen einfacher Art gegen Entschädigung dulde. Ein Gleiches gilt von Badeanstalten und Anlegestellen, auch wenn sie nicht nur den Zwecken der eigenen Haushaltung und Wirtschaft dienen, sofern nicht nach § 46 die Vorschriften über die Verleihung anzuwenden sind. Auf Antrag der Wasserpolizeibehörde ist die Anlage ohne Anspruch auf Entschädigung in angemessener Frist zu beseitigen oder zu ändern, wenn das Fortbestehen in dem jeweiligen Zustande mit dem öffentlichen Wohle, insbesondere mit der Erhaltung der Vorflut, dem Ausbau des Wasserlaufs nach dem festgestellten Plane (§ 150) und bei einem Wasserlauf erster Ordnung auch mit seiner Bestimmung für die Schiffahrt nicht vereinbar ist.

(2) Die Vorschriften des Abs. 1 gelten nicht für die im § 25 Abs. 2 bezeichneten Wasserläufe.

§ 333 [309a] entspricht der von der Kommission des Abgeordnetenhauses bezüglich der Gegenstände der Verleihung vorgenommenen Erweiterung. Wie dort die Häfen, Stichkanäle, bedeuten deren Anlegestellen und die kommunalen und gewerblichen Badeanstalten (§ 46 Nr. 2—4) der Verleihung zugänglich gemacht worden sind, so ist hier die Einrichtung kleinerer Anlagen dieser und ähnlicher Art unter die Zwangsrechte aufgenommen worden.

Die Beseitigung solcher Anlagen kann von der Wasserpolizeibehörde aus Gründen des öffentlichen Wohls jederzeit und ohne einen Anspruch auf Entschädigung verlangt werden, KB. AH. S. 404 ff., KB. HH. S. 792.

Der von dem Herrenhause hinzugefügte Abs. 2 ist eine Konsequenz der von diesem Hause zu den §§ 24 und 49 gefaßten Beschlüsse (vgl. die Anm. zu diesen Paragraphen), Sten. B. HH. S. 1073.

§ 334.

Will der Eigentümer oder Nutzungsberechtigte eines Ufergrundstücks auf Grund eines ihm verliehenen Rechtes eine Stauanlage errichten, so kann er von den Eigentümern der gegenüberliegenden Ufergrundstücke verlangen, daß sie den Anschluß an diese gegen Entschädigung gestatten.

§ 334 [311] entspricht dem § 25 Nr. 2 des Privatflußges. mit der Maßgabe, daß er den dort nur zugunsten einer Bewässerungsanlage vorgesehenen Anschluß eines Stauwerks an das gegenüberliegende Ufer zugunsten wasserwirtschaftlicher Unternehmungen jeder Art gestattet, vgl. a. Nieberding-Frank S. 280/1.

Diese Vorschrift ist notwendig, da die Verleihung nur zu Anlagen im Flußbett berechtigt, die Errichtung einer Stauanlage aber auch die Inanspruchnahme der Ufergrundstücke erfordert, zu welcher der Unternehmer, falls die Voraussetzungen der Enteignung nicht vorliegen, bei einem Widerspruch des Ufereigentümers ohne eine solche Vorschrift nicht berechtigt sein würde.

Dem Beliehenen steht derjenige gleich, der sich sein Recht auf Grund des § 86 hat sicherstellen lassen. Dadurch ist jedem, der wirklich ein Staurecht besitzt, die Möglichkeit gegeben, sich das Recht aus § 334 zu verschaffen. Es auch anderen Unternehmern von Stauanlagen (d. h. ohne Verleihung oder Sicherstellung) zu gewähren, besteht kein Anlaß, da anderenfalls jeder, der eine Stauanlage — vielleicht ohne dazu berechtigt zu sein — betreibt, die Vergünstigung des § 334 genießen würde, Begr. S 234.

§ 335.

Die §§ 307 bis 309, 311 sind nicht anzuwenden auf Gebäude und, mit Ausnahme des § 309, auch nicht auf Parkanlagen sowie auf Hofräume und Gärten. Bei diesen Grundstücken beschränkt sich die im § 309 bestimmte Verpflichtung auf geschlossene, wasserdichte Leitungen.

1. § 335 ist an die Stelle des § 313 des Entw., § 336 an die Stelle des § 312 des Entw. getreten.

2. Nach dem Vorgange der Agrar- und Berggesetzgebung (§§ 4 Abs. 3, 136 Abs. 2 ABG.) und des Wasserstraßenges. (§ 15) versagt § 335 [312] die Ansprüche aus den §§ 330—334 schlechthin, insoweit dadurch Gebäude betroffen werden würden (vgl. a. Vorbem.). Auch die zwangsweise Inanspruchnahme von Parkanlagen, sowie von Hofräumen und Gärten, und zwar letzteren in Abweichung von dem Entwurf auch wenn sie nicht eingefriedigt sind (KB. AH. S. 407), ist grundsätzlich nicht zulässig; die Durchleitung von — reinem wie unreinem — Wasser soll jedoch gestattet sein, jedoch nur dann, wenn sie mittels geschlossener, wasserdichter Leitungen erfolgt (vgl. die gleiche Vorschrift in § 332 Abs. 2 für die Grundstücke im übrigen), Begr. S. 234/5.

§ 336.

(1) In den Fällen der §§ 308, 309, 311, 312 kann der Grundstückseigentümer verlangen, daß der Unternehmer an Stelle des Benutzungsrechts das Eigentum des zu den Anlagen erforderlichen Grund und Bodens gegen Entschädigung erwerbe.

(2) Ist der Rest des Grundstücks nach seiner bisherigen Bestimmung zweckmäßig nicht mehr zu benutzen, so kann der Grundstückseigentümer Übernahme des ganzen Grundstücks verlangen.

1. § 336 [313] Abs. 1 entspricht im wesentlichen dem § 312 des Entw.

Die Vorschrift schließt sich den Bestimmungen des geltenden Rechts an (vgl. § 26 Abs. 1 zu b Satz 1 Privatflußges. und § 16 des hannov. Ges. v. 22. Aug. 1847) unter Ausdehnung auf alle Fälle, in welchen fremdes Grundeigentum zu bestimmten Anlagen in Anspruch genommen werden kann, vgl. a. Nieberding-Frank S. 280/1.

2. Abs. 2 entspricht dem § 26 Abs. 1 zu b Satz 2 des Privatflußges. Der Entwurf hielt die Aufnahme einer derartigen Bestimmung an dieser Stelle für überflüssig, weil sich dieselbe aus dem gemäß § 340 Abs. 4 anwendbaren § 9 EG. ergebe. Die Kommission des Abgeordnetenhauses hielt aber die Aufnahme einer dahingehenden ausdrücklichen Bestimmung in § 336 zur zweifelsfreien Feststellung eines solchen Rechtes des Grundbesitzers für zweckmäßig, KB. AH. S. 406/7.

§ 337.

In den Fällen der §§ 308, 309, 311 ist bei Bemessung des Schadens jedes Interesse des Geschädigten zu berücksichtigen.

Vgl. die Vorbem. zu den §§ 331 und 332, sowie KB. AH. S. 407.

§ 338.

Staurechte können auf Antrag wegen überwiegender Vorteile für die Landeskultur oder die Schiffahrt gegen Entschädigung entzogen oder beschränkt werden. Für verliehene Rechte bleibt es bei der Vorschrift des § 84.

Nach § 11 des Vorflutedikts vom 15. November 1811 sind „die Mühlenbesitzer und alle, die sonst den Abfluß eines Gewässers anzuhalten berechtigt sind, verpflichtet, den freien Lauf desselben ganz oder zum Teil wiederherzustellen, sobald daraus ein offenbar überwiegender Vorteil für die Landeskultur oder Schiffahrt entsteht und vollständige Entschädigung gewährt wird", vgl. Nieberding-Frank S. 157. Diese Bestimmung kann im Interesse der Landeskultur und der Schiffahrt auch fernerhin nicht entbehrt werden. Zwar kann die Ausübung von Staurechten im Wege der Verleihung beeinträchtigt werden (§ 50), auch kann die Beseitigung von Staurechten im Wege der Enteignung erfolgen, indes ist beides nur zugunsten bestimmter Unternehmungen zulässig, während es sich hier darum handelt, ein Staurecht ganz oder teilweise zu beseitigen, um den dadurch bereits verursachten oder zu besorgenden Schädigungen der Landeskultur entgegenzutreten oder die Schiffahrt auf einem Wasserlaufe zu ermöglichen oder zu erleichtern, ohne daß gleichzeitig ein anderer ein besonderes Recht zur Benutzung des Wasserlaufs erwirbt oder sonst ein wasserwirtschaftliches Unternehmen ausführt. Eine Ausnahme muß jedoch für verliehene Staurechte gemacht werden, weil die Entziehung oder Beschränkung des Staurechts der gänzlichen oder teilweisen Zurücknahme der Verleihung gleichkommen würde und für diese die Sonderbestimmung des § 84 getroffen ist. Deren Voraussetzungen stimmen zwar nicht ganz mit denen des § 338 überein, es liegt aber kein Bedürfnis vor und ist auch mit Rücksicht auf die Bedeutung der Verleihung nicht angezeigt, neben der Zurücknahme oder der Beschränkung der Verleihung „wegen überwiegender Nachteile und Gefahren für das öffentliche Wohl" noch eine Entziehung oder Beschränkung verliehener Staurechte „wegen überwiegender Vorteile für die Landeskultur oder die Schiffahrt" zuzulassen. Was für verliehene Staurechte gilt, gilt auch für die etwa nach § 86 sichergestellten Staurechte, da ein in dieser Weise sichergestelltes Recht nach § 86 Abs. 3 einem verliehenen Rechte gleichsteht, Begr. S. 235.

§ 339.

(1) Die Unternehmer von Anlagen zur Entwässerung von Grundstücken oder zur Beseitigung von Abwässern sind verpflichtet, deren Mitbenutzung einem anderen zu gestatten, wenn dieser die Entwässerung oder die Beseitigung der Abwässer anders nicht zweckmäßig oder nur mit erheblichen Mehrkosten durchführen kann, die Benutzung oder der Betrieb der Anlagen für den Unternehmer nicht wesentlich beeinträchtigt wird und der andere einen verhältnismäßigen Teil der Anlage- und Unterhaltungskosten übernimmt, auch für die dem Unternehmer aus der Mitbenutzung etwa erwachsenden Nachteile Entschädigung und auf Verlangen des Unternehmers vor der Mitbenutzung der Anlage eine angemessene Sicherheit leistet. Kann die Mitbenutzung nur bei entsprechender Veränderung der Anlagen zweckmäßig erfolgen, so sind die Unternehmer auch verpflichtet, die Veränderung nach ihrer Wahl selbst vorzunehmen oder sich gefallen zu lassen. Die Kosten dieser Veränderung hat der die Mitbenutzung Nachsuchende allein zu tragen.

(2) Auch den Unternehmern von Bewässerungsanlagen liegen die im Abs. 1 bezeichneten Verpflichtungen ob, jedoch nur zugunsten der Eigentümer von Grundstücken, die zur Herstellung der Anlagen in Anspruch genommen sind.

(3) Die Vorschriften der Abs. 1, 2 gelten nicht für Anlagen, die von einer Wassergenossenschaft oder einem Deichverbande hergestellt sind.

§ 339 [315] enthält eine Ausdehnung des bereits in § 26 Abs. 1 zu a Privatflußgesetz zum Ausdruck gebrachten Gedankens, vgl. Nieberding-Frank S. 280.

Er gibt zunächst (Abs. 1) ein Mitbenutzungsrecht von Anlagen zur Entwässerung und, einem durch die Ausdehnung der Industrie neu hervorgetretenen Bedürfnisse Rechnung tragend, auch von Anlagen zur Beseitigung von Abwässern. Die Mitbenutzung solcher Anlagen wird aber nicht nur demjenigen gestattet, durch dessen Grund und Boden die Leitungen gelegt sind, sondern jedem, der sie sich nutzbar machen kann. Da zu einer wirtschaftlich zweckmäßigen Nutzbarmachung solcher Anlagen häufig deren Veränderung erforderlich sein wird, verpflichtet Abs. 1 den Eigentümer, sich auch diese gefallen zu lassen. Mit Rücksicht auf die erhebliche Ausdehnung des Mitbenutzungsrechts gegenüber dem geltenden Rechte wird jedoch neben dem Erfordernisse der Übernahme eines verhältnismäßigen Anteils an den Anlage- und Unterhaltungskosten die weitere Voraussetzung aufgestellt, daß derjenige, der die Anlage mitbenutzen will, die Entwässerung oder die Beseitigung der Abwässer anders nicht zweckmäßig oder doch nur mit erheblichen Mehrkosten durchführen kann und ferner, daß die Benutzung oder der Betrieb der Anlagen für den Eigentümer nicht wesentlich beeinträchtigt werden darf und daß diesem für die ihm aus der Mitbenutzung etwa erwachsenden Nachteile Entschädigung gewährt werden muß, letzteres dann, wenn zwar die Benutzung oder der Betrieb der Anlagen für die Eigentümer irgendwie beeinträchtigt wird, die Beeinträchtigung aber nicht so wesentlich ist, daß deshalb die Mitbenutzung der Anlagen versagt werden könnte. Unter den gleichen Voraussetzungen wie bei Anlagen zur Entwässerung oder zur Beseitigung von Abwässern wird auch bei Bewässerungsanlagen ein Mitbenutzungsrecht gewährt Abs. 2). Der Natur der Sache nach kann aber bei diesen Anlagen eine Mitbenutzung ohne erhebliche Schädigung des Eigentümers nicht in annähernd so großem Umfange zugelassen werden, wie bei den im Abs. 1 behandelten Anlagen. Bei Bewässerungsanlagen wird daher in Übereinstimmung mit dem geltenden Rechte (Privatflußgesetz § 26 Abs. 1 zu a) ein Mitbenutzungsrecht nur den Eigentümern zugestanden, deren Grundstücke zur Herstellung der Anlage in Anspruch genommen worden sind.

Die Mitbenutzung von Anlagen, die von einer Wassergenossenschaft hergestellt sind, ist im § 223 besonders geregelt, der auch auf Deichverbände Anwendung findet (§ 317). Für solche Anlagen muß daher die Anwendung der Vorschriften des § 339 Abs. 1, 2 ausgeschlossen werden. Das ist im Abs. 3 geschehen, Begr. S. 235/6.

§ 340.

(1) Über die auf Grund der §§ 330 bis 339 erhobenen Ansprüche, die Entschädigung und die von den Beteiligten etwa sonst noch zu übernehmenden Leistungen beschließt in den Fällen des § 330 der Kreis- (Stadt-) Ausschuß, im übrigen der Bezirksausschuß. Dieser beschließt auch über die Beseitigung der Anlagen nach § 333. Vor Erlaß des Beschlusses sind die Beteiligten zu hören, insbesondere die beteiligten Grundstückseigentümer über die Ausübung ihrer Rechte aus § 336 zu vernehmen.

(2) Gegen den Beschluß des Kreis- (Stadt-) Ausschusses steht, soweit er nicht die Entschädigungen betrifft, dem Antragsteller und den übrigen Beteiligten binnen zwei Wochen die Beschwerde zu. Über die Beschwerde entscheidet der Bezirksausschuß endgültig.

(3) Im übrigen ist der § 76 anzuwenden.

(4) Für die Entschädigung, ihre Auszahlung und Hinterlegung gelten, unbeschadet des § 45, die bei der Enteignung maßgebenden Vorschriften.

(5) Der § 46 Abs. 3, der § 47, der § 49 Abs. 1, 3, 4, der § 51 Abs. 2, die §§ 59, 63, der § 64 Abs. 2, der § 65 Abs. 1, 2, der § 69, der § 70 Abs. 3, die §§ 71, 74, 75, der § 77 Abs. 1 bis 3, der § 78

und der § 81 sind entsprechend anzuwenden, ebenso in den Fällen der §§ 331, 332 der § 62.

(6) Der Antrag auf Erwerbung des Eigentums (§ 336) ist nicht mehr zulässig, sobald dem Grundstückseigentümer der Beschluß des Bezirks- [Kreis- (Stadt-)] Ausschusses eröffnet ist.

(7) Mit der Rechtskraft desjenigen Teiles des Beschlusses, durch den ein Benutzungsrecht nach den §§ 330 bis 335 festgestellt wird, entsteht das Benutzungsrecht. Es bedarf zur Erhaltung der Wirksamkeit gegenüber dem öffentlichen Glauben des Grundbuchs nicht der Eintragung. Doch hat die Beschlußbehörde das Grundbuchamt unverzüglich um die Eintragung zu ersuchen. Diese Vorschriften gelten in den Fällen der §§ 338, 339 sinngemäß. In den Fällen der §§ 331 bis 333 bewendet es für die danach festgestellten Rechte am Wasserlauf bei § 185 Abs. 2.

1. Soweit das geltende Recht Vorschriften über die zwangsweise Einräumung des Rechtes zur Benutzung fremder Grundstücke für gewisse Anlagen enthält, entscheiden über die Art und das Maß der Benutzung sowie der zu gestattenden Anlagen durchweg nicht die ordentlichen Gerichte, sondern die Verwaltungsbehörden, und zwar in erster Instanz regelmäßig der Kreis-(Stadt-)Ausschuß (vgl. Zust.-Ges. §§ 68, 76 ff.), während über die Höhe der Entschädigung entweder ein schiedsrichterliches Verfahren stattfindet (vgl. z. B. Vorflutedikt vom 15. November 1811 §§ 21 ff.) oder eine Vorentscheidung im Verwaltungsweg getroffen wird, gegen die der ordentliche Rechtsweg eröffnet (vgl. z. B. Vorflutgesetz für den Bezirk des Appellationsgerichtshofs in Köln vom 14. Juni 1859 §§ 5 ff.) oder Berufung an das Oberlandeskulturgericht zulässig ist (Privatflußges. §§ 45 bis 47 in Verbindung mit § 78 des Zust.-Ges.), vgl. **Nieberding-Frank** S. 283 ff.

Auch nach dem Wassergesetze wird die Entscheidung über die Begründung von „Zwangsrechten" nicht den ordentlichen Gerichten übertragen, sondern den Verwaltungsbeschlußbehörden belassen. Nach dem Entwurfe sollte es in allen Fällen, in denen schon nach geltendem Rechte der Kreisausschuß zuständig war, bei dessen Zuständigkeit bewenden. Für den Fall jedoch, daß der Anschluß für eine Stauanlage nach § 334 nachgesucht wird, die an einem Wasserlauf erster Ordnung errichtet werden soll, sollte die Entscheidung dem Bezirksausschuß übertragen werden. Das Gleiche sollte für die Entziehung oder Beschränkung eines Staurechts auf Grund des § 338, wenn es sich um einen Wasserlauf erster Ordnung handelt, gelten. In den abweichend vom geltenden Rechte neu zugelassenen Fällen der Begründung eines Zwangsrechts sollte teils der Kreisausschuß, teils der Bezirksausschuß zur Entscheidung in erster Instanz berufen werden, und zwar der Bezirksausschuß, wo technisch schwierigere Fragen zur Beurteilung kommen können, so bei der Durchleitung von Wasser zu gewerblichen Zwecken oder zur Beseitigung von Abwässern (§ 332), oder wenn es sich um die den Regierungspräsidenten oder Oberpräsidenten unterstehenden

Wasserläufe erster Ordnung handelt. Die Kommission des Abgeordnetenhauses hat aber, da es sich bei den Zwangsrechten mit Ausnahme des § 330 um wichtige Eingriffe in bestehende Rechte handele, die Entscheidung in allen Fällen, abgesehen von § 330, dem Bezirksausschusse übertragen, ebenso bezüglich der Aufhebung von gemäß § 333 errichteten Anlagen. Sie hat ferner vorgeschrieben, daß die Beteiligten vorher zu hören sind (Abs. 1 Satz 3), KB. AH. S. 409 ff.

Gegen den Beschluß steht, soweit er nicht die Entschädigung betrifft, den Beteiligten binnen 2 Wochen die Beschwerde an das Landeswasseramt (§ 76), bzw. in den Fällen des § 330 an den Bezirksausschuß zu.

Bezüglich der Entschädigung ist binnen 3 Monaten der ordentliche Rechtsweg gegeben (Abs. 2—4), vgl. Anm. 2.

2. Im übrigen erklärt § 340 [316] im Abs. 5 auf das Verfahren zur Begründung von Zwangsrechten eine Anzahl Vorschriften über das Verleihungsverfahren für anwendbar. Nicht anwendbar sind die Vorschriften über die öffentliche Bekanntmachung des Unternehmens und die damit im Zusammenhange stehenden Bestimmungen über die Anmeldung von Rechten (§ 65 Abs. 3, 4, §§ 66, 67, 68, § 70 Abs. 1, 2) Ferner müssen die Vorschriften der §§ 72, 73 über den Inhalt des Verleihungsbeschlusses ausscheiden, da sie für die Begründung von Zwangsrechten nicht passen. Es bedarf auch nicht etwa an deren Stelle einer Sondervorschrift über den Inhalt des hier zu erlassenden Beschlusses, da sich dieser ohne weiteres aus dem Ziele und Zwecke des Verfahrens ergibt. An die Stelle des § 64 Abs. 1 tritt der Abs. 1, an die Stelle des § 70 Abs. 4 der Abs. 6, an die Stelle des § 76 Abs. 2—4, an die Stelle des § 78 Abs. 7, an die Stelle des § 82 der § 341.

Nach Abs. 1 des § 340 soll, wie bei der Verleihung, in demselben Verfahren, in dem das Zwangsrecht begründet wird, auch die von dem Unternehmer zu zahlende Entschädigung festgestellt werden. Eine Beschwerde gegen diese Feststellung ist ebensowenig wie bei der Verleihung gegeben, wohl aber steht den Beteiligten der ordentliche Rechtsweg offen (§ 78 Abs. 2). Beides empfiehlt sich im Interesse der Vereinfachung des Verfahrens und der Kostenersparnis, zumal sich das schiedsgerichtliche Verfahren, wo es seither eingeführt war (vgl. oben zu Nr. 1), nicht besonders bewährt hat. Für die Berechnung der Höhe der Entschädigung, ihre Auszahlung und Hinterlegung können unbedenklich die bei der Enteignung maßgebenden Vorschriften (§§ 1 bis 14, 38, § 42 Abs. 2, § 45 Abs. 2, §§ 47 bis 49 des Enteignungsgesetzes) für anwendbar erklärt werden, weil es sich hier, wie bei der Enteignung, stets um eine Beschränkung oder Entziehung des Grundeigentums oder von Rechten am Grundeigentume handelt (Abs. 4).

3. Abs. 6 entspricht dem § 70 Abs. 4. Als Zeitpunkt, bis zu dem der Grundeigentümer den Antrag auf Erwerb des Eigentums stellen muß, ist jedoch nicht der Schluß der Verhandlung, wie im § 70 Abs. 4, sondern der Augenblick bestimmt, in dem der Beschluß dem Grundstückseigentümer eröffnet ist, weil eine Verhandlung in den Fällen der §§ 330 ff. nicht notwendig stattzufinden braucht.

4. Als Zeitpunkt für die Entstehung des nach Maßgabe der §§ 330 bis 336 zu begründenden Benutzungsrechts ist der Eintritt der Rechtskraft des Teiles des Beschlusses bezeichnet, durch den das Benutzungsrecht festgestellt wird (Abs. 7 Satz 1).

Zu Abs. 7 ist folgendes zu bemerken: Die durch das Verfahren nach § 340 begründeten Rechte an fremden Grundstücken stellen sich inhaltlich, je nachdem sie mit dem Eigentum an einem Grundstücke verbunden oder einem bestimmten Berechtigten eingeräumt werden, bald als Grunddienstbarkeiten (§§ 1018 ff. BGB.), bald als beschränkte persönliche Dienstbarkeiten (§§ 1090 ff. BGB.) dar. Daß diese Rechte auch ohne Eintragung im Grundbuch ohne weiteres dingliche Wirkung äußern, folgt aus der Bestimmung im Abs. 7 Satz 1, der die Anwendbarkeit des § 873 BGB., welcher zudem nur auf die Begründung eines Rechtes durch freiwillige Einigung berechnet ist, ausschließt. Dagegen würde es nach § 892 BGB. zur Erhaltung der Wirksamkeit der in einem Verfahren nach § 340 begründeten Dienstbarkeiten gegenüber dem öffentlichen Glauben des Grundbuchs an sich der Eintragung im Grundbuche bedürfen. Das würde zur Folge haben, daß, wenn der Grundstückseigentümer in der Zwischenzeit zwischen der Rechtskraft des die Dienstbarkeit wirksam begründenden Beschlusses und der nach Abs. 7 Satz 3 auf Ersuchen der Beschlußbehörde erfolgenden Eintragung im Grundbuche, die allerdings in der Regel sehr kurz sein wird, das mit der Dienstbarkeit belastete Grundstück veräußert, der gutgläubige Erwerber die Dienstbarkeit nicht gegen sich gelten zu lassen brauchte, sodaß die Einleitung eines neuen Verfahrens gegen ihn notwendig würde oder daß, wenn der Grundstückseigentümer das Grundstück in der Zwischenzeit mit einer Hypothek belastet, diese der Dienstbarkeit vorgehen würde. Um diese Möglichkeiten auszuschließen, schreibt Abs. 7 Satz 2 ausdrücklich vor daß die Eintragung der Zwangsrechte zur Erhaltung der Wirksamkeit gegenüber dem öffentlichen Glauben des Grundbuchs nicht erforderlich sein soll. Die auf Grund des § 331—333 festgestellten Rechte am Wasserlaufe können sich unter Umständen darstellen als „Rechte, die eine der im 40 bezeichneten Arten der Benutzung betreffen." Solche Rechte sind nach § 182, 185 Abs. 1 in das Wasserbuch einzutragen. Dagegen sollen sie nach der ausdrücklichen Vorschrift des § 185 Abs. 2 im Grundbuche nicht eingetragen werden. Um Zweifeln über das Verhältnis der Bestimmung des § 340 Abs. 7 Satz 3 zu der Vorschrift des § 185 Abs. 2 vorzubeugen, erscheint die Vorschrift im Abs. 7 Satz 5 erforderlich.

5. Die Vorschriften der §§ 330 ff. finden, wenngleich es sich nach der Titelüberschrift um Zwangsrechte handelt, nicht nur mangels einer Einigung der Beteiligten Anwendung, sondern diese können, auch wenn sie einig sind, die Einleitung des Verfahrens nach § 340 beantragen. Wollen sie das nicht, so sind für die Begründung der betreffenden Dienstbarkeiten die Bestimmungen des allgemeinen bürgerlichen Rechtes maßgebend, zu ihrer Entstehung ist daher auch die Eintragung im Grundbuch erforderlich (§ 873 BGB.), Begr. S. 236—9.

§ 341.

(1) Ansprüche auf Entschädigung, über die ein Beschluß nach § 340 Abs. 1 nicht gefaßt ist, können nachträglich geltend gemacht werden, wenn der Betroffene die nachteilige Wirkung nicht rechtzeitig vor der Beschlußfassung des Kreis (Stadt-) Ausschusses oder Bezirksausschusses vorausgesehen hat oder hätte voraussehen müssen. Der § 82 Abs. 1 Satz 4 und Abs. 2 ist entsprechend anzuwenden.

(2) Zuständig zur Entscheidung über diese Ansprüche ist in den Fällen des § 330 der Kreis (Stadt-) Ausschuß, im übrigen der Bezirksausschuß. Der § 340 Abs. 1 Satz 3, Abs. 3 und Abs. 4 ist anzuwenden.

Der § 341 [316a] ist von dem Abgeordnetenhause in dritter Lesung eingefügt worden, um die nachträgliche Berücksichtigung nicht voraussehbarer Entschädigungsansprüche ähnlich wie bei dem Verleihungsverfahren gemäß § 82 zu ermöglichen, Sten. B. AH. S. 8603/4.

Sechster Abschnitt.

Wasserpolizeibehörden.

Die Ausgestaltung der Wasserpolizeibehörden ist in Angliederung an die Behörden und Bezirke der allgemeinen Landesverwaltung erfolgt und dementsprechend die Wasserpolizei grundsätzlich bei Wasserläufen erster Ordnung dem Regierungspräsidenten bei Wasserläufen zweiter Ordnung und den nicht zu den Wasserläufen gehörenden Gewässern der Landrat, bzw. die Ortspolizeibehörde, bei Wasserläufen dritter Ordnung die Ortspolizeibehörde (§ 342) übertragen worden. Jedoch kann eine Übertragung der wasserpolizeilichen Befugnisse auf andere Behörden durch die zuständigen Minister bzw. den Oberpräsidenten nach näherer Maßgabe der §§ 343 ff. erfolgen. Die Anfechtung wasserpolizeilicher Verfügungen, ihre zwangsweise Durchführung und die Zuständigkeit zum Erlasse von Polizeiverordnungen wird in den §§ 346—350 den allgemein für polizeiliche Verfügungen und Verordnungen geltenden Grundsätzen entsprechend geregelt. Um den Wasserpolizeibehörden die bisher fehlenden technischen Hilfskräfte zu geben, wird in § 353 die Anstellung solcher Beamten vorgesehen.

Von besonderer Bedeutung ist die Beteiligung des Laienelements an der Verwaltung der Wasserpolizei, dessen Heranziehung gerade bei den in die wirtschaftlichen Verhältnisse tief eingreifenden wasserpolizeilichen Maßnahmen unbedingt geboten erscheint. Vor allem kommen in dieser Beziehung die Schauämter in Betracht, welche einmal die Wasserpolizeibehörden durch Mitteilung der bei den Schauen vorgefundenen Mängel unterstützen sollen, dann aber auch zur selbständigen Wahrnehmung wasserpolizeilicher Befugnisse durch die Schauordnung berufen werden können (§§ 357, 358 ff.). Den beiden anderen Behörden, welche Laienmitglieder haben, die Wasserbeiräte (§§ 367 ff.) und das Landeswasseramt (§§ 370 ff.), ist eine Mitwirkung bei der Ausübung der Wasserpolizei nicht übertragen worden.

Vgl. im übrigen wegen der Behördenorganisation des Wassergesetzes im allgemeinen, Begr. S. 41—46, deren Ausführungen jedoch wegen der vom Landtage vorgenommenen zahlreichen Abänderungen nur noch in beschränktem Umfange maßgebend sind, sowie Holtz a. a. O. S. 62 ff.

§ 342.

(1) Wasserpolizeibehörde ist:

1. für Wasserläufe erster Ordnung der Regierungspräsident;
2. für Wasserläufe zweiter Ordnung und die nicht zu den Wasserläufen gehörenden Gewässer der Landrat, in Stadtkreisen die Ortspolizeibehörde. Die Städte, deren Polizeiverwaltung der Aufsicht des Landrats nicht untersteht, stehen den Stadtkreisen gleich;
3. für Wasserläufe dritter Ordnung die Ortspolizeibehörde.

(2) Bei Talsperren ist der Regierungspräsident, der die Aufsicht über die Talsperre führt, Wasserpolizeibehörde.

1. Die in § 342 [317] vorgenommene grundsätzliche Verteilung der Zuständigkeit bezüglich der Wasserpolizei entspricht dem geltenden Rechte, mit Ausnahme der Bestimmung im Abs. 1 Nr. 2, nach welcher der Landrat die Wasserpolizei bei den Wasserläufen zweiter Ordnung und den nicht zu den Wasserläufen gehörigen Gewässern zu verwalten hat. Diese Regelung empfahl sich, weil die Wasserläufe zweiter Ordnung, d. h. die Wasserläufe, welche abgesehen von den Schiffahrtstraßen für die Wasserwirtschaft von größerer Bedeutung sind, auf längeren Strecken Einheitlichkeit der polizeilichen Überwachung erfordern, die ihnen von der Ortspolizeibehörde, deren Amtsbezirke meistens wenig umfangreich sind, in der Regel nicht in genügendem Maße zugewandt werden kann. Dies gilt sowohl für die Unterhaltung, die nur dann ihren Zweck erreicht, wenn sie auf längeren Strecken gleichmäßig durchgeführt wird, als auch für die Benutzung der Wasserläufe und ihre Reinhaltung. Dazu kommt, daß die Unterhaltung der Wasserläufe zweiter Ordnung in Zukunft durch Wassergenossenschaften erfolgen soll, welche unter der Aufsicht des Landrats stehen (§ 115 Abs. 1 Nr. 2, § 217 Abs. 3), und es zur Vermeidung von Reibungen und zur Vereinfachung des Geschäftsganges dient, wenn Polizei und Aufsicht in einer Hand vereinigt sind, Begr. S. 239.

Nach dem Entwurfe sollte es bezüglich der übrigen Wasserläufe bei der bisherigen Zuständigkeit verbleiben und dementsprechend bei Wasserläufen erster Ordnung der Regierungspräsident (§ 342 Abs. 1 Nr. 1), bei Wasserläufen dritter Ordnung und den nicht zu den Wasserläufen gehörenden Gewässern die Ortspolizeibehörde (§ 342 Abs. 1 Nr. 3 und 4) die Wasserpolizei übernehmen. Die Kommission des Abgeordnetenhauses hatte jedoch in erster Lesung auf Grund der Erwägung, daß auch die meisten Wasserläufe dritter Ordnung über den Zuständigkeitsbereich einer einzelnen Ortspolizeibehörde hinausgingen und es daher auch bei ihnen ebenso wie bei den Wasserläufen zweiter Ordnung im Interesse der Einheitlichkeit der Polizeiverwaltung zweckmäßiger sei, auch diese Wasserläufe in polizeilicher Hinsicht dem Landrate zu unterstellen, den Entwurf dahin abgeändert, daß grundsätzlich auch bei den Wasserläufen dritter Ordnung und den sonstigen Gewässern der Landrat die Wasserpolizeibehörde bilden sollte. In der zweiten Lesung der Kommission wurde jedoch bezüglich der Wasserläufe dritter Ordnung die Regierungsvorlage wiederhergestellt, zugleich aber, da anerkannt wurde, daß die Aufgaben der Wasserpolizei auch bei Wasserläufen dritter Ordnung unter Umständen so bedeutungsvoller Natur sein könnten, daß sie besser durch den Landrat wahrgenommen würden, in § 344 dem Oberpräsidenten die Befugnis gegeben, die Wahrnehmung der Wasserpolizei allgemein oder für einzelne Fälle dem Landrat zu übertragen, KB. AH. S. 412 ff.

Bei den Wasserläufen dritter Ordnung ist es daher bei der Zuständigkeit der Ortspolizeibehörde verblieben. Dasselbe gilt für die Wasserläufe zweiter Ordnung in den Stadtkreisen. Auch hier sind aber die Verhältnisse in der Provinz Hannover Gegenstand eingehendster Erörterung gewesen. In dieser Hinsicht kann auf die Wiedergabe der dahingehenden Beschlußfassungen zu § 284 (vgl. dort Anm. 2) Bezug genommen werden. Ebenso wie dort (Abs. 1 letzter Satz) ist schließlich das Ergebnis gewesen, daß vom Herrenhause als Satz 2 der Nr. 2 folgende Bestimmung eingefügt worden ist:

„Die Städte, deren Polizeiverwaltung der Aufsicht des Landrats nicht untersteht, stehen den Stadtkreisen gleich."

Durch diese Bestimmung sind die Sonderrechte der kreisfreien Städte in Hannover aufrechterhalten worden, da bei ihnen der Landrat nicht die Aufsicht über die Polizei hat, Sten. B. HH. 1073/4. Jedoch ist darauf hinzuweisen, daß auch bei ihnen eine Übertragung der Wasserpolizei nach näherer Maßgabe der §§ 343 und 344 stattfinden kann.

Die grundsätzliche Verteilung der Zuständigkeit ist demnach folgende:
Wasserpolizeibehörde ist

a) für Wasserläufe erster Ordnung: der Regierungspräsident,
b) für Wasserläufe zweiter Ordnung und die nicht zu den Wasserläufen gehörenden Gewässer: der Landrat, in Stadtkreisen und Städten, deren Polizeiverwaltung nicht der Aufsicht des Landrats untersteht, die Ortspolizeibehörde,
c) für Wasserläufe dritter Ordnung: die Ortspolizeibehörde.

2. Als Ausnahme von dieser grundsätzlichen Regelung der Zuständigkeit und abgesehen von den Delegationsmöglichkeiten gemäß den §§ 343 und 344 ist zu erwähnen:

a) die Wasserpolizei über diejenigen Wasserläufe, welche von einem Deichverbande zu unterhalten sind oder der Aufsicht der Deichverwaltungsbehörde unterstehen; hier bildet die Wasserpolizei einen Teil der örtlichen Deichpolizei (vgl. § 306 Satz 2, § 307 Abs. 1).

b) Die Wasserpolizei bei Talsperren ist dem Regierungspräsidenten übertragen, welcher die Aufsicht über die Talsperre führt (§ 342 Abs. 2), da es auch hier zweckmäßig erscheint, Aufsicht und Polizei in einer Hand zu vereinigen, Begr. S. 239/40.

§ 343.

(1) **Die zuständigen Minister können die Wahrnehmung der Wasserpolizei übertragen:**

1. **für Wasserläufe erster Ordnung einem der für die betreffenden Stromgebiete zuständigen Oberpräsidenten oder Regierungspräsidenten;**
2. **für Wasserläufe zweiter Ordnung, die von einer sich über mehrere Kreise erstreckenden Wassergenossenschaft unterhalten werden, dem die Aufsicht über die Genossenschaft führenden Landrat, in Stadtkreisen der Ortspolizeibehörde, auch für die übrigen beteiligten Kreise.**

(2) **Die Wasserpolizeibehörde kann bei Wasserläufen erster Ordnung örtliche Geschäfte der Wasserpolizei dem Ortsbaubeamten, dem Landrat und den nachgeordneten Polizeibehörden übertragen. Geschieht dies, so gelten für die Rechtsmittel gegen die Verfügungen des Ortsbaubeamten, des Landrats oder der nachgeordneten Polizeibehörden sowie für die Zwangsmittel zur Durchführung der von diesen Behörden getroffenen Verfügungen dieselben Bestimmungen, wie wenn die Verfügungen von der Wasserpolizeibehörde unmittelbar getroffen wären.**

(3) **Die Übertragung der Wahrnehmung der Wasserpolizei oder örtlicher Geschäfte der Wasserpolizei ist durch die Amtsblätter derjenigen Bezirke, für welche sie gelten sollen, sowie durch die Kreisblätter und in sonst geeigneter Weise bekannt zu machen.**

1. Zu Abs. 1 Nr. 1: Die Strombauverwaltung ist auf Grund des der Krone hierzu zustehenden Rechts in zahlreichen Fällen anderen Behörden als dem im allgemeinen zuständigen Regierungspräsidenten übertragen worden. So sind z. B. für die fünf großen Ströme Strombauverwaltungen gebildet worden, welche einem Oberpräsidenten unterstellt sind, nämlich für den Rhein in Coblenz, für die Elbe in Magdeburg, für die Oder in Breslau, für die Weichsel in Danzig, für die Weser in Hannover; ferner ist die Verwaltung des Dortmund-Emskanals einschließlich der zugehörigen Strecken von Ems und Hase dem Oberpräsidenten in Münster, die der märkischen Wasserstraßen dem Regierungspräsidenten in Potsdam, die der Berliner Wasserstraßen dem Polizeipräsidenten übertragen worden (vgl. die diesbezüglichen Erlasse in Begr. S. 240). Schließlich ist durch Erlaß vom 13. Juni 1895 der Minister der öffentlichen Arbeiten allgemein ermächtigt worden, die bauliche Verwaltung einer mehrere Verwaltungsbezirke durchschneidenden Wasserstraße nebst den sämtlichen strombaupolizeilichen und sonst der Bauverwaltung übertragenen Befugnissen und Obliegenheiten einer der beteiligten Provinzialbehörden auch für die außerhalb ihres Bezirkes belegenen Strecken zu übertragen.

Aus Zweckmäßigkeitsgründen sind regelmäßig die Behörden, welchen auf Grund dieser Erlasse die Strombauverwaltung übertragen, gleichzeitig mit der Wahrnehmung der Strom- und Schiffahrtspolizei betraut worden.

Ebenso muß, nachdem durch den § 342 Abs. 1 Nr. 1 die Wasserpolizei bei den Wasserläufen erster Ordnung, welche sich mit der bisher in § 138 LVG. behandelten Strom- und Schiffahrtspolizei deckt, den (örtlich zuständigen) Regierungspräsidenten übertragen worden ist, im Gesetze die Möglichkeit vorgesehen werden, in den Fällen, in welchen ein Oberpräsident oder ein anderer als der örtlich zuständige Regierungspräsident mit der Strombauverwaltung betraut wird, Ausnahmen zuzulassen, da es in den meisten Fällen notwendig sein wird, die Strombauverwaltung und die Wasserpolizei in einer Hand zu vereinigen, Begr. S. 240.

Zu Abs. 1 Nr. 2: Obwohl es die Regel sein wird, daß jeder Landrat die Wasserpolizei für die Wasserläufe zweiter Ordnung seines Kreises verwaltet, können Ausnahmen doch wünschenswert sein, nämlich dann, wenn die zur Unterhaltung dieser Wasserläufe zu bildenden Wassergenossenschaften sich über mehrere Kreise erstrecken, wobei die Aufsicht nach § 217 Abs. 3 Satz 2 demjenigen Landrat zufällt, in dessen Bezirk die Genossenschaft ihren Sitz hat. Auch hier empfiehlt es sich, Aufsicht und Polizei in einer Hand zu vereinigen, Begr. S. 241.

2. Zur Wahrnehmung örtlicher Geschäfte der Wasserpolizei sind zur Zeit bei den Wasserläufen erster Ordnung in der Regel die Ortsbaubeamten bestellt (Erl. v. 12. März 1884, Min.-Bl. f. d. i. V. S. 208). Diese Möglichkeit soll durch die Vorschrift des Abs. 2 auch fernerhin offengehalten werden. Zugleich kann aber auch in Frage kommen, die Landräte und nachgeordneten Polizeibehörden hierzu heranzuziehen. Dieses gilt insbesondere, soweit es sich um die Ausübung der Wasserpolizei gegenüber den Eigentümern der Ufergrundstücke und den Eingesessenen des Hochwassergebiets handelt. Daß in solchen Fällen gemäß Abs. 2 Satz 2 die Verfügungen der Ortsbaubeamten, Landräte usw. als unmittelbare Verfügungen der Wasserpolizeibehörde gelten, entspricht dem geltenden Rechte (OVG. Bd. 30 S. 293; Bd. 31 S. 233), Begr. S. 241.

Unter den nachgeordneten Polizeibehörden im Sinne des Abs. 2 sind die der Wasserpolizei nachgeordneten Polizeibehörden zu verstehen, KB. HH. S. 792.

Diejenige Behörde, welche die Übertragung der örtlichen Geschäfte der Wasserpolizei auf eine nachgeordnete Behörde vorgenommen hat, ist, wie auch nach bisherigem Rechte, befugt, deren Anordnungen im Aufsichtswege aufzuheben, KB. AH. S. 419.

3. Von der Delegationsbefugnis des § 343 wird ebenso wie der durch den § 344 erteilten nur Gebrauch zu machen sein, wenn ein wirkliches Bedürfnis dazu vorliegt (vgl. a. die Erklärung des Landwirtschaftsministers in Sten. B. HH. S. 1074).

§ 344.

Für Wasserläufe dritter Ordnung kann in Landkreisen der Oberpräsident die Wahrnehmung der Wasserpolizei allgemein oder für einzelne Fälle dem Landrat übertragen. Erfolgt die Übertragung allgemein, so ist sie in ortsüblicher Weise und durch das Kreisblatt bekannt zu machen.

Vgl. § 342 Anm. 1, § 343 Anm. 3, sowie KB. AH. S. 419/20.

§ 345.

(1) Wird einem Landrat oder einer Ortspolizeibehörde nach § 343 Abs. 1 Nr. 2 die Wahrnehmung der Wasserpolizei in einem Kreise übertragen, der einem anderen Regierungsbezirk angehört, so führt der ihnen vorgesetzte Regierungspräsident die Aufsicht über sie auch für die in dem anderen Regierungsbezirk gelegenen Strecken des Wasserlaufs.

(2) Im Falle des § 343 Abs. 2 führt die Aufsicht über den Ortsbaubeamten, den Landrat und die nachgeordneten Polizeibehörden der Regierungspräsident oder Oberpräsident, dem die Wahrnehmung der Wasserpolizei zusteht.

Die hier vorgesehene Regelung der Aufsichts-Zuständigkeit ist dem Bestreben entsprungen, möglichste Einheitlichkeit in der Wasserwirtschaft herbeizuführen, insbesondere dadurch, daß die Aufsicht über den Landrat und die Ortspolizeibehörde sowohl in ihrer Eigenschaft als Aufsichtsbehörde der Wassergenossenschaft wie als Wasserpolizeibehörde demselben Regierungspräsidenten übertragen wird, Begr. S. 241.

§ 346.

Der Oberpräsident ist berechtigt, die von ihm nach diesem Gesetz in Ausübung der obrigkeitlichen Gewalt getroffenen, durch seine gesetzlichen Befugnisse gerechtfertigten Anordnungen durch die dem Regierungspräsidenten beigelegten Zwangsmittel durchzusetzen.

§ 132 LVG. regelt die Zwangsbefugnis nur für den Regierungspräsidenten, den Landrat, die Ortspolizeibehörde und den Gemeindevorsteher, nicht aber für den Oberpräsidenten. Dieser ist zur Zeit wegen der Vollstreckung seiner Anordnungen auf die Bestimmungen der Regierungsinstruktion von 1817 (§ 11) und der ihr angehängten Verordnung vom 26. Dezember 1808 (§ 48) angewiesen. Da dem Oberpräsidenten nach § 343 die Wasserpolizei beigelegt werden kann, ist es folgerichtig, ihm die gleichen Zwangsmittel zu gewähren wie dem Regierungspräsidenten, Begr. S. 241.

§ 347.

(1) Gegen wasserpolizeiliche Verfügungen des Oberpräsidenten ist innerhalb zwei Wochen die Beschwerde oder nach § 127 Abs. 3, 4 des Landesverwaltungsgesetzes vom 30. Juli 1883 (Gesetzsamml.

S. 195) die Klage bei dem Oberverwaltungsgerichte zulässig. Über die Beschwerde entscheidet, wenn es sich um die Benutzung der Wasserläufe für den öffentlichen Schiffsverkehr handelt, der Minister für Handel und Gewerbe, sonst der Minister der öffentlichen Arbeiten.

(2) Im übrigen richten sich die Rechtsmittel gegen wasserpolizeiliche Verfügungen nach den allgemeinen Vorschriften über die Anfechtung polizeilicher Verfügungen.

(3) Soweit nach § 345 die Aufsicht dem Regierungspräsidenten in einem anderen Verwaltungsbezirk zusteht, tritt er auch im Beschwerdeverfahren an die Stelle des örtlich zuständigen Regierungspräsidenten. Für die Klage nach § 128 Abs. 1 zu b des Landesverwaltungsgesetzes ist der Bezirksausschuß am Amtssitze des die Aufsicht führenden Regierungspräsidenten zuständig.

1. Zu Abs. 1: Da gemäß § 343 die Wasserpolizei auch dem Oberpräsidenten übertragen werden kann, empfiehlt es sich, die Rechtsmittel gegen seine polizeilichen Verfügungen in Übereinstimmung mit Abs. 2 und §§ 127 ff. LVG. zu regeln, indem förmliche Beschwerde und Klage gegeben wird, Begr. S. 241.

2. Zu Abs. 2: Nach bisherigem Rechte war das Rechtsmittelverfahren ein verschiedenes, je nachdem es sich um wasserpolizeiliche Verfügungen, welche die Räumung von Gräben, Bächen und sonstigen Wasserläufen betreffen, oder um sonstige wasserpolizeiliche Verfügungen handelte; im ersteren Falle griff das besondere Verfahren nach § 66 Zust.-Ges. (Einspruch mit folgender Klage im Verwaltungsstreitverfahren), im letzteren das gewöhnliche Verfahren nach §§ 127 ff. LVG. (wahlweise Beschwerde oder Klage im Verwaltungsstreitverfahren) Platz. Da durch diese unterschiedliche Regelung der Überblick über den Rechtsmittelzug erschwert ist, auch die Interessenten in Ungewißheit über das einzulegende Rechtsmittel geraten können, sind durch Abs. 2 gegen alle wasserpolizeilichen Verfügungen einheitlich die allgemein gegen polizeiliche Verfügungen zulässigen Rechtsmittel der §§ 127 ff. LVG. gegeben worden.

Diese Regelung weicht aber auch noch in einem anderen Punkte von dem geltenden Rechte ab. Zur Zeit finden nämlich, wenn die Strom- und Schiffahrtspolizei einer der im § 138 LVG. erwähnten, unmittelbar von dem Handelsminister ressortierenden besonderen Behörden übertragen ist, gegen deren polizeilichen Verfügungen die in dem § 130 LVG. bestimmten Rechtsmittel auch dann nicht statt, wenn der Regierungspräsident als solche besondere Behörde bestellt ist (OVG. Bd. 15 S. 339); vielmehr ist nur die Beschwerde im Aufsichtsweg an die Ministerialinstanz zugelassen. In Zukunft sollen die in § 130 LVG. gegebenen Rechtsmittel auch dann gegeben sein, wenn nach § 343 Nr. 1 einem Regierungspräsidenten die Wahrnehmung der Wasserpolizei übertragen ist. Über die Beschwerde entscheidet, wenn es sich um die Benutzung der Wasserläufe für den Schiffsverkehr handelt, der Handelsminister, sonst der Minister der öffentlichen Arbeiten, Begr. S. 241/2.

3. Zu Abs. 3: Diese Vorschrift ist eine Folge des § 345.

§ 348.

(1) Zuständig zum Erlaß von Polizeiverordnungen auf dem Gebiete der Wasserpolizei sind, abgesehen von den Fällen der §§ 284, 306, 355, die Wasserpolizeibehörden für den ihnen unterstellten Wasserpolizeibezirk.

(2) Soll sich eine Polizeiverordnung über diesen Bezirk hinaus auf mehrere Ortspolizeibezirke, Kreise oder Regierungsbezirke derselben Provinz erstrecken, so ist sie von dem örtlich zuständigen Landrat, Regierungspräsidenten oder Oberpräsidenten zu erlassen.

(3) Die Androhung von Strafen in den Polizeiverordnungen für die Fälle der Zuwiderhandlung gegen ihre Vorschriften, die Form und die sonstigen Erfordernisse der Polizeiverordnungen sowie ihr Inkrafttreten bestimmen sich nach denjenigen Vorschriften, die gelten würden, wenn die Polizeiverordnung von der Behörde auf Grund der ihr allgemein zustehenden Befugnis zum Erlaß von Polizeiverordnungen erlassen würde. Hinsichtlich der Befugnis, Polizeiverordnungen außer Kraft zu setzen, verbleibt es bei den Vorschriften des § 145 des Landesverwaltungsgesetzes vom 30. Juli 1883 (Gesetzsamml. S. 195); jedoch steht bei Wasserläufen erster Ordnung diese Befugnis den Ministern für Handel und Gewerbe und der öffentlichen Arbeiten zu.

(4) Ist einer Behörde die Wahrnehmung der Wasserpolizei gemäß § 343 Abs. 1 über ihren allgemeinen Verwaltungsbezirk hinaus übertragen, so ist die zum Erlaß von Polizeiverordnungen erforderliche Zustimmung von derjenigen Behörde auszusprechen, die für den Bezirk, in dem die Polizeiverordnung gelten soll, örtlich zuständig ist. Kommen hiernach mehrere Behörden in Betracht, so ist die Zustimmung von derjenigen am Sitze der Wasserpolizeibehörde auszusprechen.

Zu Abs. 1 und 2: Das Recht, Polizeiverordnungen auf dem Gebiete des Wasserrechts zu erlassen, steht nach geltendem Rechte bezüglich der Privatflüsse und Gräben der Ortspolizeibehörde (Gesetz über die Polizeiverwaltung vom 11. März 1850 § 5; Kreisordnung vom 13. Dezember 1872 § 62; LVG. §§ 143, 144), dem Landrate (ebenda § 142), den Regierungspräsidenten und den Oberpräsidenten (ebenda § 137) zu, und zwar in der Art, daß das Recht der höheren Behörde erst in Wirksamkeit tritt, wenn das der niederen territorial nicht mehr ausreicht, weil die Polizeiverordnung über deren Verwaltungsbezirk hinaus Geltung erlangen soll. Im Gegensatze hierzu sind bei Strömen und Schiffahrtkanälen nach § 138 LVG. ausschließlich der Regierungspräsident und, wenn sich die Vorschriften auf mehr als einen Regierungsbezirk erstrecken sollen, der Oberpräsident zuständig; soweit aber besondere, unmittelbar von dem Minister für Handel und Gewerbe ressortierende mit der Strom-, Schiffahrts- und Hafenpolizei beauftragte Behörden vorhanden sind, haben diese nach § 138, soll die Polizeiverordnung sich über das Gebiet einer einzelnen Provinz hinaus erstrecken, hat nach § 136 LVG. der Minister für Handel und

Gewerbe die Polizeiverordnungen zu erlassen. Wollte man vorstehende Regelung beibehalten, so würde bei Wasserläufen zweiter Ordnung die Ortspolizeibehörde ausschließlich zum Erlaß einer Polizeiverordnung berufen sein, wenn nur die Verordnung nicht über den Ortspolizeibezirk hinaus gelten soll. Da es bei der Wasserwirtschaft an den Wasserläufen aber in der Hauptsache auf Einheitlichkeit ankommt, ist in § 348 [323] der für Wasserläufe erster Ordnung bis jetzt geltenden Regelung für alle Wasserläufe gefolgt und grundsätzlich jeder mit der Wasserpolizei über einen Wasserlauf beauftragten Polizeibehörde das Recht zum Erlasse der Polizeiverordnungen für ihren Wasserlauf oder für Teile von ihm ausschließlich verliehen, sodaß das konkurrierende Recht der niederen Behörden wegfällt. Nur wenn der Bezirk der Wasserpolizeibehörde überschritten wird, soll die nächst höhere Behörde zum Erlasse der Polizeiverordnung berufen sein. Wenn z. B. bei einem Wasserlaufe dritter Ordnung der Bezirk der für diesen zuständigen Wasserpolizeibehörde überschritten werden soll, würde der Landrat zuständig sein, wenn die Verordnung nicht über dessen Verwaltungsbezirk, den Kreis, hinausgeht, sonst der Regierungspräsident und Oberpräsident. Handelt es sich um einen Wasserlauf zweiter Ordnung, so würde bei einer Polizeiverordnung, die den Bezirk der Wasserpolizeibehörde, aber nicht den Regierungsbezirk überschreitet, der Regierungspräsident, sonst innerhalb derselben Provinz der Oberpräsident zuständig sein. Besonders darauf hinzuweisen ist, daß, wenn der Wasserpolizeibezirk nicht überschritten wird, die Wasserpolizeibehörde auch dann ausschließlich zuständig sein soll, wenn ihre Zuständigkeit auf einem anderen Verwaltungsbezirk gemäß §§ 343 und 344 ausgedehnt ist. Wenn sich also die Zuständigkeit eines Landrats bei einem Wasserlaufe zweiter Ordnung auf mehrere Kreise erstreckt, ist er in diesem Bezirk allein zuständig und nicht etwa der Regierungspräsident oder Oberpräsident, wie es nach dem bis jetzt geltenden Rechte (§ 137 LVG.) der Fall sein würde, Begr. S. 242/3.

Zu Abs. 3: Die Form der Polizeiverordnung usw. soll sich nach denjenigen Vorschriften richten, die gelten würden, wenn die Verordnung von der zuständigen Behörde auf Grund der ihr allgemein zustehenden Befugnis zum Erlasse von Polizeiverordnungen erlassen sein würde. Von solchen Vorschriften kommen in Betracht: für den Erlaß der Verordnung durch den Oberpräsidenten und Regierungspräsidenten die §§ 137, 139 bis 141 LVG. (§ 137 Geldstrafe bis zu 60 Mark; § 139 Zustimmung des Provinzialrats oder Bezirksausschusses; § 140 Form und sonstige Erfordernisse; § 141 Inkrafttreten); für die Polizeiverordnungen des Landrats § 142 LVG.; für die des Amtsvorstehers § 62 der Kreisordnung vom 13. Dezember 1872 (Zustimmung des Amtsausschusses und Ergänzung dieser Zustimmung) § 5 des Gesetzes über die Polizeiverwaltung vom 11. März 1850 (Höhe der Geldstrafen), § 144 Abs. 2 LVG. (Zustimmung, Form und sonstige Erfordernisse). Die Aufhebung der Polizeiverordnungen regelt sich nach § 145 LVG. in Verbindung mit § 348 Abs. 3 Satz 2 des Wassergesetzes; hiernach kann der Minister des Innern jede Wasserpolizeiverordnung aufheben, mit Ausnahme derjenigen bei Wasserläufen erster Ordnung, wo diese Befugnis den Ministern für Handel und Gewerbe und der öffentlichen Arbeiten gemeinsam zusteht; der Regierungspräsident kann jede Verordnung aufheben, die von einem Landrat oder einer Ortspolizeibehörde erlassen ist. Darauf hinzuweisen ist, daß während nach § 138 des Landesverwaltungsgesetzes der Oberpräsident oder Regierungspräsident, der als besondere Behörde eine Verordnung erläßt, keiner Zustimmung bedarf, er in Zukunft auch im Falle des § 343 Abs. 1 Nr. 1 an die Zustimmung des Provinzialrats oder Bezirksausschusses gebunden ist, Begr. S. 243.

Zu Abs. 4: Diese Vorschrift trifft Bestimmung für den Fall, daß nach § 343 Abs. 1 die Zuständigkeit einer Wasserpolizeibehörde auf einen fremden Verwaltungsbezirk ausgedehnt ist; hier sollen bei Erteilung der vorgeschriebenen Zustimmung (vergleiche Bemerkungen zu Abs. 3) nicht die sämtlichen, in dem ausgedehnten Wasserpolizeibezirke zuständigen Behörden (Gemeindevorstände, Amtsausschüsse, Kreisausschüsse, Bezirksausschüsse, Provinzialräte) mitwirken, sondern immer nur eine von ihnen, und zwar, wenn die Polizeiverordnung sich auf den Bezirk einer Behörde beschränken soll, die örtlich zuständige, wenn sich aber die Polizeiverordnung über die Bezirke mehrerer dieser Behörden erstrecken soll, die am Sitze der Wasserpolizei befindliche. Der erstere Fall kann natürlich nur eintreten, wenn die Verordnung nicht für den ganzen Polizeibezirk gelten soll. Eine gleiche Bestimmung war für den Fall des § 344 nicht notwendig, da hier schon nach geltendem Rechte immer nur die Zustimmung der Behörde notwendig ist, die der bestellten Ortspolizeibehörde beigegeben ist, Begr. 244.

§ 349.

Für den Kaiser-Wilhelm-Kanal und den angrenzenden Teil der Elbe kann der zuständige Minister die wasserpolizeilichen Befugnisse des Regierungspräsidenten auf den Leiter der für die Verwaltung des Kanals bestellten Reichsbehörde übertragen, die Wahrnehmung der Wasserpolizei abweichend von den Bestimmungen des § 343 Abs. 2 und des § 348 regeln und den Bezirk, für den die Kanalpolizeibehörde zuständig ist, abgrenzen. Die Vorschriften über die Zwangsbefugnisse des Regierungspräsidenten und über die Rechtsmittel gegen seine wasserpolizeilichen Verfügungen sind alsdann auf die Maßnahmen der Kanalpolizeibehörde entsprechend anzuwenden.

Nach bisherigem Rechte war der Handelsminister auf Grund des § 138 LVG. berechtigt, die Strom- und Schiffahrtspolizei auf den Schiffahrtsstraßen anderen als den im allgemeinen zuständigen Behörden zu übertragen. In Zukunft ist gemäß § 343 Abs. 1 Nr. 1 eine solche Übertragung nur noch auf die zuständigen Ober- bzw. Regierungspräsidenten zulässig. Diese Neuerung beruht auf der Erwägung, daß es zweckmäßig ist, die Wasserpolizei überall an die allgemeine Landesverwaltung anzugliedern. Nach diesem Grundsatze war auch bisher schon in der Praxis allgemein verfahren worden, jedoch mit einer Ausnahme. Auf Anregung des Reiches war nämlich bei dem Kaiser-Wilhelm-Kanal die Strom- und Schiffahrtspolizei den Beamten des Kaiserlichen Kanalamts übertragen worden, die, falls sie nicht schon vereidigt waren, den preußischen Staatsdienereid leisten mußten und somit als preußische Polizeibeamte galten. Bei dieser Regelung war man davon ausgegangen, daß der Kaiser Wilhelm-Kanal weniger eine Binnenschiffahrtsstraße als eine internationale Verbindung zweier Meere ist und daß ferner mit Rücksicht auf die Interessen der Landesverteidigung eine Zersplitterung in der Verwaltung des Kanals vermieden werden muß. Dieser Zustand besteht seit 1895.

Es war deshalb zunächst ein Antrag in der Kommission des Abgeordnetenhauses gestellt worden, welcher aus den erwähnten Gründen den auf dem Kaiser Wilhelm-Kanal in wasserpolizeilicher Beziehung bestehenden Rechtszustand aufrechterhalten wollte. Er wurde aber dort abgelehnt, weil man den Oberpräsidenten von Schleswig-Holstein zur Handhabung der Kanalpolizei für ebenso geeignet hielt, wie den Präsidenten des Kanalamts, vor allem aber weil man die in früherer Zeit zwischen dem Kanalamt und den preußischen Behörden vorgekommenen Reibereien für die Zukunft ausschließen wollte, KB. AH. S. 421 ff. Der Antrag auf Aufnahme einer solchen Sonderbestimmung für den Kaiser-Wilhelm-Kanal wurde aber im Abgeordnetenhause in zweiter Lesung wiederholt gestellt und fand dort als § 323a Annahme, nachdem die Regierung zugesagt hatte, es werde in der Ausführungsanweisung vorgeschrieben werden, daß dem Oberpräsidenten gegenüber dem Präsidenten des Kanalamtes in dessen Eigenschaft als Wasserpolizeibehörde dieselben Befugnisse zustehen sollen, die er gegenüber dem Regierungspräsidenten hat, sowie ferner, daß der Präsident des Kanalamts vor dem Erlasse von Polizeiverordnungen sich der Zustimmung des Oberpräsidenten versichern soll, vgl. die Erklärung des Regierungsvertreters in Sten. B. AH. S. 8270/1.

Bei dieser Gelegenheit wurde ferner darauf hingewiesen, daß es allerdings auch auf Grund der Vorschriften der §§ 342 ff. einen Weg gebe, das Ziel des § 349 [323a] zu erreichen, indem nämlich der Minister den Oberpräsidenten mit der Polizeiverwaltung und dieser wieder den Präsidenten des Kanalamts beauftragt, die Polizeiverwaltung auf dem Kanal in seinem Namen auszuüben. Es wurde aber gegen eine solche Regelung geltend gemacht, daß bei ihr der Präsident des Kanalamts nicht kraft eigenen Rechts — wie dies nunmehr auf Grund des § 349 der Fall ist —, sondern als Beauftragter des Oberpräsidenten handeln würde, was gleichzeitig wesentliche Konsequenzen, z. B. bezüglich der Rechtsmittel gegen seine wasserpolizeilichen Verfügungen zur Folge haben würde. Bei einem Handeln als Beauftragter des Oberpräsidenten würde nämlich wahlweise die Beschwerde an den Handelsminister oder die Klage an das Oberverwaltungsgericht gegeben sein. Übt dagegen der Kanalamtspräsident die Polizei kraft eigenen

Rechts aus, so geht die Beschwerde zunächst an den Oberpräsidenten und gegen dessen Entscheidung findet die Klage beim Oberverwaltungsgericht statt, Sten. B. AH. S. 8270.

2. Unter dem „angrenzenden Teil der Elbe“ ist im § 349 die sogenannte Brunsbütteler Reede zu verstehen, d. h. die Einfahrt von der Elbe in den Kanal. Man hat diesen Ausdruck selbst nicht in das Gesetz aufgenommen, weil dieses mit Rücksicht darauf, daß der Ort Brunsbüttel im Regierungsbezirk Schleswig liegt, hätte zu der Annahme führen können, daß nur Teile dieses Regierungsbezirkes gemeint seien, während tatsächlich auch die im Regierungsbezirk Stade liegenden Teile der Brunsbütteler Reede unter den § 349 fallen. Es kann aber keinem Zweifel unterliegen, daß es sich nur um den vor der Einfahrt in den Kaiser-Wilhelm-Kanal liegenden Teil der Elbe handelt, Sten. B. AH. S. 8271.

§ 350.

Zum Erlaß von Polizeiverordnungen, die sich über den Polizeibezirk einer Wasserpolizeibehörde hinaus auf mehrere Provinzen erstrecken sollen, sind bei Wasserläufen erster Ordnung die Minister für Handel und Gewerbe und der öffentlichen Arbeiten, bei Wasserläufen zweiter und dritter Ordnung der Minister für Landwirtschaft, Domänen und Forsten zuständig.

Die nach § 138 Abs. 2 Nr. 2 LVG. dem Handelsminister bei Strömen und Schiffahrtskanälen beigelegte Befugnis, Polizeiverordnungen über den Bezirk einer Wasserpolizeibehörde hinaus für mehrere Provinzen zu erlassen, wird in § 350 [324] dem Minister für Handel und Gewerbe und für öffentliche Arbeiten gemeinsam übertragen, da die Verordnungen in der Regel den Geschäftsbereich beider Ministerien berühren. Das Recht zum Erlasse von Polizeiverordnungen über den Bezirk einer Wasserpolizeibehörde hinaus für mehrere Provinzen wird neu dem Landwirtschaftsminister für die Wasserläufe zweiter und dritter Ordnung gegeben, so daß in Zukunft in allen Fällen bei Beteiligung mehrerer Provinzen eine Polizeiverordnung erlassen werden kann, Begr. S. 244. Ein in der Kommission des Abgeordnetenhauses gestellter Antrag, mit Rücksicht auf die auch bei den Wasserläufen zweiter und dritter Ordnung bestehenden erheblichen gewerblichen und industriellen Interessen auch bei ihnen neben dem Landwirtschaftsminister den Handelsminister zum Erlaß von Polizeiverordnungen für zuständig zu erklären, wurde abgelehnt. Jedoch wurde bei dieser Gelegenheit seitens der Regierung die Erklärung abgegeben, daß selbstverständlich in allen Fällen, wo auch andere Ressorts beteiligt seien, der nach dem Gesetze zuständige Minister sich mit diesen in Verbindung zu setzen habe, KB. AH. S. 425.

§ 351.

Den Wasserläufen erster Ordnung im Sinne der Vorschriften des § 342 Abs. 1 Nr. 1, des § 343 Abs. 1 Nr. 1, Abs. 2 und der

§§ 348 bis 350 stehen die mit Wasserläufen erster Ordnung in Verbindung stehenden Binnenschiffahrtshäfen sowie die Verbindungsstrecken gleich.

1. Soweit Häfen als Bestandteile des Wasserlaufs anzusehen sind (vgl. darüber § 2 Anm. 4) unterliegen sie auch in wasserpolizeilicher Hinsicht ohne weiteres den für diese geltenden Vorschriften. Dies würde dagegen ohne eine besondere Vorschrift nicht der Fall sein bei den nicht als Bestandteile des Wasserlaufs geltenden Häfen, insbesondere also denjenigen, die durch einen Stichkanal mit dem Wasserlaufe verbunden sind. Da es nun in Übereinstimmung mit dem geltenden Rechte (§ 138 LVG.) zweckmäßig erschien, solche Häfen bei Wasserläufen erster Ordnung ebenfalls den für diesen geltenden Vorschriften zu unterwerfen, ist die Vorschrift des § 351 [325] getroffen worden.

2. Ein in der Kommission des Abgeordnetenhauses gestellter Antrag, Häfen und Verladevorrichtungen, welche als Bergwerksanlagen im Sinne des ABG. anzusehen sind, auch hinsichtlich der Wasserpolizei der Aufsicht der Bergbehörden zu unterstellen, ist abgelehnt worden, weil für die dieser Behörde zustehenden Befugnisse die allgemeine Bestimmung des § 334 über die Aufrechterhaltung des ABG. genüge. Es wurde aber anerkannt, daß bei derartigen Anlagen die Aufsicht der Bergpolizeibehörde, ebenso wie die der Wasserpolizeibehörde, begründet sei, und gleichzeitig darauf hingewiesen, daß kürzlich noch (im April 1912) eine Vereinbarung zwischen den beiden beteiligten Ressorts bezüglich des Zusammenwirkens dieser beiden Behörden getroffen sei, nach welchen bezüglich der Einrichtungen am Lande im wesentlichen die Bergbehörde, für die Einrichtungen im Wasser und den Verkehr auf ihm die Wasserpolizeibehörde zuständig sei, keine der beiden Behörden aber, abgesehen von dringlichen Fällen, ohne Einvernehmen mit der anderen handeln solle, KB. AH. S. 425/6.

§ 352.

Durch die Vorschriften dieses Gesetzes werden die Befugnisse, die der Wasserpolizeibehörde auf Grund des Allgemeinen Landrechts Teil II Titel 17 § 10 und anderer neben diesem Gesetz in Kraft bleibender gesetzlicher Vorschriften zustehen, nicht berührt.

Durch den § 352 [326] soll außer Zweifel gestellt werden, daß die Regelung, welche die polizeilichen Befugnisse in dem Wassergesetze in teilweiser Abweichung von dem geltenden Rechte erfahren haben, keine erschöpfende ist und nicht etwa die weitergehenden Rechte der Polizei zum Einschreiten, insbesondere die auf ALR. § 10 T. II Tit. 17 beruhenden, beseitigt. Eine solche Klarstellung schien vor allem erforderlich, um der Polizei das Recht zu erhalten, auch im Interesse des einzelnen einzuschreiten, z. B. auf Grund des Polizeiverwaltungsgesetzes und des preußischen Ausführungsgesetzes zum Viehseuchengesetz, Begr. S. 244, Sten. B. AH. S. 426/7.

§ 353.

Als Berater der Wasserpolizeibehörden werden technisch genügend vorgebildete Beamte bestellt. Die näheren Bestimmungen werden durch Ausführungsanweisung getroffen.

1. Bei der Verwaltung der Wasserpolizei hat sich als ein Mangel herausgestellt, daß dem Inhaber der Polizei nicht immer in geeigneter Weise technische Beamte zur Seite stehen. Diesem Mißstande soll die Vorschrift des § 353 [327] abhelfen, die allerdings nur diesen Grundsatz aufstellt, die Ausführung desselben dagegen der Ausführungsanweisung überläßt. Sie soll auch für die Provinz Hannover gelten, wo die Wasserpolizei bisher vom Amte (Landrat) und Ortsbaubeamten gemeinsam versehen wurde (Verordn. über das Wasserbauwesen v. 1. September 1852). Dem Wesen der Polizei entspricht es, daß sie nur von einem Einzelbeamten ausgeübt wird, dem nach außen allein die Verantwortung obliegt, da es in vielen Fällen auf unmittelbares und schnelles Eingreifen ankommt und solches durch die Mitwirkung und Mitverantwortlichkeit eines zweiten Beamten gelähmt wird; dem Bedürfnisse nach technischer Beratung wird durch die Vorschrift des § 353 genügt, Begr. S. 244/5.

2. Nach dem Entwurfe sollte der technische Beamte ein Beamter des Ingenieurfachs, d. h. also ein akademisch gebildeter Beamter sein. Bereits in der Kommission des Abgeordnetenhauses war ein Antrag gestellt worden, auch hier, wie z. B. in § 300 (Deichinspektor), die Anstellung mittlerer Beamten, insbesondere von Wiesenbaumeistern, zuzulassen. Er ist aber auf Grund des Widerspruchs der Regierung dort abgelehnt worden, KB. AH. S. 427 ff. Der Antrag ist aber im Abgeordnetenhause in zweiter Lesung wieder aufgenommen und trotz der von der Regierung geltendgemachten Bedenken angenommen worden, weil man es nicht, insbesondere auch mit Rücksicht auf die dadurch entstehenden erheblichen Kosten, für nötig hielt, in allen Fällen akademisch gebildete Beamte anzustellen, zumal es den Wasserpolizeibehörden unbenommen sei, in wichtigen Fragen die höheren technischen Beamten heranzuziehen, Sten. B. AH. S. 8272 ff.

3. Die Kosten dieser vom Staate angestellten technischen Beamten trägt allein der Staat, sie bilden nicht etwa Kosten der Poliveiverwaltung, KB. AH. S. 427.

§ 354.

Entsteht durch Eisgang, Überschwemmung, Einsturz von Baulichkeiten oder andere außergewöhnliche Ereignisse Wassergefahr, deren Beseitigung augenblickliche Vorkehrungen erfordert, so sind, wenn es ohne erhebliche eigene Nachteile geschehen kann, alle benachbarten Gemeinden (Gutsbezirke), auch wenn sie nicht bedroht sind, verpflichtet, auf Anordnung der Wasserpolizeibehörde oder der Ortspolizeibehörde die erforderliche Hilfe durch Hand- und Spanndienste sowie durch Lieferung von Baustoffen und Gestellung von Gespannen zu leisten.

§ 354 [328] stellt die Verpflichtung zur Nothilfe fest und verpflichtet nicht nur die unmittelbar bedrohten, sondern auch die benachbarten Gemeinden. Diese Bestimmung hat einen Vorgang im Deichgesetze (vgl. § 315), Begr. S. 245.

§ 355.

(1) Durch Ortsstatut kann ein geordneter Wasserwehrdienst eingerichtet werden. Soweit der Wasserwehrdienst nicht durch Ortsstatut geregelt ist, können Polizeiverordnungen erlassen werden über die Verpflichtung der Einwohner zur Hilfeleistung bei Wassergefahr, insbesondere zum Eintritt in eine Pflichtwasserwehr, über die damit verbundenen persönlichen Dienstpflichten, über die Gestellung von Gespannen und die Lieferung von Baustoffen sowie über die Verpflichtung zur Hilfeleistung bei Wassergefahr benachbarter Gemeinden.

(2) Solche Polizeiverordnungen gehören im Sinne des § 143 des Landesverwaltungsgesetzes vom 30. Juli 1883 (Gesetzsamml. S. 195) nicht zum Gebiete der Sicherheitspolizei. Sie treten außer Kraft, soweit der Wasserwehrdienst durch ein Ortsstatut geregelt wird.

(3) Das Ortsstatut ist an die Bestimmungen des § 68 des Kommunalabgabengesetzes vom 14. Juli 1893 (Gesetzsamml. S. 152) nicht gebunden.

Wasserwehren sind in Gegenden, die häufig Überschwemmungen ausgesetzt sind, bereits hin und wieder eingeführt; durch § 355 [329] wird ihnen nunmehr die gesetzliche Grundlage gegeben (vgl. a. bayr. Wassergesetz Art. 108 Abs. 3, sächs. § 90 Abs. 1).

Die Fassung des § 355 schließt sich an das Gesetz, betreffend die Befugnis der Polizeibehörden zum Erlasse von Polizeiverordnungen über die Verpflichtung zur Hilfeleistung bei Bränden, vom 21. Dezember 1904 (GS. S. 291) an, Begr. S. 245.

Siebenter Abschnitt.

Schauämter.

Vgl. die Vorbemerkung zum sechsten Abschnitt.

§ 356.

(1) Für Wasserläufe zweiter und dritter Ordnung sind Schauämter durch Polizeiverordnung (Schauordnung) zu bilden.

(2) Die Schauämter können auch für den Umfang eines Land- oder Stadtkreises oder für einzelne Teile von Kreisen gebildet werden.

(3) Auf Wasserläufe, deren Unterhaltung nach § 125 einem Provinzial- (Bezirks-, Landeskommunal-) Verband übertragen ist, sowie auf Wasserläufe, die von einem Deichverbande zu unterhalten sind oder der Aufsicht der Deichverwaltungsbehörden unterstehen, sind diese Vorschriften nicht anzuwenden.

Nach § 330 Abs. 1 des Entw. sollte die Einrichtung von Schauämtern nur fakultativ und nur bei natürlichen Wasserläufen zweiter und dritter Ordnung vorgeschrieben sein. Die Kommission des Abgeordnetenhauses hat aber mit Rücksicht auf die Ausdehnung, welche die Tätigkeit der Schauämter auf Grund ihrer Beschlüsse erfahren hat, die Bildung derselben für sämtliche Wasserläufe zweiter und dritter Ordnung, d. h. also auch für die künstlichen, obligatorisch vorgeschrieben. Zugleich aber ist in Abs. 2 ihre Einrichtung auch für den Umfang eines Land- oder Stadtkreises oder für einzelne Teile von Kreisen zugelassen worden.

Ausgenommen von Abs. 1 sind die Wasserläufe, deren Unterhaltung einem der in § 125 genannten Verbände übertragen ist oder welche von einem Deich- oder Sielverbande (KB. HH. S. 793) zu unterhalten sind, bzw. der Aufsicht der Deichverwaltungsbehörden unterstehen, da hier die Mitwirkung der Interessenten bei der Unterhaltung genügend geregelt ist (Abs. 3).

2. Einer zu großen Belastung der Schauämter wird durch die Vorschrift des § 357, daß „nach Bedarf" (vgl. über diesen Begriff Anm. 3 zu § 357) zu schauen ist, vorgebeugt.

3. Zum Erlaß der zur Errichtung eines Schauamts gemäß Abs. 1 erforderlichen Polizeiverordnung ist, wie auch bisher, soweit sich der Geschäftskreis eines Schauamts auf den Bereich eines landrätlichen Kreises beschränkt, der Landrat, soweit dagegen die Schauordnung für einen mehrere Kreise, mehrere Regierungsbezirke oder mehrere Provinzen durchschneidenden Flußlauf erlassen werden soll, der Regierungs- bzw. Oberpräsident oder der Landwirtschaftsminister zuständig (§§ 348 Abs. 2, 350), KB. AH. S. 430.

Die Schauordnung kann auch gleichzeitig für mehrere Wasserläufe erlassen werden, Begr. S. 245.

4. Die in dem Gebiete des französischen Rechts für Wasserläufe dritter Ordnung bestehenden Schaukommissionen werden, soweit sie unmittelbar auf einer gesetzlichen Bestimmung beruhen, aufgehoben, beruhen sie dagegen auf einer Polizeiverordnung, so können sie mit dieser aufrechterhalten werden, KB. HH. S. 793.

§ 357.

Die Schauämter haben die Wasserläufe ihrer Bezirke nach Bedarf zu schauen und festzustellen, ob die Wasserläufe und ihre Ufer ordnungsmäßig unterhalten werden, und ob eine unzulässige Verunreinigung stattgefunden hat. Vorgefundene Mängel haben sie der Wasserpolizeibehörde mitzuteilen.

1. Die Vorschrift des § 357 [331] ist zwingend und bezeichnet das Mindestmaß der den Schauämtern zu übertragenden Befugnisse, Begr. S. 245.

2. Die Schauämter sind verpflichtet, die bei den Schauen bezüglich der Unterhaltung der Wasserläufe und ihrer Ufer und — in Erweiterung des Entwurfs — auch der Reinhaltung festgestellten Mißstände der Wasserpolizeibehörde mitzuteilen. Sie sind also Hilfsorgane dieser Behörde, ohne daß diese aber an ihre Vorschläge gebunden wäre, Begr. S. 245.

3. Durch die Worte „nach Bedarf" (vgl. a. § 356 Anm. 2) soll zum Ausdruck gebracht werden, daß nicht etwa eine Verpflichtung zu regelmäßigen Schauen besteht, da die Verhältnisse eines Wasserlaufs die Schau entweder überhaupt oder doch für längere Zeiträume vollständig entbehrlich machen können, KB. AH. S. 431, vgl. a. S. 430/1.

4. Bezüglich des Verhältnisses des § 357 zu dem § 217 ist zu bemerken, daß dieselben nicht im Widerspruche miteinander stehen. Nach § 217 stehen die Wassergenossenschaften, welche die Wasserläufe zweiter Ordnung zu unterhalten haben, hinsichtlich der Erfüllung ihrer Unterhaltspflicht unter der Aufsicht der Staatsbehörde; die Schauämter haben gemäß § 357 lediglich den tatsächlichen Zustand der Wasserläufe festzustellen. Aufsichtsbefugnisse stehen ihnen nicht zu.

§ 358.

(1) Dem Schauamt oder seinem Vorsitzenden kann durch die Schauordnung die Befugnis übertragen werden, an Stelle der Wasserpolizeibehörde Art und Maß der zur Unterhaltung des Wasserlaufs und seiner Ufer nach den §§ 114, 119, 120 auszuführenden Arbeiten sowie die Zeit zu ihrer Ausführung durch polizeiliche Verfügung festzustellen (§ 133 Abs. 2 Satz 1). Die Durchführung der von dem Schauamt getroffenen Verfügungen liegt dem Vorsitzenden ob.

(2) Für die Rechtsmittel gegen polizeiliche Verfügungen des Schauamts oder seines Vorsitzenden sowie die Zwangsmittel zur Durchführung solcher Verfügungen gelten dieselben Bestimmungen, wie wenn die Verfügungen von der für den Wasserlauf nach den §§ 342 bis 344 zuständigen Wasserpolizeibehörde getroffen wären. Erstreckt sich die Schauordnung zugleich auf Wasserläufe zweiter und dritter Ordnung, so sind auch bei letzteren die für die wasserpolizeilichen Verfügungen bei den beteiligten Wasserläufen zweiter Ordnung geltenden Vorschriften anzuwenden.

(3) Im Falle des Abs. 1 steht dem Schauamt oder seinem Vorsitzenden zu, die in einer Unterhaltungsordnung (§ 133 Abs. 2 Satz 2) etwa angedrohten Strafen durch polizeiliche Strafverfügung nach dem Gesetz vom 23. April 1883 (Gesetzsamml. S. 65) an Stelle der Wasserpolizeibehörde festzusetzen.

Abs. 1 des § 358 [332] sieht die Übertragung polizeilicher Befugnisse (Erlaß von Polizeiverfügungen zur Erzwingung der Unterhaltung, deren zwangsweise Durchführung, Festsetzung von Polizeistrafen) auf das Schauamt oder seinen Vorsitzenden vor; soweit eine solche Übertragung stattfindet, wird die Zuständigkeit der Wasserpolizeibehörde hierin ausgeschaltet. Daß dies jetzt schon statthaft, insbesondere mit § 59 der Kreisordnung vom 13. Dezember 1872 vereinbar ist, ist in der Entscheidung des OVG. vom 28. Februar 1895 (Bd. 27 S. 278) anerkannt. Wie zu § 361 zu erörtern ist, können auch die beteiligten Verwalter der Wasserpolizei (Landrat, Ortspolizeibehörde) als Mitglieder des Schauamts bestellt, auch kann einem von diesen der Vorsitz übertragen werden. Die Wasserpolizeibehörden werden also nicht etwa vollständig ausgeschaltet, sondern nur je nach den Bestimmungen der Schauordnung mehr oder weniger an die Mitwirkung der übrigen Schauamtsmitglieder gebunden werden. Von Bedeutung ist es, daß die Möglichkeit besteht, für ein Gebiet, das mehrere Wasserläufe (auch verschiedener Ordnungen) umfaßt, die polizeilichen Befugnisse hinsichtlich der Unterhaltung in eine Hand zu legen. Welchen Weg man bei Ausgestaltung der Schauordnung einschlagen wird, hängt von den örtlichen Verhältnissen ab. Von Wichtigkeit ist diese Frage insbesondere für die Wasserläufe zweiter Ordnung. Je nach der Menge und Bedeutung der in einem Kreise oder Ortspolizeibezirke vorhandenen Wasserläufe kann dem Landrate (der Ortspolizeibehörde) durch die Verwaltung der Wasserpolizei eine nicht unerhebliche Arbeitslast und Verantwortung im einzelnen erwachsen. Der Landrat und die Ortspolizeibehörde haben es nun in der Hand, durch die von ihnen zu erlassende Schauordnung sich selbst ganz auszuschalten oder doch ihre Mitwirkung in größerem oder geringerem Maße herabzumindern.

Von der im § 358 Abs. 2 Satz 1 getroffenen Regelung des Rechtsmittelzugs ist aus Zweckmäßigkeitsgründen im Satze 2 für den Fall, daß die Schauordnung sich sowohl auf Wasserläufe zweiter wie dritter Ordnung erstreckt, eine Ausnahme gemacht, indem gegen die polizeilichen Verfügungen desselben Schauamtes oder seines Vorsitzenden immer nur das gleiche Rechtsmittel stattfinden soll, ob es sich um einen Wasserlauf zweiter oder einen solchen dritter Ordnung handelt, Begr. S. 245/6.

§ 359.

Unbeschadet des § 357 kann durch die Schauordnungen den Schauämtern auch die Aufsicht über die Benutzung der Wasserläufe übertragen werden. Sie haben ihre Wahrnehmungen der Wasserpolizeibehörde mitzuteilen.

Unter Umständen wird es von großem praktischen Nutzen sein, die beaufsichtigende Tätigkeit des Schauamtes auch auf die Benutzung der Wasserläufe auszudehnen, und so die Kenntnis der Schauamtsmitglieder von den Verhältnissen eines Wasserlaufs für dessen Beaufsichtigung nutzbar zu machen. Die Aufgabe des Schauamtes wird es in diesem Falle sein, festzustellen, ob diejenigen, die einen Wasserlauf benutzen, sich innerhalb der im Gesetze gegebenen Schranken oder im

Rahmen eines durch besonderen Titel (z. B. durch Verleihung) begründeten Rechtes halten), Begr. S. 246. Da § 331 des Entwurfs, jetzt 357 dahin erweitert ist, daß auch die Feststellung von Verunreinigungen den Schauämtern übertragen werden muß, hat die Kommission des Abgeordnetenhauses die Eingangsworte „Unbeschadet der Vorschrift des § 357" eingefügt, KB. AH. S. 432.

§ 360.

Die Schauämter sind befugt und auf Erfordern der Verwaltungsbehörden verpflichtet, wasserwirtschaftliche Gutachten über die ihnen zugeteilten Wasserläufe zu erstatten.

Die Schauämter sollen allgemein als begutachtende Organe in wasserwirtschaftlichen Fragen für alle mit diesen betrauten Behörden dienen; in Betracht kommen hierbei nicht nur die Polizeibehörden, sondern besonders auch die Beschlußbehörden, die vornehmlich im Verleihungs- und Ausgleichungsverfahren an ihnen bei richtiger Zusammensetzung wertvolle, mit den örtlichen Verhältnissen vertraute Ratgeber gewinnen können, Begr. S. 246.

§ 361.

Die Zusammensetzung des Schauamts ist durch die Schauordnung derart zu bestimmen, daß möglichst alle Erwerbsgruppen und öffentlichen Verbände vertreten sind, die an der Unterhaltung oder Benutzung der dem Schauamte zugewiesenen Wasserläufe ein Interesse haben. Soweit hiernach die Mitglieder und ihre Stellvertreter durch Wahl zu bestellen sind, hat diese auf sechs Jahre durch die Kreis- (Stadt-) Vertretung zu erfolgen. Als Mitglieder des Schauamts können auch die beteiligten Verwalter der Wasserpolizei bestellt werden. Auch kann einem von diesen der Vorsitz übertragen werden.

Die Zusammensetzung der Schauämter wird der Schauordnung überlassen, damit sie den Verhältnissen des Wasserlaufs, vor allem aber den in manchen Gegenden bereits bestehenden Ortsgewohnheiten angepaßt werden kann. Es steht auch, wie zur Vermeidung von Zweifeln im § 361 [335] Abs. 1 Satz 3 ausdrücklich bestimmt ist, nichts im Wege, die Verwalter der Wasserpolizeibehörde selbst als Mitglied des Schauamtes zu bestellen und einem von ihnen den Vorsitz zu übertragen. Auch würde es zulässig sein, bei Beteiligung von Wasserläufen zweiter und dritter Ordnung nur den Landrat in das Schauamt zu berufen.

In der Schauordnung kann bestimmt werden, daß gewisse Mitglieder dem Schauamte von selbst angehören (der Landrat, der Kreiswiesenbaumeister, die Amtsvorsteher, Bürgermeister usw.) und daß andere zu wählen sind; die Wahl der letzteren erfolgt in den Landkreisen durch den Kreistag, in Stadtkreisen durch die Stadtverordnetenversammlung.

2. Der Entwurf enthielt noch einen zweiten Absatz, nach welchem der zuständige Baubeamte, der Kreisarzt und der Revierbeamte, sowie in Bezirken, wo Bergbau betrieben wird, auch der zuständige Bergrevierbeamte das Recht haben sollte, an den Schauen und den Sitzungen der Schauämter teilzunehmen. Die Kommission des Abgeordnetenhauses hat jedoch diese Bestimmung gestrichen, weil es nicht erforderlich erschien, diesen Beamten ein Recht auf eine solche Teilnahme zu geben, man es vielmehr den Vorsitzenden des Schauamts überlassen könne, solche technischen Beamten im Bedarfsfalle zuzuziehen. Aus denselben Gründen wurden auch die im Abgeordnetenhause in zweiter und dritter Lesung gestellten Anträge, den Abs. 2 des Entwurfes wiederherzustellen, abgelehnt, Begr. S. 247 KB. AH. S. 432/433, Sten. B. AH. S. 8280 ff., 8605 ff.

§ 362.

Das Schauamt entscheidet, wenn nicht die Schauordnung ein anderes bestimmt, nach Stimmenmehrheit; bei Stimmengleichheit gibt der Vorsitzende den Ausschlag.

Die Vorschrift des § 362 [336] ist ergänzender Natur; sie gilt nur, wenn die Schauordnung nichts anderes bestimmt, Begr. S. 247.

§ 363.

Das Schauamt ist nur beschlußfähig, wenn mindestens drei Mitglieder anwesend sind. Die Schauordnung kann für die Beschlußfähigkeit die Anwesenheit einer größeren Anzahl von Mitgliedern vorschreiben.

Die Bestimmung des § 363 [337] ist insofern zwingend, als wenigstens drei Mitglieder zur Beschlußfähigkeit anwesend sein müssen, es kann jedoch durch die Schauordnung die Anwesenheit einer größeren Anzahl vorgeschrieben werden, Begr. S. 247.

§ 364.

(1) Die Kosten des Schauamts trägt für jeden Kreis der Kreiskommunalverband, in Stadtkreisen die Stadtgemeinde.

(2) Den gewählten Mitgliedern des Schauamts kann durch Beschluß der Kreis- (Stadt-) Vertretung eine Entschädigung für die Teilnahme an den Schauen und den Sitzungen des Schauamts zugebilligt werden.

(3) Die Kosten für die Beteiligung der technischen Beamten an den Schauen und den Sitzungen des Schauamts trägt der Staat.

1. Da Schauordnungen vornehmlich für Wasserläufe zweiter Ordnung erlassen werden dürften, wo die Landräte (in Stadtkreisen und ihnen gleichgestellten Städten die Polizeiverwalter) die Wasserpolizei ausüben, empfiehlt es sich, die Kosten der Schauämter den Kreisen aufzuerlegen. Sie werden nicht so hoch sein, daß sie für diese Verbände eine erhebliche Last bedeuten, da sie nur in den erwachsenden Portoauslagen bestehen, KB. AH. S. 433.

In manchen Fällen wird es den gewählten Mitgliedern der Kommission schwer fallen, ohne jede Entschädigung die mit den Schauen verbundenen Ausgaben zu tragen; es würden vielleicht gerade besonders geeignete Personen abgehalten werden, das Amt zu übernehmen. Daher soll den Kreis-(Stadt-)Vertretungen nicht verwehrt sein, Entschädigungen zu bewilligen. Ein Zwang hierzu besteht nicht. Andererseits ist auch niemand verpflichtet, die Berufung oder die Wahl in das Schauamt anzunehmen, Begr. S. 247.

2. Der Abs. 3 ist von der Kommission des Abgeordnetenhauses eingefügt worden, weil die Zuziehung von technischen Beamten, zu welcher der Vorsitzende des Schauamts berechtigt ist (vgl. § 361 Anm. 2), vor allem im allgemeinen Staatsinteresse geschieht. Will der Vorsitzende solche staatlichen Beamten zuziehen, so darf er sich jedoch an diese Beamten nicht unmittelbar wenden, sondern hat sich der Vermittlung der vorgesetzten Behörde zu bedienen, KB. AH. S. 433/4.

§ 365.

Soweit die Unterhaltung eines Wasserlaufs einer Wassergenossenschaft obliegt, kann durch die Schauordnung bestimmt werden, daß das Schauamt auch die durch § 237 vorgeschriebenen Schauen der Genossenschaftsanlagen an Stelle der dort vorgesehenen Schaukommission abzuhalten hat; in diesem Falle muß der Vorstand im Schauamt vertreten sein.

Nach § 237 müssen bei Wasserläufen, die von einer Genossenschaft unterhalten werden, Schauen durch eine Kommission abgehalten werden. Wenn nun ein solcher Wasserlauf nach § 356 unter Schau gestellt wird, würden Schauen durch zwei verschiedene Organe stattfinden. Zwar haben beide Schauen einen verschiedenen Zweck: Die Schaukommission soll feststellen, ob der Genossenschaftsvorstand und die Genossen ihre Pflicht getan haben, das Schauamt erfüllt vornehmlich eine polizeiliche Aufgabe. Gleichwohl lassen sich diese Zwecke durch dieselbe Schau erreichen. Dadurch, daß der Genossenschaftsvorstand vertreten ist, ist dafür gesorgt, daß auch die Interessen der Genossenschaft berücksichtigt werden, Begr. S. 247/8.

§ 366.

Die Wasserpolizeibehörden und die Schauämter sowie deren mit Berechtigungsausweis versehene Beauftragte sind befugt, die Wasserläufe zu besichtigen, insbesondere sie zu befahren und die Ufer zu betreten. Der § 135 Abs. 2 und der § 148 sind entsprechend anzuwenden.

Ohne das Recht, den Wasserlauf zu befahren und vor allem die Ufer zu betreten, kann weder die Wasserpolizeibehörde ihre Aufgabe voll erfüllen noch eine Schau zweckmäßig abgehalten werden. § 366 [340] stellt dieses Recht außer Zweifel, Begr. S. 248.

Achter Abschnitt.

Wasserbeiräte.

1. Der Entwurf behandelte die Wasserbeiräte im achten Abschnitte, dagegen die Stromausschüsse, die später durch das Landeswasseramt ersetzt sind, im sechsten Abschnitte. Die Kommission des Abgeordnetenhauses hat in erster Lesung eine Umstellung dieser beiden Abschnitte vorgenommen, weil auf Grund ihrer Beschlüsse ein Teil der Mitglieder des Stromausschusses von dem Wasserbeirat gewählt werden sollte, KB. AH. S. 452. Bei dieser Umstellung ist es geblieben, obwohl der Wasserbeirat bei der Wahl des an die Stelle der Stromausschüsse getretenen Landeswasseramts nicht beteiligt ist.

2. Die Schaffung von Wasserbeiräten ist nach dem Vorbilde der Bezirkseisenbahnräte und der Wasserstraßenbeiräte (§ 17 des Wasserstraßenges. v. 1. April 1905, Allerh. Verordng. v. 25. Februar 1907) erfolgt, weil es für die mit der Wasserwirtschaft befaßten Behörden von großem Werte ist, in wichtigen Fragen das Gutachten von Persönlichkeiten einzuholen, die mit den wasserwirtschaftlichen Verhältnissen der Gegend vertraut sind und hinreichende Erfahrung besitzen, um die Folgen geplanter wasserwirtschaftlicher Unternehmungen oder anderer Maßnahmen zu übersehen. Die Wasserbeiräte werden nicht etwa durch die Einrichtung der Schauämter, denen ebenfalls eine gewisse gutachtliche Tätigkeit zugewiesen ist (§ 360), überflüssig, da es sich einmal bei diesen mehr um Fragen von lokaler Bedeutung handelt und sie ferner nicht für die wichtigsten Wasserläufe, nämlich die der ersten Ordnung, bestimmt sind.

Die Tätigkeit der Wasserbeiräte ist in erster Linie eine gutachtliche. Es soll durch sie ein Organ geschaffen werden, welches nicht als Behörde ausgestaltet ist und daher ganz frei und unbeeinflußt durch irgendwelche Rücksichten auf Behördenorganismus und Beamtenschaft seine Ansicht aussprechen und mit derselben sogar ohne Aufforderung durch die Staatsbehörden unmittelbar an die zuständigen Minister herantreten kann. Aus diesen Gründen ist auch der in der Kommission des Abgeordnetenhauses gestellte Antrag, die Einrichtung der Wasserbehörden überhaupt aus dem Gesetze fortzulassen, da die ihnen zugewiesenen Aufgaben ebensogut von den Stromausschüssen oder einer anderen Behörde erledigt werden könnten, abgelehnt worden, KB. AH. S. 441/2.

Der Umfang der Tätigkeit der Wasserbeiräte, sowie ihre Ausgestaltung ergibt sich aus den §§ 367—369 [342—344] (vgl. die Anm. zu diesen).

Bezüglich ihres Verhältnisses zu den Wasserstraßenbeiräten vgl. § 367 Abs. 2.

§ 367.

(1) Für jede Provinz wird ein Wasserbeirat gebildet, der, vorbehaltlich der ihm in diesem Gesetz übertragenen besonderen Aufgaben, über wichtige, die Provinz berührende wasserwirtschaftliche

Angelegenheiten durch die zuständigen Minister gutachtlich gehört werden soll und befugt ist, Gutachten über Fragen dieser Art selbständig den zuständigen Ministern vorzulegen. Die Verleihungsbehörden können zur Vorbereitung ihrer Beschlüsse ein Gutachten des Wasserbeirats einfordern. Der Wasserbeirat für die Provinz Brandenburg ist zugleich der Wasserbeirat für die Stadt Berlin.

(2) Die Zuständigkeit der Wasserstraßenbeiräte bleibt unberührt; der Wasserbeirat ist nicht mit wasserwirtschaftlichen Angelegenheiten zu befassen, die zur Zuständigkeit des Wasserstraßenbeirats gehören.

1. § 367 [342] Abs. 1 führt die den Wasserbeiräten zugeteilten Aufgaben auf. Die Worte „vorbehaltlich der ihm in diesem Gesetze übertragenen besonderen Aufgaben" sind von der Kommission des Abgeordnetenhauses eingefügt worden, weil durch ihre Beschlüsse dem Wasserbeirat mehrfach Aufgaben über die in § 342 gezogenen Grenzen hinaus zugewiesen worden sind, z. B. in den §§ 23 Abs. 2, 31, 114 Abs. 4 usw., KB. AH. S. 449.

§ 367 Abs. 1 sieht eine dreifache Tätigkeit des Wasserbeirats vor:

a) Er soll über wichtige, eine Provinz berührende wasserwirtschaftliche Fragen durch die zuständigen Minister gutachtlich gehört werden. Als solche gelten Fragen von allgemeiner Bedeutung, z. B. wichtige Regulierungen des Hochwasserabflußgebietes, Hochwasserschutz umfangreicher Niederungen, Reinhaltung der bedeutenderen Wasserläufe, Schiffbarmachung von Wasserläufen, Bau von großen Talsperren usw., Begr. S. 45.

b) Er ist berechtigt, aus eigenem Antriebe den zuständigen Ministern unmittelbar Vorschläge wegen Verbesserung der Wasserwirtschaft zu machen.

c) Er hat auf Erfordern der Verleihungsbehörden ein Gutachten über vorliegende Verleihungsanträge zu erstatten. Von dieser Befugnis werden die Verleihungsbehörden aber nur in sehr wichtigen und schwierigen grundsätzlichen Fragen Gebrauch zu machen haben, z. B. wenn es sich um die Frage handelt, wieweit in der Zuführung von Schmutzstoffen in die Wasserläufe gegangen werden darf, Begr. S. 45.

2. Da die Wasserstraßenbeiräte sich als begutachtende Körperschaften in allen den Angelegenheiten, welche ihnen auf Grund der Allerh. Verordng. vom 25. Februar 1907 (vgl. Vorbem. 2) vorgelegt worden sind, bewährt haben, erschien es nicht angezeigt und auch mit Rücksicht auf die besonderen Verhältnisse der Schiffahrtwege nicht angängig, die Tätigkeit der Wasserstraßenbeiräte einzuschränken. In Abs. 2 ist daher ihre Zuständigkeit in den der Wasserbauverwaltung zugewiesenen wasserwirtschaftlichen Aufgaben ausdrücklich anerkannt worden. Die Wasserstraßenbeiräte sind zur Zeit im großen und ganzen nur zuständig für die nach dem Wasserstraßengesetze (vgl. Vorbem. 2) neu herzustellenden Schiffahrtswege. Die weitere Ausdehnung ihrer Zuständigkeit, namentlich auf das ganze Gebiet der sechs großen preußischen Ströme, soweit es nicht jetzt schon darunter fällt, ist jedoch bereits im Art. 19 der erwähnten Allerh. Verordng. vorgesehen, Begr. S. 45.

§ 368.

(1) Der Vorsitzende des Wasserbeirats und sein Stellvertreter werden vom König ernannt. Die übrigen Mitglieder und ihre Stellvertreter werden zu einem Drittel von dem Provinziallandtage, zu den beiden anderen Dritteln von der Landwirtschaftskammer, den Handelskammern (amtlichen Handelsvertretungen) und den Handwerkskammern gewählt.

(2) Die von dem Provinziallandtage zu wählenden Mitglieder sind je zur Hälfte aus den Stadtkreisen und den Landkreisen zu entnehmen. Die von der Landwirtschaftskammer, den Handwerkskammern und den Handelskammern zu wählenden Mitglieder sind durch Königliche Verordnung nach den wirtschaftlichen Verhältnissen der Provinz und der Bedeutung der in Betracht kommenden Verbände auf die wahlberechtigten Körperschaften zu verteilen.

(3) Bei der Wahl des Wasserbeirats für die Provinz Brandenburg und die Stadt Berlin sind die Vorschriften der Abs. 1, 2 mit der Maßgabe anzuwenden, daß ein Drittel der sonst von dem Provinziallandtage zu wählenden Mitglieder von dem Magistrat und der Stadtverordnetenversammlung der Stadt Berlin gewählt werden.

(4) Berufung und Wahl erfolgt auf sechs Jahre. Die ausscheidenden Mitglieder bleiben jedoch in allen Fällen bis zur Einführung der neuberufenen oder neugewählten in Tätigkeit.

(5) Zur Vorbereitung seiner Beschlüsse kann der Wasserbeirat ständige Ausschüsse einsetzen. Der Geschäftsgang des Wasserbeirats und der Ausschüsse sowie die Organisation der letzteren wird durch eine Geschäftsordnung geregelt; diese ist von dem Wasserbeirate zu entwerfen und von den Ministern für Landwirtschaft, Domänen und Forsten, der öffentlichen Arbeiten und für Handel und Gewerbe zu genehmigen.

1. Bezüglich der Zusammensetzung des Wasserbeirats bestimmte der Entwurf, daß der Vorsitzende und sein Stellvertreter vom Könige zu ernennen, von den übrigen Mitgliedern ein Drittel von den Ministern für Landwirtschaft, für öffentliche Arbeiten und für Handel und Gewerbe, die anderen beiden Drittel von der Landwirtschaftskammer, den Handelskammern, bzw., wo solche nicht vorhanden sind, den amtlichen Handelsvertretungen und Handwerkskammern zu wählen seien. Hiervon ist die Kommission des Abgeordnetenhauses nur insofern abgewichen, als sie das den Ministern zustehende Wahlrecht auf den Provinziallandtag übertragen hat, da die Ernennung durch die Minister nicht zweckmäßig, es vielmehr geboten erschien, den großen Kommunen eine Mitwirkung bei der Wahl der Mitglieder der Wasserbeiräte zu eröffnen und daher die Wahl des einen Drittels der Mitglieder den Provinziallandtagen zu überlassen, in welchen ländliche und städtische Interessen gleichmäßig vertreten sind. Um diese gleichmäßige Vertretung auch bei den zu wählenden Mitgliedern des Wasserbeirats zu sichern ist ferner in Abs. 2 Satz 1 bestimmt, daß die vom Provinzial-

landtage zu wählenden Mitglieder je zur Hälfte aus den Stadtkreisen und den Landkreisen zu entnehmen sind. Bezüglich der von der Landwirtschaftskammer, den Handels- und Handwerkskammern zu wählenden Mitglieder ließ sich mit Rücksicht auf die verschiedenartige Ausgestaltung dieser Organe in den einzelnen Provinzen ein allgemeiner Verteilungsmaßstab im Gesetze selbst nicht bestimmen, die Bestimmung desselben ist vielmehr nach Maßgabe der wirtschaftlichen Verhältnisse der Provinz und der Bedeutung der in Betracht kommenden Verbände überlassen (Abs. 2 Satz 2), KB. AH. S. 450 ff.

2. Berufung und Wahl der Mitglieder der Wasserbeiräte erfolgt auf 6 Jahre (Abs. 4).

3. Zur Vorbereitung seiner Beschlüsse kann der Wasserbeirat ständige Ausschüsse einsetzen (Abs. 5 Satz 1).

4. Sowohl für den Wasserbeirat als für die Ausschüsse ist eine Geschäftsordnung zu entwerfen und von der Ministerialinstanz zu genehmigen (Abs. 5 Satz 2).

§ 369.

Nähere Bestimmungen über die Wasserbeiräte werden durch Königliche Verordnung getroffen.

Neunter Abschnitt.

Landeswasseramt.

Die Gründe, welche den Landtag veranlaßt haben, die von dem Entwurfe in § 341 als zweitinstanzliche Behörde vorgesehenen Strombauausschüsse (vgl. darüber Begr. S. 42/3) durch das Landeswasseramt zu ersetzen, sind bereits bei der Erörterung des § 76 dargelegt worden, es kann daher auf die dortigen Ausführungen in Anm. 2 und die dort und in Anm. 1 zu § 64 angezogenen Materialien verwiesen werden, vgl. ferner KB. AH. S. 434 ff., Sten. B. AH. S. 8284 ff., 8607 ff., KB. HH. S. 793 ff.

§ 370.

(1) Das Landeswasseramt hat seinen Sitz in Berlin und besteht

1. aus einem Präsidenten und der erforderlichen Zahl von ständigen Mitgliedern, welche die Befähigung zum Richteramt oder zum höheren Verwaltungsdienst besitzen;

2. aus Laienmitgliedern, die in Wasserangelegenheiten erfahren sind.

Die Berufung sämtlicher Mitglieder erfolgt durch den König. Der Präsident und die ständigen Mitglieder werden im Hauptamt auf Lebenszeit, die Laienmitglieder auf sechs Jahre ernannt.

(2) Die Laienmitglieder verwalten ihr Amt als unentgeltliches Ehrenamt.

(3) Niemand kann gleichzeitig Mitglied des Bezirksausschusses und des Landeswasseramts sein.

1. § 370 [344 a] Abs. 1 regelt die Zusammensetzung des Landeswasseramts, das seinen Sitz in Berlin hat.

Es besteht:

a) aus einem Präsidenten und der erforderlichen Zahl von ständigen Mitgliedern, welche die Befähigung zum Richteramt oder zum höheren Verwaltungsdienst besitzen müssen.

b) aus Laienmitgliedern, die in Wasserangelegenheiten erfahren sind.

Sämtliche Mitglieder des Landeswasseramtes werden durch den König berufen. Der Präsident und die ständigen Mitglieder werden im Hauptamt auf Lebenszeit ernannt. Auch die Laienmitglieder auf Lebenszeit zu berufen, wie dies von einigen Seiten beantragt war, erschien nicht zweckmäßig, weil gerade die Laienmitglieder die ständige Fühlung der Behörde mit dem praktischen Leben herstellen sollten und zu befürchten sei, daß sie diese verlören, wenn sie zu lange im Amte bleiben, KB. AH. S. 447. Das Abgeordnetenhaus hatte daher ihre Berufung bereits auf 12 Jahre, die Kommission des Herrenhauses hat aber ihre Amtsdauer noch weiter, nämlich auf 6 Jahre beschränkt, KB. HH. S. 793.

§ 371.

(1) Das Landeswasseramt entscheidet in der Besetzung von drei auf Lebenszeit ernannten Mitgliedern und zwei Laienmitgliedern. Der Präsident oder eins der ständigen Mitglieder führt den Vorsitz.

(2) Die Zuziehung der Laienmitglieder erfolgt in der Regel nach einer im voraus festgestellten Reihenfolge. Weicht der Präsident des Amtes aus besonderen Gründen von der Reihenfolge ab, so sind diese aktenkundig zu machen.

(3) Die Bestimmungen der Zivilprozeßordnung über Ausschließung und Ablehnung der Gerichtspersonen finden auf alle zur Mitwirkung bei der Entscheidung berufenen Personen entsprechende Anwendung.

1. Der § 371 [344 b] ist von der Kommission des Herrenhauses aus den Absätzen 4—6 des § 344a gemäß den Beschlüssen des Abgeordnetenhauses gebildet worden.

2. Die Zuziehung der Laienmitglieder zu den Sitzungen des Landeswasseramts, das in einer Besetzung von drei lebenslänglichen und zwei Laienmitgliedern entscheidet (Abs. 1), erfolgt gemäß Abs. 2 in der Regel nach einer im voraus festgestellten Reihenfolge. Da es aber vorkommen kann, daß die Laienmitglieder, welche an der Reihe sind, mit den gerade zur Entscheidung gelangenden Verhältnissen nicht vertraut sind, z. B. aus einer ganz anderen Gegend stammen, ist dem Präsidenten des Landeswasseramts die Befugnis gegeben,

aus besonderen aktenkundig zu machenden Gründen von der festgesetzten Reihenfolge abzuweichen (Abs. 5 Satz 2); auch soll in die gemäß § 373 zu erlassende Königliche Verordnung eine Bestimmung aufgenommen werden, durch welche der Präsident angewiesen wird, möglichst mit den Verhältnissen vertraute Mitglieder zu den Verhandlungen heranzuziehen, KB. HH. S. 794.

§ 372.

(1) Auf den Präsidenten und die Mitglieder des Landeswasseramts sind die §§ 20 bis 25 des Gesetzes, betreffend die Verfassung der Verwaltungsgerichte und das Verwaltungsstreitverfahren, vom 3. Juli 1875/2. August 1880 (Gesetzsamml. 1880 S. 328) anzuwenden. Im Disziplinarverfahren tritt an die Stelle des Präsidenten des Oberverwaltungsgerichts der Präsident des Landeswasseramts und an die Stelle des Plenums des Oberverwaltungsgerichts das Plenum des Landeswasseramts. Das Plenum wird unter dem Vorsitz des Präsidenten oder seines Stellvertreters gebildet durch die Gesamtheit der übrigen ständigen Mitglieder und ebensoviele Laienmitglieder, die als ständige Mitglieder außer dem Vorsitzenden bei der Entscheidung mitwirken. Zur Fassung der Entscheidung ist die Teilnahme von wenigstens der Hälfte der ständigen Mitglieder außer dem Vorsitzenden erforderlich.

(2) Die Disziplin über die bei dem Landeswasseramt angestellten mittleren, Kanzlei- und Unterbeamten übt der Präsident mit denjenigen Befugnissen, welche nach dem Gesetze, betreffend die Dienstvergehen der nichtrichterlichen Beamten usw., vom 21. Juli 1852 den Ministern in Ansehung der ihnen untergeordneten Beamten zustehen. Die Einleitung des Disziplinarverfahrens auf Entfernung aus dem Amt, die Ernennung des Untersuchungskommissars und des Vertreters der Staatsanwaltschaft erfolgt durch den Präsidenten, entscheidende Behörde erster und letzter Instanz ist das Landeswasseramt in der im Abs. 7 vorgeschriebenen Besetzung.

Nach dem Abs. 8 des § 344 a in der Fassung des Abgeordnetenhauses sollte auf den Präsidenten und die Mitglieder des Wasseramtes das Gesetz, betreffend die Dienstvergehen der Richter usw., vom 7. Mai 1851 Anwendung finden. Es hatte sich aber ergeben, daß es nicht zweckmäßig und zum Teil unmöglich ist, die Bestimmungen dieses Gesetzes auf die Beamten des Landeswasseramts anzuwenden, zumals gilt dies für die auf Lebenszeit angestellten Mitglieder, da diesen damit die Unabsetzbarkeit gewährleistet ist. Die Kommission des Herrenhauses und dieses Haus selbst haben daher diesen Abs. 8 durch den § 372 [344 c] ersetzt, welcher die für das Oberverwaltungsgericht in dieser Hinsicht geltenden Bestimmungen auf die Beamten des Landeswasseramts erstreckt, KB. HH. S. 794, Sten. B. HH. S. 1075/6.

§ 373.

(1) **Die näheren Bestimmungen über Einrichtung und Verfassung, Geschäftsgang und Verfahren des Landeswasseramts werden durch Königliche Verordnung getroffen.**

§ 373 [344 d] entspricht dem Abs. 7 des § 344 a in der Fassung des Abgeordnetenhauses.

Zehnter Abschnitt.

Strafbestimmungen.

Die Strafbestimmungen der §§ 374—378 [345—348] behandeln Materien, welche im Reichsstrafgesetzbuch nicht behandelt sind. Ihre Regelung durch ein Landesgesetz ist daher zulässig, da § 2 EG. z. StGB. landesgesetzliche Strafbestimmungen insoweit zuläßt, als es sich um Straftaten handelt, welche nicht Gegenstand des StGB. sind, jedoch ist hierbei durch § 5 EG. z. StGB. der Landesgesetzgebung insofern eine Schranke gezogen, als sie in Bestimmungen über ihr überlassene Materien nur Gefängnis bis zu zwei Jahren, Haft bis zu 6 Wochen und Geldstrafe androhen kann, vgl. KB. AH. S. 453.

In dem StGB. selbst werden wasserrechtliche Verhältnisse berührt im § 274 Ziff. 2 (Beseitigung von Staumarken), § 305 (Beschädigung einer Brücke oder eines Dammes), §§ 312—314 (Herbeiführung einer Überschwemmung mit gemeiner Gefahr), § 321 (Beschädigung von Wasserleitungen, Schleusen, Wehren, Deichen, Dämmen, Brücken, Fähren usw., sowie Störung des Fahrwassers in schiffbaren Strömen, Flüssen und Kanälen), § 322 (Beseitigung eines der Sicherung der Schiffahrt dienenden Zeichens, bzw. fälschliche Aufstellung eines solchen Zeichens), §§ 324, 326 (Vergiften oder Beimischen gesundheitsgefährlicher Stoffe in Brunnen- oder Wasserbehältern), § 366 Nr. 3 (Verhindern des Vorbeifahrens auf Wasserstraßen), § 366 Nr. 8 (Aufstellen oder Aufhängen von gefährlichen Gegenständen an öffentlichen Wasserstraßen, sowie Ausgießen oder Auswerfen von Gegenständen in solche, durch welche Menschen beschädigt oder verunreinigt werden können), § 366 Nr. 9 (Aufstellen, Hinlegen oder Liegenlassen von Gegenständen auf öffentlichen Wasserstraßen, durch welche der freie Verkehr gehindert wird), § 366 Nr. 10 (Übertretung der zur Erhaltung der Sicherheit, Bequemlichkeit, Reinlichkeit und Ruhe auf öffentlichen Wasserstraßen erlassenen Polizeiverordnungen), § 366 a (Übertretung der zum Schutze der Dünen und der Fluß- und Meeresufer, sowie der Anpflanzungen und Anlagen auf denselben erlassenen Polizeiverordnungen), § 367 Nr. 14 (Nichtbeobachtung der polizeilich vorgeschriebenen oder sonst erforderlichen Sicherungsmaßregeln bei der Vornahme von Bauten oder Ausbesserungen von Brunnen, Brücken, Schleusen usw.)

§ 374.

Mit Geldstrafe bis zu dreihundert Mark, im Unvermögensfalle mit Haft wird, sofern nicht nach anderen strafgesetzlichen Bestimmungen eine höhere Strafe verwirkt ist, bestraft, wer eine Erhöhung der Erdoberfläche oder eine Anlage, zu deren Herstellung, Erweiterung, Verlegung oder Beseitigung nach § 285 Abs. 2 und § 291 eine Genehmigung erforderlich ist, ohne diese Genehmigung herstellt, erweitert, verlegt oder beseitigt und wer die bei Erteilung der Genehmigung festgesetzten Bedingungen nicht innehält.

Wenngleich die Wasserpolizeibehörde ihr hauptsächlichstes Augenmerk darauf wird richten müssen, Zuwiderhandlungen gegen die gesetzlichen Bestimmungen zu verhindern, und erwartet werden kann, daß ihr das bei richtiger Würdigung der ihr vom Wassergesetze gestellten Aufgaben auf Grund der ihr erteilten weitgehenden Befugnisse regelmäßig auch gelingen wird, werden Strafbestimmungen wegen solcher Zuwiderhandlungen, denen die Polizeibehörde nicht rechtzeitig hat entgegentreten können, doch nicht zu entbehren sein. Dies gilt insbesondere von der Vorschrift des § 374 [345], der den Inhalt des § 10 des Gesetzes zur Verhütung von Hochwassergefahren vom 16. August 1905 und, soweit er sich auf Deiche bezieht, die dem Schutze gegen die Fluten der Ostsee dienen sollen (§ 291), die Vorschrift des § 1 Abs. 2 des Deichgesetzes vom 28. Januar 1848 wiedergibt. Mit Rücksicht auf die großen Gefahren, welche die Herstellung, Erweiterung, Verlegung oder Beseitigung von Erderhöhungen und Anlagen im Überschwemmungsgebiete der hochwassergefährlichen Wasserläufe und von Seedeichen im Gefolge haben kann, ist es geboten, diese Strafbestimmungen beizubehalten. Dagegen ist es nicht erforderlich, auch die Nichteinholung der im § 22 vorgeschriebenen polizeilichen Genehmigung zur Errichtung oder wesentlichen Veränderung von Anlagen in Wasserläufen unter Strafe zu stellen. Gegenüber derartigen Anlagen wird regelmäßig die Befugnis der Wasserpolizeibehörde, die Einholung der nachträglichen Genehmigung oder die Beseitigung oder Änderung der nicht genehmigten Anlagen zu verlangen, ausreichen. Allerdings ist danach auch die Herstellung von Anlagen im Bette hochwassergefährlicher Wasserläufe ohne polizeiliche Genehmigung nicht strafbar, da das Bett des Wasserlaufs nicht zum Überschwemmungsgebiete gehört, weshalb der § 285, mithin auch die Strafbestimmung des § 374 keine Anwendung findet. Da aber das Gesetz vom 16. August 1905 es nicht für nötig gehalten hat, solche Anlagen im Interesse des Hochwasserschutzes einer besonderen Genehmigung zu unterwerfen, glaubte man gegenüber diesen nunmehr nach § 22 genehmigungspflichtigen Anlagen auch ohne Strafbestimmung mit den allgemeinen polizeilichen Befugnissen auskommen zu können, Begr. S. 248/9.

§ 375.

(1) Mit Geldstrafe bis zu dreitausend Mark oder mit Gefängnis bis zu einem Jahr wird, sofern nicht nach anderen strafgesetzlichen

Bestimmungen eine höhere Strafe verwirkt ist, bestraft, wer vorsätzlich den Vorschriften des § 23 oder des § 199 Abs. 2 Satz 2 zuwider Wasser oder andere flüssige Stoffe, durch deren Einleitung das Wasser verunreinigt werden kann, in ein Gewässer einleitet oder den Vorschriften des § 94, des § 99 Abs. 1, des § 100 oder des § 101 Abs. 1 bis 3 oder den nach § 72 Nr. 2 zur Reinhaltung der Gewässer getroffenen Bestimmungen zuwiderhandelt.

(2) Wird die Zuwiderhandlung aus Fahrlässigkeit begangen, so tritt Geldstrafe bis zu einhundertundfünfzig Mark oder Haft ein.

1. § 375 [346] stellt nachfolgende Fälle unter Strafe:

a) Verstöße gegen den § 23, bzw. § 199 Abs. 2 Satz 2, der die Anwendbarkeit des § 23 auf den § 199 ausspricht. Solche Verstöße mußten um deswillen mit Strafe bedroht werden, weil sonst eine wirksame Durchführung des besonders wichtigen § 23 nicht gewährleistet wäre. Denn es würden gewiß viele von der dort vorgeschriebenen Anzeige absehen im Vertrauen darauf, daß die Wasserpolizeibehörde Bedenken tragen wird, lediglich wegen der unterbliebenen Anzeige die weitere Einleitung zu untersagen, wenn ein Einschreiten auf Grund des § 21 nicht geboten ist. Das würde aber dem Zwecke des § 23, welcher die Frage, ob eine beabsichtigte Einleitung eine nachteilige Wirkung haben kann, einer vorherigen polizeilichen Prüfung unterwerfen will, durchaus zuwiderlaufen.

Durch die Vorschriften der §§ 21, 23 und die Anführung des § 23 in 375 sind die sämtlichen Bestimmungen des geltenden Rechts, welche eine Verunreinigung der Gewässer durch Einleitung flüssiger Stoffe unter Strafe stellen, entbehrlich geworden. Dahin gehören insbesondere die folgenden:

1. § 3 Privatflußgeſ. i. V. m. § 27 Nr. 3 Feld- und Forstpolizei.
2. Art. 97 Nr. 5 bayr. Ges. über die Benutzung des Wassers vom 28. Mai 1852.
3. § 43 und § 50 Nr. 7 Fischereiges., soweit sich diese auf die Einleitung flüssiger Stoffe beziehen (vgl. a. § 399 Nr. 10, sowie § 391).

b) Zuwiderhandlungen gegen die in einem Verleihungsbeschlusse behufs Reinhaltung der Gewässer enthaltenen Bestimmungen (§ 72 Nr. 2).

c) Zuwiderhandlungen gegen diejenigen Bestimmungen des Wassergesetzes, welche im Interesse der Erhaltung, Sichtbarkeit und Zugänglichkeit der Staumarken (§ 94) und zum Schutze gegen die mit dem Betrieb einer Stauanlage verbundenen Gefahren und Nachteile getroffen sind (§§ 99 Abs. 1, 100, 101 Abs. 1—3), da hier ein lediglich polizeiliches Einschreiten in der Regel zu spät kommen würde.

2. Die Verstöße gegen die vorgenannten Bestimmungen sollten nach dem Entwurfe im Gegensatze zu den in § 374 genannten Fällen, welche Vergehen im Sinne des StGB. darstellen, lediglich als Übertretungen mit einer Geldstrafe bis zu 150 Mark, evtl. mit Haft bestraft werden. Die Kommission des Abgeordnetenhauses schloß sich aber der

Ansicht des Entwurfs, daß die in § 375 genannten Verstöße im Vergleich zu den in § 374 bezeichneten hinsichtlich ihrer Folgen als die minder schweren anzusehen seien, nicht an, war vielmehr im Gegenteil der Ansicht, daß gerade für Zuwiderhandlungen gegen die in § 375 genannten Bestimmungen, insbesondere mit Rücksicht auf die durch die Verunreinigung der Gewässer zu besorgenden Nachteile und Gefahren, eine sehr erhebliche Strafe angedroht werden müsse, die allerdings verschieden bemessen werden müsse, je nach dem Vorsatz oder Fahrlässigkeit vorläge. Dementsprechend ist dann auch der § 375 ausgestaltet worden (vgl. ferner § 376); KB. AH. S. 455 a, Sten. B. AH. S. 8294, KB. HH. S. 795.

§ 376.

(1) Werden den Vorschriften des § 23 oder des § 199 Abs. 2 Satz 2 zuwider Wasser oder andere flüssige Stoffe, durch deren Einleitung das Wasser verunreinigt werden kann, in ein Gewässer eingeleitet, so sind der Unternehmer und der Betriebsleiter als solche, unabhängig von der Verfolgung der eigentlichen Täter, mit Geldstrafe von fünfzig bis zu fünftausend Mark zu bestrafen.

(2) In den Fällen einer Zuwiderhandlung gegen die Vorschriften des § 94, des § 99 Abs. 1, des § 100 oder des § 101 Abs. 1 bis 3 verfällt der Stauberechtigte als solcher in eine Geldstrafe von zehn bis fünfhundert Mark.

(3) Die Bestrafung des Unternehmers, des Betriebsleiters oder des Stauberechtigten tritt nur ein, wenn die Zuwiderhandlung mit ihrem Vorwissen begangen ist, oder wenn sie es bei der nach den Verhältnissen möglichen eigenen Beaufsichtigung des Betriebs oder bei der Auswahl oder der Beaufsichtigung der Aufsichtspersonen an der erforderlichen Sorgfalt haben fehlen lassen.

Die Vorschrift des § 376 [346 a] ist von der Kommission des Abgeordnetenhauses nach dem Vorbilde des § 28 des Branntweinsteuerges. v. 24. Juni 1887, sowie § 151 GO. aufgenommen worden, um auch den Unternehmer, bzw. Betriebsleiter von Unternehmungen, durch die eine unerlaubte Verunreinigung der Gewässer herbeigeführt wird, und ebenso den Stauberechtigten, bei dessen Anlage Verstöße gegen die in Abs. 2 genannten Vorschriften (vgl. § 375 Anm. 1 c) vorkommen, strafrechtlich verantwortlich machen zu können. Jedoch tritt gemäß Abs. 3 eine Bestrafung nur dann ein, wenn die Zuwiderhandlung mit ihrem Vorwissen begangen ist, oder wenn sie es bei der nach den Verhältnissen möglichen eigenen Beaufsichtigung des Betriebs oder bei der Auswahl oder der Beaufsichtigung der Aufsichtspersonen an der erforderlichen Sorgfalt haben fehlen lassen, KB. AH. S. 455/6. Der Abs. 3 entspricht fast wörtlich dem § 151 Satz 2 GO.; vgl. a. die ähnliche Bestimmung in § 76 Abs. 2 Nr. 3 und 4 ABG.

§ 377.

(1) Sachverständige, die in einem Verleihungs-, Sicherstellungs- oder Ausgleichungsverfahren, einem Verfahren nach § 103 oder in

einem Verfahren zur Begründung eines Zwangsrechts zugezogen sind, werden bestraft:

1. wenn sie unbefugt Betriebsgeheimnisse offenbaren, die durch das Verfahren zu ihrer Kenntnis gelangt sind, mit Geldstrafe bis zu eintausendfünfhundert Mark oder mit Gefängnis bis zu drei Monaten;
2. wenn sie absichtlich zum Nachteile der Betriebsunternehmer Betriebsgeheimnisse, die durch das Verfahren zu ihrer Kenntnis gelangt sind, offenbaren oder geheim gehaltene Betriebseinrichtungen oder Betriebsweisen, die durch das Verfahren zu ihrer Kenntnis gelangt sind, solange diese Betriebsgeheimnisse sind, nachahmen, mit Gefängnis bis zu zwei Jahren. Tun sie dies, um sich oder einem anderen einen Vermögensvorteil zu verschaffen, so kann neben der Gefängnisstrafe auf Geldstrafe bis zu dreitausend Mark erkannt werden.

(2) Im Falle der Nr. 1 tritt die Verfolgung nur auf Antrag des Betriebsunternehmers ein.

Die Bestimmung des § 377 [347] ist dem § 145 a GO. fast wörtlich nachgebildet, da die Betriebsgeheimnisse, die in einem der vom Wassergesetze neu vorgesehenen besonderen Verfahrensarten zur Kenntnis der in dem Verfahren zugezogenen Sachverständigen kommen können, denselben Schutz genießen müssen wie die Betriebsgeheimnisse, die bei einem gewerbepolizeilichen Genehmigungsverfahren in Betracht kommen. An die Stelle der in § 145 a Abs. 1 Nr. 2 GO. angedrohten Gefängnisstrafe bis zu 5 Jahren (§ 16 StGB.) und des Verlustes der bürgerlichen Ehrenrechte muß im § 377 Abs. 1 Nr. 2 eine Gefängnisstrafe bis zu 2 Jahren treten, da nach § 5 des EG. z. StGB. in landesgesetzlichen Vorschriften weder eine höhere Gefängnisstrafe als 2 Jahre noch der Verlust der bürgerlichen Ehrenrechte angedroht werden kann (vgl. Vorbem.).

Eine Ausdehnung des § 377 auch auf diejenigen Verfahrensarten, die das Wassergesetz im wesentlichen aus dem geltenden Rechte übernommen hat, z. B. das Merkpfahlsetzungsverfahren (§§ 92, 93), ist nicht erforderlich, da hier Betriebsgeheimnisse, deren mißbräuchliche Offenbarung zu besorgen wäre, nur ausnahmsweise in Betracht kommen werden und auch das geltende Recht eine derartige Bestimmung nicht kennt.

Der § 377 findet nur auf diejenigen Sachverständigen Anwendung, die in einem Verfahren der eingangs bezeichneten Art vor den Verwaltungsbehörden zugezogen werden. Für ein sich daran etwa anschließendes Verfahren vor den ordentlichen Gerichten gilt er selbstverständlich nicht, Begr. S. 250.

§ 378.

Durch die Strafbestimmungen der §§ 374, 375 werden die Polizeibehörden nicht gehindert, nach § 132 Nr. 2 des Landesverwaltungsgesetzes vom 30. Juli 1883 (Gesetzsamml. S. 195) Geldstrafen zur Erzwingung einer Handlung oder Unterlassung anzudrohen und festzusetzen.

Das Oberverwaltungsgericht hat in wiederholten Entscheidungen in Anwendung des Satzes „ne bis in idem" den Grundsatz aufgestellt, daß „Verbote von Handlungen, die durch allgemeine Gesetze oder Polizeiverordnungen unter Strafe gestellt sind, nicht durch Androhung oder Festsetzung von Exekutivstrafen seitens der Polizeibehörden wiederholt werden können, es sei denn, daß die Androhungen der Exekutivstrafe die Beseitigung eines dauernden gesetzwidrigen Zustandes bezwecke" (vgl. z. B. die im Min.-Bl. f. d. i. V. S. 125 abgedruckte Entscheidung und Entsch. Bd. 5 S. 278). Dieser Grundsatz hat in der Praxis zu Schwierigkeiten geführt und würde sicherlich auch bei Durchführung der Vorschriften des Wassergesetzes der polizeilichen Exekutive hindernd in den Weg treten. Allerdings scheint das Oberverwaltungsgericht auf dem Wege zu sein, die bisher vertretene Ansicht aufzugeben. Denn in einer Entscheidung aus neuerer Zeit vom 7. Mai 1908 (Bd. 52 S. 302) findet sich auf S. 310 folgende Bemerkung: „Es mag dahingestellt bleiben, ob nicht die sich mehrenden Bedenken neuerer Schriftsteller dahin führen, die zu erheblichen Mißverständnissen und Unzuträglichkeiten Anlaß gebende bisherige Anwendung des Satzes „ne bis in idem" auf Exekutivstrafen ganz fallen zu lassen." Da indes nicht zu übersehen ist, ob das Oberverwaltungsgericht künftig dieser Anwendung entsprechend entscheiden wird, erschien es geboten, zur Vermeidung solcher Unzuträglichkeiten wenigstens auf dem Gebiete des Wasserrechts positiv zu bestimmen, daß durch die von ihm getroffenen Strafbestimmungen die Polizeibehörden nicht gehindert werden, zur Erzwingung von Handlungen oder Unterlassungen auch Exekutivstrafen anzudrohen und festzusetzen, Begr. S. 250.

Elfter Abschnitt.

Übergangs- und Schlußbestimmungen.

In den §§ 379—399 ordnet das Wassergesetz sein Verhältnis zum geltenden Rechte. Da es das gesamte Wasserrecht in Preußen erschöpfend regelt, werden alle dem Wasserrecht angehörenden Vorschriften des geltenden Rechts durch dasselbe außer Kraft gesetzt (§ 399), soweit nicht die Aufrechterhaltung einzelner Bestimmungen aus besonderen Gründen geboten ist (§§ 387—397). Die notwendige Folge dieses Grundsatzes ist die Vorschrift, daß an die Stelle des durch das Wassergesetz aufgehobenen Bestimmungen, auf welche in anderen Gesetzen oder Verordnungen verwiesen ist, die entsprechenden Vorschriften dieses Gesetzes treten sollen (§ 398). Es ist ferner aus praktischen

Gründen erforderlich, eine Übergangsbestimmung dahin zu treffen, daß auf die zur Zeit des Inkrafttretens anhängigen Sachen hinsichtlich der Behörden, des Verfahrens und der Rechtsmittel die bisherigen Gesetze Anwendung finden (§ 383, der gemäß § 400 mit der Verkündung des Gesetzes in Kraft tritt).

Da es jedoch nicht angängig erscheint, mit den aufzuhebenden Gesetzen gleichzeitig alle Rechte zu beseitigen, die auf Grund dieser Gesetze entstanden sind, enthalten die §§ 379 ff. Bestimmungen darüber, inwieweit die bestehenden Rechte aufrechterhalten werden sollen.

Die übrigen Vorschriften des 10. Abschnitts dienen teils der Beseitigung von Zweifeln (§ 399), teils bringen sie Ergänzungen oder Abänderungen außerhalb des Wassergesetzes in Geltung bleibender Verfahrensvorschriften, die sich aus praktischen Gründen empfehlen (§§ 398, 400), teils betreffen sie den Zeitpunkt des Inkrafttretens (§ 400) und die Ausführung des Gesetzes, Begr. S. 251.

Über das Verhältnis des Wassergesetzes zum BGB. und der GO. vgl. die Einleitung.

§ 379.

(1) Die beim Inkrafttreten dieses Gesetzes bestehenden Rechte:

1. **einen Wasserlauf in einer der im § 46 bezeichneten Arten zu benutzen,**
2. **über die nicht zu den Wasserläufen gehörenden Gewässer über die Schranken der §§ 199 bis 202 hinaus zu verfügen,**
3. **die Aufnahme des wild abfließenden Wassers durch die Eigentümer tieferliegender Grundstücke zu verlangen,**

bleiben aufrechterhalten, soweit sie auf besonderem Titel beruhen.

(2) Die beim Inkrafttreten dieses Gesetzes bestehenden, nicht auf besonderem Titel beruhenden Rechte zur Benutzung eines Wasserlaufs und anderer Gewässer im Sinne des Abs. 1 Nr. 1 und 2 bleiben nur insoweit und solange aufrechterhalten, als rechtmäßige Anlagen zu ihrer Ausübung vorhanden sind, vorausgesetzt, daß diese Anlagen vor dem 1. Januar 1913 errichtet sind oder daß vor diesem Zeitpunkt mit ihrer Errichtung begonnen ist.

(3) Die Rechtmäßigkeit einer Anlage, die am 1. Januar 1912 schon mehr als zehn Jahre bestanden hat, wird vermutet. Diese Vermutung gilt nicht gegenüber demjenigen, welcher innerhalb der letzten zehn Jahre einen Widerspruch gegen die Rechtmäßigkeit bei einer zuständigen Behörde geltend gemacht hat.

(4) Der Inhalt der hiernach aufrechterhaltenen Rechte bestimmt sich, soweit sie auf besonderem Titel beruhen, nach diesem. Im übrigen bleiben die bisherigen Gesetze mit folgenden näheren Bestimmungen und Beschränkungen maßgebend:

a) **Eine Verunreinigung des Wassers, die über das Gemeinübliche hinausgeht, ist unzulässig.**

b) **Entsteht nach dem Inkrafttreten dieses Gesetzes durch die Ausübung des Rechtes zur Zutageförderung unterirdischen Wassers ein Schaden der im § 200 Abs. 1 bezeichneten Art,** so können die Geschädigten die Herstellung von Einrichtungen fordern, durch die der Schaden verhütet oder ausgeglichen wird, wenn solche Einrichtungen mit dem Unternehmen vereinbar und wirtschaftlich gerechtfertigt sind. Anderenfalls können sie Schadensersatz verlangen, soweit die Billigkeit nach den Umständen eine Entschädigung erfordert und der Unternehmer ohne Gefährdung der Leistungsfähigkeit und Wirtschaftlichkeit des Unternehmens zur Entschädigung imstande ist. Die Entschädigung kann in wiederkehrenden Leistungen bestehen.

(5) Der § 84 ist auf die aufrechterhaltenen Rechte entsprechend anzuwenden.

(6) Eine Veränderung des Wasserstandes ist ferner im bisherigen Umfange gestattet, wenn dieselbe durch Einleitung von Wasser aus Seen und Teichen, die der Fischerei dienen, geschieht, sofern diese zur Grundräumung, Ansamung oder Abfischung abgelassen werden.

1. Der § 379 [349], welcher die grundsätzliche Regelung des Verhältnisses der bestehenden Rechte zum Wassergesetze enthält, gehört zu den wichtigsten und meist-umstrittensten Bestimmungen des Gesetzes. Die Fassung, wie sie Gesetz geworden ist, beruht auf einem Kompromisse der verschiedenen in dieser Beziehung vertretenen Meinungen.

Eine besonders große Rolle spielten bei den Erörterungen über den § 379 die Fragen, welche Stellung das Wassergesetz gegenüber den Anlagen, durch welche eine Verunreinigung der Wasserläufe herbeigeführt wird, und gegenüber den Unternehmungen, die zu ihren Zwecken das Grundwasser zutage fördern (Wasserversorgungsanstalten), einzunehmen habe. Das Ergebnis dieser Erörterungen bildete der Abs. 4 des § 379, zu welchem das Nähere in Anm. 4 ausgeführt werden wird, vgl. im übrigen KB. AH. S. 459—506.

2. § 379 befaßt sich nur mit denjenigen Rechten an Wasserläufen und sonstigen Gewässern, die in ihrem privatrechtlichen Bestande durch die übrigen Vorschriften des Wassergesetzes berührt werden, jedoch nur insoweit, als nicht schon vorher darüber Bestimmung getroffen ist, welche Stellung das Gesetz gegenüber Rechten dieser Art einnimmt, wie dieses z. B. hinsichtlich der Eigentumsverhältnisse an Wasserläufen auf Grund der Bestimmung des § 9 der Fall ist, Begr. S. 251.

Die demgemäß in § 379 behandelten Rechte sind:

a) das Recht, einen Wasserlauf in einer der im § 46 (nach dem Entwurfe: § 40) bezeichneten Arten zu benutzen (Abs. 1 Nr. 1).

Es handelt sich also um die Rechte, den Wasserlauf in einer der in § 40 Abs. 2 genannten Arten zu benutzen, d. h. also sein Wasser zu gebrauchen und zu verbrauchen, Wasser und andere flüssige Stoffe in ihn einzuleiten und seinen Wasserspiegel zu heben und zu senken, ferner um das Recht, Häfen, Stichkanäle, Anlegestellen und Badeanstalten der in § 46 Nr. 2—4 bezeichneten Art anzulegen.

b) das Recht über die nicht zu den Wasserläufen gehörenden Gewässer über die Schranken der §§ 199—202 hinaus zu verfügen (Abs. 1 Nr. 2); hierbei kommt namentlich die Veränderung des Grundwasserstandes durch Zutageförderung des unterirdischen Wassers in Betracht.

c) das Recht, die Aufnahme des wild abfließenden Wassers durch die Eigentümer tieferliegender Grundstücke zu verlangen (Abs. 1 Nr. 3), d. h. also das Recht, auf Gewährung der Vorflut (vgl. § 198).

3. Bestehen solche Rechte beim Inkrafttreten des Wassergesetzes, so bleiben sie, einerlei welcher der in Abs. 1 genannten drei Gattungen sie angehören, aufrechterhalten, soweit sie auf besonderem Titel beruhen. Als solche besonderen Titel kommen in Frage: Vertrag, Rezeß, Ersitzung, Privileg, ferner die bergrechtliche Enteignung und die auf Grund des § 16 GO. erteilte gewerbepolizeiliche Genehmigung (vgl. aber auch § 26 GO.) Dagegen bildet keinen solchen besonderen Titel die landespolizeiliche Genehmigung, da durch eine solche lediglich festgestellt wird, daß polizeiliche Bedenken gegen eine Anlage nicht bestehen, Sten. B. AH. S. 8617/8.

Beruhen dagegen bestehende Rechte dieser Art nicht auf einem besonderen Titel, sondern unmittelbar auf einer Rechtsnorm, so werden sie nur dann aufrechterhalten, wenn sie eines der in Abs. 1 unter Nr. 1 und 2 (nicht auch unter Nr. 3) bezeichneten Rechte zum Gegenstande haben und außerdem zu ihrer Ausübung eine rechtmäßige Anlage nach näherer Maßgabe der Absätze 2 und 3 besteht.

Es muß also zunächst eine Anlage zur Ausübung solcher Rechte vorhanden sein. Welchen Umfang dieselbe hat, ist unerheblich; es gelten daher auch z. B. die sog. Schützen in den Wiesenbewässerungsgräben als Anlagen im Sinne der Abs. 2 und 3, Sten. B. AH. S. 8305/6. Auch ist es nicht erforderlich, daß zu diesen Anlagen Material verwandt worden ist, wie dieses in den früheren Entwürfen zum Wassergesetze verlangt worden war, sie kann daher auch in einem Graben bestehen, KB. AH. S. 459.

Die Anlage muß ferner eine rechtmäßige sein. Als rechtmäßig gilt eine Anlage, welche auf Grund des bestehenden Rechts rechtmäßig hergestellt worden ist, und zwar rechtmäßig in privatrechtlicher Beziehung, so daß ein anderer Privatmann nicht gegen sie einschreiten konnte, und in öffentlich-rechtlicher Beziehung, indem die Polizei nicht befugt war, ihre Beseitigung zu fordern, also z. B. gewerbepolizeilich genehmigte Anlagen, KB. AH. S. 465, Sten. B. AH. S. 8298. Zugunsten der Rechtmäßigkeit einer Anlage greift die Vermutung des Abs. 3 Platz, nach welcher eine Anlage, die am 1. Januar 1912 bereits mehr als 10 Jahre bestanden hat, ohne daß gegen dieselbe ein Widerspruch bei der zuständigen Behörde geltend gemacht ist, als rechtmäßig gilt. Diese Vermutung ist widerleglich, jedoch hat derjenige, welcher behauptet, daß sie nicht zutrifft, die Beweislast dafür.

Schließlich müssen nach dem dem Abs. 2 vom Herrenhause hinzugefügten Zusatz solche Anlagen vor dem 1. Januar 1913 errichtet oder es muß vor diesem Zeitpunkte mit ihrer Errichtung begonnen sein. Durch diesen Zusatz soll verhindert werden, daß denjenigen Anlagen, zu deren Errichtung man gerade mit Rücksicht auf die Bestimmung des Abs. 2 geschritten ist, die Vorteile dieser Bestimmung zugute kommen, da § 379 nur die bereits längere Zeit bestehenden Rechte schützen soll, Sten. B. HH. S. 1077 ff.

Sind solche Anlagen zur Ausübung der in Abs. 1 Nr. 1 und 2 genannten Rechte in dem vorgedachten Umfange und zur vorgedachten Zeit vorhanden, so bleiben diese Rechte aufrechterhalten, insoweit und solange diese Anlagen bestehen. Die Rechte kommen mithin in Fortfall, wenn die Anlagen verändert, insbesondere vergrößert, oder beseitigt werden. Abs. 2 verlangt also eine dauernde Erhaltung der Anlagen in ihrem bisherigen Bestande.

Mit Rücksicht auf die besonderen Verhältnisse bei den Fischteichen, bei welchen eine nur vorübergehende Veränderung des Wasserstandes nach den für sie geltenden Wirtschaftsregeln, die eine Bewässerung im Frühjahr, eine Ablassung im Herbst fordern, in gewissen periodischen Zwischenräumen geboten ist, hat jedoch das Herrenhaus den Abs. 6 eingefügt, der bei Seen und Teichen, die der Fischerei dienen, die auch nur zeitweilige Veränderung des Wasserstandes in dem bisherigen Umfange zuläßt, Sten. B. AH. S. 1078/9, vgl. S. 1015 ff.

4. Während in den Abs. 1—3 der Kreis der aufrechterhaltenen Rechte umgrenzt ist, verhält sich Abs. 4 darüber, wie ihr Inhalt in Zukunft zu bestimmen sein wird. Die Vorschrift des Abs. 4 bezieht sich aber lediglich auf den privatrechtlichen Inhalt dieser Rechte. In dieser Beziehung ist für sie das bisherige Recht maßgebend und, wenn sie auf besonderen Titeln beruhen, diese Titel. Hat also jemand auf Grund eines Vertrages mit dem Grundeigentümer das Recht zur Entnahme des Grundwassers erworben, so bleiben die Bestimmungen dieses Vertrages auch in Zukunft für die Rechtsverhältnisse der Parteien maßgebend, dies gilt insbesondere auch für die Geltendmachung von Entschädigungsansprüchen wegen der Grundwasserentnahme. In dieser Hinsicht gelangen also die Vorschriften des Wassergesetzes auch fernerhin nicht zur Anwendung.

Soweit dagegen dieses Gesetz öffentlich-rechtliche Bestimmungen enthält, sind diese auch auf die bestehenbleibenden Rechte ohne weiteres anwendbar.

Bezüglich des Grundsatzes, daß in privatrechtlicher Hinsicht die bisherigen Gesetze maßgebend bleiben, sind jedoch in Abs. 4 unter a und b zwei Einschränkungen gemacht worden.

a) Die erste bezieht sich auf die Verunreinigung des Wassers, welche, wie dies übrigens auch schon bisher das Reichsgericht in ständiger Rechtsprechung angenommen hatte, insoweit unzulässig sein soll, als sie über das Maß des Gemeinüblichen hinausgeht.

b) Die zweite betrifft die Zutageförderung des unterirdischen Wassers. Dieselbe war, wie in der Vorbemerkung zum zweiten Abschnitt ausgeführt, nach bisherigem Rechte unbeschränkt gestattet. Darüber, daß dem nach dem Inkrafttreten des Wassergesetzes nicht so bleiben dürfe, bestand in der Kommission des Abgeordnetenhauses Einverständnis. Dagegen gingen die Ansichten darüber, welchen Einschränkungen dieses Recht in Zukunft zu unterwerfen sei, weit auseinander, insbesondere gilt dies für die Frage, ob die durch eine solche Zutageförderung fernerhin entstehenden Schäden unter allen Umständen und in vollem Umfange zu ersetzen sein sollen oder ob dies nur in beschränktem Umfange und nur dann der Fall sein solle, wenn die diesem Zwecke dienenden Anlagen vergrößert würden, nicht aber schon dann, wenn die Schäden durch den Betrieb im bisherigen Umfange verursacht würden. Der letztere Standpunkt wurde vor allem von der Regierung unter Hinweis darauf vertreten, daß durch die Belastung mit derartigen Entschädigungsansprüchen, mit denen bei ihrer Errichtung nicht habe gerechnet werden können, die Wasserversorgungsanlagen, an derem Fortbestehen die Allgemeinheit ein großes Interesse habe und welche im Vertrauen auf den bestehenden Rechtszustand errichtet seien, in ihrem Bestande gefährdet werden würden.

Trotzdem hat aber die Kommission des Abgeordnetenhauses den durch die Zutageförderung von Grundwasser Geschädigten auch gegenüber den aufrechterhaltenen Rechten Ansprüche in gewissem Umfange gewährt. Man hat aber bei der Ausgestaltung dieser Ansprüche den oben erwähnten Bedenken in weitgehendem Maße Rechnung getragen. Entstehen nämlich solche Schäden nach dem Inkrafttreten des Wassergesetzes, so können die davon Betroffenen in erster Linie nur die Herstellung von Einrichtungen fordern, durch welche der Schaden verhütet oder ausgeglichen wird. Es ist hierbei vor allem an die Anlage von Anschlußleitungen gedacht, durch welche denjenigen Ortschaften, denen durch große Wasserversorgungsanlagen das Wasser entzogen ist, das erforderliche Wasser wieder zugeführt werden kann. Erst dann, wenn solche Einrichtungen mit dem Unternehmen nicht vereinbar oder wirtschaftlich nicht gerechtfertigt sind, kann Schadenersatz verlangt werden. Jedoch ist auch dieser, um nicht die im volkswirtschaftlichen und gesundheitlichen Interesse erforderliche Wasserversorgung kleiner und nicht leistungsfähiger Gemeinden durch hohe Entschädigungsansprüche in Frage zu stellen, dahin beschränkt, daß Schadenersatz nur insoweit gefordert werden kann, als die Billigkeit nach den Umständen eine Entschädigung gebietet und der Unternehmer, ohne Gefährdung der Leistungsfähigkeit und Wirtschaftlichkeit seines Unternehmens, zur Entschädigung imstande ist.

Die Entschädigung kann gemäß Abs. 4 b Satz 2 in der Fassung durch die Kommission des Herrenhauses in wiederkehrenden Leistungen bestehen, die der Abänderung nach Maßgabe des § 323 ZPO. unterliegen, KB. HH. S. 796.

5. Durch den Abs. 5 ist die Möglichkeit gegeben, die bestehenbleibenden Rechte, ebenso wie dies bei der Verleihung auf Grund des § 84 der Fall ist, gegen Entschädigung aufzuheben, falls das öffentliche Wohl dieses erfordert, Sten. B. AH. S. 8308.

§ 380.

(1) Ein Recht, einen Wasserlauf in einer der im § 46 bezeichneten Arten zu benutzen, das nach § 379 aufrechterhalten bleibt, erlischt mit Ablauf von zehn Jahren nach dem Inkrafttreten dieses Gesetzes, wenn nicht vorher seine Eintragung in das Wasserbuch beantragt ist. Auf Rechte, die im Grundbuch eingetragen sind, ist diese Vorschrift nicht anzuwenden.

(2) Die Wasserbuchbehörde soll im Laufe des ersten und des neunten Jahres nach dem Inkrafttreten dieses Gesetzes durch öffentliche Bekanntmachung in ortsüblicher Weise und, wenn Landkreise beteiligt sind, auch in den Kreisblättern auf das Erlöschen der Rechte hinweisen, deren Eintragung ins Wasserbuch nicht binnen der im Abs. 1 bezeichneten Frist beantragt wird. Daneben sollen alle der Wasserbuchbehörde bekannten Personen, die ein Recht ausüben, das ohne einen solchen Antrag erlöschen würde, auf die öffentliche Bekanntmachung hingewiesen werden.

Die Vorschrift des § 380 [350] bedeutet einen erheblichen Eingriff in die bestehenden Rechte. Sie ist jedoch erforderlich, um in absehbarer Zeit eine Klarstellung der gesamten Rechtslage zu erreichen in Ansehung der für die Wasserwirtschaft besonders bedeutsamen Benutzungsrechte des § 46. Die Ausgestaltung der Wasserbücher und die in § 380 Abs. 2 gegebenen Vorschriften, welche Vorsorge treffen, daß jeder beim Inkrafttreten des Gesetzes zur Benutzung eines Wasserlaufs Berechtigte, dessen Recht nach § 379 aufrecht erhalten bleibt, auf die Vorschrift des § 380 Abs. 1 und die Folgen der Fristversäumung rechtzeitig hingewiesen wird, dürften etwaige Bedenken gegen die Vorschrift des Abs. 1 beseitigen.

Da das Verfahren zur Entscheidung über einen Antrag auf Eintragung eines Rechtes im Wasserbuche unter Umständen längere Zeit beanspruchen kann, namentlich in den ersten 10 Jahren, in denen die Wasserbücher erst nach und nach angelegt werden, ist bestimmt, daß es zur Wahrung der im Abs. 1 bezeichneten Frist genügt, wenn der Eintragungsantrag rechtzeitig gestellt ist, mag auch die Eintragung selbst erst später erfolgen.

Auf die im Grundbuch eingetragenen Rechte ist die Vorschrift des Abs. 1 nicht auszudehnen, da hinsichtlich dieser Rechte die Rechtslage einer Klärung nicht bedarf (Abs. 1 Satz 2).

Streitigkeiten über das Bestehen oder Nichtbestehen der hier in Frage kommenden Rechte gehören, da es sich um die Entscheidung über Privatrechte handelt, zur Zuständigkeit der ordentlichen Gerichte, Begr. S. 253; vgl. a. KB. AH. S. 507.

§ 381.

Das Recht des Staates zur Benutzung der Wasserläufe in den im § 16 Abs. 1 bezeichneten hannoverschen Gebietsteilen bleibt in dem bisherigen Umfang aufrechterhalten.

§ 381 [350a] (§ 349 Abs. 1 Satz 2 des Entw.) hält die dem Staate zustehenden Nutzungsrechte in dem sogenannten Harzbezirke (vgl. a. § 9 Anm. 4, § 16 Anm. 1) aufrecht. Der Harzbezirk umfaßt die vormaligen hannoverschen Ämter Zellerfeld und Elbingerode, sowie einige Teile des Kreises Osterode. In diesem Bezirke, der weder dem gemeinen Rechte, noch dem hannoverschen Entwässerungsgesetze v. 22. August 1847 unterstand, hatte sich ein fast ausschließliches Nutzungsrecht des Fiskus an den Wasserläufen und Quellen geschichtlich entwickelt. Den Anliegern ist nur das Schöpfrecht zu Haushalts- und Wirtschaftszwecken, sowie das Recht der Viehtränke verblieben, wollen sie darüber hinaus das Wasser benutzen, so bedürfen sie dazu der Einräumung eines Rechts durch den Fiskus; die Übertragung dieser Wassernutzungsrechte hat häufig stattgefunden, und zwar in Form der Zeitpacht oder auf jederzeitigen Widerruf. Der Fiskus nutzt aber auch dieses Recht in vielen Fällen selbst aus, insbesondere zur Beschaffung der Betriebskraft, sowie zur Abführung der Gruben- und Aufbereitungswässer der ihm gehörigen Hütten- und Bergwerke. Es bedarf daher der Aufrechterhaltung dieser Rechte. Da es nun zweifelhaft ist, ob sie sich als Eigentums- oder lediglich als Nutzungsrechte darstellen, so mußte für beide Fälle in dem Gesetze Vorsorge getroffen werden, Begr. S. 63/4. Bezüglich des Eigentums sah daher der Entwurf eine solche besondere Vorschrift für den Harzbezirk in § 9 Abs. 2 Satz 1 Nr. 2 vor. Diese ist aber überflüssig geworden, nachdem die Kommission des Abgeordnetenhauses den § 9 dahin abgeändert hat, daß nicht nur das auf besonderem Titel beruhende Eigentum, wie dies der Entwurf vorschlug, sondern ganz allgemein das auf irgendeiner Rechtsnorm beruhende Eigentum bestehen bleiben soll (vgl. § 9 Anm. 1 und 2). § 9 Abs. 1 umfaßt daher auch die Rechte des Staates im Harzbezirke, falls sie sich als Eigentum darstellen sollten. Dagegen bedurfte es einer ausdrücklichen Vorschrift, um diese Rechte als Nutzungsrechte aufrechtzuerhalten. Diese ist in § 381 getroffen worden, KB. AH. S. 506.

§ 382.

Die beim Inkrafttreten dieses Gesetzes bestehenden Rechte an einem Wasserlaufe, die nicht unter § 379 Abs. 1 Nr. 1 fallen, bleiben, soweit sie auf besonderem Titel beruhen, mit dem bisherigen Inhalt aufrechterhalten. Dies gilt namentlich von Fährgerechtigkeiten sowie von den Nutzungsrechten, die den Anliegern oder anderen zustehen, auch wenn sie nicht Eigentümer des Wasserlaufs sind, insbesondere von dem Rechte, die Fischerei auszuüben und im Wasserlauf stehenden Pflanzenwuchs (Rohr, Binsen usw.) zu nutzen, jedoch unbeschadet der Bestimmung des Wasserlaufs für die Vorflut und bei Wasserläufen erster Ordnung auch für die Schiffahrt.

Der § 382 [350b] ist von der Kommission des Abgeordnetenhauses eingefügt worden, weil sich das Bedürfnis herausgestellt hatte, auch die nicht in § 379 Abs. 1 Nr. 1 genannten Nutzungsrechte an einem Wasserlaufe ausdrücklich aufrechtzuerhalten, soweit sie auf besonderem Titel beruhen. Die endgültige Fassung beruht, nachdem sie im Abgeordnetenhause mehrfache Änderungen erfahren hatte, auf den Beschlüssen der Kommission des Herrenhauses. Die hauptsächlich in Betracht kommenden aufrechterhaltenen Rechte sind in Satz 2 aufgezählt.

Durch die Fassung des § 382 seitens der Kommission des Herrenhauses war auch der von der Kommission des Abgeordnetenhauses eingefügte § 350 c, gemäß welchem Privilegien auf Rechte an einem Wasserlaufe bezüglich ihrer Wirksamkeit gegenüber Staatshoheitsrechten nach dem zur Zeit ihrer Erteilung geltenden Rechte beurteilt werden sollten, überflüssig geworden. Denn nachdem § 382 nicht nur auf die Nutzungsrechte beschränkt, sondern auf alle auf einem besonderen Titel beruhenden und nicht dem § 46 unterstehenden Rechte ausgedehnt worden ist, umfaßt er auch die auf Privilegien, welche ebenfalls solche besonderen Titel darstellen, beruhenden Rechte. Da die gemäß § 382 aufrechterhaltenen Rechte ferner nur mit ihrem bisherigen Inhalt bestehen bleiben, so ergibt sich daraus, daß auch für die Wirksamkeit der Privilegien gegenüber Staatshoheitsrechten das bisher bis zum Inkrafttreten des Wassergesetzes geltende Recht maßgebend bleibt, KB. AH. S. 506, Sten. B. AH. S. 8312, 8619 ff. (Fährgerechtigkeiten) und insbesondere KB. HH. S. 796/7.

§ 383.

Auf die beim Inkrafttreten dieses Gesetzes anhängigen Sachen sind hinsichtlich der Behörden, des Verfahrens und der Rechtsmittel die bisherigen Gesetze anzuwenden.

§ 383 [351] entspricht dem § 154 Abs. 3 LVG., Begr. S. 253. Er tritt mit der Verkündung des Gesetzes in Kraft (§ 364).

§ 384.

(1) Die Beschwerde gegen die in erster Instanz ergehenden Beschlüsse des Kreis- (Stadt-) oder Bezirksausschusses steht den Vorsitzenden der Behörden auch insoweit zu, als sie in diesem Gesetz abweichend von § 121 Abs. 1 des Landesverwaltungsgesetzes vom 30. Juli 1883 (Gesetzsamml. S. 195) geregelt ist; der § 123 Abs. 2 bis 5 des Landesverwaltungsgesetzes ist anzuwenden.

(2) Soweit nach diesem Gesetze der Bezirksausschuß im Beschlußverfahren zuständig ist, gilt dies auch für Berlin.

1. Soweit die Beschwerde gegen die in erster Instanz ergehenden Beschlüsse des Kreis- (Stadt-) oder Bezirksausschusses sich nach den Vorschriften des § 121 Abs. 1 LVG. richtet — und dieses ist überall der Fall, wo das Gesetz nicht ausdrücklich etwas anderes bestimmt, — steht sie auf Grund des § 123 LVG. aus Gründen des öffentlichen Interesses auch den Vorsitzenden der Beschlußbehörden zu. Dieselben Gründe, welche für diese Vorschrift und die ähnlichen Bestimmungen für das Verwaltungsstreitverfahren in den §§ 82, 83 LVG. maßgebend waren, lassen es wünschenswert erscheinen, auch dann den Vorsitzenden der Beschlußbehörden das Beschwerderecht zu geben, wenn das Gesetz,

die Beschwerde abweichend von den Vorschriften des § 121 Abs. 1 LVG. regelt, Begr. S. 253/4.

2. Da nach dem LVG. (§ 43 Abs. 3) zur Zuständigkeit für den Bezirksausschuß für den Stadtkreis Berlin nur diejenigen im Beschlußverfahren zu behandelnden Angelegenheiten gehören, welche im einzelnen durch die Gesetze seiner Zuständigkeit überwiesen sind, ist die Vorschrift des Abs. 2 erforderlich, Begr. S. 254.

§ 385.

An der Zuständigkeit der Auseinandersetzungsbehörden zur Ordnung der mit ihren Geschäften zusammenhängenden wasserwirtschaftlichen Angelegenheiten wird durch dieses Gesetz nichts geändert. Unberührt bleiben ferner die Befugnisse, die der Landespolizeibehörde und dem Minister der öffentlichen Arbeiten nach den §§ 4, 14 des Gesetzes über die Eisenbahnunternehmungen vom 3. November 1838 (Gesetzsamml. S. 505) und nach § 7 des Gesetzes, betreffend die Anlage von Eisenbahnen in den Hohenzollernschen Landen, vom 1. Mai 1865 (Gesetzsamml. S. 317) in Eisenbahnangelegenheiten zustehen.

§ 385 [353] Satz 1 entspricht fast wörtlich dem § 96 des Wassergenossenschaftsges. vom 1. April 1879. (Vgl. v. Bülow-Fastenau a. a. O., Nieberding-Frank S. 211.) Es ist insbesondere hinzuweisen auf die Vorschrift des § 7 der Verordnung vom 30. Juli 1834, nach der die Auseinandersetzungsbehörden alle obrigkeitlichen Festsetzungen zu treffen und demgemäß auch die in diesem Gesetze den ordentlichen Verwaltungsbehörden übertragenen Befugnisse auszuüben haben, deren es bedarf, um die Auseinandersetzung zur Durchführung zu bringen und die Interessenten zu einem geordneten Zustande zurückzuführen. Hervorgehoben sei hierbei, daß § 385 lediglich die den Auseinandersetzungsbehörden nach geltenden Rechte gegebene Zuständigkeit aufrecht erhält, ihnen neue Aufgaben jedoch nicht überträgt. (Vgl. z. B. § 274). Die Auseinandersetzungsbehörden bleiben daher zuständig für die Erledigung aller Geschäfte, die ihnen auf Grund der bisherigen, neben dem Wassergesetz in Kraft bleibenden Gesetze zustehen. In dem anderweit gesetzlich bestimmten Umfange treten sie namentlich auch als besondere Gerichte im Auseinandersetzungsverfahren an die Stelle der ordentlichen Gerichte und der Verwaltungsgerichte. Dagegen sind die Auseinandersetzungsbehörden nicht zuständig für die den Verwaltungsbehörden oder Verwaltungsgerichten im Wassergesetze neu übertragenen Geschäfte, also insbesondere nicht für die Verleihung, Ausgleichung und Begründung von Zwangsrechten und für die Wahrnehmung der Wasserpolizei, vgl. a. KB. AH. S. 508, Sten. B. AH. S. 8312/3.

Die Vorschrift des Satzes 2, nach welcher die der Landespolizeibehörde und dem Minister der öffentlichen Arbeiten gesetzlich zustehenden Befugnisse, über die Pläne von Eisenbahnunternehmungen zu entscheiden, unberührt bleiben sollen, dient, wie der § 158 Zust.-Ges., nur der Klarstellung, Begr. S. 254.

§ 386.

1. Im § 109 Abs. 1 des Zuständigkeitsgesetzes vom 1. August 1883 (Gesetzsamml. S. 237) werden die Worte: „Stauanlagen für Wassertriebwerke" gestrichen;

2. § 110 Abs. 2 desselben Gesetzes erhält folgende Fassung:

Über die Zulässigkeit von Wassertriebwerken, welche zum Betriebe von Bergwerken, Aufbereitungsanstalten oder Schürfarbeiten dienen (§ 59 Abs. 3 des Allgemeinen Berggesetzes vom 24. Juni 1865 — Gesetzsamml. S. 705 — in der Fassung des Gesetzes vom 18. Juni 1907 — Gesetzsamml. S. 119 —) beschließt der Bezirksausschuß im Einvernehmen mit dem zuständigen Oberbergamte.

1. Die nunmehrige Fassung des § 386 [354] beruht auf einem Beschlusse der Kommission des Herrenhauses und weicht insofern von dem Entwurfe ab, als er die Zuständigkeit des Bezirksausschusses zur Erteilung der gewerbepolizeilichen Genehmigung nicht auf die Talsperren beschränkt, sondern auf alle Stauanlagen ausdehnt. Die Abänderung ist auf Anregung der Regierung erfolgt mit Rücksicht auf die vom Entwurfe abweichende Regelung der Verleihungsbehörden erster Instanz in § 64. Eine entsprechende allgemeine Abänderung der §§ 109, 110 Zust.-Ges. soll demnächst erfolgen, Begr. S. 254/5, KB. HH. S. 796/7.

2. In der Kommission des Abgeordnetenhauses und in diesem Hause selbst gestellte Anträge, hinter dem § 386 [354] einen § 354a einzufügen, gemäß welchem der § 29 Satz 1 LVG. dahin abgeändert werden sollte, daß im Bedürfnisfalle besondere Abteilungen der Bezirksausschüsse gebildet werden können, sind abgelehnt worden. Es wurde allerdings anerkannt, daß mit Rücksicht auf die große Anzahl der dieser Behörde durch das Wassergesetz überwiesenen Aufgaben eine solche Teilung werde eintreten müssen, jedoch erschien es nicht angängig, diese Frage in einem Sondergesetze zu regeln. Seitens der Regierung wurde aber eine dementsprechende Ergänzung des Landesverwaltungsgesetzes in Aussicht gestellt, KB. AH. S. 503/9, Sten. B. AH. S. 8314.

§ 387.

Die Wiesenordnung für den Kreis Siegen vom 28. Oktober 1846 (Gesetzsamml. S. 485) und die auf den Kreis Siegen bezüglichen Vorschriften des XII. Titels unter B I (§§ 67 flg.) des Zuständigkeitsgesetzes vom 1. August 1883 (Gesetzsamml. S. 237) werden aufrechterhalten. Dasselbe gilt von den Vorschriften des Gesetzes über die Benutzung der Privatflüsse vom 28. Februar 1843 (Gesetzsamml. S. 41) und des Gesetzes wegen des Wasserstauens bei Mühlen und Verschaffung von Vorflut vom 15. November 1811 (Gesetzsamml. S. 352), soweit auf sie in den §§ 12 und 27 der Siegener Wiesenordnung verwiesen ist.

Die Aufrechterhaltung der Siegener Wiesenordnung ist von den beteiligten Behörden und Interessenten dringend befürwortet worden, da für ihren Geltungsbereich die Vorschriften des Entwurfes in manchen Beziehungen nicht recht passen würden, die Wiesenordnung sich anerkanntermaßen bewährt habe und eine Reihe von sehr zweckmäßigen, die Wiesenbewässerung betreffenden Sonderbestimmungen, insbesondere solche über die Selbstverwaltung der Wiesenbauangelegenheiten, enthalte, die durch die Vorschriften des Wassergesetzes nicht entbehrlich würden. (Vgl. a. v. Bülow-Fastenau Anm. 1. zu § 3 WGG., Nieberding-Frank S. 220.) Die vorgetragenen Gründe müssen als zutreffend anerkannt werden und es wird daher im § 387 [355] die Siegener Wiesenordnung aufrechterhalten. Daraus ergibt sich auch die Notwendigkeit der Aufrechterhaltung der die Wiesenordnung betreffenden Bestimmungen des Zuständigkeitsgesetzes sowie der Vorschriften des Privatflußgesetzes und des Vorflutedikts, insoweit auf sie in den §§ 12 und 27 der Wiesenordnung verwiesen ist. Es ist nötig, dies besonders auszusprechen, da die genannten gesetzlichen Bestimmungen im übrigen im § 399 Nr. 3, 5 und 14 ausdrücklich aufgehoben werden und ihre Weitergeltung für den Bereich der Siegener Wiesenordnung danach zweifelhaft sein könnte, wenn sie nicht im § 387 ausgesprochen würde.

Nicht in Frage kommen kann die Aufrechterhaltung des Privatflußgesetzes nach Maßgabe des § 1 Abs. 2 der Wiesenordnung. Dieser lautet: „In Ansehung der Benutzung des Wassers der Privatflüsse zu anderen Zwecken (das ist: als zur Bewässerung der Grundstücke behufs der Wiesenkultur) bewendet es überall bei den Bestimmungen des Gesetzes vom 28. Februar 1843." Selbstverständlich müssen in Ansehung der Benutzung der Flüsse zu anderen Zwecken als zur Bewässerung nach Maßgabe der Wiesenordnung künftig auch in deren Geltungsbereich die Vorschriften des Wassergesetzes Anwendung finden. Die übrigen in der Wiesenordnung angezogenen Gesetze, z. B. die Gemeinheitsteilungsordnung vom 7. Juni 1821, die Verordnung vom 8. August 1832, das Gesetz vom 13. April 1841, der Anhang zur Allgemeinen Gerichtsordnung, werden, soweit diese Gesetze überhaupt noch gelten, vom Wassergesetze nicht berührt, und es bedarf daher hinsichtlich ihrer keines ausdrücklichen Vorbehaltes.

Daß die Vorschriften des Wassergesetzes außer Anwendung zu bleiben haben, soweit sie mit den nach § 387 aufrechterhaltenen Bestimmungen nicht vereinbar sind, ist selbstverständlich, eine dahingehende ausdrückliche Bestimmung daher entbehrlich; ebenso kann es keinem Zweifel unterliegen, daß für solche Materien, auf welche die Wiesenordnung sich nicht erstreckt, z. B. Dränagegenossenschaften, die Vorschriften des Wassergesetzes allein maßgebend sind.

Die gleichfalls in Erwägung gezogene Ausdehnung der Bestimmung der Siegener Wiesenordnung und ebenso etwa der im Kreise Biedenkopf geltenden, auf der Grundlage des Großherzoglich Hessischen Gesetzes vom 7. Oktober 1830 erlassenen Wiesenpolizeiordnung vom 4. Juli 1844 auf andere Gebiete, ist als über den Rahmen des Wassergesetzes hinausgehend nicht erfolgt, jedoch bleibt es weiterer Erwägung vorbehalten, ob vielleicht nach dem Inkrafttreten des Wassergesetzes die Wiesenordnung oder die vorbezeichnete Wiesenpolizeiordnung neu zu redigieren und in einzelnen anderen Landesteilen mit wesentlich gleichen wirtschaftlichen Verhältnissen einzuführen sein möchten, Begr. S. 255.

§ 388.

Aufrechterhalten werden die Vorschriften der Nassauischen Verordnung vom 27. Juli 1858 (Verordnungssamml. S. 100) über die Ausführung von Bachregulierungen und von Bewässerungs- und Entwässerungsanlagen durch Gemeinden im § 2, im § 3 Abs. 1 Satz 1, Abs. 2, im § 18 Abs. 1, 2 und im § 17 Abs. 2 Satz 2 mit Ausnahme der Worte „und es werden dieselben hierzu feldpolizeilich angehalten", sowie die hierauf bezüglichen Vorschriften des § 87 Nr. 2 und des § 89 Nr. 1 des Zuständigkeitsgesetzes vom 1. August 1883 (Gesetzsamml. S. 237). Auf den Ausbau von Wasserläufen zweiter Ordnung sind diese Vorschriften jedoch nicht anzuwenden.

§ 388 [355 a] ist von der Kommission des Abgeordnetenhauses mit Rücksicht auf die besonderen Verhältnisse im Nassauischen in das Gesetz eingefügt worden. Er bezieht sich nur auf die Wasserläufe dritter Ordnung. Bei diesen wurde ein Bedürfnis zur Aufrechterhaltung der in § 388 bezeichneten Vorschriften schon im Hinblick darauf anerkannt, daß von den dort vorgenommenen Bachregulierungen in einem einzigen Bezirke nur etwa 20 auf genossenschaftlicher, dagegen mehr als 100 auf kommunaler Grundlage ausgeführt sind, KB. AH. S. 509/10.

§ 389.

Für diejenigen beim Inkrafttreten dieses Gesetzes vorhandenen Triebwerkskanäle (Mühlgräben und dergleichen) und für andere Wassergräben, die keine Wasserläufe im Sinne dieses Gesetzes sind, werden die Vorschriften des bisherigen Rechtes über ihre Unterhaltung, das dabei stattfindende Recht zur Benutzung fremder Grundstücke, die Pflicht zu deren Schutz und die Rechte dritter Personen zur Wasserbenutzung aufrechterhalten.

Da gemäß den Ausführungen zu § 1 (vgl. dort Anm. 7 und 8) nicht alle Triebwerkskanäle und Wassergräben als Wasserläufe gelten, bedurfte es der Aufrechterhaltung der für sie, z. B. in der Provinz Hessen-Nassau, bestehenden Bestimmungen, da es sonst an Bestimmungen über die bei ihnen bestehenden Rechte und Pflichten zur Benutzung, Unterhaltung usw. fehlen würde.

Durch die Worte „die Pflicht zu deren Schutz" soll zum Ausdruck gebracht werden, daß nicht nur die Rechte, sondern auch die Pflichten zur Benutzung fremder Grundstücke nach dem bisherigen Rechte zu beurteilen sind, also besonders auch ihr Schutz gegen Überstauung.

§ 390.

Aufrechterhalten wird ferner Artikel XI Nr. 8 des Gesetzes, betreffend die Einführung des Westpreußischen Provinzialrechts in

die Stadt Danzig und deren Gebiet, vom 16. Februar 1857, soweit er die Reinigung und Unterhaltung der neuen Radaune betrifft.

§ 390 [355c] ist von der Kommission des Herrenhauses eingefügt worden, KB. HH. S. 796.

§ 391.

Unberührt bleiben die Vorschriften des § 43 Abs. 3 bis 6 des Fischereigesetzes vom 30. Mai 1874 (Gesetzsamml. S. 197).

Die Bestimmungen in § 43 Abs. 1, 2 des Fischereiges. sind durch die Vorschriften des Wassergesetzes über die Reinhaltung der Gewässer entbehrlich geworden und werden in § 399 Nr. 10 ausdrücklich aufgehoben. Dagegen können die Vorschriften des § 43 Abs. 3—6 ohne eine Verschlechterung des bestehenden Rechtszustandes zuungunsten der Fischerei nicht beseitigt werden, da § 82 des Wassergesetzes die nachträgliche Auferlegung von Einrichtungen zur Beseitigung der nachteiligen Wirkungen eines Unternehmens nur hinsichtlich der auf Grund einer Verleihung ausgeführten Anlagen gestattet, während § 43 Abs. 3 bis 6 dies für solche Anlagen ermöglicht, welche bereits vor dem Erlaß des Fischereigesetzes vorhanden waren oder auf Grund des § 43 Abs. 2 dess. gestattet sind. Aus diesen Gründen ist die Aufrechterhaltung des § 43 Abs. 3—6 Fischereiges. erforderlich, Begr. S. 256.

§ 392.

Unberührt bleiben die Bestimmungen des Gesetzes, betreffend die Bildung einer Genossenschaft zur Regelung der Vorflut und zur Abwässerreinigung im Emschergebiete, vom 14. Juli 1904 (Gesetzsamml. S. 175); der § 14 wird jedoch wie folgt abgeändert:

> **Den gemäß § 6 Veranlagten steht innerhalb vier Wochen nach Mitteilung der Veranlagung bei Streitigkeiten darüber, wer zu den Beteiligten im Sinne dieses Gesetzes gehört, die Klage im Verwaltungsstreitverfahren, im übrigen die Berufung an die Berufungskommission zu. Zuständig ist der Bezirksausschuß.**

1. Die auf Grund des Emschergesetzes vom 14. Juli 1904 (GS. S. 175) gebildete Genossenschaft hat die Aufgabe, die Vorflut im Emschergebiete zu regeln, die Abwässer zu reinigen und die zur Erreichung dieser Zwecke geschaffenen Anlagen zu betreiben und zu unterhalten. Die Durchführung ihrer Aufgaben ist der Genossenschaft dadurch erleichtert, daß ihr die Unterhaltung der sämtlichen Vorflutanlagen des hier in Betracht kommenden Industriegebiets übertragen, und daß ihr zur Deckung der Kosten Steuerhoheitsrechte und das Enteignungsrecht verliehen worden sind. Die Bauarbeiten sind noch im Gange und werden noch einige Zeit in Anspruch nehmen. Auch nach Vollendung aller nötigen Anlagen muß die Genossenschaft fortbestehen. Das Emschergesetz war daher aufrechtzuerhalten.

Damit ist die Emschergenossenschaft jedoch nicht völlig außerhalb des Wassergesetzes gestellt, da sie durch das Gesetz vom 14. Juli 1904 weder vor dem Eingreifen der Polizeibehörden gesichert ist, noch ein Privatrecht gegen andere, es sei denn, daß diese Genossen wären, auf Duldung der von ihr geschaffenen Anlagen erworben hat. Trotz einer nach § 1 Abs. 2 des Emschergesetzes erteilten Genehmigung der Anlage würde es daher bei dem Vorliegen der allgemeinen Voraussetzungen nicht ausgeschlossen sein, daß die Polizei gegen die Anlage einschreitet und daß die Betroffenen im Klagewege Unterlassung der Störung oder Schadensersatz verlangten, wenn durch die Anlage eine Verletzung der von der Polizei wahrzunehmenden oder von den Benachteiligten selbst zu vertretenden Interessen herbeigeführt würde. Es ist deshalb auch nicht ausgeschlossen, daß die Emschergenossenschaft von den im Wassergesetze gegebenen Rechtsbehelfen, insbesondere von der Verleihung (§§ 46 ff.) und dem Verfahren zur Begründung von Zwangsrechten (§§ 330 ff.), zu ihrem Vorteile Gebrauch machen kann, Begr. S. 256.

2. Die Kommission des Abgeordnetenhauses hat den § 392 [357] in der Fassung des Entwurfs grundsätzlich angenommen, jedoch zusätzlich bestimmt, daß der § 14 des Emschergeſ. dahin abgeändert wird, daß bei einem Streite über die Zugehörigkeit zu den Beteiligten im Sinne dieses Gesetzes nicht, wie bisher, die Berufungskommission, sondern der Bezirksausschuß im Verwaltungsstreitverfahren zu entscheiden hat. Für diese Regelung wurde geltend gemacht, es sei nicht angängig, daß über die Zugehörigkeit eines Dritten zu einer Genossenschaft, welcher seine Zugehörigkeit bestreite, ein Gerichtshof entscheide, der in der Mehrzahl aus Interessenten bestehe. Auch wurde darauf hingewiesen, daß gemäß § 226 des Wasserges. Streitigkeiten über die Zugehörigkeit zu einer Genossenschaft allgemein im Verwaltungsstreitverfahren entschieden werden sollen, KB. AH. S. 511 ff.

§ 393.

Unberührt bleiben die durch § 12 des Gesetzes, betreffend die Bekämpfung übertragbarer Krankheiten, vom 28. August 1905 (Gesetzsamml. S. 373) der Ortspolizeibehörde und dem Landrat übertragenen Befugnisse.

Nach § 17 des Reichsseuchengesetzes vom 30. Juni 1900 (RGBl. S. 306) kann in Ortschaften, die von Cholera, Fleckfieber, Pest oder Pocken befallen oder bedroht sind, sowie in deren Umgegend die Benutzung von Brunnen, Teichen, Seen, Wasserläufen, Wasserleitungen sowie der dem öffentlichen Gebrauche dienenden Bade-, Schwimm-, Wasch- und Bedürfnisanstalten verboten oder beschränkt werden. Dasselbe gilt nach § 8 Nr. 7, 10 des preußischen Seuchengesetzes vom 28. August 1905 (GS. S. 373) bei übertragbarer Ruhr und Typhus (Unterleibstyphus). Für die Anordnung dieser Maßnahmen ist ebenso wie für andere seuchenpolizeiliche Maßregeln nach § 12 des letztgenannten Gesetzes die Ortspolizeibehörde zuständig; der Landrat ist befugt, diese Amtsverrichtungen der Ortspolizeibehörde für den einzelnen Fall einer dieser übertragbaren Krankheiten zu übernehmen. Um Einheitlichkeit und Schnelligkeit des seuchenpolizeilichen Eingreifens zu gewährleisten, empfiehlt es sich, diese Zuständigkeiten unverändert zu belassen. Ohne eine dahingehende ausdrückliche Vorschrift, wie sie im § 393 [358] vorgesehen ist, würde durch die §§ 21, 39 i. V. m. § 342 für gewisse Fälle die Zuständigkeit des Regierungspräsidenten oder des Landrats gegeben sein.

Durch die Aufrechterhaltung der nach § 17 des Seuchengesetzes der Ortspolizeibehörde und dem Landrate zustehenden Befugnisse wird das Recht der übergeordneten Polizeibehörde, innerhalb der Grenzen ihrer Zuständigkeit polizeiliche Anordnungen zu treffen, nicht berührt, Begr. S. 256/7.

§ 394.

Unberührt bleiben die Bestimmungen des Quellenschutzgesetzes vom 14. Mai 1908 (Gesetzsamml. S. 105) und der Nassauischen Verordnung, betreffend den Schutz der Mineralquellen, vom 7. Juli 1860 (Nass. Verordn.-Bl. S. 137).

Die besonderen für Mineral- und Heilquellen erlassenen Vorschriften läßt das Wassergesetz unberührt, vgl. demgegenüber Baumert a. a. O. S. 2.

§ 395.

Unberührt bleiben folgende Gesetze:

1. **Gesetz, betreffend die Verbesserung der Oder und der Spree, sowie die Abänderung des Gesetzes vom 9. Juli 1886, betreffend den Bau neuer Schiffahrtskanäle und die Verbesserung vorhandener Schiffahrtsstraßen, vom 6. Juni 1888 (Gesetzsamml. S. 238),**
2. **Gesetz, betreffend die Regulierung der Stromverhältnisse in der Weichsel und Nogat, vom 20. Juni 1888 (Gesetzsamml. S. 251),**
3. **Gesetz, betreffend Schutzmaßregeln im Quellgebiete der linksseitigen Zuflüsse der Oder in der Provinz Schlesien, vom 16. September 1899 (Gesetzsamml. S. 169),**
4. **Gesetz, betreffend die Regulierung des Hochwasserprofils der Weichsel von Gemlitz bis Pieckel, vom 25. Juni 1900 (Gesetzsamml. S. 249),**
5. **Gesetz, betreffend Maßnahmen zur Verhütung von Hochwassergefahren in der Provinz Schlesien, vom 3. Juli 1900 (Gesetzsamml. S. 171), soweit nicht im § 104 Abs. 4 sowie in den §§ 107 und 109 a bezüglich der Talsperren Abweichendes bestimmt ist,**
6. **Gesetz, betreffend die Verbesserung der Vorflut in der unteren Oder, der Havel, Spree, Lausitzer Neiße und dem Bober, vom 4. August 1904 (Gesetzsamml. S. 185),**
7. **Gesetz, betreffend Maßnahmen zur Verhütung von Hochwassergefahren in der Provinz Brandenburg und dem Havelgebiete der Provinz Sachsen, vom 4. August 1904 (Gesetzsamml. S. 197),**

8. Gesetz, betreffend die Herstellung und den Ausbau von Wasserstraßen, vom 1. April 1905 (Gesetzsamml. S. 179),
9. Gesetz, betreffend Maßnahmen zur Regelung der Hochwasser-, Deich- und Vorflutverhältnisse an der oberen und mittleren Oder, vom 12. August 1905 (Gesetzsamml. S. 335),
10. Gesetz, betreffend den Bau eines Masurischen Kanals und von Stauwerken im Masurischen Seengebiet, vom 14. Mai 1908 (Gesetzsamml. S. 141),
11. Gesetz, betreffend den Nogatabschluß, vom 20. Juli 1910 (Gesetzsamml. S. 131),

soweit sie besondere von diesem Gesetz abweichende Vorschriften enthalten.

1. Die von der Kommission des Abgeordnetenhauses eingefügte Vorschrift des § 395 [359a] wurde damit begründet, daß die Aufzählung der sog. Baugesetze, die in dem Wassergesetze nirgends erwähnt seien, erforderlich sei, um Klarheit darüber zu schaffen, ob und inwieweit dieselben bestehen bleiben oder zur Aufhebung gelangen sollen. Besonders hervorgehoben wurde dabei, daß z. B. das Gesetz vom 3. Juli 1900 (Nr. 5) nicht nur den vorübergehenden Ausbau behandele, sondern in engerem Zusammenhange damit auch die Bestimmungen über die Unterhaltung der ausgebauten Wasserläufe treffe, von denen es ohne eine solche besondere Vorschrift zweifelhaft erscheinen könne, ob sie bestehen bleiben oder durch die entsprechenden Vorschriften des Wassergesetzes ersetzt werden, KB. AH. S. 513 ff., insbes. S. 514.

Die zu dieser Ziff. 5 bezüglich der Talsperren gemachte Ausnahme beruht auf einem Beschlusse der Kommission des Herrenhauses, KB. HH. S. 797.

2. Zu Ziff. 1: In dem Gesetze vom 6. Juni 1888 war keine Bestimmung darüber getroffen, ob und wie die durch einen auf Grund desselben vorgenommenen Ausbau der Oder und Spree entstehenden Schäden zu vergüten sind. Das Reichsgericht hat daher in einem Urteil vom 12. März 1912 (Bd. 79 S. 64 ff.) die Klage von Anliegern gegen den Fiskus auf Ersatz der durch die Anlegung der Stauwerke an der Oder entstandenen Schäden mit der Begründung abgewiesen, daß, wenn in einem Gesetze die Verpflichtung zum Schadensersatz nicht ausdrücklich vorgesehen sei, ein Entschädigungsanspruch nicht gegeben sei. Mit Rücksicht auf diese Entscheidung, die auch auf andere Gesetze, welche einen Entschädigungsanspruch nicht vorsehen, anwendbar ist, haben beide Häuser des Landtages in der Erwägung, daß eine solche Rechtsprechung zu Unbilligkeiten führen müsse, eine Resolution angenommen, in welcher die Regierung der von ihren Vertretern abgegebenen Erklärungen gemäß ersucht wird, ungeachtet dieser Entscheidung des Reichsgerichts die durch die Ausführung des Gesetzes vom 8. Juni 1888 und anderer Gesetze ähnlicher Art, wie z. B. des Gesetzes vom 4. August 1904 (§ 395 Nr. 6) entstandenen und noch entstehenden Stauschäden nach Billigkeitsrücksichten zu vergüten, KB. AH. S. 514/5, 540, KB. HH. S. 799/800, Sten. B. HH. S. 1083/4.

§ 396.

Unberührt bleiben die Vorschriften des Allgemeinen Berggesetzes vom 24. Juni 1865 (Gesetzsamml. S. 705) in der geltenden Fassung, die Bestimmungen, wonach diese Vorschriften auch außerhalb des Geltungsbereichs des Allgemeinen Berggesetzes zur Anwendung kommen, sowie die Bestimmungen über Solquellen. Soweit es sich um die Benutzung von Wasserläufen handelt und keine bergrechtliche Enteignung vorliegt, sind im Falle eines Widerspruchs zwischen dem Berg- und Wassergesetze nur die Bestimmungen dieses Gesetzes anzuwenden.

Nach dem § 360 des Entwurfes sollte sich die Aufrechterhaltung des Allgemeinen Berggesetzes nur auf die §§ 54, 57, 64, 135—152 beziehen, welche die für die wasserrechtlichen Verhältnisse des Bergbaus hauptsächlich in Betracht kommenden Bestimmungen enthalten. Die Kommission des Abgeordnetenhauses hat jedoch, da sich nicht übersehen ließ, ob nicht auch andere Vorschriften des ABG. in dieser Beziehung in Frage kommen und daher aufrechterhalten werden müßten, dem § 360 des Entw. die Fassung gegeben, die er jetzt im Satz 1 hat. Da nun die in dem Entwurfe aufgezählten Bestimmungen die Hauptfälle, in denen der Bergbau mit wasserrechtlichen Verhältnissen in Berührung kommt, betreffen, so behalten die Ausführungen der Begründung auch für die nunmehrige Fassung des Satzes 1 ihre Bedeutung, so daß auf dieselben Bezug genommen werden kann. Sie lauten folgendermaßen:

„Die Regelung des Wasserrechts hat sich grundsätzlich auch auf die wasserwirtschaftlichen Verhältnisse des Bergbaus zu erstrecken. Der Entwurf darf jedoch in die durch die geschichtliche Entwicklung und die wirtschaftliche Eigenart des Bergbaues begründeten Sonderrechte des Bergwerkseigentümers nicht eingreifen.

Diese Rechte sind folgende:

Nach § 54 des Allgemeinen Berggesetzes vom 24. Juni 1865 ist der Bergwerkseigentümer berechtigt, alle Vorrichtungen unter und über Tage zu treffen, die zur Aufsuchung und Gewinnung des ihm verliehenen Minerals erforderlich sind. Auf Grund dieser Bestimmung ist er befugt, fremden Grundstücken Grundwasser oder Quellwasser durch seinen Bergbaubetrieb zu entziehen und auch oberirdische Wasserläufe durch Senkung des Wasserspiegels usw. zum Nachteile anderer zu beeinflussen, ohne daß gegen ihn auf Unterlassung geklagt oder polizeilich eingeschritten werden kann. Dafür ist der Bergwerkseigentümer nach den §§ 148 bis 152 a. a. O. verpflichtet, allen durch den Bergwerksbetrieb auch ohne ein vertretbares Verschulden verursachten Schaden vollständig zu ersetzen.

Aus § 54 in Verbindung mit § 57 a. a. O. wird weiter das Recht des Bergwerkseigentümers hergeleitet, über die in seinem Bergwerksbetriebe erschrotenen Wässer, solange sie unter Tage sind, zu seinen Betriebszwecken frei zu verfügen.

In Ausführung des Grundsatzes des § 54 ist ferner durch die §§ 64, 135 bis 147 a. a. O. für den Bergbau ein wichtiges Vorrecht in Gestalt des sogenannten bergrechtlichen Enteignungsverfahrens geschaffen, dessen Anwendung auch zu dem Zwecke für zulässig erachtet wird, um dem Bergwerksbesitzer das Recht der Zuleitung von Grubenwässern und sonstigen Abwässern in Wasserläufe auch über das an sich zulässige Maß hinaus zu verschaffen. Die Vorteile dieses bergrechtlichen Enteignungsverfahrens werden auch durch das Verleihungsverfahren des Entwurfs nicht voll ersetzt. Insbesondere gibt das erstere wegen seiner einfachen Formvorschriften die Möglichkeit einer derartigen Beschleunigung seiner Durchführung, wie sie die Rücksicht auf die oft außerordentlich dringenden Bedürfnisse des Bergwerksbetriebs erheischt. Sodann bietet die entscheidende Mitwirkung der Oberbergämter in dem berggesetzlichen Enteignungsverfahren dem Bergbau eine besondere Gewähr für die sachverständige Beurteilung der bergbaulichen Fachfragen. Ein weiterer Vorteil liegt auch darin, daß das durch die bergrechtliche Enteignung geschaffene Nutzungsrecht grundsätzlich so lange, aber auch nicht länger besteht, als das Betriebsbedürfnis, das die Enteignungsursache gewesen ist, während die Verleihung nur entweder dauernd oder auf eine von vornherein bestimmte Zeit erteilt werden kann (§ 47 Abs. 2 des Entwurfes).

Endlich darf nach der Rechtsprechung des Reichsgerichts (Entsch. v. 19. Juni 1897 in der Zeitschrift für Bergrecht, Bd. 38 S. 467) gegenüber der Einleitung von Grubenabwässern in Wasserläufe der Uferanlieger von dem Bergwerksbesitzer nicht Maßregeln verlangen, die zur Einstellung des Betriebes führen müßten, vorausgesetzt, daß der Bergwerkseigentümer rechtzeitig die Rechtsbehelfe ergriffen hat, die ihm zur Erlangung des Einleitungsrechts zu Gebote stehen.

Alle diese Vorrechte will der Entwurf unberührt lassen. Soweit aber der Vorbehalt des § 360 nicht Platz greift, sind die Vorschriften des Entwurfes auch auf den Bergbau in seinen wasserrechtlichen Beziehungen anzuwenden. Der Bergwerksbesitzer unterliegt also den aus dem Wassergesetze sich ergebenden Pflichten, er kann aber auch von den sich aus dem Gesetz ergebenden Rechten Gebrauch machen, soweit die Voraussetzungen dafür gegeben sind. Er hat daher z. B. die Wahl, ob er sich im Einzelfalle zur Erlangung des Rechtes zur Ableitung von Grubenwässern des berggesetzlichen Enteignungsverfahrens oder des wassergesetzlichen Verleihungsverfahrens bedienen will.

Was das Verhältnis der Wasserpolizei zur Bergpolizei anlangt, so liegt es nicht in der Absicht des Entwurfs, nach dieser Richtung eine Änderung herbeizuführen. Eine völlig zweifelsfreie Scheidung zwischen der Zuständigkeit der Wasserpolizeibehörden einerseits und der Bergpolizeibehörden andererseits kann durch Aufstellung allgemeiner Regeln nicht erreicht werden. Es werden immer Angelegenheiten übrig bleiben, die sowohl als wasserrechtliche wie auch als bergrechtliche angesehen werden können und hinsichtlich derer, daher sowohl die Zuständigkeit der Wasserpolizeibehörde als auch die Zuständigkeit der Bergpolizeibehörde begründet sein wird. Dieser Rechtszustand hat immer schon bestanden, ohne daß sich daraus wesentliche praktische

Unzuträglichkeiten ergeben haben. Soweit solche zu befürchten waren, sind sie durch die gemeinschaftliche Verfügung des Ministers für Handel und Gewerbe und des Ministers für Landwirtschaft, Domänen und Forsten vom 7. April 1876 und durch die allgemeine Ministerialverfügung vom 20. Februar 1901 (Minist.-Bl. f. d. i. V. S. 91) unter VI verhütet worden, wonach insbesondere die Wasserpolizeibehörde vor dem Erlasse polizeilicher Maßnahmen grundsätzlich mit der Bergpolizeibehörde ins Benehmen treten soll. Durch eine ähnliche Anweisung wird auch nach Inkrafttreten der neuen gesetzlichen Vorschriften ein befriedigender Zustand zu erreichen.

Der Ausschluß der Solquellen von dem Geltungsbereiche des Gesetzes rechtfertigt sich dadurch, daß diese nach § 1 des allgemeinen Berggesetzes vom Verfügungsrechte des Grundeigentümers ausgeschlossen sind. In der Provinz Hannover, wo die Solquellen nach Artikel II der Verordnung, betreffend die Einführung des Allgemeinen Berggesetzes in das Gebiet des vormaligen Königsreichs Hannover, vom 8. Mai 1867 (Gesetzsamml. S. 601) grundsätzlich dem Verfügungsrechte des Grundeigentümers unterliegen, ist dieser Rechtszustand durch Verleihungen aus der Zeit des Bestehens des Bergregals so stark durchbrochen, daß es sich auch hier nicht empfiehlt, eine Änderung der Rechtslage eintreten zu lassen.

2. Macht der Bergwerksbesitzer von dem ihm hiernach verbleibenden Rechte der Enteignung auf Grund der §§ 135 ff. ABG. Gebrauch, so erlangt er ein gleiches Recht wie durch die Verleihung. Die Enteignung schafft nicht etwa ein Eigentum mit den in dem § 41 festgestellten Beschränkungen, sondern ein Nutzungsrecht, welches einen Widerspruch der an der Enteignung beteiligten Anlieger gegen das durch den Enteignungsbeschluß festgestellte Maß der Wasserzuführung ausschließt. Das Enteignungsverfahren muß aber gegen sämtliche Anlieger gerichtet werden, welche durch die beabsichtigte Einleitung einen — nicht bloß geringfügigen — Nachteil erleiden werden, nicht etwa bloß gegen den Eigentümer des Grundstücks, auf welchem die Einleitung erfolgen soll. Auch bindet die Enteignung nur diejenigen Interessenten, welche bei dem Verfahren zugezogen sind, KB. AH. S. 519.

3. Der Satz 2 ist auf Grund der Beschlüsse der Kommission des Abgeordnetenhauses und dieses Hauses selbst eingefügt worden, um klarzustellen, daß in den dort genannten Fällen — Benutzung eines Wasserlaufs, ohne daß dazu ein Recht im Wege der bergrechtlichen Enteignung erworben ist — bei Widersprüchen zwischen dem Allgemeinen Berggesetz und dem Wassergesetz das letztere vorgeht. Es muß aber immer ein direkter Widerspruch vorliegen. Dies ist dann nicht der Fall, wenn die Bestimmungen der beiden Gesetze nebeneinander zur Anwendung gelangen können. Es bleibt daher die Befugnis der Bergpolizei, auf Grund des § 196 ABG. gegen gemeinschädliche Verunreinigungen von Wasserläufen einzuschreiten, unberührt, KB. AH. S. 517 ff., Sten. B. AH. S. 8314 ff., 8621 ff.

§ 397.

Unberührt bleiben die bestehenden Vorschriften über die Verleihung des Rechtes zur Erhebung von Verkehrsabgaben und die Feststellung der Tarife sowie die Vorschriften über das Fährregal. Unberührt bleibt ferner die Befugnis der zuständigen Behörden, die Benutzung von Anstalten, die dem öffentlichen Verkehre gegen Entgelt zugänglich gemacht werden, von der vorherigen Feststellung eines Abgabentarifs abhängig zu machen.

Die auf die Wahrung der allgemeinen Verkehrsinteressen abzielenden Vorschriften über die Verleihung des Rechtes zur Erhebung von Verkehrsabgaben und über die staatliche Feststellung der Tarife sind in dem Tarifhoheitsrechte des Staates begründet, das durch privatrechtliche Bestimmungen nicht berührt werden kann. Diese Vorschriften liegen außerhalb des Rahmens des Wassergesetzes, namentlich des § 26. Das Tarifhoheitsrecht des Staates beruht auf den Bestimmungen des ALR II, 15, §§ 99, 91, die nur dem Staate das Recht zusprechen, die Zollabgaben, das Hafen-, Wege- und Brückengeld zu bestimmen und den Tarif dafür vorzuschreiben. Diese Bestimmungen gelten nicht nur in den Landesteilen, für die das ALR. Gültigkeit hat, sondern sind, als Teile des Verfassungsrechts, allgemeines preußisches Landesrecht. Das ALR. faßt die Verkehrsabgaben noch unter dem Begriffe der Zollgerechtigkeit zusammen und unter Zoll im Sinne der oben erwähnten Bestimmungen ist nicht nur eine Abgabe von transportierten Waren, sondern allgemein auch eine auf dem Reise- und Transportverkehre ruhende Abgabe zu verstehen. Zum Schutze gegen Verletzungen des auf den oben erwähnten Bestimmungen des ALR. beruhenden staatlichen Tarifhoheitsrechts sind die zuständigen Behörden befugt, in Ausübung ihrer obrigkeitlichen Gewalt Zwangsmaßnahmen zu ergreifen. (Vgl. LVG. §§ 6, 132; Verordnungen vom 26. Dezember 1808 § 48, Regierungsinstruktion vom 23. Oktober 1817 § 11.) Auch diese Vorschriften werden durch das vorliegende Gesetz nicht berührt.

Das Fährregal ist ein nutzbares Hoheitsrecht (ALR. II, 15, §§ 50, 51). Es beruht auf der Finanzhoheit des Staates und ist das mit einer entsprechenden Gegenleistung nicht verbundene, ausschließliche Recht des Staates, das Verkehrsgewerbe des Übersetzens von einem Ufer zum anderen auf Wasserläufen erster Ordnung in gewinnbringender Weise auszuüben. Es ist gegenüber der Vorschrift des § 26 des Wassergesetzes nicht angängig, auf dieses Recht zu verzichten. Ebensowenig erscheint ein Verzicht auf das Brückenregal (§§ 52 bis 54 a. a. O.) möglich, Begr. S. 258/9.

§ 398.

Soweit in Gesetzen oder Verordnungen auf Vorschriften verwiesen ist, die durch dieses Gesetz außer Kraft gesetzt werden, treten an deren Stelle die entsprechenden Vorschriften dieses Gesetzes.

Die Vorschrift des § 398 [362] beruht auf denselben Erwägungen wie die des Artikel 4 des EG. zum Bürgerlichen Gesetzbuch und die des Artikel 87 des Ausf.-Ges. zum Bürgerlichen Gesetzbuche, denen sie nachgebildet ist, Begr. S. 259.

§ 399.

(1) Die dem Wasserrecht angehörenden Vorschriften des bisherigen Rechtes treten außer Kraft, soweit sie nicht Gegenstände betreffen, die von diesem Gesetze nicht berührt werden.

(2) Insbesondere werden, soweit sie noch gelten und nicht in den §§ 388, 389 aufrechterhalten sind, aufgehoben:

1. folgende Vorschriften des Allgemeinen Landrechts:
   a) aus dem ersten Teile des § 96 des 8. Titels, soweit er Anlagen an Wasserläufen oder Anlagen zur Benutzung unterirdischen Wassers betrifft, sowie die §§ 97 bis 117, 129, 130 desselben Titels; ferner die §§ 223 bis 274 des 9. Titels sowie der neunte Abschnitt desselben Titels, soweit er noch für das Wasserrecht gilt;
   b) aus dem zweiten Teile der § 21 des 14. Titels, soweit er sich auf die von Natur schiffbaren Ströme bezieht; ferner die §§ 38 bis 49, 55 bis 72, 79 des 15. Titels sowie die §§ 229 bis 246 desselben Titels, soweit sie sich auf Wassermühlen beziehen;
2. folgende Vorschriften des Rheinischen Bürgerlichen Gesetzbuchs:
   der Artikel 538, soweit er sich auf Wasserläufe oder deren Ufer bezieht, ferner die Artikel 556 bis 563, 640 bis 643, 645, 650 und der Artikel 714, soweit er sich auf das Wasserrecht bezieht;
3. das Gesetz wegen des Wasserstauens bei Mühlen und Verschaffung von Vorflut vom 15. November 1811 (Gesetzsamml. S. 352);
4. die Allerhöchste Kabinettsorder, die Verhütung der Verunreinigung der schiff- und flößbaren Flüsse und Kanäle betreffend, vom 24. Februar 1816 (Gesetzsamml. S. 108);
5. das Gesetz über die Benutzung der Privatflüsse vom 28. Februar 1843 (Gesetzsamml. S. 41) und die Verordnung, betreffend die Einführung dieses Gesetzes in dem Bezirke des Appellationsgerichts zu Cöln, vom 9. Januar 1845 (Gesetzsamml. S. 35);
6. das Gesetz, betreffend das für Entwässerungsanlagen auszuführende Aufgebots- und Präklusions-Verfahren, vom 23. Januar 1846 (Gesetzsamml. S. 26);
7. das Gesetz über das Deichwesen vom 28. Januar 1848 (Gesetzsamml. S. 54);
8. das Gesetz, betreffend die Einführung des dritten Abschnitts des Gesetzes über die Benutzung der Privatflüsse vom

28. Februar 1843 in den Hohenzollernschen Landen, die Bildung von Genossenschaften zu Entwässerungsanlagen, und die Anwendung der Vorflutgesetze auf unterirdische Wasserableitungen, vom 11. Mai 1853 (Gesetzsamml. S. 182);
9. das Gesetz, betreffend die Ausdehnung des Gesetzes vom 28. Januar 1848 über das Deichwesen auf die Provinzen Schleswig-Holstein und Hannover, vom 11. April 1872 (Gesetzsamml. S. 377);
10. der § 43 Abs. 1, 2, der § 44 und der § 50 Nr. 7 des Fischereigesetzes vom 30. Mai 1874 (Gesetzsamml. S. 197);
11. das Gesetz, betreffend die Bildung von Wassergenossenschaften, vom 1. April 1879 (Gesetzsamml. S. 297);
12. der § 27 des Feld- und Forstpolizeigesetzes vom 1. April 1880 (Gesetzsamml. S. 230);
13. das Gesetz, betreffend die Befugnisse der Strombauverwaltung gegenüber den Uferbesitzern an öffentlichen Flüssen, vom $\frac{\text{20. August 1883 (Gesetzsamml. S. 333)}}{\text{31. Mai 1884 (Gesetzsamml. S. 303)}}$;
14. die §§ 65 bis 95 des Gesetzes über die Zuständigkeit der Verwaltungs- und Verwaltungsgerichts-Behörden vom 1. August 1883 (Gesetzsamml. S. 237);
15. Artikel 1 der Verordnung, betreffend das Grundbuchwesen, vom 13. November 1899 (Gesetzsamml. S. 519), soweit er sich auf öffentliche Gewässer bezieht;
16. das Gesetz zur Verhütung von Hochwassergefahren vom 16. August 1905 (Gesetzsamml. S. 342);
17. die Zusätze 12 und 16 des Provinzialrechts für Ostpreußen vom 4. August 1801 (N. C. C. Tom. XI S. 407);
18. die Strom- und Uferordnung für den Pissekfluß vom 10. Februar 1804;
19. die Allgemeine Strom-, Deich- und Uferordnung für Ostpreußen und Litthauen vom 14. April 1806 (Gesetzsamml. S. 1);
20. die §§ 4, 43, 44, 69, 71 des Provinzialrechts für Westpreußen vom 19. April 1844 (Gesetzsamml. S. 103) und das Gesetz, betreffend Abänderung des § 44 des westpreußischen Provinzialrechts, vom 11. Februar 1850 (Gesetzsamml. S. 43);
21. die revidierte und verbesserte Randow-Schauordnung vom 28. August 1776;
22. die Fluß- und Schauordnung für die Karthane vom 30. Juni 1794 (Neue Sammlung Kgl. Preuß. und Kurfürstlich Brandenburgischer Verordnungen Bd. 9 S. 2345 flg.);
23. das Vorflutsgesetz für Neuvorpommern und Rügen vom 9. Februar 1867 (Gesetzsamml. S. 220);
24. das Schlesische Vorfluts-Edikt vom 20. Dezember 1746;
25. die Mühlenordnung für Schlesien vom 28. August 1777;

26. die Mühlenordnung vor die schwarze Elster vom 11. September 1561 (cod. Aug. II S. 699) und das diese ergänzende Interimsregulativ vom 3. November 1772;
27. die Mühlenordnung vor die an den Saalen-, Luppen-, Elster- und Pleißenströmen liegenden Mühlen vom 25. November 1568 (cod. Aug. II S. 717);
28. die Wasser- und Mühlenordnung Kurfürst Johann Georgens I. vor die Mühlen auf der Unstrut vom 29. April 1653 (cod. Aug. Bd. II S. 727 flg.);
29. der Kurfürstliche Befehl vom 7. Oktober 1800 (II contin. cod. Aug. II S. 395);
30. das Generale, die Anlegung neuer Mühlen und die dazu erforderlichen Konzessionen betreffend, vom 8. Mai 1811 (III contin. cod. Aug. II S. 311);
31. die Wasserlösungs-Ordnung für das Herzogtum Lauenburg vom 22. Mai 1857;
32. die Wasserlösungs-Ordnung für die Geest-Distrikte des Herzogtums Holstein vom 16. Juli 1857 (Ges.- und Min.-Bl. S. 208);
33. die provisorische Verfügung für die Geest-Distrikte des Herzogtums Schleswig, betreffend die Ableitung und die Benutzung des Wassers behufs Verbesserung der Ländereien, vom 6. September 1863 (Chronol. Samml. S. 232);
34. Die Hannoversche Verordnung vom 18. Februar 1778, die künftige Erhaltung und Aufräumung der Wasserzüge in der Grafschaft Diepholz betreffend;
35. die Allgemeine Damm-, Graben- und Brücken-Ordnung für sämtliche herrschaftliche Moorkolonien im Landdrostei-Bezirk Stade vom 20. November 1826;
36. die Strompolizei-Ordnung für die Innerste vom 16. Februar 1830;
37. das Hannoversche Gesetz, betreffend die Veräußerungspflicht behufs der Anlage von Schiffahrtkanälen usw., vom 16. September 1846 (Gesetzsamml. Abt. I S. 193);
38. das Hannoversche Gesetz über Entwässerung und Bewässerung der Grundstücke sowie über Stauanlagen vom 22. August 1847 (Gesetzsamml. Abt. I S. 262), jedoch bleiben die in den nach § 324 aufrechterhaltenen Gesetzen für anwendbar erklärten Vorschriften für den Geltungsbereich dieser Gesetze in Kraft;
39. die Hannoversche Verordnung über das Wasserbauwesen vom 1. September 1852 (Gesetzsamml. Abt. I S. 257), soweit sie sich nicht auf das Deich- und Sielwesen bezieht;
40. die Verordnung, betreffend die Bildung von Genossenschaften zu Entwässerungs- und Bewässerungsanlagen in den neu erworbenen Landesteilen, vom 28. Mai 1867 (Gesetzsamml. S. 769);

41. die Münstersche Verordnung wegen Räumung der Bäche, Flüsse und Zuggräben vom 11. Mai 1771;
42. die Ufer- und Schlachtordnung für die an der Weser und Werre belegenen Untertanen des Fürstentums Minden und Amtes Vlotho in der Grafschaft Ravensberg vom 28. Dezember 1749;
43. das zur Ergänzung des Gesetzes vom 1. April 1879 für das Gebiet der Wupper und ihrer Nebenflüsse erlassene Gesetz vom 19. Mai 1891 (Gesetzsamml. S. 97) und die dazu ergangene Verordnung vom 30. Dezember 1891 (Gesetzsamml. 1892 S. 5);
44. das zur Ausdehnung des Gesetzes vom 19. Mai 1891 auf das Gebiet der Volme und ihrer Nebenflüsse ergangene Gesetz vom 14. August 1893 (Gesetzsamml. S. 199);
45. das zur Ausdehnung des Gesetzes vom 19. Mai 1891 auf das Gebiet der Ruhr ergangene Gesetz vom 18. April 1900 (Gesetzsamml. S. 119);
46. die Artikel XIV, XV und XXXVIII der Kurhessischen Verordnung für die Dienstführung der Greben, Dorfschulzen oder Eidgeschworenen, Vorsteher und Heimbürgen, der Gemeinde-Gelderheber, der Dorfsknechte, Köddergreben, Dienstlader, Feuerherren, Feldhüter, Nachtwächter und andere in der Gemeinde zur Aufsicht bestellten Leute vom 6. November 1739 (Samml. Hessischer Landes-Ordnungen Bd. 4 S. 608), soweit diese Vorschriften sich auf das Wasserrecht beziehen;
47. das Kurhessische Kameral-Ausschreiben, betreffend
    1. das Aufräumen der Flut- und Abzugsgräben,
    2. das Verbot des Anbaues in die Flüsse,

    vom 9. Februar 1747 (Samml. Hessischer Landes-Ordnungen Bd. 4 S. 949);
48. die Kurhessische Verordnung, den Weser-Schlachtbau in der Grafschaft Schaumburg betreffend, vom 1. Dezember 1786 (Samml. Hessischer Landes-Ordnungen Bd. 7 S. 123) und das zur Abänderung dieser Verordnung ergangene Gesetz, betreffend den Uferbau an der Weser im Kreise Rinteln, vom 3. April 1875 (Gesetzsamml. S. 190);
49. die Kurhessische Verordnung über den Wasserbau vom 29. Dezember 1789 (Samml. Hessischer Landes-Ordnungen Bd. 7 S. 383);
50. § 1 der Kurhessischen Mühlenordnung vom 29. Dezember 1820 (Kurhessische Gesetzsamml. Bd. 3 S. 118);
51. die Kurhessische Verordnung, die Pflanzungen an den Ufern und sonst für den Wasserbau betreffend, vom 16. April 1823 (Kurhessische Gesetzsamml. S. 13);
52. die Kurhessische Verordnung, den Wasserbau betreffend, vom 31. Dezember 1824 (Kurhessische Gesetzsamml. S. 99);

53. das Kurhessische Gesetz, betreffend die Beseitigung mehrerer der Verbesserung des Acker- und Wiesenbaues entgegenstehenden Hindernisse, vom 28. Oktober 1834 (Kurhessische Gesetzsamml. S. 156), mit Ausnahme der §§ 11, 12, die bestehen bleiben;
54. die Kurhessische Verordnung vom 31. August 1838 (Kurhessische Gesetzsamml. Bd. 8 S. 61);
55. das Kurhessische Gesetz, die Ausführung von Entwässerungs-Anlagen mittels unterirdischer Röhren (Drains) betreffend, vom 17. Dezember 1857 (Kurhessische Gesetzsamml. S. 51);
56. die §§ 1 und 2 der Nassauischen Verordnung, die Güter-Konsolidation betreffend, vom 12. September 1829 (Regierungsblatt S. 317);
57. die Nassauische Verordnung, das Verfahren bei Be- und Entwässerungs-Anlagen und bei Errichtung von Wassertriebwerken an Bächen betreffend, vom 27. Juli 1858 (Verordnungssamml. S. 100);
58. das Großherzoglich Hessische Gesetz, die Wiesenkultur betreffend, vom 7. Oktober 1830 (Regierungsblatt S. 365);
59. das Großherzoglich Hessische Gesetz, die Aufräumung und Unterhaltung der Bäche betreffend, vom 18. Februar 1853 (Regierungsblatt S. 65);
60. das Großherzoglich Hessische Gesetz, die Regulierung der Bäche zu anderen als Wiesenkultur-Zwecken betreffend, vom 19. Februar 1853 (Regierungsblatt S. 70);
61. das Großherzoglich Hessische Gesetz, die Errichtung und Beaufsichtigung der Wassertriebwerke an Bächen betreffend, vom 20. Februar 1853 (Regierungsblatt S. 75);
62. das Großherzoglich Hessische Gesetz, die Entwässerung von Grundstücken betreffend, vom 2. Januar 1858 (Regierungsblatt S. 33);
63. das Landgräflich Hessische Gesetz, die Wiesenkultur betreffend, vom 1. Juli 1862 (Regierungsblatt Nr. 8);
64. das Landgräflich Hessische Gesetz, die Entwässerung der Grundstücke betreffend, vom 15. Juli 1862 (Archiv S. 889);
65. das Landgräflich Hessische Gesetz, die Errichtung und Beaufsichtigung der Wassertriebwerke usw. betreffend, vom 15. Juli 1862 (Archiv S. 895);
66. das Bayerische Gesetz, die Benutzung des Wassers betreffend, vom 28. Mai 1852 (Bayerisches Gesetzblatt S. 490);
67. das Bayerische Gesetz über die Bewässerungs- und Entwässerungs-Unternehmungen vom 28. Mai 1852 (Bayerisches Gesetzblatt S. 456);
68. das Bayerische Gesetz über den Uferschutz und den Schutz gegen Überschwemmungen vom 28. Mai 1852 (Bayerisches Gesetzblatt S. 577);
69. die Niersordnung vom 7. März 1769;

70. die Geldernsche Grabenordnung vom 16. April 1769;
71. die dem Wasserrecht angehörenden Vorschriften der Ordonnance sur le fait des eaux et forêts aus dem Monat August 1669 und des Décret concernant les biens et usages ruraux et la police rurale vom $\frac{\text{28. September}}{\text{6. Oktober}}$ 1791;
72. das Décret relatif au desséchement des marais vom $\frac{\text{26. Dezember 1790}}{\text{5. Januar 1791}}$;
73. das Décret relatif au desséchement des étangs vom 4. Dezember 1793;
74. der Arrêté du directoire exécutif contenant des mesures pour assurer le libre cours des rivières et canaux navigables et flottables vom 9. März 1798;
75. die Loi relative au curage des canaux et rivières non navigables et à l'entretien des digues, qui y correspondent vom 4. Mai 1803;
76. die Loi relative au desséchement des marais etc. vom 16. September 1807;
77. § 2 Nr. 3, 4 des Rheinischen Ressortreglements vom 20. Juli 1818;
78. das Gesetz wegen Verschaffung der Vorflut in den Bezirken des Appellationsgerichtshofs zu Cöln und des Justizsenats zu Ehrenbreitstein sowie in den Hohenzollernschen Landen vom 14. Juni 1859 (Gesetzsamml. S. 325);
79. die in den Hohenzollernschen Landen geltende Mühlenordnung vom 8. November 1845 (Gesetzsamml. Bd. VII S. 157).

1. In § 399 [363] Abs. 2 werden alle gesetzlichen Bestimmungen des geltenden Rechtes, die durch das Wassergesetz außer Kraft gesetzt werden, einzeln aufgeführt. Das Gesetz folgt damit dem Vorgange des Ausf.-Ges. zum Bürgerlichen Gesetzbuch (Artikel 89). Durch die Aufzählung der einzelnen außer Kraft tretenden Vorschriften soll die Handhabung des Gesetzes erleichtert und von vornherein ein fester Rechtszustand geschaffen werden, der andernfalls erst durch oberstrichterliche Entscheidungen im Laufe der Zeit erreicht werden könnte. Bei der außerordentlich großen, schwer zu übersehenden Menge wasserrechtlicher Vorschriften des geltenden Rechtes kann jedoch neben der Aufzählung der außer Kraft tretenden Bestimmung im einzelnen auf eine allgemeine Klausel nicht verzichtet werden, um auch diejenigen Vorschriften des geltenden Rechtes zu treffen, die in der Aufzählung im Abs. 2 etwa nicht enthalten sein sollten. Eine solch allgemeine Klausel ist ferner für alle aufzuhebenden Vorschriften notwendig, die nicht in geschriebenen Gesetzen enthalten, vielmehr gewohnheitsrechtlichen Ursprungs sind. Durch die allgemeine Klausel des Abs. 1 werden insbesondere auch die wasserrechtlichen Vorschriften des nicht kodifizierten gemeinen Rechtes getroffen.

Demgemäß wird in Abs. 1 zunächst allgemein gesagt, daß die dem Wasserrecht angehörenden Vorschriften des geltenden Rechtes außer Kraft treten. Es wird jedoch die Einschränkung hinzugefügt, daß diese Vorschriften nur insoweit außer Kraft treten, als sie nicht Gegenstände betreffen, die das Wassergesetz unberührt gelassen hat. Darunter sind sowohl diejenigen Materien zu verstehen, die, wie z. B. die Fischerei, die Rechtsverhältnisse des Meeres und der Meeresufer vom Wassergesetz überhaupt nicht geregelt werden, wie auch solche Materien, die, wie etwa das Mühlenrecht, durch das Wassergesetz zwar in einzelnen Beziehungen, z. B. hinsichtlich der dem Betriebe dienenden Stauanlagen, neu geordnet, im übrigen aber von den Bestimmungen des Wassergesetzes nicht berührt werden.

2. In der Anordnung der in Abs. 2 aufgeführten Bestimmungen ist derart verfahren, daß zunächst die Gesetze von allgemeiner Geltung vorangestellt sind und darauf, allerdings ohne äußerliche Unterscheidung, die Provinzialgesetze folgen. Die letzteren sind in der üblichen Reihenfolge der Provinzen — Ost- und Westpreußen, Brandenburg, Pommern (Posen), Schlesien, Sachsen, Schleswig-Holstein, Hannover, Westfalen, Hessen-Nassau, Rheinland, Hohenzollern — angeordnet. Innerhalb der sich hiernach ergebenden Kategorien sind die Gesetze in zeitlicher Reihenfolge aufgeführt.

3. Zu der im Abs. 2 Nr. 1 enthaltenen Aufzählung der einzelnen aufzuhebenden Vorschriften des ALR. ist folgendes zu bemerken:

Die Vorschrift des § 96 I, 8 bildet die Rechtsgrundlage für das Erfordernis der landespolizeilichen Genehmigung von Wasserleitungen und anderen Wasserbauten an Flüssen und öffentlichen Orten. Sie kann daher nur insoweit aufgehoben werden, als sie Anlagen an Wasserläufen oder zur Benutzung unterirdischen Wassers betrifft, weil nur für erstere durch die Vorschrift des § 22 und für letztere durch die Vorschrift des § 204 des Wassergesetzes ein Ersatz für den § 96 a. a. O. geschaffen ist. Wegen ihres überwiegend nachbarrechtlichen Charakters sind die §§ 128, 131 I 8 aufrecht zu erhalten, während § 129 a. a. O. entbehrt werden kann, weil für ihn der § 907 BGB. und die §§ 200 bis 202 des Wassergesetzes ausreichenden Ersatz bieten.

Da durch Artikel 89 a des Ausf.-Ges. z. BGB. alle Vorschriften des 9. Titels des I. Teiles aufrecht erhalten sind, soweit sie auf Grund der im Einf.-Ges z. BGB. gemachten Vorbehalte in Kraft bleiben, sind die Vorschriften des neunten Abschnitts des 9. Titels, soweit sie sich auf das Wasserrecht beziehen, nunmehr aufzuheben.

Aus dem 15. Titel des II. Teiles müssen die §§ 50 bis 54 aufrechterhalten bleiben, und zwar die §§ 50 und 51, weil sie das Fährregal des Staates betreffen (vgl. § 397 des Wassergesetzes), die §§ 52 bis 54, weil sie sich auf die Anlegung und Unterhaltung von Brücken beziehen. Auch § 80 ist beizubehalten, da er das Eigentum an Meereshäfen und Meeresufern regelt, also in ein vom Wassergesetz nicht berührtes Rechtsgebiet gehört (vgl. Anm. 9 zu § 1), Begr. S. 259/60.

§ 400.

(1) Die Vorschriften der §§ 1, 2, 4 bis 6 des Gesetzes und die §§ 152 bis 175, 383, soweit es sich um den Ausbau von Wasserläufen erster Ordnung handelt, treten mit dem Tage der Verkündung in Kraft. Im übrigen wird der Zeitpunkt des Inkrafttretens dieses Gesetzes durch Königliche Verordnung bestimmt.

(2) Wo das Gesetz von dem Inkrafttreten dieses Gesetzes spricht, ist der im Abs. 1 Satz 2 bezeichnete Zeitpunkt gemeint.

Die Bestimmungen des Wassergesetzes haben mit wenigen Ausnahmen die Einreihung der Wasserläufe in die in § 2 vorgesehenen drei verschiedenen Ordnungen zur Grundlage. Es sei nur auf die Vorschriften über das Eigentum an den Wasserläufen (§§ 7 ff.), über den Gemeingebrauch (§§ 25 ff.), über die Unterhaltung (§§ 113 ff.) und den Ausbau von Wasserläufen (§§ 152 ff., s. jedoch unten) sowie über die Wasserpolizeibehörden (§§ 342 ff.) hingewiesen. Das Wassergesetz kann daher in seiner Gesamtheit erst in Wirksamkeit treten, wenn die Zugehörigkeit der einzelnen Wasserläufe zu einer der im § 2 bezeichneten Ordnungen feststeht. Da diese Feststellung für die Wasserläufe erster Ordnung durch die gemäß § 2 Abs. 1 Nr. 1 dem Wassergesetze beizufügende Anlage und für die Wasserläufe zweiter Ordnung gemäß § 2 Abs. 1 Nr. 2 durch die Eintragung in das nach den §§ 4, 5 aufzustellende Verzeichnis erfolgt, werden die Vorschriften des § 2 Abs. 1 mit der Anlage und die §§ 4, 5 vorab in Geltung gesetzt. Gleichzeitig damit muß § 1 in Kraft treten, der wiederum die Unterlage für die Entscheidung bildet, ob ein Gewässer überhaupt als Wasserlauf anzusehen ist. Auch § 6 soll zusammen mit diesen Bestimmungen Geltung erlangen, weil eine Abänderung eines bereits festgestellten Verzeichnisses noch vor Inkrafttreten der übrigen Gesetzesbestimmungen vorkommen kann.

Ferner treten auf Grund der Beschlüsse der Kommission des Abgeordnetenhauses mit der Verkündung des Gesetzes in Kraft die §§ 152—175, soweit sie den Ausbau der Wasserläufe erster Ordnung betreffen, weil für Ausbauten, welche etatsmäßig bereits genehmigt sind, oder nur allmählich ausgeführt werden, das Bedürfnis besteht, die Vorschriften über den Ausbau alsbald in Anwendung bringen zu können; die Staatsregierung soll dadurch in den Stand gesetzt werden, für die Ausbauten, die nach dem Inkrafttreten des ganzen Gesetzes fortgeführt oder alsbald begonnen werden sollen, die Pläne vorher feststellen zu lassen, KB. AH. S. 527.

Die Kommission des Herrenhauses hat dann schließlich noch den mit der Verkündung des Gesetzes in Kraft tretenden Vorschriften den § 383, welcher die zu dieser Zeit anhängigen wasserrechtlichen Sachen betrifft, hinzugefügt, KB. HH. S. 797.

Alle anderen Bestimmungen können erst später in Kraft gesetzt werden. Da aber der Zeitpunkt, mit welchem dies möglich ist, von der Feststellung der Verzeichnisse (§§ 4, 5) abhängt, muß das Wassergesetz selbst, wenn es nicht einen sehr weit hinausliegenden Zeitpunkt wählen will, darauf verzichten, selbst einen bestimmten Termin festzusetzen. Es ist daher vorgesehen, daß der Zeitpunkt für das Inkrafttreten des Gesetzes, abgesehen von den bereits erwähnten Vorschriften, durch Königliche Verordnung bestimmt wird. Dadurch ist auch die Möglichkeit gegeben, das Gesetz für einzelne Provinzen zu verschiedenen Terminen in Kraft treten zu lassen, von der indes wohl nur Gebrauch zu machen sein wird, wenn sich etwa in der einen oder anderen Provinz die Feststellung der Verzeichnisse besonders lange verzögern und ein unabweisbares Bedürfnis hervortreten sollte, dem Gesetz in den anderen Provinzen vorab Geltung zu verschaffen, Begr. S. 260/1.

§ 401.

Die zur Ausführung des Gesetzes erforderlichen Vorschriften erlassen die zuständigen Minister.

Urkundlich usw.

Gegeben usw.

Die Wasserläufe erster Ordnung.[1]

I. Natürliche Wasserläufe:

Die mit * bezeichneten **Wasserläufe** sind solche, auf welche die Bestimmung des § 49 Abs. 4 anzuwenden ist.

Bezeichnung des **Wasserlaufes**	Endpunkte des **Wasserlaufes**	
Aalbach	Duchower Mühle	Jasenitzer Fahrt
Aland[2]	Zollbrücke bei Seehausen	Elbe
*Alle [oberhalb der Mündung des Masurischen Kanals ist die Bestimmung des § 49 Abs. 4 nicht anzuwenden]	0,411 km unterhalb der Eisenbahnbrücke bei Friedland	Pregel
* Aller	Mühlenwehr in Celle[3]	Weser
Alster	Wegbrücke beim Gute Stegen	Hamburgische Grenze
* Angerapp, Obere mit Mauer-See (Mauer-, Kl. Mauer-, Pristanien-, Schwenzait-, Bodma-, Kirsaiten-, Dargainen-, Kissain-, Labab-, Doben-, Lötzenscher Kissain- und Tayta-See)	Mauersee	Schloßschleuse bei Angerburg
* Angerapp, Untere auch Pregel genannt	Brücke im Zuge der Insterburg-Georgenburger Chaussee	Zusammenfluß mit Inster
Aper Tief	Oldenburgische Grenze	Jümme
Arge	Chausseebrücke bei Ackmonienen	Laukne
* Atmath (s. Memel)	Abzweigung des Skirwieth	Kurisches Haff
Aue mit Bederkesa-See	Bederkesa-See	Hadelner Kanal
Bober	Wehr bei Neubrück	Oder

[1] Vorbemerkung. Das Verzeichnis der Wasserläufe erster Ordnung ist Gegenstand der Prüfung in einer besonders zu diesem Zwecke eingesetzten Subkommission der Kommission des Abgeordnetenhauses gewesen. Das Ergebnis dieser Prüfung ist in dem von der Subkommission erstatteten Berichte (Anl. z. KB. AH. — Drucks. Nr. 611 B — Ziff. IV) niedergelegt.

[2] Der Aland ist von der Kommission des Abgeordnetenhauses in dem dort bezeichneten Umfange in das Verzeichnis aufgenommen worden, weil auf ihm, wenn er auch in erster Linie der Vorflut dient, auf jener Strecke ein nicht unerheblicher Schiffsverkehr stattfindet und ferner an ihm eine größere Anzahl gewerblicher Anlagen — Wassermühlen, Ziegeleien usw. — liegt, KB. AH. S. 537.

[3] Im Abgeordnetenhause gestellte Anträge, auch die oberhalb des Mühlenwehrs in Celle gelegene Strecke der Aller bis zur Einmündung der Oker in das Verzeichnis aufzunehmen, sind abgelehnt worden, Sten. B. AH. S. 8313 ff.

Bezeichnung des Wasserlaufes	Endpunkte des Wasserlaufes	
* Brahe	2,8 km oberhalb der nördlichen Eisenbahnbrücke bei Bromberg	Weichsel
* Bronislaw-Kanal mit Bronislaw- und Pakosch-See	Stärkefabrik Bronislaw	Netze
Crampe	Königs-Kanal	Oder
Cranzer Beek	Chaussee von Cranz nach Königsberg	Kurisches Haff
* Dahme und Wendische Spree (Streganzer See, Dahme, Dolgen-, Krüpel-, Krimnick-, Zeuthener nebst Seddin-See sowie Kleine und Große Krampe, Lange See, Wendische Spree) mit	Streganzer See	Spree
Teupitzer Gewässern: nördlicher Teil (Kl. Köriser, Hölzerner, Schmölde- und Huschte-See), (südlicher Teil s. unter II. Künstliche Wasserläufe), Zernsdorfer Lanke, Wernsdorfer Seenkette (Wernsdorfer See, Crossin-See und Gr. Zug),	Mündung des Moddergrabens in den Kl. Köriser See	Dahme
Gosener Graben	Süduker des Dämeritz-Sees	Seddin-See
* Dange	2,4 km oberhalb der Straßenbrücke von Kl. Tauerlauken	Kurisches Haff
* Deime	Pregel	Kurisches Haff
* Dievenow mit Kamminer Bodden (s. Oder)	Stettiner Haff	Ostsee,[1] Verbindungslinie der Seekanten der Molenköpfe
Dosse	Papiermühlenwehr zu Hohenofen	Havel
Drage	Plötzenfließ	Netze
Drawöhne	König-Wilhelm-Kanal	Kurisches Haff
Drewenz	Große Mühle bei Leibitsch[2]	Weichsel

[1] Schon bei der Beratung des § 2 hatte die Kommission des Abgeordnetenhauses die Regierung ersucht, das dem Entwurfe beigefügte Verzeichnis der Wasserläufe erster Ordnung dahin zu ergänzen, daß bei denjenigen Wasserläufen, welche ins Meer ausmünden, die Grenze zwischen Wasserlauf und Meer auf beiden Seiten genau bezeichnet werde, KB. AH. S. 9/10, 527. Dementsprechend war der Subkommission (vgl. Vorbem.) von der Regierung eine Zusammenstellung der Wasserläufe erster Ordnung, die in das Meer (Ostsee oder Nordsee) münden, vorgelegt worden. Bei der hierin vorgenommenen Abgrenzung zwischen Wasserlauf und Meer ist man davon ausgegangen, daß der Fluß da endigt, wo die Ufer so weit auseinandertreten, daß sie keinen Einfluß mehr auf die Wasserführung haben. Bei dieser Feststellung im einzelnen hat man sich im großen und ganzen dem Begriff der Seefahrt angeschlossen, wie er durch den Bundesrat auf Grund des Flaggengesetzes vom 22. Juni 1899 (RGBl. S. 319) § 25 bestimmt worden ist (Bekanntmachg. des Reichskanzlers vom 10. Nov. 1899 — Zentralbl. für das Deutsche Reich S. 380), Drucks. Nr. 611 B S. 63/4. Die in dieser Zusammenstellung bezeichneten Endpunkte sind von der Subkommission und der Kommission des Abgeordnetenhauses unverändert in das Verzeichnis übernommen worden.

[2] Anträge, den oberhalb der großen Mühle bei Leibitsch gelegenen Teil der Drewenz bis zum Drewenzsee in das Verzeichnis aufzunehmen, sind von der Subkommission des Abgeordnetenhauses und von diesem selbst abgelehnt worden, Drucks. Nr. 611 B S. 63, Sten. B. AH. S. 8321 ff.

Bezeichnung des **Wasserlaufes**	Endpunkte des **Wasserlaufes**	
* Eider	Kaiser-Wilhelm-Kanal, Südende des Audorfer Sees	Nordsee,[1] Verbindungslinie zwischen der Mitte der Burg (Tränke) und dem Kirchturm von Vollerwiek
* Elbe mit Norderelbe, Süderelbe (einschließlich Köhlbrand) und Reiherstieg bei Harburg—Wilhelmsburg, Alte Süderelbe, Köhlfleth (einschließlich Kleine Elbe und Finkenwärder Aue), von den Nebenarmen insbesondere die zwei Süderelben bei Wischhafen und Assel, Rutenstrom und Binnenelbe von der Brücke bei Hetlingen bis zum Kollmarer Nebenfahrwasser (einschließlich Dwarsloch)	Sächsische Grenze	Nordsee,[1] Verbindungslinie zwischen der Kugelbake bei Döse und der westlichen Kante des Deichs des Friedrichskoogs (Diekſand)
* Elbingfluß mit Drausen-See	Drausen-See	Frisches Haff
* Ems	Schönefliether Wehr	Nordsee,[1] Verbindungslinie der westlichen Spitze der Westermarsch (Utlands Hörn) und Ostpolder Siel
* Emster Gewässer (Kloster-See, Nahmitzer Strenggraben, Neetzener See, Emster Kanal, Rietzer See nebst Moor-See und Streng)	Kloster-See	Havel
Este	Mühle in Buxtehude	Elbe
Fehntjer Tief	Landstraße Aurich—Neermoor bei West-Großefehn (Nördlicher Arm) und Boekzeteler Meer (Südlicher Arm)	Kesselschleuse und Herrentor in Emden
Ferse	Chausseebrücke bei Mewe	Weichsel
Fischau[2]	Gasthaus Lahme Hand	Mündung in den Elbingfluß
Follusch-Wasserstraße (Follusch-, Ostrowiecer und Kierschkowoer See)	Folluschmühle	Pturker See
Freiburger Hafenpriel	Deichschleuse in Freiburg a. Elbe	Elbe
Frisches Haff mit Königsberger Seekanal	—	Hafen von Pillau,[3] Verbindungslinie der Seekanten der äußeren Molenköpfe
* Fulda	Kreisgrenze unterhalb Mecklar	Weser

[1] Vgl. die Anm. zur Dievenow.

[2] Eine Petition, auch die Fischau, einen alten Arm der Nogat, in das Verzeichnis aufzunehmen, hatte die Subkommission (vgl. Vorbem.) abgelehnt, weil die dort etwa vorhandene Schiffahrt jedenfalls sehr unbedeutend sei, Drucks. Nr. 611 B S. 64. Das Abgeordnetenhaus hat aber ihre Aufnahme beschlossen, weil auf ihr ein Schiffsverkehr in gewissem Umfange stattfindet, an welchem die Stadt Elbing ein sehr wesentliches Interesse hat, Sten. B. AH. S. 8323.

[3] Vgl. die Anm. zur Dievenow.

Bezeichnung des **Wasserlaufes**	Endpunkte des **Wasserlaufes**	
* Geeste	Köhlener Brücke	Weser
* Gerade Ost (s. Memel)	Skirwieth, Abzweigung der Wittinnis-Ost	Kurisches Haff
* Gilge (s. Memel)	Ungeteilte Memel bei Abzweigung vom Ruß	Kurisches Haff
* Griethauser Altrhein	Griethauser Fährdamm	Rhein
Gr. Wusterwitzer See[1] mit Ablauf in den Plauer See	—	—
* Hamme	Kollbeck	Wümme
* Hase	Hahnenmoor-Kanal[2]	Ems
* Havel[3] (Obere Havel nebst Schwedt- und Stolp-See, Schnelle Havel, — auf die Schnelle Havel ist die Bestimmung des § 49 Abs. 4 nicht anzuwenden — Friedrichsthaler, Oranienburger, Spandauer und Pichelsdorfer Havel nebst Stößen-See und Scharfe Lanke, Kladower Seestrecke nebst Gr. Wann-See, Potsdamer Havel nebst Jungfern-, Lehnitz- und Krampnitz-See, Petzien und Schwielow-See, Gr. und Kl. Zern-See, Göttin-See, Brandenburger Havel nebst Trebel-See, Beetz-See bis zur Pählbrücke und Brandenburger Stadtkanal, Plauer See nebst Breitling-, Möser'sche, Quenz- und Wend-See, Untere Havel nebst Rathenower Schleusenkanälen und Gülper Havel) mit	Mecklenburgische Grenze	Elbe
Tegeler See, Glindow-See		
Wublitz nebst Schlänitz-See ...	Chausseebrücke in Kl. Paaren	Havel
Pritzerber und Gülper See		
Hohennauener Wasserstraße (Hohennauener und Ferchesarer See)	Ferchesarer See	Hohennauener Kanal
Hotzenplotz	Mühle bei Krappitz	Oder
Ihna	Südliche Grenze des Weichbildes der Stadt Stargard[4]	Oder
* Ilmenau	Abtsmühle zu Lüneburg	Elbe
Jäge	Bauernbrücke in Plaschken	Ruß
Jeetzel	Eisenbahnbrücke (Überführung der Stendal-Ülzener Bahnstrecke)[5]	Elbe

[1] Der Groß-Wusterwitzer See mit Ablauf in den Plauer See ist von der Kommission des Abgeordnetenhauses in das Verzeichnis aufgenommen worden, weil zwischen ihm und dem in das Verzeichnis aufgenommenen Wendsee ein ausgebautes Fließ liegt, auf welchem ein erheblicher Verkehr stattfindet, KB. AH. S. 528/9.

[2] In der Subkommission (s. Vorbem.) und der Kommission des Abgeordnetenhauses gestellte Anträge, auch den oberhalb des Hahnenmoor-Kanals gelegenen Teil der Hase bis zur Oldenburger Grenze in das Verzeichnis aufzunehmen, sind abgelehnt worden, weil die Hase auf dieser Strecke nicht schiffbar sei, Drucks. Nr. 611 B S. 64, KB. AH. S. 529, 538, vgl. a. Sten. B. AH. S. 8324.

[3] Auf die Schnelle Havel ist § 49 Abs. 4 nicht anwendbar.

[4] Von der Ihna sollte nach dem Entw. nur die Strecke von der Straßenbrücke zu Gollnow bis zur Oder in das Verzeichnis aufgenommen werden, weil zurzeit nur noch auf dieser Strecke Schiffahrt stattfinde. Die Kommission des Abgeordnetenhauses hat aber als den einen Endpunkt an Stelle der Straßenbrücke zu Gollnow die südliche Grenze des Weichbildes der Stadt Stargard festgesetzt, weil die Ihna bis Stargard eine alte historische öffentliche Wasserstraße sei, KB. AH. S. 529, vgl. a. dort S. 537.

[5] Das Herrenhaus hat als den einen Endpunkt der Jeetzel nicht die Hohe Brücke bei Salzwedel, wie dies der Entwurf vorsah, sondern die Eisenbahnbrücke (Überführung der Stendal-Ülzener Bahnstrecke) festgesetzt, weil sonst die Jeetzel die Eigenschaft als Wasserlauf erster Ordnung mitten in der Stadt Salzwedel verloren haben würde, Sten. B. HH. S. 1081/2.

Bezeichnung des **Wasserlaufes**	Endpunkte des **Wasserlaufes**	
Jümme	Oldenburgische Grenze	Leda
Jura	Unteres Ende der Insel bei Weszeningken	Memel
* Katharinengraben und -See	Forstablage	Oder-Spree-Kanal
Klodnitz[1]	Eisenbahnbrücke südlich Sosnitza	Oder
Kollbeck	Oste-Hamme-Kanal	Hamme
* Krückau	Wassermühle zu Elmshorn	Elbe
Küddow[2]	Brücke der Schneidemühl-Bromberger Chaussee	Netze
Kurisches Haff	—	Hafen von Memel,[3] Verbindungslinie der Seekanten der äußeren Molenköpfe
* Lahn	Hessische Grenze	Rhein
Laukne	Zusammenfluß von Arge und Ossa	Nemonienfluß
Leba	Südende des fiskalischen Hafens	Ostsee,[3] Verbindungslinie der Seekanten der Molenköpfe
* Leda	Oldenburgische Grenze	Ems
* Leine mit Ihme	Wehr am Schnellen Graben in Hannover[4]	Aller
* Lesum	Zusammenfluß von Hamme und Wümme	Weser
* Lindower Gewässer (Vielitz-See und -Kanal, Gudelack-See, Rhin und Möllen-See)	Vielitz-See	Rheinsberger Rhin
* Lippe	Einmündung der Pader bei Neuhaus	Rhein
* Löcknitz mit Möllen-, Peetz- und Werl-See	Möllen-See	Flaken-See
Lühe	Mühle in Horneburg	Elbe
Luhe	Hafen in Winsen	Ilmenau
Lune	Stoteler Schleuse[5]	Weser

[1] Die Klodnitz steht zum Teil im Eigentume der Anlieger oder sonstiger Besitzer. Sie läuft neben dem künstlich gegrabenen Klodnitzkanal her, ihn mehrmals im Niveau kreuzend und seine Wasserführung somit beeinflussend, Drucks. Nr. 611 B S. 64.

[2] Die Kommission des Abgeordnetenhauses hatte den Antrag, die Küddow in das Verzeichnis aufzunehmen, abgelehnt (KB. AH. S. 538), das Abgeordnetenhaus hat aber ihre Aufnahme beschlossen, weil die Regierung selbst in den Etat 1909 Mittel zu ihrer besseren Schiffbarmachung eingestellt und damit ihre Schiffbarkeit anerkannt habe, Sten. B. AH. 8324/5.

[3] Vgl. die Anm. zur Dievenow.

[4] Im Abgeordnetenhause gestellte Anträge, die Leine mit Rücksicht auf die an dem oberen Teile gelegenen industriellen Unternehmungen nicht erst vom Wehr am Schnellen Graben in Hannover, sondern bereits von Northeim, bezw. der Einmündung der Ruhme an in das Verzeichnis aufzunehmen, sind abgelehnt worden, Sten. B. AH. S. 8325 ff., vgl. a. Drucks. Nr. 611 B S. 64.

[5] Die Lune ist nach den Beschlüssen der Subkommission (vgl. Vorbem.) nicht schon von der Straßenbrücke bei Freschluneberg, wie dies der Entwurf vorsah, sondern erst von der Stoteler Schleuse an in das Verzeichnis aufgenommen worden, weil erst auf dieser untersten Strecke die Schiffahrt in den Vordergrund tritt, Drucks. Nr. 611 B S. 66/7, vgl. a. Sten. B. AH. S. 8328/9, 8625/6.

Bezeichnung des Wasserlaufes	Endpunkte des Wasserlaufes	
* Lychener Gewässer mit Stadt-See, Gr. Lychen-See, Woblitz und Haus-See	Lychener Floßwehr	Havel
* Main	Bayerische Grenze	Hessische Grenze
* Masurische Wasserstraßen[1] mit Lötzener Kanal, Löwentin- nebst Woyno-See, Saiten-See, Jagodner See nebst Gurkler und Gr. Hensel-See, Gr. Schimon-, Gr. Kotteck- und Taltowisko-See, Talter Gewässer, Rheinscher, Nikolaiker, Spirding-, Warnold- und Sexter See, sowie Belbahn-, Kl. und Gr. Guszin- und Nieder See	Ausmündung des Lötzener Kanals in den Mauer-See	Einmündung des Jeglinner Kanals in den Sexter See
Mehe	Abbensether Schiffsstelle	Oste
* Memel von den Mündungsarmen nur Gilge, Ruß, Atmath, Skirwieth, Pokallna, Gerade Ost und Wittinnis-Ost (s. auch diese)	Russische Grenze	Kurisches Haff
* Minge mit Taggraben und Krumme Ost	König-Wilhelm-Kanal	Atmath
* Mosel	Reichsländische Grenze	Rhein
Neisse, Glatzer[2]	Eisenbahnbrücke bei Löwen	Oder
* Neisse, Lausitzer	Egelneisse bei Guben	Oder
* Nemonien	Schalteikfluß	Kurisches Haff
Netze:		
* oberer Teil mit Goplo-, Szarley-, Mölno-, Sadlogoscher und Pturker See	Russische Grenze	Oberer Netze-Kanal
* unterer Teil mit Alte Netze von der Chausseebrücke bei Driesen bis Einmündung in die Netze	Bromberger Kanal	Warthe
* Nogat von den Mündungsarmen nur Breite Fahrt nebst Biberzug und Westrinne (s. Weichsel)	Weichsel	Frisches Haff
Norder Außentief	Norder Siel	Leybucht
* Notte mit Mellen-See	Mellen-See	Dahme[3]

[1] Bei den Masurischen Wasserstraßen hat das Abgeordnetenhaus den im Eigentume des Fiskus stehenden und einen Teil des Löwentin-Sees bildenden Woyno-See aufgenommen, weil auf ihm Schiffahrt stattfindet, Sten. B. AH. S. 8329.

[2] Die Strecke der Glatzer Neisse von der Eisenbahnbrücke bei Löwen bis zur Oder ist in das Verzeichnis aufgenommen worden, weil die Neisse auf dieser Strecke stets als öffentlicher Fluß angesehen worden ist, während sie auf der oberhalb Löwen gelegenen Strecke gemäß dem Hochwassergesetz vom 3. Juli 1900 (s. § 395 Nr. 5) von der Provinz Schlesien ausgebaut wird. Drucks. Nr. 611 B S. 67/8, vgl. dort auch die Erörterung über die der Aufstellung des Verzeichnisses zugrunde gelegten allgemeinen Gesichtspunkte.

[3] Die auf Grund einer Petition der beteiligten Kreise in der Subkommission und in der Kommission des Abgeordnetenhauses, sowie in der Kommission des Herrenhauses gestellten Anträge, auch die Nuthe von der Eisenbahn in Nowawes bis zur Mündung in die Havel in das Verzeichnis aufzunehmen, wurden auf Grund der Erklärung der Regierung abgelehnt, die Nuthe sei auf dieser 1,3 km langen Mündungsstrecke nicht regelmäßig, sondern nur bei günstigen Wasserverhältnissen schiffbar, die dort zeitweise betriebene Schiffahrt diene nur dem Interesse der Anlieger, die diese Flußstrecke als eine Art von Hafen zum Löschen und Laden benutzten, Drucks. Nr. 611 B S. 68—70, KB. AH. S. 530, KB. HH. S. 797.

Bezeichnung des **Wasserlaufes**	Endpunkte des **Wasserlaufes**	
Oberländische Seen:[1]		
Schilling-, Pausen- und Drewenz-See;	Bunkenmühle	Drewenz
Ewing-, Geserich-, Flach-, Duben- und Widlung-See;	Oberländischer Kanal und Saalfeld	Deutsch-Eylau
Bärting-See (s. Oberländischer Kanal unter Schiffahrtkanälen)	—	Dutz-Kanal
Obra[2]	Bentschen	Meseritz
* Oder mit Dammsche See und Papenwasser, von den Nebenarmen insbesondere Alte Oder bei Breslau, von den Mündungsarmen nur Peenestrom, Swine und Dievenow (s. diese, Stettiner Haff, sowie unter Schiffahrtkanälen: Breslauer Umgehungs-Kanäle und Hohensaaten-Friedrichsthaler Wasserstraße)	Österreichische Grenze	Ostsee
* Oderberger Gewässer (Alte Oder, Oderberger und Lieper See) nebst	Finow-Kanal	Oder
Wriezener Alte Oder	Dammbrücke in Wriezen	Oderberger Gewässer
und Freienwalder Landgraben.	Stadtbrücke in Freienwalde	Wriezener Alte Oder
Oldersumer Sieltief	Fehntjer-Tief	Ems
* Oste	Südliche Dorfgrenze von Mintenburg	Elbe
Passarge	Dampferanlegestelle 0,55 km unterhalb des Mühlenwehrs in Braunsberg	Frisches Haff
* Peenefluß	Mecklenburgische Grenze	Peenestrom
* Peenestrom mit Achterwasser und Krumminer Wieck (s. Oder)	Kleines Haff	Ostsee,[3] Verbindungslinie der Seekante vor der Nordwestecke der Peenemünder Schanze mit dem nördlichsten Punkte der gegenüberliegenden Landzunge
* Persante	Untere Mündung des Holzgrabens bei Kolberg	Ostsee,[3] Verbindungslinie der Seekanten der Molenköpfe
* Pinnau	Straßenbrücke zu Pinneberg	Elbe
Pissek mit Roschsee	Roschsee	Russische Grenze
* Plöne	Brücke in der Stettin-Altdammer Straße	Dammsche See

[1] Die Oberländischen Seen sind in den 40er Jahren des 19. Jahrhunderts durch den Oberländischen Kanal mittels geneigter Ebenen mit dem Drausen-See und dadurch mit Elbing in Verbindung gebracht und seit dieser Zeit stets vom Staate unterhalten worden. Aus diesem Grunde erfolgte ihre Aufnahme in das Verzeichnis, Drucks. Nr. 611 *r* S. 70.

[2] Die Obra ist auf der Strecke von Bentschen bis Meseritz durch die Kommission des Abgeordnetenhauses in das Verzeichnis aufgenommen worden, weil auf dieser Strecke ein gewisser Schiffsverkehr stattfindet. Eine Petition und ein Antrag, die Obra von Kleindorf, bzw. Kopnitz bis zur Einmündung in die Warthe in das Verzeichnis aufzunehmen, sind von der Subkommission und der Kommission des Abgeordnetenhauses abgelehnt worden, Drucks. Nr. 611 B S. 70, KB. AH. S. 530/1.

[3] S. Anm. zur Dievenow.

Bezeichnung des **Wasserlaufes**	Endpunkte des **Wasserlaufes**	
Pokallna (s. Memel)	Skirwieth	Westliches Ende des Dorfes Pokallna
* Pregel (s. auch Angerapp, Untere)	Zusammenfluß von Angerapp und Inster	Frisches Haff
Przemsa	Russische Grenze, Dreikaiserecke bei Myslowitz	Weichsel
Randow	Straßenbrücke zu Eggesin	Ücker
Recknitz[2] mit Saaler Bodden, Koppelstrom, Bodstedter Bodden nebst Prerowstrom, Zingster Strom, Barther Bodden, Grabow und Rinne am Bock	1,06 km unterhalb der Brücke in der Chaussee Marlow—Plennin	Ostsee,[1] Verbindungslinie des Barhöfter Oberfeuers mit der massiven Fischermarke auf dem Südgellen
* Riewendt-See und Obere Beetz-Seen mit Strängen	Riewendt-See	Pählbrücke
* Rhein	Hessische Grenze	Niederländische Grenze
* Rheinberger Altrhein (Rheinberger Kanal)	Brücke an der Mündung des Moersbaches	Rhein
* Rheinsberger Gewässer (Grienerick-See, Rheinsberger Kanal, Großer Rheinsberger See, Schlaborn-Kanal und -See nebst Mehlitz-See, Hütten-Kanal, Tietzow-See, Prebelow-Kanal, Prebelow-See und Schleusenkanal) mit Dollgow-See und -Kanal, sowie Bikow-See und -Kanal	Grienerick-See	Pälitzbrücke
Röricke	2,7 km oberhalb der Einmündung in die Oder[3]	Oder
* Rüdersdorfer Gewässer, südlicher Teil mit Flaken-See (nördlicher Teil s. unter Schiffahrtkanälen)	Woltersdorfer Schleuse	Spree
* Ruhr[4] [oberhalb der Steinbrücke in Mülheim (Ruhr) ist die Bestimmung des § 49 Abs. 4 nicht anzuwenden]	Wittener Ruhrschlagd	Rhein
* Ruppiner Wasserstraße (Obere Rhinwasserstraße nebst Zermützel-, Teetzen- und Molchow-See, Ruppiner See, Untere Rhinwasserstraße nebst Bütz-See, Kremmer See)	Rheinsberger Rhin	Kremmer See
mit Fehrbelliner Wasserstraße	Rhin	Fehrbelliner Arche
* Ruß (s. Memel)	Ungeteilte Memel bei Abzweigung der Gilge	Teilung in Atmath und Skirwieth

---

[1] S. Anm. zur Dievenow.

[2] Drucks. Nr. 611 B S. 75.

[3] Bei der Röricke ist von der Subkommission (vgl. Vorbem.) als der eine Endpunkt statt der von dem Entwurfe vorgeschlagenen Regierungsbezirksgrenze nordwestlich Nahausen ihre 2,7 km oberhalb der Einmündung in die Oder gelegene Stelle bestimmt worden, Drucks. Nr. 611 B S. 71.

[4] Die Ruhr ist in das Verzeichnis aufgenommen worden, obwohl sie keine Schiffahrtsstraße mehr ist, weil der Staat ihre Unterhaltung im Vorflutinteresse auch weiterhin freiwillig übernehmen wollte, Drucks. Nr. 611 B S. 73. Jedoch ist für sie auf der oberhalb der Steinbrücke in Mülheim gelegenen Strecke das Vetorecht der in § 49 Abs. 4 bezeichneten Minister auf Grund der Beschlüsse der Kommission des Herrenhauses als unnötig ausgeschlossen worden, KB. HH. S. 797.

Bezeichnung des **Wasserlaufes**	Endpunkte des **Wasserlaufes**	
* Ryckfluß	Steinbecker Torbrücke am Greifswalder Hafen	Greifswalder Bodden,[1] Verbindungslinie der Seekanten der Molenköpfe
* Saale	Unstrut bei Naumburg	Elbe
* Saar	Reichsländische Grenze	Mosel
Sauer[2]	Luxemburgische Grenze	Mosel
Schalteik	Nordende von Jodgallen	Nemonienfluß
Schwarzwasser[3]	Mühle zu Schönau	Weichsel
Schwente (s. Tiege)	—	—
Schwentine, Untere[4]	Mühlendamm bei der Baltischen Mühle	Ostsee
Schwenzer Bach	0,1 km unterhalb der Einmündung des Schwarzen Grabens bei Schwenz	Kamminer Bodden
Schwinge	Abzweigung des alten Schwingebetts bei der Horster Ziegelei	Elbe
Seeve	Ashäuser Mühlenbach	Elbe
* Skirwieth, von den Mündungsarmen nur Gerade Ost und Wittinnis-Ost (s. Memel)	Abzweigung der Atmath	Kurisches Haff
Sorge (Ost- und Westpreußen)	Brücke mit Wehr in Baumgarth	Drausen-See
Sorge[5] (Schleswig-Holstein)	Sandschleuse	Eider
* Spree (Obere Spree nebst Neuendorfer Schwieloch-, Glowe-, Leißnitz-, Ögel- und Wergen-See, Drahendorfer und Fürstenwalder Spree, Müggel-Spree nebst Dämeritz- und Gr. Müggel-See, Treptower Spree nebst Rummelsburger See, Berliner Spree nebst Spreekanal — Kupfergraben — und Untere Spree) mit Kersdorfer See	Straßenbrücke bei Leibsch	Havel
Stettiner Haff (Großes und Kleines Haff) mit Neuwarper See, Kaiserfahrt und Usedomer See	—	—

[1] Vgl. Anm. zur Dievenow.

[2] Die Sauer wird als preußisch-luxemburgischer Grenzfluß nur zum Teil von Preußen unterhalten, Drucks. Nr. 611 B S. 71.

[3] Das Schwarzwasser ist in das Verzeichnis aufgenommen worden, weil es ein Nothafen ist und daher vom Staate unterhalten werden muß, Drucks. Nr. 611 B S. 71.

[4] Die untere Schwentine ist auf der Strecke vom Mühlendamm bei der Baltischen Mühle wegen des dort herrschenden Schiffsverkehrs von der Kommission des Herrenhauses aufgenommen worden, nachdem ein dahingehender Antrag im Abgeordnetenhause abgelehnt worden war, KB. HH. S. 798, Sten. B. AH. S. 8627 ff.

[5] Die Sorge (Schleswig-Holstein) ist abweichend von den Beschlüssen der Subkommission und der Kommission des Abgeordnetenhauses von diesem Hause selbst auf die Strecke von der Sandschleuse bis zur Eider in das Verzeichnis aufgenommen worden, weil auf dieser Strecke ein größerer, nicht bloß lokaler Schiffsverkehr stattfindet, Sten. B. AH. S. 8332/3; vgl. a. Drucks. Nr. 611 B S. 71, KB. AH. S. 531.

Bezeichnung des Wasserlaufes	Endpunkte des Wasserlaufes	
* Stör	Rensing, 1,5 km oberhalb der Eisenbahnbrücke bei Kellinghusen	Elbe
* Stolpe	Eisenbahnbrücke zu Stolpmünde	Ostsee,[1] Verbindungslinie der Seekanten der Molenköpfe
* Storkower Gewässer mit Scharmützel-, Storkower, Wolziger und Lange See	Scharmützel-See	Dahme
Swentine, untere	Mühlendamm bei der Baltischen Mühle	Ostsee
* Swine (s. Oder)	Stettiner Haff	Ostsee,[1] Verbindungslinie der Seekanten der Molenköpfe
Szeszuppe	Vorwerk Ackmenischken	Memelstrom
Sziesze	Chausseebrücke in Heydekrug	Atmathfluß
* Templiner Gewässer[2] (Labüske-See und -Kanal, Fährnebst Baar-See, Bruch-See nebst Gleuen-See und Gleuenfließ, Templiner See und -Kanal, Röddelin-, Gr. und Kl. Lanken- und Kuhwall-See sowie Templiner Wasser)	Labüske-See	Havel
Tiege (oberhalb Tiegenhof „Schwente" genannt)	Chausseebrücke zu Neuteich	Frisches Haff
Timber	0,23 km oberhalb des Weges von Piplin nach Minchenwalde	Nemonienfluß
Tollense[3]	Straßenbrücke zu Klempenow	Peenefluß
Trave	Unterhalb der Fußgängerbrücke in Oldesloe	Lübeckische Grenze
Trebel	Tribseeser Paßbrücke	Peenefluß
Treene mit Wester- und Ostersielzug und deren Verbindungskanälen Mittelburggraben und Fürstenburggraben als Binnenhafen	Fresendelfer Fähre	Eider
* Ücker	Straßenbrücke zu Pasewalk	Kleines Haff
* Unstrut	Mühlenwehr bei Bretleben	Saale
* Warthe	Russische Grenze	Oder
Wedeler Au	Wassermühle zu Wedel	Elbe

[1] Vgl. die Anm. zur Dievenow.

[2] Den Templiner Gewässern ist der Kleine Lanken-See von der Subkommission (vgl. Vorbem.) hinzugefügt worden, Drucks. Nr. 611 B S. 74, 75.

[3] Anregungen, die Tollense aus dem Verzeichnisse zu streichen, weil sie infolge der übertriebenen Räumungsarbeiten der Staatsbauverwaltung kaum noch schiffbar sei, wurden nicht weiter verfolgt, Drucks. Nr. 611 B S. 71/2, KB. AH. S. 531. Ein Antrag, sie dem Vetorecht der Minister gemäß § 49 Abs. 4 zu unterstellen, wurde von der Kommission des Abgeordnetenhauses abgelehnt, weil sie nicht von einer derartigen Bedeutung sei, KB. AH. S. 538/9.

Bezeichnung des **Wasserlaufes**	Endpunkte des **Wasserlaufes**	
* Weichsel	Russische Grenze	Ostsee,[1] Verbindungslinie der Seekanten des Molenkopfes (östliches Ufer) und des Deckwerks (westliches Ufer)
von den Mündungsarmen nur		
Tote Weichsel mit Ausnahme des Kaiserhafens[2]	Schleuse bei Einlage.	Ostsee bei Neufahrwasser,[1] Verbindungslinie der Seekanten der Molenköpfe
	Gr. Plehnendorf.	Ostsee bei Neufähr[1] Verbindungslinie der Seekanten des Leitwerks (östliches Ufer) und des Deckwerks (westliches Ufer)
Elbinger Weichsel	Weichsel	Frisches Haff
Königsberger Weichsel .... (s. auch Nogat)	Elbinger Weichsel	Frisches Haff
* Wentow-Gewässer (Kl. und Gr. Wentow-See)	Polzowfließ	Wentow-Kanal
* Werbellin-See	—	Werbellin-Kanal
* Werra	Weimarische Grenze bei Falken[3]	Weser
* Weser von den Nebenarmen nsbesondere Rechter Weserarm bei Sandstedt und Alte Weser bei Geestemünde	Zusammenfluß von Werra und Fulda	Nordsee,[1] [4] Verbindungslinie zwischen dem Kirchturm von Langwarden und der Mündung des Oxstedter Baches (Hamburgische Grenze)
Wilsterau[5]	Kaiser Wilhelm-Kanal	Stör
* Wipper	Rügenwalde	Ostsee,[1] Verbindungslinie der Seekanten der Molenköpfe
* Wittinnis-Ost (s. Memel)	Skirwieth, Abzweigung der Gerade Ost	Kurisches Haff
Wittmunder Tief	Karolinensiel	Nordsee,[6] Verbindungslinie der Seekante des Molenkopfes (westliches Ufer) und der Seekante des östlichen Ufers
* Wümme	Truperdeich	Hamme
* Zechliner Gewässer (Schwarzer See, Zechliner Kanal, Großer Zechliner See, Repenter Kanal, Zootzen-See und -Kanal)	Schwarzer See	Rheinsberger Gewässer

[1] Vgl. Anm. zur Dievenow.
[2] S. unter II „Kaiserhafen".
[3] Das Abgeordnetenhaus hat bei der Werra als den einen Endpunkt nicht die Straßenbrücke in Wanfried, wie dies der Entwurf vorsah, sondern schon die Weimarische Grenze bei Falken bestimmt. Ein dort gestellter Antrag, die Werra bereits von ihrem erstmaligen Eintritt in das preußische Staatsgebiet an für einen Wasserlauf erster Ordnung zu erklären, ist abgelehnt worden, Sten. B. AH. S. 8333 ff.
[4] Der eine Endpunkt der Weser sollte gemäß den Beschlüssen des Abgeordnetenhauses die Nordsee, Verbindungslinie zwischen den Kirchtürmen von Cappel und Langwarden sein. Das Herrenhaus hat diese Scheidelinie zum Zwecke der Erhaltung der bestehenden Rechte der Anlieger in der Weise verschoben, daß an dem östlichen Ufer der Weser noch ein Stück zum Wasserlauf hinzukommt, das sonst zum Ufer der Nordsee gehören würde, Sten. B. HH. S. 1081/2.
[5] Die Wilsterau auf der Strecke vom Kaiser-Wilhelm-Kanal bis zur Stör ist, nachdem die Subkommission und die Kommission des Abgeordnetenhauses in erster Lesung ihre Aufnahme abgelehnt hatten, von letzterer in zweiter Lesung wegen des auf ihr stattfindenden Schiffsverkehrs aufgenommen worden, Druckf. Nr. 611 B S. 72, KB. AH. S. 531/2, 534 ff.
[6] Vgl. Anm. zur Dievenow.

II. Künstliche Wasserläufe:

Bezeichnung des **Wasserlaufes**	Endpunkte des **Wasserlaufes**	
Achterwehrer Schiffahrtkanal (in Ausführung)	Chausseebrücke bei Achterwehr	Kaiser-Wilhelm-Kanal
Bederkesa-Geeste-Kanal	Bederkesa-See	Geeste
Berliner Kanäle:		
Landwehr-Kanal	Spree	Spree
Neuköllner Kanal (in Ausführung)	Landwehr-Kanal	Teltow-Kanal
Luisenstädtischer Kanal	Landwehr-Kanal	Spree
Berlin-Spandauer Schiffahrtkanal	Spree	Berlin-Charlottenburger Verbindungskanal
Berlin-Charlottenburger Verbindungskanal	Spree	Berlin-Spandauer Schiffahrtkanal
Breslauer Umgehungskanäle	Oder bei Bartheln	Alte Oder
	Alte Oder	Alte Oder
Bromberger Kanal	Bromberg	Nakel
Dortmund-Ems-Kanal,[1] soweit nicht Bestandteil der Ems und der Hase	Dortmund Herne	Emden
Elbe-Trave-Kanal	Elbe	Lübeckische Grenze
Emder Stadtgraben[2] mit Boltentors Pipentief, Hinter Tief (soweit der Stadt Emden gehörig), Alter Graben, Judentief und Doele-Pipentief	Kesselschleuse	Wallbrücke im Zuge der Ringstraße
Emder Vorflutkanal	Ems-Jade-Kanal	Düker im Fehntjer Tief
Ems-Jade-Kanal	Rotes Siel	Wilhelmshavener Hafenanlagen
Ernst-August-Kanal	Dove-Elbe bei Wilhelmsburg	Reiherstieg
Finow-Kanal, soweit nicht Bestandteil der Havel (Friedrichsthaler Havel) und des Großschiffahrtsweges mit Oranienburger und Malzer Kanal	Großschiffahrtweg bei Pinnow	Großschiffahrtweg bei Liepe
Friedrichsgraben, Großer	Deime	Nemonienfluß
Friedrich-Wilhelm-Kanal	Oder	Oder-Spree-Kanal
Großschiffahrtweg Berlin—Stettin (Wasserstraße Berlin—Hohensaaten), soweit nicht Bestandteil der Oderberger Gewässer und der Havel (Oranienburger und Spandauer Havel) mit Lehnitz-See	Berlin-Charlottenburger Verbindungskanal	Oder

[1] Der Dortmund-Ems-Kanal sollte nach dem Entwurfe auf der Strecke Bervergern-Dortmund, bzw. Herne als Bestandteil des Rhein-Weser-Kanals gelten. Mit dieser Regelung verfolgte die Regierung den Zweck, die Einführung des für den Rhein-Weser-Kanal vorgesehenen Schleppmonopols auch auf dieser Strecke des Dortmund-Ems-Kanals zu ermöglichen. Nachdem schon in der Kommission des Abgeordnetenhauses in erster Lesung und in der Subkommission (vgl. Vorbem.) die Berechtigung dieses Vorschlages bestritten worden war, da der Dortmund-Ems-Kanal als ein selbständiges Ganzes betrachtet werden müsse, ohne jedoch durchzudringen, wurde von der Kommission in zweiter Lesung die Berechtigung dieses Standpunktes und dementsprechend die Strecke Bervergern-Dortmund, bzw. Herne als Teil des Dortmund-Ems-Kanals anerkannt, Drucks. Nr. 611 B S. 73, KB. AH. S. 532 ff., 539/40.

[2] Von den die Stadt Emden durchziehenden Kanälen sind abweichend von dem Entwurfe der Brauersgraben und Osterpiepentief vom Abgeordnetenhause nicht in das Verzeichnis aufgenommen worden, Sten. B. AH. S. 8336/7.

Bezeichnung des **Wasserlaufes**	Endpunkte des **Wasserlaufes**	
Hadelner Kanal	Aue	Elbe
Hohennauener Kanal	Hohennauener See	Havel
Hohensaaten-Friedrichsthaler Wasserstraße (in Ausführung)	Neue Schleuse bei Hohensaaten	Oder
Ihle-Kanal	Plauer Kanal	Elbe
Jeglinner Kanal	Sexter See	Rosch-See
Kaiserhafen zu Danzig[1]	Tote Weichsel	Tote Weichsel
Kaiser-Wilhelm-Kanal mit Schirnauer, Borgstedter und Audorfer See	Elbe	Ostsee
Klodnitz-Kanal, soweit nicht Bestandteil der Klodnitz	Gleiwitz	Oder bei Cosel
Königs-Kanal	Schützendorfer Kanal	Crampe
König-Wilhelm-Kanal	Mingefluß	Kurisches Haff
Kraffohl-Kanal	Nogat	Elbingfluß
Landwehr-Kanal (s. Berliner Kanäle)	—	—
Lehniner Kanal	Steinablage bei Lehnin	Kloster-See
Linksemsische Kanäle:		
Ems-Vechte-Kanal .... mit Verbindungskanal zur Vechte	Ems	Vechte
Nordhorn-Almelo-Kanal	Vechte	Niederländische Grenze
Süd-Nord-Kanal	Ems-Vechte-Kanal	Haren-Rütenbrocker Kanal
Piccardie-Coevorden-Kanal......	Süd-Nord-Kanal	Niederländische Grenze
Schöninghsdorf-Hoogeveen-Kanal	Süd-Nord-Kanal	Niederländische Grenze
Haren-Rütenbrocker Kanal	Ems	Niederländische Grenze
Lippe-Seitenkanal (in Ausführung)	Schleuse in Hamm	Haltern
Luisenstädtischer Kanal (s. Berliner Kanäle)	—	—
Malzer Kanal (s. Finow-Kanal)	—	—
Masurischer Kanal (in Ausführung) mit Rehsauer See	Mauersee	Alle
Mottlau[2] mit Neue Mottlau und Kielgraben	Steinschleuse in Danzig	Tote Weichsel
Netze-Kanal, Oberer	Obere Netze	Bromberger Kanal
Neuhauser Speisekanal	Obere Spree	Oder-Spree-Kanal
Neuköllner Kanal (s. Berliner Kanäle)	—	—

[1] Der Kaiserhafen zu Danzig ist ein von der Stadt Danzig auf künstlichem Wege zu einem Hafenbecken ausgebauter alter Weichselarm. Er ist daher von dem Abgeordnetenhause unter die künstlichen Wasserläufe aufgenommen worden (vgl. a. die Anm. 2 zur Weichsel unter I), Sten. B. AH. S. 8330 ff.

[2] Die Mottlau mündet im Stadtgebiete von Danzig in zwei Armen, von denen der eine die kleine Mottlau heißt, in die Weichsel. Sie bildet auf der Strecke von der Steinschleuse in Danzig bis zur Toten Weichsel einen künstlichen ausgebauten Binnenhafen der Stadt Danzig. Das Abgeordnetenhaus hat daher, nachdem ein dahingehender Antrag in zweiter Lesung abgelehnt worden war, in dritter Lesung ihre Aufnahme unter die künstlichen Wasserläufe beschlossen, Sten. B. AH. S. 8330 ff., 8626/7.

Bezeichnung des Wasserlaufes	Endpunkte des Wasserlaufes	
Oberländischer Kanal mit Liebemühler Mühlenteich, Gr. Eilings-, Zopf-, Krebs-, Roethlof-See nebst Dutz-Kanal, Samrodt- und Pinnau- nebst Bauditter See (s. Oberländische Seen unter I. Natürliche Wasserläufe)	Duben-See Drewenz-See	Drausen-See Schleuse bei Liebemühl
Oder-Spree-Kanal, soweit nicht Bestandteil der Spree (Fürstenwalder Spree) und der Dahme (Wernsdorfer See)	Oder	Seddin-See
Oranienburger Kanal (s. Finow-Kanal)	—	—
Oste-Hamme-Kanal	Kollbeck	Oste[1]
Osterholzer Hafenkanal	Osterholz-Scharmbeck	Hamme
Papenburger Sielkanal	Bahnhofsbrücke in Papenburg	Ems
Plauer Kanal mit	Wend-See	Elbe
Baggerelbe	Kupierung bei Derben	Plauer Kanal
Prinz-Friedrich-Leopold-Kanal mit Stolper, Pohle- und Kl. Wann-See	Gr. Wann-See	Teltow-Kanal
Rhein-Weser-Kanal[2] (in Ausführung) (soweit nicht Bestandteil des Dortmund-Ems-Kanals) mit den Zweigkanälen nach Osnabrück, zur Weser bei Minden und nach Linden, sowie Abstieg zur Leine	Ruhrorter Hafen	Hannover, Osthafen
Rüdersdorfer Gewässer, nördlicher Teil mit Hohle See, Stolpgraben und Kalk-See (südlicher Teil s. unter I. Natürliche Wasserläufe)	Hohle See	Woltersdorfer Schleuse
Ruppiner Kanal	Kremmer See	Havel
Sakrow-Paretzer Kanal, soweit nicht Bestandteil der Wublitz, mit Weiße und Fahrlander See	Jungfern-See	Havel
Schützendorfer Kanal	Schützendorf	Königs-Kanal
Seckenburger Kanal	Nemonienfluß	Gilgefluß
Silokanal	Beetz-See	Quenz-See
Spoy-Kanal	Cleve	Altrhein
Teltow-Kanal	Spree	Havel
mit Verbindungskanal Britz-Kanne, Kl. Machnower See, Griebnitz-See und Glienicker Lake	Spree	Teltowkanal

[1] Vgl. Drucks. Nr. 611 B S. 75. Der Entwurf sah als diesen Endpunkt die Hamme vor.
[2] Vgl. die Anm. zum Dortmund—Ems—Kanal.

Bezeichnung des **Wasserlaufes**	**Endpunkte des Wasserlaufes**	
Teupitzer Gewässer südlicher Teil (Teupitzer See, Mochgraben, Zemmin-See, Schulzen-See, Köriser Graben, Gr. und Kl. Modder-See u. Moddergraben) (nördlicher Teil s. unter Dahme bei I. Natürliche Wasserläufe)	Teupitzer See	Mündung des Moddegrabens in den Kl. Köriser See
Tiegenorter Kanal	Elbinger Weichsel	Tiege
Treckfahrts-Kanal	Uphuser Schleuse	Ember Stadtgraben
Verbindungskanal zum Dortmund-Ems-Kanal	Ember Vorflutkanal	Dortmund-Ems-Kanal
Voßkanal	Havel	Finowkanal
Weichsel-Haff-Kanal, soweit nicht Bestandteil der Tiege	Weichsel	Frisches Haff
Wentow-Kanal	Gr. Wentow-See	Havel
Werbellin-Kanal	Werbellin-See	Großschiffahrtweg

Sachregister.

Die Zahlen bezeichnen die Seiten des Buches. (Ein alphabetisch geordnetes Verzeichnis der Wasserläufe erster Ordnung enthält der Anhang [S. 334—348]).

F.

G.

H.

J.

K.

L.

M.

Zuständigkeit der Verwaltungsgerichts- und Beschlußbehörden im Wassergesetz.

A. Verwaltungsstreitverfahren:

Lfd. Nr.	Gegenstand der Entscheidung	Zuständige Behörde	Rechtsmittel
1	§ **12 Abs. 3 und 4:** Klage gegen die Feststellung der Uferlinie durch die Wasserpolizeibehörde.	Bezirksausschuß	nach LVG.
2	§ **16 Abs. 3:** Streitigkeiten über die Zulässigkeit der Wiederherstellung eines Wasserlaufs II. oder III. Ordnung.	Bezirksausschuß	nach LVG.
3	§ **104 Abs. 2:** Streitigkeiten über die Heranziehung zu den Kosten von Stauanlagen mit mehr als 100000 Kubikmeter Inhalt.	Bezirksausschuß	nach LVG.
4	§ **130:** Streitigkeiten über die Unterhaltungspflicht oder über die Erstattung des von einem andern als dem Unterhaltungspflichtigen Geleisteten.	Bezirksausschuß	nach LVG.
5	§ **219:** Klage gegen Verfügung, betr. Zwangsetatisierung bei Genossenschaften.	Bezirksausschuß	nach LVG.
6	§ **226 Abs. 1:** Streitigkeiten über Zugehörigkeit zur Genossenschaft. § **226 Absatz 2 und 3:** Klage gegen Beschluß des Vorstandes über den Einspruch gegen die Heranziehung und Veranlagung zu den Genossenschaftslasten.	Bezirksausschuß	nach LVG.
7	§ **235:** Streitigkeiten über die Aufnahme von Grundstücken usw. in die Genossenschaft (§ 233) oder das Ausscheiden wider Willen (§ 234 Abs. 1).	Bezirksausschuß	nach LVG.
8	§ **239:** Entscheidung über Einspruch gegen die Heranziehung zu den Genossenschaftslasten wegen mangelnden Vorteils.	Bezirksausschuß	nach LVG.
9	§ **243:** Streitigkeiten über das Ausscheiden von Grundstücken usw. aus der Genossenschaft wegen dauernden Nachteils (§ 240 Abs. 1) oder Heranziehung von Nichtgenossen zu Beiträgen (§ 242).	Bezirksausschuß	nach LVG.
10	§ **310 Abs. 4:** Heranziehung und Veranlagung zur Deichpflicht (Bezugnahme auf § 226 Abs. 2, 3 — s. oben Nr. 6 —).	Bezirksausschuß	nach LVG.

Lfd. Nr.	Gegenstand der Entscheidung	Zuständige Behörde	Rechtsmittel
11	§ 317: Entscheidung über den Einspruch gegen die Heranziehung zu den Deichbeiträgen wegen mangelnden Vorteils (Bezugnahme auf § 239 — s. oben Nr. 8 —).	Bezirksausschuß	nach LVG.
12	§ 317: wie oben Nr. 9 in Ansehung von Deichverbänden (Bezugnahme auf §§ 240, 242, 243).	Bezirksausschuß	nach LVG.
13	§ 392: Streitigkeiten darüber, wer zu den Beteiligten im Sinne des Ges. v. 14. Juli 1904 gehört.	Bezirksausschuß	nach LVG.

B. Beschlußverfahren:

Lfd. Nr.	Gegenstand der Entscheidung	Zuständige Behörde	Rechtsmittel
1	§ 3 Abs. 2: Höhe der Entschädigung bei Änderungen des Verzeichnisses der Wasserläufe I. Ordnung.	Bezirksausschuß	Rechtsweg
2	§ 5 Absatz 2: Einwendungen gegen das Verzeichnis der Wasserläufe II. Ordnung.	Provinzialrat	Beschwerde an Min. f. L.
3	§ 32 Absatz 2: Entschädigung wegen nachteiliger Wirkungen der Flößerei bei Wasserläufen II. und III. Ordnung.	Bezirksausschuß	Rechtsweg
4	§§ 64, 76: Verleihungsantrag. § 82: Später geltend gemachte Ansprüche. § 84 Abs. 1 und 2: Zurücknahme der Verleihung.	Bezirksausschuß	Beschwerde an das Landeswasseramt; Rechtsweg, soweit der Beschluß die Entschädigung betrifft.
5	§ 84 Absatz 4: Erstattung der Entschädigung.	Rechtsweg	
6	§ 85: Zurücknahme der Verleihung ohne Entschädigung.	Bezirksausschuß	Beschwerde an das Landeswasseramt
7	§ 86: Antrag auf Sicherstellung eines Rechtes. § 89: Ausgleichungsverfahren.	Bezirksausschuß	wie bei Nr. 4
8	§ 93: a) Abs. 2: Festsetzung des Wasserstandes im Merkpfahlsetzungsverfahren, wenn keine rechtsverbindlichen und klaren Titel über die zulässige Stauhöhe vorliegen. b) Abs. 3: vorläufige Festsetzung des Wasserstandes während eines gerichtlichen Verfahrens oder eines Verfahrens nach Absatz 2.	Kreis- (Stadt-) Ausschuß Kreis- (Stadt-) Ausschuß endgültig	a) nach LVG. b) endgültig

Lfd. Nr.	Gegenstand der Entscheidung	Zuständige Behörde	Rechtsmittel
9	§ **97 Abs. 5, 6:** Umbau oder Sicherung von Stauanlagen zur Beseitigung oder Minderung von Hochwassergefahr.	Bezirksausschuß	nach § 76 wie bei Nr. 4
10	§ **99 Abs. 2:** Höhe der dem Stauberechtigten für die Erhaltung einer von ihm aufgegebenen Stauanlage zu ersetzenden Kosten.	Bezirksausschuß	Beschwerde an das Landeswasseramt
11	§ **103:** Maßnahmen gegen die nachteiligen Wirkungen einer ordnungsmäßigen Ausübung des Staurechts.	wie bei Nr. 3	Beschwerde an das Landeswasseramt
12	§ **105:** Feststellung der Stauhöhe.	Kreis- (Stadt-) Ausschuß	nach LVG.
13	§ **148:** Höhe der den Grundstückseigentümern oder Nutzungsberechtigten nach den §§ 131, 135 bis 146 zustehenden Entschädigungen, Höhe der nach den §§ 119, 121, 124, 127, 128, 132 zu leistenden, sowie der nach dem § 140 Abs. 3 und 143 Abs. 2 zu erstattenden Beiträge.	Bezirksausschuß	wie bei Nr. 4
14	§§ **168, 170:** Entscheidung über Widersprüche und Ansprüche im Ausbauverfahren; Feststellung des Planes. § **172 Abs. 3:** Entscheidung über nachträglich erhobene Ansprüche.	Bezirksausschuß	Beschwerde: a) bei natürlichen Wasserläufen I. Ordnung an den Min. der öff. Arbeiten, b) sonst an den Min. f. L.; Rechtsweg, soweit der Beschluß die Entschädigung betrifft.
15	§ **174 Abs. 4:** Streit über Beitrag zur Uferunterhaltung usw.	Bezirksausschuß	Beschwerde an das Landeswasseramt
16	§ **177 Abs. 3:** Höhe der zu übernehmenden Kosten.	Bezirksausschuß	nach LVG.
17	§ **186 Abs. 2:** § **188 Abs. 3:** § **192 Abs. 3:** Beschwerde über Beschlüsse der Wasserbuchbehörde.	Landeswasseramt	
18	§ **203 Abs. 2:** Verleihungsanträge bei Gewässern, die nicht zu den Wasserläufen gehören.	Bezirksausschuß	wie bei Nr. 4
19	§ **238 Abs. 4:** Schadensersatz im Falle der zwangsweisen Heranziehung von Grundstücken zu einer Genossenschaft im Interesse der Vorflut usw. ohne Vorteile für die Grundstücke.	Bezirksausschuß	Rechtsweg
20	§ **240 Abs. 2:** Zulässigkeit der Enteignung zum Erwerbe eines aus der Genossenschaft ausscheidenden Grundstücks.	Bezirksausschuß	Beschwerde an Min. d. ö. Arb.

Lfd. Nr.	Gegenstand der Entscheidung	Zuständige Behörde	Rechtsmittel
21	**§ 250:** Gestattung von Vorarbeiten zur Vorbereitung einer Genossenschaft oder eines Deichverbandes.	Bezirksausschuß	endgültig
22	**§ 270:** Feststellung der Voraussetzungen für die Anwendung des Beitrittszwanges.	Bezirksausschuß	Beschwerde an das Landeswasseramt
23	**§ 273 Abs. 2:** Beschwerde gegen Ordnungsstrafen (§ 261).	Bezirksausschuß	endgültig
24	**§§ 287, 289:** Genehmigung von Anlagen im Überschwemmungsgebiete (§ 285).	bei W. I. Ordnung Bezirksausschuß, sonst Kreis-(Stadt-) Ausschuß	Beschwerde an Min. f. L.
25	**§ 288 Abs. 3:** Höhe der Entschädigung.	Bezirksausschuß	Rechtsweg
26	**§ 291:** Genehmigung zur Herstellung usw. von Deichen an der Ostsee.	Bezirksausschuß	Beschwerde an Min. f. L.
27	**§ 292 Abs. 2:** Gewährung des Enteignungsrechts zum Zwecke der Beseitigung von Hindernissen des Hochwasserabflusses.	Bezirksausschuß	Beschwerde an Min. d. ö. Arb.
28	**§ 292 Abs. 3:** Festsetzung des Beitrags zu den Kosten einer vom Staat oder einem Kommunalverbande durchgeführten Enteignung.	Bezirksausschuß	Beschwerde an das Landeswasseramt
29	**§ 297:** Gestattung von Vorarbeiten zur Vorbereitung eines Deichverbandes (Bezugnahme auf § 250).	Bezirksausschuß	endgültig
30	**§ 307 Abs. 2 bis 4:** Untersagung der Benutzung von Deichen.	Bezirksausschuß	Beschwerde an Min. f. L; Rechtsweg, soweit d. Beschluß die Entschädigung betrifft
31	**§ 311:** Abtretung von Grundstücken zu Deichanlagen.	Deichvorstand	Rechtsweg
32	**§§ 312, 315:** Höhe der Entschädigung bei Beschränkungen der Eigentümer.	Bezirksausschuß	Rechtsweg
33	**§ 319 Abs. 1, 4, 5:** Verpflichtung zur Wiederherstellung von Deichen, die zu keinem Deichverbande gehören.	bei Deichen an W. I. Ordnung und bei Seedeichen Bezirksausschuß, sonst Kreis- (Stadt-) Ausschuß	Beschwerde an Min. f. L.
34	**§§ 340, 341:** Begründung eines Zwangsrechtes.		
	a) im Falle des § 330.	Kreis- (Stadt-) Ausschuß	Bezirksausschuß
	b) in den Fällen der §§ 331 bis 339.	Bezirksausschuß	Beschwerde an das Landeswasseramt; Rechtsweg, soweit d. Beschluß die Entschädigung betrifft.

„Kölner Studien zum Staats- und Wirtschaftsleben"

Unter diesem Namen wird eine Sammlung veröffentlicht, die von den Dozenten der Handels- und der Verwaltungshochschule zu Köln herausgegeben wird.

Sie hat die Aufgabe, wissenschaftliche Untersuchungen der Herausgeber und besonders auch die Arbeiten der in den Hochschulseminaren tätigen Studierenden der Öffentlichkeit zu übermitteln. Die Herausgeber wurden zu ihrem Vorgehen namentlich dadurch veranlaßt, daß zahlreiche Studierende der beiden Hochschulen Leistungen hervorbringen, die auf besonderer wissenschaftlicher und beruflicher Sachkenntnis beruhen und die daher geeignet sind, die wissenschaftliche Erkenntnis zu fördern und zu bereichern.

Die **„Kölner Studien"** sollen Stoffe aus den für die genannten Hochschulen charakteristischen Wissenschaften enthalten, das sind: Nationalökonomie, Wirtschaftsgeschichte, Rechts- und Versicherungswissenschaften, Genossenschaftslehre und Geographie.

Heft I: **Privatdozent Dr. J. Hirsch: Die Filialbetriebe im Detailhandel.**

Die Untersuchung behandelt im ersten Teile Definition und Arten des Detailhandels, sowie dessen Entwicklungstendenzen als die Vorbedingungen des Filialsystems. — Der zweite Teil stellt die Großfilialbetriebe innerhalb ihrer einzelnen Geschäftszweige dar: im Nahrungsmittel- (Kaffee-, Schokoladen- und „allgemeinen Kolonialwaren"-) handel, im Tabak- und Schuhwarengeschäft, sowie bei Waren- und Kaufhäusern — und zwar Entstehung und Ausbreitung, Organisation und Arten, Kalkulation und Gewinn, das Personal, die Bedeutung und Wirkungen der Filialen innerhalb des betreffenden Geschäftszweiges. — Der dritte Teil betrachtet die Filialbetriebe im Rahmen der Volkswirtschaft: Die Filialen nach der Betriebszählung von 1907. Die Filialen in den einzelnen Städten. (Mittel- und Großstädte, in einer wichtigen Geschäftsstraße); desgl. im Auslande. Der letzte Abschnitt gibt die volkswirtschaftliche und sozialpolitische Beurteilung des Filialwesens.

Heft II: **Wlad. W. Kaplun-Kogan, Die Wanderbewegungen der Juden.** Preis Mark 4.—. Subskr.-Preis Mark 3.60.

Das Buch behandelt die Wanderbewegungen der Juden von ihren ersten Wanderungen bis in die Gegenwart hinein und zwar im Zusammenhange mit der Lage der Juden in den Ländern, die sie auf ihren Wanderungen berührten. Die überseeische Auswanderung der Neuzeit hat eine besonders ausführliche Darstellung gefunden, wobei vor allem die amtliche amerikanische Statistik benutzt wurde. — Es war die vornehmlichste Aufgabe des Verfassers. die Hauptrichtungen und Tendenzen der jüdischen Wanderbewegungen der Vergangenheit und der Gegenwart darzustellen.

A. Marcus & E. Webers Verlag Dr. jur. Albert Ahn in Bonn.

Das rheinisch-westfälische Kohlensyndikat

von

Prof. Dr. Kurt Wiedenfeld

Textband und Beilagenheft zusammen Mark 7.50
(Moderne Wirtschaftsgestaltungen Heft 1)

In einer Zeit, vor der als bedeutsamstes Problem des Wirtschaftslebens die Frage nach dem Wesen der großen Kartelle steht, und in einem Augenblick, in dem die Erneuerung von mehreren dieser Gebilde die Frage nach ihrer Weiterentwicklung brennend macht, wird es weiteren Kreisen willkommen sein, aus **unparteiischer** Feder eine Darstellung von dem wichtigsten dieser Syndikate zu erhalten. Prof. Dr. **Wiedenfeld** von der Handels-Hochschule Köln, der durch die Einrichtung des Kölnischen Museums für Handel und Industrie vielfach Fühlung mit der rheinisch-westfälischen Industrie erhalten hat und daher als deren guter Kenner wohl gelten kann, versucht hier zu einem klaren, **allgemeinverständlichen** Bilde zusammenzufassen, was über **das innere Wesen die Wirkung des Steinkohlensyndikats** zu sagen ist. Die Gegensätze unter den Mitgliedern, besonders das Verhältnis der reinen zu den Hütten-Zechen — der Kampf des Syndikats um den Absatz, seine Bedrängung durch die englische und die Braunkohle — die Wirkungen auf die Unternehmungen und die Arbeiter sowie auf die Verbraucher und Weiterarbeiter — vor allem die Fragen des **volkswirtschaftlichen** Effekts, ob in Technik und Organisation ein Stillstand aus der Preismacht des Syndikats erfolgt ist — alles dies wird eingehend von gründlicher Einzelkenntnis aus erörtert, wobei doch das Allgemein-Gültige nicht verloren geht. Eine Reihe von mehrfarbigen Diagrammen und Karten bringt die Entwicklung der wichtigsten Teilvorgänge zu plastischer Anschaulichkeit.

Mit diesem Buch wird eine Sammlung volkswirtschaftlicher Abhandlungen eingeleitet, welche der Verfasser unter dem Titel „Moderne Wirtschaftsgestaltungen zu dem Zweck herausgibt, die zahlreichen Anschauungsmaterialien des ihm unterstellten Museums weiteren Kreisen nutzbar zu machen. Auch sollen darin solche Arbeiten seiner Schüler veröffentlicht werden, die wegen der in der Praxis gewonnenen Unterlagen für die wissenschaftliche Erkenntnis unsres Wirtschaftslebens von allgemeinerem Wert zu sein scheinen.

A. Marcus & E. Webers Verlag Dr. jur. Albert Ahn in Bonn.

FSC
www.fsc.org
MIX
Papier | Fördert gute Waldnutzung
FSC® C083411

Kolibri 360 GmbH
Ferdinand-Jühlke-Straße 7
99095 Erfurt, Deutschland
produktsicherheit@kolibri360.de